Recht für Online-Marketing und KI

3. Auflage

Recht für Online-Marketing und KI

Thomas Schwenke

O'REILLY®

Wir hoffen, dass Sie Freude an diesem Buch haben und sich Ihre Erwartungen erfüllen. Falls Sie Anregungen, Wünsche und Kommentare haben, lassen Sie es uns wissen: **service@rheinwerk-verlag.de**.

Informationen zu unserem Verlag und Kontaktmöglichkeiten finden Sie auf unserer Verlagswebsite **www.dpunkt.de**. Dort können Sie sich auch umfassend über unser aktuelles Programm informieren und unsere Bücher und E-Books bestellen.

Autor: Thomas Schwenke
Lektorat: Ariane Hesse
Buchmanagement: Friederike Demmig
Copy-Editing: Sibylle Feldmann, *www.richtiger-text.de*
Satz: III-satz, *www.drei-satz.de*
Herstellung: Stefanie Weidner
Covergestaltung: Eva Hepper, Silke Braun, Michael Oréal, *www.oreal.de*
Druck: mediaprint solutions GmbH, 33100 Paderborn

PEFC-zertifiziert
Dieses Buch stammt aus nachhaltig bewirtschafteten Wäldern und kontrollierten Quellen
PEFC PEFC/04-31-0810 www.pefc.de

Dieses Buch wurde mit mineralölfreien Farben auf PEFC-zertifiziertem Papier aus nachhaltiger Waldwirtschaft gedruckt. Der Umwelt zuliebe verzichten wir zusätzlich auf die Einschweißfolie. Hergestellt in Deutschland.

Bibliografische Information der Deutschen Nationalbibliothek:
Die Deutsche Nationalbibliothek verzeichnet diese Publikation in der Deutschen Nationalbibliografie; detaillierte bibliografische Daten sind im Internet über *http://dnb.dnb.de* abrufbar.

ISBN Print: 978-3-96009-256-8
ISBN PDF: 978-3-96010-910-5
ISBN ePub: 978-3-96010-911-2

3. Auflage 2025

Dieses Buch erscheint in Kooperation mit O'Reilly Media, Inc. unter dem Imprint »O'REILLY«. O'REILLY ist ein Markenzeichen und eine eingetragene Marke von O'Reilly Media, Inc. und wird mit Einwilligung des Eigentümers verwendet.

Rheinwerk Verlag GmbH • Rheinwerkallee 4 • 53227 Bonn
service@rheinwerk-verlag.de

Inhalt

Einleitung ... **21**

1 Maßgebliche Gesetze und Anwendungsszenarien ... **29**
1.1 Maßgebliche Rechtsvorschriften ... 29
1.2 Problemstellungen und Anwendungsszenarien ... 31

2 Webseiten und Accounts ... **37**
2.1 Erstellen einer Website ... 37
2.1.1 Wahl einer Domain ... 38
2.1.2 Website-AGB oder Nutzungsbedingungen ... 40
2.1.3 Impressum ... 41
2.1.4 Disclaimer ... 44
2.1.5 Datenschutzerklärung, Webanalyse und Tracking ... 45
2.1.6 Inhalte und Funktionen von Webseiten ... 45
2.1.7 Risiko einer Abmahnung ... 46
2.2 Anlegen von Accounts in sozialen Netzwerken ... 48
2.2.1 Datenschutzrechtliche Zulässigkeit ... 48
2.2.2 Geltende Plattformregeln ... 50
2.2.3 Kommerzielle Nutzung von Social-Media-Profilen ... 51
2.2.4 Wahl des Accountnamens ... 51
2.2.5 Impressum und Datenschutzerklärung ... 51
2.2.6 Inhaberschaft an Accounts ... 53
2.3 Übertragung von Social-Media-Accounts ... 54

3 Urheberrecht in der Marketingpraxis ... **59**
3.1 Geschützte Inhalte, Schutzumfang und Schutzdauer ... 59
3.1.1 Schutz der Ausführung, nicht der Idee ... 60
3.1.2 Kein Schutz von Fakten ... 60
3.1.3 Urheberrechtlich geschützte Inhalte ... 60
3.1.4 Als Leistungsschutzrecht geschützte Inhalte ... 61
3.1.5 Entstehung des Urheberrechts ... 62

3.1.6 Urheberrechtshinweis und ©-Zeichen ... 63
3.1.7 Erlöschen des Urheberrechts ... 64
3.1.8 Verzicht auf das Urheberrecht und Public Domain ... 64
3.1.9 Unterschiede zwischen Urheberrecht und Copyright ... 65
3.1.10 Urheber, Nutzungsberechtigte, Lizenzen und Rechteinhaber ... 65
3.2 Erlaubnispflichtige Nutzung ... 66
3.2.1 Vervielfältigung ... 66
3.2.2 Verbreitung ... 66
3.2.3 Öffentliche Zugänglichmachung ... 66
3.2.4 Bearbeitung ... 67
3.2.5 Schutz vor Entstellungen und Beeinträchtigungen ... 67
3.2.6 Urhebernennung ... 68
3.3 Gesetzliche Nutzungserlaubnisse ... 68
3.3.1 Schlichte Einwilligung ... 69
3.3.2 Verlinken, einbetten und Teilen von Inhalten ... 70
3.3.3 Abbildung zwecks Verkaufs oder Verlosung ... 72
3.3.4 Berichterstattung über Tagesereignisse ... 72
3.3.5 Zitatrecht ... 73
3.3.6 Recht auf Memes (Karikaturen, Parodien und Pastiches) ... 76
3.3.7 Unwesentliches Beiwerk ... 78
3.3.8 Panoramafreiheit ... 79
3.3.9 Pflicht zur Quellenangabe ... 82
3.3.10 Lizenzen und Nutzungserlaubnisse ... 82
3.4 Urheberrechtsschutz von Texten ... 83
3.4.1 Sprachwerkqualität ... 83
3.4.2 Nötige Textlänge ... 84
3.4.3 Typische Fallgruppen ... 85
3.5 Urheberrechtsschutz von Bildern ... 90
3.5.1 Kein Schutz von Ideen und technischen Stilen ... 90
3.5.2 Zwei Fragen vor jeder Bildernutzung ... 91
3.5.3 Nutzung von Produktbildern ... 92
3.6 Urheberrechtsschutz von Videos ... 94
3.7 Urheberrechtsschutz von Musik ... 95
3.7.1 Zitatrecht ... 95
3.7.2 Parodien, Pastiches und Memes ... 95
3.7.3 Beiwerk ... 96
3.7.4 Erwerb einer Musiklizenz ... 96
3.7.5 Plattformlizenzen in sozialen Netzwerken ... 96
3.7.6 Kommerzielle Musikkataloge als Alternative? ... 98

3.7.7 Kostenlose Plattformen und »freie Musik« als Alternativen? ... 98
3.7.8 Risikobewertung ... 99
3.8 Urheberrechtsschutz von Computerprogrammen ... 100
3.9 Urheberrechtsschutz von Webdesigns ... 101
3.9.1 Schutz der Inhalte ... 101
3.9.2 Kein Schutz des Webdesigns ... 101
3.9.3 Schutz als Computerprogramm ... 102

4 KI-generierte Inhalte ... 105
4.1 Urheberrechtlicher Schutz von KI-Ergebnissen ... 105
4.1.1 KI als Inspirationsquelle ... 106
4.1.2 KI als bloßes Werkzeug ... 106
4.1.3 Kombination von menschlichen und KI-Werken ... 106
4.1.4 Lizenzbestimmungen der Anbieter ... 107
4.1.5 Schutz von KI-Ergebnissen in anderen Gesetzen ... 108
4.1.6 Urheberrechtshinweis auf KI-Ergebnissen ... 109
4.2 Rechtlicher Schutz von Prompts ... 110
4.2.1 Schutz als Schriftwerk ... 110
4.2.2 Schutz als Computerprogramme ... 111
4.2.3 Schutz als Datenbank ... 111
4.2.4 Schutz als Geschäftsgeheimnis ... 111
4.3 Verstoßen KI-Erzeugnisse gegen das Urheberrecht? ... 112
4.3.1 KI-Ergebnisse sind keine Kopien ... 112
4.3.2 Verstoß durch Wiedergabe des Originals ... 113
4.3.3 Nachahmung des Stils bekannter Künstler ... 114
4.3.4 Umschreiben fremder Texte ... 115
4.3.5 Schutz gegen unbeabsichtigte Rechtsverstöße ... 116
4.4 Upload von Inhalten und Website-Scraping ... 117
4.4.1 Erlaubnis für Text- und Data-Mining ... 117
4.4.2 Nutzungsvorbehalt der Urheber ... 118
4.5 Vereinbarung von KI-Lizenzen ... 121
4.6 Pflicht zur Kennzeichnung von KI-Inhalten ... 123
4.6.1 Kennzeichnungspflicht im Verbraucherrecht ... 123
4.6.2 Kennzeichnungspflicht für Deepfakes ... 123
4.6.3 KI-generierte Nachrichtentexte ... 126
4.6.4 Chatbots in sozialen Netzwerken ... 126
4.6.5 Kennzeichnungspflichten auf sozialen Plattformen ... 127
4.6.6 Kennzeichnungspflichten für KI-Anbieter ... 127
4.7 Erstellung von Produktbildern und Produkt-Ads mittels KI ... 129
4.7.1 Zulässigkeit der Produktnachbildung mittels KI ... 129
4.7.2 Kennzeichnung von Produkt-Deepfakes ... 130
4.7.3 Keine Täuschung über die Produkteigenschaften ... 132

4.8 Vertragliche Zulässigkeit der KI-Inhalte 134
4.9 Künstlersozialkasse 135

5 Nutzungserlaubnis und Lizenzen im Urheberrecht 137
5.1 Erlaubnisse und Lizenzen 137
5.1.1 Rechteinhaber 138
5.1.2 Lizenznehmer bestimmen 139
5.1.3 Gegenstand der Einräumung von Nutzungsrechten 140
5.1.4 Zweck, Art und Umfang der Verwendung festlegen 140
5.1.5 Einfache Lizenz und ausschließliche Lizenz 141
5.1.6 Redaktionelle und kommerzielle Nutzung 142
5.1.7 Zugleich abstrakt und konkret formulieren 143
5.1.8 Form und Nachweis der Erlaubnis 143
5.1.9 Anfechtung und Rückruf 144
5.2 Rechte an Nutzerinhalten 145
5.2.1 Einfache Nutzung für konkreten Zweck 146
5.2.2 Abschluss einer Nutzungslizenz 146
5.3 Beauftragung eines Fotografen 147
5.4 Durch Mitarbeitende erstellte Inhalte 148
5.5 Herausgabe von Vorlagen und Rohdaten 149
5.6 Stockbildarchive 150
5.6.1 AGB und Lizenzbestimmungen prüfen 151
5.6.2 Lizenzpflichtige und lizenzfreie Stockinhalte 151
5.6.3 Untersagte Nutzungsarten 152
5.6.4 Urhebernennung 153
5.6.5 Rechte an Stockbildern: Agenturen und Kunden 153
5.6.6 Stockarchivbilder und Social-Media-Lizenzen 154
5.6.7 Abbildung von Personen 155
5.6.8 Gewährleistung 155
5.6.9 Kostenlose Bilddatenbanken 155
5.6.10 Bezug von KI-Inhalten aus Stockdatenbanken 156
5.7 Freie/offene Lizenzen 158
5.7.1 Creative-Commons-Lizenzen 158
5.7.2 Lizenzmodule 158
5.7.3 Risiken bei der Nutzung von CC-Lizenzen 159
5.7.4 Rechtsfolgen bei Missachtung der Lizenz 160
5.8 Einräumung von Nutzungsrechten bei sozialen Netzwerken 161
5.8.1 Nutzungsrechte an Nutzerinhalten 161
5.8.2 Nutzung der Inhalte anderer Plattformmitglieder 162

6 Fotos, KI-generierte Darstellungen von Personen und das Hausrecht 165
6.1 Abbildungen von Personen 165
6.1.1 Gesetzliche Grundlagen 165
6.1.2 Identifizierbare Person 166

6.1.3 Vertragliche Vereinbarung der Bildnutzung 167
6.1.4 Gesetzlich erlaubte Nutzung von Personenabbildungen ... 168
6.1.5 Einwilligung der abgebildeten Person 173
6.1.6 Nutzung von Bildaufnahmen Minderjähriger 173
6.1.7 Form und Nachweis der Einwilligung 174
6.1.8 Widerruf einer Einwilligung 175
6.1.9 Informations- und Transparenzpflichten 175
6.1.10 Recht auf Auskunft, Kopie und Löschung 176
6.1.11 Schadensersatz und Bußgelder 177
6.2 Abbildungen der Mitarbeitenden 177
6.2.1 Erlaubnisgrundlagen 178
6.2.2 Widerruf, Widerspruch und Kündigung 179
6.3 Erstellen von Personenabbildungen mittels KI 181
6.3.1 Verstoß gegen das Recht am eigenen Bild möglich 181
6.3.2 Geringe Wahrscheinlichkeit von Doppelgängern 182
6.3.3 Risikominderungsmaßnahmen 182
6.4 Nachbildung von Stimmen mittels KI 183
6.4.1 Erkennbarkeit und Einwilligung 183
6.4.2 Kennzeichnungspflicht von Stimmen-Deepfakes 184
6.5 Bildnisse prominenter Personen 185
6.5.1 Redaktionelle Nutzung 186
6.5.2 Nutzung zu kommerziellen Zwecken 186
6.5.3 Parodie und Satire als redaktionelle Nutzung 187
6.5.4 Andere Darstellungsformen 188
6.6 Erlöschen der Bild- und Stimmrechte nach dem Tod 189
6.7 Hausrecht und fremdes Eigentum 191
6.7.1 Das Hausrecht 191
6.7.2 Datenschutz und Persönlichkeitsrechte 193
6.7.3 Risikobewertung 194
6.8 Bildaufnahmen im Rahmen von Events 195
6.8.1 Eigene Bildaufnahmen der Veranstalter 195
6.8.2 Aufnahmeregeln für Teilnehmer 195
6.8.3 Nutzung der von Teilnehmern erstellten Bildaufnahmen 196

7 Marken, Logos und Großevents 199
7.1 Schutz von Marken und Namen 199
7.1.1 Markentypen 200
7.1.2 Voraussetzungen des Markenschutzes 202
7.1.3 Markenklassen 204
7.1.4 Eine eigene Marke anmelden 204
7.1.5 Neben der Marke geschützte Kennzeichen 207
7.1.6 TM- und ®-Zeichen 210

7.1.7 Markenverstöße ... 210
7.1.8 Erlaubte Nutzung fremder Marken ... 212
7.1.9 Abbildungen von Markenlogos und Markenprodukten ... 216
7.1.10 Verletzung von Markenrechten durch KI-Ergebnisse ... 218
7.1.11 Verwendung von Social-Media-Icons ... 219
7.2 Ambush-Marketing mit Olympia, WM und Großevents ... 221
7.2.1 Markenrecht und seine Grenzen ... 221
7.2.2 Verwechslungsgefahr vermeiden ... 222
7.2.3 Anknüpfung an Sport, Ort und Ereignis ist erlaubt ... 222
7.2.4 Marketing am Veranstaltungsort ... 222
7.2.5 Olympische Ringe und olympische Begriffe ... 223

8 Influencer, Testimonials und Affiliates ... 227
8.1 Influencer-Marketing ... 227
8.1.1 Notwendigkeit von Werbehinweisen ... 228
8.1.2 Postings gegen Entgelt ... 228
8.1.3 Werbliche Erwähnung selbst erworbener Produkte ... 228
8.1.4 Erkennbare Unternehmens-Accounts ... 230
8.1.5 Redaktionelle Trennung ... 230
8.1.6 Ausgestaltung der Werbekennzeichnung ... 230
8.1.7 Werbung, Produktplatzierung und Produkthilfe in Videos ... 231
8.1.8 Werbekennzeichnung in Podcasts ... 234
8.1.9 Sponsoring ... 234
8.1.10 Werbekennzeichnung bei Gewinnsponsoring ... 235
8.1.11 Besondere Branchenvorgaben ... 235
8.1.12 Rechtsfolgen bei Verstößen ... 236
8.2 Vertragliche Regelungen mit Influencern ... 236
8.2.1 Vertragspartner identifizieren ... 236
8.2.2 Leistungspflichten festlegen ... 237
8.2.3 Erfolgsmessung und Rapporting ... 237
8.2.4 Rechte an den erstellten Inhalten ... 238
8.2.5 Vergütung ... 239
8.2.6 Werbekennzeichnung ... 239
8.2.7 Haftung und Verantwortung für Inhalte ... 239
8.2.8 Freigabe ... 240
8.2.9 Kündigung und Stornierung ... 240
8.2.10 Verhaltens- und Imageklauseln ... 240
8.2.11 Vertraulichkeit und Diskretion ... 241
8.2.12 Wettbewerbsklauseln ... 241
8.3 Corporate Influencer ... 242
8.3.1 Geschäftliches Handeln als Risikoschwelle ... 243
8.3.2 Haftung der Arbeitgeber für geschäftliche Inhalte ... 243

8.3.3 Transparenz und Kennzeichnungspflichten 243
8.3.4 Untersagung und Freigabe 244
8.3.5 Vereinbarung, Freigabe und Duldung 244
8.3.6 Inhaberschaft an Accounts 245
8.3.7 Impressumspflicht für Influencer 245
8.3.8 Datenschutzpflichten der Influencer 246
8.4 Virtuelle Influencer 247
8.4.1 Werbekennzeichnung 247
8.4.2 Pflicht zur KI-Kennzeichnung 248
8.5 Testimonials 249
8.5.1 Gemeinsamkeiten und Unterschied zu Influencern 250
8.5.2 Transparenz und Werbekennzeichnung 250
8.5.3 Erfundene Testimonials 251
8.5.4 Eigenwerbung mit Kundenreferenzen 251
8.5.5 Nutzung von öffentlichen Kundenmeinungen 251
8.5.6 Eigene Haftung für Testimonials 252
8.6 Affiliate-Marketing 253
8.6.1 Vertragliche Regelungen 253
8.6.2 Kennzeichnungspflicht für Affiliate-Links 254
8.6.3 Datenschutz 255

9 Äußerungen, Bewertungen, Testergebnisse und Prüfsiegel 257
9.1 Meinungen und Tatsachen 257
9.1.1 Tatsachen müssen wahr sein 258
9.1.2 Verbreitung fremder Aussagen, Distanzierung und Laienprivileg 259
9.1.3 Grenze der Meinungsfreiheit: Beleidigungen und Schmähungen 262
9.1.4 Die Folgen von Beleidigungen und unwahren Tatsachenbehauptungen 264
9.1.5 Vorgehen gegen Verletzungen der eigenen Person oder des Unternehmens 264
9.2 Bewertungen 266
9.2.1 Verbot von Beleidigungen, Schmähungen und unwahren Tatsachen 266
9.2.2 Anspruch auf Nachweis des Kundenkontakts 267
9.2.3 Anspruch auf Begründung 268
9.2.4 Kein Anspruch auf Löschung des Basisprofils 268
9.2.5 Keine Bewertung von Mitarbeitenden 268
9.2.6 Auskunft und Herausgabe von Daten der Verfasser 269
9.2.7 Erfundene und gekaufte Bewertungen 269
9.2.8 Haftung für Kundenbewertungen 271
9.2.9 Richtige Zuordnung von Bewertungen 271

9.2.10 Hinweise auf die Echtheit von Kundenbewertungen 271
9.3 Werbung mit Testergebnissen 273
9.3.1 Platzierung und Erkennbarkeit der Testkriterien sowie der Fundstelle 273
9.3.2 Inhaltliche Vorgaben 275
9.4 Werbung mit Güte- und Prüfzeichen, Siegeln und Awards 279
9.4.1 Güte-, Qualitäts- und Testsiegel 279
9.4.2 Prüfzeichen 279
9.4.3 Herkunftssiegel 281
9.4.4 Fantasiesiegel 282
9.4.5 Awards 283
9.5 Kundenumfragen 284

10 Datenschutz 287
10.1 Wann kommt die DSGVO zur Anwendung? 287
10.1.1 Personenbezogene Daten 287
10.1.2 Verarbeitung 289
10.2 Grundsätze des Datenschutzes 289
10.3 Privacy by Design 290
10.4 Erlaubnisgrundlagen 291
10.5 Subunternehmer, Onlinewerkzeuge und Drittlandtransfers 293
10.5.1 Auftragsverarbeitung bei Weisungsgebundenheit 294
10.5.2 Gemeinsame Verantwortlichkeit bei arbeitsteiligem Handeln 295
10.5.3 Beauftragung von Dritten 296
10.5.4 Einsatz von Dienstleistern aus den USA und anderen Drittländern 297
10.5.5 Vorgehen in der Praxis 298
10.6 Datenschutzhinweise und Datenschutzerklärung 299
10.6.1 Platzierung der Datenschutzerklärung 299
10.6.2 Inhalte der Datenschutzerklärung 300
10.6.3 Zeitpunkt der Information 302
10.7 Betroffenenrechte 304
10.8 Löschkonzept 305
10.9 Rechenschaftspflicht und Verarbeitungsverzeichnis 307
10.10 Cookies, Tracking und Profiling 310
10.10.1 Zwei Gesetze sind zu beachten 310
10.10.2 Cookie-Einwilligung 311
10.10.3 Ausnahmen für erforderliche Cookies 311
10.10.4 Gestaltung einer wirksamen Cookie-Einwilligung 312
10.10.5 Ausdrückliche Einwilligung 312
10.10.6 Arten von Cookie-Management-Plattformen 313

10.10.7 Umfang von Informationen in Consent-Management-Plattformen 314
10.10.8 Ablehnungsschaltfläche 315
10.10.9 Widerspruchsmöglichkeit 317
10.10.10 Nachweis der Cookie-Einwilligung 317
10.10.11 Einwilligung in eingebettete Inhalte 318
10.10.12 Webanalyse ohne Cookies 318
10.10.13 »Einwilligung oder Zahlung«-Modelle 321
10.11 Social-Media-Management 323
10.12 Social-Media- und Internet-Monitoring 324
10.12.1 Berechtigtes Interesse am Monitoring 325
10.12.2 Information über Monitoring und Profiling 327
10.12.3 Mitarbeiterrecherche 329
10.13 Einsatz von Messengern 333
10.13.1 Kein Erstkontakt ohne Einwilligung 334
10.13.2 Messenger als Kontaktquelle angeben 334
10.13.3 Diskussionsgruppen im Messenger 334
10.13.4 Sharing-Links 335
10.13.5 Messenger-Marketing 335
10.13.6 Aufnahme in die Datenschutzerklärung 336
10.14 Einsatz von Chatbots 337
10.14.1 Servicefunktionen 337
10.14.2 Marketingfunktionen 338
10.14.3 KI-Funktionen 338
10.14.4 Datenschutzvorgaben für alle Chatbots 339
10.15 Weitere typische Datenschutzszenarien 340
10.16 Datenpannen und Haftung 340
10.17 Rechtsfolgen und Risiken bei Datenschutzverstößen 343
10.17.1 Rechtsfolgen und Risiken bei Datenschutzverstößen 343
10.17.2 Risikoabwägung 346

11 KI-Verordnung und Zulässigkeit der KI-Nutzung 347
11.1 Zulässigkeit der KI-Nutzung entsprechend der KI-Verordnung 347
11.1.1 Definition von KI und KI-Systemen 348
11.1.2 KI-Modelle als Grundlage von KI-Systemen 348
11.1.3 Wer die KI-VO beachten muss 349
11.1.4 Aufbau und Risikoklassen der KI-Verordnung 350
11.1.5 Verbotene KI-Praktiken 351
11.1.6 Vorliegen eines Hochrisiko-KI-Systems 352
11.1.7 Deepfakes und Kennzeichnungspflichten 356
11.1.8 Black-Box-Problem und Diskriminierung 359
11.1.9 Pflicht zur KI-Kompetenz 361
11.1.10 Neben der KI-VO zu beachtende Gesetze 363

11.1.11 Sanktionen bei Verstoß gegen die KI-VO 364
11.2 Zulässigkeit der KI-Nutzung entsprechend der DSGVO 366
11.2.1 Verarbeitung personenbezogener Daten und DSGVO-Relevanz 366
11.2.2 Zulässigkeit und Rechtsgrundlage des Einsatzes der KI .. 367
11.2.3 Verbot automatisierter Entscheidungen im Einzelfall 367
11.2.4 Einwilligung in die Datennutzung für das KI-Training ... 369
11.2.5 Rechtsbeziehung und Verträge 369
11.2.6 Datentransfers außerhalb der EU 371
11.2.7 Auskunfts- und Löschungsrechte 371
11.2.8 Datenschutz-Folgenabschätzung 371
11.2.9 Rechenschaftspflichten 372
11.2.10 Informationspflichten in der Datenschutzerklärung 372
11.2.11 Verbot mit Erlaubnisvorbehalt für Mitarbeitende 373
11.3 Geschäftsgeheimnisse 375

12 Werbeaussagen, Greenwashing und Barrierefreiheit 377
12.1 Werbung mit Allein- und Spitzenstellung 377
12.1.1 Alleinstellungsbehauptung 378
12.1.2 Spitzenstellungsbehauptung 379
12.1.3 Reklamehafte Übertreibung ist erlaubt 379
12.1.4 Voraussetzungen zulässiger Allein- oder Spitzenstellungsbehauptungen 380
12.1.5 Teilen von Kundenaussagen 382
12.1.6 Beispiele 382
12.2 Vergleiche mit Mitbewerbern oder deren Produkten 384
12.2.1 Vergleichende Werbung 384
12.2.2 Voraussetzungen zulässiger vergleichender Werbung 385
12.3 Unwahre Werbeaussagen 387
12.4 Kauf von Fans und Followern 388
12.5 Werbung mit Selbstverständlichkeiten 389
12.6 Preiswerbung 390
12.6.1 Preisangabepflicht 390
12.6.2 Angabe von Bruttoendpreisen 390
12.6.3 Reine B2B-Angebote 390
12.6.4 Grundpreisangabe 391
12.6.5 Inkl. MwSt. zzgl. Versand 392
12.6.6 Anbieterangaben für Anzeigen und Beiträge 393
12.7 Umweltbezogene Werbung und Greenwashing 393
12.7.1 Erläuterung der verwendeten Begrifflichkeiten 394
12.7.2 Keine Irreführung 395
12.7.3 Keine Werbung mit Selbstverständlichkeiten 395
12.7.4 Werbung mit »Öko« und »Bio« 395

12.7.5 Zukünftige Entwicklung: Green Deal der EU 396
12.7.6 Rechtsfolgen bei irreführender umweltbezogener Werbung 396
12.8 Werbung mit gesundheitsbezogenen Angaben 398
12.8.1 Health Claims, Nährwertangaben und Heilversprechen ... 398
12.8.2 Health-Claims-Verordnung (HCVO) 398
12.8.3 Zulässige Nährwertangaben 398
12.8.4 Wahr, eindeutig und nicht irreführend 399
12.8.5 Werbung für alkoholische Getränke 400
12.8.6 Clean Labeling 401
12.8.7 Gilt für Hersteller, Händler und Influencer 401
12.9 Werbung für Heilmittel und medizinische Leistungen 402
12.9.1 Werbeverbote und Hinweispflichten 403
12.9.2 Medfluencer 405
12.9.3 Gewinnspiele im Gesundheitssektor 407
12.10 Barrierefreiheit 408
12.10.1 Betroffene Produkte und Dienstleistungen 408
12.10.2 Maßgeblichkeit für E-Commerce 409
12.10.3 Ausnahmen vom BFSG 409
12.10.4 Vom BFSG umfasste Webseiten und Inhalte 410
12.10.5 Inkrafttreten der Pflichten des BFSG 413
12.10.6 Vorgaben zur Umsetzung der Barrierefreiheit 413
12.10.7 Barrierefreiheitserklärung 416
12.10.8 Konsequenzen bei Verstößen gegen die Pflichten zur Barrierefreiheit 417
12.11 Verstöße gegen weitere Spezialgesetze 418
12.12 Regeln der Plattformen 419
12.13 Rechtsfolgen bei Wettbewerbsverstößen 419

13 Direktmarketing via E-Mail, Messenger, Briefpost und Telefon 421
13.1 Rechtliche Grundlagen 421
13.2 Weites Verständnis von Werbung 422
13.2.1 Arten werblicher Kommunikation 422
13.2.2 Nicht werbliche Kommunikation 425
13.2.3 Vermischung werblicher und nicht werblicher Inhalte ... 426
13.3 Zulässigkeit des Werbeversands 427
13.4 Voraussetzungen einer Einwilligung in den E-Mail-Versand 428
13.4.1 Ausdrückliche Einwilligung 428
13.4.2 Werbeeinwilligung muss getrennt erfolgen 429
13.4.3 Kopplung der Einwilligung 430
13.4.4 Vorhergehende Einwilligung 431
13.4.5 Information über den Inhalt der Werbenachrichten 431
13.4.6 Information über die Versandhäufigkeit 432

13.4.7 Einwilligungserklärung für verschiedene Werbekanäle .. 432
13.4.8 Benennung der Einwilligungsempfänger 432
13.4.9 Mehrere Einwilligungsempfänger 433
13.4.10 Namen, Geburtsdaten und Datenminimierung 436
13.4.11 Widerrufshinweis 436
13.4.12 Verweis auf die Datenschutzerklärung 437
13.4.13 Einholung der Einwilligungen vor Ort 437
13.4.14 Einwilligungen auf Gewinnspielkarten, Flyern etc. 437
13.4.15 Verfall von Einwilligungen und Berechtigungen nach Zeitablauf 438
13.5 Double-Opt-in-Verfahren und Nachweis der Einwilligung 439
13.6 Ausnahme von der Einwilligungspflicht bei Bestandskundenwerbung 443
13.6.1 Ausnahme gilt nur für digitale Werbenachrichten 443
13.6.2 Vorliegen einer Kundenbeziehung 443
13.6.3 Widerspruchshinweis 444
13.6.4 Kein Widerspruch und kein Erlöschen der Berechtigung 444
13.6.5 Ähnliche Waren und Dienstleistungen 445
13.7 Einwilligung in das Newsletter-Tracking 446
13.7.1 Einwilligungspflicht 447
13.7.2 Anforderungen an eine wirksame Einwilligung 447
13.7.3 Transparenz der Einwilligung 448
13.7.4 Erfolgsmessung bei Bestandskunden und Bestandsadressen 448
13.8 Rechtlich notwendige Inhalte der Werbenachrichten 450
13.8.1 Erkennbarer Absender 450
13.8.2 Kommerzieller Charakter 450
13.8.3 Inhalt 450
13.8.4 Widerrufs- und Widerspruchsrecht 450
13.8.5 Impressum und Datenschutzerklärung 451
13.9 Einsatz von Versanddienstleistern 452
13.9.1 Technische Versanddienstleister 452
13.9.2 Versand durch externe Adresslisteneigner 453
13.10 Empfehlungs- und Tell-a-Friend-Funktionen 454
13.10.1 Risiko der Tell-A-Friend-Funktion 454
13.10.2 Versand über E-Mail-Client der Nutzer 455
13.10.3 Empfehlungen in sozialen Netzwerken und Messengern 456
13.11 Privatnachrichten in sozialen Netzwerken 457
13.11.1 Kontaktanfragen 457
13.11.2 Privatnachrichten 458
13.11.3 Autoresponder 459

13.11.4 Reaktion auf Anfragen an die Allgemeinheit 459
13.11.5 Erwähnungen (Mentions) 459
13.12 Messenger, Chatbots und SMS 460
13.13 Push-Nachrichten und Browserbenachrichtigungen 462
13.14 Postalischer Werbeversand 463
13.15 Telefonwerbung 465
13.16 Umgang mit Widerrufs- und Widerspruchserklärungen 466
13.16.1 Keine formellen Vorgaben 467
13.16.2 Weite Auslegung des Umfangs der Erklärung 467
13.16.3 Einreichung auf allen Kanälen möglich 467
13.16.4 Identitätsprüfung 467
13.16.5 Keine Zugangshürden 468
13.16.6 Bestätigung der Abmeldung und Abmeldegrund 468
13.16.7 Unverzügliche Umsetzung 468
13.16.8 Dauerhafte Geltung 468
13.16.9 Löschung der Empfängerdaten 469
13.16.10 Aufnahme in eine Sperrliste 469
13.17 Folgen des unerlaubten Werbeversands 470
13.17.1 Wer gegen unerlaubten Werbeversand vorgehen kann ... 470
13.17.2 Wer wegen unerlaubten Werbeversands haftet 471
13.17.3 Umfang der Unterlassungserklärung 471
13.17.4 Kosten der Abmahnung 474
13.18 Risikobewertung in der B2B-Werbekommunikation 476

14 Gewinnspiele und Teilnahmebedingungen 479
14.1 Strafbares Glücksspiel vermeiden 479
14.1.1 Entgeltlichkeit und Risiko bei Glücksspielen 480
14.1.2 Der Ausgang hängt vom Zufall ab 480
14.1.3 Tombolas oder Lotterien 481
14.2 Teilnahmebedingungen 481
14.2.1 Inhalt der Teilnahmebedingungen 482
14.2.2 Einbeziehung und Kontrollkästchen 483
14.2.3 Beschränkungen des Teilnehmerkreises bei Gewinnspielen 484
14.2.4 Sprache der Teilnahmebedingungen 484
14.2.5 Gedruckte Teilnahmekarten 484
14.2.6 Klare Angaben über Gewinne und Folgekosten 485
14.2.7 Verhaltensregeln und Verbote 485
14.2.8 Haftung für rechtswidrige Beiträge der Teilnehmer 487
14.2.9 Geltendes Recht und salvatorische Klausel 487
14.2.10 Änderung der Teilnahmebedingungen 487
14.3 Gewinne und Gewinnspielende 488
14.3.1 Anspruch auf den Gewinn 488

14.3.2 Nicht mit vorgeblichen Gewinnzusagen werben 488
14.3.3 Kopplung des Gewinns an den Warenerwerb 488
14.3.4 Minderjährige Teilnehmer 489
14.3.5 Art der Verlosung von Gewinnen 490
14.3.6 Verlosung von Markenprodukten 490
14.3.7 Sponsoring von Gewinnspielen 491
14.3.8 Der Rechtsweg ist nicht ausgeschlossen 491
14.3.9 Außerplanmäßige Beendigung eines Gewinnspiels 492
14.3.10 Rückmelde- und Abholfristen für die Gewinner 492
14.3.11 Ausschluss der Gewährleistung für Gewinne 492
14.4 Datenschutz 493
14.4.1 Datenschutzhinweise 493
14.4.2 Veröffentlichung der Namen von Teilnehmenden 494
14.4.3 Nicht zwingend notwendige Angaben 494
14.4.4 Veröffentlichung von Gewinnspielbeiträgen 495
14.4.5 Wirtschaftliche Nutzung der Gewinnspielbeiträge 495
14.4.6 Nutzung der Teilnehmerdaten für Werbezwecke 496
14.5 Gewinnspiele in sozialen Netzwerken 496
14.5.1 Gewinnspiele bei Facebook 496
14.5.2 Gewinnspiele auf Instagram 497
14.5.3 Gewinnspiele bei LinkedIn 498
14.5.4 Gewinnspiele bei Pinterest 498
14.5.5 Gewinnspiele bei TikTok 498
14.6 Folgen rechtswidriger Gewinnspiele 498

15 Recht für SEO und SEA 501
15.1 Vertragliche Regelungen 501
15.1.1 Dienstvertrag vs. Werkvertrag 501
15.1.2 Haftung und Ausschluss rechtlicher Prüfung 502
15.1.3 Urheberrechtliche Risiken bei SEO-Maßnahmen 503
15.1.4 Zulässigkeit des Einsatzes von KI 503
15.1.5 Markenrechtliche Risiken bei SEO-Maßnahmen 503
15.2 Markenrecht und Keyword-Bidding 504
15.2.1 Erkennbare Anzeigenschaltung 505
15.2.2 Fremde Marke nicht in der Anzeige nennen 505
15.2.3 Dynamische und negative Keywords 506
15.2.4 Metatags und Hidden Tags 507
15.3 Wettbewerbsrechtliche Risiken bei SEO-Maßnahmen 508
15.4 Datenschutzrechtliche Risiken 509
15.5 Optimierung von Webseiten für die KI-Suche 510

16 Drohnen, Augmented Reality und Smartglasses **513**
16.1 Einsatz von Drohnen im Marketing 513
16.1.1 EU-Drohnenverordnung 514
16.1.2 Die Drohnenklassen 515
16.1.3 Generelle Voraussetzungen 517
16.1.4 Beauftragung von Drohnenpiloten 520
16.1.5 Rechtsfolgen bei Verstößen 521
16.2 Einsatz von Augmented Reality im Marketing 522
16.2.1 Augmented, Virtual und Mixed Reality 523
16.2.2 Rechtliche Herausforderungen von AR 524
16.2.3 Rechtsfolgen und Haftung bei Einsatz von AR 529
16.2.4 Möglichkeiten zulässiger Nutzung 529

17 Haftung für Mitarbeitende, Agenturen, Nutzer und Links **531**
17.1 Haftung für Mitarbeitende 531
17.1.1 Haftungsminderung durch Richtlinien und Schulungen 532
17.1.2 Inhalte der KI- und Social-Media-Richtlinien 534
17.2 Haftung für Agenturen, Influencer und Lieferanten 537
17.2.1 Haftungsausschlüsse in AGB und Verträgen 537
17.2.2 Muster eines Haftungsausschlusses 538
17.3 Haftung für rechtswidrige Nutzerinhalte 539
17.3.1 Haftung von Anbietern digitaler Dienste 540
17.3.2 Haftungsprivileg für Nutzerinhalte 540
17.3.3 Überwachung und Nachforschung 541
17.4 Pflichten für Anbieter von Hosting-Diensten und Onlineplattformen 543
17.4.1 Pflichten als Hosting-Diensteanbieter 543
17.4.2 Zusätzliche Pflichten als Onlineplattformanbieter 544
17.4.3 Zusätzliche Pflichten für Gatekeeper 545
17.4.4 Bußgelder bei Verstoß 547
17.5 Haftung für Links, eingebettete und geteilte Inhalte 548
17.5.1 Arten von Links und Verweisen 549
17.5.2 Arten der Rechtsverstöße 549
17.5.3 Änderungen der verlinkten Inhalte 552
17.5.4 Distanzierung 553
17.5.5 Kein Verbot der Verlinkung 553
17.6 Haftung für favorisierte Inhalte 554

18 Abmahnung, Abwehr und Durchsetzung von Ansprüchen 557
18.1 Durchsetzung von Rechten 557
18.1.1 Beweissicherung bei Rechtsverletzungen 559
18.1.2 Selbst vorgehen oder melden 560
18.1.3 Das konkrete Vorgehen bestimmen 561
18.1.4 Formloser Hinweis 562
18.1.5 Abmahnung 563
18.1.6 Gerichtliches Klage- und Schnellverfahren 567
18.1.7 Hinweis an Wirtschafts- und Verbraucherverbände 568
18.1.8 Strafrechtliches Vorgehen 568
18.2 Reaktion auf Abmahnungen 570
18.2.1 Pflicht zum Handeln 571
18.2.2 Beweise sichern 571
18.2.3 Berechtigung und behauptete Rechtsverletzung prüfen ... 572
18.2.4 Frist und Androhung rechtlicher Schritte 572
18.2.5 Rechtsverstoß beenden und Wiederholung vorbeugen ... 572
18.2.6 Prüfung und Modifikation der Unterlassungserklärung ... 573
18.2.7 Abwehr unberechtigter Abmahnungen 575

Anhang A: Muster für Teilnahmebedingungen für Gewinnspiele 577

Anhang B: Muster für Social-Media-Richtlinien 585

Anhang C: Muster für KI-Richtlinien 593

Index 599

Einleitung

Online- und Digitalmarketing gehören von jeher zu den Bereichen, in denen die Entwicklungen ausgesprochen dynamisch und rechtliche Fragen nicht vollständig und abschließend geklärt sind. Ganz gleich, ob es um den Einsatz von Cookies, Profile in sozialen Netzwerken, die Nutzung von künstlicher Intelligenz (KI) oder um Drohnen und Augmented Reality geht – Verantwortliche müssen stets damit leben, dass es zu Datenschutz-, Urheber- oder Markenrechtsverstößen kommen kann. Darüber hinaus können auch noch fehlende KI- oder Datenschutzmaßnahmen zur persönlichen Haftung der Geschäftsführung oder leitender Angestellter führen.

Modernes Marketing kann man in diesem Punkt vielleicht mit der Formel 1 vergleichen. Wer immer nur auf Nummer sicher fahren will, fährt hinterher. So müssen auch Sie als Praktikerin oder Praktiker im Online-Marketing gewisse Rechtsunsicherheiten als »Betriebsrisiko« in Kauf nehmen, wenn Sie neue Möglichkeiten des Online-Marketings nutzen und vorne mit dabei sein möchten.

Das Ziel dieses Buchs ist es daher, Sie zu unterstützen, dieses Betriebsrisiko auf ein möglichst minimales und kalkulierbares Maß zu senken. Es geht darum, Ihnen aufzuzeigen, wann Sie rechtssicher handeln, wann Sie sichere Grenzen überschreiten und mit welchen Folgen Sie in diesen Fällen rechnen müssen.

Dabei wird Ihr Risiko, Rechtsverstöße zu begehen, nach Lektüre dieses Buchs erheblich sinken. Denn 99 % der rechtlichen Fehler erfolgen nicht wegen falscher Rechtsanwendung, sondern schlicht aus der Unkenntnis heraus, dass überhaupt ein Rechtsproblem vorliegen könnte.

Ich wünsche Ihnen viel Freude beim Lesen und hoffe, dass Sie wertvolle Erkenntnisse für Ihre tägliche Marketingarbeit gewinnen!

Ihr Dr. jur. Thomas Schwenke

Vollständig überarbeitete Neuauflage

Dieses Buch erscheint nun in der dritten, vollständig überarbeiteten Auflage und basiert auf dem ursprünglich 2012 veröffentlichten Werk »Social Media Marketing und Recht«. Die aktuelle Ausgabe wurde komplett neu verfasst und deckt das gesamte Spektrum des Online- und Digitalmarketings ab mit einem besonderen Fokus auf dem Einsatz von KI im Marketing. Die Überarbeitung berücksichtigt mehr als zehn Jahre rechtliche Entwicklungen und wegweisende Gerichtsurteile. Wie in den vorangegangenen Auflagen lege ich großen Wert darauf, die rechtlichen Inhalte möglichst anschaulich und praxisnah zu vermitteln. Zusätzlich habe ich in jedem Kapitel Checklisten neu hinzugefügt, die das Verständnis der Materie und die Umsetzung in der Praxis deutlich erleichtern sollten. Mit diesem Werk erhalten Sie eine fundierte und aktuelle Orientierungshilfe, die sowohl technisch als auch rechtlich auf dem neuesten Stand ist – einen verlässlichen Begleiter für alle rechtlichen Fragen rund um Online- und Digitalmarketing.

Für wen das Buch geschrieben ist

Dieses Buch richtet sich an Praktikerinnen und Praktiker im gesamten Bereich des Online- und Digitalmarketings und dient als Grundlagen- und Nachschlagewerk für den täglichen Umgang mit rechtlichen Fragestellungen im digitalen Marketing. Es ist besonders wertvoll für Marketing- und PR-Profis, Social-Media-Manager, Online-Marketing-Agenturen, kleine und mittlere Unternehmen sowie Freiberuflerinnen und Freiberufler, die sich mit Online-Marketing, sei es in Form von Social Media, SEO, SEA, E-Mail-Marketing oder anderen digitalen Disziplinen, beschäftigen. Auch für Fachleute mit juristischer Vorbildung, wie Unternehmensjuristen, bietet das Buch einen umfassenden Einblick in die Herausforderungen aktueller rechtlicher Vorgaben im digitalen Umfeld. Abgedeckt werden alle wichtigen Marketingbereiche; dazu gehören auch aktuelle Themen wie die Verwendung von KI-generierten Inhalten, die Zusammenarbeit mit Influencern, der Einsatz von Chatbots, Cookies und Drohnen sowie der Versand von Werbung über Messenger, nur um einige Beispiele zu nennen.

Hinweis: Plattformen, soziale Netzwerke und Werkzeuge

Dieses Buch vermittelt Ihnen das notwendige rechtliche Grundwissen, um die Herausforderungen der digitalen Welt erfolgreich zu meistern – unabhängig davon, welche sozialen Netzwerke, Plattformen oder KI-Werkzeuge Sie nutzen. Während digitale Plattformen und Technologien kommen und gehen oder sich wandeln, bleiben die grundlegenden rechtlichen Anforderungen weitgehend konstant.

Anforderungen an die Leser

Dieses Buch setzt weder tiefgehende juristische Kenntnisse noch umfassendes Marketingwissen voraus. Hilfreich ist jedoch ein grundlegendes Verständnis der Grundzüge des Online-Marketings. Dies beinhaltet je nach Kapitel die Kenntnis gängiger Begriffe und Konzepte wie soziale Netzwerke, SEO, Newsletter, Werbung, Cookies und Tracking-Tools. Bei neuen Technologien wie künstlicher Intelligenz oder Augmented Reality finden Sie im Buch Erklärungen der dahinterstehenden Technologie, um Ihnen ein besseres Verständnis zu ermöglichen.

Aufbau des Buchs

Das Buch deckt alle typischen Marketingaufgaben und -aktivitäten und die daraus resultierenden rechtlichen Fragen ab. Ich habe dabei versucht, die im Joballtag häufig auftretenden Fragen auch für juristische Laien möglichst verständlich zu beantworten. Im Folgenden gebe ich Ihnen kapitelweise einen Überblick über die Buchinhalte:

Kapitel 1: Maßgebliche Gesetze und rechtliche Problemstellungen im Marketing

In diesem Kapitel erhalten Sie einen Überblick über die wichtigsten rechtlichen Grundlagen, die für das moderne Marketing eine Rolle spielen. Dieses Kapitel behandelt maßgebliche Gesetze, die für verschiedene Marketingformen wie E-Mail-Marketing und Influencer-Marketing oder das Erstellen von KI-generierten Bildern relevant sind. Zudem werden typische Fragestellungen und Situationen der Marketingpraxis vorgestellt, aus denen sich rechtliche Probleme ergeben können.

Kapitel 2: Webseiten und Accounts

Dieses Kapitel zeigt Ihnen die rechtlichen Anforderungen, die beim Erstellen von Webseiten und Social-Media-Konten wichtig sind. Neben den Pflichtangaben, wie dem Impressum, werden auch Themen wie Nutzungsbedingungen, Haftungsausschlüsse und die klare Regelung der Inhaberschaft von Domains und Accounts behandelt. Zusätzlich erfahren Sie, worauf bei der Zusammenarbeit mit Agenturen, Dienstleistern und Mitarbeitenden geachtet werden muss, um rechtliche Konflikte zu vermeiden.

Kapitel 3: Urheberrecht in der Marketingpraxis

In diesem Kapitel erfahren Sie, welche rechtlichen Fallstricke bei der Erstellung und Nutzung von Inhalten wie Bildern, Texten, Musik, Videos und Computercode im Marketing auftreten können. Es wird erläutert, welche Rechte bei der Verwendung dieser Inhalte zu beachten sind, wie diese geschützt sind und welche Ausnahmen eine Nutzung auch ohne Einwilligung der Rechteinhaber ermöglichen. Zudem lernen Sie, wie Sie fremde Inhalte, etwa als Zitat oder Meme, rechtssicher verwenden können.

Kapitel 4: KI-generierte Inhalte

Dieses Kapitel beschäftigt sich mit den grundlegenden rechtlichen Änderungen durch den Einsatz von generativer KI. Anders als von Menschen geschaffene Werke genießen KI-generierte Inhalte keinen Urheberrechtsschutz. Das bedeutet, dass fremde KI-Ergebnisse frei genutzt werden können. Umgekehrt können Ihre KI-Werke von Dritten kopiert und verändert werden kann. Zudem müssen neue Vorschriften, wie die Kennzeichnungspflicht für Deepfakes beachtet werden. In dieser sich rasch wandelnden Rechtslandschaft gibt Ihnen das Kapitel Orientierung und zeigt auf, welche neuen Anforderungen und Regeln zu beachten sind.

Kapitel 5: Nutzungserlaubnis und Lizenzen im Urheberrecht

In diesem Kapitel erfahren Sie, wie Sie die Erlaubnis zur Nutzung urheberrechtlich geschützter Inhalte erhalten. Rechteinhaber bieten häufig standardisierte Lizenzen an, die Sie für Ihre geplante Nutzung auswählen und entsprechend bezahlen können. Dies ist besonders relevant bei Stockbildarchiven und kostenlosen Bilddatenbanken. Das Kapitel beleuchtet, worauf beim Einholen von Lizenzen zu achten ist und welche rechtlichen Fallstricke bestehen. Unklarheiten bei der Nutzung von lizenzierten Inhalten werden nämlich zugunsten der Rechteinhaber ausgelegt.

Kapitel 6: Fotos, KI-generierte Darstellungen von Personen und das Hausrecht von Unternehmen

In diesem Kapitel betrachten wir die rechtlichen Aspekte echter Abbildungen von Personen sowie KI-generierter Darstellungen. Es geht um den Schutz der Privatsphäre, das Recht am eigenen Bild und der Stimme sowie den Schutz des Eigentums. Diese Themen sind im geschäftlichen Kontext, wie etwa bei der Erstellung von Medieninhalten, der Zusammenarbeit mit Influencern oder bei Veranstaltungen, besonders relevant. Auch KI-generierte Darstellungen unterliegen rechtlichen Vorgaben. Sie gewährleisten den gleichen Schutz, der auch für echte Abbildungen besteht – insbesondere im Hinblick auf Persönlichkeitsrechte und Datenschutz.

Kapitel 7: Marken, Logos und Großevents

Sie erhalten einen Überblick über die Grundlagen des Marken- und Namensrechts, die für rechtssicheres Online-Marketing unverzichtbar sind. Ob es um die Entwicklung eigener Marken mit KI-Unterstützung, die Abbildung fremder Markenprodukte oder um Werbung bei Großveranstaltungen wie der Fußball-WM oder den Olympischen Spielen geht, stets müssen Sie die Markenrechte Dritter wahren. Zudem erfahren Sie, wie Sie Produktnamen oder Unternehmens- und Produktlogos vor unautorisierter Nutzung schützen können.

Kapitel 8: Influencer, Testimonials und Affiliates

In diesem Kapitel werden die rechtlichen Vorgaben für das Influencer-Marketing erläutert, insbesondere die Transparenz- und Werbekennzeichnungspflichten. Es geht zudem um typische rechtliche Stolperfallen bei der Zusammenarbeit mit Influencern, Agenturen und Kunden sowie um die vertraglichen Regelungen, die helfen, solche Risiken zu minimieren. Zusätzlich betrachten wir Corporate Influencer und den Einsatz von KI-generierten Influencern. Abschließend gibt das Kapitel einen Überblick über die rechtlichen Anforderungen für Testimonials und das Affiliate-Marketing, einschließlich Datenschutz und der Kennzeichnungspflicht für Affiliate-Links.

Kapitel 9: Äußerungen, Bewertungen, Testergebnisse und Prüfsiegel

In diesem Kapitel erfahren Sie, welche rechtlichen Richtlinien für Meinungsäußerungen und Tatsachenbehauptungen zu beachten sind, sowohl allgemein als auch speziell im Bereich des Online-Marketings. Sie lernen, was zulässige Meinungen und unzulässige Schmähkritiken unterscheidet und welche Konsequenzen unwahre Tatsachenbehauptungen haben. Zudem wird erklärt, welche rechtlichen Aspekte beim Umgang mit negativen Kundenbewertungen zu berücksichtigen sind. Abschließend erhalten Sie Informationen zur rechtssicheren Nutzung von Testergebnissen, Prüfsiegeln und Kundenumfragen in Ihrer Werbung.

Kapitel 10: Datenschutz und Cookies

Das Kapitel konzentriert sich auf die vielschichtige Thematik des Datenschutzes im Bereich Marketing. Sie erwerben fundiertes Basiswissen und erhalten praxisnahe Antworten auf häufige Fragen im Marketing, beispielsweise zur Einholung von Cookie-Einwilligungen oder dem Einsatz von Messengern. Konkrete Beispiele zeigen zudem, wie die DSGVO in der Praxis umgesetzt wird und wie datenschutzkonforme Prozesse im Umgang mit Dienstleistern und Partnern rechtssicher gestaltet werden können.

Kapitel 11: KI-Verordnung und Zulässigkeit der KI-Nutzung

Dieses Kapitel gibt einen Überblick über die rechtlichen Bestimmungen zum Einsatz von künstlicher Intelligenz (KI) gemäß der KI-Verordnung. Sie lernen, wie KI-Systeme definiert werden, wann sie verboten sind oder als Hochrisiko-KI gelten und wann Deepfakes gekennzeichnet werden müssen. Erläutert wird auch, warum eine KI-Kompetenz der Mitarbeitenden zur Haftungsvermeidung erforderlich ist und worauf Sie beim KI-Einsatz in datenschutzrechtlicher Hinsicht achten müssen.

Kapitel 12: Werbeaussagen, Greenwashing und Barrierefreiheit

Bei der Formulierung von Werbeaussagen müssen Sie einige wettbewerbsrechtliche Vorgaben beachten, um Abmahnungen zu vermeiden. Das Kapitel behandelt außerdem Themen wie Alleinstellungs- und Spitzenstellungsbehauptungen, den Vergleich mit Mitbewerbern, den Kauf von Followern, umweltbezogene Werbung und das Vermeiden von Aussagen, die als Greenwashing einzustufen sind. Auch bei gesundheitsbezogenen Angaben, sogenannten »Health Claims«, ist Vorsicht geboten.

Kapitel 13: Direktmarketing via E-Mail, Messenger, Telefon und Post

In diesem Kapitel wird Direktmarketing als umfassender Begriff für Werbemaßnahmen verstanden, die potenzielle Kunden direkt ansprechen, etwa per E-Mail-Newsletter, Messenger-Nachricht, über Telefonanrufe oder postalische Werbung. Diese Formen des Marketings sind besonders effektiv, da sich die Empfänger der Werbung kaum entziehen können. Allerdings gibt es strenge gesetzliche Vorgaben, die solche Maßnahmen regeln, um den Missbrauch durch Spam zu verhindern. Sie lernen die rechtlichen Grundlagen des Einsatzes von Direktmarketing über verschiedene Kanäle kennen und erfahren, wie Sie Abmahnungen und Bußgelder vermeiden, indem Sie die entsprechenden Vorgaben einhalten.

Kapitel 14: Gewinnspiele und Teilnahmebedingungen

Dieses Kapitel beschreibt die rechtlichen Vorgaben für Gewinnspiele und erläutert, wie Social-Media-Plattformen wie Meta und LinkedIn eigene Regeln für Gewinnspiele aufstellen. Sie erfahren, wie Sie strafbare Glücksspiele sowie Abmahnungen vermeiden und was die Klausel »Der Rechtsweg ist ausgeschlossen« bedeutet. Zudem erhalten Sie Hinweise zur Planung und Durchführung von Gewinnspielen.

Kapitel 15: Recht für SEO und SEA

In diesem Kapitel werden die rechtlichen Rahmenbedingungen für Suchmaschinenoptimierung (SEO) und Suchmaschinenwerbung (SEA) erläutert. Es geht um die rechtlichen Herausforderungen, die sich aus der Verbesserung der Sichtbarkeit von Webseiten und der gezielten Ansprache von Nutzerinnen und Nutzern durch Werbung ergeben. Themen wie Datenschutz, urheberrechtliche und wettbewerbsrechtliche Risiken stehen im Vordergrund. Ein besonderer Fokus liegt auf dem Keyword-Bidding, bei dem Marken von Mitbewerbern als Köder verwendet werden, sowie auf der korrekten Kennzeichnung von Anzeigen.

Kapitel 16: Drohnen, Augmented Reality und Smartglasses

Kapitel 16 fasst zusammen, wie Drohnen sowie Augmented Reality (AR) und Smartglasses sicher und rechtskonform im Marketing eingesetzt werden können. Es wird erklärt, wie die Verwendung von Drohnen im Einklang mit der EU-Drohnenverordnung steht. Zudem bietet AR neue Marketingmöglichkeiten, wobei allerdings Datenschutz- und Persönlichkeitsrechte besonders berücksichtigt werden müssen.

Kapitel 17: Haftung für Mitarbeitende, Agenturen, Nutzer und Links

Dieses Kapitel zeigt auf, wann Sie für Rechtsverstöße Dritter wie beispielsweise durch Mitarbeitende, Agenturen und Nutzer haften müssen und was bei Inhalten, die über Links eingebettet sind, zu beachten ist. Es werden Situationen beschrieben, in denen Sie für fremde Urheber-, Marken- und Persönlichkeitsrechtsverletzungen oder unlautere Wettbewerbsmaßnahmen haftbar gemacht werden können. Außerdem erfahren Sie, wie Sie durch Richtlinien und Schulungen die Risiken Ihrer Haftung minimieren können. Umgekehrt geht es auch darum, welche Schritte Sie unternehmen sollten, wenn Ihre eigenen Rechte verletzt werden.

Kapitel 18: Umgang mit Rechtsverstößen und Abmahnungen

In diesem Kapitel lernen Sie, wie Sie auf Rechtsverstöße reagieren und sich gegen unberechtigte Ansprüche verteidigen können. Es werden zentrale Fragen zu Abmahnungen, einstweiligen Verfügungen und Strafanträgen beantwortet, damit Sie rechtliche Vorgänge besser einschätzen und fundierte Entscheidungen treffen können.

Anhänge

In den Anhängen finden Sie Mustervorlagen für Gewinnspielnutzungsbedingungen sowie Social-Media- und KI-Richtlinien.

Danksagungen

In erster Linie möchte ich mich bei den Leserinnen und Lesern der bisherigen Auflagen bedanken, ebenso bei meinen Mandantinnen und Mandanten, Kolleginnen und Kollegen, Zuhörerinnen und Zuhörern unseres Podcasts »Rechtsbelehrung« sowie meinem Co-Host Marcus Richter für die langjährige, inspirierende Zusammenarbeit, den Leserinnen und Lesern meiner Artikel und Newsletter sowie meinen Followern in den sozialen Netzwerken. Viele der behandelten Rechtsfragen basieren auf euren und Ihren Kommentaren, Anregungen und Ergänzungen.

Ein besonderer Dank gilt meiner Lektorin Ariane Hesse, die mit großem Engagement darauf geachtet hat, dass ich bei der Behandlung komplexer Rechtsfragen nicht ins Juristendeutsch abgleite, sondern klare und präzise Formulierungen verwende.

Nicht zuletzt bedanke ich mich bei den Mitarbeiterinnen und Mitarbeitern meiner Kanzlei und von certready.eu als auch bei den mir persönlich nahestehenden Personen für ihre Unterstützung.

Hinweis: Updates und Follow-up

Aktuelle Informationen zu rechtlichen Neuerungen und Entwicklungen in den Bereichen Marketingrecht, KI und Datenschutz erhalten Sie im monatlichen Newsletter des Autors (*https://drschwenke.de/newsletter*) sowie in seinem Profil bei LinkedIn unter *https://linkedin.com/in/drschwenke*.

KAPITEL 1

Maßgebliche Gesetze und Anwendungsszenarien

In diesem Kapitel erhalten Sie einen umfassenden Überblick über die wesentlichen Rechtsvorschriften, die im Rahmen des Online- und Digitalmarketings von Bedeutung sind. Darüber hinaus erfahren Sie, wie Sie dieses Buch als praktisches Werkzeug nutzen können, um rechtliche Herausforderungen in typischen alltäglichen Anwendungssituationen zu meistern.

1.1 Maßgebliche Rechtsvorschriften

Abbildung 1.1: Das Recht für Online-Marketing, Digitales und KI wird im Wesentlichen durch die EU festgelegt. Zudem legt der Europäische Gerichtshof (EuGH) diese Regeln verbindlich aus und die deutschen Gerichte müssen sich daran halten. Das sorgt für einheitliche rechtliche Standards in der ganzen EU.

Im Folgenden erhalten Sie zunächst einen Überblick über die Gesetze, die für digitales Marketing und Online-Marketing relevant sind und in welchem Kapitel des Buchs sie schwerpunktmäßig behandelt werden. Wenn Sie diese Gesetze im Blick haben und die entsprechenden Anforderungen beachten, werden Sie innerhalb der EU und in der Regel auch weltweit gesetzeskonform handeln (siehe Abbildung 1.1).

- **Allgemeines Gleichbehandlungsgesetz (AGG):** Das AGG schützt vor Diskriminierung aus Gründen wie Herkunft, Geschlecht, Behinderung, Alter, Religion oder Weltanschauung. Es ist z.B. relevant beim Einsatz von KI-gestützten Auswahlverfahren im Bewerbungsprozess (Kapitel 11).
- **Barrierefreiheitsstärkungsgesetz (BFSG):** Verlangt, dass E-Commerce-Angebote und bestimmte digitale Inhalte barrierefrei gestaltet werden, um Menschen mit Einschränkungen eine problemlose Nutzung zu ermöglichen (Kapitel 12).
- **Bürgerliches Gesetzbuch (BGB):** Regelt Vertragsabschlüsse, Haftung oder Fristen im digitalen Geschäftsverkehr (Kapitel 5, Kapitel 6, Kapitel 15, Kapitel 17).
- **Datenschutz-Grundverordnung (DSGVO):** Die DSGVO dient dem Schutz personenbezogener Daten in verschiedenen Bereichen. Dazu gehören Personenabbildungen (Kapitel 6), Direktmarketing (Kapitel 13) und Gewinnspiele (Kapitel 14). Außerdem regelt sie die Verarbeitung von Cookies (Kapitel 10), die Nutzung von KI (Kapitel 11) sowie den Einsatz von Drohnen und Augmented Reality (Kapitel 16).
- **Digitale-Dienste-Gesetz (DDG):** Regelt die Impressumspflicht (Kapitel 2) und die Haftung von nicht kommerziellen Anbietern digitaler Dienste, z.B. von durch Vereine oder Behörden betriebene Social-Media-Präsenzen (Kapitel 17).
- **Drohnenverordnung (EU 2019/947):** Regelt die Nutzung von Drohnen im Außenbereich (Kapitel 16).
- **Gesetz zum Schutz von Geschäftsgeheimnissen (GeschGehG):** Das GeschGehG schützt vertrauliche Unternehmensinformationen. Dies ist besonders beim Einsatz von künstlicher Intelligenz (KI) relevant, wenn z.B. KI-Werkzeuge in Kommunikationsprozessen zwischen Unternehmen eingesetzt werden (Kapitel 11).
- **Gesetz gegen den unlauteren Wettbewerb (UWG):** Das Gesetz gegen den unlauteren Wettbewerb (UWG) verbietet unlauteres Verhalten von Marktteilnehmern und schützt Verbraucher. Es ist besonders relevant bei Werbeaussagen (Kapitel 12) sowie bei Äußerungen, Bewertungen, Testergebnissen und Prüfsiegeln (Kapitel 9). Zudem spielt das UWG eine zentrale Rolle bei Kennzeichnungspflichten für Influencer (Kapitel 8), im Direktmarketing (Kapitel 13), bei Gewinnspielen (Kapitel 14) und bei Haftungsfragen (Kapitel 17).
- **Gesetz über digitale Dienste (Digital Services Act, DSA):** Stellt Vorschriften für die Haftung für Nutzerinhalte und den Umgang mit Beschwerden bei Onlineplattformen auf (Kapitel 17).
- **Health-Claims-Verordnung (EU Nr. 1924/2006):** Reguliert die nährwert- und gesundheitsbezogenen Angaben in der Lebensmittelwerbung (Kapitel 12).
- **KI-Verordnung (KI-VO):** Enthält Vorschriften dazu, wann und wie die Nutzung von KI zulässig ist und wie KI-Ergebnisse zu kennzeichnen sind (Kapitel 4 und 11).

- **Kunsturhebergesetz (KUG):** Regelt die Rechte an Bildnissen von Personen und deren Verbreitung sowie Veröffentlichung (Kapitel 6), auch im Fall von Drohnenaufnahmen oder zu Zwecken der Augmented Reality (Kapitel 16).
- **Markengesetz (MarkenG):** Bietet Schutz für Marken und Logos im geschäftlichen Verkehr (Kapitel 7).
- **Medienstaatsvertrag (MStV):** Enthält eine Impressumspflicht für Telemedien (also Webseiten, Videos, Podcasts etc.) und Vorgaben für die Trennung zwischen redaktionellen Inhalten und Werbung (Kapitel 8).
- **Strafgesetzbuch (StGB):** Ist relevant für strafrechtliche Aspekte, z. B. bei Verstößen gegen das StGB durch unwahre Behauptungen, Beleidigungen (Kapitel 9) oder unerlaubte Verbreitung oder Veröffentlichung von Personenabbildungen (Kapitel 6) sowie heimliche Aufnahmen mit Drohnen (Kapitel 16).
- **Telekommunikation-Digitale-Dienste-Datenschutz-Gesetz (TDDDG):** Regelt die Verwendung von Cookies (Kapitel 10) und die Strafbarkeit der Nutzung von sendefähigen Kameras und Mikrofonen, die in »Gegenständen des täglichen Lebens« versteckt sind, wie es z. B. bei Smartglasses der Fall sein kann (Kapitel 16).
- **Urheberrechtsgesetz (UrhG):** Schützt geistiges Eigentum und macht klare Vorgaben zu den Rechten und Nutzungserlaubnissen kreativer Inhalte (Kapitel 3, Kapitel 4, Kapitel 5).

1.2 Problemstellungen und Anwendungsszenarien

Abbildung 1.2: Dieses Buch informiert Sie ausführlich über die verschiedenen rechtlichen Herausforderungen und Risiken, die im modernen Marketing auftreten können. Es deckt Themen von der Entwicklung und Optimierung von Onlinepräsenzen über die Pflege von Communitys und das Schalten von Werbung bis hin zum Einsatz von KI, Drohnen und Augmented Reality ab (Bildquelle: KI).

Im Anschluss erhalten Sie einen umfassenden Überblick über gängige rechtliche Herausforderungen und typische Anwendungsszenarien im digitalen und Online-Marketing. Zudem werden die entsprechenden Kapitel des Buchs genannt, in denen Sie die notwendigen Erläuterungen und Hilfestellungen finden, um diese Herausforderungen effektiv zu bewältigen.

1. **Affiliate-Marketing:** Stellen Sie sicher, dass Sie die rechtlichen Vorgaben und Kennzeichnungspflichten bei der Einbeziehung von Influencern und Testimonials kennen (Kapitel 8). Beachten Sie zudem die Datenschutzregelungen, die für Cookies gelten (Kapitel 10).
2. **Augmented Reality integrieren:** Berücksichtigen Sie bei der Integration von Augmented Reality in Ihre Marketingstrategie die Datenschutz- und Persönlichkeitsrechte (Kapitel 16).
3. **Ein Blog führen:** Achten Sie darauf, dass alle Inhalte den urheberrechtlichen Anforderungen (Kapitel 3) entsprechen. Stellen Sie sicher, dass Sie die notwendigen Lizenzen und Zustimmungen zur Nutzung von Bildern und Inhalten haben (Kapitel 5). Berücksichtigen Sie Haftungsrisiken bei Kommentaren und Beiträgen Dritter (Kapitel 17). Achten Sie zudem auf die Einhaltung von Datenschutzbestimmungen beim Erheben und Veröffentlichen von Nutzerdaten, etwa in Kommentaren (Kapitel 10). Denken Sie auch die Regeln bei Meinungsäußerungen und Bewertungen (Kapitel 9).
4. **Bannerwerbung:** Für die rechtssichere Planung und Umsetzung von Bannerwerbung berücksichtigen Sie Inhalte und Urheberrechte (Kapitel 3) sowie potenziell KI-generierte Inhalte (Kapitel 4). Achten Sie zudem auf die rechtlichen Vorgaben zu Werbeaussagen und Preisangaben (Kapitel 12) sowie auf Datenschutz- und Tracking-Anforderungen bei der Konversionsmessung (Kapitel 10).
5. **Community führen:** Achten Sie auf die rechtlichen Aspekte von Nutzungsbedingungen und Community-Richtlinien (Kapitel 2). Berücksichtigen Sie die Datenschutzvorgaben, insbesondere zur Bereitstellung der Datenschutzhinweise (Kapitel 10), und beachten Haftungsfragen für nutzergenerierte Inhalte (Kapitel 17).
6. **Content erstellen:** Prüfen Sie, ob Sie über die nötigen Rechte verfügen, um den Content für die geplanten Zwecke nutzen zu dürfen (Kapitel 3, Kapitel 5). Wenn Sie KI einsetzen, um Inhalte zu erstellen, berücksichtigen Sie die Hinweise in Kapitel 4 und die rechtlichen Rahmenbedingungen des KI-Einsatzes (Kapitel 11). Falls Personen abgebildet werden, beachten Sie die entsprechenden rechtlichen Vorgaben (Kapitel 6).
7. **Cookies verwenden:** Achten Sie darauf, dass Sie die rechtlichen Bestimmungen zu Einwilligung und Transparenz (Kapitel 10) befolgen.
8. **Datenanalysen durchführen:** Stellen Sie sicher, dass alle Datenanalysen im Einklang mit den Datenschutzgesetzen (Kapitel 10) erfolgen. Sie müssen dafür die notwendige Einwilligung haben oder darauf achten, dass ein berechtigtes Interesse zur Datenerhebung und -verarbeitung vorliegen muss, und für Transparenz bei der Datenverwendung sorgen.

9. **Deepfakes in Werbung verwenden:** Achten Sie auf die rechtlichen Vorgaben und Kennzeichnungspflichten (Kapitel 4).
10. **Dienstleister und Subunternehmer:** Stellen Sie sicher, dass Ihre Dienstleister und Subunternehmer alle vertraglichen und rechtlichen Anforderungen einhalten, da Sie unter Umständen für deren Handlungen haften können (Kapitel 17). Achten Sie darauf, dass klare Vereinbarungen getroffen werden, insbesondere hinsichtlich Datenschutz und Datensicherheit (Kapitel 10). Überprüfen Sie auch, ob Sie für alle genutzten Inhalte die notwendigen Lizenzen besitzen (Kapitel 5).
11. **Drohnen für Marketingzwecke nutzen:** Halten Sie die rechtlichen Voraussetzungen der Drohnenverordnung (Kapitel 16) sowie zur Abbildung von Personen und Sachen ein (Kapitel 6).
12. **E-Mail-Marketing:** Stellen Sie sicher, dass Sie die gesetzlichen Anforderungen für Einwilligungen und den Umgang mit personenbezogenen Daten (Kapitel 10) und Direktmarketing (Kapitel 13) einhalten.
13. **Gewinnspiele durchführen:** Achten Sie darauf, dass Ihr Gewinnspiel den rechtlichen Vorgaben entspricht (Kapitel 14), und berücksichtigen Sie die spezifischen Regeln der Plattformen, auf denen das Gewinnspiel durchgeführt wird.
14. **Werbung im Rahmen von Großveranstaltungen schalten:** Berücksichtigen Sie bei Werbung im Rahmen von Großveranstaltungen, wie der Fußball-WM oder den Olympischen Spielen, die Einhaltung von Markenrechten und wettbewerbsrechtlichen Anforderungen (Kapitel 7).
15. **Gesundheitsbezogene Werbung:** Stellen Sie sicher, dass alle gesundheitsbezogenen Werbeaussagen den rechtlichen Vorgaben entsprechen (Kapitel 12). Achten Sie darauf, dass Gesundheitsangaben transparent, wissenschaftlich fundiert und im Einklang mit gesetzlichen Standards sind, um irreführende Informationen zu vermeiden.
16. **Influencer-Marketing-Kampagne umsetzen:** Beachten Sie, dass Sie die rechtlichen Anforderungen und Kennzeichnungspflichten einhalten und vertragliche Vereinbarungen klar definieren, um rechtliche Risiken zu minimieren und eine reibungslose Zusammenarbeit mit Influencern zu gewährleisten (Kapitel 8). Berücksichtigen Sie außerdem wettbewerbsrechtliche Aspekte und Vorgaben für Werbeaussagen (Kapitel 12).
17. **Fremde Inhalte nutzen:** Stellen Sie sicher, dass Sie die notwendigen Rechte und Lizenzen zur Nutzung fremder Inhalte besitzen (Kapitel 3). Achten Sie auf urheberrechtliche Bestimmungen und eventuelle Nutzungseinschränkungen. Bei der Verwendung von Texten, Bildern oder Musik berücksichtigen Sie die rechtlichen Rahmenbedingungen und prüfen die Einhaltung von Lizenzvereinbarungen (Kapitel 5).
18. **KI-Nutzung:** Berücksichtigen Sie die Vorgaben der KI-VO und der DSGVO (Kapitel 11). Achten Sie darauf, dass KI-generierte Inhalte unter Umständen ge-

kennzeichnet werden müssen (Kapitel 4), und beachten Sie, dass Nachbildungen von Personen oder deren Stimmen Persönlichkeitsrechte Dritter verletzen könnten (Kapitel 6).

19. **Kundenfeedback einholen:** Stellen Sie sicher, dass das Einholen und Nutzen von Kundenfeedback den rechtlichen Vorgaben entspricht (Kapitel 9). Bei der direkten Ansprache von Kunden, um Feedback einzuholen, müssen außerdem die rechtlichen Rahmenbedingungen für Direktmarketing eingehalten werden (Kapitel 13).
20. **Keyword-Werbung budgetieren und buchen:** Lesen Sie Kapitel 15, um markenrechtliche und wettbewerbsrechtliche Risiken bei SEO und SEA zu vermeiden.
21. **Lizenzverträge:** Prüfen Sie, ob alle Lizenzverträge klar formuliert sind und die Nutzung, Dauer und die geografischen Beschränkungen der Lizenzen eindeutig abgedeckt werden (Kapitel 5). Achten Sie darauf, dass die Verträge sowohl die Rechte als auch die Pflichten beider Parteien regeln und mögliche Haftungsfragen klären. Prüfen Sie, ob die Lizenzen den urheberrechtlichen Anforderungen entsprechen (Kapitel 3).
22. **Memes für die Markenkommunikation erstellen:** Beachten Sie urheberrechtliche Aspekte und Ausnahmeregelungen (Kapitel 3).
23. **Messenger-Marketing:** Stellen Sie sicher, dass Ihre Messenger-Marketing-Aktivitäten den gesetzlichen Vorgaben für Direktmarketing entsprechen (Kapitel 13). Holen Sie die ausdrückliche Einwilligung der Nutzer ein und informieren Sie transparent über die Datennutzung, um die Datenschutzbestimmungen zu erfüllen (Kapitel 10).
24. **Mitarbeitende:** Achten Sie darauf, dass alle Aktivitäten Ihrer Mitarbeitenden den rechtlichen Vorgaben entsprechen, da Sie für deren Fehler haften (Kapitel 17). Bei der Nutzung von Fotos oder Videos von Mitarbeitenden müssen die entsprechenden Regeln beachtet werden (Kapitel 6). Im Fall der KI-Nutzung sollten Mitarbeitende über die notwendige KI-Kompetenz verfügen (Kapitel 11). Zudem sollten sie die für ihre Tätigkeit relevanten rechtlichen Anforderungen entsprechend den Kapiteln dieses Buchs kennen und einhalten.
25. **Musik in Videos verwenden:** Überprüfen Sie, ob Sie die erforderlichen Rechte und Lizenzen zur Nutzung von Musik in Ihren Videos haben (Kapitel 3).
26. **Nutzergenerierte Inhalte (User-generated Content) verwenden:** Bevor Sie nutzergenerierte Inhalte einsetzen, überprüfen Sie die notwendigen Zustimmungen und Urheberrechte (Kapitel 3). Achten Sie darauf, dass bei der Darstellung von Personen die rechtlichen Vorgaben eingehalten werden (Kapitel 6). Berücksichtigen Sie zudem potenzielle Haftungsrisiken (Kapitel 17).
27. **Onlinepräsenzen anlegen:** Beachten Sie die rechtlichen Vorgaben für Webseiten und Profile in sozialen Netzwerken (Kapitel 2) sowie die Hinweise zum Einsatz von Cookies (Kapitel 10).
28. **Podcasts veröffentlichen:** Stellen Sie sicher, dass Sie beim Erstellen von Podcasts die erforderlichen Rechte für fremde Musik und Aufzeichnungen einholen

(Kapitel 3). Berücksichtigen Sie außerdem die Namensrechte für Ihren Podcast (Kapitel 7).

29. **Postwerbung:** Vergewissern Sie sich, dass Ihre Postwerbung den gesetzlichen Vorgaben für Direktmarketing entspricht und kein Werbewiderspruch vorliegt (Kapitel 13).
30. **Prüfsiegel in Werbung verwenden:** Prüfen Sie rechtliche Bestimmungen (Kapitel 9). Achten Sie auf Transparenz und Gültigkeit der Siegel.
31. **SEO und SEA:** Prüfen Sie die rechtlichen Rahmenbedingungen, potenzielle Risiken und Vorschläge für vertragliche Regelungen sowie die korrekte Kennzeichnung von Anzeigen und rechtlichen Anforderungen beim Keyword-Bidding (Kapitel 15). Berücksichtigen Sie die Vorschriften zur Verwendung von Cookies (Kapitel 10) sowie wettbewerbsrechtliche Aspekte (Kapitel 12).
32. **Smartglasses einsetzen:** Beachten Sie die Vorgaben für die Datenerfassung und -verarbeitung sowie die hohen Hürden für den Einsatz im öffentlichen Raum (Kapitel 16).
33. **Social-Media-Nutzung:** Achten Sie auf die rechtlichen Anforderungen für Inhalte und die Nutzung sozialer Plattformen (Kapitel 2). Stellen Sie sicher, dass der Einsatz von Bildern und die Darstellung von Personen den Vorgaben entspricht (Kapitel 6). Berücksichtigen Sie die Besonderheiten der Nutzung von Stockbildern (Kapitel 5) sowie Einschränkungen für Werbeaussagen (Kapitel 12). Schließlich sollten Sie Haftungsrisiken für nutzergenerierte Inhalte kennen und interne Social-Media-Richtlinien für Ihre Mitarbeitenden einführen (Kapitel 17).
34. **Telefonwerbung:** Sorgen Sie dafür, dass Ihre Telefonwerbung den gesetzlichen Vorschriften für Einwilligungen im Direktmarketing entspricht (Kapitel 13). Stellen Sie sicher, dass Sie die ausdrückliche Einwilligung der Angerufenen eingeholt haben, um unerwünschte Anrufe und rechtliche Konsequenzen zu vermeiden. Berücksichtigen Sie zudem die Datenschutzbestimmungen bei der Sammlung, Speicherung und Nutzung von Kontaktdaten (Kapitel 10).
35. **Mit Testergebnissen werben:** Überprüfen Sie, ob die Verwendung von Testergebnissen und Prüfsiegeln in Ihrer Werbung den rechtlichen Anforderungen entspricht. Achten Sie darauf, dass die Angaben transparent, nachvollziehbar und aktuell sind (Kapitel 9).
36. **Testimonials in Werbung verwenden:** Achten Sie auf die rechtlichen Vorgaben bezüglich Transparenz und Wahrhaftigkeit (Kapitel 8).
37. **Umweltschutzaspekte in der Werbung einsetzen:** Prüfen Sie die rechtlichen Vorgaben, um sogenanntes Greenwashing zu vermeiden (Kapitel 12). Stellen Sie sicher, dass alle umweltbezogenen Aussagen in Ihrer Kampagne transparent, überprüfbar und im Einklang mit den geltenden Standards und Vorschriften sind.
38. **Videos veröffentlichen:** Überprüfen Sie, ob Sie für alle Videoinhalte die notwendigen Rechte und Lizenzen besitzen, einschließlich Musik (Kapitel 3) und

der Rechte zur Abbildung von Personen (Kapitel 6). Sollten Sie KI-Inhalte einsetzen, berücksichtigen Sie die entsprechenden Hinweise in Kapitel 4 und beachten Sie die Einschränkungen bei der Nutzung von Drohnen und Smartglasses (Kapitel 16).

39. **Webanalyse, Tracking und Profiling:** Achten Sie darauf, dass Ihre Webanalyse-, Tracking- und Profiling-Aktivitäten den Datenschutzbestimmungen entsprechen (Kapitel 10). Holen Sie dabei eine ausdrückliche Einwilligung der Nutzer ein und erfüllen Sie die Transparenzanforderungen. Stellen Sie sicher, dass alle gesammelten Daten rechtmäßig verwendet werden.

KAPITEL 2

Webseiten und Accounts

In diesem Kapitel lernen Sie die rechtlichen Anforderungen kennen, die beim Erstellen von Webseiten oder Nutzerkonten in sozialen Netzwerken wichtig sind. Dazu gehören nicht nur die nötigen Pflichtangaben, wie etwa Angaben zu Anschrift und Kontaktmöglichkeiten, sondern auch Überlegungen zum Erstellen von Nutzungsbedingungen und Haftungsausschlüssen. Auch die Inhaberschaft an Domains und Accounts sollte klar geregelt sein, um mögliche Konflikte zu vermeiden. Zudem ist es wichtig, die rechtlichen Aspekte der Zusammenarbeit mit Agenturen, Dienstleistern und Mitarbeitenden zu berücksichtigen.

2.1 Erstellen einer Website

Als *Website* wird eine Sammlung von einzelnen zusammenhängenden *Webseiten* bezeichnet, die typischerweise unter einer gemeinsamen Domain, wie z.B. »oreilly.de«, erreichbar sind. Eine Website ist darüber hinaus durch die folgenden Elemente gekennzeichnet:

- **Domain:** Dies ist die eindeutige Adresse im Internet, unter der die Website erreichbar ist (z.B. *oreilly.de*).
- **Inhalte:** Dazu gehören z.B. Texte, Bilder, Videos und andere Medien sowie interaktive Elemente wie Onlineformulare, Kommentarfunktionen etc., die den Besucherinnen und Besuchern der Website Informationen bieten oder zur Interaktion einladen.
- **Code:** Im Hintergrund gibt es den Quellcode, der die Struktur und das Design der Website bestimmt. Dieser wird oft in Sprachen wie HTML, CSS und JavaScript geschrieben.

Bei der Veröffentlichung einer Website gilt es, zahlreiche rechtliche Gesichtspunkte zu beachten, die im Folgenden erklärt werden.

2.1.1 Wahl einer Domain

Domains sind unverzichtbar für eine digitale Präsenz und die Markenidentität. Bei der Wahl einer Domain gehen Sie kaum ein Risiko ein, wenn der Domainname auf Basis des eigenen Unternehmens- oder Markennamens gewählt wird. Rechtliche Schwierigkeiten entstehen häufig dann, wenn durch erfundene Fantasiebegriffe Marken- oder Namensrechte Dritter verletzt werden.

2.1.1.1 Technische Aspekte von Domains

Technisch betrachtet, spielt die Domain eine entscheidende Rolle beim Aufbau einer Verbindung zwischen dem Browser eines Nutzers und dem Server, auf dem sich die aufzurufende Webseite befindet. Dabei nutzt der Browser das *Domain Name System* (DNS), um die Domain in eine IP-Adresse aufzulösen, die anschließend zur Herstellung der Verbindung mit dem Server verwendet wird.

Verschlüsselte Übertragung mittels https

Neben der Domain muss dem Server mitgeteilt werden, welches Protokoll für die Kommunikation zwischen dem Browser und dem Server verwendet wird, auf dem die Webseite aufgerufen wird. Für Webseiten wird dafür das Protokoll *http* (*Hypertext Transfer Protocol*) genutzt. Um die Übertragung der Nutzerdaten zu schützen, sollten Webseiten jedoch das Protokoll *https* verwenden, wobei das »s« für *secure* steht, also »sicher« (siehe Abbildung 2.1). Die Verschlüsselung der Verbindung ist entscheidend, um die Daten von Nutzern vor unberechtigtem Zugriff zu schützen. Bitte beachten Sie, dass die Übertragung von Daten mittels *http* ohne Verschlüsselung potenziell unsicher ist und zu rechtlichen Problemen führen kann, da dies einen Datenschutzverstoß bedeuten kann. Weitere Informationen zu den Folgen von Datenschutzverstößen finden Sie in Abschnitt 10.17.

Abbildung 2.1: Ob eine Website verschlüsselt an den Browser übertragen wird, ist im Browser anhand eines Vorhängeschloss-Icons wie in diesem Beispiel des Browsers Firefox (markiert mit dem Pfeil) sichtbar. Das Fehlen der Verschlüsselung hat neben den rechtlichen Implikationen den Nachteil, dass Suchmaschinen derartige Webseiten nachrangig anzeigen oder Browser Warnhinweise beim Aufruf der Webseite geben.

Eine Domain besteht aus mehreren Ebenen. Zu den Mindestbestandteilen gehören die *Top-Level-Domain* (z.B. ».com« oder ».de«) und die *Second-Level-Domain* (z.B. »oreilly«). Darüber hinaus können Domains mithilfe von *Subdomains* untergliedert werden, die vor der Second-Level-Domain stehen, wie in dem fiktiven Beispiel »shop.oreilly.de«, wobei »shop« die Subdomain darstellen würde. Auch die traditionell verwendete, aber heute nicht unbedingt erforderliche Abkürzung *www* für das *World Wide Web* ist technisch gesehen eine Subdomain.

2.1.1.2 Rechtliche Aspekte von Domains

Domains sind im rechtlichen Sinne eindeutige Adressen im Internet und stehen im Zusammenhang mit verschiedenen Rechten und Prinzipien. Hierbei sind insbesondere folgende Aspekte von Bedeutung:

- **Rechte an Domains und Weiterleitung:** Der Inhaber oder die Inhaberin einer Domain hat das Recht, diese zu nutzen, vor allem als eindeutige Adresse der eigenen Website im Internet. Daneben steht ihm das Recht zu, die Domain an Dritte zu verpachten oder zu verkaufen.
- **First Come, First Served:** Grundsätzlich gilt das Prinzip »First Come, First Served« – wer sie zuerst registriert, erhält die Domain. Dies gilt jedoch nur, sofern kein anderer ein besseres Recht darauf hat, wie z.B. ein bestehendes Markenrecht, das durch eine gleichlautende Domain verletzt werden könnte.
- **Marken- und Namensrechte:** Häufig führen Domains zu rechtlichen Konflikten, wenn sie mit bestehenden Marken oder Unternehmensnamen übereinstimmen. Dadurch könnte beispielsweise der Eindruck entstehen, die Webseite stamme vom Markeninhaber, insbesondere bei Suchergebnissen in Suchmaschinen. Diese Verwechslungsgefahr besteht nicht nur bei identischen, sondern auch bei ähnlich klingenden oder sogenannten Tippfehler-Domains, wie etwa »mickrosoft.de« statt »microsoft.de« (siehe Abbildung 2.2).

Abbildung 2.2: Die sogenannte Tippfehler-Domain »mickrosoft.de« darf zwar geschäftlich, sei es für ein Softwareunternehmen oder um auf der Webseite Anzeigen zu schalten, nicht verwendet werden, da sie gegen die bekannte Marke »Microsoft« verstößt. Sie darf jedoch für sich zum Verkauf angeboten werden, ohne dass Microsoft dagegen vorgehen kann.

Vor allem aufgrund des Risikos vom Marken- und Namensrechtsverletzungen ist es ratsam, bei der Auswahl einer Domain den eigenen Unternehmens- oder Markennamen zu nutzen. Wenn Sie sich für eine anderslautende Domain entscheiden, sollten Sie unbedingt die Marken- und Namensrechte Dritter beachten. Wie Sie Marken recherchieren und wann Verwechslungsgefahr besteht, erfahren Sie in Abschnitt 7.1.

2.1.1.3 Verletzung von Marken- und Namensrechten durch Domains

Es kann vorkommen, dass fremde Domains die eigenen Marken- oder Unternehmensnamen verletzen. In solchen Fällen muss überprüft werden, ob eine markenrechtliche Verwechslungsgefahr besteht. Diese Gefahr kann ausgeschlossen sein, wenn unter der Domain andere Dienstleistungen als die der Marke angeboten werden (siehe Verwechslungsgefahr in Abschnitt 7.1.7.1). Wenn die Domain beispielsweise nur zum Verkauf bereitsteht oder privat genutzt wird, sind die Chancen, erfolgreich gegen sie vorzugehen, gering (siehe Abbildung 2.2).

Sollte ein Markenrechtsverstoß vorliegen, können Sie zunächst gegen den aktuellen Domain- und Website-Inhaber vorgehen. Führt dies nicht zum Erfolg, ist es möglich, sich an den administrativen Verwalter (den sogenannten *Admin-C*) oder den technischen Verwalter (*Tech-C*) zu wenden. Aufgrund der zahlreichen rechtlichen Risiken und der hohen Kosten eines Markenrechtsverfahrens ist es ratsam, in diesen Fällen eine professionelle Beratung in Anspruch zu nehmen.

2.1.2 Website-AGB oder Nutzungsbedingungen

Solange auf einer Website weder Verträge geschlossen noch andere Rechtsbeziehungen eingegangen werden, sind für sie keine allgemeinen Geschäftsbedingungen oder Nutzungsbedingungen erforderlich. Zu den Fällen, in denen AGB gefordert werden, gehören dagegen z. B.:

- **AGB im E-Commerce:** Bei E-Commerce-Angeboten sind AGB erforderlich, um festzulegen, wann Verkäufe zustande kommen, um die Gewährleistung zu regeln oder die Vielzahl gesetzlicher Pflichtinformationen wie z. B. Informationen zum Bestellvorgang oder zum Widerrufsrecht unterzubringen.
- **Nutzungsbedingungen bei der Registrierung:** Im Rahmen von Registrierungsprozessen werden Nutzungsbedingungen verwendet, um z. B. Verhaltensrichtlinien für eine Community festzulegen. Nur so können Verhaltensweisen oder Themen untersagt werden, die an sich rechtlich zulässig sind. Beispielsweise könnte eine markenbezogene Community festlegen, dass nur markenrelevante und keine allgemeinen politischen Themen diskutiert werden dürfen.

Unabhängig von der Bezeichnung müssen sich Nutzerinnen und Nutzer mit all diesen Regelwerken einverstanden erklären, damit sie wirksam sind. Das bedeutet, Nutzer müssen diesen AGB zustimmen, etwa im Rahmen eines Registrierungs- oder Kaufprozesses (§ 305 BGB). Ein einfacher Verweis im Fußbereich der Webseite reicht hierfür nicht aus (siehe Abbildung 2.3).

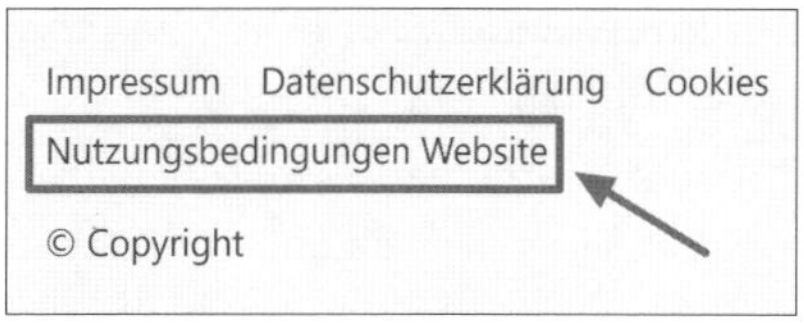

Abbildung 2.3: AGB sind nur dann wirksam, wenn die Nutzer sie zur Kenntnis nehmen und sich mit ihnen einverstanden erklärt haben. Ein bloßer Link zu den AGB oder den Nutzungsbedingungen im Fußbereich einer Webseite, wie in diesem Beispiel, genügt nicht. Es ist ein spezieller Prozess erforderlich, wie etwa ein Pop-up-Fenster, das vor dem Betreten der Website erscheint, oder der Hinweis auf die AGB bzw. Nutzungsbedingungen im Rahmen von Registrierungs- und Kaufprozessen, damit diese Regeln wirksam werden.

2.1.3 Impressum

Wenn Sie Websites bereitstellen, öffentliche Accounts anlegen oder Apps veröffentlichen, müssen Sie die Impressumspflicht beachten. Mit dem Impressum sind dabei wesentliche Angaben und Kontaktdaten zum Anbieter der vorgenannten Online- und Mobileangebote gemeint.

2.1.3.1 Digitaler Dienst

Das Impressum muss in eigenverantwortlich betriebenen digitalen Diensten, also auf Webseiten, in Mobile- und Web-Apps, Newslettern und Social-Media-Profilen enthalten sein (§ 5 TMG, § 18 Abs. 1 MStV, § 2 DL-InfoV).

Ein Impressum ist nicht erforderlich, wenn eine Präsenz oder ein Dokument nicht in eigener Verantwortung geführt wird und keine Einflussnahme möglich ist und entsprechende Gestaltungsmöglichkeiten fehlen. Das trifft beispielsweise zu auf:

- einzelne Beiträge, die innerhalb einer Plattform veröffentlicht werden, etwa in einem Onlineforum,
- Einträge in einem Branchenbuch oder in Registern, die inhaltlich oder optisch nicht besonders ausgestaltet werden können,
- einzelne Dokumente, z. B. im PDF-Format (solange diese nicht als Webseite fungieren, was technisch möglich wäre, aber in der Praxis so nicht üblich ist).

2.1.3.2 Inhalt des Impressums

Das Impressum hängt von der Art und dem Betreiber des Onlineangebots ab. Zu den essenziellen Angaben gehören:

- **Verantwortlicher für die Website:** Vollständiger Name bei Personen und bei Unternehmen der Firmenname mit Zusätzen, z. B. »e. K.« oder »GbR«.
- **Vertretungsberechtigte:** Vollständiger Name der Gesellschafter einer GbR, des Vorstands eines Vereins, der Geschäftsführer einer Handelsgesellschaft (z. B. OHG oder GmbH) oder des Leiters einer Behörde. Wichtig: Einzelunter-

nehmer sollten nicht den Begriff *Geschäftsführer* verwenden, der Begriff *Inhaber* ist dagegen zulässig (z. B. »Unternehmensname, Inhaber: Max Meier«).

- **Postanschrift:** Es muss eine Postanschrift (keine Postfachadresse) angegeben werden. Alternativ darf eine c/o-Adresse oder ein Büroservice genutzt werden, wenn der Postempfang mit regelmäßiger und geschäftsüblicher Kontrolle des Eingangs gesichert ist (vgl. BGH, Az. VIII ZR 262/20).
- **Angaben zur schnellen elektronischen Kontaktaufnahme:** Eine E-Mail-Adresse muss immer vorhanden sein. Die an diese E-Mail gerichteten Anfragen müssen tatsächlich den zuständigen Sachbearbeitern zugehen. Ein Autoresponder, der auf andere Kontaktmöglichkeiten, wie z. B. das Kontaktformular verweist oder gar antwortet, dass Nachrichten wegen Überlastung nicht beantwortet werden, wäre rechtswidrig (BGH Az. 52 O 135/13; LG München, Az. 33 O 3721/24).
- **Andere schnelle Kontaktmöglichkeit:** Ferner muss eine weitere schnelle Kontaktmöglichkeit angegeben werden. Das kann eine Telefonnummer oder ein Kontaktformular sein. Ein Kontaktformular ist aber nur dann ausreichend, wenn Anfragen der Nutzer während der Geschäftszeiten innerhalb von 30 bis 60 Minuten beantwortet werden können (EuGH, Az. C-298/07).
- **Bei Handelsregistereinträgen:** Registerstelle und -nummer.
- **Umsatzsteuer-Identifikationsnummer:** Die Angabe ist nur erforderlich, wenn eine USt-IdNr. zugeteilt wurde. Ihr Format ist: DE123456789.
- **Bei bestehender Berufshaftpflicht:** Versicherer, Anschrift und örtlicher Geltungsbereich (z. B. »Deutschland«, »EU«, »weltweit«).
- **Für reglementierte Berufe:** Berufsbezeichnung, Verleihungsstaat und gegebenenfalls Kammer oder Verband (z. B. Ärzte, Apotheker, Rechtsanwältinnen).
- **Journalistische Angebote:** Redaktionell verantwortliche Person mit Anschrift.
- **Audiovisuelle Mediendienste:** Anbieter audiovisueller Mediendienste müssen das Sitzland und die zuständige Regulierungs- oder Aufsichtsbehörde angeben (§ 5 Abs. 1 Nr. 8 DDG). Zu audiovisuellen Mediendiensten gehören Dienste zur Information, Unterhaltung oder Bildung, die unter redaktioneller Verantwortung stehen und individuell abrufbar sind (§ 1 Nr. 6 DDG). Zu den Anbietern von audiovisuellen Mediendiensten gehören vor allem geschäftsmäßige Anbieter von YouTube-Videos, Twitch-Streams, TikTok- oder Instagram-Videos. Der Sitz des Anbieters ist dort, wo die zentrale Kontrolle über das Angebot stattfindet, meist der Ort der Hauptredaktion und Verwaltung. In Deutschland sind die Landesmedienanstalten für die Regulierung und Aufsicht verantwortlich.
- **Socialbots:** Kennzeichnung automatisiert veröffentlichter Inhalte gemäß § 18 Abs. 3 MStV (z. B. als »Bot«).
- **Jugendschutz:** Bei jugendgefährdenden Inhalten: Nennung des Jugendschutzbeauftragten.

- **E-Commerce:** Im Rahmen von E-Commerce-Angeboten können sich je nach Angebot zusätzliche Informationspflichten ergeben. Diese können auch im Impressum platziert werden und umfassen Hinweise auf die Streitschlichtung (§§ 36, 37 Verbraucherstreitbeilegungsgesetz) oder Registrierung und Rücknahmestatistiken entsprechend ElektroG. Um den gesetzlichen Informationspflichten bei Online-Geschäften mit Verbrauchern nachzukommen, ist es ratsam, wichtige Informationen nicht nur im Impressum, sondern auch in den Allgemeinen Geschäftsbedingungen (AGB) des jeweiligen Online-Shops aufzunehmen.
- **Barrierefreiheitserklärung:** Das Barrierefreiheitsstärkungsgesetz (BFSG) fordert, dass Unternehmen, die unter das BFSG fallen, wie E-Commerce-Anbieter mit mindestens 10 Mitarbeitern oder einem Umsatz von über 2 Millionen Euro, eine Barrierefreiheitserklärung auf ihrer Webseite bereitstellen. Diese kann im Impressum platziert werden, allerdings wird empfohlen, eine eigene Unterseite zu erstellen und neben dem Impressum mit dem Linktext »Barrierefreiheit« zu verlinken. Weitere Hinweise zur Barrierefreiheitserklärung erhalten Sie in Abschnitt 12.10.7.

Beispiel eines Impressums für eine GmbH mit einem Onlineshop

Anschrift und Kontakt:

Mustermann GmbH

Beispielstraße 123

12345 Musterstadt

Geschäftsführer: Max Mustermann

Telefon: +49 (0) 123 456789

E-Mail: info@mustermann-gmbh.de

Redaktionell Verantwortliche: Justine Musterfrau, Adresse wie oben

Geschäftliche Angaben:

Eingetragen im Handelsregister des Amtsgerichts Musterstadt, Registernummer: HRB 123456

Umsatzsteuer-Identifikationsnummer: DE123456789

Berufshaftpflichtversicherung:

Versicherer: Muster-Versicherung AG

Adresse: Versicherungsstraße 1, 54321 Versicherungsstadt

Geltungsbereich: EU

E-Commerce:

Die Mustermann GmbH ist nicht verpflichtet und grundsätzlich nicht bereit, an Streitbeilegungsverfahren vor einer Verbraucherschlichtungsstelle teilzunehmen.

> ### Hinweis: Unterstützung und Onlinegeneratoren
>
> Bei umfangreichen Angaben sollten Impressen durch Fachpersonen oder mithilfe eines der im Internet zum Teil auch kostenlos verfügbaren Impressumsgeneratoren erstellt werden. (Offenlegung: Der Autor ist selbst Anbieter eines solchen Generators unter *datenschutz-generator.de*, weist jedoch darauf hin, dass auch auf aktuellem Stand gehaltene Generatoren anderer Anbieter verwendet werden können.)

2.1.4 Disclaimer

Disclaimer, also Haftungsausschlüsse, die darauf hinweisen, dass keine Verantwortung für Links oder die Richtigkeit der Inhalte übernommen wird, gelten rechtlich als AGB. In der Regel sind sie jedoch nicht wirksam, da sie eine aktive Kenntnisnahme und ein Einverständnis der Webseitenbesucher erfordern. Eine bloße Erwähnung im Impressum genügt dafür nicht. Auch Hinweise auf eine fehlende Haftungsübernahme für Links oder fremde Inhalte sind lediglich bloße Hinweise auf die in Abschnitt 17.3 erläuterte Rechtslage zur Haftung. Unzulässige Disclaimer können sogar abgemahnt werden (siehe Abbildung 2.4).

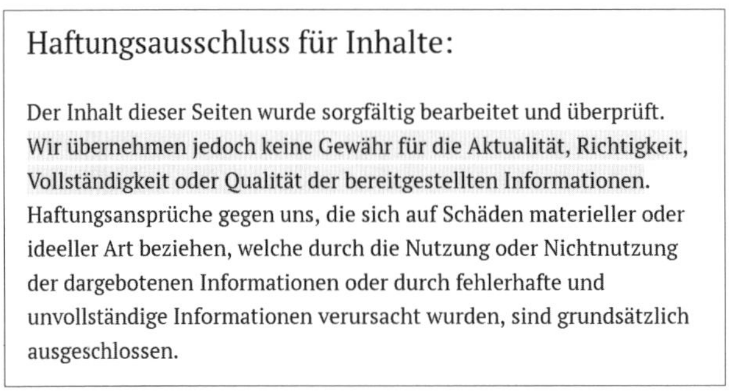

Haftungsausschluss für Inhalte:

Der Inhalt dieser Seiten wurde sorgfältig bearbeitet und überprüft. Wir übernehmen jedoch keine Gewähr für die Aktualität, Richtigkeit, Vollständigkeit oder Qualität der bereitgestellten Informationen. Haftungsansprüche gegen uns, die sich auf Schäden materieller oder ideeller Art beziehen, welche durch die Nutzung oder Nichtnutzung der dargebotenen Informationen oder durch fehlerhafte und unvollständige Informationen verursacht wurden, sind grundsätzlich ausgeschlossen.

Abbildung 2.4: Der Disclaimer in diesem Bildbeispiel erklärt, dass keine Gewähr für die Inhalte der Website übernommen wird. Diese weit gefasste Formulierung umfasst auch das Impressum, die Datenschutzerklärung und die Widerrufsbelehrungen für Verbraucher. Bezugnehmend auf diesen Disclaimer könnte ein Mitbewerber Abmahnungen wegen fehlender (verlässlicher) Pflichtinformationen aussprechen.

> ### Hinweis: Copyright-Hinweis
>
> Ein Urheberhinweis ist zwar unschädlich, schafft aber auch keinen Urheberrechtsschutz, sondern signalisiert lediglich, dass der Urheberrechtsschutz vom Betreiber einer Website oder eines Accounts für sich beansprucht wird (siehe dazu Abschnitt 3.1.6). Trotz Urheberhinweis bleiben KI-generierte Inhalte (Abschnitt 4.1) oder das Website-Design (Abschnitt 3.9) urheberrechtlich nicht geschützt.

2.1.4.1 KI-Nutzungsvorbehalt

Im Gegensatz zu Disclaimern kann ein KI-Nutzungsvorbehalt im Impressum sinnvoll sein, wenn Sie verhindern möchten, dass Ihre Webseite für KI-Trainingszwecke ausgelesen wird. KI-Anbieter berufen sich häufig auf das Recht des sogenannten Text- und Data-Minings (§ 44b UrhG), um fremde Webseiten auszulesen und damit ihre KI-Modelle zu trainieren. Wenn Sie dies nicht möchten, müssen Sie aktiv widersprechen. Wie Text- und Data-Mining funktionieren und wie ein solcher Widerspruch optimal umgesetzt werden kann, lesen Sie in Abschnitt 4.4.2.

2.1.4.2 Platzierung des Impressums

Das Impressum muss auf jeder Webseite (d. h. nicht nur auf der Startseite, sondern auf jeder Unterseite einer Website) einfach erkennbar und unmittelbar (d. h. mit maximal zwei Klicks) erreichbar sein. Linktexte, wie z. B. *Impressum*, *Anbieterkennzeichnung*, *Über uns* oder *Kontakt* gelten als einfach erkennbar. Begriffe wie »Rechtliches« oder »Info« wurden in entsprechenden Rechtsurteilen für unzureichend eingestuft. Die Platzierung des Impressums im Fußbereich der Webseite ist üblich und ausreichend.

Das Impressum muss zudem jederzeit verfügbar sein, auch auf Baustellenseiten, wenn diese bereits Hinweise auf zukünftige und zu erwartende Inhalte enthalten, die über eine bloße »Hier entsteht eine neue Webseite«-Meldung hinausgehen und z. B. »Bald stehen wir für Sie wieder zur Verfügung« lauten.

2.1.5 Datenschutzerklärung, Webanalyse und Tracking

Ihre Website benötigt immer eine Datenschutzerklärung. Sie ist erforderlich, wenn personenbezogene Daten der Besucherinnen und Besucher verarbeitet werden. Das geschieht bereits, wenn der Browser eines Webseitenbesuchers dem Server, auf dem die Webseite gespeichert ist, die IP-Adresse des Webseitenbesuchers übermittelt, damit die Webseiteninhalte ausgeliefert werden können. Denn bereits eine IP-Adresse stellt grundsätzlich ein personenbezogenes Datum dar. Wann personenbezogene Daten verarbeitet werden dürfen und welche Inhalte eine Datenschutzerklärung enthalten muss, erfahren Sie in Abschnitt 10.6. Bei der Nutzung von Tracking-Maßnahmen, Skripten und Cookies müssen zudem die Vorgaben des Datenschutzrechts gemäß Abschnitt 10.10 beachtet werden.

2.1.6 Inhalte und Funktionen von Webseiten

Wenn es um die rechtlichen Vorgaben für die eigentlichen Inhalte und Funktionen von Webseiten geht, ist der Inhaltstyp entscheidend. Für Texte, Bilder und Videos spielt das Urheberrecht eine zentrale Rolle, wie in den Kapiteln 3 bis 5 erläutert wird. Bei kommerziellen Webseiten sind zudem wettbewerbsrechtliche Aspekte relevant, die in den Kapiteln 9 und 12 besprochen werden. Auch das Markenrecht, behandelt in Kapitel 7, ist von Bedeutung.

2.1.7 Risiko einer Abmahnung

Da fehlerhafte Impressen früher häufig massenhaft zu Abmahnungen führten, hat der Gesetzgeber im Rahmen des Gesetzes gegen Abmahnmissbrauch die Attraktivität, solche Abmahnungen auszusprechen, erheblich reduziert (§§ 13 Abs. 4, 13a Abs. 2 UWG). So können Mitbewerber bei Abmahnungen aufgrund fehlerhafter Impressumsfehler oder Datenschutz- und Barrierefreiheitserklärungen keinen Ersatz der eigenen Anwaltskosten verlangen und bei Unternehmen unter 100 Mitarbeitenden zumindest beim ersten Aussprechen einer Abmahnung keine Unterlassungserklärung fordern.

Das führt dazu, dass Impressumsfehler heutzutage viel von ihrem Schrecken verloren haben. Das gilt allerdings nicht für Fehler in der Datenschutz- oder Barrierefreiheitserklärung, die bei den jeweiligen Aufsichtsbehörden gemeldet werden oder im Fall der Datenschutzerklärung zu Auskunftsansprüchen von Nutzern führen können. Die folgenden Behörden- und Auskunftsverfahren können einen deutlich höheren Aufwand nach sich ziehen als eine Abmahnung (mehr zur Folge von Datenschutzverstößen erfahren Sie in Abschnitt 10.17).

Checkliste: Impressum

1. Inhalte des Impressums:

- **Verantwortlicher:** Name bei Privatpersonen, Firmenname und Vertreter bei Unternehmen.
- **Postanschrift und Kontakt:** Vollständige Adresse, E-Mail-Adresse, Telefonnummer oder Kontaktformular.
- **Handelsregistereintrag:** Registergericht, Registernummer und gegebenenfalls USt-IdNr.
- **Berufshaftpflichtversicherung:** Versicherer, Anschrift und Geltungsbereich.
- **Reglementierte Berufe:** Berufsbezeichnung, Verleihungsstaat, Kammer/Verband.
- **E-Commerce:** Geschäftsbezogene Pflichtangaben (z. B. Teilnahme an einem Streitschlichtungsverfahren, ElktroG etc.).
- **Journalistische Angebote:** Verantwortliche Person mit Anschrift.
- **YouTuber/Streamer:** Sitzland und Regulierungsbehörde bei Mediendiensten.
- **Socialbots:** Automatisierte Inhalte kennzeichnen.
- **Jugendschutz:** Jugendschutzbeauftragten nennen.

2. Disclaimer:

- Disclaimer im Impressum sind rechtlich unverbindliche Hinweise.
- Pauschale Haftungsausschlüsse sind unwirksam und können abgemahnt werden.

3. Platzierung des Impressums:

- **Einfach erkennbar:** Auf jeder Seite sichtbar und leicht zu finden.
- **Unmittelbar erreichbar:** Maximal zwei Klicks.
- **Geeignete Linktexte:** Impressum, Kontakt; für Social-Media-Präsenzen: Link im Profil.
- **Ständig verfügbar:** Jederzeit vorhanden, auch auf Baustellenseiten mit Werbung.

Checkliste: Erstellen einer Website

1. Wahl der Domain:

- Markenrechte beachten.
- Namensrechte beachten.
- Recherche vorab, um Verstöße zu vermeiden.

2. Website-Nutzungsbedingungen:

- Grundsätzlich nicht erforderlich.
- Erforderlich für Websites mit E-Commerce-Funktionen, registrierten Bereichen, Communitys etc.

3. Impressum:

- Erforderlich.
- Einfach erkennbar, ständig verfügbar und mit zwei Klicks erreichbar.
- Angaben zu Firma, Namen, Postadresse sowie zu schneller elektronischer Kontaktaufnahme und etwaigen Vertretungsberechtigten sind immer erforderlich.
- Weitere Pflichtinformationen hängen von der Art des Anbieters (z.B. USt-IdNr. oder Angaben zur Berufszulassung) sowie der Art der Inhalte und Funktionen der Website (z.B. Angaben zu inhaltlich Verantwortlichen oder Streitschlichtung im Fall von E-Commerce) ab.

4. Disclaimer:

- Grundsätzlich nicht erforderlich und nicht wirksam.
- Optional: Nutzungsvorbehalt, um die Inhalte der eigenen Website vom KI-Training auszunehmen.

5. Datenschutz:

- Datenschutzerklärung ist erforderlich.
- Einwilligung bei Analyse, Tracking und der Erstellung von Nutzerprofilen für Werbezwecke.

6. Barrierefreiheitserklärung:

- Sofern das Barrierefreiheitsstärkungsgesetz (BFSG) einschlägig ist, also ein an Verbraucher gerichtetes E-Commerce-Angebot von einem Anbieter mit mindestens zehn Beschäftigten und mehr als zwei Millionen Umsatz vorliegt.
- Die Barrierefreiheitserklärung sollte separat neben dem Impressum verlinkt werden (z.B. im Footer von Webseiten).

7. Inhalte und Funktionen von Webseiten:

- Abhängig vom Inhalt und der Funktion können unterschiedliche Gesetze zur Anwendung kommen.
- Vor allem das Urheberrecht im Hinblick auf Texte, Bilder und Videos sowie das Wettbewerbsrecht und das Markenrecht im Fall von Werbeaussagen oder E-Commerce-Funktionen.

2.2 Anlegen von Accounts in sozialen Netzwerken

Zusätzlich zur eigenen Website sind Kanäle in sozialen Netzwerken wichtig, um direkt mit der Zielgruppe zu kommunizieren. Dabei müssen ähnliche rechtliche Punkte wie beim Erstellen einer Website beachtet werden. Es gibt jedoch auch plattformspezifische Herausforderungen, wie z.B. die richtige Angabe des Impressums oder die generelle Frage, ob die Erstellung und Nutzung von Social-Media-Profilen durch Unternehmen, Vereine oder Behörden datenschutzrechtlich überhaupt zulässig ist.

2.2.1 Datenschutzrechtliche Zulässigkeit

Die Rechtslage bei der Nutzung sozialer Netzwerke ist sehr unübersichtlich, weshalb eine vollständige Rechtssicherheit kaum zu erreichen ist und die Nutzung in der Praxis auf Grundlage einer Risikoabwägung erfolgt.

Der Streit um die datenschutzrechtliche Zulässigkeit der Nutzung von Social-Media-Profilen durch Unternehmen und Behörden hält inzwischen anderthalb Dekaden an. Der EuGH entschied zwischenzeitlich, dass Betreiber von Facebook-Seiten gemeinsam mit dem Betreiberunternehmen Meta für die personenbezogenen Daten verantwortlich sind, die rund um die Aktivitäten der Nutzer zu Werbezwecken gesammelt werden (EuGH, Az. C-210/16; weitere Hinweise zu personenbezogenen Daten erhalten Sie in Abschnitt 10.1.1). Dieses Urteil wird jedoch seither von Anbietern sozialer Netzwerke und Behörden unterschiedlich interpretiert.

2.2.1.1 Datenschutz aus Sicht der Anbieter sozialer Netzwerke

Die Anbieter sozialer Netzwerke gehen unterschiedlich mit dem vorgenannten EuGH-Urteil um. Facebook und LinkedIn bieten jeweils einen »Vertrag über gemeinsame Verantwortlichkeit« an, der Teil ihrer AGB ist und zumindest den Vorgang der Erhebung der Daten der Profilbesucher umfasst (siehe Abbildung 2.5 und zu den Details Abschnitt 10.5.2). Andere soziale Netzwerke bieten Verträge über gemeinsame Verantwortlichkeit nicht an, daher kann davon ausgegangen werden, dass sie das EuGH-Urteil für sich nicht als anwendbar betrachten.

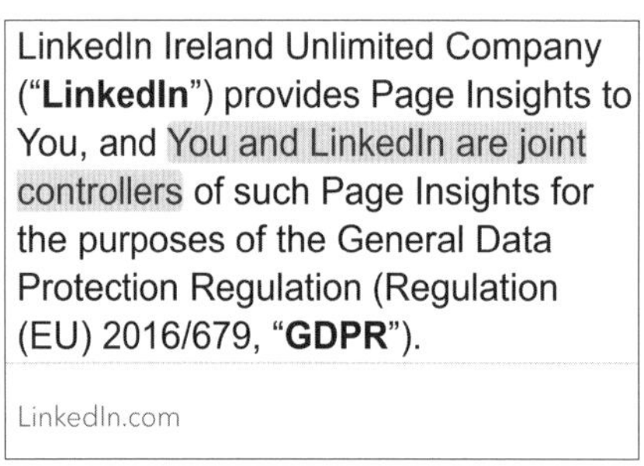
LinkedIn Ireland Unlimited Company ("**LinkedIn**") provides Page Insights to You, and You and LinkedIn are joint controllers of such Page Insights for the purposes of the General Data Protection Regulation (Regulation (EU) 2016/679, "**GDPR**").

LinkedIn.com

Abbildung 2.5: Beispiel der Vereinbarung über gemeinsame Verantwortlichkeit im Fall des sozialen Netzwerks LinkedIn (legal.linkedin.com/pages-joint-controller-addendum)

2.2.1.2 Ansicht der Datenschutzbehörden

Nach Auffassung der deutschen Aufsichtsbehörden sind Profilbetreiber gemeinsam mit Plattformbetreibern wie z. B. Meta für jegliche Nutzung von personenbezogenen Daten zu kommerziellen Zwecken verantwortlich, die Profilbesucher durch ihre Aktivitäten hinterlassen. Hierzu findet im Zeitpunkt der Veröffentlichung dieses Buchs ein Musterverfahren statt, bei dem der Bundesdatenschutzbeauftragte der Bundesregierung den Betrieb der Facebook-Seite des Bundespresseamts untersagt hat. Ausgehend von den Rechtsansichten der Aufsichtsbehörden, müssten praktisch alle nicht rein privaten Social-Media-Profile geschlossen werden, um den geltenden Datenschutzvorgaben zu entsprechen. Allerdings ist die Rechtslage unklar.

2.2.1.3 Betreiben von Social-Media-Profilen: Risiko in der Praxis

Social-Media-Profile von Unternehmen und Behörden werden von der Datenschutzaufsicht zwar seit mehr als 15 Jahren beanstandet, jedoch wurden angesichts der unklaren Rechtslage bislang weder Bußgelder verhängt, noch wurde deren Untersagung durchgesetzt. Meist passen die Plattformen nach Gerichtsurteilen ihre Funktionen an, um den rechtlichen Anforderungen, die in diesen Urteilen formuliert werden, zu genügen. Im Worst Case ist eher damit zu rechnen, dass Sie formlos aufgefordert werden, ein Profil zu schließen, als dass ein Bußgeld verhängt wird. Daher vermeiden die meisten Profilbetreiber, ihre Profile in vorauseilendem Gehorsam zu schließen. Nach der bisherigen Erfahrung ist dieses risikobasierte Vorgehen nach Maßstäben einer ordnungsgemäßen Geschäftsführung vertretbar, d. h., es ist insbesondere nicht mit wirtschaftlichen Nachteilen oder persönlicher Haftung der zuständigen Geschäftsführer, Vorstände, Behördenleiter oder der zuständigen Mitarbeitenden zu rechnen (siehe Abbildung 2.6). Dennoch ist es ratsam, die rechtlichen Entwicklungen aufmerksam zu verfolgen, da sich die Situation ändern kann.

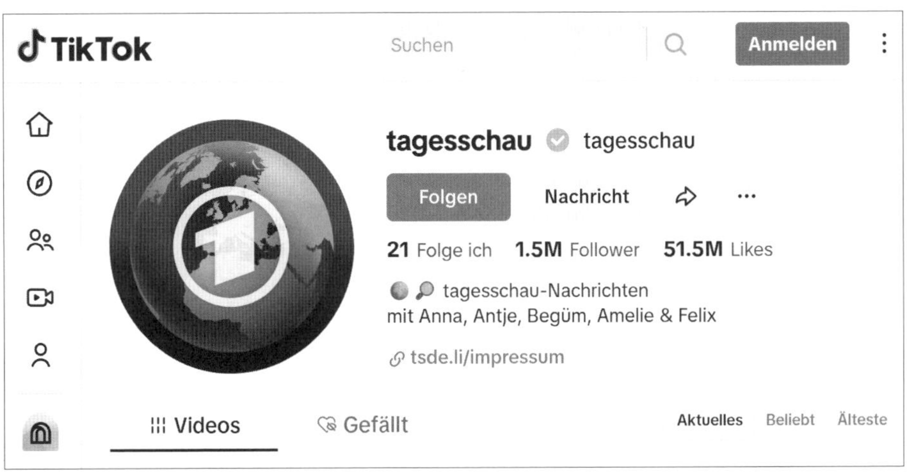

Abbildung 2.6: TikTok zählt zu den umstrittensten sozialen Netzwerken, da nicht nur ein Datentransfer in die USA erfolgt, sondern möglicherweise auch nach China. Trotzdem ist das Risiko einer Profiluntersagung nach bisherigen Erfahrungen gering (Beispiel: Account der ARD bei TikTok). Es ist jedoch wichtig, die Rechtslage immer im Auge zu behalten.

Hinweis: Prüfung und Protokollierung

Bevor Unternehmen und Behörden soziale Netzwerke nutzen, sollten sie den Einsatz rechtlich prüfen und diese Prüfung durch eine rechtskundige Fachperson protokollieren lassen. Eine solche Prüfung entlastet im Fall der Fälle die verantwortlichen Personen, da sie ihren Sicherungs- und Rechenschaftspflichten nachgekommen sind (siehe Abschnitt 10.9 zur Rechenschaftspflicht).

Checkliste: Profile in sozialen Netzwerken

1. Unklare Rechtslage und Verantwortlichkeit:

- Profilbetreiber sind laut deutschen Aufsichtsbehörden für die gesamte Nutzung von Besucherdaten gemeinsam mit den Netzwerken verantwortlich.
- Netzwerke legen die Rechtslage unterschiedlich aus und bieten zum Teil Vereinbarungen über die gemeinsame Bearbeitung von Daten an (Facebook und LinkedIn).

2. Risiko in der Praxis:

- Seit über 15 Jahren besteht rechtliche Unklarheit.
- Bislang sind keine Bußgelder gegen Profilbetreiber verhängt. Untersagungsverfügungen sind nur in Musterverfahren gegen staatliche Stellen verhängt worden.
- Plattformen passen nach Gerichtsurteilen meist ihre Funktionen an.
- Wahrscheinlicher Worst Case: formlose Aufforderung zur Profilschließung.
- Rechtliche Entwicklung aufmerksam beobachten, da sich die Situation ändern kann.

2.2.2 Geltende Plattformregeln

Zusätzlich zu den gesetzlichen Vorgaben müssen Sie die Regeln der Plattformen, die Sie nutzen, beachten. Diese Regeln, seien sie als AGB, Nutzungsbedingungen oder Richtlinien bezeichnet, werden bei der Registrierung abgeschlossen und sind in der Regel nicht verhandelbar.

Zu beachten sind insbesondere Regeln für die kommerzielle Nutzung, wie nachfolgend erläutert. Ebenso müssen Sie, wenn Sie Werbung schalten möchten, auf die entsprechenden Regeln für Werbeinhalte achten. Wenn Sie Gewinnspiele veranstalten möchten, müssen Sie prüfen, ob dies auf der jeweiligen Plattform zulässig ist (weitere Informationen in Abschnitt 14.5 zum Thema Gewinnspiele).

Hinweis: Plattformregeln sozialer Netzwerke

Links zu Plattformregeln, die in der Regel Verweise auf weitere Detail- und Spezialregeln enthalten:

- TikTok: *https://www.tiktok.com/legal/terms-of-service*
- Instagram: *https://help.instagram.com/581066165581870*

- Facebook: *https://www.facebook.com/terms.php*
- X: *https://x.com/de/tos*
- LinkedIn: *https://www.linkedin.com/legal/user-agreement*
- Snapchat: *https://www.snap.com/terms*
- YouTube: *https://www.youtube.com/t/terms*
- Reddit: *https://www.redditinc.com/policies/user-agreement*
- Pinterest: *https://policy.pinterest.com/*

2.2.3 Kommerzielle Nutzung von Social-Media-Profilen

Bevor Sie ein Profil auf einer Plattform anlegen, müssen Sie prüfen, ob eine kommerzielle Nutzung auf der gewählten Plattform zulässig ist. Falls ja, könnten bestimmte Vorgaben oder Einschränkungen gelten. Beispielsweise könnten die Nutzungsbedingungen der Plattform vorschreiben, dass kommerzielle Aktivitäten kostenpflichtig sind.

2.2.4 Wahl des Accountnamens

Bei der Wahl des Accountnamens sollten dieselben Prinzipien wie bei der Auswahl einer Domain beachtet werden. Ideal sind Eigennamen von Personen, Unternehmensnamen oder eigene Marken. Eine gründliche Recherche ist ratsam. Zudem müssen die Plattformregeln für Accountnamen beachtet werden. Diese fordern in der Regel, dass echte Namen oder Markennamen genutzt werden. Pseudonyme, Werbebotschaften sowie illegale oder anstößige Namen sind nicht erlaubt.

2.2.5 Impressum und Datenschutzerklärung

Gerichte haben mehrfach bestätigt, dass kommerzielle oder behördliche Profile in sozialen Netzwerken ein Impressum benötigen (u. a. OLG Düsseldorf, Az. I-20 U 75/13). Die Umsetzung dieser Pflicht ist jedoch nicht immer einfach. Manche Plattformen, wie beispielsweise Facebook, bieten spezielle Felder für das Impressum an. Bei anderen Diensten wie LinkedIn, Instagram oder TikTok muss das Impressum auf andere Weise, etwa durch einen Link im Kontaktbereich oder im Profil, bereitgestellt werden (siehe Abbildungen 2.6, 2.7 und 2.8). Auch wenn in Abschnitt 2.1.7 beschrieben wird, dass das Risiko von Abmahnungen für fehlerhafte Impressen geringer geworden ist, sollte dieses Risiko nicht unterschätzt oder eine Abmahnung provoziert werden.

Link zur Datenschutzerklärung

Ob ebenfalls eine eigene Datenschutzerklärung der Profilinhaber in einem Social-Media-Profil bzw. -Account verlinkt werden muss, ist zumindest zum Zeitpunkt der Veröffentlichung dieses Buchs rechtlich unklar. Wenn Sie die Möglichkeit haben, geben Sie auch einen Link zu Ihrer Datenschutzerklärung an. Ist der Platz oder sind die Eingabemöglichkeiten für ein Impressum und eine Datenschutzerklärung zu knapp, dann stellen Sie zumindest sicher, dass ein Link zum Impressum vorhanden ist (siehe ARD bei TikTok, Abbildung 2.6).

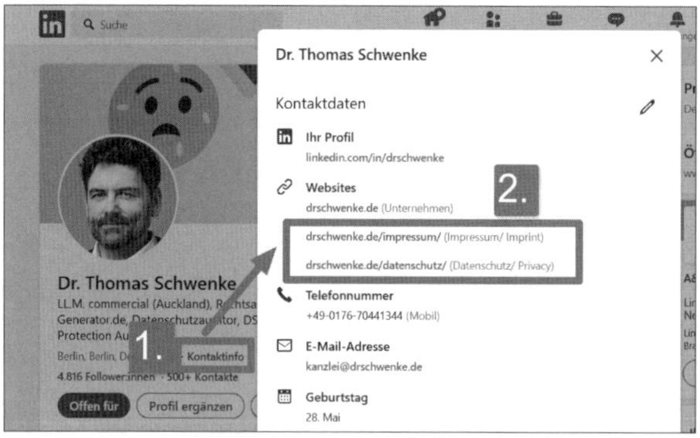

Abbildung 2.7: Wenn in Ihrer Profilbeschreibung keine designierten Eingabefelder für ein Impressum und die Datenschutzerklärung vorgesehen sind, aber Rubriken wie »Kontakt« oder »Über mich/uns« vorhanden sind, platzieren Sie die Links zum Impressum und zur Datenschutzerklärung dort. Ein Beispiel zeigt LinkedIn, wo wie in diesem Beispiel des Profils des Autors nach dem Klick auf den Link »Kontaktinfo« (Ziffer 1.) die Links zum Impressum und zur Datenschutzerklärung angezeigt werden (Ziffer 2.).

Abbildung 2.8: In den meisten sozialen Netzwerken fehlen Eingabefelder für das Impressum und die Datenschutzerklärung. In solchen Fällen müssen Sie die Links zu diesen Webseiten mit einem »Workaround« platzieren. In diesem Beispiel des Instagram-Profils des Autors wird in der Profilbeschreibung darauf hingewiesen, dass sich die Links zum Impressum und der Datenschutzerklärung hinter dem folgenden Link befinden (Ziffer 1.). Wenn Nutzer auf den Link klicken, öffnet sich eine Linkliste des Profils (Ziffer 2.), in der sich die Links zum Impressum und zur Datenschutzerklärung befinden (Ziffer 3.).

2.2.6 Inhaberschaft an Accounts

Es kommt häufig vor, dass Social-Media-Accounts von Mitarbeitenden eines Unternehmens oder von beauftragten Agenturen angelegt werden und später auf das Unternehmen oder die Organisation übertragen werden sollen.

Es ist jedoch rechtlich nicht möglich, die Inhaberschaft an Accounts ohne Zustimmung der jeweiligen Plattformen zu übertragen. Das wird sowohl durch das Gesetz (das sogenannte »Abtretungsverbot« in § 398 BGB) als auch durch die Nutzungsbedingungen der Plattformanbieter verboten. Daher sollten Accounts nur im Namen des Auftraggebers und für den Arbeitgeber bzw. Auftraggeber angelegt werden. Alternativ können Sie die in Abschnitt 2.3 erläuterten Schritte zur Übertragung des Accounts durchführen.

> **Hinweis: Sie haben nur ein Nutzungs- und kein Eigentumsrecht**
>
> Wenn von einem »Recht am Account« die Rede ist, dann ist damit nur ein Nutzungsrecht gemeint, kein Eigentumsrecht. Bedenken Sie daher, dass der Anbieter des sozialen Netzwerks das Nutzungsrecht an dem Account jederzeit kündigen kann (z.B. wenn er von einer unerlaubten Accountübertragung erfährt).

In Konstellationen, in denen Accounts in sozialen Netzwerken von Dritten gepflegt, erworben oder anderweitig genutzt werden, sollten die folgenden Punkte immer vorab vertraglich vereinbart werden:

- **Vereinbarung über Inhaberschaft:** Sie sollten schriftlich festlegen, dass der Account dem Unternehmen gehört und alle accountbezogenen Handlungen im Namen des Unternehmens erfolgen. Falls der Account im Eigentum der Mitarbeitenden oder Agenturen bleiben soll, muss auch dies vertraglich festgehalten werden.
- **Vereinbarung der Nutzung, Aufsicht und Haftung:** Vereinbaren Sie, wie der Account genutzt werden darf, z.B. nur für betriebliche Zwecke und entsprechend der Beauftragung. Klären Sie, wer für den Account haftet; ansonsten gelten die arbeits- bzw. vertragsrechtlichen Haftungsgrundsätze.
- **Angaben zum Inhaber im Impressum:** Legen Sie fest, wer im Impressum genannt werden soll. In der Regel ist es der tatsächliche Accountinhaber.
- **Datenschutzrechtliche Verantwortung:** Es muss vereinbart werden, wer für den Account datenschutzrechtlich verantwortlich ist. Auch hier ist der Accountinhaber in der Verantwortung. Wird ein Account gemeinsam von z.B. einem Unternehmen und einer Agentur verwaltet, muss ein Vertrag über die gemeinsame Verantwortlichkeit abgeschlossen werden (beschrieben in Abschnitt 10.5.2). Daher sollte die Zusammenarbeit auch datenschutzrechtlich vorab geplant werden.

Fallbeispiel

Falls die Rechte an Accounts nicht geregelt sind, entscheiden Gerichte im Fall von Streitigkeiten mit Mitarbeitern in der Regel zu deren Gunsten (AG Brandenburg, Az. 31 C 212/17; ArbG Hamburg, Az. 29 Ga 2/13). Dabei berücksichtigen sie Kriterien wie etwa die bei der Registrierung angegebene E-Mail-Adresse, die Zahlung von Gebühren, Angaben im Impressum und die Arten von Inhalten, z.B. die Häufigkeit privater Postings.

Checkliste: Anlegen eines Social-Media-Accounts

1. Zulässigkeit der Nutzung prüfen:

- Datenschutzrechtliche Zulässigkeit.
- Zulässigkeit kommerzieller Nutzung.

2. Wahl des Namens:

- Markenrechte beachten.
- Namensrechte beachten.
- Plattformregeln beachten.

3. Impressum und Datenschutzhinweise:

- In vorhandenen Feldern angeben, falls vorhanden.
- Workarounds: im Profil platzieren/in Linkliste platzieren.

4. Inhaberschaft klären:

- Wenn Accounts von Mitarbeitenden oder Beauftragten angelegt/gepflegt werden.
- Im Zweifel sprechen Gerichte sich für die Mitarbeitenden aus.
- Inhaberschaft vertraglich regeln.

2.3 Übertragung von Social-Media-Accounts

Social-Media-Accounts dürfen rechtlich nicht übertragen werden, weshalb die Übertragung auf einer rechtlichen Hilfskonstruktion basiert.

Es ist keine Seltenheit, dass Accounts in sozialen Netzwerken, z.B. bei Instagram oder TikTok, auf Dritte übertragen werden. So können z.B. erfolgreiche Kanäle mit Gewinn weiterveräußert werden oder samt Anteilen eines Unternehmens (sogenannten *Assets*) oder von Mitarbeitenden und Beschäftigten auf das Unternehmen oder die Organisation übertragen werden. Wie bereits in obigem Abschnitt 2.2.6 beschrieben, ist eine rechtlich wirksame Übertragung der Accounts jedoch nicht möglich. Daher behilft man sich in der Praxis mit Hilfskonstruktionen, die wirtschaftlich und rechtlich einem Verkauf möglichst nahekommen sollen (siehe Abbildung 2.9). So werden die Accounts z.B. dauerhaft vermietet oder sind Teil von dauerhaft laufenden »Beratungsleistungen«.

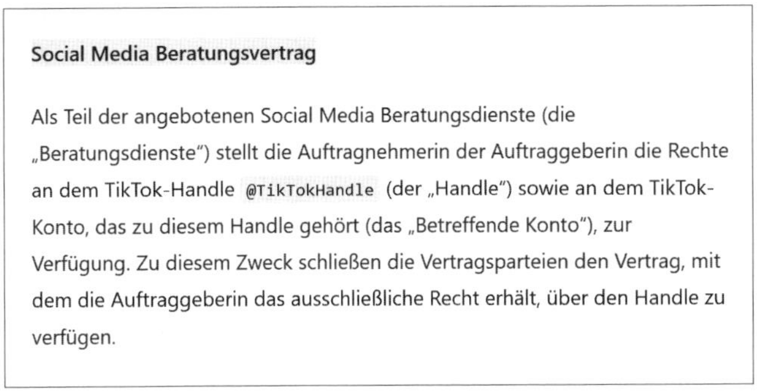

Social Media Beratungsvertrag

Als Teil der angebotenen Social Media Beratungsdienste (die „Beratungsdienste") stellt die Auftragnehmerin der Auftraggeberin die Rechte an dem TikTok-Handle `@TikTokHandle` (der „Handle") sowie an dem TikTok-Konto, das zu diesem Handle gehört (das „Betreffende Konto"), zur Verfügung. Zu diesem Zweck schließen die Vertragsparteien den Vertrag, mit dem die Auftraggeberin das ausschließliche Recht erhält, über den Handle zu verfügen.

Abbildung 2.9: Das Beispiel zeigt eine rechtliche Hilfskonstruktion, bei der ein »Verkäufer« einen Account in einem sozialen Netzwerk als Teil seiner Social-Media-Beratungsleistungen dem Auftraggeber überlässt. Obwohl die rechtliche Wirksamkeit dieser Konstruktion fraglich ist, funktioniert sie in der Praxis hinreichend zuverlässig.

Ob diese Umgehungen des Übertragungsverbots wirksam sind, darf zu Recht bezweifelt werden. In der Praxis funktionieren sie zumindest, solange bei der Vereinbarung über die Accountübertragung die folgenden Punkte geregelt werden:

- **Vertragsgegenstand:** Überlassung der Nutzungsrechte an dem Account und den Inhalten des Accounts.
- **Vergütung und Zahlung:** Es wird in der Regel ein Betrag vereinbart, der die laufende »Miete« oder die »Beratungsleistungen« einmalig abdeckt. Es sollte nach Möglichkeit ein Treuhandservice eingesetzt werden (siehe Abbildung 2.10).
- **Optionale Nutzungskonditionen:** Optional kann vereinbart werden, unter welchen Bedingungen der neue Account geführt werden muss. Zum Beispiel kann vereinbart werden, dass die bisherige Thematik beibehalten wird.
- **Änderung aller Angaben zum Accountinhaber:** Dies soll auch absichern, dass im Fall eines Haftungsfalls des neuen Inhabers dieser in Anspruch genommen wird.
- **Mitwirkung des bisherigen Inhabers:** Der bisherige Inhaber sollte die Nutzungsdaten übertragen und kann je nach Vereinbarung verpflichtet sein, den neuen Inhaber einzuweisen oder ein Statement gegenüber den Nutzern abzugeben.
- **Datenschutz:** Es sollte klar geregelt sein, dass keine personenbezogenen Nutzerdaten veräußert werden. Dies wäre ohne Einwilligung der Nutzer ohnehin nicht erlaubt. Aus dem Grund sollten auch alle Postfächer mit privaten Nachrichten der Nutzer vor der Übergabe des Accounts gelöscht werden.
- **Laufzeit:** Es sollte ein Vertrag auf unbestimmte Zeit bzw. auf bestimmte Zeit, dann aber sich erneuernd, vereinbart werden.
- **Kein Kündigungsrecht:** Die ordentliche Kündigung sollte ausgeschlossen werden. Der ursprüngliche Inhaber sollte sich zudem zusichern lassen, dass er im Fall einer Kündigung oder eines Rücktritts des Accounterwerbers das erhaltene Entgelt nicht zurückzahlen muss.

- **Haftung und Gewährleistung:** Der ursprüngliche Inhaber bestätigt, dass keine Lasten wie Unterlassungserklärungen, laufende Rechtsstreitigkeiten etc. bestehen. Umgekehrt sollte der ursprüngliche Inhaber des Accounts von sämtlichen Haftungsrisiken freigestellt werden, die aus der zukünftigen Nutzung des Accounts resultieren. Das gilt auch, falls der Anbieter des sozialen Netzwerks ohne Zutun des bisherigen Inhabers den Account löschen oder kündigen sollte (siehe zum Nutzungsrecht am Account Abschnitt 2.2.6 oben).
- **Vertraulichkeit:** Es sollte geregelt werden, dass über die Übertragung des Accounts und das gezahlte Entgelt Stillschweigen vereinbart wird.

Achtung: Rechtliche Unsicherheit

Verträge über die Übertragung von Social-Media-Accounts stehen per se rechtlich auf »wackeligen Füßen«. Daher ist zu empfehlen, dass Sie für deren Erstellung oder Prüfung fachlich versierte Rechtsberatung in Anspruch nehmen.

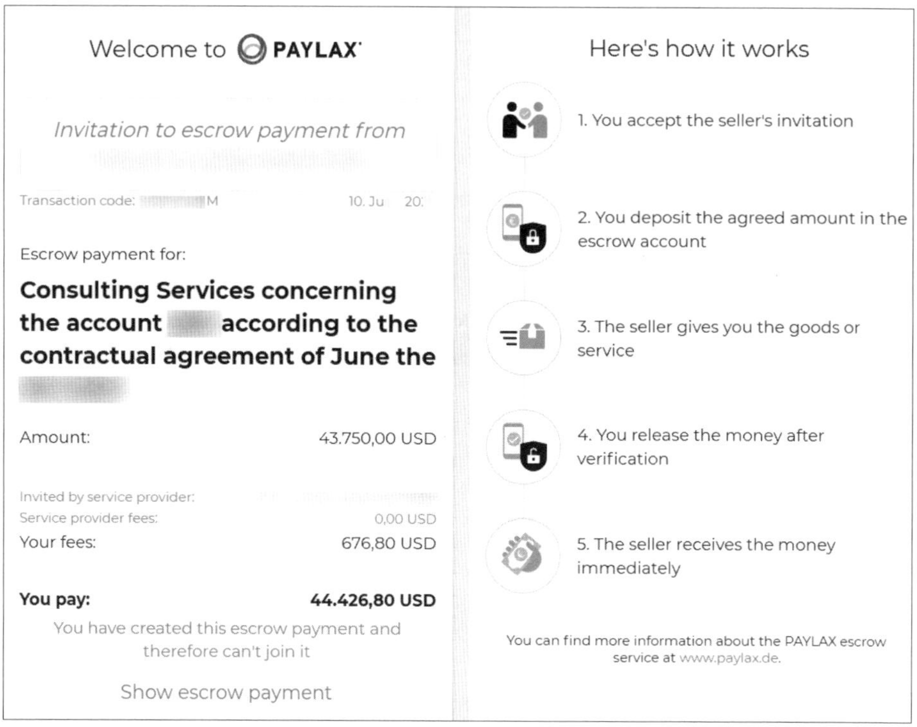

Abbildung 2.10: Wenn Social-Media-Accounts unter Fremden gehandelt werden, sollten Treuhandservices (englisch »Escrow Services«) in Anspruch genommen werden. Hierbei werden die Zugangsdaten sowie das Entgelt bei dem Treuhänder deponiert, und die Zahlung erfolgt erst nach Bestätigung des Erhalts funktionierender Zugangsdaten (Beispiel: Transaktionsvorgang auf der Plattform Paylax).

Checkliste: Übertragung von Onlineaccounts

1. Übertragung der Inhaberschaft ist nicht möglich.

2. Workaround in Form eines Miet- oder Dienstleistungsvertrags:

Folgende Inhalte sollten geregelt werden:

- Vertragsgegenstand
- Vergütung und Zahlung (möglichst mittels Treuhandservice)
- Änderung aller Angaben zum Accountinhaber
- Mitwirkung des bisherigen Inhabers
- optional: künftige Nutzungskonditionen
- keine Übertragung personenbezogener Daten
- dauerhafte Laufzeit ohne Kündigungsrechte
- Haftung und Gewährleistung
- Vertraulichkeit

3. Betrieb von Accounts durch Mitarbeitende/Agenturen:

Übertragungssituation durch Vereinbarung vorab möglichst vermeiden:

- Vereinbarung der Inhaberschaft am Account
- Vereinbarung der Nutzung, Aufsicht und Haftung
- Registrierung mit E-Mail-Adresse des Inhabers
- Entgeltzahlung durch Inhaber
- Angaben zum Inhaber im Impressum

Urheberrecht in der Marketingpraxis

In diesem Kapitel erfahren Sie, welche rechtlichen Fallstricke beim Erstellen und Nutzen von Inhalten wie Bildern, Texten, Musik, Videos und Computercode im Rahmen von Marketingmaßnahmen auf Sie zukommen können. Sie lernen, welche Rechte Sie bei der Verwendung dieser Inhalte beachten müssen, wie diese geschützt sind und welche Ausnahmen Ihnen eine Nutzung ohne Einverständnis der Rechteinhaber erlauben. Sie erhalten außerdem praxiserprobte Hinweise dazu, wann und wie Sie fremde Inhalte, beispielsweise als Zitat oder Meme, rechtssicher verwenden können. Spezielle Abschnitte widmen sich den Besonderheiten, die Sie beachten müssen, wenn Sie Texte, Bilder, Videos, Musik und Computercode nutzen. Sie erfahren, welche speziellen Regelungen für diese Formate gelten und wie Sie rechtliche Risiken in Ihrer Marketingpraxis minimieren können.

3.1 Geschützte Inhalte, Schutzumfang und Schutzdauer

Auch im KI-Zeitalter müssen Sie die Grundlagen des »traditionellen« Urheberrechts kennen.

Zunächst erfahren Sie, wann Inhalte urheberrechtlich geschützt sind und wann das Urheberrecht entsteht und erlischt.

> **Hinweis: KI-Inhalte**
>
> In diesem Kapitel geht es um Inhalte, die von Menschen erstellt werden. Inhalte, die durch künstliche Intelligenz erzeugt wurden, sind grundsätzlich urheberrechtlich nicht geschützt und werden gesondert in Kapitel 4 behandelt. Dennoch bleibt es im KI-Zeitalter oft unklar, ob ein Werk von einer KI stammt oder von menschlicher Hand geschaffen wurde. Daher ist es wichtig, dass Sie auch die Grundlagen des Urheberrechts »für Menschen« beherrschen.

3.1.1 Schutz der Ausführung, nicht der Idee

Das Urheberrecht schützt die kreativen Ergebnisse geistiger Arbeit. Das betrifft jedoch nur die Ergebnisse, nicht reine Ideen. Die Idee für eine Werbekampagne, egal wie kreativ und effektiv sie ist, ist also selbst nicht urheberrechtlich geschützt. Erst wenn Sie sie in Ergebnisse umsetzen und z. B. Werbebilder und -texte erstellen, können diese einen urheberrechtlichen Schutz erlangen (siehe Abbildung 3.1).

Abbildung 3.1: Das Urheberrecht schützt keine Fakten oder Ideen, also keine rein geistigen Gebilde, sondern nur deren praktische Umsetzung in Form eines konkreten Werks (in diesem Beispiel eines gemalten Bildes).

3.1.2 Kein Schutz von Fakten

Auch Fakten, also Tatsachen, sind urheberrechtlich nicht geschützt. Daher wäre z. B. ein Presseartikel über ein brisantes Thema für sich geschützt und dürfte nicht kopiert werden. Das gilt aber nicht für die in dem Artikel genannten Fakten zu dem Thema, also z. B. wer wann was gemacht hat. Diese Fakten dürfen mit eigenen Worten wiedergegeben werden, auch wenn ein Artikel hinter einer Paywall ist.

3.1.3 Urheberrechtlich geschützte Inhalte

Urheberrechtlich geschützt sind nur individuell-persönliche, also von Menschen erstellte Inhalte, die eine gewisse *Schöpfungshöhe* erreichen. Diese Voraussetzung soll verhindern, dass alltägliche Kommunikation und Kultur zum Erliegen kommen. Andernfalls wäre selbst ein einfacher Satz wie »Ich kaufe gerne Bücher von O'Reilly« urheberrechtlich geschützt und dürfte nicht verwendet werden, was die Sprache lähmen würde.

Das Urheberrecht belohnt also kreative und außergewöhnliche Ausdrucksweisen. Reines Handwerk oder fachlich saubere Ausführungen sind dagegen weniger relevant. Allerdings ist die Schwelle für die Schöpfungshöhe nicht besonders hoch, wie Sie im Laufe des Kapitels erfahren werden.

Zu den durch das Urheberrechtsgesetz geschützten Inhalten (das Urheberrecht spricht von »Werken«) gehören gemäß § 2 UrhG insbesondere die folgenden Werke, die im Weiteren detailliert besprochen werden:

- Sprachwerke wie Schriftwerke, Artikel, Bücher oder Computerprogramme.
- Fotografien, Grafiken, Gemälde, technische Zeichnungen und Karten.
- Werke der Baukunst und plastischen Kunst wie Skulpturen oder künstlerische Installationen.
- Filme, Videos, TV-Sendungen.
- Künstlerische Darbietungen wie Tänze oder Theateraufführungen.
- Musik, Liedtexte, Tonaufnahmen und Gesangsdarbietungen.
- Datenbanken und Computerprogramme.

3.1.4 Als Leistungsschutzrecht geschützte Inhalte

Neben dem Urheberrecht existieren weitere Schutzrechte, für die keine besondere Schutzhöhe erreicht werden muss.

Ziel des Urheberrechts ist es, die Investitionen in kulturell relevante Werke zu schützen. Es gibt jedoch auch andere aus Sicht des Gesetzgebers relevante Erzeugnisse, die zwar eher Geld und Fleiß anstatt Kreativität erfordern, aber trotzdem geschützt sein müssen. Diese Schutzrechte werden Leistungsschutzrechte genannt und stehen ebenfalls im Urheberrechtsgesetz. Geschützt sind vor allem:

- **Lichtbilder (§ 72 UrhG)** – Das Urheberrecht schützt *Lichtbildwerke*, also individuelle und kreative Fotografien (§ 2 Abs. 2 Nr. 5 UrhG). Zusätzlich, als Überbleibsel aus einer Zeit, in der Fotografie noch teuer war, werden auch einfachste Schnappschüsse als *Lichtbilder* für 50 Jahre geschützt (siehe Abbildung 3.2). In der Schweiz sind solche »Knipsbilder« dagegen nicht geschützt.
- **Schutz des ausübenden Künstlers (§§ 73 ff. UrhG)** – Schutz von Darbietungen von Sängerinnen/Sängern, Schauspielerinnen/Schauspielern und Tänzerinnen/Tänzern.
- **Schutz des Herstellers von Tonträgern (§ 85 UrhG)** – Schutz der Rechte von Personen, die finanzielle und organisatorische Mittel zur Produktion eines Tonträgers, der auch digital sein darf, bereitstellen.
- **Schutz des Sendeunternehmens (§ 87 UrhG)** – Schutz für Fernseh- und Radiosender, die Programme ausstrahlen.
- **Schutz des Datenbankherstellers (§§ 87a-e UrhG)** – Schutz der Investition von Geld und Zeit in die Zusammenstellung systematisch und methodisch geordneter Informationen.

- **Schutz des Presseverlegers (§§ 87f-k UrhG)** – Schutz für Verleger von Zeitungen und Zeitschriften. Bis auf wenige Wörter dürfen Presseveröffentlichungen für zwei Jahre nach dem Erscheinen ohne Zustimmung nicht weiterverwendet werden.
- **Schutz von Laufbildern (§§ 88-94 UrhG)** – Das Urheberrecht schützt Filmwerke, also kreative und künstlerische Filme (§ 2 Abs. 2 Nr. 6 UrhG). Zusätzlich werden im Rahmen des Leistungsschutzrechts alle Arten von Film- und Videoaufnahmen als sogenannte *Laufbilder* für 50 Jahre ab Veröffentlichung geschützt.

Abbildung 3.2: Das Urheberrecht schützt individuelle und originelle fotografische Werke als »Lichtbildwerke« (wie das Beispiel einer professionellen Aufnahme des Sydney Opera House links). Im Gegensatz dazu schützt das Leistungsschutzrecht jedes »Lichtbild«, also auch einfache Schnappschüsse, unabhängig von deren Qualität (siehe Beispiel desselben Motivs rechts). (Bildquelle: KI)

> **Hinweis: Unterschied zwischen Urheber- und Leistungsschutz**
>
> Die Unterschiede zwischen Urheberrechten und Leistungsschutzrechten zeigen sich vor allem in der Berechnung der Kosten für Abmahnungen und der Höhe des Schadensersatzes bei Urheberrechtsverletzungen. So kann eine Abmahnung wegen eines Schnappschusses etwa 800 Euro kosten, während eine Abmahnung wegen einer professionellen Fotografie und damit einer Urheberrechtsverletzung mehrere Tausend Euro betragen kann.

3.1.5 Entstehung des Urheberrechts

Der urheberrechtliche Schutz entsteht automatisch, wenn ein nach dem Urheberrechtsgesetz geschütztes Werk geschaffen wird. Sobald Sie also einen kreativen Text verfassen, ein Bild zeichnen oder per Druck auf den Kameraauslöser eine Fotografie erstellen, sind diese Werke urheberrechtlich geschützt. Ein ©-Zeichen oder sonstige Urheberrechtsangaben sind nicht erforderlich. Das gilt auch für die im Urheberrechtsgesetz entstandenen Leistungsschutzrechte, z. B. an Lichtbildern und Laufbildern, also an allen Schnappschüssen und Videos.

3.1.6 Urheberrechtshinweis und ©-Zeichen

Das ©-Zeichen signalisiert, dass ein Werk urheberrechtlich geschützt ist. Früher war ein solcher Hinweis in manchen Ländern, etwa den USA, notwendig, um Urheberrechte zu sichern. Seit 1989 entsteht dort das Copyright automatisch, und der Hinweis ist nicht mehr erforderlich. Gleiches gilt für Urheberrechtshinweise im Impressum, die lediglich darauf hinweisen, dass Inhalte urheberrechtlich geschützt sind.

3.1.6.1 Vorteile des Urheberrechtshinweises

Trotz des Wegfalls der Notwendigkeit sind Copyright-Hinweise nützlich:

- **Abschreckung:** Sie signalisieren, dass das Kopieren des Inhalts unerwünscht ist.
- **Schadensersatz:** Ein deutlicher Hinweis ermöglicht es, bei Missachtung höheren Schadensersatz zu fordern.
- **Vermutung der Urheberschaft:** Eine Person wird als Urheber oder Rechteinhaber vermutet, wenn ihr Name auf dem jeweiligen Werkstück angebracht oder sie sonst in der üblichen Weise als Urheber bezeichnet ist (§ 10 UrhG). Allerdings kann diese Vermutung angefochten werden, wenn jemand, z. B. mittels Zeugen, nachweist, der wirkliche Urheber zu sein.

3.1.6.2 Formulierung eines Urheberrechtshinweises

Um die Vorteile eines Copyright-Hinweises zu nutzen, sollten Sie diesen deutlich formulieren. Die Bezeichnung sollte zumindest den Namen des Urhebers und das Datum enthalten. Sie können die Begriffe »Urheberrechtshinweis« oder »Copyright« verwenden oder das ©-Zeichen nutzen, z. B.:

> © Thomas Schwenke 2026

Wenn Sie, beispielsweise im Impressum auf Ihrer Website oder in einem Whitepaper, die Nutzerinnen bzw. Leser deutlich auf das Verbot unerlaubter Nutzung hinweisen und abschrecken möchten, können Sie die folgende Formulierung verwenden (die Strafrechtshinweise und das Kontaktangebot am Ende sind optional):

> © Urheberrechtshinweis
>
> Alle Inhalte dieser Website, insbesondere Texte, Fotografien und Grafiken, sind urheberrechtlich geschützt. Das Urheberrecht samt den Nutzungsrechten liegen, soweit nicht ausdrücklich anders gekennzeichnet, bei dem Anbieter. Wer gegen das Urheberrecht verstößt (z. B. Bilder oder Texte unerlaubt kopiert), macht sich gemäß §§ 106 ff. UrhG strafbar, wird zudem kostenpflichtig abgemahnt und muss Schadensersatz leisten (§ 97 UrhG). Bitte fragen Sie uns, falls Sie die Inhalte dieser Website verwenden möchten.

3.1.7 Erlöschen des Urheberrechts

Das Urheberrecht erlischt erst nach Ablauf von 70 Jahren ab dem Tod des Urhebers (§ 64 UrhG). Bei Leistungsschutzrechten ist die Frist allerdings kürzer. Zum Beispiel endet der Schutz bei einfachen Schnappschüssen 50 Jahre nach ihrer Aufnahme (siehe Abschnitt 3.1.4).

3.1.8 Verzicht auf das Urheberrecht und Public Domain

Der Begriff *Public Domain* stammt aus dem angloamerikanischen Rechtssystem, in dem es möglich ist, auf alle Rechte an einem urheberrechtlich geschützten Werk zu verzichten. Ein solches Werk wird dann *gemeinfrei* und darf uneingeschränkt von jeder und jedem verwendet werden. Im deutschen und europäischen Urheberrecht hingegen ist ein vollständiger Verzicht auf alle Urheberrechte nicht möglich. Es ist jedoch rechtlich möglich, pauschal zu erlauben, dass jeder ohne Erlaubnis die selbst erstellte Fotografie zu beliebigen Zwecken vergütungsfrei nutzen darf (siehe Abbildung 3.3).

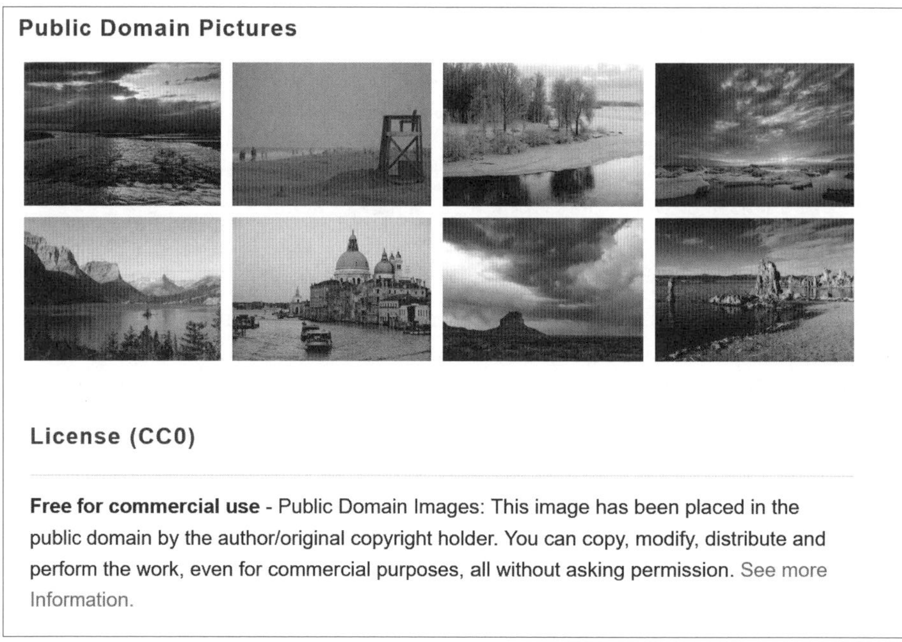

Abbildung 3.3: In kostenlosen Bildarchiven willigen Fotografinnen oder Fotografen häufig ein, ihre Bilder in die Public Domain zu stellen. Das bedeutet rechtlich einen Verzicht auf die Geltendmachung eigener Urheberrechte. Allerdings müssten Sie als Nutzer den Urheberrechtsverzicht nachweisen, weshalb die Nutzung der zumindest auf den ersten Blick urheberrechtsfreien Bilder zumindest im kommerziellen Kontext mit einem Risiko von Urheberrechtsverstößen behaftet ist. Mehr zu den Risiken kostenloser Bildarchive erfahren Sie in Abschnitt 5.6.9.

Hinweis: Public-Domain-Inhalte

Zur Public Domain gehören auch Inhalte, bei denen kein Urheberrecht entsteht, wie amtliche Werke (z. B. Urteile oder Gesetze, siehe Abschnitt 3.4.3), sowie Inhalte, deren Urheberrecht 70 Jahre nach dem Tod des Urhebers erloschen ist.

Verlassen Sie sich jedoch nicht einfach auf die Bezeichnung »Public Domain«. Nur der Urheber kann ein Werk als gemeinfrei erklären – und das auch nur, wenn er dazu befugt ist. Da Sie oft nicht erkennen können, ob ein Bild tatsächlich gemeinfrei ist, ist die Nutzung vor allem im kommerziellen Kontext mit einem hohen Risiko behaftet.

3.1.9 Unterschiede zwischen Urheberrecht und Copyright

Das Copyright ist das anglosächsische Pendant zum kontinentaleuropäischen Urheberrecht. Während das Urheberrecht seinen Ursprung als Persönlichkeitsrecht hat (»Recht des Urhebers«), ist das Copyright ursprünglich als ein wirtschaftliches Recht der Druckindustrie (»Recht zu kopieren«) konzipiert. Heutzutage sind beide Rechte im Wesentlichen aneinander angeglichen (man spricht von einer internationalen »Harmonisierung« des Urheberrechts). Das bedeutet: Was Sie zum Urheberrecht erfahren haben, gilt grundsätzlich auch für das Copyright.

Hinweis: Fair Use

Ein Unterschied zwischen dem Urheberrecht und dem US-Copyright besteht darin, dass das US-Copyright im Gegensatz zum Urheberrecht keine spezifischen Ausnahmen für Zitate, KI-Training, Beiwerke oder Parodien vorsieht (diese werden in Abschnitt 3.3 erläutert). Vielmehr muss die Zulässigkeit der Nutzung von Gerichten anhand der folgenden Kriterien bestimmt werden: Zweck und Art der Nutzung, Art des geschützten Werks, Umfang der Nutzung sowie deren Auswirkungen auf den Marktwert des Originals. Dieser Ansatz ist flexibler, mit Blick auf die Rechtsprechung jedoch auch weniger vorhersehbar.

3.1.10 Urheber, Nutzungsberechtigte, Lizenzen und Rechteinhaber

Urheber sind die Schöpfer eines Werks und erhalten automatisch alle Rechte daran. Sie dürfen mithilfe von Lizenzen anderen Personen oder Unternehmen Nutzungsrechte an ihrem Werk einräumen.

Diejenigen, die diese Nutzungsrechte erhalten, werden *Nutzungsberechtigte* oder *Lizenznehmer* genannt. Die Bezeichnung *Rechteinhaber* ist ein Oberbegriff, der sowohl Urheber als auch Nutzungsberechtigte umfasst.

Haben mehrere Personen ein Werk erstellt, werden sie automatisch zu Miturhebern und dürfen nur gemeinsam über die Nutzung ihres Werks entscheiden (§ 8 UrhG).

3.2 Erlaubnispflichtige Nutzung

Unter »Urheberrecht« versteht man eine Reihe verschiedener Einzelrechte, darunter das Recht zur Vervielfältigung und das Recht zur Bearbeitung.

Im folgenden Abschnitt erfahren Sie, wann Sie grundsätzlich eine Erlaubnis des Rechteinhabers benötigen, wenn Sie urheberrechtlich geschützte Inhalte nicht nur konsumieren, sondern z.B. kopieren, in sozialen Netzwerken oder auf Webseiten veröffentlichen oder bearbeiten möchten.

3.2.1 Vervielfältigung

Mit der in § 16 UrhG geregelten Vervielfältigung ist die Erstellung jeglicher Arten von Kopien gemeint, die von menschlichen Sinnen wahrgenommen werden können. Dazu gehören Abschriften von Texten, Screenshots, Ausdrucke sowie das Herunter- und Hochladen von Bildern. Dabei liegt eine Vervielfältigung auch dann vor, wenn Sie nur einen Ausschnitt vervielfältigen. Das Urheberrecht schützt nämlich das ganze Werk inklusive aller seiner Teile, die zum individuellen Charakter beitragen.

Keine Vervielfältigung liegt vor bei einer wirtschaftlich nicht relevanten kurzen Zwischenspeicherung von Inhalten, z.B. wenn Sie mit Ihrem Browser fremde Webseiten aufrufen, um sie zu betrachten oder bestimmungsgemäß zu nutzen (§ 44a UrhG).

3.2.2 Verbreitung

Unter Verbreitung gemäß § 17 UrhG versteht man die Weitergabe von urheberrechtlich geschützten Werken in körperlicher oder digitaler Form, wie das Versenden geschützter Bilder über Messenger oder von E-Books per E-Mail. In der Regel geht dies einher mit einer unerlaubten Vervielfältigung (siehe Abschnitt 3.2.1).

3.2.3 Öffentliche Zugänglichmachung

Das Verbot der öffentlichen Zugänglichmachung in § 19a UrhG wurde speziell für die digitale Welt geschaffen und umfasst in erster Linie das Veröffentlichen von Inhalten im Internet. Keine öffentliche Zugänglichmachung läge vor, wenn ein Inhalt nur innerhalb persönlich verbundener Personenkreise zugänglich wäre, d.h. innerhalb der Familie, im Freundeskreis oder innerhalb eines engen und persönlich verbundenen Kollegenkreises. Kontaktkreise in sozialen Netzwerken gelten nur dann als nicht öffentlich, wenn ihnen ausschließlich Personen des persönlichen Kreises angehören. Gehören z.B. rein berufliche Kontakte, wie im Netzwerk LinkedIn, zu dem Kontaktkreis, gilt er als öffentlich.

3.2.4 Bearbeitung

Die Bearbeitung gemäß § 23 UrhG umfasst jede Veränderung von urheberrechtlich geschützten Inhalten. Bei Bildern sind das z.B. Farbänderungen, Retuschen oder ihre Verwendung in Designs. Bei Texten sind es Korrekturen, Kürzungen und Übersetzungen. Verkleinerungen und Vergrößerungen von Bildern gelten hingegen noch nicht als Bearbeitung.

Die Faustregel für zulässige Bearbeitungen lautet: Wenn Sie Ihre Bearbeitung neben das Originalwerk legen, darf ein Unbeteiligter nicht erkennen, dass Teile des Originalwerks in der Bearbeitung enthalten sind oder charakteristische Grundzüge übernommen wurden.

Hinweis: KI-Bearbeitung

Auch wenn Sie mithilfe von KI fremde Werke originalgetreu nachbilden, gilt dies als eine Form der erlaubnispflichtigen Bearbeitung. Weitere Informationen und Beispiele finden Sie in Abschnitt 4.3 zum Thema KI-Inhalte.

3.2.5 Schutz vor Entstellungen und Beeinträchtigungen

Die Erlaubnis, ein Bild zu vervielfältigen oder zu bearbeiten, umfasst keine Verwendungen, die von der üblichen Nutzung abweichen. Daher hat der Urheber das Recht, eine Entstellung oder Beeinträchtigung seines Bilds zu verbieten. Diesen Punkt müssen Sie vor allem dann bedenken, wenn Sie am Bild Veränderungen vornehmen (z.B. als Kunde die Arbeiten eines Fotografen nachbessern) oder es in einem politischen oder erotischen Kontext verwenden. Wann eine Einflussnahme auf ein Bild beeinträchtigend ist, muss im Einzelfall beurteilt werden und hängt z.B. von der Gesinnung des Urhebers oder der Art seines Werks ab.

Eine Entstellung kann selbst ohne direkte Veränderung eines Werks durch die Art und Weise der Nutzung entstehen. Ein Beispiel dafür ist die unautorisierte Verwendung von Musikstücken durch politische Parteien während Wahlkämpfen (Abbildung 3.4). Dies gilt auch trotz des Erwerbs einer GEMA-Lizenz und wurde unter anderem in den Prozessen der Musikgruppe »Höhner« und der Sängerin Helene Fischer gegen die Nutzung ihrer Musik durch die rechtsextreme Partei NPD bestätigt (BGH, Az. I ZR 147/16; OLG Jena, Az. 2 U 674/14).

Hinweis: Beeinträchtigender Kontext der Nutzung

Lassen Sie sich von dem nach hohem Grad der Veränderung eines Werks klingenden Begriff »Entstellung« nicht täuschen. Die Voraussetzungen für eine Entstellung sind oft geringer, als man vermuten könnte. Bereits dann, wenn Aufnahmen in einem tendenziellen Kontext eingesetzt werden – etwa in einem erotischen, politischen oder einem kirchlichen Umfeld oder bei der Darstellung von Drogenkonsum und Krankheitssymptomen –, sollten Sie überprüfen, ob Ihre Lizenz diese Nutzung abdeckt. Lassen Sie sich dies gegebenenfalls schriftlich bestätigen.

Abbildung 3.4: Künstler verwehren politischen Parteien häufig die Nutzung ihrer Musik. Dies geschieht besonders bei extremen Parteien, aber auch bei Parteien anderen politischen Spektrums, etwa den Grünen. Deren Politiker Robert Habeck summte zum Missfallen des Urhebers Herbert Grönemeyer das Lied »Zeit, dass sich was dreht« in einem YouTube-Video. Da der Künstler keine politische Vereinnahmung wünschte, untersagte er, wie schon zuvor der CDU, erfolgreich die Nutzung, weshalb das Video entfernt werden musste. (Bildquelle: Beanstandetes Video/DIE GRÜNEN)

3.2.6 Urhebernennung

Jeder Urheber hat nach § 10 UrhG das Recht darauf, namentlich (oder nach Wahl mit Pseudonym) in unmittelbarem Zusammenhang mit seinem Werk genannt zu werden. Nur wenn er ausdrücklich auf dieses Recht verzichtet, brauchen Sie seinen Namen nicht zu nennen. Allein der Umstand, dass Sie ein Bild z.B. in einem Stockbildarchiv gegen Entgelt erworben haben, befreit Sie noch nicht von der Pflicht zur Urhebernennung. Wird die Nennung des Urhebers weggelassen, erhöht sich der potenziell zu zahlende Schadensersatz um bis zu 100% (u. a. OLG Köln, Az. 6 U 96/21).

3.3 Gesetzliche Nutzungserlaubnisse

In der Marketingpraxis sind insbesondere das Recht auf Verlinkung, das Einbetten von Inhalten, das Teilen von Beiträgen sowie das Zitieren von Texten und die Nutzung von Memes von rechtlicher Bedeutung.

Das Urheberrecht formuliert neben den Verboten auch einige Ausnahmen, die es erlauben, urheberrechtlich oder leistungsschutzrechtlich geschützte Inhalte auch ohne

Erlaubnis der Rechteinhaber zu nutzen. Im Folgenden werden die Ausnahmen, die im Marketingkontext relevant sind, dargestellt.

3.3.1 Schlichte Einwilligung

Die vom BGH etablierte »schlichte (bzw. »konkludente«) Einwilligung« ist gesetzlich nicht direkt verankert, sondern stellt eine Zwischenlösung zwischen gesetzlicher und vertraglicher Erlaubnis dar. Voraussetzung ist, dass der Urheber damit rechnen muss, dass seine Handlungen dazu führen, dass andere sein Werk nutzen. Er erteilt somit stillschweigend eine Einwilligung gegenüber jedermann. Der BGH hat unter anderem in folgenden Fällen eine schlichte Einwilligung anerkannt:

- **Vorschaubilder in Suchmaschinen:** Der BGH entschied, dass Betreiber von Webseiten damit rechnen müssen, dass Suchmaschinen wie Google Vorschaubilder ihrer online verfügbaren Inhalte erstellen (BGH, I ZR 69/08).
- **Öffentlich sichtbare Werke:** Der BGH hat entschieden, dass Urheber in die Veröffentlichung ihrer Werke stillschweigend einwilligen, wenn sie mit der Veröffentlichung rechnen müssen (BGH, Az. I ZR 139-141/23). In dem konkreten Verfahren ging es unter anderem um die Werbung eines Hotels für dessen Zimmer mittels Fotos und Videos, auf denen eine urheberrechtlich geschützte Fototapete zu sehen war (siehe Abbildung 3.5).

Abbildung 3.5: Urheber müssen laut BGH heutzutage damit rechnen, dass auch Fotos und Videos von urheberrechtlich geschützten Werken in öffentlichen oder häufig frequentierten Innenräumen, z.B. den Zimmern eines Hotels, gemacht und im Internet zu Werbezwecken oder von Privatpersonen wie Hotelgästen veröffentlicht werden. (Bildquelle: KI)

3.3.2 Verlinken, einbetten und Teilen von Inhalten

Das Verlinken oder Einbetten von externen Inhalten in eigene Webseiten oder das Teilen fremder Inhalte in Social Media ist urheberrechtlich mit einem geringen Risiko verbunden.

Das Verlinken oder Einbetten von externen Inhalten in eigene Webseiten oder das Teilen fremder Inhalte in Social Media birgt nur sehr geringe urheberrechtliche Risiken. Grundsätzlich verstoßen Sie dabei nicht gegen das Verbot der Vervielfältigung, Verbreitung oder öffentlichen Zugänglichmachung von urheberrechtlich geschützten Inhalten, zumindest wenn Sie die folgenden Hinweise beachten.

3.3.2.1 Links zu urheberrechtlich geschützten Inhalten

Das Verlinken von fremden Inhalten stellt grundsätzlich keine Urheberrechtsverletzung dar, da Sie lediglich auf fremde Inhalte verweisen. Ein Rechtsverstoß liegt jedoch vor, wenn die fremden Inhalte offensichtlich rechtswidrig sind und Sie dies hätten erkennen müssen. Beispiele für solche offensichtlichen Rechtsverletzungen sind z.B. Links zu illegalen Softwarekopien, Kinofilmen etc.

3.3.2.2 Einbetten und Teilen von urheberrechtlich geschützten Inhalten

Einbetten oder *Embedding* beschreibt das Einbinden von Inhalten auf der eigenen Webseite, die von einer externen Quelle geladen werden, wie z.B. ein YouTube-Video oder ein Instagram-Posting (siehe Abbildung 3.6).

Auch das Teilen fremder Inhalte auf Social-Media-Plattformen funktioniert nach dem gleichen Prinzip, indem lediglich ein Verweis auf die ursprüngliche Quelle erstellt wird, ohne dass Kopien der Inhalte angefertigt werden.

Abbildung 3.6: Beispiel des von YouTube bereitgestellten Codes, mit dem das Video in die eigene Website eingebettet werden kann

Diese Art der Verlinkung ist laut dem Europäischen Gerichtshof (EuGH, C-348/13) ohne Zustimmung der Urheber auch ohne Quellennennung zulässig, solange zwei Voraussetzungen erfüllt sind:

- **Keine Umgehung von Schutzmaßnahmen:** Es dürfen keine technischen Schutzmaßnahmen umgangen werden, wie z. B. Passwörter oder Paywalls.
- **Legal ins Internet gelangt:** Der Inhalt muss mit Zustimmung des Urhebers veröffentlicht worden sein. Ist der Inhalt unrechtmäßig veröffentlicht, ist auch dessen Einbettung unzulässig.

In der Praxis zeigen Gerichtsurteile, dass es häufig als unzumutbar angesehen wird, dass Inhaber verlinkter Quellen zuvor um die Bestätigung gebeten werden, dass deren Inhalte berechtigterweise veröffentlicht wurden. Zum Beispiel entschied der BGH, dass die Einbindung von externen Bildern durch Google in der Bildersuche zulässig sei, ebenso wie das LG Hamburg befand, dass ein Affiliate automatisch Artikelbilder von Amazon übernehmen darf, ohne dass eine detaillierte Prüfung erforderlich ist (BGH, Az. VI ZR 489/16 und LG Hamburg, 308 O 151/17).

Ein Risiko besteht immer dann, wenn Sie den Rechtsverstoß erkannt haben oder hätten erkennen können und Inhalte trotzdem einbetten. Dies kann beispielsweise der Fall sein, wenn sich ein Urheber bei Ihnen meldet und die Löschung von Inhalten verlangt.

3.3.2.3 Haftung für die fremden Inhalte

Es ist wichtig zu beachten, dass Sie durch das Embedding und Verlinken zwar einen Urheberrechtsverstoß vermeiden, aber trotzdem für die geteilten Inhalte haften können. Beispielsweise kann dies der Fall sein, wenn in einem verlinkten Video unwahre Aussagen über einen Mitbewerber gemacht werden. Mehr dazu erfahren Sie im Kapitel zur Haftung für verlinkte Inhalte in Abschnitt 17.5.

Hinweis: Vorteil Uploadfilter

Auf sozialen Plattformen und in Videonetzwerken sind die Betreiber gesetzlich verpflichtet, die von Nutzerinnen und Nutzern hochgeladenen Inhalte auf potenzielle Rechtsverstöße zu prüfen, was das Risiko der Einbindung oder des Teilens solcher Inhalte zusätzlich mindert (§ 7 Urheberrechts-Diensteanbieter-Gesetz).

3.3.2.4 Datenschutz

Beachten Sie außerdem, dass Sie, selbst wenn Sie mit dem Einbetten der Inhalte keinen Urheberrechtsverstoß begehen, dennoch einen Datenschutzverstoß begehen können. Wenn z. B., wie in Abbildung 3.6, ein YouTube-Video in Ihre Webseite integriert wird, dann erlauben Sie YouTube, Cookies auf den Endgeräten Ihrer Website-Besucher zu speichern. Das ist aber nur zulässig, wenn die Nutzer in die Speicherung der Cookies einwilligen. Wie Sie die Cookie-Einwilligung einholen können, erfahren Sie in Abschnitt 10.10.2.

3.3.2.5 Geringes Risiko beim Sharing und Embedding

Zusammenfassend kann gesagt werden, dass das Verlinken und das Embedding generell als sichere Methoden zur Nutzung fremder Inhalte eingestuft werden können. Ein Risiko bei dieser Nutzung besteht eher im Bereich des Datenschutzes als im Bereich des Urheberrechts.

Checkliste: Verlinken, Einbetten und Teilen von Inhalten

1. Text- und Bildlinks zu externen Inhalten:

- Urheberrechtlich unproblematisch.
- Außer in extremen Fällen, etwa bei Links zu erkennbar urheberrechtswidrigen Inhalten (z.B. Kinofilm-Streaming).

2. Einbettung/Embedding:

- Zum Beispiel Einbinden eines YouTube-Videos oder Instagram-Postings mit Darstellung auf der eigenen Webseite.
- Rechtlich grundsätzlich zulässig.
- Praktisches Risiko einer Urheberrechtsverletzung ist gering.

3. Teilen/Sharing:

- Teilen von fremden Beiträgen mit Texten, Bildern, Videos oder Links in der eigenen Timeline.
- Rechtlich grundsätzlich zulässig.
- Das urheberrechtliche Risiko ist gering.

3.3.3 Abbildung zwecks Verkaufs oder Verlosung

Der sogenannte »Erschöpfungsgrundsatz« in § 17 des UrhG besagt, dass man urheberrechtlich geschützte Werke ohne Einwilligung des Urhebers vervielfältigen darf, wenn dies zum Zweck ihres Verkaufs, zur Verlosung oder zur Werbung für dieses Werk erfolgt.

Wenn Sie z.B. Bücher verkaufen oder verlosen und dies online bewerben, dürfen Sie die Buchcover für Verkaufsanzeigen nutzen. Verwenden Sie dabei jedoch die Coverillustration des Verlags oder eigene Fotos, aber keine fremden Aufnahmen des Buchcovers ohne Erlaubnis. Weitere Details zur Verlosung von Markenprodukten erhalten Sie in Abschnitt 14.3.6.

3.3.4 Berichterstattung über Tagesereignisse

§ 50 UrhG erlaubt es, urheberrechtlich geschützte Werke im Rahmen der Berichterstattung über Tagesereignisse abzubilden, also z.B. wenn im Rahmen eines Berichts über die Eröffnung eines Museums einzelne Gemälde auf den Fotografien zu sehen sind. Allerdings ist diese Ausnahme im Marketing weniger praktikabel, da die Aufnahmen gelöscht werden müssen, wenn das Ereignis nicht mehr tagesaktuell ist.

Fallbeispiel

Der BGH musste entscheiden, ob Bilder von tagesaktuellen Ereignissen dauerhaft in einem Onlinearchiv verbleiben können. Die Bilder gehörten zu einem Artikel, in dem von einer Ausstellungseröffnung berichtet wurde. Auf ihnen waren unter anderem urheberrechtlich geschützte Kunstwerke aus der Ausstellung zu sehen. Der BGH urteilte, dass diese Bilder nur so lange online bleiben dürfen, wie ein Interesse an der Ausstellungseröffnung besteht, also je nach Einzelfall Wochen oder auch Monate. Da in dem Fall einige Jahre verstrichen waren, mussten die Bilder unter Zahlung von Schadensersatz aus dem Onlinearchiv entfernt werden (BGH, Az. I ZR 127/09).

3.3.5 Zitatrecht

Das Zitatrecht ist im Content-Marketing beispielsweise im Rahmen von Produktkritiken und Tests oder News und Reportagen relevant.

In § 51 UrhG regelt der Gesetzgeber, wann urheberrechtlich geschützte Werke zitiert werden dürfen, ohne den Urheber um Erlaubnis fragen zu müssen. Das Zitatrecht umfasst hierbei nicht nur die Übernahme von Textpassagen, sondern auch von Bildern, Ausschnitten aus Filmen oder Musikstücken, solange diese eine »Belegfunktion« haben.

3.3.5.1 Belegfunktion

Unter einem Zitat wird allgemeinsprachlich die ausschnittweise Übernahme eines fremden Inhalts verstanden. Damit dieses Zitat aber auch urheberrechtlich zulässig ist, muss es dem Grund und Umfang nach notwendig sein, damit der Zitierende eigene Gedanken und Ausführungen belegen kann. Das ist der Fall, wenn z.B. das Bild eines bekannten Fotografen in einem Artikel über dessen Leben und Wirken genutzt wird. Auch die Nutzung von Filmszenen im Rahmen einer Filmkritik ist zulässig und ebenso der Einsatz eines Screenshots einer Webseite, der als Beispiel für einen neuen Designtrend herangezogen wird.

Eine Belegfunktion liegt dagegen nicht vor, wenn das Zitat lediglich den folgenden Zwecken dient:

- Illustration des eigenen Inhalts, weil z.B. ein Bild die Stimmung eines Artikels einfängt (siehe Abbildung 3.7) oder die Musik zur Tonalität eines Videos passt.
- Arbeitsersparnis, wenn Passagen aus einem Newsartikel entnommen werden, anstatt den Inhalt mit eigenen Worten wiederzugeben.
- Service für die Nutzer, die dann z.B. einen Link nicht klicken müssen.

Im Marketing dient die Nutzung fremder Bilder und anderer Werke eher selten als Beleg eigener Ausführungen, am ehesten noch im Content-Marketing. Deshalb kommt das Zitatrecht im Marketing seltener zur Anwendung.

Abbildung 3.7: Im Rahmen des Zitatrechts darf man fremde Bilder nur verwenden, wenn sie zur Unterstützung eigener Ausführungen notwendig sind. Hingegen ist es nicht ausreichend, ein Bild allein zu Illustrationszwecken zu verwenden, weil es thematisch zu einem Artikel passt. Wenn Sie z.B. einen Blogbeitrag zum Thema Flugreisen verfassen, erlaubt Ihnen das Zitatrecht nicht, die in diesem Bildbeispiel bei Google zum Thema Flugreisen gefundenen Bilder zu nutzen. Sie benötigen weiterhin die Zustimmung der Urheber.

3.3.5.2 Zulässige Zitatlänge

Es gibt keine festen Vorgaben dazu, wie lang ein Zitat sein darf. Man darf nur so viel zitieren, wie es für den oben beschriebenen Belegzweck notwendig ist. Egal ob jemand einen Zeitungsartikel kritisiert oder begeistert ein Musikstück rezensiert – es dürfen nur die prägnantesten Zeilen oder sekundenlange Ausschnitte zitiert werden. Es können auch viele Zitate nebeneinanderstehen. Wenn beispielsweise über Webdesigntrends im Internet geschrieben wird, kann eine Vielzahl von Beispielen unterschiedlicher Webseiten für diesen Trend herangezogen werden. Wird aber z.B. über einen Film gesprochen, dann dürfen nur die für die Besprechung erforderlichen möglichst kurzen Videoausschnitte oder markanten Filmszenen als Zitate verwendet werden.

In bestimmten Fällen darf auch ein komplettes Werk oder große Teile daraus zitiert werden. Das ist z.B. bei *Reaction Videos* (also zur Wiedergabe und Kommentierung fremder Videos auf dem eigenen Kanal) der Fall, wenn jede Szene des Originalvideos inhaltlich kommentiert wird:

Fallbeispiel

In einem YouTube-Video wurde ein fremdes Video wiedergegeben und politisch kommentiert. Das Landgericht Köln entschied, dass ein Zitat als Erlaubnisgrundlage für ein Reaction Video infrage kommt. Allerdings verlor der Kommentator dennoch, da er die beim Zitatrecht erforderliche Nennung des Urhebers und der Quelle unterließ (LG Köln, 14 O 291/24).

Wann und wie die Quelle anzugeben ist, erfahren Sie nachfolgend in Abschnitt 3.3.5.4. Welche Mindestanforderungen an eine inhaltliche Auseinandersetzung gestellt werden, wurde bereits vom BGH im Rahmen des traditionellen Fernsehens festgelegt.

Fallbeispiel

Im Fall der Sendung »TV Total« musste der BGH über die Zulässigkeit von Videozitaten entscheiden. Der Entertainer Stefan Raab zeigte dort unterhaltsame und komische Ausschnitte aus anderen Fernsehsendungen. Das Gericht erkannte diese Form der Präsentation jedoch nicht als (zulässiges) Zitat an und sagte, dass die Präsentation eines Ausschnitts »nur um seiner selbst und um der ihm innewohnenden Komik willen« nicht ausreichend ist. »Es fehlt damit an Ausführungen des Zitierenden, für die [der Ausschnitt] als Beleg oder als Erörterungsgrundlage dienen könnte« (BGH, Az. I ZR 12/05).

3.3.5.3 Keine Bearbeitung

Das Zitatrecht erlaubt es nicht, die zitierten Inhalte zu bearbeiten, d.h. etwa Texte umzuformulieren oder Bilder farblich zu verändern. Sollte eine Änderung für den Zweck eines Zitats ausnahmsweise notwendig sein, muss darauf, sofern nicht eindeutig, hingewiesen werden – bei Texten durch Anführungszeichen (»…«) und bei Bildern durch Hinweise wie z.B. »wir haben diese Stelle im Video zwecks Verdeutlichung aufgehellt«).

3.3.5.4 Quellenangabe

Auch für die Quellenangaben existieren keine festen Vorgaben, außer dass über sie das ursprüngliche Werk gefunden werden muss. Das heißt, »Quelle: Internet« ist nicht ausreichend, dagegen genügt die Angabe des Namens des Urhebers oder einer Webseite mit Internetadresse bzw., falls diese nicht verfügbar ist, des Accountnamens. Bei Büchern sollten Titel, Autor, Verlag und Veröffentlichungsjahr, bei Periodika Nummer und Jahr angegeben werden.

Checkliste: Zitatrecht

1. Die Belegfunktion muss erfüllt sein:

- Das Zitat muss als Beleg der eigenen Ausführungen notwendig sein.
- Das zweite Zitat darf nicht bloß der Illustration oder Zeitersparnis dienen.

2. Die zulässige Zitatlänge darf nicht überschritten sein:

- Nur so viel wie nötig, um eigene Ausführungen zu belegen.

- Es empfiehlt sich als Daumenregel, nur einzelne Sätze zu zitieren und nur einzelne Bilder zu nutzen.

3. Der zitierte Teil darf nicht bearbeitet werden:

- Falls eine Bearbeitung erfolgt, muss sie erforderlich und gekennzeichnet sein.
- Ausschnitte und Auslassungen sind zulässig und bei Texten mit »…« zu kennzeichnen.

4. Das Zitat muss sich vom übrigen Teil des Texts oder sonstigen Werks abheben oder als solches gekennzeichnet sein:

- Zum Beispiel durch Anführungszeichen, Einrückungen, farbliche Unterstreichung.
- Zum Beispiel durch Quellenangabe neben einem Bild oder in einem Video.

5. Die Quelle muss genannt sein:

- Bei Zitaten aus Internetquellen reichen Name plus Link.
- Bei Büchern/Zeitschriften sind zusätzlich Titel sowie Erscheinungsdatum bzw. Nummer anzugeben.

3.3.6 Recht auf Memes (Karikaturen, Parodien und Pastiches)

Diese gesetzliche Ausnahme passt das Urheberrecht an die Realität im Internet an und gilt auch für die kommerzielle Nutzung von Memes.

Durch das im Jahr 2021 in § 51a UrhG neu aufgenommene Recht auf »Karikaturen, Parodien und Pastiches« wurde die Nutzung von Memes, Reaction GIFs und anderen kulturellen Abwandlungen, wie Remixen, Mash-ups, Fan Art, Fan Fiction, Covers und Sampling, erheblich erleichtert. Doch obwohl dieses sogenannte »Recht auf Memes« grundsätzlich auch für die unternehmerische Nutzung gilt, bleiben Risiken, gerade auch in Bezug auf die Verletzung von Persönlichkeitsrechten, bestehen.

Hinweis: Pastiche

Der französischstämmige Begriff *Pastiche* bedeutet so viel wie eine Imitation oder Nachahmung, bei der man Werke der Literatur oder der bildenden Kunst abwandelt oder neu kombiniert. Das heißt, es ist die rechtliche Umschreibung eines *Memes*.

3.3.6.1 Erkennbare Abwandlung

Memes sind zulässig, wenn das Originalwerk so verändert wurde, dass es deutlich von der ursprünglichen Version abweicht und als Abwandlung eines Originals erkennbar ist. Die Wirkung des ursprünglichen Bilds muss verändert werden. Ein Beispiel hierfür wäre die Ergänzung eines Bilds mit einem Text kritischer, politischer oder wie in Abbildung 3.8 edukativer und satirischer Natur.

Fallbeispiel

Das LG München I entschied, dass das bloße Hinzufügen einer Bildunterschrift wie »Ein Bild sagt mehr als tausend Worte« nicht ausreicht, um als zulässiges Pastiche zu gelten (Az. 42 S 231/21). Der Text muss die Wirkung des ursprünglichen Bilds verändern.

Manchmal kann ein Bild oder ein Filmausschnitt auch ohne Veränderung im Rahmen des geltenden Rechts genutzt werden, abhängig davon, wie und in welchem Kontext er verwendet wird. Ein Beispiel dafür sind sogenannte *Reaction GIFs* im kommunikativen Kontext. Dabei handelt es sich um kurze animierte Bildsequenzen, die oft als Antwort oder Kommentar auf eine Aussage in sozialen Medien genutzt werden.

Abbildung 3.8: Der Textzusatz in diesem Bild wandelt das ursprüngliche Bild des Künstlers Snoop Dogg zu einer Aussage über das Recht auf Memes hinreichend ab. Das Ergebnis darf als Meme, rechtlich als »Pastiche« bezeichnet, urheberrechtlich verwendet werden.

3.3.6.2 Persönlichkeitsrechte von Personen

Das Recht auf Memes betrifft ausschließlich das Urheberrecht und nicht die Persönlichkeitsrechte der darin abgebildeten Personen. Wenn in einem Meme eine Person zu sehen ist, kann diese Person möglicherweise eine Verletzung ihrer Persönlichkeitsrechte geltend machen. Das ist immer dann der Fall, wenn es sich nicht um eine Parodie oder Satire der Person handelt (siehe dazu die Beispiele für satirische Werbung mit prominenten Personen in Abschnitt 6.5.2), sondern wenn vielmehr deren Image zu wirtschaftlichen Zwecken ausgenutzt wird (Abbildung 3.9).

Abbildung 3.9: In dieser Abwandlung des Beispiels aus Abbildung 3.8 wird das Bild eingesetzt, um für günstige Angebote zu werben. Diese wirtschaftlich motivierte Nutzung der Abbildung von Snoop Dogg ist jedoch nicht von dem Recht auf Memes gedeckt und könnte, falls es entdeckt und verfolgt wird, zu einer teuren Schadensersatzforderung führen.

3.3.6.3 Risikoeinschätzung beim Einsatz von Memes

Das praktische rechtliche Risiko bei der Nutzung von Memes ist gering, solange sie nicht als Werbemittel für kommerzielle oder politische Zwecke wie z.B. zur Produkt- oder Imagewerbung, in Ads etc. eingesetzt werden.

Werden Memes lediglich zu kommunikativen oder redaktionellen Zwecken verwendet, z.B. als GIFs in Social-Media-Beiträgen, als Einblendungen oder in Einspielern in Videos, um eine Stimmung zu vermitteln, dann ist die rechtliche Zulässigkeit gerichtlich zwar noch nicht geklärt, aber das Risiko ist gering. Es sind bislang weltweit keine Fälle bekannt, in denen Prominente gegen die Verwendung ihrer Bilder in einem Meme, das von Unternehmen auf Social Media verwendet wurde, vorgegangen sind.

3.3.7 Unwesentliches Beiwerk

Eine Ausnahme in § 57 UrhG erlaubt, dass urheberrechtliche Inhalte ohne Einwilligung des Urhebers verwendet werden können, wenn es sich bei ihnen lediglich um ein »unwesentliches Beiwerk« handelt. Bei unwesentlichen Beiwerken handelt es sich um Objekte, die per Zufall, ungewollt oder aus Versehen in ein Bild oder ein Video geraten sind und die für den eigentlichen Bildinhalt nicht von Bedeutung sind. Wenn Sie z.B. ein Foto von ihrem Büro erstellen und an der Wand zufällig ein Kinoplakat zu sehen ist, ist das Plakat nur ein unwesentliches Beiwerk.

Fallbeispiel

Das OLG München befand, dass ein Gemälde, das in einer Wohnzimmerszene eines Möbelkatalogs auftauchte, dort mit Absicht platziert wurde und damit kein unwesentliches Beiwerk war (OLG München, Az. 6 U 4132/8).

Wenn das urheberrechtlich geschützte Werk prägend oder nicht zufällig im Bild, also kein Beiwerk ist, könnte dennoch eine schlichte Einwilligung vorliegen. Dies ist der Fall, wenn der Urheber mit der Abbildung hätte rechnen müssen, wie im Fall einer Fototapete (siehe Abschnitt 3.3.1).

> **Tipp: Faustregel**
>
> Ein urheberrechtlich geschützter Inhalt gilt als unwesentliches Beiwerk, wenn es sich zufällig im Bild befindet und aus dem Bild oder Video entfernt werden kann, ohne die Wirkung oder den Charakter des Werks zu beeinträchtigen.

3.3.8 Panoramafreiheit

Auch außerhalb geschlossener Räume können Urheberrechte verletzt werden. Kunstobjekte wie Bilder, Skulpturen, Werke der Architektur oder Installationen sind urheberrechtlich geschützt und dürfen grundsätzlich nur mit Einwilligung der Urheber fotografiert werden. Dasselbe gilt für individuelle Werke der Architektur und auch für Plakattafeln, die am Straßenrand stehen.

Eine Einwilligung in die Abbildung dieser Inhalte ist jedoch nicht erforderlich, wenn die folgenden Voraussetzungen der Panoramafreiheit nach § 59 UrhG erfüllt sind.

> **Vorsicht: Fotografieren im Ausland**
>
> Grundsätzlich können Sie davon ausgehen, dass im Ausland ähnliche Regeln wie in Deutschland gelten. Dennoch gibt es lokale Ausnahmen, insbesondere bei der Panoramafreiheit, über die Sie sich bei kommerzieller Verwendungsabsicht der Aufnahmen kundig machen sollten.

3.3.8.1 Bleibendes Werk

Die Panoramafreiheit erlaubt das Fotografieren urheberrechtlich geschützter Werke nur, wenn diese zum dauerhaften Verbleib bestimmt sind. Die Frist für den Verbleib ist nicht eindeutig geregelt. Ein Kunstwerk gilt dann als bleibend, wenn kein Enddatum festgelegt ist oder es bis zum Ende seiner Lebensdauer an einem bestimmten Ort verbleiben soll, wie z. B. ein Werbeplakat auf einer Plakatwand. Ein temporäres Kunstprojekt wird nicht als dauerhaft angesehen, weshalb für die Verwendung von Bildaufnahmen des Kunstprojekts zu kommerziellen Zwecken die Zustimmung der Künstler erforderlich ist (BGH, Az. I ZR 102/99 im Kontext der Verhüllung des

Reichstags durch die Aktionskünstler Christo und Jeanne-Claude). Umgekehrt wurden von Gerichten auch an sich bewegliche Sachen wie Schiffe für »bleibend« gehalten (siehe Abbildung 3.10).

Abbildung 3.10: Die Panoramafreiheit erfasst auch Werke an Fahrzeugen, die sich bestimmungsgemäß im öffentlichen Raum bewegen, wie z.B. an Autos oder Schiffen. Dies hat der BGH in Bezug auf den »AIDA Kussmund« auf Schiffen der gleichlautenden Reederei entschieden (BGH, I ZR 247/15). Das gilt zumindest, solange die Fahrzeuge von öffentlichen Wegen oder Plätzen aus fotografiert werden. Soll die Aufnahme in einem abgetrennten Hafen erfolgen, gilt die Panoramafreiheit nicht. Zudem muss geprüft werden, ob das Hausrecht des Hafens kommerzielle Bildaufnahmen erlaubt (siehe dazu Abschnitt 6.7 zum Thema Hausrecht). (Bildquelle: elniteo, flickr.com/photos/niteobora, CC-BY)

3.3.8.2 Ohne Hilfsmittel von öffentlicher Straße aus

Die Panoramafreiheit erlaubt nur das Fotografieren von öffentlich zugänglichen Straßen oder Plätzen aus. Damit sind Straßen und Wege auf dem Land und im Wasser (siehe Abbildung 3.10), Bürgersteige sowie Plätze und Parks gemeint, die sich nicht in Privateigentum befinden. Ist ein Areal durch einen Zaun oder eine sonstige Umfriedung geschützt oder müssen Sie sogar Eintritt zahlen, sollten Sie auch bei staatlichen Grundstücken davon ausgehen, dass Sie zum Fotografieren eine Erlaubnis benötigen. Das gilt auch, sobald Sie ein Privatgrundstück betreten müssen.

Ferner muss die Aufnahme ohne Hilfsmittel erfolgen. Es ist also nicht erlaubt, Leitern, Teleobjektive und Drohnen zu verwenden oder Bilder von einer erhöhten Position aus – etwa aus dem Haus gegenüber – aufzunehmen.

Hinweis: Hausrecht beachten

Die Panoramafreiheit gestattet es, urheberrechtlich geschützte Werke ohne Genehmigung der Rechteinhaber abzubilden. Zusätzlich und auch unabhängig vom Urheberrecht ist das Hausrecht zu beachten. Beispielsweise bedarf es für geschäftliche Aufnahmen bei

Veranstaltungen, in Zoos oder Parkanlagen keiner urheberrechtlichen Genehmigung, wohl aber einer Erlaubnis des Eigentümers bzw. des Pächters oder Mieters. Weitere Hinweise zum Hausrecht bei Bildaufnahmen finden Sie in Abschnitt 6.7.

3.3.8.3 Keine Veränderung des Werks

Die Panoramafreiheit erlaubt zwar die Nutzung von Aufnahmen von Werken aus dem öffentlichen Raum auch für kommerzielle Zwecke, allerdings ist die Nutzung im Marketing auf eine werkgetreue Wiedergabe beschränkt. Das bedeutet, Sie dürfen das im Rahmen der Panoramafreiheit fotografierte Werk nicht ändern (§ 62 UrhG). Erlaubt ist das Zuschneiden oder Zeigen von Ausschnitten. Nicht erlaubt sind dagegen z.B. Retuschen (LG Mannheim, Az. 7 S 4/96), Verzerrungen oder Verbindungen mit grafischen Elementen oder Texten (siehe Abbildung 3.11).

Abbildung 3.11: In dieser Werbeanzeige eines Modeunternehmens ist im Hintergrund die Hamburger Elbphilharmonie zu sehen, die als ein Werk der Baukunst urheberrechtlich geschützt ist. Als ein bleibendes Werk darf die Philharmonie zwar, auch zu kommerziellen Zwecken, von öffentlichen Wasserstraßen und -wegen aus im Rahmen der Panoramafreiheit abgebildet werden, allerdings darf das fotografierte Werk nicht verändert werden. In diesem Beispiel besteht daher ein Risiko, dass ein Gericht die hier vorliegende Verbindung mit der virtuellen »Wäscheleinenkonstruktion« als eine erlaubnispflichtige Bearbeitung betrachten wird. Daher sollte in derartigen Fällen eine Zustimmung des Urhebers, d.h. in der Regel des Architekten, eingeholt werden.

3.3.9 Pflicht zur Quellenangabe

Gemäß § 63 UrhG muss bei der Vervielfältigung und öffentlichen Wiedergabe im Rahmen der Panoramafreiheit die Quelle des Zitats angegeben werden. Für die öffentliche Wiedergabe verlangt das Gesetz die Nennung der Quelle jedoch nur dann, »wenn und soweit die Verkehrssitte es erfordert«. Das bedeutet, dass Name und Titel des Werks so angegeben werden müssen, wie sie auf dem Werk selbst oder auf einer leicht auffindbaren Plakette zu finden sind.

Checkliste: Panoramafreiheit

- Handelt es sich um ein bleibendes, also nicht nur vorübergehendes Werk?
- Entstand die Aufnahme von einer öffentlichen Straße oder einem Platz aus und ohne Hilfsmittel?
- Wurde das Motiv nicht nachträglich verändert?
- Wurde der Urheber, soweit erkennbar, genannt?
- Falls im Ausland: Wurde lokales Recht recherchiert und beachtet?

3.3.10 Lizenzen und Nutzungserlaubnisse

Falls keine der oben genannten Ausnahmen zutrifft, müssen Sie ein Einverständnis einholen bzw. eine Lizenzvereinbarung abschließen, um ein urheberrechtlich geschütztes Werk nutzen zu dürfen. Eine Anleitung dazu erhalten Sie in Kapitel 5.

Checkliste: Nutzung urheberrechtlich geschützter Inhalte

1. Es liegt ein urheberrechtlich geschütztes Werk vor:

- Urheberrechtlich geschützt sind Sprachwerke, Computerprogramme, Fotografien, Grafiken, Musik, Filme, Videos und Darbietungen etc.
- Fotoschnappschüsse (sogenannte Lichtbilder), Videos (sogenannte Bewegtbilder), Datenbanken, Presseerzeugnisse und Inhalte, die von ausübenden Künstlern, Musikproduzenten etc. erstellt wurden, sind zusätzlich als Leistungsschutzrechte geschützt.
- Kein urheberrechtlicher Schutz von bloßen Ideen und Fakten.
- Kein urheberrechtlicher Schutz von KI-Erzeugnissen.

2. Das Urheberrecht ist nicht erloschen:

- Individuell-persönliche Werke: Das Urheberrecht erlischt 70 Jahre nach dem Tod der Urheber.
- Unterschiedliche Dauer der Leistungsschutzrechte: Schnappschüsse und Alltagsvideos 50 Jahre ab Veröffentlichung/Erstellung, Presseerzeugnisse 2 Jahre.

3. Erlaubnispflichtige Nutzungen:

- Vervielfältigung (d.h. Kopie, auch digital, § 16 UrhG).
- Verbreitung (in körperlicher Form, z.B. als Teil von Broschüren, § 17 UrhG).

- Öffentliche Zurverfügungstellung (z. B. auf Webseiten, in Social Media, § 19a UrhG).
- Bearbeitung (z. B. Retuschen, § 23 Abs. 1 Satz 1 UrhG).
- Entstellung eines urheberrechtlich geschützten Werks (§ 14 UrhG).
- Weglassen des Namens des Urhebers (§ 13 UrhG).

4. Gesetzliche Nutzungserlaubnisse:

- Verlinken, Einbetten und Sharing von Inhalten stellen keinen Fall von Vervielfältigung, Verbreitung oder öffentlicher Zugänglichmachung dar und sind daher ohne Zustimmung (mit geringem Restrisiko) erlaubt.
- Bericht über Tagesereignisse (zeitnahe Löschung erforderlich, § 50 UrhG).
- Zitat, aber nur wenn es als Beleg erforderlich ist (§ 51 UrhG).
- Recht auf Memes (Karikaturen, Parodien und Pastiche, § 51a UrhG).
- Unwesentliches Beiwerk (zufällig im Bild und nicht prägend fürs Bild, z. B. Foto auf der Wand im Hintergrund, § 57 UrhG).
- Panoramafreiheit für Werke, die zum dauerhaften Verbleib im öffentlichen Raum bestimmt sind (z. B. Skulpturen) und ohne Hilfsmittel aufgenommen wurden (§ 59 UrhG).
- Abbildung zwecks Verkaufs oder Verlosung (sogenannter Erschöpfungsgrundsatz, § 17 Abs. 2 UrhG).

3.4 Urheberrechtsschutz von Texten

Bei dem Urheberrechtsschutz von Texten kommt es weniger auf den Inhalt als auf dessen textliche Einkleidung an.

Als Nächstes erfahren Sie, welche besonderen urheberrechtlichen Aspekte Sie bei der Nutzung von Texten beachten müssen. Erläutert werden die vielfältigen Konstellationen der Textnutzung im Online- und Marketingbereich sowie die Texterstellung mittels KI.

3.4.1 Sprachwerkqualität

Das Urheberrecht schützt grundsätzlich nicht den (gedanklichen oder informationellen) Inhalt von Texten. Das heißt, dass die im Text enthaltenen Ideen und Fakten nicht geschützt sind und mit eigenen Worten wiedergegeben werden dürfen. Geschützt wird nur die Form, also der Wortlaut, in dem die Ideen und Fakten festgehalten sind (das sogenannte *Sprachwerk*) – und das auch nur, wenn dieser individuell und persönlich ist (genannt *Schöpfungshöhe*).

Je kreativer und außergewöhnlicher ein Text also verfasst ist und je mehr Fantasie und Gestaltungskraft ihm zugrunde liegt, desto eher wird er geschützt sein. Oder andersherum: Je sachlicher und pragmatischer er ist, desto geringer ist die Wahrscheinlichkeit eines Schutzes. Dabei muss der Text nicht unbedingt niedergeschrieben sein. Ein mit einem Audiogerät aufgezeichnetes Sprachwerk (z. B. ein Podcast) genießt den gleichen Schutz. Von Bedeutung ist lediglich, dass der Text bzw. das Sprachwerk wiedergegeben werden kann.

Vorsicht: Kein einheitlicher Maßstab

Bedenken Sie, dass es keine Schablone gibt, mit der sich die urheberrechtliche Schutzfähigkeit eines Texts erfassen lässt. Verzichten Sie auf eine Wiedergabe mit eigenen Worten nur dann, wenn Sie sich ganz sicher sind, dass ein Text urheberrechtlich nicht geschützt ist.

Der folgende Text ist z. B. nicht urheberrechtlich geschützt, da es sich lediglich um eine Aufzählung von Fakten handelt:

> »Rechtsanwalt Dr. Thomas Schwenke berät Unternehmen in Rechtsfragen bei Marketing, Datenschutz sowie KI-Einsatz und hält Workshops und Vorträge zu diesen Themen.«

Diese Abwandlung des inhaltlich gleichen Texts ist dagegen geschützt, weil sie individuell und persönlich ist:

> »Ob Konkurrenten drohen, Kunden aus Undank johlen, Community-Member für Unbehagen sorgen oder Sie trotz Datenschutz den Erfolg jagen, AGB brauchen oder vor Gericht straucheln – Rechtsanwalt Schwenke steht zu Ihrer Verfügung und verhilft mit Seminaren und Vorträgen zur nötigen Übung.«

Das letzte Beispiel demonstriert ferner, dass der urheberrechtliche Schutz eines Texts keine besondere literarische Qualität, sondern die Individualität des Ausdrucks voraussetzt. Die literarische Qualität kann allerdings ein Indiz für den urheberrechtlichen Schutz sein.

3.4.2 Nötige Textlänge

Die Länge eines Texts ist ein weiteres Indiz für dessen urheberrechtlichen Schutz. Kurze Texte haben es schwerer, als individuell und originell zu gelten. Daher genießen z. B. die meisten Beiträge in sozialen Medien oder Foren keinen Schutz. Ausnahmen bilden einerseits längere, artikelähnliche Postings, andererseits können auch sehr kurze Texte Schutz erlangen, wenn sie besonders prägnant und originell formuliert sind.

Fallbeispiel

Das Landgericht München I entschied, dass das Zitat »Mögen hätte ich schon wollen, aber dürfen habe ich mich nicht getraut« von Karl Valentin als »sprachlich und grammatikalisch unübliche Art und Weise einer bayerischen Wortakrobatik« über hinreichende Schöpfungshöhe verfügt und daher urheberrechtlich geschützt ist (Az. 7 O 8226/11). Auch die Titelzeile »Wir sind Papst« einer Ausgabe der BILD-Zeitung wurde urheberrechtlich als schutzfähig betrachtet (OLG Hamburg, Az. 5 U 116/23).

Vorsicht: Prominentenzitate

Zitate von Prominenten sind nur geschützt, wenn sie, wie im obigen Beispiel, sprachlich außergewöhnlich sind, während der Aussagegehalt irrelevant ist. Sie sind ohne eine vertiefte rechtliche Prüfung auf der sicheren Seite, wenn Sie nur Zitate von Künstlern und prominenten Personen verwenden, die bereits vor über 70 Jahren gestorben sind. Dann ist ein etwaiges Urheberrecht erloschen. Ansonsten bleibt noch die Möglichkeit eines urheberrechtlichen Zitats, dessen Voraussetzungen weiter oben in Abschnitt 3.3.5 erläutert wurden.

3.4.3 Typische Fallgruppen

Im Folgenden erhalten Sie eine Übersicht über typische Konstellationen, bei denen urheberrechtliche Fragen im Zusammenhang mit der Nutzung von Texten auftauchen.

3.4.3.1 Figuren und Erzählwelten

Zwar werden einzelne Ideen urheberrechtlich nicht geschützt, werden Ideen jedoch zu einer zusammenhängenden Geschichte verbunden, in der bestimmte Charaktere auftauchen, die z.B. anhand ihres Aussehens, Namens und Verhaltens erkennbar sind, dann werden sie als eine sogenannte *Fabel* urheberrechtlich geschützt.

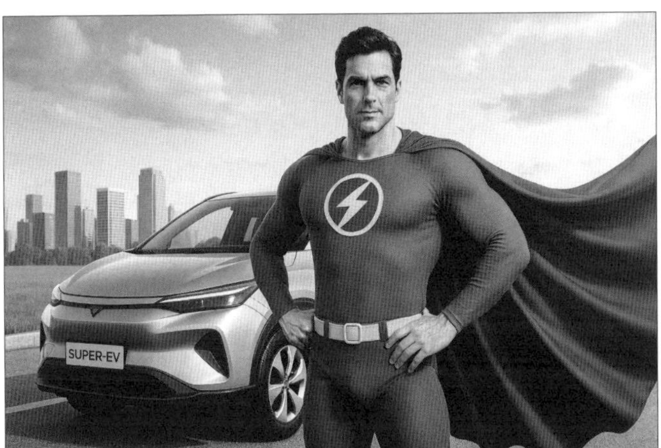

Abbildung 3.12: Es gibt keine feste Grenze für unerlaubte Charakterkopien. Ein Verstoß liegt vor, wenn Kernmerkmale übernommen werden. Das Werbemotiv für ein Elektrofahrzeug wie im Bildbeispiel wäre zulässig, da die Figur wie ein generischer Superheld aussieht. Trüge sie jedoch das Logo eines bestimmten Superhelden, eine typische Maske oder dessen Namen, läge ein Urheberrechtsverstoß vor.

Beispielsweise würde eine von der KI erstellte Geschichte, in der ein von einer Spinne gebissener Teenager, der sich in einen Superhelden verwandelt und unter dem Namen »Spinnenmann« New York vor Schurken beschützt, einen Verstoß gegen die Rechte von Marvel an der Figur *Spiderman* darstellen. Zulässig wäre die Nutzung der Figur im Rahmen eines Memes (oben in Abschnitt 3.3.6 oben erläutert) oder wenn ein hinreichender Abstand zur Originalfigur geschaffen wird (siehe Abbildung 3.12).

3.4.3.2 Einzelne Wörter und Titel

Einzelne Wörter und Titel von Büchern, Zeitschriften, Fernsehsendungen, Filmen, Magazinen, Blogs und Websites sowie Unternehmensnamen und Produktbezeichnungen sind urheberrechtlich nicht geschützt. Aufgrund der Kürze fehlt es ihnen an hinreichender Schöpfungshöhe. Sie können jedoch im Hinblick auf den Inhalt, für den sie stehen, als Werktitel oder Marken geschützt werden (mehr dazu erfahren Sie in Abschnitt 7.1.5.3, in dem es um Marken geht).

3.4.3.3 Werbeslogans

Werbeslogans werden wegen der Werbewirksamkeit kurz gehalten. In den meisten Fällen bleibt daher kaum Raum für eine persönliche geistige Schöpfung. Abgelehnt wurde der Urheberrechtsschutz z. B. für die folgenden Slogans: »Thalia verführt zum Lesen« (LG Mannheim, Az. 7 O 343/08) oder »Was wollt ihr dann? – MAOAM« (OLG Hamm, 28.11.2003, AZ. unbekannt). Wie gering die Wahrscheinlichkeit des Urheberrechtsschutzes für Werbeslogans ist, zeigt sich daran, dass das hierzu bekannte Urteil aus dem Jahr 1934 stammt und seinerzeit dem in Reimform verfassten Werbespruch »*Biegsam wie ein Frühlingsfalter bin ich im Forma-Büstenhalter*« den Urheberrechtsschutz zubilligte. Allerdings ist es fraglich, ob diese Entscheidung heutzutage noch so ausgefallen wäre.

Tendenziell ist also zu sagen, dass kreative Werbeslogans eher nicht urheberrechtlich geschützt sind, jedoch in der Regel als Marke geschützt sein können (z. B. »Vorsprung durch Technik« von Audi, EUGH, Az. C-398/08, oder »ICH LIEBE ES« von McDonalds). Weitere Hinweise zu Wortmarken erhalten Sie in Abschnitt 7.1.1.

3.4.3.4 Produktbeschreibungen und Werbeprospekte

Bei Produktbeschreibungen und Werbeprospekten kommt es auf ihre Länge und Individualität an. Kurze, sachlich-faktische Beschreibungen einer Leistung sind nicht urheberrechtlich geschützt. Dagegen können kreative und ausgefallene Beschreibungen urheberrechtlichen Schutz genießen.

3.4.3.5 Amtliche Werke

Amtliche Werke wie Gerichtsentscheidungen, Gesetzestexte, Verordnungen oder Bekanntmachungen von Behörden sind per Gesetz vom urheberrechtlichen Schutz ausgenommen (§ 5 UrhG) und dürfen frei verwendet werden. Dabei ist es jedoch wichtig, dass es sich um die Originaltexte handelt. Wurden die Texte von anderen Personen mit eigenen Worten aufbereitet oder zusammengefasst, dürfen diese nicht ohne Zustimmung der Verfasser übernommen werden (z. B. Zusammenfassungen von Gerichtsentscheidungen).

3.4.3.6 AGB und Datenschutzbestimmungen

Individuell erstellte AGB und Datenschutzbestimmungen können schnell ein paar Hundert Euro oder mehr kosten. Wer diese Rechtstexte kopiert, verstößt gegen das Urheberrecht. Das gilt zumindest dann, wenn diese Werke nicht nur aus Standardklauseln bestehen und individuell erstellt wurden. Das gilt auch, wenn ein Onlinegenerator für die Erstellung der Rechtstexte eingesetzt wurde (LG München I, Az. 42 O 10188/21).

Fallbeispiel

Das Landgericht Köln entschied, dass AGB jedenfalls dann gegen praktisch identische Übernahmen geschützt sind, wenn sie sich »wegen der Art ihrer Gedankenführung und einzelner um Verständlichkeit bemühter Formulierungen vom allgemein Üblichen – wenn auch nur geringfügig – abheben.« (Az. 6 U 193/08].

3.4.3.7 Romane, Erzählungen, Gedichte und Liedtexte

Bei Romanen, Erzählungen, Gedichten und Liedtexten handelt es sich um klassische Werke der Literatur, bei denen Sie fast immer von einem urheberrechtlichen Schutz ausgehen können. Sogar kurze Limericks und der banale Refrain eines Schlagers können urheberrechtlichen Schutz genießen.

3.4.3.8 Interviews

Interviews, sei es in Text-, Video- oder Audioformat, sind dann urheberrechtlich geschützt, wenn die Fragen und/oder Antworten individuell-persönlich sind. Ein knappes Interview im Stil von »Wie geht es Ihnen? – Danke, gut.« wäre also noch nicht geschützt. Wenn die Fragen und Antworten jedoch länger und individueller ausfallen, wird das Interview geschützt sein.

3.4.3.9 Podcasts

Auch Podcasts sind als urheberrechtliche Sprachwerke geschützt. Das Urheberrecht legt nicht fest, in welcher Form ein Sprachwerk festgehalten werden muss, sodass auch eine Tonaufzeichnung individueller sprachlicher Inhalte geschützt ist.

Hinweis: Urheberrechtlicher Schutz eines Podcasts

Neben dem urheberrechtlichen Schutz des Podcast-Inhalts ist auch die »Darbietung« der Sprecher gemäß § 73 UrhG geschützt.

3.4.3.10 Präsentationen

Die Visualisierung, also die »Folien« bzw. »Slides« einer Präsentation, ist in der Regel urheberrechtlich geschützt. Zunächst sind die in der Präsentation enthaltenen

Bilder urheberrechtlich geschützt. Die Texte selbst sind meist nicht geschützt, da Präsentationen häufig nur einige Worte oder kurze Sätze enthalten. Aber die individuelle Auswahl, Anordnung und Zusammenstellung der Präsentation ist als ein sogenanntes *Sammelwerk* urheberrechtlich geschützt. Das gilt jedoch nicht, wenn die Präsentation lediglich eine zweckmäßige Auflistung von Fakten ist.

3.4.3.11 Pressemitteilungen

Eine typische Pressemitteilung besteht aus einer Aufzählung von Fakten und ist nicht urheberrechtlich geschützt. Es kann jedoch Ausnahmen geben, wenn die Pressemitteilung statt sachlicher Formulierungen individuell formuliert ist. Davon sollten Sie ausgehen, wenn sich eine Pressemitteilung wie ein Zeitungsartikel liest. Dabei ist nicht die Weitergabe der eigentlichen Pressemitteilung problematisch – dazu ist sie da –, sondern das Kopieren fremder Pressemitteilungen und das Ersetzen mit Informationen zum eigenen Unternehmen oder zu dessen Produkten.

3.4.3.12 Blogbeiträge

Bei Blogbeiträgen kommt es darauf an, ob sie nur sehr kurz und sachlich gehalten sind oder eher länger, individuell-persönlich und kreativ. Blogbeiträge aus ein bis zwei Sätzen (wie »Der heutige Tag ist super gelaufen. Wir haben endlich die Finanzierungszusage erhalten und können mit der Betaphase starten.«) sind also nicht geschützt. Ähneln die Beiträge dagegen eher journalistischen Artikeln, werden sie urheberrechtlich geschützt sein.

Vorsicht: RSS-Feed-Inhalte

Auch wenn Blogbeiträge in sogenannten RSS-Feeds zur Verfügung gestellt werden, dürfen diese nicht einfach übernommen und in andere Websites eingebaut werden. Ein RSS-Feed dient in erster Linie dazu, die Bloginhalte zu *abonnieren*, und nicht, sie zu *kopieren*.

3.4.3.13 Journalistische Artikel

Bei journalistischen Artikeln sollten Sie immer urheberrechtlichen Schutz vermuten. Egal ob es sich um Tagesberichte, Analysen, Reportagen oder Kritiken handelt – ein Journalist hat einen sprachlichen Spielraum und Gestaltungsmöglichkeiten, die fast immer zur einem individuell-persönlichen Text führen.

Hinweis: Leistungsschutzrecht für Presseverleger

Für Presseveröffentlichungen gilt ab ihrem Erscheinen für zwei Jahre zusätzlich zum Urheberrecht das Leistungsschutzrecht für Presseverleger (§ 87f ff. UrhG). In diesem Fall dürfen nur der Titel und wenige Wörter dem Text entnommen werden, daher sollte in der Regel nur die Überschrift übernommen werden. Zusätzlich und auch nach diesen zwei Jahren gilt das reguläre Urheberrecht weiter. Die gesetzlich erlaubte Nutzung der Inhalte bleibt weiterhin erlaubt, z. B. darf auch aus Pressezeugnissen zitiert werden. Die Voraussetzungen des Zitatsrechts und urheberrechtlicher Nutzungserlaubnisse finden Sie in Abschnitt 3.3.

3.4.3.14 Presseclippings

Presseberichte über das eigene Unternehmen sind wertvolle Marketinginstrumente, weil sie glaubwürdiger sind als Werbung. Daher ist es nicht verwunderlich, dass viele Unternehmen Scans oder Screenshots von Presseberichten über sich online stellen, ins Blog einbinden oder in sozialen Medien verbreiten. Dabei nehmen sie jedoch selten Rücksicht auf die Urheberrechte an den Texten und Fotografien in den Artikeln.

Der Umstand, dass ein Artikel über das eigene Unternehmen oder die eigene Person geschrieben wurde und man selbst in den Bildern auftaucht, berechtigt nicht zur Verwendung der Artikel. Sie dürfen diese sogenannten *Clippings* also nur dann selbst veröffentlichen, wenn Sie die Einwilligung der zuständigen Rechteinhaber eingeholt haben. Das sind in der Regel die Presseverlage.

3.4.3.15 Pressespiegel

Dennoch gibt es in § 49 UrhG eine Ausnahme, die das Erstellen von Pressespiegeln aus Beiträgen von Zeitungen, die sich mit tagesaktuellen politischen, wirtschaftlichen oder religiösen Fragen (d.h. nicht aus wissenschaftlichen oder Fachzeitschriften) befassen, erlaubt. Allerdings ist diese Ausnahme auf die unternehmensinterne Nutzung beschränkt. Damit ist eine Veröffentlichung im unternehmensinternen Intranet erlaubt, aber nicht im Internet. Ferner darf ein solcher Pressespiegel keine Volltextsuche erlauben und muss nach sieben Tagen gelöscht werden. Die Artikel müssen also als Grafiken oder als nicht durchsuchbare PDF-Dateien vorliegen.

Checkliste: Urheberrechtsschutz von Texten

1. Ist der Text urheberrechtlich geschützt?

- Ja, wenn individuelle und kreative Gestaltung.
- Kurze, sachliche Beiträge sind meist nicht geschützt. Ausnahme: kreative oder ungewöhnliche Formulierungen.

2. Typische Fallbeispiele für urheberrechtlichen Schutz:

- Romane und Gedichte.
- Journalistische Artikel, Kommentare, Reportagen.
- Interviews bei individuellen Fragen/Antworten.
- Blogbeiträge, wenn es längere, kreative Texte sind.
- Pressemitteilungen.

- Präsentationen.
- AGB und Datenschutztexte.
- Podcasts als aufgezeichnete Sprachwerke.

3. Typische Fallbeispiele ohne urheberrechtlichen Schutz:

- Amtliche Werke wie Gesetze oder Gerichtsurteile.
- Produktbeschreibungen mit kurzen und/oder sachlichen Texten.

3.5 Urheberrechtsschutz von Bildern

Vor der Verwendung von Bildern müssen Sie prüfen, ob Sie das Recht haben, sowohl das eigentliche Bild beziehungsweise die Aufnahme als auch das abgebildete Motiv zu nutzen.

Der wichtigste Punkt, den Sie im Hinblick auf die Nutzung fremder Bilder berücksichtigen müssen, ist, dass fast alle Bilder urheberrechtlich geschützt sind und nicht ohne Erlaubnis des Urhebers verwendet werden dürfen. Das gilt für Fotografien, seien sie individuell-originell oder bloße Schnappschüsse, Gemälde und Illustrationen. Auch andere grafische Elemente wie individuell gestaltete Icons, Stadtpläne und anderes Kartenmaterial sowie technische Zeichnungen sind urheberrechtlich geschützt.

Vorsicht: Regional unterschiedlicher Umfang der Leistungsschutzrechte

Der Schutz von einfachen Schnappschüssen kann je nach Land unterschiedlich ausgestaltet sein. Während in Deutschland und Österreich einfache Schnappschüsse geschützt werden, erhalten sie in der Schweiz, dort als sogenannte Knipsbilder bezeichnet, keinen rechtlichen Schutz. Daher sind in der Schweiz nur individuelle und persönliche, also mit einer gewissen Schöpfungshöhe ausgestattete Fotoaufnahmen geschützt.

3.5.1 Kein Schutz von Ideen und technischen Stilen

Geschützt sind nicht bloße Ideen oder künstlerische Stile, sondern nur deren konkrete Umsetzung (der Schutz von künstlerischen Stilen wird im Rahmen der Nutzung von KI in Abschnitt 4.3.3 genauer erläutert). Geschützt sind auch Bilder, bei denen der Computer als Werkzeug eingesetzt wurde, solange der menschliche Beitrag vom Urheberrecht geschützt ist. Das ist der Fall, wenn z. B. Illustratoren mittels Grafikwerkzeugen ein Bild neu erstellen oder wesentlich bearbeiten. Liegt der Beitrag jedoch nur in der Eingabe eines typischen Prompts in einen KI-Bildgenerator, liegt kein ausreichender menschlicher Beitrag vor, und das Bild ist urheberrechtlich nicht geschützt.

> **Hinweis: Besonderheiten beim Einsatz von KI**
>
> Das Verhältnis zwischen KI-Ergebnissen und dem Urheberrecht sowie die Schutzfähigkeit von Prompts werden in Abschnitt 4.1 und Abschnitt 4.2 genau erläutert.

3.5.2 Zwei Fragen vor jeder Bildernutzung

Sofern die Bilder etwas abbilden, also insbesondere Fotografien, sollten Sie sich vor der Verwendung eines jeden Bilds immer die folgenden zwei Fragen stellen:

- **Frage 1:** Habe ich das Recht, das Bild für den geplanten Zweck zu nutzen? (*Recht am Bild*)
- **Frage 2:** Habe ich das Recht, das Motiv des Bilds für den geplanten Zweck zu nutzen? (*Recht am Motiv*)

Bei der ersten Frage geht es um die Urheberrechte am Bild, also z. B. an der Fotoaufnahme selbst. Bei der zweiten Frage geht es darum, was auf dem Bild zu sehen ist und ob man das Recht hat, ein Bild mit diesem Motiv zu veröffentlichen (siehe Abbildung 3.13).

Abbildung 3.13: Wenn Sie z.B. eine von Menschen erstellte Fotografie, wie die Aufnahme in diesem Bildbeispiel, nutzen möchten, müssten Sie nicht nur 1.) klären, ob Sie dieses Bild selbst nutzen dürfen, sondern 2.) auch, ob Ihre Nutzung nicht das Recht am eigenen Bild der Person im Bild, das Recht des Autobesitzers an der Abbildung des Kfz sowie von Porsche als Inhaber der Markenrechte und Urheberrechte an der Fahrzeuggestaltung verletzt. (Bildquelle: KI)

Sie müssen im Rahmen der Prüfung insbesondere die folgenden Rechte am Motiv beachten:

- **Andere urheberrechtlich geschützte Werke** – z.B. Bilder in einem Museum, Kunstwerke in der Öffentlichkeit. Wann Sie diese nutzen können, wird oben in Abschnitt 3.3 erläutert.
- **Unternehmensnamen und Marken** – z.B. Markenprodukte oder Markenlogos. Deren Nutzung wird in Abschnitt 7.1 zum Markenrecht erläutert.
- **Personen** – z.B. Teilnehmende einer Veranstaltung oder Mitarbeitende. Wann Sie Personen aufnehmen oder abbilden dürfen, erfahren Sie in Abschnitt 6.1.
- **Fremde Sachen und Eigentum** – z.B. Aufnahmen von Tieren oder auf privaten Grundstücken. Die Rechte der Sachwalter und das Hausrecht werden in Abschnitt 6.7 erläutert.

Checkliste: Prüfung der Zulässigkeit der Bildernutzung

Frage 1: Darf das Bild selbst genutzt werden (z.B. eine Fotografie oder Illustration)?

1. Ist das Bild urheberrechtlich geschützt?

- Von Menschen erstellte Fotografien oder Grafiken.
- Schutzdauer von 70 Jahren nach Tod des Urhebers, bei Schnappschüssen 50 Jahre ab Veröffentlichung.
- Kein Schutz von KI-Werken.

2. Besteht eine Erlaubnis des Urhebers oder eine Nutzungslizenz?

3. Besteht eine gesetzliche Nutzungserlaubnis (Auswahl)?

- Einbetten in Webseiten und Teilen in sozialen Netzwerken.
- Zitat (falls als Beleg für eigene Gedanken notwendig).
- Nutzung als Meme.

Frage 2: Darf das auf dem Bild gezeigte Motiv genutzt werden?

- Andere urheberrechtlich geschützte Werke → Prüfung Urheberrecht.
- Abbildung von Personen → Prüfung Recht am eigenen Bild.
- Abbildung fremden Eigentums → Prüfung Eigentumsrecht.
- Abbildung fremder Marken und Markenprodukte → Prüfung Markenrecht.

3.5.3 Nutzung von Produktbildern

Abbildungen der verkauften oder vertriebenen Produkte sind nicht nur ein wesentliches Kaufkriterium für Verbraucher, sondern bei den meisten Verbrauchergeschäften im Internet sogar vorgeschrieben (Art. 19 lit. c) EU-Produktsicherheitsverordnung 2023/988 (GPSR), wobei Ausnahmen vor allem für Lebens- und Futtermittel gelten).

Produktbilder sind jedoch urheberrechtlich geschützt, entweder als Lichtbildwerke (§ 2 Abs. 1 Nr. 5 UrhG) oder als Lichtbilder (§ 72 UrhG), und dürfen nur in den folgenden Fällen verwendet werden:

3.5.3.1 Nutzungserlaubnis

Sie dürfen Produktbilder nutzen, wenn eine ausdrückliche Nutzungserlaubnis seitens des Herstellers oder Großhändlers vorliegt. Dagegen existiert keine mutmaßliche Erlaubnis, die zur Nutzung fremder Produktbilder berechtigt, auch wenn es die des Herstellers sind, wenn man die Produkte vertreibt. Alles Wissenswerte zu Nutzungserlaubnissen und -lizenzen erfahren Sie in Kapitel 5.

3.5.3.2 Selbst erstellte Produktbilder

Der sicherste Weg, Produktbilder zu nutzen, ist, sie selbst zu erstellen. Grundsätzlich ist es zulässig, die vertriebenen Produkte zu fotografieren. Das gilt auch dann, wenn dabei urheberrechtlich geschützte Inhalte wie z. B. Grafiken auf Verpackungen oder individuell gestaltete Produkte mit abgebildet werden. Der sogenannte »Erschöpfungsgrundsatz« im Urheberrecht erlaubt es, Produkte, die rechtmäßig in den Handel innerhalb der EU gebracht wurden, weiterzuverkaufen und auch zu diesem Zweck abzubilden (§ 17 Abs. 2 UrhG). Wichtig ist jedoch, dass das Foto nicht das eigentliche geschützte Design isoliert oder verfremdet wiedergibt (z. B. Veränderung der Verpackung oder Nutzung des Markenlogos als separate Grafik), sondern nur als Produktbild verwendet wird.

Der Erschöpfungsgrundsatz gilt auch im Markenrecht, sodass z. B. auch markenrechtlich geschützte Produkte samt den auf ihnen abgebildeten Markenlogos zu Verkaufszwecken abgebildet werden dürfen (weitere Hinweise zum markenrechtlichen Erschöpfungsgrundsatz erhalten Sie in Abschnitt 7.1.10).

Hinweis: KI-generierte Produktbilder

Um die vorgenannten urheberrechtlichen Probleme zu vermeiden, kommt auch die Erstellung von Produktbildern mittels KI als Alternative zur Nutzung der Fotografien des Herstellers infrage. Was Sie hierbei beachten müssen, erfahren Sie in Abschnitt 4.7.

Checkliste: Nutzung von Produktbildern

- Produktbilder sind urheberrechtlich geschützt.
- Fremde Produktbilder dürfen nur mit einer ausdrücklichen Erlaubnis des Herstellers bzw. Großhändlers genutzt werden.
- Alternativ dürfen fremde Produkte abfotografiert werden.

3.6 Urheberrechtsschutz von Videos

Die rechtliche Prüfung der Nutzung von Videos erfolgt im Wesentlichen auf die gleiche Weise wie die für Bilder.

Die Grundsätze und Voraussetzungen der Verwendung von Bildern und Musik gelten genauso für den Einsatz von Videos. Ein Video besteht im Prinzip aus einer Abfolge von Bildern – gegebenenfalls verbunden mit Musik – und wird dementsprechend rechtlich vergleichbar behandelt. Sie müssen also vor der Verwendung eines Videos ebenfalls zwei Fragen beantworten:

- **Frage 1:** Habe ich das Recht, das Video für den geplanten Zweck zu nutzen? (Recht am Video)
- **Frage 2:** Habe ich das Recht, die Motive des Videos für den geplanten Zweck zu nutzen? (Rechte an Motiven und Musik)

Vorsicht: Musik in Videos

Sollen Videos, die Musik enthalten, übernommen oder Musik generell in Videos aufgenommen werden, müssen Sie zudem die Rechte an der Musik prüfen, einschließlich der Liedtexte, der ausübenden Künstlerinnen und Künstler und des Tonträgerproduzenten. Diese Punkte werden in Abschnitt 3.7 zu Musikrechten erläutert.

Checkliste: Prüfung der Zulässigkeit der Nutzung fremder Videos

Frage 1: Darf das Video genutzt werden?

1. Ist das Video urheberrechtlich geschützt?

- Von Menschen erstellte Videos.
- Schutzdauer von 70 Jahren nach Tod des Urhebers, bei einfachen »Laufbildern« 50 Jahre ab Veröffentlichung.
- Kein Schutz von KI-Videos.

2. Besteht eine Erlaubnis des Urhebers oder eine Nutzungslizenz?

3. Besteht eine gesetzliche Nutzungserlaubnis?

- Einbetten in Webseiten und Teilen in sozialen Netzwerken.
- Videozitat (falls als Beleg für eigene Gedanken notwendig).
- Nutzung als Meme.

Frage 2: Darf das in dem Video gezeigte Motiv genutzt werden?

- Andere urheberrechtlich geschützte Werke → Prüfung Urheberrecht.
- Abbildung von Personen → Prüfung Recht am eigenen Bild.
- Abbildung fremden Eigentums → Prüfung Eigentumsrecht.
- Abbildung fremder Marken und -produkte → Prüfung Markenrecht.

3.7 Urheberrechtsschutz von Musik

Bedenken Sie bei der Nutzung von Musik, dass Charthits selbst bei technischer Verfügbarkeit nicht kostenlos für Marketingzwecke eingesetzt werden dürfen.

Sie sollten davon ausgehen, dass sämtliche Musikstücke und Sounds urheberrechtlich geschützt sind, jeweils in Form von:

- Musikwerken,
- Liedtexten,
- darbietenden Leistungen der Künstler,
- Bestandteilen von Filmwerken,
- Podcasts,
- Audiospuren aus Radio, Film und TV oder
- von dem Recht des Tonträgerherstellers, das den professionellen Aufnahmeprozess schützt.

Es gibt keine Regel, ab welcher Länge Musikwerke geschützt sind. In dem mittlerweile seit über 25 Jahren andauerndem Rechtsstreit der Musikgruppe »Kraftwerk« mit dem Musikproduzenten Moses Pelham ging es um ein Musik-Sample von nicht einmal 2 Sekunden (BGH, Az. I ZR 74/22).

Das bedeutet zusammengefasst: Die Verwendung von Musik und Sounds bedarf grundsätzlich der Zustimmung der jeweiligen Rechteinhaber, es sei denn, Sie können sich auf gesetzliche Ausnahmen berufen, zu denen vor allem das Zitatrecht und das Recht auf Parodie und Pastiche gehören.

3.7.1 Zitatrecht

Auf ein Zitatrecht werden Sie sich im Marketing außerhalb von Musikbesprechungen eher nicht berufen können. Ansonsten gelten die in Abschnitt 3.3.5 genannten Zitatvoraussetzungen, insbesondere die Belegfunktion und die Beschränkung der Zitatlänge auf das für die Belegfunktion notwendige Maß.

3.7.2 Parodien, Pastiches und Memes

Das Recht auf Karikaturen, Parodien und Pastiche umfasst auch Musik. Auf dieser Basis können Unternehmen derartige Inhalte für ihr Marketing nutzen. Die Grundsätze des »Rechts auf Memes« aus Abschnitt 3.3.6 gelten hier ebenfalls: Musik, TV- und andere Soundclips müssen durch Abwandlung eine erkennbar neue Bedeutung erhalten.

Aufgrund der Neuartigkeit dieser Ausnahme fehlt es noch an Rechtsprechung, und damit fehlt auch ein verlässlicher rechtlicher Rahmen. Die Übernahme von Musikausschnitten in »Challenges« oder TikTok-Trends könnte als Pastiche gelten. Obwohl rechtlich unsicher, erscheint das Risiko mangels bekannter Abmahnungen oder Klagen derzeit vertretbar (zur Musiknutzung in sozialen Netzwerken siehe nachfolgend Abschnitt 3.7.5).

3.7.3 Beiwerk

Die Nutzung von Musik darf auch ohne das Einverständnis der Rechteinhaber erfolgen, wenn sie ein bloßes unwesentliches Beiwerk ist (§ 57 UrhG). Das bedeutet, die Musik muss zufällig in einer Ton- oder Videoaufnahme erscheinen. Ein Beispiel wäre ein Außendreh, bei dem Musik aus einem vorbeifahrenden Auto zu hören ist. Ist die Musik jedoch prägend oder absichtlich eingefügt, handelt es sich nicht um ein Beiwerk, sondern um eine erlaubnispflichtige Vervielfältigung.

Fallbeispiel

Einige Polizeidienststellen in Nordrhein-Westfalen mussten Schadensersatz zahlen, weil sie TikToks im Rahmen der »Jerusalema-Challenge« hochgeladen hatten. In diesen Videos tanzten sie zu einem Lied des südafrikanischen Sängers Kgaogelo Moagi (Master KG). Die Musik war für die TikToks prägend und kein unwesentliches Beiwerk.

3.7.4 Erwerb einer Musiklizenz

Sofern keine der zuvor genannten gesetzlichen Ausnahmen vorliegt, benötigen Sie für die Nutzung von Musik eine Lizenz, d. h. die Erlaubnis der Rechteinhaber. Dabei obliegt es Ihnen, herauszufinden, wer welche Rechte an dem Musikstück hält. Es bestehen dabei folgende Unterschiede:

- **Bloße Wiedergabe:** Musik für die bloße Wiedergabe, z. B. auf Veranstaltungen oder in Verkaufsräumen, kann in der Regel über Verwertungsgesellschaften wie die GEMA in Deutschland erworben werden. Ansonsten muss mit dem Musikverleger oder den Künstlerinnen und Künstlern Kontakt aufgenommen werden.
- **Werbeclips:** Musik, die in Werbeclips, also für die Produkt- oder Imagewerbung eines Unternehmens, oder in derartigen TikToks als Hintergrundmusik verwendet wird, kann nicht über Verwertungsgesellschaften lizenziert werden. Hier muss eine Lizenz direkt vom Musikverlag bzw. den Künstlern eingeholt werden, da die Künstler häufig die Kontrolle über die Verwendung ihrer Musik behalten möchten.

Vorsicht: Entstellung durch die Art der Nutzung

Wenn die Musik für Zwecke genutzt werden soll, die die Urheber und Künstler in ein schlechtes Licht rücken könnten, ist eine gesonderte Erlaubnis erforderlich. Das gilt vor allem für die Nutzung von Musik für politische Zwecke (zur Urheberrechtsverletzung durch Entstellung siehe Abschnitt 3.2.5 in diesem Kapitel).

3.7.5 Plattformlizenzen in sozialen Netzwerken

Dass Plattformen wie TikTok und Instagram ihren Nutzerinnen und Nutzern Chartmusik zur Einbindung in deren Stories oder Videos bereitstellen dürfen, liegt an speziellen Lizenzvereinbarungen, die die Plattform mit den Rechteinhabern getroffen hat. Diese Lizenzen erlauben normalerweise nur, dass die Musik privat innerhalb der Plattformen verwendet werden darf. So wird es auch durch die Nutzungsbedingungen bestätigt. Zum Beispiel sagen TikToks »Nutzungsbedingungen für Musik« zum Zeitpunkt der Veröffentlichung dieses Buchs (*https://www.tiktok.com/legal/page/global/music-terms-eea/de*), dass die Musik nur für persönliche Unterhaltung und nicht kommerzielle Zwecke verwendet werden darf. Ferner gilt die Erlaubnis für »natürliche« Personen, also z. B. Influencer, aber nicht für Unternehmen.

Damit gelten folgende Einschränkungen für die Nutzung der von den Plattformen bereitgestellten Chartmusik in sozialen Netzwerken:

- **Produktwerbung:** Die Verwendung der Chartmusik zur Bewerbung von Produkten oder Dienstleistungen ist verboten.
- **Influencer und Corporate Influencer:** Können an Challenges und Trends teilnehmen, dürfen jedoch keine Produkt- oder Unternehmenswerbung mit Chartmusik untermalen.
- **Imagewerbung für Unternehmen:** Imageclips mit Chartmusik zu unterlegen, z. B. bei der Vorstellung als Arbeitgeber, ist ebenfalls unzulässig. Die Teilnahme an Challenges und vergleichbaren Videos, die auf z. B. Tänzen zu bestimmten Musikstücken basieren, ist rechtlich zwar nicht explizit geregelt (Abbildung 3.14), aber wenn sie im Rahmen des Rechts auf Parodie und Pastiche gemäß § 51a UrhG erfolgt, ist das Risiko in der Praxis zumindest zum Zeitpunkt der Veröffentlichung dieses Buchs gering.

Abbildung 3.14: Beispiel des viralen Hits »Barbaras Rhabarberbar« von Bodo Wartke und Martin Fischer, der auch von vielen Unternehmern nachgetanzt wurde. In derartigen Konstellationen sind keine Abmahnungen oder Klagen bekannt.

Vorsicht: Beschränkung auf die Plattform

Bitte beachten Sie zudem, dass die Plattformlizenzen für Musik und Texte generell nur innerhalb der jeweiligen Plattform und unter Einsatz der bereitgestellten Werkzeuge gelten. Sie dürfen also z.B. ein TikTok-Video mit Musik aus der TikTok-Musikbibliothek nicht aufnehmen und bei Instagram hochladen. Stattdessen müssten Sie die Musik aus der Bibliothek von Instagram auswählen.

3.7.6 Kommerzielle Musikkataloge als Alternative?

Als Alternative zu dem vollständigen Musikkatalog bieten TikTok mit dem »kommerziellen Katalog« und Meta mit der »Sound Collection« Musikstücke auch für die kommerzielle Nutzung an (vgl. Abbildung 3.15). Diese Kataloge dürfen zwar auch für Werbezwecke genutzt werden, enthalten jedoch eher generische Musik und keine Charthits.

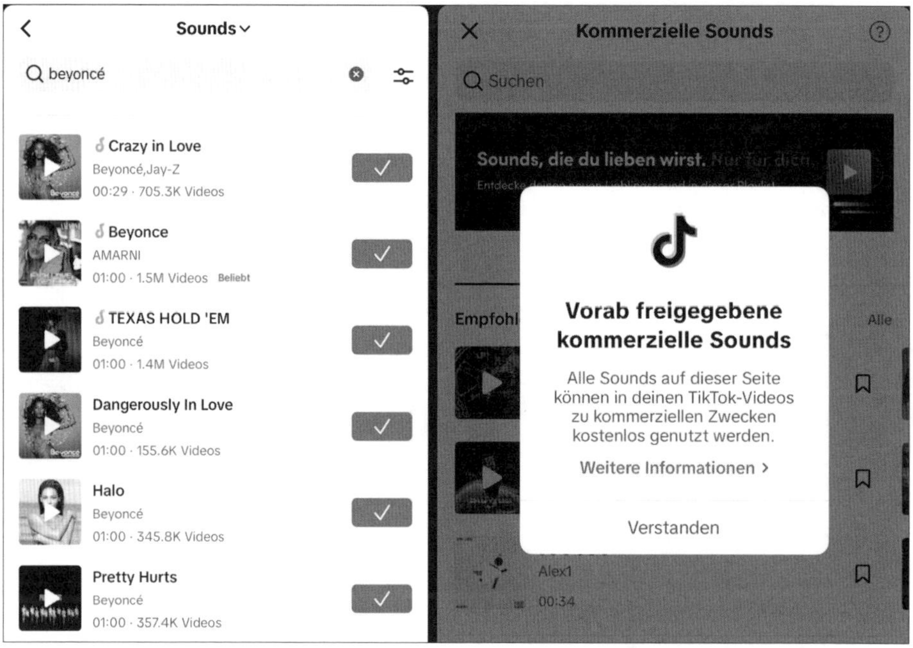

Abbildung 3.15: Auf der Plattform TikTok können z.B. Business-Accounts auf Charttitel (linke Seite im obigen Beispiel mit Titeln von Beyoncé) gar nicht zugreifen. Ihnen steht nur die kommerzielle Soundbibliothek zur Verfügung (rechte Seite im Bildbeispiel).

3.7.7 Kostenlose Plattformen und »freie Musik« als Alternativen?

Zwar bieten viele Plattformen und Apps die Möglichkeit, Musik auch für Produkt- und Unternehmensvideos zu nutzen, doch gelten meist ähnliche Lizenzbedingungen wie bei TikTok oder Instagram. Häufig ist nur die nicht kommerzielle Nutzung erlaubt, oder es stehen lediglich Musikkataloge mit »freier Musik« ohne Charthits zur Verfügung. Die freie Musik ist in der Regel unter den Creative-Commons-Lizenzen freigegeben, deren Voraussetzungen Sie in Abschnitt 5.7.1 erfahren.

3.7.8 Risikobewertung

Neben den rechtlichen Aspekten ist auch die Frage relevant, wie hoch ein potenzieller Schadensersatz sein könnte, falls man doch gegen fremde Rechte an der Musik oder an Soundclips verstoßen hat. Die Höhe des Schadensersatzes hängt von Faktoren wie der Reichweite, der Art der Nutzung und der Bekanntheit der Künstler ab. Eine Faustregel für die Risikobewertung ist die Überlegung, welche Lizenzgebühren die Künstler regulär verlangen würden. Das kann bei Weltstars schnell ein sechs- oder höherstelliger Betrag sein.

Fallbeispiel

Der Fall des Unternehmens »Bang Energy« in den USA lenkte die Aufmerksamkeit auf den Einsatz von Musik in sozialen Medien. Das Unternehmen nutzte in über 100 TikToks Musik von Künstlerinnen wie Taylor Swift und Adele, wofür es von der Universal Music Group erfolgreich verklagt wurde. Das Gericht entschied zugunsten von Universal Music und erklärte die Musiknutzung für unrechtmäßig.

Checkliste: Nutzung fremder Musik und fremder Sounds

1. Ist die Musik oder der Sound urheberrechtlich geschützt?

- Musik, Audiospuren aus Film und TV, Podcasts, Darbietungen, Produktionen etc. sind urheberrechtlich oder als sogenannte Leistungsschutzrechte (z. B. Recht ausübender Künstler oder Tonträgerhersteller) geschützt.
- Songtexte und Podcast-Inhalte sind als Sprachwerke geschützt.

2. Liegt eine Nutzungslizenz der GEMA oder des Musikverlags vor?

- **Bloße Wiedergabe:** Lizenz der GEMA oder sonst direkt vom Musikverlag oder Künstler.
- **Nutzung zu Werbe- und Marketingzwecken:** Erlaubnis von Musikverlag und Künstler ist erforderlich.

3. Liegt eine Plattformlizenz vor?

- Betrifft Musik- und Soundbibliotheken auf Plattformen wie TikTok oder Instagram.
- Für Produktwerbung und Imagewerbung grundsätzlich verboten (Ausnahme: kommerzielle Musikkataloge, d. h. keine Chartmusik, die Plattformen bieten eher generische Musik an).

4. Liegt eine freie (offene) Lizenz vor?

- Beispielsweise Creative-Commons-Lizenzen.
- Voraussetzungen der Lizenz beachten, insbesondere die Pflicht, ursprüngliche Urheber und Lizenzen anzugeben (z. B. Verbot kommerzieller Nutzung oder Verbot der Bearbeitung).

5. Liegt eine gesetzliche Nutzungserlaubnis vor?

- Zitatrecht (wenn als Beleg notwendig, z. B. in Rezensionen, im Marketing eher kaum möglich).
- Parodie und Pastiche, wie z. B. Nutzung im Rahmen einer Challenge oder eines Trends. Dies ist rechtlich zwar noch nicht geklärt, aber das Risiko ist der praktischen Erfahrung nach gering.
- Unwesentliches Beiwerk (zufällig und unwesentlich, z. B. vorbeifahrendes Auto).

3.8 Urheberrechtsschutz von Computerprogrammen

In der Marketingpraxis wird der Urheberrechtsschutz von Software aufgrund der verstärkten Nutzung von vorgefertigten Softwarekomponenten (sogenannten Frameworks) sowie des Einsatzes von KI immer weniger relevant.

Auch Computerprogramme sind als Schriftwerke urheberrechtlich geschützt (und in § 69a ff. UrhG gesondert geregelt) – von den ersten Entwürfen über die Entwicklung bis zum fertigen Programm und in allen Formen. Dies umfasst Anwendungssoftware, Systemsoftware, Individual- und Standardsoftware, den Objekt- und Quellcode sowie Entwurfsmaterial wie Datenfluss- oder Programmablaufpläne. Auch Vor- und Zwischenstufen der Entwicklung, also Teile eines Programms und Programmmodule, fallen unter den Schutz. Darüber hinaus können begleitende Dokumente wie Handbücher, Bedienungsanleitungen und Pflichtenhefte als wissenschaftlich-technische Darstellungen oder als Sprachwerke urheberrechtlich geschützt sein. Nicht geschützt sind dagegen:

- Ideen hinter der Software,
- Algorithmen (d.h. Lösungswege),
- Arbeitsvorgänge zur Aufgabenlösung und deren Beschreibung (Funktion der Software),
- Entwicklungs- und Programmiermethoden,
- Schnittstellenspezifikationen,
- grafische Bildschirmoberflächen (wobei Icons, Grafiken etc. für sich geschützt sein können) sowie
- profaner, gängiger Code.

Das bedeutet, dass Individualität und Originalität bei Computerprogrammen darin liegen, dass zur Lösung eines Problems eine eigene Herangehensweise gewählt und umgesetzt wurde. Bereits wenige Codezeilen können eine hinreichende Individualität aufweisen. Wie generell bei Texten gilt auch hier: Je umfangreicher Code ist, desto höher ist die Wahrscheinlichkeit der Originalität und des Urheberrechtsschutzes.

Beim Einsatz von KI-Produkten muss zudem das Risiko berücksichtigt werden, dass ein generierter Code urheberrechtlich geschützte Programmteile enthalten könnte, was anders als bei Texten oder Bildern schwer als Urheberrechtsverstoß zu erkennen ist. Weitere Hinweise zu Urheberrechtsverstößen durch KI-Inhalte erhalten Sie in Abschnitt 4.3.

Vorsicht: Entwicklung von Konkurrenzprodukten

Es gibt keinen Schutz davor, dass andere Entwickler die gleiche Softwarelösung parallel oder ein Konkurrenzprodukt mit ähnlichen Funktionen entwickeln, solange dabei nicht der Quellcode übernommen wird. Ideen und Fakten können, zumindest solange sie nicht veröffentlicht sind, nur mittels Geheimhaltungsvereinbarungen (Non-Disclosure Agreements, NDAs) geschützt werden.

3.9 Urheberrechtsschutz von Webdesigns

Bei Webdesigns sind in der Regel nur die Inhalte urheberrechtlich geschützt, nicht aber die Gestaltung.

Sowohl für Webseiten als auch für Social-Media-Profile gilt der Grundsatz, dass zwar die Inhalte geschützt sind, aber nicht die Art, wie sie angeordnet oder navigiert werden.

3.9.1 Schutz der Inhalte

Ist vom Webdesignschutz die Rede, ist damit meistens der urheberrechtliche Schutz der Inhalte oder von Bestandteilen der Designelemente gemeint, wie z. B. Texte, Fotografien oder Grafiken und Illustrationen (seien sie als Bilddateien gespeichert oder wie im Fall von SVG-Grafiken mittels HTML- und CSS-Code erzeugt).

3.9.2 Kein Schutz des Webdesigns

Anders als bei Inhalten kommt es in der Praxis kaum vor, dass ein Webdesign im Sinne der Anordnung der Elemente, der Wahl der Farben und Schriftarten oder der Navigationsstruktur einer Website urheberrechtlich geschützt ist (siehe Abbildung 3.16).

Der Grund ist, dass Webseiten in allen möglichen Varianten existieren und es kaum ein Design gibt, das man in dieser Hinsicht als individuell und noch nicht vorhanden bezeichnen kann. Das gilt vor allem, wenn sich das Design an sachlichen Vorgaben wie etwa für Barrierefreiheit (dazu mehr in Abschnitt 12.10) orientiert.

Abbildung 3.16: Die in diesem Beispiel abgebildete Webseite funktioniert nicht mit einem klassischen Menü, sondern stattdessen mit »Sammelkarten«, die »aufgenommen« werden sollen. Dennoch ist diese Art der Gestaltung der Elemente und der Navigation urheberrechtlich nicht geschützt. Zum einen ist die bloße Navigationsidee urheberrechtlich nicht geschützt, und zum anderen ist die Anordnung der Bilder nicht so einzigartig, dass sie nicht noch einmal vorkommt. Geschützt sind lediglich die einzelnen Bilder und Grafiken und eventuell ein individueller Programmcode, z.B. ein JavaScript-Programm. Das heißt, das Design der Webseite dürfte mit eigenen Bildern und Grafiken nachgebaut werden.
(Quelle: *https://evanfasquelle.com/*)

3.9.3 Schutz als Computerprogramm

Websites können, wenn auch eher selten, als Computerprogramme geschützt sein, wenn sie auf Codeebene individuelle und originelle Problemlösungen darstellen. Bei HTML- und CSS-Code, die zur Erstellung von Webseiten verwendet werden, ist aufgrund der geringeren Komplexität der Auszeichnungs- und Formatierungssprachen ein Urheberrechtsschutz in praxisrelevanten Fällen ausgeschlossen.

Checkliste: Schutz von Webdesigns

1. Urheberrechtlicher Schutz einzelner Inhalte:

Bilder, Videos und (längere) Texte sind urheberrechtlich geschützt.

2. Webdesign selbst:

Das eigentliche Webdesign, d.h. die Anordnung und Gestaltung der Elemente, insbesondere wenn es sich an Aspekten der Nutzerfreundlichkeit orientiert, ist meist nicht urheberrechtlich geschützt.

3. Schutz von Websites als Computerprogramme:

- Websites können als Computerprogramme geschützt sein, wenn sie individuelle und originelle Problemlösungen auf der Codeebene darstellen.
- HTML- und CSS-Code sind praktisch nie urheberrechtlich geschützt.
- Individuelle Problemlösungen in Form von JavaScript-Code, PHP-Code oder Code in anderen Programmiersprachen können schutzfähig sein.

4. Urheberrechtlicher Schutz von Social-Media-Profilen:

- Social-Media-Profile als solche sind nicht urheberrechtlich geschützt. Sie bestehen in der Regel aus standardisierten Layouts und vorgegebenen Strukturen, die nicht die für den Urheberrechtsschutz erforderliche individuelle Schöpfungshöhe aufweisen. Wenn, dann können sich die Plattforminhaber auf den Schutz des Layouts berufen.
- Jedoch können einzelne Inhalte wie Bilder oder Texte geschützt sein.
- Konzepte und Stile der Profilgestaltung sind nicht urheberrechtlich geschützt.

KAPITEL 4

KI-generierte Inhalte

Im vorherigen Kapitel haben Sie gelernt, welche Inhalte urheberrechtlich geschützt sind und unter welchen Bedingungen sie verwendet werden dürfen. Diese Regeln beziehen sich jedoch nur auf Werke, die von Menschen geschaffen wurden. Der Einsatz generativer KI verändert diese Vorgaben grundlegend, da KI-generierte Inhalte nach derzeitigem Rechtsstand keinen Urheberrechtsschutz genießen. Das bedeutet, dass Sie keine Urheberrechtsverletzungen begehen, wenn Sie fremde KI-Bilder für eigene Zwecke verwenden. Andererseits können Sie auch nicht verhindern, dass Ihre z.B. für Werbekampagnen KI-generierten Grafiken von jedem kopiert und verändert werden dürfen. Das gilt vor allem, weil die KI-Verordnung und Onlineplattformen verlangen, dass KI-Inhalte als solche gekennzeichnet werden. Das folgende Kapitel wird Ihnen helfen, sich in dieser neuen Realität zurechtzufinden, die viele der bisherigen rechtlichen Gewohnheiten auf den Kopf stellt und ein Update Ihres Urheberrechtswissens erfordert.

4.1 Urheberrechtlicher Schutz von KI-Ergebnissen

Obwohl KI originelle Bilder, Texte oder Videos kreiert, wird sie, da sie kein Mensch ist, gesetzlich nicht als Urheber anerkannt.

Die von KI-Werkzeugen erstellten Texte, Bilder und Videos sowie ein von KI erzeugter Computercode sind oft von den Ergebnissen menschlichen Schaffens kaum zu unterscheiden. Man könnte daher erwarten, dass sie rechtlich genauso behandelt, d.h. urheberrechtlich geschützt werden.

Doch das ist nicht der Fall, da die erste Voraussetzung des Urheberrechts ist, dass die geschützten Werke »nur persönliche geistige Schöpfungen« sind (§ 2 Abs. 2 UrhG). Eine Maschine hat jedoch keine »Persönlichkeit« und keinen »Geist«, da diese Eigenschaften nur Menschen zugestanden werden. Folglich sind auf dem Wirken von KI beruhende Ergebnisse urheberrechtlich nicht geschützt.

Geschützt können allenfalls menschliche Beiträge zu einem Werk sein, wobei sie einen substanziellen Charakter haben müssen. In welchen Konstellationen das der Fall ist, erfahren Sie im Folgenden.

4.1.1 KI als Inspirationsquelle

Wenn eine KI nur Ideen liefert und ein Mensch diese Ideen zur Inspiration nutzt, ist das Werk, das der Mensch daraufhin eigenständig erstellt, urheberrechtlich geschützt. Das bedeutet, dass der Mensch den Großteil der kreativen Arbeit leisten muss und die Vorschläge der KI nicht in ihrem wesentlichen Kern übernehmen darf. So hat die KI zwar einen Einfluss auf den Menschen, das abschließende Werk wird jedoch vom Menschen durch seine eigene kreative Leistung erstellt.

4.1.2 KI als bloßes Werkzeug

Der Vorteil der KI besteht gerade darin, dass sie weit mehr als ein einfaches Werkzeug ist, da sie Ergebnisse eigenständig erzeugt.

Der menschliche Beitrag ist auch dann ausreichend und wesentlich, wenn die KI lediglich als ein »von Menschen geführtes« Werkzeug wirken würde, z.B. wenn der KI beispielsweise bei Bildern ähnlich wie bei einer Bildbearbeitungssoftware einzelne grafische Details, Formen oder Farben vorgegeben werden würden oder sie bei Texten nur einzelne Wörter oder grammatikalische Konstruktionen vorschlagen dürfte.

Eine solche Einschränkung wäre technisch möglich, aber der Vorteil der KI liegt gerade darin, dass sie den Nutzerinnen und Nutzern diese mühsamen Einzelschritte abnimmt und kreative Prozesse perfekt imitiert. Das heißt, dass die KI bei der typischen Nutzung gerade nicht bloß ein Werkzeug ist. Sie ist vielmehr der »maschinelle Schöpfer« der erzeugten Texte, Bilder oder Videos, wird jedoch nicht als Urheber im Sinne des Gesetzes anerkannt.

4.1.3 Kombination von menschlichen und KI-Werken

Es sind auch Konstellationen vorstellbar, in denen von Menschen und von der KI erstellte Werke kombiniert werden. In diesem Fall werden aber nur die von Menschen erstellten Bestandteile eines Werks urheberrechtlich geschützt (siehe Abbildung 4.1).

> **Hinweis: Sicherung von Nachweisen der eigenen Urheberschaft**
>
> Es ist zu erwarten, dass mit der Verbreitung der KI die Gerichte höhere Ansprüche an die Nachweisbarkeit der eigenen Beiträge stellen werden. Wenn Sie Urheberrechte an Werken geltend machen möchten, die Sie zusammen mit der KI erstellen, sollten Sie den Entstehungsprozess genau protokollieren, z.B. durch die Aufbewahrung von Skizzen, Entwürfen und Prompts, die Sie sich regelmäßig von Zeugen samt Datum unterschreiben lassen. Optimaler, wenn auch teurer, ist die Niederlegung bei Notaren oder Beweissicherungsdiensten, die den Vorwurf nachträglicher Herstellung der Nachweise verhindern sollen.

Abbildung 4.1: Der Künstler Kris Kashtanova machte das Urheberrecht an dem Comic »Zarya of the Dawn« geltend, für das er die Illustrationen mithilfe der KI-Software Midjourney erstellt hatte. Die US-Copyright-Behörde entschied, dass der Urheberrechtsschutz nur für von Menschen geschaffene Werke gilt. Geschützt bleiben jedoch die Anordnung der Bilder sowie die Text- und Story-Elemente, da sie Kashtanovas eigene Schöpfung sind. Diese Entscheidung wäre in Europa nicht anders ausgefallen.

4.1.4 Lizenzbestimmungen der Anbieter

Auch Lizenzbestimmungen der KI-Anbieter können nichts am fehlenden Urheberrechtsschutz ändern.

Die Tatsache, dass KI-Werke nicht urheberrechtlich geschützt sind, wird auch durch die Lizenzbestimmungen in den AGB der KI-Anbieter nicht verändert. Diese Bestimmungen können weder einen Urheberrechtsschutz schaffen noch die Nutzung der KI-generierten Inhalte durch Dritte untersagen (siehe Abbildung 4.2). Anders als das Urheberrecht gelten Lizenzbestimmungen nämlich nur für die Vertragspartner und nicht gegenüber jedermann. Dies führt zu der paradoxen Situation, dass Dritte die KI-Bilder frei nutzen dürfen, während derjenige, der sie erstellt hat, Einschränkungen durch die Lizenzbestimmungen des Anbieters der KI-Anwendung unterliegt.

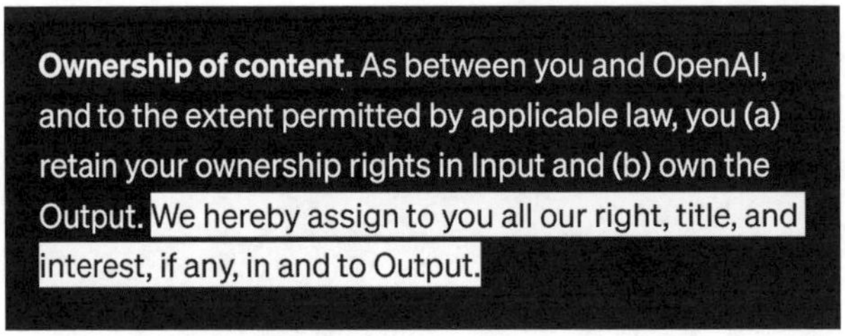
Ownership of content. As between you and OpenAI, and to the extent permitted by applicable law, you (a) retain your ownership rights in Input and (b) own the Output. We hereby assign to you all our right, title, and interest, if any, in and to Output.

Abbildung 4.2: Auch wenn KI-Werke urheberrechtlich nicht geschützt sind, räumen manche KI-Anbieter ihren Kunden zur Sicherheit alle Rechte an den erzeugten KI-Inhalten ein. Dadurch entsteht jedoch kein Urheberrecht an den KI-generierten Inhalten (Beispiel: AGB von OpenAI für ChatGPT und DALL-E, »*https://openai.com/policies/row-terms-of-use/*«)

4.1.5 Schutz von KI-Ergebnissen in anderen Gesetzen

Es gibt weitere Schutzgesetze, die – im Gegensatz zum Urheberrecht – auch KI-Werke schützen.

Auch wenn KI-Ergebnisse keinen urheberrechtlichen Schutz genießen, können sie durch Gesetze geschützt werden, die keinen menschlichen Beitrag voraussetzen.

- **Markenrecht:** Für eine wirksame Anmeldung eines KI-erzeugten Logos als Bildmarke oder eines von der KI ausgedachten Produktnamens als Wortmarke ist ein fehlender Urheberrechtsschutz irrelevant (weitere Hinweise zum Schutz von Marken erhalten Sie in Abschnitt 7.1).
- **Schutz als Presseerzeugnis:** Werden KI-Werke als Teil von Presseerzeugnissen, z.B. eines Presseartikels, verwendet, können sie durch das Leistungsschutzrecht für Presseverleger (§ 87f ff. UrhG) speziell geschützt. Für zwei Jahre ab Veröffentlichung dürfen nur einzelne Worte und kurze Auszüge aus Presseerzeugnissen übernommen werden. Ob und wie weit auch KI-Ergebnisse von diesem Leistungsschutz umfasst sind, ist rechtlich zwar noch nicht geklärt, dennoch sollten Sie keine KI-Werke aus Presseerzeugnissen übernehmen (außer im Rahmen zulässiger Zitate oder Memes, wie in Abschnitt 3.3.5 und Abschnitt 3.3.6 erläutert).
- **Schutz von KI-Videos als Bestandteile von Filmwerken:** Für sich nicht geschützte KI-Videos können jedoch zu einem als Filmwerk oder »Laufbild« geschützten Video kombiniert werden (§ 2 Abs. 2 Nr. 6, § 95 UrhG). In diesem Fall sind aber nur die Kombination und die Dramaturgie geschützt, jedoch nicht die einzelnen KI-Szenen. Durch die Auswahl des Sujets, der Szenen und der Dramaturgie kann ein eigenes Urheberrecht am fertigen Werk entstehen, das auch KI-Bestandteile enthält (zum Schutz der sogenannten »Fabel« siehe Abschnitt 3.4.3.1). Allerdings sind die jeweils einzelnen KI-generierten Szenen für sich alleine nicht geschützt.
- **Schutz von KI-Musik für Tonträgerhersteller:** Auch die audiotechnische Bearbeitung von KI-erzeugten Werken kann ein Leistungsschutzrecht der Produzenten begründen (§ 85 ff. UrhG). Zwar ist das ursprünglich von der KI er-

zeugte Musikstück auch dann rechtlich nicht geschützt, jedoch die konkret gemasterte Aufnahme, bei der der Klang optimiert und an professionelle Standards angepasst wird.

- **Schutz der Darbietung von KI-Werken:** Auch wenn ausübende Künstler mit eigener Stimme und Darbietung KI-Werke wiedergeben, Stücke aufführen oder interpretieren, werden ihre konkreten Darbietungen leistungsschutzrechtlich geschützt (§ 73 ff. UrhG). Wie bei Tonträgerherstellern bleiben die von der KI erzeugten Musikstücke dagegen nicht geschützt, sondern nur die Aufnahme der konkreten Wiedergabe durch einen Menschen.

Um es zusammenzufassen: Fremde KI-Erzeugnisse können trotz eines fehlenden Urheberrechtsschutzes rechtlich gegen Übernahme geschützt sein. Sollten Sie also vorhaben, fremde KI-Werke ohne Rücksprache zu nutzen, sollten Sie daher prüfen, ob die vorgenannten Schutzrechte ausgeschlossen sind.

4.1.6 Urheberrechtshinweis auf KI-Ergebnissen

Solange keine Kunden getäuscht werden, können Urheberrechtshinweise auf KI-Werken angebracht werden.

Um KI-Ergebnisse vor der Nutzung durch Dritte zu schützen, kann man auf die Idee kommen, sie mit einem Urheberrechtshinweis zu versehen, obwohl ein Urheberrechtsschutz eigentlich nicht möglich ist (siehe Abbildung 4.3). Das ist zwar wahrheitswidrig, aber rechtlich nur dann problematisch, wenn der Urheberrechtshinweis für die Rezipienten oder Kunden relevant ist:

- **Urheberrechtshinweis auf Produkten:** Wenn die KI-Ergebnisse das eigentliche Produkt sind, spielt die Erwartungshaltung der Kunden eine entscheidende Rolle. Handelt es sich beispielsweise um einen unter einem menschlichen Pseudonym veröffentlichten Roman, könnte dies zu einer Täuschung führen, da potenzielle Käuferinnen und Käufer menschliche Autoren erwarten. Ist für die Kunden das Motiv und nicht der Künstler relevant, z. B. beim Kauf von dekorativen Bildern in einem Möbelhaus, liegt dagegen auch ohne Offenbarung der KI-Quelle keine Irreführung der Kunden vor.
- **Urheberrechtshinweis auf (Marketing-)Illustrationen:** Anders als bei Produkten haben Kunden keinen Anspruch darauf, dass Marketingmaterialien von Menschen erstellt werden. Daher würde die Anbringung eines Urheberrechtshinweises keine Täuschung darstellen.
- **Urheberrechtshinweis mit einem KI-Hinweis kombinieren:** Der Urheberrechtshinweis kann auch dann im Bild platziert werden, wenn das Bild zugleich als KI-Ergebnis gekennzeichnet wird (die KI-Kennzeichnung ist, wie in Abschnitt 4.6 dieses Kapitels beschrieben, vor allem in sozialen Medien erforderlich sowie ab dem 2. August 2026 bei sogenannten Deepfakes). Denn es könnte auch sein, dass nur Teile des Bilds mittels KI und der Rest von einem Menschen erstellt wurden.

Abbildung 4.3: Dieses KI-generierte Bild ist trotz des Urheberrechtshinweises nicht urheberrechtlich geschützt. Der Urheberrechtshinweis könnte Dritte jedoch davon abhalten, das Bild zu nutzen. Denn es besteht immer das Risiko, dass ein Bild dennoch urheberrechtlich geschützt sein könnte. Daher ist es sicherer, ein eigenes Bild mittels KI erstellen zu lassen, statt ein fremdes Bild zu übernehmen, selbst wenn es KI-generiert zu sein scheint.

Vorsicht: Markenrechtshinweis

Anders als im Urheberrecht dürfen Markenschutzhinweise wie ® oder ™ in keinem Fall angebracht werden, wenn die Marke nicht tatsächlich markenrechtlich geschützt ist. Ansonsten liegt ein Wettbewerbsverstoß vor (OLG Köln, Az. 6 U 114/09). Mehr zu den markenbezogenen Symbolen erfahren Sie in Abschnitt 7.1.5.

4.2 Rechtlicher Schutz von Prompts

Prompts können nur als Geschäftsgeheimnisse geschützt werden, da sie als fachliche Anweisungen nicht dem Urheberrecht unterfallen.

Der Input in generativen KI-Verfahren wird von Menschen in Form von sprachlichen Anweisungen, sogenannten Prompts, erstellt. Diese Prompts können zum Teil sehr detailliert, elaboriert und einzigartig sein. Daher stellt sich die Frage, ob nicht anstelle der KI-Ergebnisse der menschliche Beitrag für den Input in Form von Prompts rechtlich geschützt sein kann.

4.2.1 Schutz als Schriftwerk

Damit Prompts als Schriftwerke urheberrechtlichen Schutz genießen, müssen sie eine schöpferische Eigenart besitzen, also unkonventionell, individuell und kreativ sein. Texte, die lediglich fachlichen Vorgaben folgen und ein bestimmtes Ergebnis anstreben – was typischerweise auch auf Prompts zutrifft –, sind hingegen in der Regel nicht urheberrechtlich geschützt (vgl. BGH, Az. I ZR 147/89). Natürlich können auch Prompts, etwa in Form eines Limericks, schutzfähig sein, doch das ist eher eine vernachlässigbare Ausnahme.

4.2.2 Schutz als Computerprogramme

Prompts haben insoweit Ähnlichkeit mit Computerprogrammen, als sie ebenfalls Befehle an einen Computer darstellen. Allerdings weisen sie in der Regel keine mit einem auf festgelegten abstrakten und strukturierten Regeln aufgebauten Softwarecode vergleichbare Ähnlichkeit auf. Zudem müssten sie originell sein und über alltägliche Programmierroutinen hinausgehen. Daher werden Prompts nicht als Computerprogramme geschützt. Der Algorithmus, also die Idee, wie ein Problem mit Computercode gelöst oder eine Frage beantwortet wird, genießt als Idee ebenfalls keinen urheberrechtlichen Schutz (mehr zum Schutz von Computerprogrammen erfahren Sie in Abschnitt 3.8).

4.2.3 Schutz als Datenbank

Auch wenn einzelne Prompts nicht schutzfähig sind, kann eine methodisch erstellte Datenbank aus Hunderten von Prompts durch ein Leistungsschutzrecht gemäß §§ 87a bis 87e UrhG geschützt werden (die Leistungsschutzrechte werden in Abschnitt 3.1.4 erläutert). Dies setzt eine strukturierte Sammlung von Prompts voraus, die eine erhebliche Investition an Arbeit oder Geld erfordert. Ein Schutz ist vorstellbar, wenn z. B. in Form einer Datenbank Hunderte in einem Unternehmen genutzte Prompts gesammelt vorliegen.

Der systematische Aufwand muss dabei nachweisbar sein, z. B. durch Protokolle oder Rechnungen. Darüber hinaus ist nicht der einzelne Prompt geschützt, sondern nur die unzulässige Übernahme wesentlicher Teile der Datenbank, als Daumenregel gelten hier 25 % und mehr.

4.2.4 Schutz als Geschäftsgeheimnis

Komplexe Prompts oder umfassende Prompts-Sammlungen können aufgrund ihres wirtschaftlichen Werts als Geschäftsgeheimnisse im Sinne des Art. 2 Nr. 1 GeschGehG durch Geheimhaltungspflichten aus Arbeitsverträgen oder NDAs vor unbefugter Weitergabe oder eigener Nutzung geschützt sein (siehe Abbildung 4.4).

Tipp: Prompts als Geschäftsgeheimnis definieren

Werden wertvolle Prompts gegenüber Geschäftspartnern offengelegt oder durch Mitarbeitende erstellt, sollten sie in NDAs und Arbeitsverträgen als Geschäftsgeheimnisse definiert werden. Gemäß der Rechtsprechung müssen Geschäftsgeheimnisse genau benannt werden, um geschützt zu sein (LAG Düsseldorf, Az. 12 SaGa 4/20).

Prompt:

> Erstelle einen internen Entwicklungsbericht zur Modifikation einer thermosensitiven Matrix mit gezielter sensorischer Freisetzung. Verwende die Testergebnisse aus Versuchsreihe P5-CriMol, insbesondere die Stabilitätsdaten zur Reduktion polymorpher Umkristallisation (<2 % nach 8 Wochen bei 20 °C, Lagerbedingung LST_20/8). Grundlage ist die Rezeptur aus Strukturkomponente F-A1 und kristallinem Substrat N-CB (Charge KCB-55-23), ergänzt durch 0,45 % Lecithin und Sorbitan-Tristearat. Berücksichtige die interne Temperierkurve (48 °C – 28,5 °C – 31,3 °C) sowie die Wirkung von VN-34 (Aromakomponente, 0,23 %) auf sensorisches Profil und Kristallverhalten. Kalkuliere die Produktionskosten unter Berücksichtigung der Einkaufspreise (F-A1: 3,82 €/kg, N-CB: 5,47 €/kg) mit Zielpreis <1,95 €/Einheit bei Portion 12,5 g und einer geplanten Seriengröße von 10.000 Einheiten. Dokumentiere alle technischen Änderungen mit Bezug auf interne Qualitätsparameter (Sensorikindex

Abbildung 4.4: Besonders ausgefeilte Prompts wie in diesem Bildbeispiel, die einen wirtschaftlichen Wettbewerbsvorteil bieten, werden als Geschäftsgeheimnisse geschützt.

4.3 Verstoßen KI-Erzeugnisse gegen das Urheberrecht?

Die Wahrscheinlichkeit, dass KI-Ergebnisse ungewollt gegen Urheberrechte verstoßen, ist generell gering, aber sie besteht.

Angesichts der Fähigkeit von KI, Malstile von Künstlern oder Schreibstile von Autorinnen zu imitieren, ist es nicht nur wichtig zu klären, ob KI-Ergebnisse urheberrechtlich geschützt sind, sondern auch, ob diese Ergebnisse selbst Urheberrechtsverletzungen darstellen können. Dabei helfen Ihnen die nachfolgenden Erläuterungen und typischen Nutzungskonstellationen.

4.3.1 KI-Ergebnisse sind keine Kopien

Eine KI speichert keine vollständigen Kopien oder Texte, sondern zerlegt diese in kleinste Einheiten wie Buchstabenblöcke (sogenannte »Tokens«), Pixel- oder Farbwerte und merkt sich die Muster, deren Verhältnisse und Anordnungen, in denen diese auftreten. Dieser Prozess des maschinellen Lernens ähnelt dem menschlichen Lernverhalten, etwa beim Zeichnen oder Schreiben, indem wir die Stile anderer imitieren. Daher gibt die KI bei der Erstellung ihrer Werke keine gespeicherten Originale oder deren Elemente wieder, sondern erzeugt neue Ergebnisse basierend auf den erlernten Wahrscheinlichkeiten, wie das gewünschte Objekt aussehen sollte. Die KI-Ergebnisse sind somit eigenständige Erzeugnisse und keine urheberrechtlichen Vervielfältigungen (siehe symbolische Darstellung in Abbildung 4.5).

Diese Zufälligkeit kann jedoch modifiziert werden, indem z.B. im Rahmen des Erstellungsprozesses auch hochgeladene Vorlagen in den Erstellungsprozess integriert werden. In diesem Fall ist auch das KI-Ergebnis insoweit urheberrechtlich geschützt, als die Vorlage urheberrechtlich geschützt war.

Abbildung 4.5: Wenn beispielsweise das Bild einer Katze erstellt werden soll, beginnt der Prozess mit zufälligem »Pixelrauschen«. Anhand gespeicherter Muster für z.B. Augen, Ohren, Schnurrhaare und Fellfarben sowie der Vorgaben des Prompts wird dieses Rauschen zu einem Katzenbild zusammengesetzt. Da jedes Pixelrauschen und jede Zusammensetzung der Muster einzigartig sind, führt derselbe Prompt bei jeder Eingabe zu einem anderen Ergebnis. Es gibt jedoch auch andere Ansätze oder Mischformen der Bildgenerierung, bei denen der Einfluss auf Details und Inhalte gezielter gesteuert werden kann. Beispielsweise ermöglichen Techniken wie die »autoregressive Bildgenerierung«, bestimmte Bereiche des Bilds stärker zu kontrollieren und die Ergebnisse reproduzierbarer zu machen oder präziser an den gewünschten Vorgaben auszurichten.

4.3.2 Verstoß durch Wiedergabe des Originals

In dem zuvor in Abschnitt 4.3.1 beschriebenen Prozess der Bildgenerierung haben Sie erfahren, dass KI auf Grundlage der Erinnerung daran, wie Bildmotive aufgebaut sind, Bilder generiert und dass dies daher keine getreue Speicherung eines Bilds darstellt.

Allerdings ist es technisch möglich, dass diese Erinnerung an den Aufbau der Bildmotive so genau ist, dass sie einer Kopie des Bilds gleichkommt (zu den verwendeten Technologien siehe Abbildung 4.5). Bei kommerziell auf dem Markt angebotenen Modellen kommt dies kaum vor, es sei denn, Sie zielen mit Ihren Prompts darauf ab, eine Kopie des Bilds zu erstellen, wie im folgenden Absatz 4.3.3 beschrieben.

Bei Texten treten Urheberrechtsverstöße häufiger auf als bei Bildern, insbesondere wenn KI zur Überarbeitung fremder und urheberrechtlich geschützter Texte eingesetzt wird. Hier sollte immer ein Abgleich mit dem Original erfolgen (siehe zur Plagiatssuche auch Abschnitt 4.3.5).

Viele KI-Anwendungen erlauben zudem, eigene Bild-, Video-, Audio- oder Textvorlagen hochzuladen. Soweit diese Teil des KI-Ergebnisses werden, ist das KI-Ergebnis insoweit genauso geschützt wie die Vorlage. Wann Sie überhaupt urheberrechtlich geschützte Werke in eine KI hochladen dürfen, erfahren Sie in Abschnitt 4.4.

> **Hinweis: KI ist nicht gleich KI**
>
> Bitte bedenken Sie im Hinblick auf alle Hinweise zum Einsatz von KI in diesem Buch, dass der Begriff der KI sehr weit gefasst ist und dass es eine Vielzahl unterschiedlicher KI-Modelle mit unterschiedlicher Genauigkeit bei der Wiedergabe urheberrechtlich geschützter Werke gibt. Daher ist die menschliche Kontrolle vor der kommerziellen Nutzung von KI-Werken stets zu empfehlen (siehe dazu Abschnitt 4.3.5).

4.3.3 Nachahmung des Stils bekannter Künstler

Geschützt ist nicht der Stil eines Künstlers oder Autors, sondern nur die konkrete Ausführung.

Abbildung 4.6: Das linke Bild zeigt das Originalgraffiti »Girl with Balloon« des Künstlers Banksy. Das mittlere Bild wurde mithilfe von KI im Stil von Banksy erzeugt, wobei nicht nur der Graffiti-Stil kopiert wurde, sondern auch die wesentlichen gestalterischen Elemente sowie deren Anordnung und Farben, also wesentliche Elemente des fertigen Werks. Daher würden Sie einen Urheberrechtsverstoß begehen, wenn Sie dieses Bild zu Marketingzwecken einsetzen. Im Gegensatz dazu wurde im rechten Bild nur der nicht geschützte Stil von Banksy übernommen, sodass z.B. eine Dating-Plattform mit dem Paar im rechten Bild werben dürfte.

KI-Modelle können die Techniken, Stile und Merkmale von Autoren, Malern, Musikern oder anderen Künstlerinnen und Künstlern anhand ihrer Werke analysieren, als Parameter speichern und bei der Erstellung neuer KI-Inhalte nutzen. Diese stilistische Anlehnung darf zwar moralisch hinterfragt werden, hat aber urheberrechtlich keine Konsequenzen, da das Urheberrecht nicht den Stil als rein geistiges Konzept schützt, sondern nur fertige Werke. Das heißt, Sie dürfen die KI ein Buch im Stil von George R. R. Martin verfassen, ein Musikstück im Stil von Metallica oder ein KI-Video im Stil des Regisseurs Wes Anderson erstellen lassen.

Die Grenze zum Urheberrechtsverstoß ist aber dann überschritten, wenn nicht bloß der Stil, sondern wesentliche Elemente eines Bilds kopiert werden, die gerade den urheberrechtlichen Charakter ausmachen (siehe Abbildungen 4.6 und 4.7). Dieses Risiko steigt jedoch zwangsläufig, wenn die KI den Stil eines Künstlers übernehmen soll. Daher sollten Sie bei der Nutzung von Stilen von Künstlern, die noch keine 70 Jahre tot sind, vorsichtig sein (das Ende des Urheberrechts wird in Abschnitt 3.1.7 erläutert).

> **Hinweis: Namens- und Musikrechte**
>
> Auch wenn Sie die Stile von Künstlern und Autoren nutzen dürfen, gilt dies nicht für deren Namen. Die Verwendung der Namen ohne ihre Erlaubnis würde einen Namens- und Persönlichkeitsrechtsverstoß darstellen.

4.3.4 Umschreiben fremder Texte

KI eignet sich gut dazu, fremde Texte urheberrechtssicher zu übernehmen.

Das Urheberrecht schützt keine Ideen oder Fakten, die in einem Text enthalten sind, sondern nur eine individuelle und persönliche Ausdrucksform, in der der Text verfasst wird (siehe zur Schutzfähigkeit von Texten Abschnitt 3.4). Es kommt also auf die Form an und nicht auf den Inhalt der Texte. Die Form, also ein neuer Text, kann wiederum mittels KI neu erstellt werden. Wenn Sie die folgenden Vorgaben beachten, können Sie so rechtssicher fremde Texte übernehmen:

4.3.4.1 Wiedergabe mit Worten der KI

Wenn ein Text mittels KI verändert wird, muss unbedingt darauf geachtet werden, dass nicht nur einzelne Wörter oder Sätze umgestellt werden, sondern dass der Text neu formuliert wird – z. B. indem man die KI anweist, im ersten Schritt alle Informationen und Fakten in Kurzform zu extrahieren und im zweiten Schritt auf deren Grundlage einen neuen Text zu formulieren. Es scheint generell sicherer zu sein, Texte von einer KI umschreiben zu lassen, da Menschen beim eigenen Formulieren dazu neigen, unabsichtlich ganze Satzstrukturen zu übernehmen.

4.3.4.2 Geschichtsstränge und fiktive Charaktere

Einzelne Ideen sind urheberrechtlich nicht geschützt. Wenn Ideen jedoch zu einer zusammenhängenden Geschichte verbunden werden, in der bestimmte Charaktere auftauchen, die z. B. anhand ihres Aussehens, Namens und Verhaltens erkennbar sind, dann werden sie als eine sogenannte *Fabel* urheberrechtlich geschützt. Zum

Beispiel dürfte im Fall des in Abschnitt 4.3.3 als Beispiel genannten Autors George R. R. Martin das nächste Buch mit den Charakteren aus der auf seinen Büchern basierenden TV-Serie »Game of Thrones« ohne seine Erlaubnis nicht von KI geschrieben und als Buch verkauft werden. (Der Schutz von Fabeln wird auch in Abschnitt 3.4.3.1 erläutert.)

4.3.4.3 Erlaubnispflichtige Übersetzung

Eine wortgetreue Übersetzung eines Texts erfordert eine Erlaubnis. Möchten Sie beispielsweise einen deutschsprachigen Zeitungsartikel in ein englischsprachiges Medium übernehmen, müssen Sie den Originaltext, wie in Abschnitt 4.3.4.1 beschrieben, vollständig von der KI umformulieren lassen und erst dann übersetzen bzw. zuerst übersetzen und dann umformulieren.

4.3.5 Schutz gegen unbeabsichtigte Rechtsverstöße

Wenn Sie KI-Ergebnisse publizieren möchten, können Sie das Risiko unbeabsichtigter Rechtsverstöße durch eine interne oder externe Überprüfung senken.

4.3.5.1 Plagiatssuche

Das Risiko von Urheberrechtsverstößen kann mit der Rückwärtssuche für Bilder in Suchmaschinen (z.B. mittels *Google-Bildersuche*), Musikerkennung (z.B. mittels *Shazam*) oder mit einer Plagiatssuche für Texte (z.B. mittels *PlagScan*) minimiert werden. Ferner sollten Prompts, die zu dem fertigen KI-Ergebnis führen, immer gesichert werden, um notfalls eine zufällige »Doppelschöpfung« besser nachweisen zu können.

4.3.5.2 KI als Urheberrechtsprüfer einsetzen

Sie können KI-Tools mithilfe von Prompts selbst anweisen, die umgeschriebenen Texte auf potenzielle Rechtsverstöße zu überprüfen, z.B.: »*Du bist eine Rechtsanwältin und Expertin im Urheberrecht. Bitte prüfe, ob der neue Text gegen das Urheberrecht an dem Ursprungstext verstößt. Liste die Passagen mit den potenziellen Verstößen auf und schlage eine korrigierte Version vor, die diese Verstöße nicht enthält.*«

Checkliste: KI-Inhalte und Urheberrecht

1. Kein urheberrechtlicher Schutz von KI-Werken:

- Urheberrecht schützt nur von Menschen geschaffene Werke.
- KI ist kein bloßes Werkzeug.
- Bei teils von Menschen und teils von KI erstellten Werken kann nur der menschliche Anteil urheberrechtlich geschützt sein.

2. Schutz von KI-Werken durch andere Gesetze:

- Die Registrierung von KI-generierten Markenlogos als Marke ist möglich.

- KI-Inhalte können einzigartig zu einem Gesamtwerk (z. B. Film, Musikstück oder Presseerzeugnis) kombiniert werden. Aber auch dann ist nur die Kombination selbst urheberrechtlich geschützt, nicht einzelne KI-Inhalte.

3. Schutz von Prompts:

- Das Urheberrecht schützt keine sachlichen und zielorientierten Eingaben, was Prompts typischerweise sind.
- Möglich ist der urheberrechtliche Schutz einer großen Vielzahl (mindestens Hunderte) von Prompts als Datenbank..
- Elaborierte Prompts können als Geschäftsgeheimnis geschützt sein.

4. Urheberrechtsverstoß durch KI-Werke:

- Das Risiko unbeabsichtigter Urheberrechtsverstöße ist bei großen Anbietern gering, es sei denn, es wird mit Absicht eine möglichst genaue Kopie eines urheberrechtlich geschützten Werks angestrebt.
- Die Nutzung von urheberrechtlich geschützten Werken als Inspirationsquelle ist zulässig.
- Die Wiedergabe von Texten mit neuen Wörtern und Neuinterpretation von Bildern sind zulässig.

4.4 Upload von Inhalten und Website-Scraping

Es ist erlaubt, fremde Inhalte für das KI-Training einzusetzen, solange die Urheber dem nicht widersprochen haben.

Wenn Ihre KI-Eingaben Texte oder Bilder als Grundlage haben oder Sie eine KI damit trainieren möchten, müssen Sie diese Werke in die KI-Software hochladen. Alternativ können manche KIs Inhalte über URLs aus Onlinequellen beziehen (sogenanntes Website-Scraping). Dabei erfolgt eine urheberrechtliche Vervielfältigung, die jedoch zulässig ist, wenn sie für das sogenannte Text- und Data-Mining (Text and Data Mining) verwendet wird, das nachfolgend erläutert wird.

4.4.1 Erlaubnis für Text- und Data-Mining

Das Urheberrecht enthält eine Ausnahme, die es erlaubt, fremde Werke wie Texte, Bilder, Videos, Bücher oder Webseiten zu analysieren, um daraus »Muster, Trends und Korrelationen« zu gewinnen (§ 44b UrhG). Diese als »Text- und Data-Mining« bezeichnete Erlaubnis wurde auf eine EU-Vorgabe hin ins deutsche Urheberrechtsgesetz aufgenommen und ermöglicht den Anbietern von KI, ihre Modelle auf Grundlage urheberrechtlich geschützter Werke anzulernen – solange die Originale rechtmäßig zugänglich sind und nach der Analyse gelöscht werden. Außer zu Zwecken der Forschung und Wissenschaft können Urheber dem Text- und Data-Mining widersprechen. Wie das genau funktioniert, erfahren Sie nachfolgend in diesem Kapitel. Dabei tragen Sie eine Verantwortung, wenn Sie die Inhalte, wie z. B. Bilder, Texte, Videos oder Audioaufnahmen, in ein KI-System selbst hochladen. Umgekehrt tragen Sie keine Verantwortung für Urheberrechtsverstöße, die vom KI-Anbieter im Rahmen des KI-Trainings begangen wurden (siehe Abbildung 4.7).

Abbildung 4.7: Sie sind grundsätzlich nicht für die Urheberrechtsverstöße, die der Anbieter des KI-Modells beim Training der KI begangen hat, verantwortlich. Das heißt, wenn Sie ein Bild im Stil des japanischen Zeichentrickfilmstudios Ghibli erstellen, ist das als bloße Stilkopie, wie in Abschnitt 4.3.3 erläutert, erlaubt. Eine andere Frage ist, wie das verwendete KI-Modell diesen Stil erlernt hat. Auch wenn z. B. das Auslesen der Filme des Filmstudios nicht als Text-und-Data-Mining zulässig war, wären Sie für diesen potenziellen Rechtsverstoß nach derzeitigem Rechtsstand nicht verantwortlich, zumindest, wenn das KI-Modell nicht von Ihnen oder in Ihrem Auftrag trainiert wurde.

4.4.2 Nutzungsvorbehalt der Urheber

Um effektiv zu sein, sollte der Nutzungsvorbehalt an so vielen Stellen wie möglich platziert werden. Das Text- und Data-Mining ist nur dann zulässig, wenn nachgewiesen werden kann, dass der Urheber keinen Nutzungsvorbehalt gemäß § 44b Abs. 3 UrhG erklärt hat. Diese Erklärung muss in maschinenlesbarem Format (z.B. als Text oder als Metadaten) erfolgen und könnte beispielsweise lauten: »Das Text- und Data-Mining der Inhalte dieses Buchs ist untersagt.«

Zwar muss der Anbieter bzw. Betreiber der KI nachweisen, dass ein solcher Nutzungsvorbehalt nicht vorlag, ist Ihnen jedoch der Schutz Ihrer Inhalte vor einer Nutzung durch KI wichtig, sollten Sie es den KI-Anbietern so einfach wie möglich machen, Ihren Nutzungsvorbehalt zu erkennen. Im Fall von Webseiten stehen Ihnen drei Alternativen zur Verfügung, die im optimalen Fall kombiniert werden können.

Hinweis: Kein Nutzungsvorbehalt bei wissenschaftlicher Nutzung

Erfolgt das KI-Training zu Zwecken der wissenschaftlichen Forschung, ist ein Nutzungsvorbehalt der Rechteinhaber nicht vorgesehen (§ 60d UrhG).

4.4.2.1 Maschinell lesbarer Nutzungsvorbehalt

Sie können z. B. auf Ihrer Webseite als Metacode im HTML-Code Ihrer Webseite einen entsprechenden Ausschluss einbinden oder ihn als unsichtbaren Text auf der Website platzieren. Es gibt hier noch keine offiziellen Standards, zu empfehlen wäre aber diese gängige Metaangabe:

```
<meta name="robots" content="noai, noimageai">
```

4.4.2.2 Vertraglicher Nutzungsvorbehalt

Der Nutzungsvorbehalt sollte zusätzlich zu den Metaangaben im Impressum (siehe Abbildung 4.8) und optimalerweise auf jeder Webseite in den Code aufgenommen werden, z. B. am Ende des HTML-Codes (Beispiel unten). Sind AGB oder Nutzungsbedingungen vorhanden, die z. B. bei der Registrierung von Mitgliedern einer Community-Plattform bestätigt werden, sollte der Hinweis dort ebenfalls aufgenommen werden.

> **Urheberrecht:** Die Frankfurter Allgemeine Zeitung GmbH behält sich eine Nutzung ihrer Inhalte für kommerzielles Text- und Data-Mining im Sinne von § 44b UrhG ausdrücklich vor. Für den Erwerb einer entsprechenden Nutzungslizenz wenden Sie sich bitte an nutzungsrechte@faz.de.

Abbildung 4.8: KI-Nutzungsvorbehalt im Impressum der Website der Frankfurter Allgemeinen Zeitung (Quelle: faz.de)

Nachfolgend erhalten Sie ein Beispiel eines Nutzungsvorbehalts, der als unsichtbarer Text im Impressum, in etwaigen Nutzungsbedingungen bzw. AGB sowie optimalerweise auf jeder Webseite zusätzlich zu den Metaangaben platziert wird (der Text kann – außer im Impressum und in den Nutzungsbedingungen bzw. AGB – mittels Textformatierung für menschliche Leser unsichtbar gemacht werden):

> Der Inhaber dieser Website gestattet die Nutzung oder das Herunterladen von Inhalten auf dieser Website durch Dritte zum Zweck der Entwicklung, Schulung oder des Betriebs von künstlicher Intelligenz oder anderen maschinellen Lernsystemen (»Zwecke der künstlichen Intelligenz«) nur mit ausdrücklicher schriftlicher Erlaubnis des Inhabers (einschließlich elektronischer schriftlicher Kommunikation). Ohne eine solche Erlaubnis ist es den Nutzern dieser Website, einschließlich Dritter, die über automatisierte Systeme auf die Website zugreifen, untersagt, jegliche Inhalte der Website für Zwecke der Nutzung im Rahmen künstlicher Intelligenz und zu ihr gehörender Software zu verwenden. Die Aktivitäten von Nutzern oder automatisierten Systemen, die diese Bedingungen nicht beachten, werden als Verstoß gegen [diese Nutzungsbedingungen][diese Vereinbarung] betrachtet.

[Optional] Wir haben in den Kopfbereich der HTML-Seite auf den Seiten dieser Website ein robots-Metatag mit der Anweisung »noai« oder »noimageai« eingefügt. Bitte beachten Sie, dass diese Website auch dann keine Erlaubnis zur Nutzung von Inhalten für Zwecke der künstlichen Intelligenz erteilt, wenn solche Anweisungen auf einer Webseite oder in einer Inhaltsdatei fehlen, es sei denn, diese Erlaubnis wird ausdrücklich erteilt.

4.4.2.3 Ausschluss in Robots.txt-Datei

Die Datei *Robots.txt* wird im Hauptverzeichnis Ihrer Website abgelegt und gibt Bots, also der Scansoftware externer Systeme, Anweisungen zur Zugriffsberechtigung. Sie können davon ausgehen, dass große Anbieter diese Hinweise beachten. Sie haben die Möglichkeit, alle Bots auszuschließen, was jedoch dazu führt, dass auch nützliche Bots, wie die von Suchmaschinen, blockiert werden. Alternativ können Sie gezielt einzelne Bots von KI-Anbietern ausschließen, was allerdings einen höheren Aufwand bei der Aktualisierung der Datei erfordert.

Hier ist ein Beispiel, wie Sie Bots von OpenAI (ChatGPT, DALL-E) sowie Common Crawl (dessen Datensätze von vielen KI-Anbietern genutzt werden) in Ihrer *robots.txt*-Datei ausschließen können:

```
User-agent: ChatGPT-User
Disallow: /
User-agent: DALL-E
Disallow: /
User-agent: CommonCrawl
Disallow: /
User-agent: CCBot
Disallow: /
```

Hinweis: Praktisches Risiko bei unerlaubtem Upload in ein KI-System

- Viele KI-Systeme, insbesondere kostenpflichtige, können selbst prüfen, ob Nutzungseinschränkungen bestehen. Ist das nicht möglich, sind Sie selbst dafür verantwortlich, zu überprüfen, dass keine solchen Einschränkungen vorliegen.
- Neben rechtlichen Aspekten ist es am Ende häufig entscheidend, ob unerlaubtes Website-Scraping oder ein Upload von fremden Inhalten nachweisbar ist. In großen Unternehmen können unzufriedene Mitarbeitende Verstöße nach außen tragen. Auf fremden Systemen könnten Uploads protokolliert und öffentlich gemacht werden. Ansonsten ist die Vervielfältigung von hochgeladenen Werken, insbesondere beim individuellen und punktuellen KI-Einsatz, in der Praxis eher schwer nachzuweisen.
- Wenn Sie Inhalte, die nicht von Ihnen stammen, von einer KI verarbeiten lassen möchten, sollten Sie diese nach Möglichkeit über eine URL bereitstellen (was bei manchen KI-Anwendungen aber nur in der Bezahlversion möglich ist). So kann bzw. sollte das KI-System von sich aus prüfen, ob ein Nutzungsvorbehalt an dem Inhalt besteht.

Checkliste: Text- und Data-Mining

1. Gesetzliche Erlaubnis für Text- und Data-Mining:

- Für jedermann erlaubt, sofern der Nutzungsvorbehalt eingehalten wird (§ 44b UrhG).
- Für wissenschaftliche Zwecke ohne Möglichkeit des Widerspruchs (§ 60d UrhG).

2. Nutzungsvorbehalt:

- Der Nutzungsvorbehalt muss maschinell lesbar sein.
- Der KI-Anbieter muss dessen Fehlen nachweisen.
- Ins Impressum und in die AGB aufnehmen.
- In die Metadaten von Webseiten aufnehmen.
- In die *robots.txt*-Datei aufnehmen.

4.5 Vereinbarung von KI-Lizenzen

Die nachfolgenden Hinweise zu KI-Lizenzen müssen Sie beachten, wenn Sie Verträge über die Nutzung großer Datenmengen für KI-Trainingszwecke abschließen möchten.

Bei Verträgen über umfangreiche Datensätze sollte klargestellt werden, ob und wer Daten für das KI-Training nutzen darf. Streitigkeiten können z.B. entstehen, wenn eine Werbeagentur Analyseergebnisse aus Kundenkampagnen verwendet, um eine KI anzulernen, die die Anzeigenschaltung optimieren und effektivere Marketingtexte generieren soll. Neben den Nutzungsrechten müssen auch datenschutzrechtliche Aspekte wie die Rechtsgrundlage für die Weitergabe von Daten von Nutzern oder Endkunden beachtet werden. Die folgende Checkliste hilft, eine Vereinbarung zur Datennutzung für KI zu formulieren, obwohl eine abschließende Prüfung durch eine menschliche Rechtsberatung empfohlen wird.

Checkliste: Vereinbarung von Lizenzen zur Nutzung von Daten für Zwecke des KI-Trainings

1. Klärung der Eigentumsrechte an den Daten:

Identifizieren Sie den Inhaber der Daten. Nur der rechtmäßige Inhaber oder eine autorisierte Partei kann eine Lizenz zur Nutzung der Daten erteilen.

2. Zweck der Datennutzung definieren:

Legen Sie fest, wofür die Daten verwendet werden sollen, z.B. für das Training, Testen oder Validieren von KI-Modellen. Definieren Sie die spezifischen Projekte oder Anwendungsbereiche.

3. Datenschutz und ethische Überlegungen:

- Stellen Sie sicher, dass die Nutzung der Daten den geltenden Datenschutzgesetzen (insbesondere der DSGVO) entspricht.

- Berücksichtigen Sie ethische Richtlinien, um sicherzustellen, dass die Datennutzung keine nachteiligen Auswirkungen auf die betroffenen Personen hat.

4. Art der Lizenz festlegen:

- Entscheiden Sie, ob die Lizenz exklusiv oder nicht exklusiv sein soll (d.h., ob nur der Lizenzinhaber die Daten nutzen darf).
- Bestimmen Sie, ob die Lizenz zeitlich begrenzt oder unbefristet ist.

5. Umfang der Datennutzung:

- Klären Sie, ob die Daten je nach Bedarf verändert, kombiniert und weitergegeben werden dürfen.
- Bestimmen Sie, ob die Daten anonymisiert oder pseudonymisiert werden müssen.

6. Sicherheitsmaßnahmen:

- Legen Sie Sicherheitsanforderungen für die Speicherung und Verarbeitung der Daten fest.
- Vereinbaren Sie Maßnahmen zur Sicherstellung der Integrität und Vertraulichkeit der Daten.

7. Vergütung:

Vereinbaren Sie, ob eine finanzielle Vergütung für die Nutzung der Daten gezahlt wird und in welcher Form.

8. Haftung und Gewährleistung:

- Klären Sie die Haftungsfragen im Fall von Datenschutzverletzungen oder Missbrauch der Daten.
- Definieren Sie die Gewährleistungspflichten des Datengebers hinsichtlich der Datenqualität und -vollständigkeit.

9. Vertragsgestaltung:

- Erstellen Sie einen formellen Lizenzvertrag, der alle oben genannten Punkte detailliert regelt.
- Lassen Sie den Vertrag von Fachpersonen prüfen, um sicherzustellen, dass er rechtlich bindend und konform mit den geltenden Gesetzen ist.

10. Überwachung und Compliance:

- Implementieren Sie Mechanismen zur Überwachung der Einhaltung der Lizenzbedingungen.
- Führen Sie regelmäßige Audits durch, um sicherzustellen, dass die Daten gemäß den vereinbarten Bedingungen genutzt werden.

Je nach Quelle der Daten kann die Vereinbarung über die Datennutzung eine andere Form haben. Zum Beispiel kann sie zwischen zwei Unternehmen als Vertrag geschlossen werden oder zwischen einem Unternehmen und den Nutzern im Rahmen einer datenschutzrechtlichen Einwilligung.

4.6 Pflicht zur Kennzeichnung von KI-Inhalten

Die Kennzeichnungspflicht für KI-Werkeergibt sich aus den Gesetzen und Regeln von Social-Media-Plattformen.

Die Pflicht, KI-Erzeugnisse oder den KI-Einsatz zu kennzeichnen, ergibt sich aus verschiedenen Quellen. Dies können spezifische Gesetze wie das Gesetz gegen den unlauteren Wettbewerb oder die KI-Verordnung sein. Auch Plattformregeln, beispielsweise von Social-Media-Plattformen, können diese Pflicht enthalten.

4.6.1 Kennzeichnungspflicht im Verbraucherrecht

Eine Kennzeichnungspflicht von KI-Inhalten im Verbraucherrecht kommt dann infrage, wenn der Einsatz von KI zu einer abmahnbaren Irreführung der Verbraucher führen würde. Dies trifft beispielsweise auf Produktempfehlungen von KI-generierten Testimonials und KI-Influencern zu, die diese Produkte nie getestet haben können (Hinweise zu virtuellen Influencern erhalten Sie in Abschnitt 8.4).

4.6.2 Kennzeichnungspflicht für Deepfakes

Deepfakes müssen ab August 2026 auch im Marketing als KI-Ergebnisse gekennzeichnet werden.

Als *Deepfakes* werden durch KI erzeugte oder manipulierte Bild-, Ton- oder Videoinhalte bezeichnet, die wirklichen Personen, Gegenständen, Orten, Einrichtungen oder Ereignissen ähneln und einer Person fälschlicherweise als echt oder wahrheitsgemäß erscheinen könnten (Art. 3 Nr. 60 KI-VO).

Die Kennzeichnungspflicht für Deepfakes spielt vor allem bei journalistischen Inhalten und auf politischer Ebene eine wichtige Rolle, da Deepfakes der Täuschung der Bürger dienen können. Aber auch im Marketing können Deepfakes zum Einsatz kommen und eine Kennzeichnung von Marketinginhalten als KI-Ergebnis erforderlich machen.

4.6.2.1 Deepfakes von Personen

Laut Gesetz liegt ein Deepfake nur dann vor, wenn der von der KI erzeugte oder manipulierte Bild-, Ton- oder Videoinhalt echten Personen ähnelt und fälschlicherweise als echt oder wahrheitsgemäß erscheinen könnte (siehe Abbildung 4.9). Ist die in dem KI-Ergebnis abgebildete Person dagegen nicht existent und von der KI erdacht, dann handelt es sich nicht um ein kennzeichnungspflichtiges Deepfake (siehe Abbildung 4.10 und Abschnitt 8.4.1 zu virtuellen Influencern).

Da derzeit die Rechtslage noch unklar ist, sollten Sie auch bei einer vagen Ähnlichkeit mit einer echten Person eine KI-Kennzeichnung vorziehen und aufmerksam die Entwicklung der Rechtslage verfolgen, vor allem die Rechtsprechung zu diesem Thema.

Abbildung 4.9: In diesem fiktiven Bildbeispiel wird eine KI-Nachbildung des Schauspielers Tom Cruise eingesetzt, um ein Möbelhaus zu bewerben. Da hier eine reale Person und ein tatsächlich existierender Ort durch KI täuschend echt nachgeahmt werden, handelt es sich um ein kennzeichnungspflichtiges Deepfake (siehe rechte untere Ecke des Bilds). Die KI-Kennzeichnung schützt Sie jedoch nur vor dem Verstoß gegen die Transparenzpflichten der KI-VO, aber nicht vor der Verletzung der Persönlichkeitsrechte von Tom Cruise. Bitte beachten Sie daher Abschnitt 6.5 mit Hinweisen dazu, wann Abbildungen prominenter Personen im Rahmen des Marketings überhaupt verwendet werden dürfen.

Abbildung 4.10: Das hier gezeigte KI-generierte Bild eines fiktiven Models aus der Kampagne für die Modelinie Mango Teen ist für einen durchschnittlich aufmerksamen Betrachter von einer realen Fotografie nicht zu unterscheiden. Allerdings müsste es einer Person »fälschlicherweise als echt oder wahrheitsgemäß erscheinen«, um ein Deepfake im Sinne der KI-VO zu sein. Das ist bei gänzlich künstlichen Personen, künstlichen Orten und generischen Kleidungsstücken (siehe Abschnitt 4.7.2) wie in diesem Bildbeispiel, nicht der Fall. Deshalb ist eine Kennzeichnung als KI-Erzeugnis, zumindest dem Gesetz nach, nicht erforderlich.

Hinweis: Nachahmung der Stimme echter Personen

Neben der Abbildung kann auch die Stimme einer Person per KI nachgebildet werden, was als stimmliches Deepfake ebenfalls einer Kennzeichnung bedarf. Der Einsatz von KI bei der Nachbildung von Stimmen existierender Personen wird in Abschnitt 6.4 besprochen.

4.6.2.2 Deepfakes von Produkten, Reiseorten und Events

Bei Deepfakes denken die meisten zuerst an KI-Manipulationen oder KI-Nachbildungen von Personen. Allerdings können auch kennzeichnungspflichtige Deepfakes von Gegenständen, Orten oder Ereignissen erstellt werden. Das ist der Fall, wenn Sie z. B. mittels KI-Bildern eine bestimmte Immobilie, ein Hotel oder eine Veranstaltung bewerben. Weitere Hinweise zum Einsatz generativer KI bei der Erstellung von Produktbildern und Werbeanzeigen erhalten Sie in Abschnitt 4.7.

4.6.2.3 Kennzeichnung, Erkennbarkeit und Barrierefreiheit

Handelt sich bei Ihrem KI-Ergebnis um ein Deepfake, müssen Sie sicherstellen, dass es stets klar und eindeutig als KI-Erzeugnis gekennzeichnet wird (Art. 50 Abs. 5 KI-VO). Dies kann z.B. über ein grafisches Wasserzeichen mit dem Hinweis »KI-Erzeugnis« oder »KI-generiert« erfolgen (siehe Abbildung 4.9).

Dieser Hinweis muss sofort sichtbar sein, sobald jemand das KI-Werk sieht oder damit interagiert.

Wichtig ist auch, dass diese Information für alle zugänglich ist. Das bedeutet:

- Sie darf nicht nur als Bild erscheinen.
- Sie muss auch als Text vorhanden sein, damit z.B. Screenreader sie vorlesen können. Optimalerweise ist der KI-Hinweis ein Teil der Metadaten des maschinell lesbaren HTML-Codes (z.B. im Alt-Attribut eines Bildelements). Weitere Informationen zur Barrierefreiheit erhalten Sie in Abschnitt 12.10).

4.6.2.4 Abschwächung für Kunst, Satire, Fiktion und Memes

Ist der KI-generierte Inhalt Teil eines offensichtlich künstlerischen, kreativen, satirischen, fiktionalen oder analogen Werks oder Programms, beschränken sich die Transparenzpflichten darauf, das Vorhandensein solcher erzeugten oder manipulierten Inhalte in geeigneter Weise offenzulegen (Art. 50 Abs. 4 Satz 3 KI-VO) – wobei diese Offenlegung die Darstellung oder den Genuss des Werks nicht beeinträchtigen darf. Was diese Ausnahme genau bedeutet, werden Gerichte bestimmen müssen. So kommen z. B. Hinweise auf den Einsatz von KI in der Selbstbeschreibung einer Künstlerin oder am Ende eines satirischen Artikels als hinreichende Kennzeichnung infrage.

4.6.2.5 Bußgelder und Strafbarkeit bei fehlender Kennzeichnung

Wenn Sie die Kennzeichnungspflicht für Deepfakes missachten, drohen Ihnen erhebliche rechtliche Konsequenzen:

- **Bußgeld:** Bei Verstoß droht ein Bußgeld in Höhe von 15 Millionen Euro oder 3% des weltweiten Jahresumsatzes, je nachdem, was höher ist (Art. 99 Abs. 4 lit. g) KI-VO).
- **Unterlassungs- und Schadensersatzanspruch wegen unwahrer Tatsachenbehauptung:** Einen Hinweis auf den Ursprung als KI-Bild sollten Sie unabhängig von der KI-VO schon heute geben, wenn ein KI-Bild, das eine Person abbildet, für echt gehalten werden könnte. Damit wäre das Bild als eine unwahre Tatsache anzusehen. Wenn Sie es verbreiten, könnte die betroffene Person, das Unternehmen oder die Organisation Unterlassung und Schadensersatz verlangen (die Grenzen zulässiger Tatsachen und Meinungen werden in Kapitel 9 besprochen).
- **Strafbarkeit wegen Beleidigung und Verleumdung:** Wenn ein Deepfake zudem geeignet ist, eine Person verächtlich zu machen oder in der öffentlichen Meinung herabzuwürdigen oder ihr wirtschaftlich zu schaden, droht bei Verbreitung eine Bestrafung wegen Verleumdung mit bis zu zwei Jahren Freiheitsstrafe oder Geldstrafe (§ 188 StGB). Zudem werden seitens der Politik Rufe nach expliziten Strafnormen für Deepfakes laut, deren Strafbarkeit auch höher ausfallen könnte.

4.6.3 KI-generierte Nachrichtentexte

Betreiber von KI-Systemen, die Texte erstellen oder bearbeiten, sind verpflichtet, den Gebrauch von KI offenzulegen, wenn die Texte zur Information der Öffentlichkeit dienen (Art. 50 Abs. 4 KI-VO). Diese Pflicht zur Kennzeichnung betrifft insbesondere Nachrichtenplattformen, aber auch Einzelpersonen, deren Veröffentlichungen sich an die Öffentlichkeit richten und nicht rein privater Natur sind, z.B. in Blogs oder öffentlichen Social-Media-Profilen. Die Pflicht zur Kennzeichnung entfällt, wenn die Texte von einem Redaktionsmitglied oder einer anderen Person tatsächlich gelesen und geprüft werden und eine verantwortliche Person im Impressum genannt wird (weitere Informationen zur Impressumspflicht finden Sie in Abschnitt 2.1.3).

4.6.4 Chatbots in sozialen Netzwerken

Nach deutschem Recht müssen Chatbots, die automatisch in sozialen Netzwerken Beiträge verfassen, als solche gekennzeichnet werden, wenn sie nicht als Bots, z.B. durch den Zusatz »Bot« im Namen oder in der Beschreibung, erkennbar sind (§ 18 Abs. 3 MStV).

4.6.5 Kennzeichnungspflichten auf sozialen Plattformen

Neben den gesetzlichen Vorgaben fordern auch die Nutzungsbedingungen sozialer Netzwerke, dass realistisch wirkende KI-Bilder oder -Videos als solche gekennzeichnet werden. Dabei ist der Umfang der Kennzeichnungspflicht der sozialen Netzwerke weitaus größer, da sie zum Teil bereits die Kennzeichnung »realistisch aussehender Inhalte« verlangen. Das heißt, anders als bei der gesetzlichen Deepfake-Definition aus dem obigen Abschnitt 4.6.2 ist es in einem solchen Fall nicht erforderlich, dass sie »fälschlicherweise« als echt erscheinen (d. h. in dem Fall müssten sowohl das Bild in der Abbildung 4.9 als auch das in der Abbildung 4.10 als KI-Ergebnis gekennzeichnet werden).

Darüber hinaus behalten sich die Plattformen vor, KI-Inhalte generell automatisch zu erkennen und entsprechend mit einem KI-Label zu markieren (siehe Abbildung 4.11).

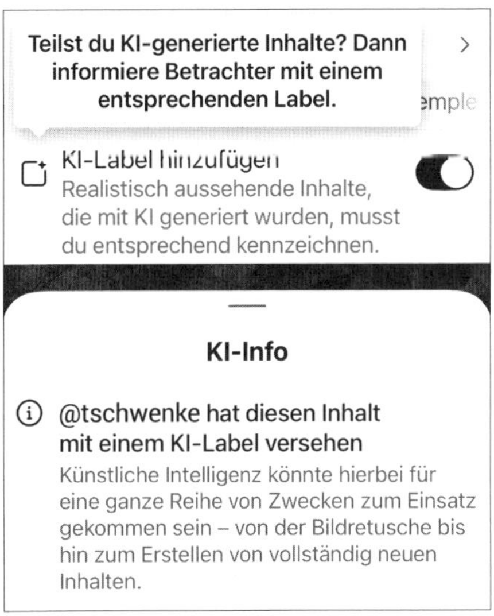

Abbildung 4.11: Beispiel einer Aufforderung zur Kennzeichnung von realistischen KI-Erzeugnissen auf der Plattform Instagram (obere Bildhälfte). Instagram markiert diese Inhalte mit dem Label »KI-Info«, das bei Klick weitere Informationen für Nutzende bereitstellt (untere Bildhälfte).

4.6.6 Kennzeichnungspflichten für KI-Anbieter

Sollten Sie nicht einfach nur KI nutzen, sondern auch KI-Tools oder -Services, z. B. mobile KI-Apps, auf dem Markt anbieten, müssen Sie zusätzliche Kennzeichnungspflichten beachten.

Wenn Sie eine KI selbst anbieten, müssen Sie mehr Kennzeichnungspflichten beachten, als wenn Sie eine KI nur nutzen. Ein KI-Anbieter ist jemand, der eine externe KI in seine eigene Software integriert und unter eigenem Namen anbietet. Ein Beispiel wäre die Markteinführung einer Web-App mit KI-Funktionen. In diesen Fällen gälten die folgenden zusätzlichen Kennzeichnungspflichten:

- **Kennzeichnung von KI-Interaktionen:** KI-Anbieter müssen sicherstellen, dass KI-Systeme, die mit Menschen interagieren, als solche erkennbar sind (Art. 50 Abs. 1 KI-VO). Dies betrifft z.B. Kundenservice oder Direktmarketing per Chat oder Telefon. Betroffene Personen müssen darüber informiert werden, dass sie mit einer KI interagieren. Es ist damit zu rechnen, dass die Anbieter von entsprechenden KI-Anwendungen diese Pflicht, für die Erkennbarkeit der KI-Interaktion zu sorgen, an ihre Kunden in den AGB weitergeben werden.
- **Kennzeichnung von KI-Inhalten:** Anbieter von KI-Systemen müssen alle erzeugten KI-Inhalte maschinell lesbar als solche kennzeichnen, was mittels Metadaten erfolgt.

Checkliste: Kennzeichnungspflichten für KI-Werke

1. Kennzeichnungspflicht gegenüber Verbrauchern: Wenn KI-Einsatz zur Irreführung über Produkteigenschaften oder Testimonials beitragen kann.

2. Kennzeichnung bei Personendarstellung:

- Vermeidung des Risikos im Fall von digitalen Doppelgängern.
- Als Folge von Persönlichkeitsrechtsverletzungen drohen Bußgelder: Bei Verstoß droht ein Bußgeld in Höhe von 15 Millionen Euro oder 3% des weltweiten Jahresumsatzes, außerdem Unterlassungs- und Schadensersatzansprüche sowie Strafbarkeit wegen Beleidigung und Verleumdung.

3. Kennzeichnung von Deepfakes ab 2. August 2026:

- Keine Kennzeichnungspflicht von fiktiven, durch die KI erdachten Personen im Rahmen von Marketingmaßnahmen.
- Kennzeichnungspflicht besteht dagegen bei der Nachbildung oder Manipulation echter Personen mittels KI-Werkzeugen.
- Die Kennzeichnung muss deutlich und barrierefrei erfolgen, z.B. mittels eines Texthinweises wie »KI-generiert« und über Metadaten.
- Abschwächung der Kennzeichnungspflicht für Kunst, Satire und Fiktion.

4. Kennzeichnung von Nachrichtentexten:

Außer wenn Sie von Menschen geprüft und freigegeben werden.

5. Kennzeichnung von Social Bots:

Wenn Bots in sozialen Netzwerken automatisch posten und nicht als Bots erkennbar sind.

6. Kennzeichnungspflichten in sozialen Netzwerken:

- Unterschiedlich je nach Netzwerk: Deepfakes müssen in der Regel immer markiert werden, aber die Kennzeichnungspflicht kann weiter reichen und sich sogar auf alle KI-Inhalte erstrecken.
- Ferner kann die KI-Kennzeichnung mittels automatischer Erkennung erfolgen.

7. Zusätzliche Pflichten für KI-Anbieter ab 2. August 2026:

- Kennzeichnung von KI-Einsatz in Interaktionen mit Nutzern.
- Kennzeichnung in Metadaten aller KI-generierten Inhalte.

4.7 Erstellung von Produktbildern und Produkt-Ads mittels KI

Bevor Sie Produktbilder und Anzeigen mittels KI erstellen, müssen Sie klären, ob Sie eine Berechtigung dafür haben. Zudem müssen Produkt-Deepfakes als solche gekennzeichnet sein und Verbraucher dürfen nicht über Produkteigenschaften getäuscht werden.

Generative KI eignet sich sehr gut für die Erstellung von Produktbildern, sei es zur Verwendung in einem Onlineshop oder in einer Werbeanzeige. Besonders in Bereichen, in denen die Bildproduktion anspruchsvoll ist (z.B. im Lebensmittelsektor oder generell bei der Darstellung von Menschen), kann KI wertvolle Unterstützung bieten. Zudem können mithilfe von KI auf Verbraucher zugeschnittene Werbeanzeigen und Produktbilder erstellt werden. Dabei sind jedoch die folgenden Hinweise zu beachten.

4.7.1 Zulässigkeit der Produktnachbildung mittels KI

Die Verwendung von KI zur Nachbildung und zum Verkauf von Produkten wirft zahlreiche rechtliche Fragen auf. Dieser Abschnitt untersucht daher die Erlaubnis zur KI-Nachbildung von vertriebenen Produkten und die relevanten rechtlichen Aspekte.

- **Zulässigkeit fotografischer Abbildung:** Generell ist das Fotografieren von Produkten zur Weiterverwendung erlaubt, da der sogenannte *Erschöpfungsgrundsatz* für urheber- und markenrechtlich geschützte Produkte greift. Der Erschöpfungsgrundsatz erlaubt deren Weiterverkauf ohne gesonderte Erlaubnis des Herstellers. Weitere Details hierzu finden sich in Abschnitt 3.5.3 zu urheberrechtlichen und Abschnitt 7.1.8.4 zu markenrechtlichen Aspekten des Erschöpfungsgrundsatzes.
- **Anwendbarkeit des Erschöpfungsgrundsatzes auf KI-Nachbildungen:** Das Recht zur Abbildung von Produkten ergibt sich nicht direkt aus dem Gesetz, sondern aus dem dort stehenden Verkaufsrecht, sofern es »sich im Rahmen dessen hält, was für einen solchen Vertrieb üblich ist«. Der Bundesgerichtshof entschied auf dieser Grundlage, dass z.B. Fotografien eines Parfümflakons als übliche Vertriebspraxis gelten (BGH, AZ. I ZR 256/97). Ob auch KI-Nachbildungen fremder Produkte als üblich betrachtet werden können, ist derzeit unklar und birgt das Risiko, dass Gerichte dies als eine unübliche und damit erlaubnispflichtige Vervielfältigung sehen werden.
- **Zulässige Vorlage für die KI-Nachbildungen:** Eigene Fotografien von Produkten sind als Vorlage für KI-Nachbildungen rechtlich unproblematisch, da die Rechte an diesen Bildern bei Ihnen liegen. Bei der Verwendung von Herstellerbildern könnten Sie sich auf das Recht auf Text- und Data-Mining berufen (wie in Abschnitt 4.4 erläutert), sofern kein Nutzungsvorbehalt des Herstellers an den Aufnahmen vorliegt (§ 44 Abs. 3 UrhG). Dieser kann sich vor allem aus

den AGB oder speziellen Lizenzbestimmungen für Produktbilder ergeben. Ferner müssen Sie die Prüfung und das Fehlen des Nutzungsvorbehalts gegen eine KI-Nutzung zu etwaigen späteren Nachweiszwecken protokollieren.

Aufgrund der aktuell zahlreichen Unsicherheiten bezüglich der rechtlichen Zulässigkeit von KI-generierten Nachbildungen von Produkten ist es am sichersten, direkt beim Hersteller anzufragen, ob solch eine Nutzung erlaubt ist. Alternativ können Sie auch eigene Fotos der Produkte als Grundlage für die KI-Nachbildungen verwenden.

Hier ein Beispiel einer Anfrage an den Hersteller, die entsprechend individuellen Bedürfnissen angepasst werden kann und am besten um Beispiele ergänzt werden sollte, um das Vertrauen des Herstellers zu gewinnen:

> Sehr geehrte Damen und Herren,
>
> wir sind auf der Suche nach Möglichkeiten, unsere Produktdarstellungen zu optimieren, und in diesem Rahmen erwägen wir den Einsatz von künstlicher Intelligenz (KI) zur Nachbildung Ihrer Produktbilder. Wir bitten Sie um Ihre Unterstützung und Klärung der rechtlichen Fragen in diesem Zusammenhang.
>
> - Ist es möglich, Ihre Produktbilder mittels KI nachzubilden? Hierbei geht es darum, ob diese digital generiert werden können, ohne gegen bestehende Schutzrechte zu verstoßen.
> - Falls die Nachbildung mittels KI möglich ist: Ist eine weitere Anpassung der Bilder erlaubt, sodass sie in diverse Hintergründe integriert oder beispielsweise in die Hände von Personen gelegt werden können?
> - Können wir die Originalbilder Ihrer Produkte als Vorlage für die KI-generierten Bilder verwenden? An dieser Stelle sei erwähnt, dass die Aufnahmen ausschließlich zur Erstellung der Produktbilder genutzt werden und nicht zum Training externer KI-Systeme eingesetzt werden.
>
> Gerne würden wir mit Ihnen zusammenarbeiten und sicherstellen, dass alle Schritte unter Berücksichtigung der rechtlichen Rahmenbedingungen durchgeführt werden. Wir wären dankbar für Ihre Zustimmung.
>
> Wir freuen uns auf Ihre Rückmeldung.

4.7.2 Kennzeichnung von Produkt-Deepfakes

Die Kennzeichnungspflicht für Deepfakes gemäß der KI-Verordnung kann auch bei Produktbildern erforderlich sein. Diese Pflicht betrifft nicht nur die Manipulationen oder Nachbildungen existierender Personen, sondern auch von realen Gegenständen, Orten, Einrichtungen oder Ereignissen (Deepfakes werden in Abschnitt 4.6.2 erläutert). Voraussetzung dafür ist, dass diese einer Person fälschlicherweise echt oder wahrheitsgemäß erscheinen können. Das bedeutet, dass auch KI-generierte oder manipulierte Darstellungen von Waren (Gegenständen), Reisezielen (Orten) oder Veranstaltungen (Ereignissen) einer Kennzeichnungspflicht unterliegen können. Dabei sind folgende Unterschiede zu beachten:

- **Generische Produktbilder:** Bei Massen- bzw. Katalogwaren gehen Verbraucher nicht davon aus, dass das in der Abbildung dargestellte Produkt genau das ist, was sie tatsächlich erhalten. Sie verstehen vielmehr, dass das Bild das Produkt lediglich repräsentiert (siehe Abbildung 4.12). Daher liegt in der KI-Nachbildung keine Täuschung über einen realen oder authentischen Gegenstand vor, die einer Person als echt erscheinen könnte. Folglich ist hier eine Kennzeichnung als Deepfake nicht erforderlich.
- **Verkauf konkreter Sachen:** Wenn eine bestimmte Sache, wie z.B. ein Kraftfahrzeug oder eine Immobilie, verkauft oder vermietet wird und deren Abbildungen mittels KI erstellt oder manipuliert sind, handelt es sich bei den manipulierten Bildern um ein Deepfake. Denn potenzielle Käufer gehen grundsätzlich davon aus, dass die Produktabbildungen den konkreten Gegenstand zeigen. In solchen Fällen müssen die Bilder als »KI-generiert« gekennzeichnet werden. Alternativ könnte man den Täuschungseffekt aufheben, indem in der Bildbeschreibung »Symbolbild« hinzugefügt wird. Dann wird die KI-Abbildung wie ein repräsentatives Produktbild behandelt.

Abbildung 4.12: Mittels KI können Produktbilder und Werbeanzeigen genau auf die Zielgruppe zugeschnitten erstellt werden, z.B. wie in diesem Fall auf junge Menschen, die in Werbeagenturen tätig sind. Trotz des KI-Ursprungs handelt es sich dennoch um kein, zumindest dem Gesetz nach, kennzeichnungspflichtiges Deepfake. Im Hinblick auf die beiden Personen liegt kein Deepfake vor, weil sie in der Realität nicht existieren und damit keine echten Menschen nachgebildet werden (siehe *Abschnitt 4.6.2*). Auch das Buch ist kein Deepfake, da Verbraucher nicht darauf vertrauen, dass in der Werbung nur Fotografien echter Produkte verwendet werden. Vielmehr war z. B. die digitale Gestaltung von Produktbildern schon vor der KI-Ära beanstandungsfrei Gang und Gäbe, zumindest solange Verbraucher dabei nicht über das tatsächliche Aussehen oder die Eigenschaften des Produkts getäuscht wurden.

- **Bilder von Reisezielen oder Veranstaltungen:** Wenn im Rahmen eines Reiseangebots KI-erstellte Bilder des Hotels oder der umgebenden Landschaft verwendet werden, muss darauf hingewiesen werden, dass es sich um KI-Ergebnisse handelt. Andernfalls könnten Verbraucher diese Darstellungen für tatsächliche Abbildungen dieser Orte halten. Dasselbe gilt für Abbildungen, die den Eindruck vermitteln, von einer echten Veranstaltung zu stammen, z.B. wenn für die nächste Veranstaltung geworben wird.

> **Hinweis: Anzeigenbilder on demand**
>
> Kombiniert mit Werbeprofilen der Nutzer, erlaubt KI, nicht nur Anzeigentexte, sondern auch Anzeigenbilder auf individuelle Nutzer zuzuschneiden (siehe Abbildung 4.12). Auch in diesem Rahmen gelten die in diesem Abschnitt dargelegten Grundsätze für Produktbilder. Das heißt, es muss geklärt werden, ob die Produkte mittels KI abgebildet werden dürfen und ob eine Kennzeichnung als KI erforderlich ist (sei es, weil konkrete Produkte verkauft werden oder weil dies seitens der Werbeplattform vorgegeben wird), und es muss sichergestellt werden, dass nicht über Produkteigenschaften getäuscht wird (dazu mehr im folgenden Abschnitt 4.7.3).

4.7.3 Keine Täuschung über die Produkteigenschaften

Auch wenn sie als KI-Aufnahmen gekennzeichnet sind, dürfen KI-Werke die tatsächlichen Produkteigenschaften nicht verfälschen. Beispielsweise dürfen keine Früchte auf einer Fruchttorte dargestellt werden, die nicht wirklich vorhanden sind. Auch eine geschönte Aussicht aus einem Hotelzimmer wäre eine abmahnfähige Täuschung. Bei Gegenständen sollten keine Abweichungen vorliegen, da diese anders als Reisen oder Lebensmittel grundsätzlich keinen Spielraum für Abweichungen von der Abbildung bieten. Ob eine Täuschung vorliegt, muss für jedes Produkt individuell und aus der Sicht eines durchschnittlich kundigen und durchschnittlich aufmerksamen Kunden beurteilt werden (siehe Abbildung 4.13). Wenn die Produktabbildung ausschließlich positive Eigenschaften zeigt oder Aspekte darstellt, die in der Realität nicht existieren, sollten Sie diese Abweichung kennzeichnen oder rechtlichen Rat einholen.

> **Vorsicht: Folgen irreführender Produktbilder**
>
> Relevante Abweichungen zwischen einem Produktbild und dem tatsächlichen Produkt gelten als Sachmangel gemäß § 434 BGB und können Gewährleistungsansprüche auslösen. Das gilt auch, wenn Zubehör gezeigt wird, das nicht Teil des Angebots ist. Zudem drohen wettbewerbsrechtliche Abmahnungen wegen der Irreführung von Verbrauchern über wesentliche Produkteigenschaften (§ 5 Abs. 2 Nr. 1 UWG).

Abbildung 4.13: Je nach Art des Produkts sind Verbraucher es gewohnt, dass Produkte in ihrer perfekten, aber noch realistisch möglichen Version gezeigt werden. Solange die KI-Werke wie dieser KI-generierte Burger in diesem Rahmen bleiben, ist der Einsatz von KI-Produktbildern zulässig.

Checkliste: KI-Produktbilder

1. Zulässigkeit der Erstellung von KI-Nachbildungen:

- Prüfen Sie, ob Sie berechtigt sind, die Produktbilder mittels KI zu erstellen. Fragen Sie zur Sicherheit beim Händler, Anbieter etc. nach.
- Es ist rechtlich nicht geklärt, ob der »Erschöpfungsgrundsatz«, d.h. die Berechtigung, Abbildungen von Produkten für den Verkauf zu erstellen, bei KI-Nachbildungen einschlägig ist.

2. Vorlage für KI-Nachbildungen:

- Verwenden Sie möglichst eigene Fotografien oder Videos als Vorlage für KI-Nachbildungen.
- Bei Verwendung von Herstellerbildern klären Sie die Berechtigung zur Nutzung als Vorlage vorab.
- Es besteht die Möglichkeit, sich auf das Recht zum Text- und Data-Mining zu berufen. Jedoch muss geprüft und protokolliert werden, dass kein Widerspruch (KI-Nutzungsvorbehalt) vorliegt.

3. Kennzeichnung von Produkt-Deepfakes:

- Keine Kennzeichnungspflicht bei repräsentativen Produktbildern für Massen-/Katalogware.
- Kennzeichnung als »KI-generiert« oder »Symbolbild«, wenn konkrete Sachen wie Fahrzeuge oder Immobilien verkauft werden.
- Bei KI-generierten Bildern von Reisezielen oder Veranstaltungen muss auf den KI-Ursprung hingewiesen werden.

4. Keine Täuschung über Produkteigenschaften:

- Stellen Sie sicher, dass die tatsächlichen Produkteigenschaften nicht verfälscht werden.
- Vermeiden Sie geschönte Darstellungen, die nicht der Realität entsprechen.
- Beurteilen Sie die Darstellung aus Sicht eines durchschnittlich informierten und aufmerksamen Kunden.

5. Konsequenzen bei Abweichung der KI-Nachbildung vom echten Produkt:

- Gewährleistungsansprüche der Kunden.
- Abmahnbarer Wettbewerbsverstoß.

4.8 Vertragliche Zulässigkeit der KI-Inhalte

Der Einsatz von KI für die Erstellung von vertraglich vereinbarten Inhalten muss ausdrücklich im Vertrag vereinbart werden.

Ob der Einsatz von KI zur Erstellung von Inhalten wie z.B. Texten, Grafiken oder Musik für Kunden zulässig ist, hängt von der vertraglichen Ausgestaltung und der Art der Leistung ab:

- **Hilfswerkzeuge:** Werden KI-Tools nur zur Unterstützung, z.B. für Ideensammlungen oder Schreibkorrekturen, eingesetzt, ist dies grundsätzlich erlaubt. Dies bedeutet, dass man vor dem Hochladen sicherstellen muss, dass der Kunde seine Erlaubnis dazu gegeben hat. Das Einverständnis ist wichtig, um den Datenschutz und die rechtlichen Vorgaben einzuhalten.
- **Erstellung finaler Ergebnisse:** Für die finale Erstellung von Inhalten, wie Bildern oder längeren Texten, gelten jedoch strengere Anforderungen. Da KI-Werke keinen Urheberrechtsschutz genießen, könnte jeder diese Inhalte frei kopieren. Das kann ein Nachteil sein, wenn z.B. ein KI-erzeugtes Bild exklusiv für eine Marketingkampagne genutzt werden soll. Daher hat ein Kunde bzw. Auftraggeber grundsätzlich einen Anspruch auf eine höchstpersönliche Erstellung der Ergebnisse und müsste sich mit den KI-Inhalten nachträglich einverstanden erklären. Umgekehrt kann heutzutage durchaus argumentiert werden, dass es für Kunden bei der Erstellung von eher kurzlebigen und generischen Grafiken, z.B. für Online-Ads, auf Wirkung und Kostenreduktion ankommt und so eine Nutzung von KI unter diesen Umständen zulässig ist.
- **Hochladen von Kundeninhalten in die KI:** In beiden genannten Fällen müssen Sie darauf achten, keine Geschäftsgeheimnisse, Datenschutzrechte oder Urheberrechte des Kunden zu verletzen, wenn Sie die vom Kunden bereitgestellten Inhalte in eine KI-Anwendung hochladen, die diese Inhalte möglicherweise zu Trainingszwecken verwendet. Es ist allgemein ratsam, die Kunden darüber zu informieren, wenn ihre Inhalte mittels KI verarbeitet werden.

Sie müssen zudem die generellen Voraussetzungen beim Einsatz von KI beachten, die in Kapitel 11 erläutert werden.

Tipp: Risikominderung durch Verweis auf KI-Einsatz

Um Missverständnisse und Streitigkeiten mit Kunden zu vermeiden, sollten Agenturen und Dienstleister ihren Kunden von Anfang an klarmachen, dass KI zur Content-Erstellung eingesetzt wird. Zusätzlich kann vereinbart werden, dass von Menschen erstellte Grafiken speziell und kostenpflichtig angefragt werden müssen. Derartige Hinweise sollten in die AGB der Agenturen und Dienstleister und die einzelnen Angebote aufgenommen werden.

Checkliste: Vertragliche Zulässigkeit des KI-Inhalts

1. Ist der KI-Einsatz ausdrücklich vertraglich vereinbart worden?

- Vereinbarung im Angebot oder in der Leistungsbeschreibung (am sichersten).
- Vereinbarung in den AGB (weniger sicher, sollte jedoch zusätzlich erfolgen).

2. Nutzung als bloße Hilfsleistung ist zulässig:

- Inspiration, Entwürfe, grobe Skizzen.
- Rechtschreibkorrektur, Stilhilfen.
- Datenschutz, Geschäftsgeheimnis und Urheberrechte des Kunden dürfen beim Upload in die KI-Anwendung nicht verletzt werden. Nutzung zu Trainingszwecken der KI bedarf der Zustimmung des Kunden.

3. Nutzung zur Erstellung finaler Ergebnisse bedarf der Zustimmung:

- Zum Beispiel Erstellung von Bildern, Artikeltexten.
- Auch in diesem Fall bedarf die Nutzung zu Trainingszwecken einer KI der Zustimmung des Kunden.

4.9 Künstlersozialkasse

Ob Prompter im Sinne der Künstlersozialkasse (KSK) als Künstler oder Publizisten gelten, ist derzeit rechtlich unklar.

Unternehmen, die freiberufliche Künstlerinnen, Künstler, Publizistinnen und Publizisten wie Grafiker, Fotografen, Texter oder Journalisten beauftragen und ihnen über 450 Euro im Jahr zahlen, müssen zusätzlich 5 % dieser Entgelte an die KSK abführen.

Es stellt sich die Frage, ob Personen, die ausschließlich KI-generierte Inhalte durch Prompts erstellen (sogenannte »Prompt Engineers«), als künstlerisch oder publizistisch tätig angesehen werden. Traditionell wird hierfür ein gewisses Maß an schöpferischer Arbeit vorausgesetzt.

Zum Zeitpunkt der Veröffentlichung dieses Buchs ist unklar, ob die KSK bei reinen Prompting-Aufträgen eine 5%ige Abgabe verlangen wird. Eine solche Entscheidung würde eine sehr weite Auslegung der künstlerischen Tätigkeit darstellen. Ferner würde das nicht zu dem Umstand passen, dass nach dem Gesetz mittels KI keine urheberrechtlich geschützten Werke kreiert werden (siehe Abschnitt 4.1).

KAPITEL 5

Nutzungserlaubnis und Lizenzen im Urheberrecht

Wenn Sie fremde Inhalte nutzen möchten, die urheberrechtlich geschützt sind, benötigen Sie dafür die Erlaubnis der Rechteinhaber für die von Ihnen angestrebte Nutzung. Es gibt hierfür standardisierte Lizenzen, die Einzelverhandlungen ersetzen. Das bedeutet, dass die Rechteinhaber eine oder mehrere vorgefertigte Lizenzen anbieten, die Sie nur auswählen und gegebenenfalls bezahlen müssen. Solche Lizenzen kommen in der Praxis häufig bei »Stockbildarchiven«, also Onlinebilddatenbanken, sowie bei kostenlosen Bilddatenbanken zum Einsatz. In diesem Kapitel erfahren Sie, worauf Sie achten müssen, wenn Sie Erlaubnisse einholen oder auf Grundlage von Standardlizenzen die Nutzungsrechte für Inhalte erwerben. In der Praxis ist dieses Wissen von großer Bedeutung, da alle Unklarheiten zugunsten der Rechteinhaber ausgelegt werden.

5.1 Erlaubnisse und Lizenzen

Bei Zweifeln an der Berechtigung der Nutzung urheberrechtlich geschützter Inhalte wird zugunsten der Urheber entschieden. Daher sollten insbesondere die Nutzerinnen und Nutzer von Bildmaterial darauf achten, ihren Einsatz rechtssicher zu gestalten.

Urheberrechtlich geschützte Inhalte dürfen nur genutzt werden (z. B. durch Vervielfältigung, Verbreitung, öffentliche Zugänglichmachung oder Bearbeitung, siehe Abschnitt 3.2), wenn die Rechteinhaber die vorstehend genannten Nutzungsrechte eingeräumt haben (§ 31 UrhG). Die Einräumung kann mittels einer detaillierten Vereinbarung, man spricht dann von einer Lizenz, oder einer einfachen Erlaubnis erfolgen. Wie die Einräumung der Nutzungsrechte bezeichnet wird, ist jedoch weniger relevant; maßgeblich ist deren Inhalt.

Wichtig ist vor allem, den Lizenzgeber und den Lizenznehmer sowie den Gegenstand der Lizenz und deren Umfang festzulegen.

> **Hinweis: Gesetzliche Ausnahmen**
>
> Sie benötigen dann keine Erlaubnis der Rechteinhaber, wenn eine gesetzliche Ausnahme wie das Zitat oder die Panoramafreiheit greift (Abschnitt 3.3.5 und Abschnitt 3.3.8) oder die genutzten Inhalte gar nicht geschützt sind, weil sie, wie in Abschnitt 4.1 erläutert, von einer KI erstellt wurden und Sie dies sicher nachweisen können.

5.1.1 Rechteinhaber

Oft ist es nicht leicht zu erkennen, wer der Inhaber von Urheberrechten ist. Nur weil sich ein Bild auf einer Website befindet oder der Name eines Autors neben einem Text steht, heißt das noch nicht, dass der Website-Betreiber oder der Autor über diese Werke verfügen darf. Daher müssen Sie stets klären, wer der tatsächliche Rechteinhaber ist. Um das Risiko zu mindern, sollten Sie daher im Zweifel nach der Quelle der Inhalte fragen und sich zudem explizit zusichern lassen, dass Ihr Lizenzgeber berechtigt ist, Ihnen eine Nutzungserlaubnis zu erteilen. Dabei sollten Sie die im Folgenden beschriebenen Punkte berücksichtigen.

5.1.1.1 Kein guter Glaube

Im Urheberrecht schützt Sie der gute Glaube an eine Erlaubnis zur Nutzung von Inhalten nicht vor einer Urheberrechtsverletzung. Wenn jemand Ihnen eine Erlaubnis erteilt, obwohl er es nicht darf, können Sie trotzdem abgemahnt werden (siehe Abbildung 5.1). Daher ist es wichtig, diese Kosten bei dem Lizenzgeber als Schadensersatz geltend machen zu können (in Abschnitt 5.6.8 unten erfahren Sie mehr zur Gewährleistung bei Bildlizenzen).

Abbildung 5.1: Die Abbildung zeigt eine »Rechtekette« zum Urheberrecht einer Bildaufnahme. Fehlt bereits einem Glied das erforderliche Recht, können die nachfolgenden Glieder dieses Recht ebenfalls nicht erlangen. Hat beispielsweise die Agentur die Rechte an dem Bild nicht erworben, bleibt auch der Kunde ohne die erforderlichen Nutzungsrechte.

5.1.1.2 Webfundstücke

Vor allem bei »Webfundstücken« kann es schwierig werden, den Rechteinhaber ausfindig zu machen. In diesem Fall sollten Sie nicht den Fehler begehen und denken, dass Sie einen Inhalt verwenden dürfen, wenn Sie den Rechteinhaber zwar gründlich, aber vergeblich gesucht haben. Auch dann dürfen Sie den Inhalt wegen fehlender Nutzungserlaubnis nicht nutzen.

> **Vorsicht: Vermeintliche KI-Inhalte**
>
> In Abschnitt 4.1, der sich mit KI-Inhalten befasst, haben Sie erfahren, dass von einer KI erstellte Inhalte nicht urheberrechtlich geschützt sind. Dies könnte dazu führen, dass man meint, beispielsweise fremde Bilder, die wie von einer KI erstellt erscheinen, unbesorgt verwenden zu dürfen. Bitte bedenken Sie jedoch, dass im Fall eines Irrtums, etwa wenn ein Mensch das Bild geschaffen oder maßgeblich daran mitgewirkt hat und das Bild tatsächlich urheberrechtlich geschützt ist, diese ungenehmigte Nutzung einen Verstoß gegen das Urheberrecht darstellt (mehr hierzu erfahren Sie in Abschnitt 4.3.2).

5.1.2 Lizenznehmer bestimmen

In allen Fällen, in denen eine Erlaubnis oder eine Lizenz eingeholt wird, sollten Sie klären, wer die Nutzungsrechte an den urheberrechtlich geschützten Werken erwirbt. Dies ist besonders relevant, wenn Dienstleister und Agenturen für ihre Kunden Bildlizenzen erwerben:

- **Lizenzerwerb durch die Agentur:** Erwirbt eine Agentur z. B. bei einem Stockbildanbieter die Lizenz, ein Bild auch für Kundenprojekte nutzen zu dürfen, was der Regelfall ist, darf sie das Bild als Bestandteil der Ergebnisse ihrer Arbeiten an ihre Kunden weitergeben. Das kann z. B. ein Webseitendesign oder ein Werbebanner des Kunden sein. Die Agentur darf aber ohne Zustimmung des Lizenzgebers nicht die Rechte an dem Bild selbst auf den Kunden übertragen. Das heißt, der Kunde darf zwar die Webseite oder das Werbebanner nutzen, darf das Bild aber nicht anderweitig, z. B. als Illustration seiner Social-Media-Beiträge, verwenden.
- **Lizenzerwerb durch den Kunden:** Erwirbt der Kunde (oder die Agentur im Namen des Kunden) die Lizenzrechte bei dem Stockbildanbieter, darf der Kunde die Bilder im Rahmen der Lizenz beliebig nutzen. Er darf die Bilder auch der Agentur überlassen, aber nur zur Umsetzung eines konkreten Auftrags, z. B. zur Erstellung eines Webdesigns oder eines Werbebanners. Die Agentur darf wiederum die Bilder nicht für andere Kunden verwenden.

Bitte lesen Sie immer die Lizenzhinweise, da die oben genannten Grundsätze durch Stockbildanbieter modifiziert werden können. Weitere Informationen zum Einsatz von Stockbildern erhalten Sie weiter unten in Abschnitt 5.6 dieses Kapitels.

5.1.3 Gegenstand der Einräumung von Nutzungsrechten

In der Erlaubnis oder Lizenzvereinbarung sollte möglichst genau bestimmt werden, für welche Inhalte die Nutzungsrechte eingeräumt werden (sogenannter *Gegenstand* der Einräumung von Nutzungsrechten). Sie können dabei konkrete Werke benennen (»Aufnahme zeigend den Lizenznehmer im Büro vom …«) oder Bildreihen (»Aufnahmeserie Mitarbeiterfest vom …«) oder als Rahmenvertrag formulieren (»Im Rahmen der Erfüllung des Arbeitsauftrags als Social-Media-Manager erstellte Aufnahmen …«).

5.1.4 Zweck, Art und Umfang der Verwendung festlegen

Wenn Nutzungsrechte eingeräumt werden, müssen möglichst genau deren Umfang, Art und Reichweite der Nutzung festgelegt werden (siehe Tabelle 5.1):

- **Nutzungsrechte:** Vervielfältigung, Verbreitung, öffentliche Zugänglichmachung, Bearbeitung etc. (siehe Abschnitt 3.2).
- **Art der Lizenz:** exklusive oder einfache Lizenz (entsprechend Abschnitt 5.1.5 unten).
- **Zweck:** redaktionelle (d.h. berichtende) oder kommerzielle Nutzung (zur Produktwerbung), wie nachfolgend in Abschnitt 5.1.6 erläutert.
- **Umfang der Nutzung:** Bildgrößen (z.B. maximal 1.920 × 1.080 Pixel), Auflage im Print, Anzahl von Onlinezugriffen etc.
- **Formate:** digital, analog, online, Print.
- **Nennung des Urhebers:** nicht erforderlich oder verpflichtend oder auf eine bestimmte Art und Weise vorgeschrieben.
- **Unterlizenzierung an Dritte:** z.B. Erlaubnis, eine Bildlizenz gegenüber Tochterunternehmen oder sozialen Netzwerken einzuräumen (dazu mehr in Abschnitt 5.6.6 unten).
- **Entgeltvereinbarung:** gegen Lizenzgebühr oder unentgeltlich.
- **Zeitliche Beschränkung:** zeitlich unbeschränkt oder für einen festgelegten Zeitraum wie etwa ein Jahr.
- **Widerruflichkeit:** unwiderruflich oder widerruflich (falls ja, wann?).
- **Örtliche Beschränkung:** keine, also weltweit Nutzung oder beschränkt auf die EU oder den DACH-Bereich.
- **Sachliche Beschränkung:** z.B. nur im Zusammenhang mit Werbung für Veranstaltungen.
- **Einverständniserklärung abgebildeter Personen:** Regelung, dass abgebildete Personen ihre Einwilligung mit den Aufnahmen erklärten, ein Model Release vorlag oder eine gesetzliche Aufnahmeerlaubnis vorliegt (weitere Informationen zu Bildrechten von Personen finden Sie in Kapitel 6).

Dabei dürfen Sie keine Umstände weglassen, die für den Einwilligenden von Bedeutung sein könnten. Das sind vor allem Umstände und Nutzungsarten, mit denen man üblicherweise nicht rechnet. Teilen Sie diese Umstände nicht genau genug mit, muss der Umfang der Erlaubnis durch Auslegung bestimmt werden, wobei Sie Gefahr laufen, die Erlaubnis gar nicht in dem Umfang erhalten zu haben, in dem Sie sie benötigen.

Tabelle 5.1: Diese Tabelle zeigt die Vielfalt der Aspekte einer urheberrechtlichen Lizenz, die in der Praxis oft noch komplexer wird. Eine Lizenzvereinbarung muss jedoch möglichst alle Unklarheiten im Hinblick auf die zulässige Nutzung beseitigen, um künftige Rechtsstreitigkeiten zu vermeiden.

Kategorie	Optionen
Formate	Digital, Online, Print
Umfang der Nutzung	Bildgrößen, Anzahl von Zugriffen
Urhebernennung	Ja (Art & Weise), Nein
Zeitliche Beschränkung	Unbeschränkt, Bestimmte Zeit
Örtliche Beschränkung	Keine (weltweit), Region/Land
Entgelt	Ja (Höhe), Nein
Widerruflichkeit	Unwiderruflich, Widerruflich (Wann/Weshalb)
Unterlizenzierung	Ja, Nein, Social Media
Art der Lizenz	Exklusive Lizenz, Einfache Lizenz
Nutzungsrechte	Vervielfältigung, Verbreitung, Öffentliche Zugänglichmachung, Bearbeitung, KI-Training

5.1.5 Einfache Lizenz und ausschließliche Lizenz

Im Hinblick auf den Umfang einer urheberrechtlichen Nutzungserlaubnis unterscheidet das Gesetz zwischen den Grundformen einer »einfachen Lizenz« und einer »ausschließlichen Lizenz« (§ 31 UrhG):

- **Einfache Lizenz:** Wenn ein Rechteinhaber eine einfache Lizenz vergibt, bedeutet das, dass er sich das Recht vorbehält, weitere Lizenzen an beliebig viele andere Personen zu übertragen.
- **Ausschließliche Lizenz:** Eine ausschließliche Lizenz (auch als »exklusive Lizenz« bezeichnet) bedeutet, dass die Nutzungsrechte komplett auf den Lizenznehmer übertragen werden. Der ursprüngliche Rechteinhaber darf die Rechte weder an weitere Personen übertragen noch sie selbst nutzen.

Sowohl die einfache als auch die ausschließliche Lizenz können beliebig modifiziert werden. So kann eine Lizenz örtlich beschränkt werden (»nur in Deutschland«), zeitlich (»gilt für ein Jahr«) oder sachlich (»erlaubt ist nur die öffentliche Zugänglichmachung auf der Website https://...«). Diese Aufzählung ist nur beispielhaft. In der Praxis werden die Vertragsparteien die Lizenzen je nach ihren eigenen Bedürfnissen jeweils frei ausgestalten.

5.1.6 Redaktionelle und kommerzielle Nutzung

Im Rahmen von Lizenzen wird häufig zwischen redaktioneller und kommerzieller Nutzung unterschieden. Der Unterschied ist vor allem bei Stockbildern relevant, wo im Rahmen der redaktionellen Nutzung eine Urhebernennung erfolgen muss. Umgekehrt dürfen Bilder von Prominenten ohne deren Zustimmung nur für redaktionelle Zwecke verwendet werden (siehe Abbildung 5.2 und zur Nutzung von Aufnahmen Prominenter Abschnitt 6.5). Daher ist es wichtig, dass Sie den Unterschied zwischen den beiden Nutzungsarten kennen.

- **Redaktionelle Nutzung** – Die redaktionelle Nutzung (englisch *Editorial Use*) umfasst eine Nutzung, die der Berichterstattung oder der allgemeinen Informationsvermittlung dient (z. B. in Zeitungen, Magazinen, Blogs oder ähnlich informierenden Beiträgen in sozialen Netzwerken).
- **Kommerzielle Nutzung** – Eine kommerzielle Nutzung (englisch *Commercial Use*) liegt vor, wenn die Lizenz für Zwecke der Produkt- oder Unternehmenswerbung genutzt wird, z. B. für Produktverpackungen, Werbebanner oder Ads in sozialen Netzwerken.

Diese beiden Begriffe sind gesetzlich nicht definiert, daher ist es im Zweifel besser, den Lizenzgeber zu fragen, ob die geplante Nutzung von ihm als kommerziell oder als redaktionell eingestuft wird.

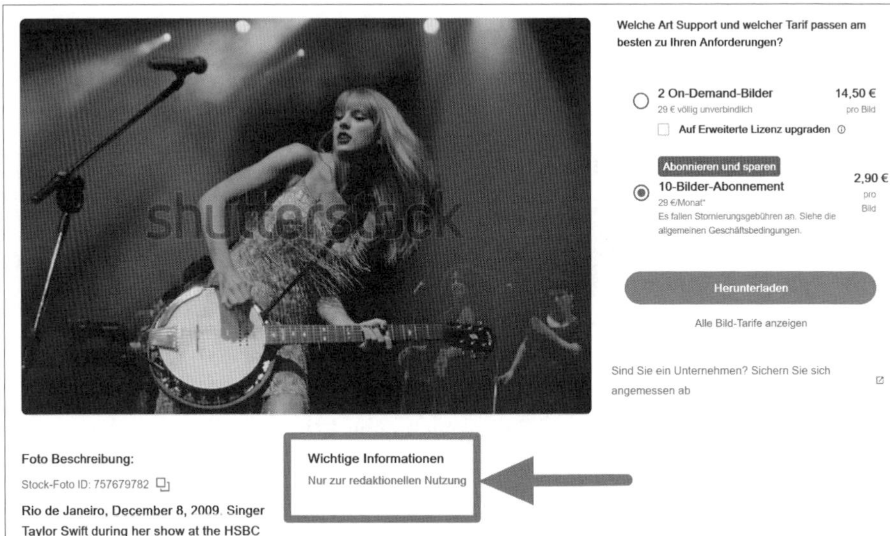

Abbildung 5.2: Bilder prominenter Persönlichkeiten in Stockarchiven können fast ausnahmslos nur für redaktionelle Zwecke und nicht für Werbung erworben werden. Der Pfeil markiert den Hinweis des Stockbildanbieters auf die erlaubte Nutzungsart: »Nur zur Redaktionellen Nutzung«. (Quelle: Shutterstock/Fotograf: A.PAES)

5.1.7 Zugleich abstrakt und konkret formulieren

Um möglichst rechtssicher zu sein, sollten Sie Lizenzen und Erlaubnisse zuerst grob formulieren und dann zusätzlich durch konkrete Details der von Ihnen beabsichtigten Nutzung ergänzen. Dann ist letzterer Einsatz sicher, die abstraktere Formulierung sorgt aber rechtlich für »Luft nach oben«. Über sie sind also ähnliche Nutzungen abgedeckt, die, wenn nur der konkrete Einsatz genannt würde, ausgeschlossen wären – im folgenden Fall beispielsweise die Nutzung einer Bildaufnahme, bei der die abstrakte Lizenzeinräumung durch das Wort »insbesondere« vom konkreten Beispiel getrennt ist:

> »Lizenzgeber räumt Lizenznehmer die Rechte an der Aufnahme zur analogen und digitalen Nutzung zu Marketingzwecken ohne Urhebernennung und Einschränkungen unentgeltlich und unwiderruflich ein, insbesondere zur Nutzung für die Bewerbung des Produkts X.«

So formuliert, ist nicht nur klar, dass die angestrebte Produktwerbung von der Erlaubnis zur Nutzung des Bilds umfasst ist, der abstrakte Teil vor »insbesondere« sorgt auch dafür, dass die Nutzung z.B. für ein anderes Produkt oder in einem Social-Media-Beitrag möglich wäre.

Hinweis: Im Zweifel für den Rechteinhaber

Ist nicht klar, ob Ihre Nutzung von der Erlaubnis gedeckt ist, wird sich ein Gericht an dem vereinbarten Zweck der Nutzung orientieren und Unklarheiten zum Vorteil der Rechteinhaber auslegen.

5.1.8 Form und Nachweis der Erlaubnis

Eine Erlaubnis oder Lizenz setzt keine bestimmte Form voraus, um wirksam zu sein. Während Lizenzen bereits des Umfangs wegen üblicherweise schriftlich aufgesetzt werden, kommen mündliche Erlaubnisse vergleichsweise häufig vor. Bedenken Sie jedoch, dass Sie im Streitfall die Erlaubnis nachweisen müssen. Daher sollte sie am besten schriftlich oder zumindest in Textform festgehalten werden.

Hinweis: Textform in der Praxis ausreichend

»Schriftform« bedeutet nach § 126 BGB »per Hand unterschrieben«. In der Praxis reicht in der Regel auch die »Textform« aus, d.h. ein dauerhafter Text mit einem Absender wie z.B. eine E-Mail oder eine Messenger-Nachricht. Während die Schriftform am sichersten ist, kann bei E-Mails oder Messenger-Nachrichten eine Behauptung ihrer Fälschung eher aufgestellt werden. Allerdings kommt das in der Praxis sehr selten vor, und eine kurze Erlaubnis per E-Mail ist bei Weitem sicherer als lediglich mündliche Absprachen.

Alternativ sollten Sie einen Zeugen dabeihaben, der die Erlaubnis bestätigt. Am besten verfasst der Zeuge ein kurzes Protokoll (z. B. »Frau X hat die folgende Erlaubnis zur Nutzung des Bildes abgegeben... am.... Unterschrift, Datum«). Falls kein Zeuge zugegen ist, sollten Sie den Rechteinhaber nachträglich anschreiben und um eine Bestätigung der Erlaubnis bitten.

Darüber hinaus ist auch eine Aufzeichnung des Einverständnisses z. B. in Form eines Videos möglich. Da hierbei die Rechte am eigenen Bild des Urhebers betroffen sind, müssen Sie die Hinweise in Abschnitt 6.1 zur Einholung von Einwilligungen für Aufnahmen beachten.

> **Tipp: Bestätigung mündlicher Nutzungserlaubnisse einholen**
>
> Wenn Sie eine Erlaubnis mündlich vereinbaren, dann schicken Sie eine Zusammenfassung des Gesprächs per E-Mail an den Rechteinhaber und bitten um Bestätigung.

5.1.9 Anfechtung und Rückruf

Eine Nutzungserlaubnis kann angefochten werden, wenn der Urheber über die Nutzungszwecke getäuscht wurde. Das wäre der Fall, wenn der Urheber mit den Nutzungszwecken nicht rechnen konnte, z. B. wenn der Lizenznehmer eine Nutzung für politische Werbung oder Werbezwecke verschwiegen hat (die Nutzung für tendenzielle Zwecke ist auch bei Stockbildern relevant, siehe Abschnitt 5.6.3).

Aber auch ohne Täuschung oder unerwartete Nutzung kann eine Nutzungserlaubnis widerrufen werden, wenn sich die Überzeugung des Lizenzgebers gewandelt hat und ihm ein Festhalten an der Nutzungserlaubnis nicht zuzumuten ist (§ 42 UrhG). Das wäre z. B. der Fall, wenn der Urheber die Nutzung seines Werks durch eine politisch extreme Partei erlaubt hat, sich aber seine politische Gesinnung nachträglich geändert hat. Anders als im Fall der vorgenannten Täuschung oder Nutzung, mit der er nicht rechnen konnte, muss der Urheber in diesem Fall die dem Lizenznehmer durch den Widerruf entstandenen Kosten ersetzen (z. B. den Mehraufwand für den Erwerb einer Ersatzlizenz).

> **Checkliste: Nutzungserlaubnisse und Lizenzen**
>
> **1. Bestimmen, wer die Nutzungsrechte an dem Werk erwirbt.**
>
> **2. Zweck, Art und Umfang der Nutzung festlegen:**
>
> - Nutzungsrechte (Recht auf Vervielfältigung, Veröffentlichung, Bearbeitung etc.).
> - Art der Lizenz (exklusive oder einfache Lizenz).
> - Zweck (z.B. Nutzung für Marketingzwecke).
> - Umfang (z.B. Nutzung von Rohdaten).
> - Nutzungsbereiche (z.B. Printmedien, online, Social Media).

- Nennung des Urhebers (ob und gegebenenfalls wie).
- Unterlizenzierung an Dritte (z.B. Erlaubnis zur Weitervergabe an Subunternehmen).
- Entgeltvereinbarung (z.B. einmalige oder nutzungsabhängige Lizenzgebühr).
- Zeitliche Beschränkung (z.B. Nutzung erlaubt für 2 Jahre).
- Widerruflichkeit (z.B. Widerrufsmöglichkeit bei Nutzung im politischen oder religiösen Kontext).
- Örtliche Beschränkung (z.B. Nutzung nur innerhalb Deutschlands).
- Einverständnis abgebildeter Personen (z.B. schriftliches/aufgezeichnetes Einverständnis der gezeigten Personen ist erforderlich).

3. Form und Nachweis:

- Optimal schriftlich oder in Textform (Papier, E-Mail).
- Aufzeichnung mit Einwilligung der Erlaubnisgeber.
- Mündlich möglich, aber ohne Zeuge nicht nachweisbar.

4. Anfechtung und Widerruf nur bei wesentlichen Gründen.

5. Besonderheiten bei Beschäftigten:

- Im Rahmen des Arbeitsauftrags erstellte Werke erhalten automatisch eine exklusive Lizenz des Arbeitgebers.
- Es empfiehlt sich jedoch, explizite Regelungen in einer sogenannten IP-Klausel zu treffen.

5.2 Rechte an Nutzerinhalten

Bedenken Sie, dass die Einräumung von Rechten zur wirtschaftlichen Verwertung der Nutzerinhalte auch die Übernahme der Haftung für den Inhalt mit sich bringt.

Ein häufig vorkommendes Szenario in der Praxis ist die Verwertung von Inhalten, die von Nutzern erstellt wurden (auch bezeichnet als *User-Generated-Content*). Dazu gehören beispielsweise Beiträge, die im Rahmen eines Gewinnspiels eingereicht werden, aber auch, wenn Produkte eines Herstellers von Kunden im Einsatz fotografiert werden und der Hersteller die auf den Accounts der Kunden veröffentlichten Aufnahmen in seinen eigenen Social-Media-Kanälen verwenden möchte.

Dabei muss zuerst unterschieden werden, für welche Zwecke die Nutzungsrechte eingeholt werden sollen:

- **Teilen (»Sharing«) mittels der Plattformfunktion:** Wenn z.B. Beiträge der Kunden mittels der »Teilen«-Funktion eines sozialen Netzwerks im Account des Unternehmens geteilt oder in Webseiten eingebettet werden, dann ist keine besondere Erlaubnis notwendig. Denn die Nutzer des Netzwerks erlauben mit dem Veröffentlichen der Inhalte, dass diese durch andere Nutzer geteilt werden. Weitere Details zum Teilen und Einbetten von Inhalten erfahren Sie in Abschnitt 3.3.2.

- **Einfache Nutzung für einen konkreten Zweck:** Gemeint ist, dass die Inhalte nicht mittels der Plattformfunktionen geteilt werden, sondern dass z. B. ein Re-Upload des Videos oder Bilds eines Kunden auf dem eigenen Social-Media-Kanal erfolgt oder ein Gewinnspielbeitrag veröffentlicht wird. In einem solchen Fall ist eine einfache Erlaubnis der Nutzer oder Teilnehmenden ausreichend.
- **Wirtschaftliche Nutzung für diverse Zwecke:** Umfasst sind z. B. Inhalte, die für das Bewerben von Produkten z. B. in Werbebannern, Katalogen oder auf der Produktverpackung genutzt werden. Ist die umfassende wirtschaftliche Nutzung geplant, sollte eine detaillierte Nutzungslizenz vereinbart werden.

Die folgenden Beispiele einer einfachen Erlaubnis und eines Lizenzabschlusses verdeutlichen, wie Rechte an Nutzerinhalten in der Praxis eingeholt werden können.

5.2.1 Einfache Nutzung für konkreten Zweck

Juristisch ausgefertigte Lizenzverträge sind nützlich, wenn die Folgen fehlerhafter Lizenzen groß sein können, etwa bei einem Einsatz von Werbemitteln in Marketingkampagnen. Geht es im Marketingalltag um einen Einsatz mit geringem Risiko, z. B. bei der Anfrage zur Nutzung von Nutzeraufnahmen auf eigenen Kanälen, können umfangreiche Lizenzverträge abschreckend wirken. Für die Verwendung von Bildern für einen konkreten Zweck ist eine formlose Anfrage ein empfehlenswerter Mittelweg, solange die Nutzung hinreichend beschrieben wird:

Muster einer einfachen Einwilligungsanfrage

Hallo @Lotti, wir, die Muster GmbH, sind ein Anbieter von Geschenkartikeln. Wärst Du damit einverstanden, wenn wir Dein Bild der kreativen Weihnachtsverpackung (»https://instagram.com/musterbild/xyz12345«) auf unserem Kanal @mustergeschenkegmbh mit Nennung deines Accounts unentgeltlich reposten würden? Wir würden damit zeigen, wie unsere Produkte eingesetzt werden können. Wir möchten das Bild dafür etwas zuschneiden. Falls Du das Bild nicht selbst erstellt hast, könntest Du mir die Kontaktadresse des Fotografen mitteilen?

Zwar fehlen in der Anfrage viele der im Abschnitt zuvor genannten Regelungsdetails, aber diese ergeben sich aus dem Kontext, sodass ein Repost bei Instagram oder anderen sozialen Netzwerken hinreichend abgesichert ist. Nach Ansicht des Verfassers dürften Nutzer auch ohne das Wort »unentgeltlich« keine Zahlung erwarten, aber so werden etwaige Unklarheiten im Hinblick auf das Entgelt in der Zukunft vermieden.

5.2.2 Abschluss einer Nutzungslizenz

Wenn Sie den Inhalt eines Nutzers über einen einmaligen Repost hinaus nutzen möchten, beispielsweise für Marketingzwecke, sollten Sie eine detaillierte Lizenzvereinbarung abschließen. Diese Vereinbarung sollte auch sicherstellen, dass der Lizenzgeber Ihnen gegenüber bestätigt, die Rechte an dem Bild zu besitzen. In der Lizenzvereinbarung sollten ferner die gewünschten Nutzungen detailliert vereinbart werden. Eine solche Vereinbarung können Sie z.B. im Rahmen eines Gewinnspiels treffen, bei dem Nutzer kreative Beiträge einreichen sollen (dazu erfahren Sie mehr in Abschnitt 14.4.6 zum Thema »Gewinnspiele und Teilnahmebedingungen«).

Vorsicht: Verletzung fremder Rechte

Es besteht die Gefahr, dass ein Nutzer nicht die Rechte an einem Inhalt hat oder z.B. die in einer Fotografie abgebildete Person nicht um Erlaubnis gefragt hat. Wenn Sie die Bilder wirtschaftlich nutzen möchten, übernehmen Sie dieses Risiko und sollten sich von den Nutzern immer versichern lassen, dass diese die Erlaubnis haben, die Bilder bei Ihnen hochzuladen: »Mit dem Hochladen des Bilds erkläre ich, dass ich das Bild selbst erstellt habe und, sofern Person(en) abgebildet sind, es mit Einverständnis der etwaigen abgebildeten Person(en) einreiche.« Ausführliche Informationen über die Haftung für Nutzerbeiträge finden Sie in Abschnitt 17.3.

5.3 Beauftragung eines Fotografen

Nur weil Sie einen Fotografen bezahlen, bedeutet das nicht, dass Sie automatisch umfassende Nutzungsrechte an den Aufnahmen erhalten.

Bei der Beauftragung eines Fotografen muss darauf geachtet werden, welche Vereinbarung im Hinblick auf die spezifische Nutzung der Aufnahmen getroffen wurde. War der Zweck z.B. die Erstellung eines Bilds für einen gedruckten Unternehmensprospekt, dürfen die Bilder ohne Rückfrage beim Fotografen nicht online verwendet werden. Das liegt daran, dass Fotografen die Preise für Fotografien unter anderem von deren Einsatzzweck (Dekoration, Werbeanzeige) und der Art des Mediums abhängig machen (Print, Website, soziales Netzwerk), in dem sie verbreitet werden.

Fallbeispiel

In einem Fall hat ein Rechtsanwalt ein Fotostudio mit der Erstellung eines »professionellen Bewerbungsfotos« beauftragt, um damit auch online für seine berufliche Tätigkeit zu werben. Der Rechtsanwalt ließ sich die Bilder auf einem Datenträger aushändigen und verwendete sie auf seiner Homepage. Die Inhaberin des Fotostudios sah darin eine Urheberrechtsverletzung und bekam vor dem Landgericht Köln Recht. Das Gericht urteilte, dass die Onlinenutzung nur die elektronische Versendung an die Arbeitgeber umfasste (LG Köln, Az. 28 O 468/06).

Beispiel einer Nutzungslizenz eines Fotografen, die schriftlich, also mit Unterschrift erklärt werden sollte:

Diese Vereinbarung regelt den Erwerb von Nutzungsrechten der Muster GmbH (nachfolgend bezeichnet als »Auftraggeber«) von dem/der beauftragten Fotografen/

in (nachfolgend bezeichnet als »Fotograf«) an den in Auftrag gegebenen Aufnahmen vom XX.XX.XXXX [ggf. Beschreibung]. Der Fotograf räumt dem Auftraggeber die ausschließlichen, räumlich, zeitlich und inhaltlich uneingeschränkten Nutzungs- und Verwertungsrechte ein, die Aufnahmen für alle zurzeit bekannten sowie für alle zukünftigen Nutzungsarten, zur Gestaltung von Printmedien sowie in digitaler Form in Onlinemedien, auch zu Werbezwecken, zu vervielfältigen, zu verbreiten, auszustellen, vorzuführen, zu veröffentlichen sowie öffentlich zugänglich zu machen, die Aufnahmen zu bearbeiten und umzugestalten, in Ausschnitten zu nutzen, Formatwechsel vorzunehmen sowie die vorgenannten Rechte auf Dritte zu übertragen. Der Auftraggeber wird auf den Fotografen an geeigneter Stelle als Urheber hinweisen. Die Urhebernennung in gesonderten Bildnachweisen (z.B. Impressum einer Website) ist ausreichend. (Alternative: Der Fotograf verzichtet auf das Recht zur Urhebernennung.)

Der Fotograf bleibt zur Nutzung der Aufnahmen für Eigenwerbung (z.B. für Ausstellungen, Homepage, Fachmagazine für Fotografie) berechtigt.

Die Rechteeinräumung ist mit der Vergütung des Auftrags abgegolten. Der Fotograf erklärt, dass er berechtigt ist, über die Rechte entsprechend dieser Vereinbarung zu verfügen.

Sollten Sie die Fotoaufnahmen auch für Zwecke des KI-Trainings nutzen oder mittels KI aus den Aufnahmen weitere Bilder ableiten wollen, dann sollte dies ebenfalls ausdrücklich vereinbart sein: »Es wird ferner das Recht vereinbart, die Aufnahmen für Zwecke des KI-Trainings und der Ableitung weiterer Bilder aus diesen Aufnahmen mittels KI zu verwenden.«

5.4 Durch Mitarbeitende erstellte Inhalte

Bei Mitarbeitenden, die Inhalte erstellen, ist die ausdrückliche Einräumung umfassender Nutzungsrechte an den Arbeitgeber empfehlenswert.

Wenn Mitarbeitende selbst für den Arbeitgeber relevante Inhalte, z.B. Bilder oder Texte, erstellen, stellt sich die Frage, in welchem Umfang diese Aufnahmen vom Arbeitgeber genutzt werden dürfen. Nach deutschem Recht können Urheberrechte nicht übertragen werden, sodass der jeweilige Mitarbeitende Urheber bleibt. Die Rechtsprechung erkennt jedoch an, dass dem Arbeitgeber bzw. Auftraggeber kraft Arbeitsvertrags bzw. Dienstvertrags weitreichende und auch ausschließliche Nutzungsrechte eingeräumt werden (§§ 343, 69b UrhG).

Sicherer ist es jedoch, eine spezifische Regelung der Rechteübertragung im Arbeitsvertrag zu vereinbaren (sogenannte IP-Klausel). Die Nutzungsrechtsübertragung gilt auch für Inhalte, die außerhalb der Arbeitszeit oder zu Hause, jedoch im Zusammenhang mit dem Arbeitsverhältnis erstellt wurden. Beispielsweise fällt die Arbeit einer Grafikerin, die zu Hause Werbeanzeigen erstellt, weiterhin unter ihren Arbeitsauftrag.

Werden Inhalte verwendet, die nicht eindeutig im Rahmen der Arbeitstätigkeit erstellt wurden, z.B. Fotoaufnahmen aus dem Urlaub oder wenn die Bilder mittels eines privaten Geräts in der Pause einer Veranstaltung erstellt werden (siehe Abbildung 5.3), sollten Mitarbeitende dem Arbeitgeber eine gesonderte Nutzungserlaubnis erteilen oder erklären, dass diese Ergebnisse unter die zuvor beschriebene IP-Klausel fallen. Für einmalige Nutzungen, wie in Social Media, genügt eine kurze Bestätigung per E-Mail.

Abbildung 5.3: Mitarbeitende stellen häufig auf privaten Geräten aufgenommene Bilder, z.B. von Messen und Veranstaltungen, für Social Media zur Verfügung. Dabei ist es wichtig, klar zu regeln, dass der Arbeitgeber die notwendigen Rechte für die geplante Nutzung der Aufnahmen erhält. Bei regelmäßiger Nutzung, insbesondere im Marketing, ist der Abschluss eines Rahmenvertrags betreffend die Bildnutzung zu empfehlen. (Bildquelle: KI)

Hinweis: Bildnisse von Mitarbeitenden

Sind auf den Aufnahmen die Mitarbeitenden selbst zu erkennen, müssen zusätzlich die Hinweise in Abschnitt 6.2 zur Nutzung von Abbildungen der Mitarbeitenden beachtet werden. In der Praxis hat sich bewährt, zugleich eine Erlaubnis für die Nutzung der Aufnahme und der Abbildung der Mitarbeitenden zusammen einzuholen.

5.5 Herausgabe von Vorlagen und Rohdaten

Um Missverständnisse zu vermeiden, sollten Dienstleister in ihren AGB festhalten, ob und zu welchem Preis sie Rechte an Rohdaten einräumen. Noch besser ist es, diese Details in jedem Angebot zu spezifizieren.

Ein häufiges Streitthema bei unklaren Nutzungsregelungen ist, ob Agenturen, Designer oder Programmierer verpflichtet sind, Rohdaten an Kunden herauszugeben. Rohdaten umfassen etwa veränderbare Designentwürfe, Programmcode, Schriften oder Bilddateien mit Ebenen und Farbwerten. Werden hierzu keine konkreten Regelungen getroffen, führt dies oft zu Konflikten, da Kunden häufig auf die Herausgabe der Vorlagen zum Vertragsende bestehen und bis dahin die Zahlung verweigern. Auftragnehmer müssen dann entscheiden, ob sie die Vorlagen herausgeben oder das Risiko eingehen, den Kunden an die Konkurrenz zu verlieren. Die Rechtslage bleibt oft unklar und hängt vom Auftragsinhalt und vom Vertragszweck ab. Zwei Beispiele verdeutlichen dies:

- Fordert der Kunde ein spezielles Ergebnis wie Website-Icons, sind Rohdaten hierfür meist nicht erforderlich.
- Will der Kunde jedoch ein Icon-Set, das er selbst erweitern kann (was z.B. aus einer E-Mail hervorgeht), benötigt er die entsprechenden Rohdaten.

Tipp: Regelung in den AGB

Agenturen und andere Dienstleister sollten in ihren AGB den Umgang mit Rohdaten regeln. Darin können sie unter anderem zusätzliche Preise für Rohdaten oder die Gewährleistung der Einschränkung der Weitergabe durch den Kunden vereinbaren. Umgekehrt müssen Sie darauf achten, dass viele Einkäufer-AGB Klauseln enthalten, die dem Auftraggeber alle Rechte an den Arbeitsergebnissen samt Rohdaten einräumen. Derartige Klauseln sollten dann vom Vertragspartner entgolten, gestrichen oder beschränkt werden.

Checkliste: Herausgabe von Rohdaten

1. Wurde die Herausgabe von Rohdaten vertraglich vereinbart?

- In Angebot, Leistungsbeschreibung oder einem Rahmenvertrag.
- In den AGB des Dienstleisters.
- In den AGB des Kunden.

2. Falls nein, sind die Rohdaten für die vertragsgemäße Nutzung notwendig?

- Was ist der vertragliche Zweck der Nutzung der Ergebnisse (z.B. einmalige Werbegrafik oder Erstellung einer Vorlage für künftige Nutzungen)?
- Ist für diesen Zweck die Herausgabe der Rohdaten unbedingt erforderlich?

5.6 Stockbildarchive

Bei Stockbildarchiven müssen Sie unbedingt die Lizenzbestimmungen lesen, um zu erfahren, zu welchen Zwecken, auf welche Art und in welchem Umfang Sie die Aufnahmen nutzen dürfen und ob und wie Sie den Urheberhinweis platzieren müssen.

Ein Stockbildarchiv (oder kurz *Stockarchiv*) ist eine Onlineplattform, die es Fotografen ermöglicht, ihre Bilder über lizenzierte Modelle schnell und unkompliziert an Unternehmen und Kreative zu verkaufen, wobei Funktionen wie thematische Sortierung und flexible Preisgestaltung genutzt werden. Aus diesen Archiven können Unternehmen, Designer und Werbeagenturen Fotos für Designs, Werbekampagnen oder als Illustrationen für relativ günstige Beträge und zum Teil sogar kostenlos beziehen. Wenn Sie Bilder aus einem Stockarchiv nutzen, werden Sie die Lizenzbedingungen nicht einzeln aushandeln, sondern in Form von AGB, also vorgefertigten Lizenzbedingungen, erhalten.

5.6.1 AGB und Lizenzbestimmungen prüfen

Die AGB und die Lizenzbedingungen der Stockbildanbieter sollten Sie vor der ersten Benutzung genauestens lesen. Sie umfassen Regeln zur Nutzung der Stockarchiv-Plattform und der Stockarchiv-Inhalte. Auch enthalten AGB und Lizenzbedingungen Hinweise dazu, ob und an welcher Stelle Sie einen Urheberhinweis anbringen müssen. Ferner ergeben sich insbesondere im Social-Media-Bereich häufig Einschränkungen aus Lizenzbedingungen, die in diesem Kapitel noch detaillierter behandelt werden.

5.6.2 Lizenzpflichtige und lizenzfreie Stockinhalte

Lassen Sie sich durch den Begriff »lizenzfrei« bei den Stockbildarchiven nicht täuschen. Er bedeutet nicht, dass die Lizenz kostenlos ist. Vielmehr bedeutet »lizenzfrei«, dass eine einmalige Zahlung für die Nutzung des Bildes geleistet wird, ohne dass weitere Gebühren anfallen, unabhängig davon, wie oft oder in welchem Umfang das Bild genutzt wird.

Stockbildarchive bieten verschiedene Lizenz-Sets mit unterschiedlichen Nutzungsmöglichkeiten und Preisen an, die meist in »lizenzpflichtig« und »lizenzfrei« unterteilt werden:

- **Lizenzfrei:** Lizenzfrei (auch *Royalty Free* oder RF) bedeutet, dass man das Bild gegen eine einmalige Gebühr für festgelegte Zwecke, in einer bestimmten Qualität und oft mit Einschränkungen in Bezug auf Arbeitsplätze, Auflage oder Nutzungsarten beliebig lange verwenden darf. Die genauen Nutzungsbeschränkungen variieren je nach Anbieter. Wesentlich ist außerdem, dass, wenn nur eine einfache Lizenz erteilt wird, auch andere Kunden das Stockbild nutzen können.
- **Lizenzpflichtig:** Lizenzpflichtig (auch *Rights Managed* oder RM) bedeutet, dass eine spezielle Lizenz abhängig vom konkreten Nutzungszweck, der Auflage, dem Nutzungszeitraum und der Bildgröße vereinbart wird (siehe Abbildung 5.4). Diese Art der Lizenzierung bietet häufig auch eine Exklusivität und ist beispielsweise für eine Werbekampagne empfehlenswert, wenn sichergestellt werden soll, dass kein Mitbewerber dasselbe Bild nutzt.

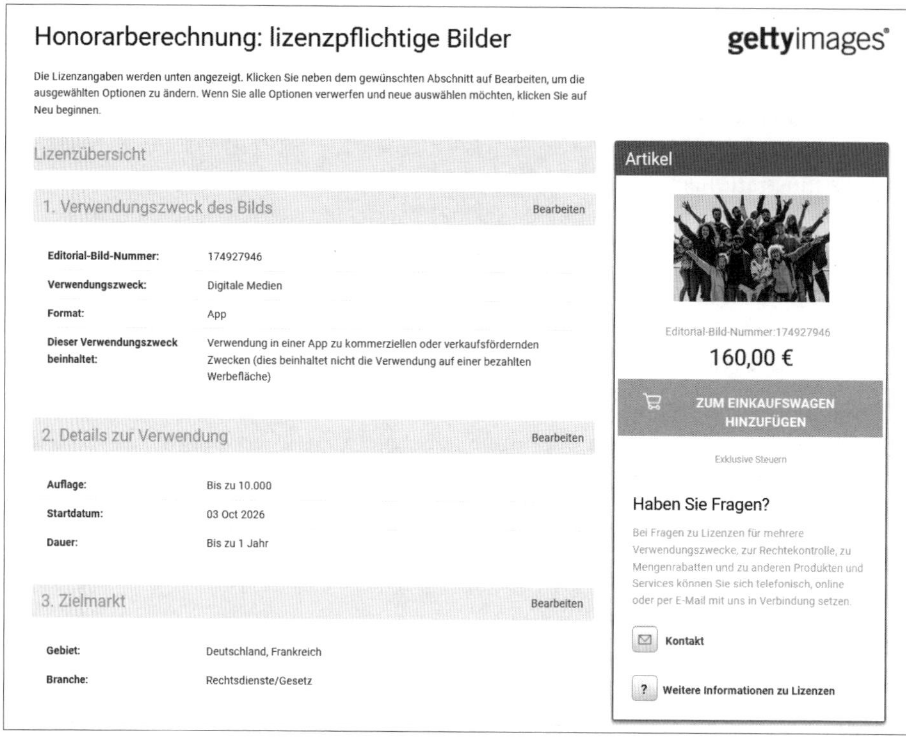

Abbildung 5.4: Beispiel einer individuellen Preisberechnung für ein lizenzpflichtiges Bild (Rights Managed, RM) auf der Plattform Getty Images.

5.6.3 Untersagte Nutzungsarten

Bei der Wahl der Lizenz müssen Sie ebenfalls darauf achten, welche Nutzungsarten durch die Bildlizenz untersagt oder nur im Rahmen spezieller Lizenzgebühren erlaubt werden. Zu den typischen Klauseln gehören die folgenden:

- **Nutzung in Templates:** Für die Verwendung von Bildern in Website-Designs, PowerPoint-Präsentationen oder Drucksachen ist eine besondere Lizenz erforderlich.
- **Motive für Verkaufszwecke:** Standardlizenzen verbieten die Nutzung von Bildern als Hauptmotiv auf Waren wie T-Shirts, Tassen oder Mousepads.
- **Nutzung als Logo oder Marke:** Bilder dürfen nicht als Identifikationsmerkmal für Personen, Produkte oder Unternehmen verwendet werden.
- **Bearbeitungen:** Über das Zuschneiden oder Einfügen in Layouts hinausgehende Bearbeitungen, wie Motivanpassungen oder umfangreiche Retuschen, sind untersagt.
- **Tendenzwerbung:** Für politische, religiöse, erotische, gesundheitsgefährdende oder ähnliche Kampagnen ist eine besondere Einwilligung notwendig, da Fotografen oder Fotomodelle oft keine Verwendung in nachteiligen Kontexten wünschen.

- **Einräumung von Unterlizenzen:** Das Weitergeben von Bildrechten an Dritte ist grundsätzlich verboten und stellt einen Urheberrechtsverstoß dar. Stockbilder dürfen z. B. von Subunternehmern nur gemäß Ihrer Weisung und ohne eigenständige Nutzungsrechte zu erhalten bearbeitet werden.
- **Beschränkung der Arbeitsplätze:** Einige Stockbildanbieter limitieren, wie viele Mitarbeitende ein Bild gleichzeitig bearbeiten dürfen.

5.6.4 Urhebernennung

Eine der wichtigsten Vorgaben von Stockbildarchiven ist die Urhebernennung, die unterschiedlich streng geregelt sein kann. Sie reicht von der Nennung des Fotografen und des Archivs direkt am Bild, über die Nennung des Stockarchivs nur im Impressum bis zum Verzicht auf eine Urhebernennung.

Es wird dabei in der Regel zwischen redaktioneller (z. B. auf Webseiten, in Blogs/Social Media) und kommerzieller Nutzung (Werbebanner, Produkte) unterschieden. Nur bei redaktioneller Nutzung wird eine Urhebernennung gefordert. Details zur Unterscheidung finden Sie in Abschnitt 5.1.6.

Diese Vorgaben können von den Stockbildanbietern modifiziert werden. Beispielsweise kann ein allgemeiner Urheberrechtsnachweis erforderlich sein oder eine spezielle Form der Nennung (z. B. inklusive Archiv und Fotografen) verlangt werden. Überprüfen Sie daher stets die Anforderungen des von Ihnen gewählten Stockbildanbieters.

Vorsicht: Versäumnis Urhebernennung

Die vergessene Urhebernennung gehört zu den Lizenzverletzungen, die die meisten Abmahnungen nach sich ziehen. Zudem kann ein Fotograf bei fehlender Urhebernennung den ihm zustehenden Schadensersatz wegen unerlaubter Bildernutzung um bis zu 100% erhöhen (siehe Abschnitt 3.2.6). Daher sollten Sie, wenn nicht klar ist, dass der Hinweis weggelassen werden kann, immer einen Urheberrechtshinweis in der Form »© Name Stockbildarchiv/Name Fotograf« so nah wie möglich am Bild oder als sichtbares Wasserzeichen im Bild anbringen.

5.6.5 Rechte an Stockbildern: Agenturen und Kunden

Es ist wichtig, im Rahmen eines Auftrags zu klären, wer der Lizenznehmer wird: die Agentur oder deren Kunde. Soll der Kunde den Lizenzgegenstand eigenständig weiternutzen, sollte er der Lizenznehmer sein. Details zur Festlegung des Lizenznehmers finden Sie in Abschnitt 5.1.2.

> **Tipp: Kunden über beschränkte Nutzungsrechte aufklären**
>
> Wenn Sie als Agentur die Bilderrechte selbst erwerben, sollten Sie Ihre Kunden darauf hinweisen, dass sie die Bilder nicht für andere Zwecke einsetzen dürfen. Viele Kunden kennen die lizenzrechtlichen Hintergründe nicht und könnten daher abgemahnt werden. Auch wenn Sie für deren Verstöße nicht einstehen müssen, könnte Ihr Verhältnis zum Kunden dadurch zerrüttet werden.

5.6.6 Stockarchivbilder und Social-Media-Lizenzen

Die Nutzung von Stockbildern in Social Media ist nur mit speziellen Lizenzen oder nach Rückfrage und ausdrücklicher Erlaubnis der Stockbildanbieter zulässig.

Bilder aus Stockarchiven dürfen nur dann auf Social Media verwendet werden, wenn die Lizenzbedingungen das ausdrücklich erlauben. Dies liegt daran, dass die Nutzungsbedingungen der Plattformen mit den AGB der Stockarchive kollidieren. Bei der Anmeldung bei einem Stockarchiv akzeptieren Kunden deren Lizenzbedingungen, die eine Nutzung der Bilder nur für eigene Zwecke erlauben. Die Weitergabe an Dritte, auch kostenlos, ist nicht gestattet.

Die Nutzungsbedingungen sozialer Netzwerke gewähren diesen Plattformen jedoch umfangreiche Rechte an allen Nutzerinhalten, das Recht, weitere Unterlizenzen einzuräumen, eingeschlossen (siehe Abbildung 5.5 und Abschnitt 5.8 unten).

> TikTok
>
> - Sie gewähren außerdem jedem Nutzer der Plattform eine nicht ausschließliche, gebührenfreie, weltweite Lizenz für den Zugriff auf Ihre Inhalte und deren Nutzung durch Verwendung der Features und Funktionen der Plattform, einschließlich der Vervielfältigung (z. B. Kopieren, Teilen oder Herunterladen), der Bearbeitung, Umgestaltung oder der Erstellung abgeleiteter Werke (z. B. Einbindung Ihrer Inhalte in Inhalte anderer Nutzer), der Aufführung und des öffentlichen Zugänglichmachens Ihrer Inhalte (z. B. diese anzuzeigen, also öffentlich wahrnehmbar zu machen) zu Unterhaltungszwecken – abhängig von Ihren Einstellungen auf der Plattform.

Abbildung 5.5: Auszug aus den Nutzungsbedingungen von TikTok, die nicht nur zugunsten der Plattform selbst gelten, sondern auch sicherstellen, dass Nutzer die Inhalte anderer Nutzer teilen oder remixen, also in ihre Videos einbauen können. Solche Klauseln finden sich häufig auch bei vielen anderen Plattformen wieder. (Quelle: »*https://www.tiktok.com/legal/page/eea/terms-of-service/de*«)

Aufgrund des Verstoßes gegen das Verbot, derartige Unterlizenzen einzuräumen, können das Fotoarchiv und der Fotograf rechtliche Schritte einleiten, die Unterlassung, Schadensersatz und die Erstattung der Anwaltskosten umfassen. Auch die

Plattformen könnten gegen den User vorgehen und die Kosten weiterreichen, da dieser Inhalte veröffentlicht hat, ohne die Nutzungsrechte hierfür gehabt zu haben, was einen Verstoß gegen die Nutzungsbedingungen der Plattformen darstellt.

Viele Stockbildanbieter erlauben die Nutzung ihrer Bilder in Social Media, manche jedoch mit bestimmten Einschränkungen, wie z. B.:

- **Composing-Zwang:** Bilder müssen bearbeitet sein, z. B. durch überliegende Schrift, als Teil einer Anzeige oder eines Layouts und möglicherweise mit einem Unternehmenslogo versehen.
- **Einschränkung der Größe:** Bildgrößen können z. B. auf maximal 1.200 × 1.200 Pixel beschränkt sein.
- **Urheberrechtshinweis:** Es kann die Vorschrift bestehen, sichtbare Urheberrechtshinweise in Form eines Wasserzeichens im Bild anzubringen.

Wenn Sie also Stockbilder in Social Media einsetzen möchten, dann prüfen Sie immer, ob die Stockbildlizenzen dies erlauben.

5.6.7 Abbildung von Personen

Wenn Sie Lizenzen für Stockbilder mit Abbildungen von Personen erwerben, dann müssen Sie sicherstellen, dass Sie damit auch das Recht zur Abbildung der Person erhalten. Wann und wie Aufnahmen von Personen generell genutzt werden dürfen und warum sich der Einsatz von KI statt einer Stockbildnutzung lohnen kann, erfahren Sie gesondert in Abschnitt 6.3.

5.6.8 Gewährleistung

Ein relevanter Faktor bei der Nutzung von Stockbildarchiven ist die Frage, ob und in welchem Umfang die Stockbildanbieter die Gewähr geben, dass sie über die nötigen Rechte an den Bildern verfügen und dass sie, falls das nicht der Fall ist, die dadurch entstandenen Nachteile, wie z. B. die Kosten einer Abmahnung, übernehmen. Achten Sie daher darauf, ob die Gewährleistung und Haftung möglicherweise durch eine Begrenzung der Haftungssumme in den AGB unangemessen eingeschränkt sind. Die häufig anzutreffende Beschränkung der Haftungssumme auf 10.000 Euro pro Bild kann dagegen für die gängige geschäftliche Nutzung als angemessen betrachtet werden.

5.6.9 Kostenlose Bilddatenbanken

Das Sprichwort »Umsonst gibt es nichts« trifft besonders auf kostenlose Stockbildarchive zu. Im Urheberrecht bedeutet dies, dass kostenlose Stockbildarchive und kostenlose Bildlizenzen grundsätzlich keine Gewährleistung bieten.

Viele kostenlose Bildanbieter erlauben Fotografen und anderen Nutzerinnen und Nutzern, Bilder nur unter der Bedingung hochzuladen, dass diese in die Public Domain übergehen (hierzu mehr in Abschnitt 3.1.8.). Das bedeutet, die Uploader der

Bilder verzichten praktisch auf ihre Urheberrechte. Allerdings werden Sie nicht nachweisen können, dass diese Erlaubnis tatsächlich von den Fotografen so erklärt wurde und nicht etwa eine dritte Person das Bild unerlaubterweise hochgeladen hat. Daher können diese Bilder zumindest im kommerziellen Umfeld urheberrechtlich nicht als sicher betrachtet werden. Dies gilt besonders, wenn die kostenlosen Bilder professionell aussehen (siehe Abbildung 5.6).

Dabei müssen Sie beachten, dass im Urheberrecht kein »guter Glaube« existiert: Selbst wenn Sie aufgrund der Angaben des Anbieters der Bilddatenbank annehmen, das Bild nutzen zu dürfen, können Sie abgemahnt werden, falls sich dies als Irrtum herausstellt (siehe dazu auch Abschnitt 5.1.1.1).

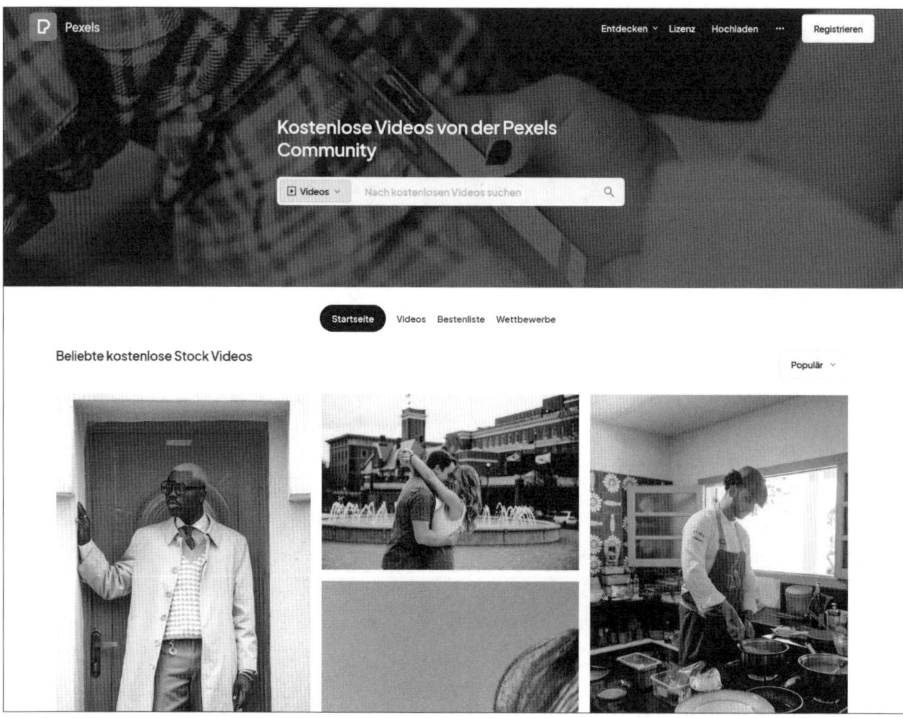

Abbildung 5.6: Anbieter wie Pexels (»*https://www.pexels.com/*«) bieten kostenlose Bild- und Videodatenbanken an. Viele der Anbieter behaupten, dass die dort gelisteten Werke unter der Public-Domain-Lizenz stehen, schließen jedoch eine Gewähr und eine Haftung aus, falls die Bilder doch nicht hätten genutzt werden dürfen. Das heißt, die Nutzung der Bildaufnahmen erfolgt in diesen Fällen auf eigenes Risiko.

5.6.10 Bezug von KI-Inhalten aus Stockdatenbanken

Die Nutzung von KI-generierten Inhalten aus Stockdatenbanken kann eine sicherere Option darstellen, um das gewünschte Bildmaterial zu finden, anstatt es selbst zu erstellen. Allerdings birgt dies die Unsicherheit, ob die Werke tatsächlich urheberrechtsfrei sind oder möglicherweise von einem Menschen erstellt wurden (warum

KI-Bilder urheberrechtlich nicht geschützt sind, erfahren Sie in Abschnitt 4.1). Eine solche Verwechslung könnte rechtliche Konsequenzen nach sich ziehen, da im Urheberrecht der Grundsatz des guten Glaubens an die Berechtigung zur Nutzung nicht schützt. Dieses Risiko lässt sich minimieren, indem man sich für den Kauf von KI-generierten Stockbildern entscheidet, die mit einer Gewährleistung für einen solchen Fall verbunden sind.

Tipp: Erwerb von Bildrechten protokollieren

Um spätere Nachweisschwierigkeiten zu vermeiden, sollten Sie den Erwerb von Bildrechten protokollieren. Bei wenigen Bildern reichen Screenshots aus, bei umfangreichen Nutzungen, z.B. in Agenturen oder Marketingabteilungen, sollten z.B. Bilderrechtsdatenbanken oder Tabellen angelegt werden. Dabei sollten die folgenden Punkte festgehalten werden: Bildname, Quelle und Lizenz (gegebenenfalls mit Link/Screenshot), Erwerbsdatum und Name des erwerbenden Mitarbeitenden, Lizenzeinschränkungen (räumlich, zeitlich, sachlich, Weitergabe, Anzahl der Arbeitsplätze), zulässige und verbotene Nutzungen, Model Releases, Urhebernennung, bisherige Nutzungen und Weitergaben (Social Media, Geschäftspartner, Kunden) sowie interne Sperrvermerke.

Checkliste: Erwerb von Stockbildlizenzen

1. Exklusive oder einfache Lizenz:

- Einfache Lizenzen (bezeichnet als »Royalty-Free«, RF bzw. »lizenzfrei«) eignen sich für Illustrationen oder eine breit gefächerte Nutzung. Diese Lizenzen werden in der Praxis am häufigsten genutzt.
- Exklusive Lizenzen (bezeichnet als »Rights-Managed«, RM bzw. »lizenzpflichtig«) sind erforderlich, wenn sonst niemand diese Aufnahme nutzen soll (z.B. Hauptmotiv einer Werbekampagne).

2. Agentur-Kunden-Verhältnis:

Vereinbaren, ob Agentur oder Kunde die Rechte am Bild erwerben soll.

3. Mögliche Einschränkungen und Zusatzlizenzen beachten, z.B. für:

- Nutzung als Hauptmotiv von Produkten (z.B. als Aufdruck auf Kleidung).
- Registrierung als Markenlogo.
- Bearbeitung, die über Größen- und Ausschnittänderung hinausgeht.
- Tendenzwerbung (z.B. Verbreitung politischer oder religiöser Botschaften).
- Werbung für Zigaretten, Alkohol oder Pornografie.
- Einräumung von Unterlizenzen. Dazu gehört die Nutzung in sozialen Netzwerken, da diese sich Unterlizenzen an Nutzerinhalten einräumen lassen.

4. Gewährleistung im Fall fehlerhafter Lizenz:

- Einschränkungen der Gewährleistung prüfen.
- Kostenlose Bildarchive schließen die Gewährleistung in der Regel aus, und die Nutzung der Bilder erfolgt auf eigene Gefahr.

5.7 Freie/offene Lizenzen

Offene Lizenzen bergen das Risiko fehlender Gewährleistung und eignen sich daher weniger für Marketingzwecke.

Unter freien Lizenzen, auch als offene Lizenzen bezeichnet (im Englischen auch als *Open Content* oder *Open Source* bekannt), versteht man vorgefertigte rechtliche Vereinbarungen. Sie erlauben eine kostenlose Nutzung verschiedener Werke unter bestimmten Bedingungen. Sie heben das Urheberrecht nicht auf, sondern erleichtern lediglich das Teilen der lizenzierten Werke und werden daher im Gegensatz zum »geschlossenen« Urheberrecht als »offen« oder »frei« bezeichnet. Es gibt eine Vielzahl solcher Lizenzen, wobei die *Creative-Commons-Lizenzen* im Fall von Inhalten am häufigsten verwendet werden.

5.7.1 Creative-Commons-Lizenzen

Creative-Commons-Lizenzen (CC-Lizenzen) sind modular aufgebaute Standardlizenzen, die eine kostenlose Nutzung von Inhalten wie Texten, Bildern, Videos oder Musik erlauben. Urheber können so festlegen, unter welchen Bedingungen ihre Werke freigegeben werden sollen.

5.7.2 Lizenzmodule

Die verschiedenen Lizenzmodule sind:

- **0 (Public Domain):** Der Urheber verzichtet, soweit rechtlich möglich, auf seine Rechte an dem Werk. Eine Erläuterung der Funktionsweise der Public Domain bzw. der Gemeinfreiheit finden Sie in Abschnitt 3.1.8.
- **BY (Attribution):** Dieses Modul ist immer notwendig. Der Urheber und die Lizenz müssen immer genannt und verlinkt werden, z. B. »Max Mustermann [Link zur Bildquelle], CC-BY-ND [Link zur Lizenz, hier: *https://creativecommons.org/licenses/by-nd/4.0/*]«. An dieser Stelle muss ebenfalls darauf hingewiesen werden, wenn am Originalbild Änderungen vorgenommen wurden.
- **NC (Non Commercial):** Das Werk darf nicht kommerziell genutzt werden. Unternehmen sind ausgeschlossen, gemeinnützige Organisationen dürfen es jedoch verwenden.
- **ND (No Derivatives):** Das Werk darf nicht verändert werden. Erlaubt sind nur geringfügige Änderungen wie Vergrößern oder Verkleinern. Größere Änderungen wie Farbveränderungen, Retuschen oder Übersetzungen sind verboten.
- **SA (Share Alike):** Wird dieses optionale Modul gewählt und das Werk bearbeitet, muss die bearbeitete Version unter derselben Lizenz weitergegeben werden.

Diese Modularität gestattet es Urhebern, präzise Nutzungsvorgaben zu machen, indem sie die Module wie in Abbildung 5.7 dargestellt zusammensetzen.

Kurzform	Zeichen	Verbreiten, remixen, verbessern erlaubt	Namensnennung notwendig	Kommerzieller Einsatz erlaubt	Bearbeitung erlaubt	Weitergabe nur mit gleicher Lizenz
CC0/ Public Domain		✓	✗	✓	✓	✗
BY		✓	✓	✓	✓	✗
BY-SA		✓	✓	✓	✓	✓
BY-ND		✓	✓	✓	✗	✗
BY-NC		✓	✓	✗	✓	✗
BY-NC-SA		✓	✓	✗	✓	✓
BY-NC-ND		✓	✓	✗	✗	✗

Abbildung 5.7: Eine CC-Lizenz erkennt man am typischen CC-Symbol im Kreis, das einem erweiterten Copyright-Zeichen ähnelt. Mit den genannten Modulen können die im Bild aufgeführten Lizenzen mit unterschiedlichen Nutzungsberechtigungen entstehen

CC-Lizenzen erlauben die Nutzung fremder Werke ohne direkten Kontakt mit den Urhebern. Es besteht jedoch die Möglichkeit, individuelle Lizenzbedingungen auszuhandeln. Ferner gelten urheberrechtliche Ausnahmen weiter. So kann ein Bild beispielsweise für Zwecke des Zitats oder als Meme verwendet werden, ohne dass die Bedingungen der CC-Lizenz beachtet werden müssen (siehe Abschnitt 3.3.5 und Abschnitt 3.3.6).

5.7.3 Risiken bei der Nutzung von CC-Lizenzen

Bei CC-Lizenzen besteht das gleiche Risiko fehlender Gewährleistung und Haftung wie bei kostenlosen Bildarchiven (siehe Abschnitt 5.6.8 oben) und außerdem gelten die CC-Lizenzen nicht für Personenabbildungen:

1. **Missbrauchsgefahr:** Inhalte können unter einer CC-Lizenz veröffentlicht werden, ohne dass der veröffentlichende Nutzer die Rechte daran besitzt. Verwenden Sie solche Inhalte, kann das eine Urheberrechtsverletzung darstellen, ähnlich wie bei der Nutzung von Bildern aus kostenlosen Bilddatenbanken. Dabei können Sie sich nicht auf ihren guten Glauben berufen (siehe Abschnitt 5.1.1.1).
2. **Gewährleistung ausgeschlossen:** Der Lizenzgeber schließt jede Gewährleistung und Haftung für die Bildnutzung und sich daraus potenziell ergebene Urheberrechtsverstöße aus.
3. **Eingeschränkte Lizenzgeltung:** CC-Lizenzen umfassen nicht die Motivrechte. Bei Bildern oder Videos, die Personen zeigen, benötigen Sie zusätzlich eine Einwilligung der Abgebildeten, sofern keine gesetzliche Nutzungserlaubnis greift, z.B. bei Aufnahmen von Versammlungen (siehe Abschnitt 6.1.4). Das gilt auch für die Rechte der Eigentümer oder anderer Sachwalter bei Aufnahmen innerhalb von Gebäuden (siehe Abschnitt 6.7).

5.7.4 Rechtsfolgen bei Missachtung der Lizenz

Wenn Sie die Lizenzbedingungen missachten, etwa ein Bild ohne Lizenzhinweis nutzen, begehen Sie einen Urheberrechtsverstoß. Dies kann zu einer Abmahnung und der Verpflichtung zur Abgabe einer Unterlassungserklärung führen, bei wiederholtem Verstoß droht eine Vertragsstrafe von etwa 5.000 Euro. Darüber hinaus müssen die Anwaltskosten, die etwa bei 2.000 Euro liegen können, übernommen und eventuell muss Schadensersatz gezahlt werden. Allerdings haben Gerichte, wie das OLG Köln (Az. 6 W 72/16), entschieden, dass kein Schadensersatz verlangt werden kann, wenn die kommerzielle Nutzung bei korrekter Lizenzierung kostenlos erlaubt gewesen wäre.

Checkliste: Freie/offene Lizenzen

1. Kostenlos, aber an Bedingungen geknüpft:

- Kostenlose Nutzung erlaubt.
- Lizenzbedingungen müssen beachtet werden.

2. Bedingungen Creative-Commons-Lizenzen:

- BY – Urhebernennung und Verlinkung der Lizenz
- NC – kommerzielle Nutzung untersagt
- ND – Bearbeitung untersagt
- SA – Bearbeitungen sind unter gleicher Lizenz zu veröffentlichen

3. Individuelle Absprachen bleiben möglich.

4. Urheberrecht gilt weiterhin:

- Die unter CC-Lizenzen gestellten Werke bleiben urheberrechtlich geschützt und dürfen nur im Rahmen der jeweiligen CC-Lizenz verwendet werden.
- Gesetzliche Ausnahmen wie Zitate oder Memes bleiben möglich.

5. Verstoß gegen die Lizenzbedingungen führt zum Urheberrechtsverstoß:

- Unterlassungsansprüche des Urhebers (Vertragsstrafe ca. 5.000 Euro im Wiederholungsfall).
- Anwaltskosten (ca. 2.000 Euro).
- Schadensersatz (kann je nach Konstellation entfallen).

6. Risiken der Nutzung:

- Die Werke könnten ohne Zustimmung der Urheber unter einer CC-Lizenz veröffentlicht worden sein; deren Nutzung würde einen Urheberrechtsverstoß darstellen.
- Die CC-Lizenz gilt nur für Bildaufnahmen selbst, aber nicht für Personen, Marken oder urheberrechtlich geschützte Inhalte, die auf den Bildaufnahmen zu sehen sind. Bei diesen muss geklärt werden, ob eine gesetzliche Erlaubnis oder ein Einverständnis der Abgebildeten bzw. der anderen Rechteinhaber vorliegt (siehe Kapitel 6 und Kapitel 7).
- Die Nutzung erfolgt auf eigene Gefahr, die CC-Lizenzgeber geben keine Gewähr, dass die CC-Lizenz wirksam oder die geplante Nutzung der Werke zulässig ist.

5.8 Einräumung von Nutzungsrechten bei sozialen Netzwerken

Sie sollten davon ausgehen, dass Sie die Inhalte anderer Nutzer ohne deren Erlaubnis nur mittels der von den Plattformen bereitgestellten Teilen-(Sharing-) und Einbettungsfunktionen nutzen dürfen, während Sie umgekehrt umfassende Rechte gegenüber den Plattformen an den von Ihnen publizierten Inhalten einräumen.

In diesem Abschnitt erfahren Sie, welche Lizenzen sich Plattformen wie soziale Netzwerke, KI-Werkzeuge oder andere Tools an den von Ihnen hochgeladenen Inhalten einräumen und welche Rechte Sie erhalten. Zwar gibt es individuelle Abweichungen, aber die Hinweise treffen auf die meisten großen und bekannten Plattformen zu.

5.8.1 Nutzungsrechte an Nutzerinhalten

Die Anbieter sozialer Netzwerke sichern sich die einfachen Nutzungsrechte an den Inhalten ihrer Nutzer. »Einfach« bedeutet zwar, dass die Nutzer ihre Inhalte weiterhin wie bisher selbst nutzen können, aber die gewährten Nutzungsrechte ermöglichen den Anbietern der sozialen Netzwerke, die Inhalte der Nutzer unter anderem für die folgenden Zwecke zu verwenden:

- **Sharing, Sampling oder Remixing:** Möglichkeit, Inhalte anderer Nutzer mittels der Plattformfunktionen zu teilen und mit eigenen Inhalten zu kombinieren, z. B. mittels der »TikTok Remix«-Funktion.
- **Verbindung mit Werbeanzeigen:** z. B. Platzierung von Werbung in Videos der Nutzer.
- **Nutzung zum Training von KI:** Die meisten großen sozialen Netzwerke, wie z. B. Instagram, LinkedIn oder TikTok, planen, die Inhalte der Nutzer für das KI-Training einzusetzen, oder machen das bereits. Zum Zeitpunkt der Veröffentlichung dieses Buchs stoßen sie jedoch in der EU auf den Widerstand der Datenschutzbehörden, die eine ausdrückliche und freiwillige Einwilligung der Nutzer fordern. Die Behörden drohen ansonsten wegen einer missbräuchlichen Nutzung personenbezogener Daten der Nutzer mit Bußgeldern.

Einfache Rechte für Zwecke der Bereitstellung ihrer Funktionen lassen sich auch Onlinewerkzeuge einräumen, zunehmend ebenfalls mit Rechten für das KI-Training. Wenn Sie die Nutzung Ihrer Inhalte für KI-Zwecke nicht wünschen, sollten Sie die AGB der Plattformen vor dem Hochladen der Inhalte im Hinblick auf die Einräumung von Nutzungsrechten ausdrücklich prüfen.

Vorsicht: Möglicher Verstoß gegen Lizenzbedingungen

Erlaubnisse von Fotografen oder Lizenzen von Stockbildarchiven gestatten nicht automatisch die Einräumung von Unterlizenzen gegenüber Dritten, verbieten sie sogar häufig (siehe Abschnitt 5.6.6 oben). Da auch die Plattformen und Onlinewerkzeuge Unterlizenznehmer in diesem Sinne sind, müssen Sie stets prüfen, ob die Erlaubnis oder die Stockbildlizenz auch den Upload in sozialen Medien erlaubt.

5.8.2 Nutzung der Inhalte anderer Plattformmitglieder

Wenn Plattformen Ihnen Inhalte zur Verfügung stellen, dann in der Regel nur zu Zwecken ihrer Nutzung innerhalb der Plattform und nur mit den plattformeigenen Werkzeugen. Sie dürfen z.B., wenn als Funktion vorhanden, fremde Inhalte teilen, auf Ihrer Webseite einbinden oder remixen (wie im Fall von TikTok Teile fremder Videos in eigene Videos übernehmen). Darüber hinaus erhalten Sie keine Rechte an den Inhalten und dürfen insbesondere Plattforminhalte nicht außerhalb der Plattform nutzen, wie z.B. Videos mit Musik von TikTok bei Instagram hochladen (siehe Abbildung 5.8).

Abbildung 5.8: Manche Plattformen, wie z.B. Instagram, erlauben es nicht, fremde Beiträge in der eigenen Timeline zu teilen. Hier können externe Apps helfen, mit denen auch Inhalte zwischen Plattformen geteilt werden können. Der Einsatz solcher Apps erfordert jedoch die Erlaubnis der Urheber, da die fremden Inhalte erst auf das eigene Gerät heruntergeladen und dann im eigenen Account wieder hochgeladen werden. (Beispiel: Repost-App im App-Store)

Zulässig bleibt ferner die Nutzung der fremden Inhalte auf Grundlage der in Abschnitt 3.3 dargestellten urheberrechtlichen Ausnahmen. Dazu gehört zum einen das Zitatrecht, auf das Sie sich z.B. im Fall einer Kritik oder einer sonstigen Stellungnahme, einer *Reaction*, zu diesen Inhalten berufen können. Eine andere Ausnahme ist das Recht auf Parodien oder Memes auf Grundlage der fremden Inhalte (in Abschnitt 3.3 erfahren Sie mehr zu den urheberrechtlichen Nutzungserlaubnissen).

Checkliste: Nutzungsrechte in sozialen Netzwerken

1. Rechte der Plattformen an Nutzerinhalten:

Plattformen erhalten einfache Nutzungsrechte an Content, unter anderem zu folgenden Zwecken:

- Sharing, Sampling oder Remix durch andere Nutzer.
- Nutzung zu Werbezwecken.
- Nutzung für Training von KI (lt. EU-Datenschutzbehörden ist dies nur mit Einwilligung der Nutzer zulässig).

2. Rechte der Nutzer an Inhalten anderer Plattformnutzer:

- Nutzer bleiben zwar Urheber, aber sie übertragen die Rechte zur Nutzung ihrer Inhalte an die Plattformen.
- Nutzer dürfen die Inhalte anderer Plattformnutzer gemäß den Plattformfunktionen verwenden (Sharing, Embedding, Remix).
- Eine Nutzung ist ferner auf Grundlage des Zitatrechts oder des Rechts auf Memes zulässig.
- Darüber hinaus ist eine Nutzung nur mit Erlaubnis der Urheber zulässig (z. B. bei Download und Upload fremder Inhalte im eigenen Account).

Fotos, KI-generierte Darstellungen von Personen und das Hausrecht

In den letzten Kapiteln ging es um das Urheberrecht, insbesondere das Urheberrecht an Bildern und Videos. In diesem Kapitel geht es nicht um die Bilder oder Videos, sondern um das, was auf ihnen zu sehen ist, also deren Motive. Wichtige Themen sind in diesem Zusammenhang der Schutz des Rechts auf Privatsphäre, der Datenschutz und der Schutz des Rechts am eigenen Bild, der eigenen Stimme und der Schutz des Eigentums. Im geschäftlichen Kontext sind diese Rechte vor allem beim Erstellen von Foto- oder Videoinhalten, bei der Zusammenarbeit mit Influencern oder im Verhältnis zu Mitarbeitenden oder bei Veranstaltungen relevant. Da traditionelle Fotografie zunehmend durch KI-generierte Inhalte verdrängt wird, werden die genannten Aspekte sowohl für Foto- und Videoaufnahmen als auch für Darstellungen, die von einer KI erstellt wurden, behandelt.

6.1 Abbildungen von Personen

Jeder Mensch hat das Recht am eigenen Bild, das sowohl bei Fotografien als auch bei KI-generierten Abbildungen respektiert werden muss.

Jeder Mensch hat ein sogenanntes »Recht am eigenen Bild«. Dieses Recht bezeichnet den Grundsatz, dass fremde Personen ohne deren Einwilligung oder gesetzliche Ausnahmen nicht abgebildet werden dürfen. Nachfolgend erfahren Sie, wie das Recht am eigenen Bild gesetzlich begründet wird und wie Sie wirksame Einwilligungen oder andere Berechtigungen zur Nutzung von Personenaufnahmen erhalten können.

6.1.1 Gesetzliche Grundlagen

Da es sich bei Abbildungen von identifizierbaren Personen um personenbezogene Daten handelt, unterliegt bereits die Abbildung einer Person der DSGVO. Das bedeutet, dass vor allem eine Erlaubnis zur Verarbeitung der Abbildungen vorausgesetzt wird (weitere Hinweise zum Datenschutz erhalten Sie in Abschnitt 10.1). Infrage kommen die folgenden Erlaubnisgrundlagen:

- **Vertragliche Vereinbarung:** Die Nutzung von Personenabbildungen kann z.B. mit einem Model in einem sogenannten *Model Release* festgelegt werden (entweder mit dem Model selbst oder via Stockbildanbieter). Auch mit Mitarbeitenden, die regelmäßig selbst auf Bildern zu sehen sind (z.B. Mitarbeitern des Social-Media-Teams), sollte die Fotonutzung im Arbeitsvertrag oder als Ergänzung zu diesem vereinbart werden (Art. 6 Abs. 1 lit. b) DSGVO und § 22 Kunsturhebergesetz (KUG)).
- **Berechtigtes Interesse:** Ein berechtigtes Interesse an der Nutzung von Personenbildnissen liegt insbesondere vor bei Aufnahmen im Zusammenhang mit zeitgeschichtlichen Ereignissen, Versammlungen oder wenn Personen als unwesentliches Beiwerk gezeigt werden (Art. 6 Abs. 1 lit. f) DSGVO in Verbindung mit § 23 KUG).
- **Einwilligung:** Die Nutzungsberechtigung kann auch von den abgebildeten Personen mit einer Einwilligung erteilt werden (Art. 6 Abs. 1 lit. a) DSGVO).

Die Details zu den jeweiligen Erlaubnisgrundlagen und warum Sie die Einwilligung immer als letzte Option in Betracht ziehen sollten, erfahren Sie im Laufe dieses Kapitels.

Vorsicht: Strafbarkeit unerlaubter Bildnutzung

Neben der DSGVO regelt das deutsche Kunsturhebergesetz (KUG), dass die Verbreitung und Veröffentlichung von Bildaufnahmen mit darauf erkennbaren Personen mit bis zu einem Jahr Freiheitsstrafe oder Geldstrafe geahndet werden kann. Die Vorschrift ist im Wesentlichen mit den Regeln der DSGVO deckungsgleich. Das heißt, dass Fotos und Videos, die gemäß Kunsturhebergesetz erlaubt sind, im Regelfall auch nach der DSGVO erlaubt sind.

6.1.2 Identifizierbare Person

Damit die DSGVO zur Anwendung kommt, muss auf der Aufnahme zumindest eine »identifizierbare Person« erkennbar sein. Eine Person ist nicht nur dann identifizierbar abgebildet ist, wenn man ihr Gesicht erkennen kann. Auch ohne dass das Gesicht zu sehen ist, können typische Gesten, Schmuck, Namensschilder, Kennzeichen oder Örtlichkeiten ihre Identifizierung ermöglichen (siehe Abbildung 6.1).

Die Person muss auch nicht unbedingt von einem großen Personenkreis erkannt werden, sondern es reicht, wenn der persönliche Kreis der Familie, Freunde oder enger Berufskollegen sie identifizieren könnte. So kann auch die Abbildung einer Rückenpartie eine Abbildung darstellen, wenn aufgrund eines Tattoos Freunde oder Kollegen die Person potenziell erkennen können.

Fallbeispiel

Auch der klassische »schwarze Balken« oder die Verpixelung des Gesichts ist nicht ausreichend, wenn die Person im Übrigen erkannt werden kann. Das Landgericht Frankfurt am Main führte dazu in einem Fall aus: »Trotz gepixeltem Gesicht sei sie [die abgebildete Person] auf dem Bild erkennbar, da Haare, Ohren, Gesichtsform, Kleidung, eine auffällige Uhr und Statur des Oberkörpers zu sehen seien (LG Frankfurt/M., Az. 2/03 O 468/05).

Abbildung 6.1: Selbst wenn eine Person, wie in diesem Beispiel, nur von hinten abgelichtet wird, aber anhand von anderen Merkmalen, wie z.B. Tattoos, Ort und Zeit der Aufnahme, beistehenden Personen etc. identifizierbar ist, müssen die in diesem Kapitel beschriebenen Vorgaben beachtet werden. (Bildquelle: KI)

6.1.3 Vertragliche Vereinbarung der Bildnutzung

Die sicherste Form der Nutzung von Personenaufnahmen ist die vertragliche Vereinbarung. Sie hat den Vorteil, dass der Vertrag nicht ohne Weiteres gekündigt werden kann, es sei denn, die abgebildete Person wurde getäuscht oder gezwungen oder war sich über die Umstände der Abbildung nicht im Klaren. Das ist ein Vorteil im Unterschied zur Einwilligung, die jederzeit und ohne Begründung mit Wirkung für die Zukunft widerrufen werden kann (Art. 7 Abs. 3 DSGVO). Daher eignet sich eine Einwilligung z.B. weniger als Grundlage für die Nutzung einer Personenaufnahme für eine Werbekampagne.

6.1.3.1 Model Release

Im Fall der häufigeren Nutzung von Bildaufnahmen oder erwarteten Schwierigkeiten bei deren Entfernung sollten Sie immer eine vertragliche Vereinbarung mit den Models Ihrer Kampagne abschließen. Das Model Release unterscheidet sich rechtlich von einer Einwilligungserklärung darin, dass sich beide Parteien zu einer Leistung verpflichten, z.B. in Form von Entlohnung, Nutzung von Aufnahmen für eine Modelmappe etc.

6.1.3.2 Arbeitsvertrag

Im Fall von Arbeitnehmern kann eine Nutzungsberechtigung für deren Abbildungen entsprechend einem Model Release als Teil des Arbeitsvertrags vereinbart werden, auch nachträglich. Dazu erfahren Sie in Abschnitt 6.2 mehr.

6.1.3.3 Erwerb von Stockbildern

Eine vertragliche Berechtigung zur Nutzung von Personenaufnahmen erwerben Sie auch, wenn Sie Bildaufnahmen von Personen in Stockbildarchiven erwerben. In diesem Fall haben sich die Fotografen, die Bilder gegenüber den Stockbildanbietern lizenzieren, verpflichtet, ein entsprechendes Model Release abzuschließen. Weitere Hinweise zu Stockbildarchiven erhalten Sie in Abschnitt 5.6 und speziell zum Erwerb von Stockbildern Prominenter in Abschnitt 6.5 weiter unten.

6.1.4 Gesetzlich erlaubte Nutzung von Personenabbildungen

Die DSGVO erlaubt die Verarbeitung von Personenabbildungen auf Fotografien oder in Videos auf Grundlage eines sogenannten berechtigten Interesses, z.B. zu Zwecken der Berichterstattung über Events, auch mit kommerziellem Hintergrund. Jedoch dürfen die Interessen der fotografierten Personen nicht unverhältnismäßig beeinträchtigt werden.

Bei dieser im Einzelfall nicht einfachen Abwägung helfen die in § 23 Abs. 1 Nr. 1–4 KUG gesetzlich geregelten Ausnahmen von der Einwilligungspflicht. Im Fall von Bildnissen aus dem Bereich der Zeitgeschichte und Abbildungen von Personen als bloße Beiwerke und Teilnehmende einer Versammlung dürfen Sie davon ausgehen, dass Ihre Interessen die der abgebildeten Personen überwiegen und Sie keine Einwilligung zur Nutzung von deren Abbildung benötigen.

6.1.4.1 Bildnisse aus dem Bereich der Zeitgeschichte

Personen, die im Zusammenhang mit einem öffentlich relevanten Ereignis stehen, müssen es hinnehmen, ungefragt abgebildet zu werden (§ 23 Abs. 1 Nr. 1 KUG). Öffentlich relevant sind alle Ereignisse aus dem politischen, sozialen, wirtschaftlichen und kulturellen Leben und was sonst Gegenstand der Aufmerksamkeit, Wissbegier oder Anteilnahme der Öffentlichkeit ist. Zu diesem Kreis gehören daher nicht nur Prominente, Künstler, Sportler, Politiker und Repräsentanten der Wirtschaft, sondern auch »normale« Personen, die im Zusammenhang mit einem Ereignis von öffentlichem Interesse stehen (siehe Abbildung 6.2). Das kann der Fall sein, wenn sie gerade an einem Gerichtsprozess teilnehmen oder in Social Media die »15 Minuten Ruhm« erleben.

Die Abbildungen von Personen der Zeitgeschichte dürfen jedoch nur innerhalb ihres öffentlichen Lebens erfolgen, während das Privatleben tabu ist. Zum öffentlichen Leben gehören z. B. keinesfalls Rückzugsorte wie der private Garten oder private Handlungen wie der Einkauf, Besuch in einem Restaurant oder ein Spaziergang mit den Kindern.

Abbildung 6.2: Nicht nur Personen auf Bühnen, auch Teilnehmerinnen und Teilnehmer von Sportveranstaltungen dürfen als Teil des Ereignisses und das Publikum im Hintergrund als Teil einer Versammlung oder als sogenannte Beiwerke ohne deren Einwilligung abgelichtet werden, wie nachfolgend erläutert. (Bildquelle: KI)

6.1.4.2 Personen als Beiwerk

Auch Personen, die lediglich ein Beiwerk der Abbildung eines Orts oder einer Landschaft sind, dürfen abgebildet werden (§ 23 Abs. 1 Nr. 2 KUG). Die Darstellung dieser Person darf aber nicht Thema des Bilds sein. Jemand ist ein Beiwerk, wenn erkennbar ist, dass es bei der Wahl des Motivs nicht um diese Person gegangen ist. Es handelt sich um die Fälle, in denen jemand aus Versehen oder per Zufall in das Bild geraten ist. Das ist nicht der Fall, wenn gerade diese Person bewusst ins Bild gerückt wurde (z. B. eine knapp bekleidete Person, die zur Steigerung des Blickfangcharakters ins Bild gerückt wurde). Dabei kommt es nicht auf die Anzahl der Personen im Bild an. So handelt es sich bei Menschen auf einem Bild der Fußgängerzone einer Stadt um Beiwerke, solange keine einzelnen Passanten hervorgehoben werden (siehe Abbildung 6.3).

Abbildung 6.3: Eine Straßenszene – die Personen, die hier nur zufällig im Bild vorhandene unwesentliche Beiwerke sind und ausgetauscht werden könnten, ohne dass sich der Charakter des Bilds ändert, dürfen als sogenannte Beiwerke abgebildet werden. (Bildquelle: KI)

6.1.4.3 Teilnehmer von Versammlungen

Wie erwähnt, dürfen Personendarstellungen ohne eine Erlaubnis zur Verarbeitung der Abbildungen nicht veröffentlicht werden. Es gibt aber Ausnahmen: Ohne Einwilligung dürfen auch die Teilnehmerinnen und Teilnehmer von öffentlichen Versammlungen, Umzügen und ähnlichen Ereignissen abgebildet werden (§ 23 Abs. 1 Nr. 3 KUG). Das trifft jedoch nicht auf alle Fälle zu, in denen sich mehrere Menschen zusammenfinden. Eine bloße Ansammlung von Menschen fällt nicht darunter.

Versammlung Aufnahmen von Versammlungen sind dann erlaubt, wenn Menschen zusammenkommen, um eine gemeinsame Aktivität auszuüben, und sich dabei als Gruppe verstehen. Dies trifft auf Teilnehmer einer Demonstration, eines Konzerts, eines Kongresses, einer Sportveranstaltung oder eines Umzugs zu.

Ansammlung Von einer Versammlung ist eine bloße Ansammlung von Menschen zu unterscheiden. Eine Ansammlung liegt vor, wenn sich Menschen zufällig oder zwangsläufig an einem Ort ansammeln, aber nicht als verbundene Gruppe, sondern wenn sie sich nur zufällig an einem Ort befinden. Für eine Ansammlung wie z.B. eine Menschentraube in der U-Bahn, eine Warteschlange vor einer Kasse oder Sonnenbadende im Park gilt diese Ausnahme grundsätzlich nicht. In diesen Fällen sind die Menschen nicht absichtlich wegen eines gemeinsamen Zwecks zusammengekommen.

Sie könnten sich jedoch unter den in Abschnitt 6.1.4.2 genannten Umständen auf die Ausnahme für Personen als Beiwerke einer Orts- oder Landschaftsaufnahme berufen.

Vorsicht: Aufnahmen von Menschengruppen zu veröffentlichen ist nicht per se unkritisch

Es ist ein Irrglaube, dass ein Bild veröffentlicht werden darf, sobald sich mehrere Personen darauf befinden. Haben die Menschen keinen gemeinschaftlichen Willen, etwas gemeinsam zu tun, oder sind sie kein Beiwerk, ist keine Erlaubnisgrundlage gegeben. Die Zahl der abgebildeten Personen entspricht damit der Anzahl der Rechtsverletzungen und so der Zahl der potenziellen Abmahnungen.

Nötige Anzahl von Teilnehmern Es ist gesetzlich nicht festgelegt, ab welcher Anzahl von Menschen man von einer Versammlung sprechen kann. Gerichte schauen weniger auf die Zahl, sondern darauf, ob die fotografierten Personen mehr als Individuen oder eher als Gruppe wahrgenommen werden. Das kann bereits bei drei Personen der Fall sein, sicherer wäre es, erst ab fünf Personen davon auszugehen (siehe Abbildung 6.4).

Abbildung 6.4: Wenn auf einer Aufnahme einer öffentlichen Veranstaltung mehrere Personen zu sehen sind (mindestens drei, risikoärmer ab fünf Personen), dürfen diese als Teil des Publikums oder der Teilnehmenden ohne Einwilligung fotografiert werden. (Bildquelle: KI)

Öffentlichkeit Des Weiteren sollte es sich um eine für die Öffentlichkeit zugängliche Versammlung handeln. Das bedeutet, dass theoretisch jeder ohne eine Einladung oder Erlaubnis an ihr teilnehmen kann. Das gilt auch, wenn man Geld bezahlen muss, um an ihr teilzunehmen, oder wenn nur eine beschränkte Anzahl von Teilnehmern möglich ist (z. B. bei einem Konzert). Findet die Veranstaltung jedoch auf einem Privatgrundstück oder innerhalb geschlossener Räumlichkeiten statt, benötigen Sie eine Genehmigung des Veranstalters für das Fotografieren, wenn Sie die Bilder kommerziell nutzen möchten. Weitere Details dazu finden Sie weiter unten in Abschnitt 6.8 zum Thema »Bildaufnahmen im Rahmen von Events«.

> **Hinweis: Markante Teilnehmer einer Gruppe**
>
> Wenn man in den Medien einzelne markante Teilnehmer einer Demonstration sieht oder in einer Fernsehshow frenetisch applaudierendes Publikum gezeigt wird, handelt es sich um Abbildungen im Zusammenhang mit einem öffentlich relevanten Ereignis – und damit ist die Veröffentlichung der Bilder erlaubt (siehe Abschnitt 6.1.4.1).

6.1.4.4 Schutz der Privatsphäre

Die zuvor beschriebenen Ausnahmen gelten jedoch nicht uneingeschränkt. Sie müssen auch auf die Privatsphäre und die Persönlichkeitsrechte der abgebildeten Personen Rücksicht nehmen.

Beispielsweise wäre die Aufnahme einer Person, die im Rahmen einer Demonstration einen gesundheitlichen Kollaps erleidet, oder im Rahmen einer Veranstaltung volltrunken die Kontrolle verliert, nicht nur verboten, sondern sogar strafbar.

> **Vorsicht: Aufnahmen aus dem höchstpersönlichen Bereich**
>
> Die Erstellung oder Verbreitung von Aufnahmen von Personen in hilfloser Lage oder von Aufnahmen, die geeignet sind, dem Ansehen der abgebildeten Personen erheblich zu schaden, kann mit bis zu zwei Jahren Freiheitsstrafe oder Geldstrafe belegt werden (§ 201a StGB). Daher sollten Bilder und Videos mit derartigen Inhalten, die häufig zur Belustigung in sozialen Netzwerken geteilt werden, dort ebenfalls nicht verbreitet werden.

6.1.4.5 Keine wirtschaftliche Ausbeutung

Als weitere Einschränkung der Ausnahmen darf der wirtschaftliche Wert der abgelichteten Personen nicht ausgenutzt werden. Dabei kommt es auf die abgebildete Person und die Art der Nutzung ihrer Abbildung an. Beispielsweise dürfen Bildaufnahmen von Rednern bei einer Veranstaltung für Zwecke der Berichterstattung über die Veranstaltung verwendet werden, aber nicht zur Bewertung von Produkten des Unternehmens, das die Veranstaltung ausgerichtet hat. Zum Einsatz von Prominenten im Rahmen von Marketingkampagnen erfahren Sie mehr in Abschnitt 6.5 weiter unten.

6.1.4.6 Widerspruch gegen gesetzliche Ausnahmen

Werden Bildaufnahmen von Personen auf Grundlage gesetzlicher Ausnahmen genutzt, können die abgebildeten Personen einen Widerspruch erklären (Art. 21 DSGVO). Allerdings müssen die Personen begründen, warum es ihnen nicht zuzumuten ist, dass die Bildaufnahme weiter genutzt wird. Das könnte z.B. der Fall bei einer in knapper Badebekleidung abgelichteten Person sein, die als Beiwerk diente. Derartige Widersprüche sind jedoch eher selten und erfolgen in der Praxis meistens formlos als eine einfache Bitte um Löschung (der datenschutzrechtliche Anspruch auf Löschung wird in Abschnitt 10.7 und Abschnitt 10.8 erläutert).

6.1.5 Einwilligung der abgebildeten Person

Abgesehen vom Vorliegen einer vertraglichen Vereinbarung oder den in diesem Abschnitt beschriebenen Ausnahmefällen dürfen Sie Personen auch dann abbilden, wenn diese in die Abbildung eingewilligt haben. Wichtig ist, dass die einwilligende Person weiß, für welche Zwecke ihre Aufnahme verwendet wird und dass Sie nachweisen können, dass die Person entsprechend informiert wurde und ausdrücklich eingewilligt hat.

6.1.5.1 Information über den Zweck und die Empfänger

Wenn Sie eine Einwilligung einholen, müssen Sie der abzulichtenden Person mitteilen, zu welchem Zweck, in welcher Art und in welchem Umfang Sie planen, die Aufnahmen zu verwenden. Ebenso müssen Sie die Empfänger, an die Sie die Aufnahmen übermitteln werden, benennen. Sind diese nicht genau bekannt, sollte zumindest die Kategorie der Empfänger beschrieben werden.

Die Frage »Sind Sie damit einverstanden, dass wir das Bild nutzen?« wäre z.B. nicht ausreichend. Die Frage muss unbedingt den Zweck der Nutzung und die Empfänger enthalten, z.B.: »Sind Sie damit einverstanden, dass wir das Bild auf den Social-Media-Kanälen (Facebook, Instagram, TikTok) unseres Unternehmens veröffentlichen?«

6.1.5.2 Ausdrückliche Einwilligung

Eine Einwilligung muss durch eine separate ausdrückliche Handlung erfolgen, z.B. durch Anklicken eines Kontrollkästchens oder eine Unterschrift. Sie darf nicht mit anderen Erklärungen verbunden werden, wie z.B. hier: »Mit der Teilnahme an der Veranstaltung willigen Sie in die Nutzung Ihrer Bildaufnahmen für Werbezwecke ein, Details: ...« Die Einwilligung müsste stattdessen separat angehakt werden. Auch eine Einwilligung, die in den AGB oder der Datenschutzerklärung versteckt ist, ist nicht wirksam. Klauseln, mit denen ein Nutzer nicht rechnen muss, gelten als unwirksam. Insbesondere datenschutzrechtliche Einwilligungen werden oft als derart »überraschende« Klauseln eingestuft und sind somit unwirksam (§ 305c Abs. 1 BGB).

6.1.6 Nutzung von Bildaufnahmen Minderjähriger

Für Aufnahmen minderjähriger Personen gelten dieselben Grundsätze und Ausnahmen wie für alle Menschen. Das umfasst Aufnahmen aus dem Bereich der Zeitgeschichte, bei Versammlungen oder als Beiwerke, z.B. wenn Minderjährige auf einer Bühne auftreten oder im Hintergrund von Aufnahmen erscheinen. Der Unterschied besteht in der Einwilligungsfähigkeit:

- **Bis zum Alter von 7 Jahren:** Es muss eine Einwilligung der Erziehungsberechtigten vorliegen, da Kinder noch nicht einwilligungsfähig sind.
- **Alter zwischen 7 und 16 Jahren:** Es müssen sowohl die Minderjährigen als auch die Erziehungsberechtigten einwilligen. Dies stellt sicher, dass weder gegen die Rechte der Abgebildeten verstoßen wird noch die erforderliche Einwilligung fehlt.

- **Alter ab 16 Jahren:** Ab diesem Alter kann bei Minderjährigen die nötige Einsichtsfähigkeit zur Abgabe von Einwilligungen angenommen werden. Als Orientierungspunkt dient Art. 8 Abs. 1 DSGVO, wonach Jugendliche im Onlinebereich wirksame Einwilligungen erteilen können (in Österreich ab 14 Jahren, in der Schweiz gibt es keine gesetzliche Regelung, aber ein Alter von 15 Jahren und mehr gilt als sicher).
- **Alter ab 18 Jahren:** Ab diesem Alter gelten die Abgebildeten als voll geschäftsfähig und können Verträge wie Model Releases oder Arbeitsverträge abschließen. Bis zum 18. Lebensjahr muss die Einwilligung der Eltern zum Vertragsschluss eingeholt werden, andernfalls gilt der Vertrag als schwebend unwirksam und kann jederzeit widerrufen werden.

Hinweis: Einwilligung beider Eltern

Eltern sind grundsätzlich gemeinsam sorgeberechtigt. Das heißt: Im Rahmen von Einwilligungen sollten die Unterschriften beider Eltern gefordert werden. Da dies nicht immer möglich ist, kann in der Einwilligung erklärt werden, dass ein Elternteil allein sorgeberechtigt ist oder berechtigt ist, die Einwilligung allein zu erklären. Die Richtigkeit dieser Angabe liegt in der Verantwortung des erklärenden Elternteils; im Zweifelsfall kann ein entsprechender Nachweis verlangt werden.

6.1.7 Form und Nachweis der Einwilligung

Eine Einwilligung setzt keine bestimmte Form voraus. Sie kann durch schlüssiges Verhalten mündlich oder schriftlich erfolgen. Bedenken Sie jedoch, dass Sie, wenn die abgebildete Person der Einwilligung widerspricht, die Einwilligung in die konkrete Verwendung des Bilds nachweisen müssen (Art. 7 Abs. 1 DSGVO).

Eine mündliche Einwilligung einer Person in die öffentliche Verwendung ihrer Abbildung werden Sie ohne Zeugen kaum nachweisen können, es sei denn, Sie nehmen die Einwilligung nebst Nennung der Nutzungszwecke gleich mit auf. Die einwilligende Person sollte, wenn die Aufnahme von ihr gemacht wird, als Erstes erklären, dass sie mit der Aufnahme einverstanden ist. Der Dialog könnte z.B. wie folgt lauten:

Bitte nennen Sie uns Ihren Namen und beantworten Sie anschließend die folgenden Fragen.

[Name]

Sind Sie damit einverstanden, dass wir die folgende Einwilligung aufzeichnen?

[Antwort]

Sind Sie damit einverstanden, dass wir Ihre Aufnahme auf unseren Social-Media-Kanälen, insbesondere Facebook, Instagram und TikTok, und zu Zwecken des Berichts über diese Veranstaltung vergütungsfrei, weltweit und jederzeit mit Wirkung für die Zukunft widerrufbar nutzen?

[Antwort]

Im optimalen Fall erfolgt die Einwilligung jedoch schriftlich. Alternativ sollten Sie einen Zeugen dabeihaben, der die Einwilligung bestätigt. Ferner können Sie sich auch nachträglich, z.B. per E-Mail, eine mündliche Einwilligung schriftlich bestätigen lassen.

6.1.8 Widerruf einer Einwilligung

Anders als eine vertragliche Vereinbarung oder eine gesetzliche Ausnahme hat die Einwilligung den Nachteil, dass sie jederzeit und ohne Begründung mit Wirkung für die Zukunft widerrufen werden kann (Art. 7 Abs. 3 DSGVO).

6.1.9 Informations- und Transparenzpflichten

Die abgelichteten Personen müssen grundsätzlich entsprechend den Artikeln 13 und 14 der DSGVO über die Verarbeitung ihrer Aufnahmen, d.h. in Form von Datenschutzhinweisen, informiert werden.

6.1.9.1 Inhalt der Datenschutzhinweise

Der Inhalt der Datenschutzhinweise entspricht dem einer Datenschutzerklärung, enthält also insbesondere Hinweise zu dem Verantwortlichen, den Zwecken der Verarbeitung, Empfängern der Daten, den Rechtsgrundlagen, dem Recht auf Widerruf der Einwilligung, dem Recht auf Auskunft, Löschung und weiteren Betroffenenrechten. Auf die Inhalte einer Datenschutzerklärung geht das Buch ausführlich in Abschnitt 10.6 ein.

6.1.9.2 Form der Datenschutzhinweise

Die Datenschutzhinweise müssen leicht zugänglich und verständlich sein. Ihre Bereitstellung hängt von der Erlaubnisgrundlage für die Bildnutzung ab. Um Datenschutzhinweise rechtlich korrekt umzusetzen, sollten Sie diese Punkte beachten:

- **Vertragliche Vereinbarung:** Datenschutzhinweise können in die vertragliche Vereinbarung eingebettet werden, meist mit Verweis auf die vollständige Datenschutzerklärung.
- **Gesetzliche Ausnahmen:** Veranstalter können Aushänge oder QR-Codes mit einem Link zu den Datenschutzhinweisen bereitstellen (siehe Abbildung 6.5). Beim Fotografieren von Versammlungen oder Personen im öffentlichen Raum ist es laut Art. 11 Abs. 1 DSGVO nicht erforderlich, diese Personen aktiv zu kontaktieren oder zu identifizieren, um ihnen die Datenschutzhinweise zu übergeben.
- **Einwilligung:** Datenschutzhinweise können verdichtet mit Verweis auf die Datenschutzerklärung oder über einen QR-Code bereitgestellt werden.

Abbildung 6.5: Beispiele für zwei Veranstaltungsaushänge mit Aufnahmehinweisen, einmal ausführlich und einmal mit QR-Code und URL

6.1.10 Recht auf Auskunft, Kopie und Löschung

Die abgebildeten Personen haben gemäß Art. 15 DSGVO ein Recht auf Auskunft und Kopie ihrer personenbezogenen Daten einschließlich der Aufnahmen. Zudem steht ihnen nach Art. 17 DSGVO ein Recht auf Löschung zu, wenn die Rechtsgrundlage entfällt, etwa nach Widerruf einer Einwilligung. In diesem Fall müssen Sie die Löschung von sich aus, auch ohne Aufforderung, vornehmen. Bei Nutzung der Abbildungen aufgrund einer vertraglichen Vereinbarung oder einer gesetzlichen Ausnahme muss Kündigung oder Widerruf begründet werden, um das Löschungsrecht geltend zu machen. Weitere Hinweise zu datenschutzrechtlichen Ansprüchen erhalten Sie in Abschnitt 10.7 und Abschnitt 10.8.

Hinweis: Privat erstellte Aufnahmen

Im Social-Media-Bereich nutzen Mitarbeitende oft privat erstellte Fotos für Marketingzwecke. Zum Beispiel können bei einem privaten Veranstaltungsbesuch aufgenommene Bilder des Publikums vom Arbeitgeber, der als Sponsor auftritt, in sozialen Netzwerken verbreitet werden (die Berechtigung zur Nutzung von Bildaufnahmen der Mitarbeitenden wird in Kapitel 5.4 erläutert). Sobald die Bilder jedoch auch vom Arbeitgeber verwendet werden, unterliegen sie der DSGVO und dürfen nur gemäß den genannten Voraussetzungen genutzt werden.

6.1.11 Schadensersatz und Bußgelder

Wenn ein Gericht feststellt, dass die von Ihnen verwendete Abbildung einer Person Persönlichkeits- oder Datenschutzrechte verletzt, können folgende Rechtsfolgen eintreten:

- **Unterlassungserklärung:** Sie müssen versichern, den Verstoß nicht zu wiederholen, andernfalls droht eine Vertragsstrafe von in der Regel 5.000 Euro.
- **Schadensersatz:** Berechnet anhand der Nutzung sowie der ideellen und wirtschaftlichen Interessen der betroffenen Person. Prominente Personen könnten mehrere Hunderttausend Euro, weniger bekannte nur wenige Hundert Euro verlangen. Dies betrifft auch KI-Deepfakes; hier muss die kommende Rechtsprechung abgewartet werden.
- **Verfahrenskosten:** Diese können von 2.000 Euro bei einer Abmahnung bis zu 10.000 Euro in erster Gerichtsinstanz reichen.
- **Bußgelder:** Ein Datenschutzverstoß kann mit bis zu 4% des letzten Jahresumsatzes oder bis zu 20 Millionen Euro geahndet werden (§ 83 Abs. 5 DSGVO).
- **Strafbarkeit:** Das Verbreiten und Veröffentlichen von Fotos von Personen kann nach § 33 KUG mit einer Freiheitsstrafe von bis zu einem Jahr oder einer Geldstrafe bestraft werden. Wenn es sich um Aufnahmen aus dem höchstpersönlichen Bereich handelt, die das Ansehen der abgebildeten Person erheblich schädigen oder die Person in einer hilflosen Lage zeigen, kann nach § 201a StGB sogar eine Freiheitsstrafe von bis zu zwei Jahren verhängt werden.

Diese Rechtsfolgen greifen, wenn erkennbare oder identifizierbare Personen ohne Einwilligung oder gesetzliche Erlaubnis abgebildet werden.

> **Vorsicht: Bereits die Aufnahme ist ein Datenschutzverstoß**
>
> Zwar werden Verbreitung und Veröffentlichung von Fotografien besonders hoch bestraft, aber bereits die Bildaufnahme zu geschäftlichen Zwecken stellt einen bußgeldbewehrten Datenschutzverstoß dar.

6.2 Abbildungen der Mitarbeitenden

Bei häufiger Nutzung von Bildern Ihrer Mitarbeitenden sollte die Bildnutzung vertraglich geregelt werden. In Einzelfällen genügen Einwilligungen.

Das Recht am eigenen Bild besteht auch im Rahmen von Arbeitsverhältnissen und führt dort vor allem dann zu Streit, wenn Mitarbeiterbilder vom Arbeitgeber auch nach der Kündigung weiter genutzt werden. Da (ehemalige) Mitarbeitende in diesem Fall Schadensersatz verlangen können, sollten Sie sich schriftlich bestätigen lassen, dass die Bildaufnahmen von Mitarbeitenden sowohl bei der ersten Nutzung als auch im Fall einer Kündigung weiter genutzt werden dürfen.

6.2.1 Erlaubnisgrundlagen

Erstellung und Nutzung von Aufnahmen von Mitarbeitenden können aus drei Gründen rechtlich zulässig sein.

6.2.1.1 Gesetzliche Ausnahme

Zunächst können sich Arbeitgeber auch auf die in diesem Kapitel in Abschnitt 6.1.4 genannten Ausnahmen bei zeitgeschichtlichen Ereignissen, Versammlungen oder Personen als Beiwerke berufen. Das wäre z. B. der Fall, wenn Mitarbeitende bei einer öffentlichen Veranstaltung des Arbeitgebers auf der Bühne auftreten, als Teil des Publikums fotografiert werden oder im Hintergrund einer Ortsaufnahme als Beiwerk auftauchen.

6.2.1.2 Freiwillige Einwilligung

In der Praxis erfolgen die meisten Bildnutzungen auf Grundlage einer Einwilligung durch die Mitarbeitenden. Eine Einwilligung erfordert zunächst Kenntnis über die Art und den Zweck der Bildaufnahmen und muss freiwillig erfolgen. Freiwilligkeit bedeutet, dass Mitarbeitende sich nicht zur Einwilligung gezwungen fühlen dürfen. Aufgrund des Abhängigkeitsverhältnisses zum Arbeitgeber gehen Gerichte jedoch davon aus, dass sich Beschäftigte grundsätzlich gezwungen fühlen könnten. Damit Freiwilligkeit dennoch gegeben ist, muss die Bildnutzung auch Vorteile für die Mitarbeitenden bieten und nicht nur dem Arbeitgeber nützen. Beispiele solcher Vorteile sind das Kennenlernen der Belegschaft im Intranet, Erinnerungen an gemeinsam begangene Anlässe oder die Übung, vor der Kamera aufzutreten. Ein wesentlicher Nachteil der Einwilligung besteht darin, dass sie, wie im vorigen Abschnitt erläutert, jederzeit widerrufen werden kann. Die Aufnahmen müssen dann umgehend gelöscht werden.

> **Hinweis: Kein Anspruch auf Einwilligung**
>
> Arbeitgeber haben grundsätzlich keinen Anspruch darauf, dass Mitarbeitende in die Nutzung ihrer Bildnisse einwilligen. Das gilt nicht, wenn die Nutzung der Bildnisse zu ihrer Arbeitstätigkeit gehört, wie z. B. Aktivitäten vor der Kamera, wobei in solchen Fällen die Bildnutzung im Arbeitsvertrag vereinbart werden sollte.

6.2.1.3 Arbeitsvertrag

Einwilligungen eignen sich nicht als Rechtsgrundlage, wenn mit einer häufigeren Nutzung von Mitarbeiterbildern zu rechnen ist, z. B. aufgrund einer Mitarbeit im Social-Media-Team oder weil Mitarbeitende regelmäßig in Videos, Postings oder als Teil von Marketingkampagnen auftauchen. In solchen Fällen sollte vertraglich vereinbart werden, dass der Arbeitgeber diese Aufnahmen, auch nach der Kündigung, nutzen darf. Diese Vereinbarung kann in den Arbeitsvertrag aufgenommen oder ergänzend nachträglich vereinbart werden. Bei der Vergütung kann vereinbart werden, dass die Nutzung der Aufnahmen mit dem Arbeitslohn abgegolten ist.

6.2.2 Widerruf, Widerspruch und Kündigung

Wird die Einwilligung widerrufen, entfällt laut DSGVO die Berechtigung zur Nutzung der Bildaufnahmen der Mitarbeiterinnen und Mitarbeiter. Dasselbe gilt im Fall des in der Praxis eher seltenen begründeten Widerspruchs gegen Bildaufnahmen, die auf Grundlage gesetzlicher Ausnahmen genutzt werden (z. B. auf denen Personen als Teil einer Versammlung zu sehen sind, siehe Abschnitt 6.1.4.3 oben).

Der Wegfall der Nutzungsberechtigung verpflichtet grundsätzlich zur Löschung der Bildaufnahmen, auf denen die Mitarbeiter zu sehen waren. Hierbei können für den Arbeitgeber Schwierigkeiten oder erhebliche Nachteile bei der Umsetzung bestehen. So können die Bildaufnahmen in gedruckten Broschüren auftauchen oder in einem aufwendig produzierten und bereits publizierten Imagevideo des Unternehmens.

Nachfolgend erfahren Sie, wie Sie mit solchen Situationen umgehen können.

6.2.2.1 Werbung mit Mitarbeitenden

Wenn Mitarbeitende auf der Webseite in Verzeichnissen oder Vorstellungen abgebildet sind, sollten die Bildaufnahmen nach Widerruf, begründetem Widerspruch oder Kündigung des Arbeitsverhältnisses entfernt werden. Andernfalls können sie Schadensersatz fordern. Die Höhe des Schadensersatzes orientiert sich am fiktiven »Werbewert«, also den wirtschaftlichen Vorteilen durch die Werbung mit ehemaligen Mitarbeitern. Gerichte sind hier eher traditionell und sprechen höhere vierstellige Beträge nur in Bereichen zu, in denen individuelle Fachkompetenz relevant ist, wie bei Ärzten, Anwälten oder Geschäftsführern, oder in denen die Nutzung wie im folgenden Beispiel der Produktwerbung dient.

Fallbeispiel

Ein Unternehmen der Werbetechnik bewarb Lehrgänge mit Bild- und Videoaufnahmen eines ausgeschiedenen Mitarbeiters. Da das Unternehmen keine Vereinbarung über die Nutzung nach Ende des Arbeitsverhältnisses nachweisen konnte und der ehemalige Mitarbeiter die Nutzung seiner Bildaufnahmen widerrufen hatte, musste es 10.000 Euro Schmerzensgeld für knapp ein Jahr Nutzung an den ehemaligen Mitarbeiter bezahlen (LAG Baden-Württemberg, Az. 3 Sa 33/22).

6.2.2.2 Illustrative oder historische Nutzung

Sofern die Abbildungen einen historischen Zweck haben, wie z. B. Bildaufnahmen einer zurückliegenden Veranstaltung in alten Social-Media-Beiträgen, muss die Löschung der Bildaufnahmen nicht mit der Kündigung erfolgen. Sofern sie auf Grundlage einer Einwilligung veröffentlicht wurden, kann diese jedoch widerrufen werden. Im Fall von gesetzlichen Ausnahmen oder einer vertraglichen Vereinbarung müsste die Unzumutbarkeit der Weiternutzung der Aufnahmen durch die ehemaligen Arbeitnehmer überzeugend begründet werden.

6.2.2.3 Individuelle Regelungen und Informationen

Es ist sinnvoll, die abgebildeten Personen über mögliche Schwierigkeiten bei der Löschung der Aufnahmen vorab zu informieren. Dies gilt sowohl bei der Prüfung der Zumutbarkeit der Weiternutzung trotz Widerrufs einer Einwilligung als auch nach einer Vertragskündigung. So kann z.B. auf die Schwierigkeit hingewiesen werden, Druckwerke zurückzurufen oder alle im Internet verbreiteten Aufnahmen effektiv zu löschen. Alternativ kann vertraglich das Recht zur illustrativen und historischen Weiternutzung eindeutig vereinbart werden. Die sicherste Methode, um Unklarheiten bei der Nutzung von Bildaufnahmen von Mitarbeitern zu vermeiden, besteht darin, eine in Abschnitt 6.2.1.3 beschriebene separate Vereinbarung über die Nutzung der Bildaufnahmen für Werbezwecke zu treffen, die auch über das bestehende Arbeitsverhältnis hinaus gültig ist.

Checkliste: Zulässigkeit der Abbildung von Personen

1. Sind auf dem Bild/im Video identifizierbare Personen zu erkennen?

- Erkennbar an: Gesicht, körperlichen Merkmalen, Namensschildern etc.
- Erkennbarkeit durch Familienmitglieder, Freunde oder Berufskollegen ist ausreichend.

2. Liegt eine wirksame Einwilligung der abgebildeten Person vor?

- Die Einwilligung wurde ausdrücklich erklärt (z.B. Unterschrift, Klick auf Kontrollkästchen, aufgezeichnete Bestätigung).
- Die abgebildete Person wurde über den Zweck der Bildnutzung (z.B. Social-Media-Posting, Produktwerbung) informiert.
- Die Einwilligung ist freiwillig, d.h., sie ist ohne Zwang, Druck und Täuschung erfolgt.
- Bei Minderjährigen bis 7 Jahren liegt die Einwilligung der Erziehungsberechtigten, bei Minderjährigen zwischen 7 und 16 Jahren die Einwilligung der Minderjährigen und der Erziehungsberechtigten vor.
- Die Einwilligung kann nachgewiesen werden (Schriftstück, digitale Daten, Videoaufzeichnung).
- Die Einwilligung wurde nicht widerrufen. Ein Widerruf ist ohne Begründung jederzeit möglich.

3. Liegt ansonsten eine vertragliche Vereinbarung vor?

- Arbeitsvertrag oder Zusatzvereinbarung zum Arbeitsvertrag mit abgebildeten Mitarbeitenden.
- Model Release mit anderen Personen (individuell abgeschlossen oder via Stockbildanbieter).
- Vertragliche Vereinbarung wurde nicht gekündigt. Die Kündigung bedarf einer Begründung, warum das Festhalten am Vertrag nicht zumutbar ist.
- Besonderheit bei Kündigung durch Mitarbeitende: Aufnahmen der Ex-Mitarbeitenden nach der Kündigung löschen, wenn es nicht nur um historische Aufnahmen geht, sondern der Eindruck entsteht, die Person sei weiterhin im Unternehmen aktiv.

4. Liegt ansonsten eine gesetzliche Erlaubnis zur Bildnutzung vor?

- Aufnahme im Rahmen eines zeitgeschichtlichen Ereignisses (z.B. Vortragende, Redner bei öffentlichen Veranstaltungen).
- Personen als Beiwerke von Landschafts- und Ortsaufnahmen (Person zufällig und nicht charakteristisch im Bild).
- Personen als Teil einer öffentlichen Versammlung (Publikum, Gruppen ab ca. drei bis fünf Personen).
- Ausnahme 1: Es darf keine Verletzung der Privatsphäre vorliegen, Abbildung z.B. von Hilflosigkeit, herabsetzende Aufnahme etc.
- Ausnahme 2: Es darf keine wirtschaftliche Ausbeutung erfolgen, z.B. durch die Nutzung von Aufnahmen eines Redners im Rahmen eines zeitgeschichtlichen Ereignisses für Produktwerbung.

5. Datenschutzhinweise und Betroffenenrechte:

- Wenn möglich, müssen Datenschutzhinweise bereitgestellt werden (z.B. im Rahmen einer Einwilligung, einer vertraglichen Vereinbarung oder als Aushang bei Veranstaltungen). Mitteilung der Datenschutzhinweise gegenüber unbekannten Menschen, die in der Öffentlichkeit fotografiert wurden, ist grundsätzlich nicht erforderlich.
- Abgebildete Personen haben ein Recht auf Auskunft über die sie betreffenden Aufnahmen und ein Recht auf Kopien der Aufnahmen. Ferner haben sie ein Recht auf Löschung der Aufnahmen und Daten – wenn das Recht zur Nutzung entfallen ist (siehe Punkte 2 bis 4).

6.3 Erstellen von Personenabbildungen mittels KI

KI-generierte Bilder sind ideal für das Marketing, da sie das Risiko von Verletzungen des Rechts am eigenen Bild minimieren und keine Einwilligungen oder den Kauf von Stockbildern erfordern.

Mithilfe von KI-Werkzeugen können täuschend echte Abbildungen von Menschen in Fotos oder Videos erstellt werden. In der Regel werden diese Bildaufnahmen kostengünstiger sein, als echte Models zu engagieren. Dennoch sollten Sie die folgenden Punkte beachten, um nicht von unerwarteten Kosten überrascht zu werden:

6.3.1 Verstoß gegen das Recht am eigenen Bild möglich

Abbildungen von nicht existenten Menschen genießen an und für sich keinen Rechtsschutz. Würde ein KI-Werk jedoch per Zufall eine existierende Person nachbilden, dann läge darin ein Verstoß gegen das Recht am eigenen Bild vor (§ 22 KUG). Es ist zwar umstritten, ob die DSGVO auf KI-Werke anwendbar ist, aber zumindest bei fotorealistischen Abbildungen, die nicht als KI-Ergebnisse gekennzeichnet sind, sollte man damit rechnen, dass sie als (unrichtige) personenbezogene Daten betrachtet werden, deren Nutzung entsprechende Rechtsfolgen, wie Bußgelder oder Schadensersatz, nach sich ziehen könnte (Weiteres zu personenbezogenen Daten und deren Richtigkeit erfahren Sie in Abschnitt 10.1.1 und Abschnitt 10.2).

6.3.2 Geringe Wahrscheinlichkeit von Doppelgängern

Gesichter und andere Merkmale von Menschen sind einzigartig, und die Wahrscheinlichkeit, dass sie sich ohne familiäre Verbindung sehr ähneln, ist gering. Ebenso ist die Wahrscheinlichkeit gering, dass KI-generierte Personen zufällig echten Personen gleichen, es sei denn, die KI wurde absichtlich dazu aufgefordert, beispielsweise indem sie angewiesen wurde, eine bestimmte prominente Person abzubilden oder auf der Grundlage einer hochgeladenen Vorlage zu arbeiten. Dies liegt daran, dass generative KI-Bildaufnahmen basierend auf zufälligen Werten erstellt werden (Details zur Bildgenerierung mittels KI finden Sie in Abschnitt 4.3.1).

6.3.3 Risikominderungsmaßnahmen

Obwohl Fälle von zufälligen Doppelgängern wirtschaftlich und rechtlich selten sind, sollten Sie insbesondere in einem kostenintensiven Nutzungskontext wie etwa bei Werbekampagnen folgende Maßnahmen ergreifen, um eine Haftung bei Persönlichkeitsrechtsverstößen zu vermeiden oder Kampagnenmotive nicht austauschen zu müssen:

- **Protokollierung:** Protokollieren Sie Prompts und Zwischenschritte von Beginn an, um die Zufälligkeit einer potenziellen Ähnlichkeit nachweisen zu können.
- **KI-Kennzeichnung:** Ab dem 2. August 2026 müssen KI-Nachbildungen oder Manipulationen von Abbildungen echter Menschen, sogenannte »Deepfakes«, deutlich als KI-Erzeugnisse gekennzeichnet sein (die Kennzeichnungspflichten für Deepfakes von Personen werden in Abschnitt 4.6 erläutert). Beachten Sie zudem, dass trotz Kennzeichnung Persönlichkeits- und Datenschutzverletzungen vorliegen können, wenn die abgebildete Person der KI-Darstellung nicht zugestimmt hat und keine gesetzliche Erlaubnis der KI-Darstellung vorliegt (siehe dazu Abschnitt 6.5.2 unten).
- **Rückwärtsbildersuche:** Überprüfen Sie KI-Bilder vor der Veröffentlichung auf mögliche Ähnlichkeiten mit existierenden Personen mittels Rückwärtssuche für Bilder, z.B. über die Google-Suche.
- **Model Release als Grundlage:** Wenn die KI-generierte Person als »Gesicht« z.B. bei einer Kampagne genutzt werden soll, können beispielsweise KI-Avatare auf Grundlage einer tatsächlichen Person erstellt werden, die mittels KI z.B. eingekleidet oder mit anderer Mimik und anderen Gesten dargestellt wird. Dazu sollte jedoch im Model Release ausdrücklich vereinbart werden, dass die Nutzung der Aufnahmen zur Erstellung eines KI-Ebenbildes erlaubt ist.
- **Stockbilder:** Alternativ ist der Erwerb von KI-generierten Stockbildern eine Option, wobei die Rechtssicherheit und Haftung der Anbieter gewährleistet sein sollte (generelle Hinweise zum Erwerb von Stockbildern erhalten Sie in Abschnitt 5.6).

Checkliste: Risikominderung bei KI-Bildnissen von Personen

- Nicht absichtlich (beinahe) Doppelgänger erstellen.
- Kennzeichnung als KI-Ergebnis.
- Rückwärtsbildersuche durchführen.
- Nutzung von Aufnahmen eines echten Models (auf Grundlage eines Model Releases mit einer KI-Klausel).
- Erwerb von Stockbildern.
- Grad der Maßnahmen vom Risiko des Einsatzbereichs abhängig machen.
- Erstellungsprozess protokollieren (Prompts und Zwischenergebnisse).

6.4 Nachbildung von Stimmen mittels KI

Auch das Recht an der eigenen Stimme ist durch das Persönlichkeitsrecht geschützt, insbesondere im Fall von prominenten Personen.

Anders als das »Recht am eigenen Bild« ist ein »Recht an der eigenen Stimme« im Gesetz zumindest in Deutschland nicht ausdrücklich normiert. Allerdings ist die Stimme ebenso wie das Bildnis einer Person durch das sogenannte »allgemeine Persönlichkeitsrecht« geschützt. Zudem ist die Stimme als ein personenbezogenes Datum, je nach juristischer Ansicht und Konstellation sogar als ein besonders geschütztes Gesundheitsdatum geschützt (Art. 4 Nr. 1, Art. 9 DSGVO).

Hinweis: Internationaler Schutz

Zu beachten sind zudem die Gesetze aller Länder, die zu Ihrer Zielgruppe gehören oder in denen Ihre Inhalte bestimmungsgemäß empfangen werden können. Zum Beispiel verbietet der ELVIS Act (*Ensuring Likeness, Voice, and Image Security Act of 2024*) im US-Bundesstaat Tennessee explizit die Nutzung von KI-Klonen der Stimmen von Personen ohne deren Einwilligung.

6.4.1 Erkennbarkeit und Einwilligung

Die Stimme darf nicht ohne Einwilligung ihrer Inhaber zu geschäftlichen Zwecken nachgeahmt werden. Das gilt ganz besonders im Fall von prominenten Personen, wenn eine Verwechslung naheliegt. Das heißt, wer die Stimme eines prominenten Sprechers mittels KI nachahmt, muss damit rechnen, dass ein Gericht dies untersagt und eine Schadensersatzzahlung verhängt. Dies gilt erst recht, wenn z.B. Musikstücke im Stil bekannter Popkünstler mit deren Stimme oder gar unter deren Namen veröffentlicht werden (siehe Abbildung 6.6).

Abbildung 6.6: Mit KI können Künstlerstimmen so realistisch nachgebildet werden, dass sie kaum vom Original zu unterscheiden sind. Rechtlich ist jedoch unklar, ab wann die Stimmnachbildung zulässig ist. Es ist davon auszugehen, dass die Gerichte auf einen durchschnittlichen Hörer, die Umstände und den Gesamteindruck abstellen werden (vgl. BGH, Az. I ZR 49/97). Das bedeutet, dass bei Verwendung der Stimme des Sängers Drake in seinem typischen Musikstil eher eine schadensersatzpflichtige Verwechslungsgefahr besteht, als wenn dieselbe Stimme ohne Bezug zu Drake ein Hörbuch vorliest.

6.4.2 Kennzeichnungspflicht von Stimmen-Deepfakes

Die Kennzeichnungspflicht für Deepfakes betrifft nicht nur Abbildungen, sondern auch Stimmaufnahmen von Menschen (Grundlagen zu Deepfakes finden Sie in Abschnitt 4.6). Wenn die KI-Stimme einer prominenten Person verwendet wird und Menschen über die Echtheit täuschen würde, läge eine Kennzeichnungspflicht vor. Hierbei kommt es ähnlich wie im Fall der Abbildung von Personen in Abschnitt 4.6.2 auf den Kontext der Nutzung an:

- **Echtheit der Stimme ist relevant:** Wenn eine Stimme verwendet wird, die einer prominenten Person gehört, und ihr Name dabei genannt wird, wie z. B. in einem Hörbuch, dann handelt es sich um ein kennzeichnungspflichtiges Deepfake. Das bedeutet, man muss klarstellen, dass die Stimme künstlich erzeugt wurde. Zum Beispiel könnte das Ergebnis den Hinweis »KI-generiert« oder »Nachgesprochen mit der Stimme von [Name der prominenten Person]« tragen.
- **Echtheit der Stimme ist nicht relevant:** Wenn z. B. die Stimme einer Person lediglich wegen ihrer Prägnanz als KI-Vorlage genutzt wird, um z. B. Durchsagen in einem Nahverkehrsmittel zu besprechen, dann liegt hier keine Täuschungswirkung vor. Es ist für die Zuhörenden nicht relevant, wer hinter der Stimme steht.

Wie auch bei den KI-Bildnissen von Personen ist zu empfehlen, eine KI-Stimme im Zweifel als ein KI-Erzeugnis zu kennzeichnen, um mögliche Verwechslungen zu vermeiden. Ist die Stimme aber so ähnlich, dass sie von Dritten eindeutig einer bestimmten Person zugeordnet wird, kann ein Persönlichkeitsrechtsverstoß trotz Kennzeichnung vorliegen.

Checkliste: Nachbildung von Stimmen mittels KI

1. Rechtliche Grundlagen:

- Die eigene Stimme ist durch das Persönlichkeitsrecht geschützt.
- Stimmen gelten als personenbezogene Daten und können je nach Kontext als besonders geschützte Gesundheitsdaten angesehen werden.

2. Zustimmung und Erkennbarkeit:

- Stimmen dürfen nicht ohne ausdrückliche Einwilligung für kommerzielle Zwecke nachgeahmt werden.
- Besonders bei prominenten Personen muss eine Verwechslungsgefahr vermieden werden.

3. Kennzeichnungspflicht:

- Deepfake-Stimmen müssen klar als KI-generiert gekennzeichnet sein, wenn sie die Echtheit der Stimme einer Person suggerieren.
- Der Kontext der Nutzung ist entscheidend. Wenn die Relevanz der Stimme keine Bedeutung hat, ist eine Kennzeichnung nicht erforderlich.

4. Risikominderung:

- Reduzieren Sie das Risiko von Persönlichkeitsrechtsverletzungen durch klare Kennzeichnung der Nachbildung als KI-Erzeugnis.
- Größere Vorsicht bei der Nachbildung von Stimmen prominenter Persönlichkeiten wie im Fall von Synchronsprechern oder Sängern ist geboten, da das Risiko hier besonders hoch ist.

6.5 Bildnisse prominenter Personen

Abbildungen prominenter Personen, ob als Fotografie oder KI-Nachbildung, dürfen nur in Ausnahmefällen für Marketingzwecke genutzt werden.

Prominente Personen, wie Schauspieler, Sportler oder Politiker, haben nicht nur ein ideelles, sondern auch ein wirtschaftliches Interesse daran, dass niemand ihre Abbildungen ohne ihre Einwilligung nutzt. Aufgrund ihrer Bekanntheit können sie das Recht zur Nutzung ihrer Abbildung gegen Entgelt anbieten. Dieses übliche Entgelt bildet auch die Grundlage für die Berechnung von Schadensersatzforderungen. Aus diesem Grund sollten die folgenden Aspekte der Nutzung von Bildnissen prominenter Personen unbedingt beachtet werden.

Hinweis: Fotografien und andere Bildnisse

Das Gesetz schränkt nicht nur Fotografien und fotorealistische Abbildungen von prominenten Personen ein, sondern auch Doppelgänger, KI-Erzeugnisse oder Zeichnungen, auf denen die prominenten Personen für durchschnittliche Betrachter zu erkennen sind.

6.5.1 Redaktionelle Nutzung

Eine redaktionelle Nutzung liegt vor, wenn Bildnisse zu Berichterstattungszwecken verwendet werden, beispielsweise in Newsartikeln und Artikeln über prominente Personen. Diese Nutzung ist grundsätzlich zulässig, etwa wenn die Person im Zusammenhang mit einem zeitgeschichtlichen Ereignis abgebildet wurde, was je nach Prominenz bereits das bloße Auftauchen in der Öffentlichkeit sein kann (die gesetzliche Zulässigkeit von Bildaufnahmen aus dem Bereich der Zeitgeschichte wird oben in Abschnitt 6.1.4 erläutert). Aufnahmen prominenter Personen können bei Stockbildanbietern nur für redaktionelle Zwecke erworben werden.

6.5.2 Nutzung zu kommerziellen Zwecken

Wenn Sie Abbildungen von prominenten Personen in einer Werbekampagne verwenden möchten, benötigen Sie deren Einwilligung, da es sich um eine kommerzielle Bildnutzung handelt. Auch Stockbilder von Prominenten dürfen ohne Erlaubnis nur redaktionell und nicht kommerziell eingesetzt werden (siehe Abschnitt 5.1.6). Dies gilt ebenfalls für KI-generierte Bilder von Prominenten, wie in Abbildung 6.7 veranschaulicht.

Abbildung 6.7: Diese beiden KI-generierten Bilder sollen sich an der Wirkung des Schauspielers George Clooney orientieren und kommen z. B. als Werbemotive für Tiefkühlpizza infrage. Das linke Bild geht jedoch zu weit, da es eine Person zeigt, die Clooney zum Verwechseln ähnlich sieht. Es würde auch mit der ab August 2026 für Deepfakes verpflichtenden Kennzeichnung als KI-Erzeugnis (siehe Hinweis »KI-GENERIERT« oben links) einen schadensersatzpflichtigen Persönlichkeitsrechtsverstoß darstellen. Das rechte KI-Bild zeigt dagegen zwar eine ähnlich aussehende fiktive Person, die jedoch für den Durchschnittsbetrachter erkennbar nicht George Clooney ist. Das Bild ist daher rechtssicher und auch kein kennzeichnungspflichtiges Deepfake. Auch die generische Produktabbildung der Pizza ist mangels Täuschungscharakter kein Deepfake (siehe Abschnitt 4.7.2).

6.5.3 Parodie und Satire als redaktionelle Nutzung

Der Autovermieter SIXT ist für seine Werbung bekannt, in die prominente Personen eingebunden werden (siehe Abbildungen 6.8 und 6.9). Diese Art von Werbung wurde vom BGH als redaktionelle Meinungsäußerung eingestuft (BGH, Az. I ZR 182/04 und I ZR 96/07). Sie darf laut BGH auch von Unternehmen in Anspruch genommen werden, allerdings nur unter den folgenden Voraussetzungen:

- **Zeitgeschichtlich besonders relevantes Geschehen** – Die Werbung nimmt Bezug auf bundesweit medial präsente Ereignisse, die im Zusammenhang mit den prominenten Personen stehen (insbesondere Fehltritte).
- **Enger zeitlicher Bezug zu den Ereignissen** – Die Werbung wird nur innerhalb eines kurzen Zeitraums von wenigen Tagen nach dem maßgeblichen Ereignis geschaltet.
- **Meinung im Vordergrund, Werbung im Hintergrund** – Die Aussage, die sich auf das maßgebliche Ereignis bezieht, steht, z. B. aufgrund der Schriftgröße, besonders im Blickfang. Der werbende Teil ist dagegen kleiner geschrieben. Es ist dagegen nicht generell schädlich, dass ein Werbeeffekt mit vorhanden ist.
- **Keine Urheberrechtsverletzung** – Die redaktionelle Meinungsfreiheit bezieht sich auf die abgebildete Person. Deren Aufnahme muss entweder aus einem Stockbildarchiv beschafft oder mittels KI generiert werden.

Abbildung 6.8: Als der CDU-Bundestagsabgeordnete Philipp Amthor seinen Führerschein für einen Monat wegen zu schnellen Fahrens abgeben musste, nahm SIXT dieses Ereignis zum Anlass für eine redaktionelle satirische Stellungnahme, deren Schriftgröße die Werbebotschaft überragte und so im Vordergrund stand.

Neben dem satirischen Ansatz kommt als redaktionelle Nutzung beispielsweise ein Berichts- oder Kommentarformat infrage, z. B. mit Kommentaren zum Make-up der Stars bei den Oscars durch ein Kosmetikunternehmen. Aber auch in diesem Fall müssen die entsprechenden Rechte an den Aufnahmen der Prominenten erworben oder mittels KI erstellt werden. Zudem darf die redaktionelle Berichterstattung nicht mit Werbung für eigene Produkte verbunden werden.

Abbildung 6.9: In einer Sendung kritisierte Jan Böhmermann Bioimkereien wegen »Beewashings« und zeigte das Logo einer Imkerei. Diese benannte danach ein Produkt »beewashing« und bewarb es mit Böhmermanns Bild. Das OLG Dresden sah darin eine satirische Verwendung eines Bildnisses der Zeitgeschichte und wies die Unterlassungsanträge von Böhmermann ab (OLG Dresden, Az. 4 U 323/24).

Vorsicht: Prozessrisiko

Bevor Sie Prominente ohne Rücksprache in Ihre Werbung einbinden, bedenken Sie, dass SIXT regelmäßig juristisch belangt wird. Auch wenn die Verfahren für SIXT oft mit einem Erfolg enden, sollten Sie beachten, dass Gerichtsverfahren immer riskant sind. Bei einem Unterliegen können schnell Kosten sowie Schmerzensgeldzahlungen im mittleren fünfstelligen Bereich entstehen, die Sie einkalkulieren müssen. Daher sollten Sie in solchen Fällen unbedingt eine professionelle Rechtsberatung in Anspruch nehmen.

6.5.4 Andere Darstellungsformen

Das KUG unterscheidet bei der Abbildung einer Person nicht, ob es sich um eine Fotografie oder eine andere Art der erkennbaren Darstellung handelt. So liegt auch bei einer Zeichnung einer Person oder einer Abbildung als Avatar in einem Computerspiel ein Bildnis einer erkennbaren Person vor. Wie im Fall von Fotos dürfen auch diese Darstellungen z.B. nicht für eigene Werbe- oder sonstige geschäftliche Zwecke verwendet werden. Beim Grad der Erkennbarkeit kommt es darüber hinaus auf die abgebildete Person an. So wird ein Wiedererkennungseffekt bei prominenten Personen eher angenommen als bei Menschen, die nicht im Licht der Öffentlichkeit stehen.

6.6 Erlöschen der Bild- und Stimmrechte nach dem Tod

Es gibt keine einheitliche Regelung zur Dauer der Persönlichkeitsrechte nach dem Tod.

Die Persönlichkeitsrechte an Bild und Stimme wirken über den Tod hinaus nach. In Deutschland legt § 22 KUG für postmortale Bildrechte eine Dauer von zehn Jahren fest. Das gilt jedoch nur, soweit Schadensersatzansprüche verlangt werden.

Fallbeispiel

Das BVerfG entschied, dass die Erben der Schauspielerin Marlene Dietrich Schadensersatz wegen Verletzung des postmortalen Persönlichkeitsrechts fordern durften, nachdem ein Unternehmen ein nachgestelltes Bild der Schauspielerin ein Jahr nach ihrem Tod in einer Werbeanzeige genutzt hatte (BVerfG, Az. 1 BvR 1168/04).

Allerdings kann das postmortale Persönlichkeitsrecht über den Zeitraum von zehn Jahren hinaus wirken, insbesondere wenn es um die ideellen Bestandteile, also den Schutz von Ehre und Ansehen der Verstorbenen geht:

- **Schutz der Ehre und des Ansehens der Person:** Der BGH hat entschieden, dass z. B. im Hinblick auf die Frage der Urheberschaft an einem Bild das Persönlichkeitsrecht auch 30 Jahre nach dem Tod fortwirken kann (BGH, Az. I ZR 135/87). Nach Ablauf von zehn Jahren können zwar keine Schadensersatzansprüche durch die Angehörigen der verstorbenen Person geltend gemacht werden, aber sie können die Unterlassung der Nutzung der Abbildung der verstorbenen Person verlangen.
- **Ansehen Hinterbliebener:** Ebenso könnte je nach Art der Nutzung das Ansehen der Hinterbliebenen verletzt werden, z. B. wenn die Art der Werbung abträglich ist oder den politischen Ansichten der verbliebenen Familie widerspricht. In diesem Fall können Unterlassung und Schadensersatz verlangt werden
- **Markenrechte:** So kann z. B. der Name der verstorbenen prominenten Person als Marke für bestimmte Produkte oder Dienstleistungen registriert sein (weitere Hinweise zum Markenschutz erhalten Sie in Abschnitt 7.1). Auch in diesem Fall droht bei Verstoß eine Abmahnung mit Pflicht zur Abgabe einer Unterlassungserklärung und Zahlung von Schadensersatz.

Wer also Bilder oder Aufnahmen von Verstorbenen für Marketingzwecke nutzen möchte, sollte sich im Zweifel beraten lassen. Alternativ sollten nur Abbildungen von Personen eingesetzt werden, die schon länger als 70 Jahren verstorben sind. Das kann als ein hinreichend sicherer Abstand betrachtet werden (siehe LG Dessau, Az. 4 O 792/13). Eine Markenrecherche muss jedoch immer dann erfolgen, wenn die Namen der prominenten Personen verwendet werden sollen (s. Abbildung 6.10).

Vorsicht: Unterschiedliche Zeiträume im Ausland

Die Regelungen zum Schutz von Persönlichkeitsrechten unterscheiden sich je nach Land. In Kalifornien ist dieser Schutz beispielsweise mit einer Dauer von 70 Jahren am längsten per Gesetz festgelegt. Für eine sichere Nutzung einer Abbildung nach dem Tod einer Person spricht deshalb, sich an dieser Zeitspanne zu orientieren.

Abbildung 6.10: Da Albert Einstein seit über 70 Jahren verstorben ist, darf dessen Abbildung für Marketingzwecke, hier z.B. in einer fiktiven Werbung eines Supermarkts, genutzt werden. Möglich ist auch ein KI-Abbild, das kein kennzeichnungspflichtiges Deepfake ist, da die Betrachter nicht annehmen werden, es sei ein echtes Foto von Einstein (die Kennzeichnung von Deepfakes wird in Abschnitt 4.6.2 erläutert). Allerdings müssen Sie vorsichtig bei der Nutzung des Namens »Albert Einstein« sein, da er in vielen Variationen als Marke registriert ist. Daher sollte die Nutzung von einer Fachperson geprüft werden (wie Sie Marken recherchieren können, erfahren Sie in Abschnitt 7.1.4.3). Alternativ verzichten Sie auf die Namensnennung. (Bildquelle: KI)

Checkliste: Nutzung von Bildnissen prominenter Personen

1. Erkennbarkeit der prominenten Person:

- Erkennbar auf Fotos oder in Videos.
- Erkennbar auf Zeichnungen oder in KI-erzeugten Deepfakes.

2. Erlaubte Nutzung für redaktionelle Zwecke:

- Berichte, News, Meinungskundgaben und Satire.
- Der Erwerb von Stockbildern von prominenten Personen für redaktionelle Zwecke ist möglich.

- Die Erstellung von Deepfakes und Nachbildungen mittels KI ist zulässig, muss aber deutlich als »KI-Erzeugnis« gekennzeichnet werden.

3. Nutzung für kommerzielle Zwecke nur mit Zustimmung:

- Zum Beispiel Nutzung auf Produktverpackungen, in Werbeanzeigen, werbenden Postings etc.
- Auch Nutzung als KI-Nachbildungen.

4. Erlöschen der Rechte nach dem Tod:

- In Deutschland nach 10 Jahren für Schadensersatzansprüche bei Rechten am Bild und an der Stimme.
- Der Schutz der ideellen Rechte (Ehre und Ansehen) kann länger gelten.
- Nach 70 Jahren sind die Persönlichkeitsrechte Verstorbener sicher erloschen.

6.7 Hausrecht und fremdes Eigentum

Bildaufnahmen von Gebäuden oder Objekten dürfen ohne Zustimmung der Hausherren nur auf oder von öffentlichen Straßen und Wegen aus oder in Parks erstellt werden.

Es ist grundsätzlich erlaubt, fremde Sachen zu fotografieren oder zu filmen und sie auch für kommerzielle Zwecke zu nutzen. Dabei ist es egal, ob es sich um Grundstücke, Gebäude, Autos oder Tiere handelt. Das gilt jedoch nur, solange dabei nicht gegen andere Rechte verstoßen wird.

Hinweis: Hausherrschaft und Hausrecht

Grundsätzlich hat der Eigentümer das Hausrecht bei Räumlichkeiten bzw. die Sachherrschaft bei Autos oder anderen Sachen. Werden Räumlichkeiten oder andere Sachen Mietern oder Pächtern überlassen, dann haben diese für den jeweiligen Miet- oder Pachtzeitraum die Haus- bzw. die Sachherrschaft.

6.7.1 Das Hausrecht

Das wichtigste Recht, das man beim Fotografieren fremden Eigentums beachten muss, ist das Hausrecht. Der Eigentümer darf seinen Besitz jedermann vorenthalten. Bei Gebäuden oder Grundstücken ist die Grenze dieser Sachherrschaft die Grundstücksgrenze. Innerhalb dieser Grenze kann jeder Eigentümer entscheiden, wie viel von seinen Sachen er der Öffentlichkeit preisgibt. Wenn ein Haus von der Straße aus sichtbar ist, darf also jeder von der Straße aus Fotos vom Gebäude machen. Zieht der Eigentümer eine Hecke hoch, muss man ihn um Erlaubnis fragen, bevor man den Bereich hinter seiner Hecke fotografieren darf.

Fallbeispiel

Der Erlaubnisvorbehalt gilt nicht nur für Grundstücke von Privatpersonen, sondern auch für Grundstücke in staatlicher Hand, die nicht wie Straßen oder Plätze der Öffentlichkeit zur Verfügung gestellt werden. Der Bundesgerichtshof hat entschieden, dass ein Fotograf keine Bilder eines Schlosses und des Schlossparks veräußern darf, die er innerhalb des zum Schloss gehörenden Grundstücks einer staatlichen Stiftung gemacht hat (BGH, Az. V ZR 14/12).

Diese *Sachherrschaft* der Eigentümer bzw. Besitzer gilt z.B. für:

- Gebäude, Wohnungen, Büros, öffentliche Verkehrsmittel und Bahnhöfe, Flughäfen, Museen und Stadien sowie
- private Anlagen wie Zoos, Gärten und Parks (siehe Abbildung 6.11), außerdem
- Veranstaltungsorte, z.B. Konzerthallen oder Festivalgelände.

Sachherrschaft bedeutet, dass ohne Erlaubnis des Eigentümers, Veranstalters oder anderer zuständiger Personen keine Fotografien für kommerzielle Zwecke innerhalb der vorgenannten Örtlichkeiten oder in Fahrzeugen erstellt werden dürfen. Erhalten Sie solche Bilder von Dritten, sollten Sie nachfragen, ob diese eine Erlaubnis für das Fotografieren hatten.

Abbildung 6.11: Aufnahmen zu Marketingzwecken sind ohne Erlaubnis nicht nur auf Bahnhöfen, Flughäfen und in Museen, sondern auch in Zoos verboten. Das Aufnehmen der Tiere zu kommerziellen Zwecken, wie etwa für eine Social-Media-Story, ist auf Privatgrundstücken wie einem Zoo nur mit Zustimmung der Zooverwaltung erlaubt. (Bildquelle: KI)

Bei kommerzieller Nutzung gelten diese Verbote auch dann, wenn Sie für den Eintritt bezahlt haben und keine »Fotografieren verboten«-Hinweise sichtbar sind. Vielmehr müssen Sie nach einem »Fotografieren erlaubt«-Hinweis Ausschau halten.

Hinweis: Stillschweigende Erlaubnis

Eine stillschweigende Erlaubnis zur Aufnahme von Bildern für kommerzielle Zwecke kann angenommen werden, wenn das Fotografieren üblich ist und der Veranstalter es toleriert, obwohl er eingreifen könnte. Das gilt beispielsweise auf öffentlichen Veranstaltungen oder Messen, wenn nur zu Berichterstattungszwecken Aufnahmen gemacht oder lediglich der eigene Stand fotografiert wird.

Auch Fotografien, die nicht aus dem Blickwinkel eines Menschen auf einer öffentlichen Straße aufgenommen werden, erfordern eine Erlaubnis. Der Einsatz von Hilfsmitteln wie Leitern oder Drohnen, um z.B. den Sichtschutz eines Grundstücks zu umgehen, ist verboten.

Denken Sie daran, immer eine Aufnahmeerlaubnis nachweisen zu können, z.B. durch eine unterschriebene Erlaubnis des Hausrechtsinhabers (sogenanntes »Property Release«) oder einen Screenshot der Fotoerlaubnis einer Veranstaltung.

Hinweis: Öffentliche und staatliche Straßen

Mit öffentlichen Straßen sind staatliche Straßen, Wege, Bürgersteige sowie öffentliche Plätze und Parks gemeint. Wenn Sie zunächst einen Zaun oder eine sonstige Umfriedung hinter sich bringen oder sogar Eintritt zahlen müssen, sollten Sie auch bei staatlichen Grundstücken davon ausgehen, dass Sie zum kommerziellen Fotografieren eine Erlaubnis benötigen.

6.7.2 Datenschutz und Persönlichkeitsrechte

Neben dem Hausrecht müssen Sie auch das Persönlichkeitsrecht anderer Personen beachten und dürfen ihre Privatsphäre nicht verletzen. Das kann ebenfalls gelten, wenn um ein Grundstück keine Hecke steht und Sie es einsehen können. Wenn Sie z.B. von der Straße aus in eine Wohnung hineinblicken können, dürfen Sie diese trotzdem nicht fotografieren.

Vorsicht: Strafbare Aufnahmen

Nach § 201a StGB ist das Fotografieren von Personen in Wohnungen oder in intimen oder privaten Situationen innerhalb von Wohnungen oder in gegen Einblick besonders geschützten Räumen (z.B. Umkleidekabinen) unter Androhung einer Freiheitsstrafe von bis zu einem Jahr oder Geldstrafen verboten.

Es ist grundsätzlich erlaubt, Gebäude oder Kraftfahrzeuge samt Kennzeichen von öffentlichen Wegen aus zu fotografieren. Es können jedoch Persönlichkeits- und Datenschutzrechte verletzt werden, wenn solche Bilder auf eine beeinträchtigende Weise genutzt werden, etwa wenn die Fassade eines Einfamilienhauses oder ein Auto mit Kennzeichen in einem Werbeclip prominent auftaucht, obwohl es zumutbar gewesen wäre, die Einwilligung der Bewohner oder Fahrzeughalter einzuholen oder eine andere Location zu wählen.

6.7.3 Risikobewertung

Würde man das Gesetz sehr streng auslegen, dürfte eine Vielzahl von Aufnahmen, die im öffentlichen Raum gemacht werden, nicht für Marketingzwecke verwendet werden. Allerdings gibt es einen gewissen Risikorahmen, in dem Sie nicht mit Nachteilen rechnen müssen. Sie müssen im Einzelfall prüfen, ob das Risiko hinnehmbar ist. Dieses Beispiel hilft Ihnen bei der Abgrenzung zu Fällen, in denen Sie um eine Aufnahmeerlaubnis fragen sollten:

- **Eine Aufnahmeerlaubnis sollte eingeholt werden:** Bei professionellen Drehs, z. B. für TikTok, am Bahnhof oder im Zoo, ist eine vorherige Erlaubnis wichtig. Dort können zum einen Aufnahmen andere Personen oder den Geschäftsbetrieb stören (z. B. an einem Bahnhof), zum anderen können die Lizenzen für Bildaufnahmen zu den Einkünften der Hausherren gehören (wie z. B. in Museen oder Zoos). Ohne Genehmigung riskieren Sie ein Hausverbot oder die nachträgliche Untersagung der Nutzung Ihrer Aufnahmen.
- **Der Verzicht auf eine Aufnahmeerlaubnis ist hinnehmbar:** Wenn die Aufnahmen nicht störend sind und üblicherweise keine Gebühren anfallen, ist das Restrisiko akzeptabel, z. B. bei Aufnahmen am Flughafen oder im Zoo zur Illustration eines Konferenzberichts auf der LinkedIn-Unternehmensseite.

Checkliste: Hausrecht beim Fotografieren

1. Handelt es sich um ein privates Grundstück/einen privaten Ort?

- Öffentlich sind Straßen, staatliche Parks etc.
- Als privat gelten Gebäude (z. B. Bahnhöfe oder Flughäfen, Stadien, Arenen), Transportmittel (z. B. Bus oder Bahn) oder abgezäunte Parkanlagen.

2. Wurden die Aufnahmen erlaubt?

- Die geschäftliche Nutzung bedarf expliziter Erlaubnis.
- Die Erlaubnis sollte nachweisbar sein.
- Eine Erlaubnis darf unterstellt werden, wenn Aufnahmen üblich sind und nicht störend (z. B. auf Messen, in öffentlichen Veranstaltungen zwecks Berichterstattung, Reisebilder vom Flughafen etc.).

3. Wurden keine Persönlichkeits- und Datenschutzrechte verletzt?

- Keine Veröffentlichung der Namen von Haus- oder Fahrzeuginhabern.
- Keine Abbildungen von Personen ohne deren Zustimmung oder gesetzliche Erlaubnis, insbesondere in privaten oder gegen Einblick geschützten Räumen (siehe Abschnitt 6.8).

6.8 Bildaufnahmen im Rahmen von Events

Bei Bildern von Veranstaltungen, Konferenzen, Messen oder anderen Events sind sowohl das Hausrecht des Veranstalters als auch die Bildrechte der Besucher zu beachten.

Bei Events müssen sowohl die Veranstalter als auch die Teilnehmenden die Regeln für Personenaufnahmen und das Hausrecht beachten. Teilnehmer sollten prüfen, ob und in welchem Umfang der Veranstalter Bildaufnahmen erlaubt. Den Veranstaltern wird wiederum empfohlen, dafür zu sorgen, dass die eigenen Bildaufnahmen für die geplanten Zwecke genutzt werden dürfen und dass klare Richtlinien für die Teilnehmenden regeln, in welchem Rahmen Bildaufnahmen vor Ort zulässig sind.

6.8.1 Eigene Bildaufnahmen der Veranstalter

Um eigenes Bildmaterial zu erstellen, können sich die Veranstalter auf die gesetzlichen Ausnahmen (zeitgeschichtliches Ereignis, Beiwerk, Versammlung, siehe Abschnitt 6.1.4 oben) berufen. Alternativ können sie eine Einwilligung der Teilnehmerinnen und Teilnehmer einholen (entsprechend Abschnitt 6.1.5 oben). In beiden Fällen müssen die Teilnehmenden auf die Aufnahmen bereits im Rahmen der Anmeldung bzw. Einladung hingewiesen werden. Ferner muss mittels eines Aushangs vor Ort über die Aufnahmen und deren Nutzungszwecke informiert werden (oben in Abbildung 6.5 erhalten Sie Beispiele für einen solchen Aushang). Hier ein Beispiel eines Hinweises mit Verlinkung im Rahmen einer Einladung:

> Im Rahmen der Veranstaltung werden vom Veranstalter und anderen Teilnehmenden Foto- und Videoaufnahmen erstellt. Weitere Aufnahme- und Datenschutzhinweise: [LINK].

> **Tipp: Generator für Hinweise auf Bildaufnahmen auf Veranstaltungen**
>
> In dem Onlinegenerator des Autors können kostenlos Fotohinweise für Events samt entsprechenden Regeln für Teilnehmende erstellt werden: *https://datenschutz-generator.de/fotohinweis/*.

6.8.2 Aufnahmeregeln für Teilnehmer

Teilnehmerinnen und Teilnehmer sollten darüber informiert werden, wann und wie sie eigene Bildaufnahmen machen dürfen, um Missverständnisse und Rückfragen zu vermeiden. Es kommen z.B. folgende Regelungen infrage:

- Verweis auf die gesetzlichen Regeln, z.B. Einwilligung oder gesetzliche Erlaubnis bei zeitgeschichtlichen Ereignissen.
- Beschränkungen auf bestimmte Geräte oder Verbote für Blitzlichter und Stative.

- Einschränkungen auf bestimmte Zwecke, z. B. nur zur Berichterstattung.
- Einschränkungen auf bestimmte Bereiche oder Zeiten, z. B. Fotowand oder Aufnahmen nur bis 22 Uhr.
- Verbote, bestimmte Personen ohne Einwilligung abzulichten, insbesondere Minderjährige.

6.8.3 Nutzung der von Teilnehmern erstellten Bildaufnahmen

Teilnehmer von Events sollten zuerst davon ausgehen, dass die Aufnahmen zu eigenen geschäftlichen Zwecken grundsätzlich einer Einwilligung des Veranstalters bedürfen. Sie sollten daher zuerst prüfen, ob die Anmeldung, die Einladung oder die AGB des Veranstalters Hinweise zu den Aufnahmerechten enthalten.

In manchen Fällen kann ein Einverständnis angenommen werden. Wenn es sich beispielsweise um eine Messe oder Medienkonferenz handelt, kann davon ausgegangen werden, dass Bildaufnahmen generell erstellt werden dürfen. Umgekehrt kann z. B. bei der Veranstaltung einer Stadtbibliothek für Minderjährige nicht davon ausgegangen werden, dass man auch als Sponsor per se berechtigt ist, Fotos der minderjährigen Teilnehmer für Marketingzwecke zu erstellen.

Sind keine speziellen Regeln für Bildaufnahmen von Personen vorhanden oder erfolgt lediglich ein Hinweis auf das Gesetz, können sich die Teilnehmenden untereinander auf gesetzliche Aufnahmeerlaubnisse berufen oder sonst individuell Einwilligungen einholen.

Abbildung 6.12: Heutzutage sind Aufnahmen auf Messen gängig und daher zulässig, solange keine Verbote bestehen und die Persönlichkeitsrechte der Teilnehmer gewahrt bleiben. Gesetzliche Ausnahmen erlauben es, Personen, die Produkte vorstellen, als Teil eines öffentlichen Ereignisses darzustellen. Ebenso dürfen Menschen vor Ständen und Bühnen als Versammlung sowie Personen im Hintergrund, wie z. B. auf diesem Bild, als Beiwerke abgebildet werden. (Bildquelle: KI)

Rechtssicher auf Veranstaltungen Fotos zu machen, ist an sich nicht problematisch, da hier typischerweise die gesetzlichen Ausnahmeregelungen greifen. Hierzu gehören, wie schon beschrieben, Fotos im Zusammenhang mit Ereignissen der Zeitgeschichte, im Rahmen von Versammlungen und von Menschen als Beiwerk (siehe Abbildung 6.12).

Checkliste: Foto- und Videoregeln bei Events für Veranstalter

1. Wurden Teilnehmer auf Aufnahmen vorab hingewiesen?

- Im Anmeldeformular.
- Auf Einladungen, Bekanntmachungen.
- Zwecke der Nutzung mitteilen (z. B. Berichterstattung, Werbung für künftige Veranstaltungen, Marketing generell etc.)

2. Wurde ein Datenschutzhinweis erstellt?

- Als Aushang oder per QR-Code bei technikaffinem Publikum vor Ort.
- Optimal schon auf der Einladung oder im Anmeldeformular verlinkt.

3. Möglichkeit, optionale Foto- und Videoregeln für Teilnehmer festzulegen:

- Gerätebeschränkung (»nur Smartphones, keine professionellen Kameras, kein Blitz«).
- Zweckbeschränkung (»nur für private Zwecke und Zwecke der Berichterstattung«).
- Lokale Beschränkung (»nur vor der Hauptbühne/nicht im Cateringbereich«).
- Zeitliche Beschränkung (»nur bis 22 Uhr, ab 0 Uhr nur für private Zwecke«).
- Personelle Beschränkung (»Aufnahmen Minderjähriger nur mit Einwilligung der Erziehungsberechtigten«).

Checkliste: Bildaufnahmeregeln bei Events für Teilnehmer

1. Dürfen generell Bildaufnahmen für geschäftliche Zwecke erstellt werden?

- Existieren spezielle Gebote oder Verbote des Veranstalters?
- Kann eine Berechtigung aus den Umständen geschlossen werden?
  Beispielsweise ja bei einer Medienkonferenz oder Messe,
  eher nein bei einem Kinderabend in einer Bibliothek.
- Im Zweifel besser nachfragen (z.B. per E-Mail, um einen Nachweis zu haben).

2. Haben sich abgebildete Personen nachweisbar mit der Aufnahme einverstanden erklärt?

3. Kommen sonst gesetzliche Aufnahmeerlaubnisse infrage?

- Zulässigkeit von Aufnahmen im Rahmen von zeitgeschichtlichen Ereignissen, beispielsweise von Vortragenden und Rednern bei öffentlichen Veranstaltungen, aber nicht auf z.B. betriebsinternen Workshops.
- Personen sind bloß unwesentliche Beiwerke der Aufnahme eines Orts, wie z.B. Messebesucher im Hintergrund der Aufnahme.
- Personen werden nur als Teil von Versammlungen aufgenommen. Auf der Aufnahme sollten mindestens drei, besser fünf Personen, z.B. als Teil des Publikums, zu sehen sein.

Marken, Logos und Großevents

Um rechtssicheres Online-Marketing zu betreiben, sind Kenntnisse im Marken- und Namensrecht unverzichtbar. Ob Sie mit KI-Unterstützung Marken entwickeln, fremde Markenprodukte abbilden oder bei großen Events werben möchten – stets müssen Sie die Markenrechte Dritter wahren. Gleichzeitig sollten Sie als Markeninhaber darauf achten, dass Ihre Marke durch unautorisierte Nutzung nicht an Wert verliert. Das Markenrecht spielt eine wichtige Rolle, da Verletzungen teuer werden können. Schon bei geringfügigen Verstößen können Gerichtskosten von 10.000 Euro anfallen. Hinzu kommen mögliche Folgekosten, wenn Produkte oder Unternehmen umbenannt werden müssen. In diesem Kapitel erfahren Sie daher, wie Markenschutz entsteht, welche Reichweite er hat und worauf Sie bei der Nutzung fremder Marken und Namen achten sollten.

7.1 Schutz von Marken und Namen

Das Markenrecht schützt nicht nur die Markenbezeichnung selbst, sondern auch die damit verbundene Unterscheidungskraft und Werbewirkung.

Das Markenrecht schützt andere Güter als das Urheberrecht. Während das Urheberrecht geistige Werke wie Texte oder Bilder schützt, dient das Markenrecht in erster Linie dem Schutz der Namen und Logos von Produkten, Dienstleistungen und Unternehmen.

Hinweis: Rechtlicher Schutz von Markenlogos

Markenlogos können zugleich urheber- und markenrechtlichem Schutz stehen. Lesen Sie hierzu Abbildung 7.1.9 , »Abbildungen von Markenlogos und Markenprodukten«, in diesem Kapitel.

Das Markenrecht gewährleistet die Wiedererkennbarkeit eines Unternehmens und seiner Leistungen, indem es Werbemaßnahmen, Qualitäts- und Serviceversprechen sowie das Image schützt. Der Markenwert entsteht durch Kundenassoziationen, etwa verbinden sie »Mercedes« mit Qualität, Zuverlässigkeit und Luxus, was z.B. eine höhere Zahlungsbereitschaft und Kundentreue erzeugt. Aufgrund der damit verbundenen Imagebindung und der komplexen Rechtslage sind Markenstreitigkeiten oft kostspielig.

Markeninhaber müssen ihre Markenrechte aktiv schützen, da die geduldete Nutzung durch Dritte eine Verwässerung der Markenrechte verursachen kann. Wird dies ignoriert, riskieren sie eine Schwächung ihrer Marke bis hin zu einem Markenverlust. Wann Marken rechtlich geschützt werden und wann die Nutzung fremder Marken verboten ist, erfahren Sie in diesem Kapitel.

Hinweis: Abmahnungen durch Markeninhaber

Wenn Markeninhaber bei Verstößen Abmahnungen aussprechen, argumentieren die Betroffenen oft, dass ein einfacher Hinweis gereicht hätte. Doch die gesetzlichen Vorgaben erfordern rasches Handeln der Markeninhaber. Ihnen bleibt nur ein Monat, um die Beseitigung des Verstoßes im Eilverfahren gerichtlich durchzusetzen (mehr zu Gerichtsverfahren erfahren Sie in Abbildung 18.1.6). Nach Ablauf dieser Frist können die Gerichtsverfahren sich über Monate oder sogar Jahre hinziehen. Während dieser Zeit müssten die Markeninhaber die Verletzung tolerieren und würden dabei Umsatzeinbußen oder eine Verwässerung ihrer Marke riskieren. Das heißt, die Kunden könnten die Marke nicht mehr klar ihrem Produkt zuordnen. Aus diesem Grund wählen Markeninhaber sofort den Weg der Abmahnung.

7.1.1 Markentypen

Marken treten in zahlreichen Variationen und Ausprägungen auf:

- **Wortmarken:** Marken können als *Wortmarken* aus Wörtern (»Instagram«), Buchstaben (»ARD«) oder Zahlen (»4711«) und aus Kombinationen aus diesen (»Pro7«) bestehen. Auch Werbeslogans können als Marken geschützt werden, wenn sie Unterscheidungskraft besitzen, also geeignet sind, die Waren oder Dienstleistungen eines Unternehmens von denen anderer Unternehmen zu unterscheiden (z.B. »Vorsprung durch Technik« von Audi, EuGH, Az. C-398/08 P). Das gilt auch für Personennamen, wie z.B. »Karl Lagerfeld« oder »Hugo Boss«.
- **Bildmarken:** Grafiken, Illustrationen oder vergleichbare zweidimensionale Gestaltungen können als *Bildmarken* angemeldet werden.
- **Wort-Bild-Marken:** Eine *Wort-Bild-Marke* ist ein markenrechtliches Zeichen, das Buchstaben und grafische Elemente kombiniert (siehe Abbildung 7.1). Wort-Bild-Marken bieten zudem die Möglichkeit, Begriffe zu schützen, die als reine Wortmarken aufgrund fehlender Unterscheidungskraft oder eines bestehenden Freihalteinteresses, wie bei beschreibenden Begriffen, nicht geschützt werden könnten (siehe Abschnitt 7.1.4 unten).

Abbildung 7.1: Ein Markenlogo kann sowohl in seiner Gesamtheit als auch in seinen Einzelteilen geschützt werden. Zum Beispiel schützt Adidas den Begriff »adidas« als Wortmarke. Die charakteristische Grafik mit den drei Streifen ist als Bildmarke registriert, die Kombination aus Begriff und Grafik als Wort-Bild-Marke.

- **Farbmarken:** Eine *Farbmarke* besteht aus einer oder mehreren Farben, wie z. B. »Telekom-Magenta« oder »Milka-Lila«.
- **Hörmarken:** Bei *Hörmarken* handelt es sich um Melodien, Klangbilder oder Jingles, wie z. B. das Telekom-Jingle.
- **Dreidimensionale Marken (3-D):** *3-D-Marken* werden auch als *Formmarken* bezeichnet. Es handelt sich bei diesen Marken um dreidimensionale Gestaltungen, beispielsweise die Form der Ware oder deren Verpackung (z. B. die Rocher-Kugel, die Odol-Flasche oder die Verpackung der Ritter-Sport-Schokolade, siehe Abbildung 7.2).
- **Werbeslogans:** Auch Werbeslogans können als Marken geschützt werden, wenn sie sprachlich nicht banal, aber einfach zu erfassen sind.

Abbildung 7.2: Der Bundesgerichtshof (BGH) hat entschieden, dass die Verpackung der Ritter-Sport-Schokolade als 3-D-Marke geschützt ist, da Verbraucher die charakteristische rechteckige Form und die seitlichen Verschlusslaschen mit dieser bestimmten Schokolade verbinden (BGH, Az. I ZB 42-3/19).

Hinweis: Urheberrechtlicher Schutz von Marken

Aufgrund ihrer sprachlichen Einfachheit werden Wortmarken und auch Werbeslogans in der Regel nicht urheberrechtlich geschützt (siehe Abschnitt 3.4). Markenlogos sind hingegen urheberrechtlich geschützt, wenn sie eine individuelle und von einem Menschen erstellte Grafik enthalten (siehe Abschnitt 3.1). Allerdings ist der urheberrechtliche Schutz eines Markenlogos keine Voraussetzung für die Anmeldung als Bild- oder Wort-Bild-Marke, sodass auch von der KI erstellte und urheberrechtlich nicht geschützte Logos als Marke registriert werden können (das Beispiel eines KI-generierten Markenlogos finden Sie nachfolgend in Abbildung 7.6).

7.1.2 Voraussetzungen des Markenschutzes

Zu den wesentlichen Voraussetzungen einer Markenregistrierung gehört, dass die Marke über eine sogenannte Unterscheidungskraft verfügt und nicht sittenwidrig ist (diese und weitere Eintragungshindernisse werden in § 8 MarkenG gelistet).

7.1.2.1 Unterscheidungskraft

Unterscheidungskraft bedeutet, dass ein Zeichen geeignet ist, Waren oder Dienstleistungen eines Unternehmens von denen anderer Unternehmen zu unterscheiden. Es muss beim Verbraucher als Hinweis auf die Herkunft wirken und nicht nur als allgemeine Beschreibung der Produkte dienen. Daher wäre z.B. die Marke »Apfel« für Obstprodukte nicht schützbar. Je weniger die Marke mit der dahinterstehenden Leistung zu tun hat, desto eher wird sie beim Markenamt registriert und schützt effektiver vor Nachahmern. Beispielsweise ist »TikTok« für eine soziale Videoplattform sehr unterscheidungskräftig, während »Social-Video« beschreibend ist und somit als Marke ungeeignet wäre.

7.1.2.2 Keine Sittenwidrigkeit

Eine Marke darf nicht sittenwidrig sein. Dies ist der Fall, wenn sie das sittliche, moralische oder ethische Empfinden weiter Verkehrskreise, also größerer Teile der Bevölkerung, erheblich verletzt. Darunter fallen insbesondere diskriminierende Begriffe sowie solche, die politisch oder religiös als unkorrekt oder als grobe Geschmacklosigkeit angesehen werden könnten. Aufgrund der Unbestimmtheit und Wandlungsfähigkeit dieser Begriffe sind solche Verfahren schwer einzuschätzen (siehe Abbildung 7.3). So wurde z.B. die Marke »Ficken« für alkoholische Partygetränke in Deutschland erlaubt (BPatG, Az. 26 W (pat) 116/10), »Schenkelspreizer« dagegen nicht (BPatG, Az. 26 W (pat) 107/97).

Abbildung 7.3: Auch im Fall des bekannten Kinotitels »Fack Ju Göhte« wurde die Anmeldung einer EU-Marke zunächst wegen Sittenwidrigkeit abgelehnt. Der EuGH entschied jedoch, dass in diesem speziellen Fall keine Sittenwidrigkeit vorliegt, da das deutsche Publikum diese Wortfolge wegen des Films nicht als anstößig oder als Herabwürdigung eines deutschen Dichters wahrnimmt (EuGH, Az. C-240/18 P). (Quelle: Filmplakat, Constantin Film)

7.1.2.3 Wappen, Flaggen und Hoheitskennzeichen

Wappen, Flaggen und andere Hoheitszeichen von Staaten sowie Kennzeichen internationaler Organisationen sind nicht als Marken registrierungsfähig. Der Grund ist die besondere Bedeutung und Autorität dieser Zeichen, die nicht für kommerzielle Zwecke missbraucht werden sollen. So wäre es beispielsweise unzulässig, das Wappen der Bundesrepublik Deutschland oder das Logo der Vereinten Nationen als Marke für ein Produkt zu verwenden.

> **Hinweis: Flaggen und Farben**
>
> Die Verwendung des Begriffs »Deutschland« bzw. »Made in Deutschland« und der Farben Schwarz, Rot, Gold ist grundsätzlich erlaubt. Nicht erlaubt ist die Verwendung von Hoheitszeichen, z.B. Staatsflaggen, Staatswappen oder Landesflaggen (§ 145 Abs. 1 MarkenG). Außerdem muss die beworbene Leistung tatsächlich aus Deutschland stammen (zu Deutschland-Siegeln siehe Abschnitt 9.4.3). In anderen Ländern gelten in der Regel vergleichbare Vorgaben (z.B. Vorgaben für »Swiss Made«-Produkte in der Schweiz, die die Nutzung des Schweizer Wappens bis auf registrierte Ausnahmen untersagen).

7.1.2.4 Staatliche Einrichtungen oder öffentlichen Institutionen

Zeichen, die staatlichen Einrichtungen oder öffentlichen Institutionen vorbehalten sind, sind ebenfalls von der Markenfähigkeit ausgenommen. Dazu zählen beispielsweise die Logos von Universitäten, Forschungseinrichtungen oder Behörden. Diese

Zeichen genießen besonderen Schutz und dürfen nicht für private wirtschaftliche Interessen verwendet werden. Eine unerlaubte Nutzung könnte den Eindruck erwecken, dass das Unternehmen mit der jeweiligen Institution verbunden ist oder von ihr unterstützt wird, was zu einer Irreführung der Verbraucher führen würde.

7.1.3 Markenklassen

Der Markenschutz gilt grundsätzlich nur innerhalb der bestimmten Produkt- oder Dienstleistungsbereiche, für die die Marke registriert wurde (nach dem Ort ihrer Festlegung *Nizza-Klassen* genannt, siehe Abbildung 7.4). Zum Beispiel kann jemand, der die Marke »EspressoIdee« für Werbeleistungen anmeldet, nicht verhindern, dass ein anderer sie im Bereich Lebensmittel nutzt. Der Gesetzgeber geht davon aus, dass Kunden intelligent genug sind, das Image einer Werbeagentur nicht auf ein gleichnamiges Lebensmittel zu übertragen.

> **Hinweis: Übersicht über Markenklassifikationen**
>
> Eine Übersicht über die Markenklassifikationen mit weiterführenden Links finden Sie z.B. beim Deutschen Patent- und Markenamt unter *https://www.dpma.de/marken/klassifikation/waren_dienstleistungen/nizza/index.html*.

Klasse 30: Kaffee, Tee, Kakao, Zucker, Reis, Tapioka, Sago, Kaffee-Ersatzmittel; Mehle und Getreidepräparate; Brot, feine Backwaren und Konditorwaren, Speiseeis; Honig, Melassesirup; Hefe, Backpulver; Salz, Senf; Essig, Saucen (Würzmittel); Gewürze; Kühleis.

Klasse 35: Werbung; Geschäftsführung; Unternehmensverwaltung; Büroarbeiten.

Abbildung 7.4: Beispiel mit zwei der 45 Nizza-Markenklassen, hier Klasse 30 für bestimmte Lebensmittelprodukte und Klasse 35, unter anderem für Werbung und Unternehmensverwaltung.

7.1.4 Eine eigene Marke anmelden

In diesem Abschnitt erhalten Sie einen Überblick darüber, was Sie beachten müssen, wenn Sie erwägen, selbst eine Marke anzumelden. Das könnte z.B. der Fall sein, wenn Sie Ihre Leistungen unter einem bestimmten Namen anbieten und die Befürchtung haben, jemand anderes könnte diesen Namen als Marke registrieren und Ihnen so Ihre Rechte streitig machen.

7.1.4.1 Schutzfähigkeit

Anhand der in Abschnitt 7.1.2 genannten Punkte für den Schutz von Marken können Sie überprüfen, ob Ihre Markenidee überhaupt schutzfähig ist. Das bedeutet, dass Sie insbesondere die Unterscheidungskraft prüfen müssen. Sie sollten außerdem sicherstellen, dass die Marke weder sittenwidrig ist noch öffentliche oder amtliche Zeichen verwendet.

7.1.4.2 Registrierung von KI-Erzeugnissen als Marke

Die Registrierung von KI-Erzeugnissen als Marke, wie Logos oder Produktnamen, ist möglich. Denn anders als im Urheberrecht ist es im Markenrecht irrelevant, wie ein Produktname oder ein Markenlogo entstanden ist (der fehlende urheberrechtliche Schutz von KI-Ergebnissen wird in Abschnitt 4.1 erläutert). Für die Schutzfähigkeit als Marke ist nur relevant, dass die KI-erzeugten Produktnamen oder Logos unterscheidungskräftig sind (siehe Abbildung 7.5). Wichtig ist jedoch, dass auch KI-erzeugte Produktnamen und Logos, wie im nächsten Abschnitt beschrieben, vor der Anmeldung daraufhin überprüft werden, ob sie nicht gegen bereits existierende fremde Marken verstoßen.

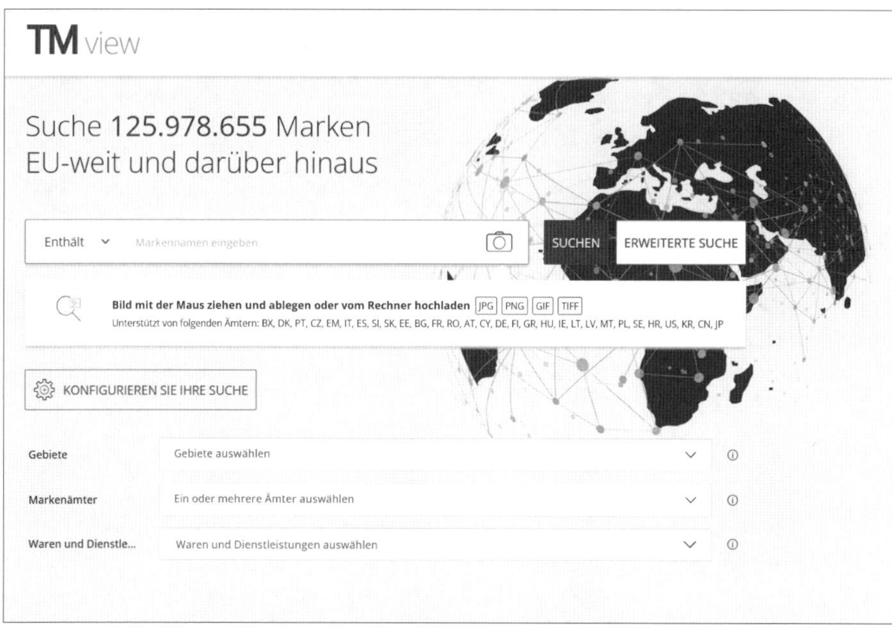

Abbildung 7.5: Für eine Markenanmeldung ist es nicht erforderlich, dass das anzumeldende Logo oder Wort urheberrechtlich geschützt ist. Vielmehr ist es, wie in dem Bildbeispiel gezeigt, wichtig, dass der gewählte Begriff im Hinblick auf das Produkt nicht bloß beschreibend ist (was z. B. bei einer Wortmarke »Lecker Schokolade« für eine Schokolade der Fall wäre). Auch ein grafisches Logo muss, wie hier dargestellt, über eine eigene Charakteristik verfügen und nicht nur das Produkt abbilden (z. B. wäre die Abbildung einer typischen Schokoladentafel als Bildmarke für eine Schokolade nicht schutzfähig).

7.1.4.3 Markenrecherche

Es ist immer erforderlich, eine Markenrecherche durchzuführen, um Konflikte mit bestehenden Marken zu vermeiden:

1. **Internet- und Bildersuche:** Bevor Sie zu speziellen Werkzeugen greifen, können Sie zunächst mittels Text- und Bildersuchmaschinen (z. B. Google) überprüfen, ob Unternehmen oder Produkte mit ähnlichen Namen oder Markenlogos bereits existieren.
2. **Markendatenbanken:** Anschließend können Sie offizielle Datenbanken für Marken- und Titelrecherche einsetzen (siehe folgende Linkliste und Abbildung 7.5).
3. **Professionelle Recherche:** Mittels der Schritte 1 und 2 können Sie die meisten potenziellen Markenrechtsverstöße vermeiden. Wegen der hohen Kosten bei Markenrechtsverstößen sollten Sie jedoch vor der Markenanmeldung abschließend eine professionelle Markenrecherche, z. B. durch eine auf Markenrecht spezialisierte Rechtsanwaltskanzlei, in Anspruch nehmen.

Abbildung 7.6: Eine erste Anlaufstelle für die Markenrecherche ist die Suchmaschine TMview, die vom Europäischen Patent- und Markenamt betrieben wird.

> **Hinweis: Datenbanken für Marken- und Titelrecherche**
>
> - Markenrecherche bei nationalen Markenämtern, z. B. Deutschland (*register.dpma.de/DPMAregister/marke/uebersicht*), Österreich (*seeip.patentamt.at/*) oder Schweiz (*database.ipi.ch/database-client/search/query/trademarks*).
> - Alternativ und vor allem, wenn auch EU-Marken oder internationale Marken mit angezeigt werden sollen, ist die Markenrechercheplattform TMview vorzuziehen: *https://www.tmdn.org/tmview*.

7.1.4.4 Gebühren und Reichweite

Für einen Schutz außerhalb des eigenen Lands müssen Marken gesondert in den jeweiligen Ländern bzw. EU-weit registriert werden. Es fallen dann Amts- und Rechtsanwaltsgebühren an. Die Kosten variieren je nach Region und Reichweite (z. B. für

Deutschland 300 Euro, in der EU 850 Euro). Die Anmeldung dauert etwa drei bis sechs Monate und bietet einen zehnjährigen Schutz, der verlängert werden kann.

7.1.4.5 Pflicht zur Benutzung

Wenn Sie eine Marke registriert haben, müssen Sie diese innerhalb von fünf Jahren tatsächlich nutzen, indem Sie beispielsweise Produkte unter dieser Marke verkaufen (§ 26 MarkenG). Tun Sie das nicht, können andere beantragen, dass Ihre Marke gelöscht wird, wodurch Sie den Markenschutz verlieren könnten.

7.1.4.6 Rechtsberatung

Die Anmeldung einer Marke können Sie selbst durchführen. Allerdings ist es aufgrund des Risikos und hoher Kosten, die im Fall von Fehlern drohen, ratsam, eine Rechtsberatung in Anspruch zu nehmen. So vermeiden Sie spätere negative Überraschungen, falls sich herausstellt, dass die Marke z. B. nicht für die richtige Markenklasse angemeldet wurde. Wenn Sie beispielsweise die in Abschnitt 7.1.3 oben als Beispiel genannte Marke »EspressoIdee« für Werbedienstleistungen schützen wollten (Klasse 35), aber aus Versehen eine Marke für Kaffeeprodukte angemeldet haben (Klasse 31), dürfen Ihre Mitbewerber den Begriff »EspressoIdee« im Werbebereich weiterhin frei nutzen.

7.1.5 Neben der Marke geschützte Kennzeichen

Wenn vom Markenrecht die Rede ist, denken die meisten an Marken, die im offiziellen Verfahren bei der zuständigen Markenbehörde registriert wurden (z. B. beim Deutschen Patent- und Markenamt). Das stimmt insoweit, als diese Marken den Kern des Markenrechts ausmachen. Zugleich greift diese Sichtweise zu kurz, da das Markenrecht eine breite Palette von geschützten Kennzeichen umfasst, die keiner Registrierung bedürfen (siehe § 3 Abs. 1 MarkenG). In der Praxis müssen insbesondere die im Folgenden genannten Arten geschützter Kennzeichen beachtet werden.

7.1.5.1 Nicht registrierte Marken

Neben registrierten Marken gibt es Kennzeichen, die auch ohne Registrierung schutzfähig sein können, sofern sie die genannten Voraussetzungen einer schutzfähigen Marke gemäß Abschnitt 7.1.2 erfüllen (§ 4 Nr. 2 MarkenG). In diesem Fall muss die Schutzfähigkeit durch den Nachweis der Verkehrsgeltung belegt werden, etwa durch Markterhebungen oder andere geeignete Beweise. Dafür ist es in der Regel erforderlich, dass ein erheblicher Teil der relevanten Verkehrskreise (meist etwa 25 bis 30 %) die Marke als Herkunftshinweis versteht. Da der Nachweisaufwand erheblich sein kann, ist eine Markenanmeldung in der Regel der einfachere und sicherere Weg zum Schutz der Marke.

Neben Wort- oder Bildmarken können auch andere Kennzeichen markenrechtlichen Schutz erlangen, z. B. Design- und Farbgestaltungen, die mit bestimmten Unternehmen oder Produkten verbunden werden (siehe Abbildung 7.7).

Abbildung 7.7: Auch farbliche und optische Gestaltungen können markenrechtlichen Schutz genießen, wie der Rechtsstreit zwischen der Brauerei Paulaner und der Karlsberg-Brauerei um die Flaschendesigns ihrer Cola-Mischgetränke zeigt. Das LG München I (Az. 33 O 14937/23) entschied zugunsten von Paulaner, dass die auffällige Etikettengestaltung von den Verbrauchern als Herkunftshinweis wahrgenommen wird. Ausschlaggebend war, dass die Farbkombination des Etiketts ungewöhnlich ist, den Großteil des Etiketts einnimmt und nicht nur dekorativ wirkt, sondern als eigenständiges Kennzeichnungselement verstanden wird. Gemeint ist die horizontale, farbig angeordnete Wellenform auf der Flasche von Paulaner mit einem blau-rot-gelben Verlauf. Auch auf der Flasche von Karlsberg befand sich ein Farbverlauf in ähnlichen Farbtönen. Zwar waren da die Farben leicht abweichend, die Anordnung war vertikal und auch ohne Wellenform, dennoch genügte es dem Gericht, darin eine Verwechslungsgefahr mit der Flasche von Paulaner zu sehen.

7.1.5.2 Unternehmensnamen und -kennzeichen

Neben Marken schützt das Markenrecht gemäß § 5 MarkenG Unternehmensnamen (z.B. »Microsoft«) sowie Unternehmenskennzeichen. Unternehmenskennzeichen umfassen auch andere Bezeichnungen, die im Geschäftsbetrieb verwendet werden, jedoch nicht der eigentliche Name des Unternehmens sind, etwa »McCafé« für begrenzte Bereiche im sogenannten »Coffee Shop«-Stil in Filialen der Fastfood-Kette McDonald's. Unternehmensnamen und -kennzeichen genießen Schutz, wenn sie im geschäftlichen Verkehr benutzt werden und unterscheidungskräftig sind. Das heißt, sie dürfen nicht rein beschreibend sein. Fehlt die Unterscheidungskraft, kann Schutz auch hier erlangt werden, wenn sich das Unternehmenskennzeichen im Verkehr durchgesetzt hat, was regelmäßig bei einer Bekanntheit von etwa 25 % oder mehr innerhalb der relevanten Zielgruppe angenommen wird.

Der Schutz von Unternehmensnamen und Unternehmenskennzeichen bezieht sich grundsätzlich auf die Branchen- oder Tätigkeitsbereiche, in denen das Unternehmen tätig ist. Ferner kann der Schutz auf die geografische Reichweite der Geschäftstätigkeit begrenzt sein. Zum Beispiel wird die »Bäckerei Butterblume« mit einem Standort in Köln nur dort einen Schutz vor Konkurrenz mit derselben Bezeichnung genießen. Anders dagegen das Unternehmen »Kamps«, das deutschlandweit Backfilialen anbietet und sich damit deutschlandweit auf den Schutz seines Unternehmensnamens berufen kann.

7.1.5.3 Werktitel für geistige Werke

Titel von geistigen Werken – wie Software, Zeitschriften und deren Rubriken, Fernsehformaten, Büchern, aber auch Onlinemagazinen, Podcasts und Blogs – werden im Markenrecht als sogenannte *Werktitel* geschützt (gemäß § 5 MarkenG).

- **Schutz der Kombination von Titel und Thema:** Der Schutz eines Werktitels ist in der Regel auf den jeweiligen Themenbereich beschränkt. Beispielsweise ist der Titel der Onlinenewsseite »Chip« für IT- und Tech-Themen und nicht automatisch für das Thema Kartoffelchips und Snacks geschützt. Das heißt, theoretisch wäre ein Magazin mit dem gleichen Titel, aber mit anderen Themen vorstellbar. Um zufällige Themenüberschneidungen und rechtliche Probleme zu vermeiden, ist es jedoch ratsam, einen eindeutig anderen Titel zu wählen. Im Beispiel wäre »Chips & Snacks« eine sicherere Alternative für ein Magazin über Knabberartikel.
- **Individuell und wiedererkennbar:** Der Titel muss zumindest minimal individuell und erkennbar sein. Ist er rein beschreibend, gilt der Schutz nicht. Die Schwelle ist jedoch niedrig (siehe Abbildung 7.8). So wurde der Titel »Pizza+Pasta« für ein Kochbuch als ausreichend charakteristisch angesehen, da die Alliteration die Erkennbarkeit gewährleistet (BGH, Az. I ZR 87/89).
- **Entstehung des Schutzes:** Der Schutz entsteht mit der Nutzung des Titels in Verbindung mit dem Inhalt. Plant man ein Buch, einen Videokanal oder einen Podcast, besteht die Gefahr, dass jemand den Titel vorab für einen ähnlichen Inhalt verwendet. In solchen Fällen kann der Titel bis zu sechs Monate vorher im Titelschutzanzeiger angemeldet werden (*http://www.titelschutzanzeiger.de*).

Abbildung 7.8: Auch Podcast-Titel genießen den Schutz als Werktitel. Die Anforderungen an die Kreativität der Titel sind dabei niedrig, sodass auch Titel, die Begriffe mit Branchenbezug leicht abwandeln, als Werktitel geschützt werden können. Als Beispiel dienen die oben gezeigten Rechtspodcasts mit »Recht« im Titel. Nicht geschützt wären hingegen gänzlich allgemeine Titel wie beispielsweise »Rechts-Podcast«.

> **Hinweis: Werktitel**
>
> Werktitel sind zu kurz, um urheberrechtlich geschützt zu sein, sodass sie nur als Werktitel oder zusätzlich als Marken geschützt werden können.

7.1.6 TM- und ®-Zeichen

TM steht für *Trademark*, den englischen Begriff für Marke, und signalisiert, dass der Schutz der Marke geltend gemacht wird (siehe Abbildung 7.9). TM wird z.B. in den USA verwendet, wenn sich die Marke im Registrierungsprozess befindet oder die Registrierung wegen der Bekanntheit der Marke für unnötig gehalten wird.

Das Zeichen ® steht hingegen für eine offiziell registrierte Marke und ist in den USA notwendig, um Schadensersatz bei Markenrechtsverstößen geltend machen zu können. Beide Zeichen sind in Deutschland nicht verpflichtend. Wenn kein Markenschutz besteht und ein Unternehmen dennoch diese Zeichen verwendet, stellt dies sogar einen abmahnbaren Wettbewerbsverstoß dar.

Abbildung 7.9: Die Symbole ™ und ® stammen aus dem US-Recht und bieten in Deutschland keinen rechtlichen Vorteil. Werden sie ohne eine Markenanmeldung verwendet, führt das zu einem Wettbewerbsverstoß.

7.1.7 Markenverstöße

Es kommt zu Markenverstößen, wenn eine Verwechslungsgefahr mit fremden Marken vorliegt oder wenn es sich um eine bekannte Marke handelt, deren Image ausgenutzt oder negativ beeinträchtigt wird.

7.1.7.1 Markenverstoß bei Verwechslungsgefahr

Die Marke schützt ein Unternehmen gemäß § 14 MarkenG zunächst davor, dass ein Konkurrent ähnliche Leistungen ähnlich benennt und dadurch eine Verwechslungsgefahr der Leistungen vorliegt. Angenommen, Sie würden eine Plattform für Hunde-Content namens »TikDog« anbieten. Das könnte die Marke »TikTok« verletzen. Ob tatsächlich ein Verstoß vorliegt, würde wie folgt geprüft werden:

- **Identität oder Ähnlichkeit der Marken** – Im ersten Schritt wird geprüft, ob die Marken optisch oder von der Aussprache her ähnlich sind, was z.B. für eine Plattform, die sich »TikDog« nennt, im Vergleich zu »TikTok« zumindest phonetisch zutreffen würde.

- **Identität oder Ähnlichkeit der Produkte oder Leistungen** – Im zweiten Schritt müssen Sie prüfen, ob die unter der neuen Marke angebotenen Leistungen denen entsprechen, für die die alte Marke angemeldet ist. Da in diesem Beispiel sowohl »TikDog« als auch »TikTok« Videoplattformen wären, würde eine Leistungsähnlichkeit vorliegen.

Folglich wären beide Voraussetzungen erfüllt. Den Namen »TikDog« für Ihre Plattform zu wählen, würde zu einer Verwechslungsgefahr mit der Marke TikTok führen, und mit an Sicherheit grenzender Wahrscheinlichkeit würden Sie von dem Inhaber der Marke »TikTok«, dem Unternehmen »ByteDance«, eine Abmahnung erhalten. Ein Beispiel für die Verwechslungsgefahr bei nicht registrierten Kennzeichen finden Sie in der Abbildung 7.7.

7.1.7.2 Markenverstoß bei bekannten Marken

Vorsicht ist ebenfalls bei sogenannten »bekannten Marken« geboten, die mindestens 50% der Zielgruppe geläufig sind. Bekannte Marken sind z.B. Google, IBM, Facebook, Twitter, Haribo und Mercedes.

Diese Marken sind auch für nicht vergleichbare Produkte und Leistungen gesperrt. Es darf weder deren Image auf eigene Produkte oder Leistungen transferiert werden, noch dürfen diese Marken sonst beeinträchtigt werden:

- **Unerlaubter Imagetransfer:** Es ist verboten, sich das Image einer Marke zunutze zu machen und z.B. ein Café »Instagram-Treff« zu nennen oder einen Porsche auf dem Firmenflyer abzubilden.
- **Imagebeeinträchtigung:** Außerdem darf man das Markenimage nicht negativ beeinträchtigen, weshalb die Marke »McDog« durch McDonalds untersagt wurde (BGH, Az. I ZR 268/95). Dasselbe Schicksal ist auch für eine Marke wie das in Abschnitt 7.1.7.1 genannte Beispiel »TikDog« anzunehmen.

7.1.7.3 Markenverstoß durch Hashtags

Ein Markenverstoß kann auch durch die Nutzung fremder Marken als Hashtags begangen werden. Dabei wird die Signalwirkung der Marke, insbesondere ihre Werbe- und Herkunftsfunktion, ausgenutzt, um Nutzer und Follower anzulocken. Dies kann eine Beeinträchtigung der Markenrechte darstellen, wenn dadurch eine Verwechslungsgefahr oder eine unlautere Ausnutzung der Bekanntheit der Marke entsteht.

- **Markenverletzung durch ein Hashtag:** Ein Beispiel hierfür wäre, wenn ein Modehändler seine eigenen Produkte unter Hashtags wie »#Gucci« oder »#Prada« bewirbt, obwohl die Produkte nichts mit diesen Marken zu tun haben. Dadurch könnte bei den Nutzern der Eindruck entstehen, es handle sich um Originalware oder um eine Kooperation mit den Markeninhabern.
- **Zulässige Nutzung bei Verkauf und Vertrieb:** Fremde Marken sollten nur dann als Hashtags verwendet werden, wenn Produkte dieser Marke angeboten werden (vgl. Abschnitt 7.1.9.2 zur Nutzung fremder Marken zu Vertriebs- und Verkaufszwecken). Beispiel: Ein Onlinehändler bietet originale Adidas-Schuhe an und nutzt in einer Werbeanzeige den Hashtag »#Adidas«, um auf die Markenprodukte hinzuweisen.

- **Zulässige Nutzung bei Berichterstattung oder Meinungsäußerung:** Ebenso zulässig ist die Nutzung fremder Marken als Hashtags, wenn in dem Beitrag tatsächlich über die Marke berichtet wird, z.B. wenn ein Verlag auf einen Newsartikel hinweist oder wenn Privatpersonen Stellung zu der Marke beziehen. Beispiel: Ein Blogger veröffentlicht eine Rezension über die neuesten Produkte von Apple und verwendet den Hashtag »#Apple« im Zusammenhang mit seinem Beitrag.

7.1.7.4 Keyword-Bidding

Gemäß der aktuellen Rechtsprechung ist es erlaubt, fremde Marken als »Keywords« in Google-Werbeanzeigen zu nutzen. Dies bedeutet, dass ein Werbetreibender die Marke eines anderen Unternehmens als Keyword eingibt, sodass bei einer entsprechenden Suche die eigene Anzeige eingeblendet wird und potenzielle Kunden abgefangen werden. Ein Beispiel: Volkswagen könnte das Keyword »Tesla« verwenden, sodass bei einer Google-Suche nach »Tesla« eine Anzeige für ein VW-Fahrzeug erscheint. Ausführliche Informationen zum Keyword-Bidding finden Sie im Abschnitt 15.2 zum Thema SEO und SEA.

7.1.8 Erlaubte Nutzung fremder Marken

Der Markenschutz hat allerdings auch Ausnahmen. Dazu gehören vor allem die private Nutzung von Marken, die Nutzung im Rahmen der Presse- und Meinungsfreiheit sowie Beispiele des § 23 MarkenG, wenn Sie einen gleichlautenden Namen haben, Markenprodukte verkaufen oder Zubehör oder Leistungen rund um die Marke anbieten möchten. Im Rahmen dieses Kapitels werden Sie anhand konkreter Beispiele erfahren, wie sich die hier beschriebenen Ausnahmen in der Praxis auswirken.

7.1.8.1 Private Nutzung von Marken

Das Markenrecht gilt zwar nicht gegenüber Privatpersonen, jedoch das Namensrecht.

Eine Markenverletzung setzt die geschäftliche Nutzung einer Marke voraus; im Privatbereich gilt das Markenrecht nicht. Privatpersonen können in TikToks bedenkenlos Markennamen nennen oder selbst erstellte Bilder von Markenprodukten zeigen. Da sie als Privatpersonen keine Produkte oder Dienstleistungen anbieten, besteht weder Verwechslungsgefahr noch eine Ausbeutung des wirtschaftlichen Werts einer Marke (siehe Beispiel in Abschnitt 2.1.1.2 zur Nutzungsbeschränkung von sogenannten Tippfehlerdomains wie etwa »mickrosoft.de«).

Die Grenze des Erlaubten wird erreicht, wenn die Besucher eines Onlineangebots glauben könnten, das Angebot stamme vom Markeninhaber. Dies wäre beispielsweise der Fall, wenn jemand ein Blog mit dem Namen »Instagram-Blog« einrichtet oder eine gleichlautende Domain registriert. Hier greift zwar nicht das Markenrecht, aber das Namensrecht (§ 12 BGB), das auch Privatpersonen betrifft und die Namen von Produkten und Unternehmen schützt. Das Namensrecht verbietet die Verwendung fremder Namensbezeichnungen, wenn dadurch Verwirrung bei der Zuordnung des Namens zu einem Produkt oder Unternehmen entstehen kann.

7.1.8.2 Satire, Parodie und Kritik

Im Urheberrecht kann bei satirischen, parodistischen oder kritischen Auseinandersetzungen mit einem Markennamen, Markenlogo oder dem Markenrechtsinhaber auf das »Recht auf Karikatur, Parodie und Pastiche« gemäß § 51a UrhG verwiesen werden (mehr dazu in Abschnitt 3.3.6). Neben dem Urheberrecht muss allerdings auch das Markenrecht beachtet werden, um keine Markenrechtsverletzung zu begehen. Die Meinungsfreiheit ermöglicht aber durchaus, Satire auch in kommerzieller Werbung einzusetzen.

Gerichte haben folgende Grundsätze entwickelt, unter denen geschützte Inhalte für Satire oder Kritik genutzt werden dürfen:

- **Erkennbarkeit der Satire:** Die satirische Absicht muss offensichtlich sein. Verzerrung und Übertreibung sind typisch für Satire, um Missverständnisse zu vermeiden.
- **Bezug zu einem öffentlichen Ereignis oder Interesse:** Satire muss sich auf öffentliche Ereignisse oder gesellschaftliche Missstände beziehen und darf nicht nur wirtschaftliche Ausbeutung zum Ziel haben.
- **Keine satirische Werbung im Wettbewerb:** Satirische Werbung darf nicht gegen direkte Konkurrenten gerichtet sein, um wirtschaftliche Benachteiligung zu vermeiden.
- **Vermeidung einer dominanten Werbebotschaft:** Satire darf nicht hinter einer klar erkennbaren Werbebotschaft verschwinden.

Entsprechend diesen Grundsätzen liegt vor allem dann kein Markenrechtsverstoß vor, wenn der Zweck der Abwandlung der Marke allein in einer satirischen oder kritischen Auseinandersetzung mit der Marke liegt (siehe Abbildung 7.10).

Abbildung 7.10: Der Lebensmittelhersteller Nestlé steht immer wieder in der Kritik von Umweltschützern oder Sozialverbänden. Um die Kritik zu unterstreichen, wird gelegentlich auch das Konzernlogo, das ein Vogelnest darstellt (linke Bildseite), in zulässiger Weise abgewandelt, um die negativen Folgen der Geschäftspolitik von Nestlé zu unterstreichen (rechte Bildhälfte, in der ein Vogel tot neben dem Nest liegt und ein anderer das Nest verlässt).

Die Nutzung zu satirischen Zwecken darf auch einen kommerziellen Hintergrund haben, wenn z.B. ein Umweltverband die Verballhornung des Logos in Abbildung 7.11 auf T-Shirts drucken und zur Förderung des eigenen Anliegens verkaufen würde. Dagegen läge ein Markenrechtsverstoß vor, wenn die Abwandlung der Marke ausschließlich kommerziellen Zwecken, vor allem dem Produktabsatz, dienen würde (siehe Abbildung 7.11).

Fallbeispiel

Ein Scherzartikelhersteller verpackte ein Kondom und versah es mit dem Originalschriftzug des Schokoriegelherstellers Mars. In Abwandlung des bekannten Werbeslogans »Mars macht mobil bei Arbeit, Sport und Spiel« stand auf der Packung der Satz »Mars macht mobil bei Sex, Sport und Spiel«. Diese Art von Satire wurde gerichtlich untersagt, da die Satire nicht eindeutig erkennbar war und Dritte hätten denken können, das Kondom sei tatsächlich von dem Schokoriegelhersteller in Umlauf gebracht worden (BGH, Az. I ZR 79/92).

Da Markenrechtsverstöße hohe Kosten nach sich ziehen können, sollte bei jedwedem kommerziellen Kontext stets eine rechtliche Prüfung der Abwandlung des Logos und seiner Nutzung vorab durch eine Fachperson erfolgen.

Abbildung 7.11: Der Bundesgerichtshof (BGH) stellte fest, dass die Parodie »Pudel« auf die Marke »Puma« nicht die Kriterien einer erlaubten Parodie erfüllte, die eine kommerzielle Nutzung der Marke, etwa als T-Shirt-Aufdruck, rechtfertigen würden. Es war, abgesehen von der Abwandlung der Markenfigur und des Texts zu Verkaufszwecken, kein satirischer oder kritischer Kontext erkennbar (BGH, Az. I ZR 59/13).

7.1.8.3 Gleichlautender Eigenname

Wer einen Namen hat, der wie eine Marke lautet, kann ihn auch für sein Unternehmen verwenden. Zum Beispiel darf ein »Peter Sap« unter seinem Namen Software ohne Erlaubnis von SAP anbieten. Er dürfte sich aber nicht darüber hinaus der SAP-Marke annähern und dürfte sich z.B. nicht mit Großbuchstaben schreiben (»Peter SAP«).

7.1.8.4 Weiterverkauf

Entsprechend dem sogenannten »Erschöpfungsgrundsatz« dürfen Markenprodukte weiterverkauft werden (§ 24 MarkenG). Das heißt, der Markeninhaber kann die weitere Benutzung seiner Marke in Bezug auf diese Waren nicht untersagen, weil er sie selbst auf den Markt gebracht hat oder sie mit seiner Zustimmung auf den Markt gebracht wurden. Dabei gelten die folgenden Voraussetzungen:

- Die Waren müssen im Europäischen Wirtschaftsraum (EWR) rechtmäßig in Verkehr gebracht worden sein.
- Änderungen oder Verschlechterungen an der Ware dürfen nicht vorgenommen werden.
- Die Werbung für den Weiterverkauf darf die Marke nur beschreibend nutzen und nicht den Eindruck erwecken, es bestehe eine besondere Verbindung zum Markeninhaber.

Fallbeispiel

Der Verkauf von originalverpackten Apple iPhones durch Drittanbieter ist zulässig, wenn die Geräte rechtmäßig im EWR in Verkehr gebracht wurden. Nicht zulässig wäre dagegen, den eigenen Onlineshop »Apple-Outlet« o. ä. zu benennen, weil damit eine offizielle Partnerschaft mit Apple suggeriert würde.

7.1.8.5 Zubehör, Ersatzteile und Dienstleistungen

Die Benutzung einer fremden Marke durch Dritte ist ebenfalls zulässig, soweit sie notwendig ist, um auf die Bestimmung von Waren oder Dienstleistungen hinzuweisen (§ 23 MarkenG). Auch diese Nutzung ist jedoch an enge Voraussetzungen gebunden:

Zulässig ist die beschreibende Bezugnahme auf Markenprodukte, etwa durch Händler von Zubehör oder Ersatzteilen, Lizenznehmer, Preisvergleichsportale oder Anbieter von Dienstleistungen im Zusammenhang mit Markenprodukten.

Beispiele:

- »Schutzhülle für iPhone 14«.
- »Coaching für Erfolg auf LinkedIn«.

Unzulässig ist hingegen jede markenmäßige Verwendung, die den Eindruck einer wirtschaftlichen Verbindung mit dem Markeninhaber erweckt oder die Marke als eigene Kennzeichnung nutzt (§ 14 Abs. 2 Nr. 1, Nr. 2 MarkenG). Dazu zählen insbesondere:

- die Benennung eigener Produkte mit der Marke selbst (z. B. »iPhone-Case« als eigene Produktbezeichnung) sowie
- die Verwendung von Marken als Teile von Unternehmensnamen oder Domains, die die Marke enthalten und eine offizielle Verbindung suggerieren (z. B. »linkedin-marketing.com« oder »LinkedIn Marketing GmbH«).

Fallbeispiel

Der BGH entschied, dass der Händler, der die Domain »keineVorwerkVertretung.de« für den Verkauf von gebrauchten Vorwerk-Produkten nutzte, die Markenrechte des Unternehmens Vorwerk, bekannt für Staubsaugerprodukte, verletzte. Der BGH stellte fest, dass die Domain über die bloße Produktbeschreibung hinaus eine unzulässige Werbewirkung habe und gegen gute Sitten verstoße. § 23 MarkenG schützt nur rein beschreibende Nutzungen. Der Händler könne auf andere Weise auf die Produkte hinweisen, z. B. im Text der Website (BGH, Az. I ZR 236/16).

Checkliste: Zulässige Nutzung fremder Marken

- Die Nutzung erfolgt ausschließlich privat und ohne geschäftlichen Kontext (z.B. privater Blogbeitrag über ein iPhone ohne Verkaufsabsicht).
- Nutzung im Rahmen der Presse-, Meinungs- oder Satirefreiheit (z.B. satirische Karikatur eines Markenlogos in einem Artikel).
- Hinweis auf Bestimmung oder Zweck von Zubehör oder Ersatzteilen (z.B. »Schutzhülle für iPhone 14«).
- Verkauf von Originalmarkenprodukten ohne Veränderung oder Verschlechterung (z.B. Verkauf gebrauchter Apple-Geräte in Originalverpackung).
- Beschreibung von Dienstleistungen im Zusammenhang mit Markenprodukten (z.B. »Coaching für Erfolg auf LinkedIn«).
- Die Nutzung der Marke in Werbung erfolgt nur beschreibend und ohne Eigenmarkenwirkung (z.B. Hinweis: »passend für Vorwerk-Staubsauger« ohne Verwendung des Logos).

7.1.9 Abbildungen von Markenlogos und Markenprodukten

Fremde Marken dürfen vor allem dann verwendet werden, wenn sie dem Vertrieb und Verkauf der Markenprodukte sowie dem Zweck der Berichterstattung dienen.

Die Voraussetzungen für eine zusätzliche Nutzung fremder Marken ohne Erlaubnis des Markeninhabers, wie sie im Abschnitt 7.1.8 dargestellt werden, gelten ebenso für die Nutzung von Markenlogos.

7.1.9.1 Abbildung der Marke für Pressezwecke

Journalistinnen und Journalisten sowie Privatpersonen können sich bei Berichten über Unternehmen und deren Produkte auf die Presse- und Meinungsfreiheit berufen und dürfen fremde Markenlogos im Rahmen des Zitatrechts verwenden. Die Verwendung der Logos ist ebenfalls urheberrechtlich als Bildzitat gerechtfertigt, da die Leserinnen und Leser es durch das Logo erheblich leichter haben, die Verbindung zwischen dem Artikeltext und dem besprochenen Unternehmen herzustellen (das Zitatrecht wird in Abschnitt 3.3.5 erläutert).

7.1.9.2 Abbildung des Markenprodukts zwecks Verkaufs

Es ist zulässig, fremde Marken abzubilden, wenn dies dem Verkauf einer Ware dient (sogenannter Erschöpfungsgrundsatz, siehe Abschnitt 7.1.8.4). Beispielsweise dürfen Sie beim Verkauf von Apple-Computern mit dem Bild des Markenprodukts werben.

Ferner dürfen Sie nur mit der Abbildung und der Bezeichnung des Produkts werben, dürfen aber ohne Erlaubnis des Herstellers nicht das Markenlogo oder die Wortmarke (z.B. »Apple«) für sich stehend oder als Teil der Unternehmensbezeichnung nutzen, da es für die Identifizierung des Produkts durch Kunden nicht erforderlich ist.

Dieselben Grundsätze gelten auch im Fall der Verlosung von Markenprodukten, was sie in Abschnitt 14.3.6 nachlesen können.

Hinweis: Urheberrecht beachten

Bitte beachten Sie, dass Markenlogos häufig zugleich auch urheberrechtlich geschützt sein können. Denn individuelle und charakteristische Markenlogos stellen zugleich häufig auch individuelle und persönliche Werke im Sinne des Urheberrechts dar (weitere Hinweise zum Urheberrechtsschutz von Bildern erhalten Sie in Abschnitt 3.5). Allerdings gilt der in Abschnitt 7.1.8.4 genannte Erschöpfungsgrundsatz auch für das Urheberrecht. Das bedeutet: Wenn Sie z.B. fremde Produkte verkaufen, die urheberrechtlich geschützt sind oder deren Verpackung urheberrechtlich geschützt ist, dürfen Sie diese trotzdem zu Zwecken des Verkaufs abbilden. Dabei ist die Abbildung fotografisch unproblematisch, während die Darstellung mittels KI entsprechend Abschnitt 4.7 rechtlich noch nicht geklärt ist und mit Zustimmung des Rechteinhabers (z. B. des Herstellers) erfolgen sollte (siehe Abschnitt 3.5.3).

7.1.9.3 Eigenwerbung

Prestigeträchtige Marken werden oft genutzt, um das Image eigener Leistungen aufzupolieren. Zum Beispiel sitzen Designer stets vor Apple-Computern, oder erfolgreiche Menschen steigen aus Ferraris. Solche Abbildungen sind zulässig, wenn sie keine Werbeanzeigen darstellen oder die Marken nur als unwesentliches Beiwerk des dargestellten Alltags auftauchen. Wird jedoch das Markenlogo oder -produkt gezielt in Szene gesetzt, um den bekannten Ruf der Marke für die eigene Leistung zu nutzen (sogenannter *Imagetransfer*), liegt eine Markenverletzung vor (siehe Abbildung 7.12).

Abbildung 7.12: Wenn Sie fremde Markenprodukte in Ihrer Werbung verwenden, können Sie sich nicht auf die Ausnahme eines zufälligen Beiwerks berufen. Im oben gezeigten fiktiven Beispiel einer Whiskywerbung würde der Whiskyanbieter das Ansehen der Luxusautomarke Rolls-Royce auf seinen Whisky übertragen. Ohne eine Erlaubnis von Rolls-Royce würde das einen Markenverstoß darstellen (KI-Bildbeispiel auf Grundlage des Urteils des BGH, Az. I ZR 133/80).

7.1.9.4 Abbildung als Beiwerk

Ist ein Markenlogo oder -produkt lediglich unwesentliches Beiwerk auf einem Bild, darf das Bild ohne Zustimmung des Markenrechtsinhabers veröffentlicht werden. Dies gilt, wenn die Markenprodukte zufällig im Bild sind und gegen beliebige andere Marken ausgetauscht werden könnten, ohne dass es für das Bild relevant wäre. Beispielsweise können auf der Webseite Fotografien des Betriebs veröffentlicht werden, auf denen Apple-Computer, HP-Drucker oder der Ferrari des Geschäftsführers neben anderen Autos auf dem Parkplatz zu sehen sind. Wichtig ist nur, dass diese Bilder nicht direkt mit Werbung in Verbindung gebracht werden. Ein Bild mit der Beschriftung »Unsere SEO-Maßnahmen laufen rund wie der Ferrari von unserem Chef« wäre z.B. unzulässig, da es Ferraris Image auf die eigenen Leistungen überträgt (vgl. auch Abbildung 7.12).

Checkliste: Abbildung fremder Markenlogos und Markenprodukte

Die Abbildung fremder Markenlogos oder Markenprodukte ist zu geschäftlichen Zwecken grundsätzlich untersagt, es sei denn, eine der folgenden Ausnahmen trifft zu:

- Einwilligung des Markeninhabers.
- Journalistische Zwecke: Ist die Abbildung des Markenlogos oder -produkts im Kontext der Berichterstattung notwendig und gerechtfertigt?
- Darstellung des Markenprodukts im Rahmen des Verkaufs.
- Darstellung des Markenprodukts im Rahmen einer Verlosung.
- Darstellung des Markenlogos oder -produkts als unwesentliches Beiwerk in einem Foto/Video.

7.1.10 Verletzung von Markenrechten durch KI-Ergebnisse

Es kommt eher selten vor, dass fremde Markenlogos unbeabsichtigt in KI-generierten Werken auftauchen, jedoch ist es nicht gänzlich ausgeschlossen.

Die Nutzung von KI zur Erstellung von Produktnamen, Kampagnennamen oder Produktlogos birgt das Risiko, gegen bestehende Markenrechte zu verstoßen. Dies kann in folgenden Fällen auftreten:

- **Fremde Marken in Grafiken:** Eine von KI erstellte Werbegrafik enthält das Markenlogo eines anderen Unternehmens.
- **Markenlogos:** Von KI erzeugte Produktlogovorschläge ähneln bestehenden Logos von Mitbewerbern zu stark.
- **Produktnamen und Werbeslogans:** KI-generierte Namen oder Slogans können sich zu sehr an bestehenden Marken oder Slogans orientieren.
- **Jingles:** Musiktöne, die z.B. in Werbeclips verwendet werden, können markenrechtlich geschützt sein (z.B. Telekom-Jingle).

Im Markenrecht ist es unerheblich, wie die Werke, mit denen ein Verstoß begangen wurde, entstanden sind. Daher sollten Sie sich mit der in Abschnitt 7.1.4.3 beschriebenen Markenrecherche schützen.

7.1.11 Verwendung von Social-Media-Icons

Bei der Verwendung von Social-Media-Icons sollten Sie sich immer zuerst an den Vorgaben der Markeninhaber orientieren.

Wenn Sie auf Ihre Social-Media-Aktivitäten hinweisen möchten, kommen Sie nicht darum herum, die Marken der Plattformen in Form von sogenannten Social-Media-Icons zu verwenden. Dabei ist es wichtig, sich zuerst über die Markenrichtlinien der jeweiligen Plattformen und auch anderer Marken, die Sie nutzen möchten, zu informieren. Suchen Sie nach Begriffen wie »Brand Guidelines« und »Markenrichtlinien« in Verbindung mit dem Namen der Marke oder des Unternehmens (siehe Abbildung 7.13).

Hinweis: Beispiele für Markenrichtlinien

- Facebook, Instagram, WhatsApp: *https://about.meta.com/de/brand/resources*
- TikTok: *https://developers.tiktok.com/doc/getting-started-design-guidelines*
- YouTube: *https://www.youtube.com/howyoutubeworks/resources/brand-resources/#logos-icons-and-colors*
- LinkedIn: *https://brand.linkedin.com/policies*
- Pinterest: *https://business.pinterest.com/de/brand-guidelines/*
- X: *https://about.x.com/en/who-we-are/brand-toolkit*

Die Vorgaben der Plattformen lassen sich wie folgt zusammenfassen:

- **Aktuelles Logo verwenden:** Immer die neueste Version des Logos als Icon nutzen.
- **Logo statt Text:** Das Logo als Icon und nicht als ausgeschriebenen Text verwenden, z.B. »f« statt »Facebook« oder »P« statt »Pinterest«. Ausnahmen bilden YouTube und TikTok, bei denen das Logo zusammen mit dem Namen der Plattform verwendet werden darf.
- **Unveränderte Form und Farbe:** Form und Farbe des Logos dürfen nicht verändert werden, nur monochrome oder monochrom-invertierte Anpassungen sind zulässig.
- **Mindestabstand:** Zwischen Logo und anderem Inhalt auf einer Website oder Broschüre sollte mindestens ein halber Icon-Abstand gelassen werden.
- **Keine Verbindungen mit eigenen Markenelementen:** Icons dürfen nicht in eigene Produktschriftzüge integriert oder mit eigenen Unternehmenslogos verbunden werden.

- **Nur Verweisfunktionen:** Social-Media-Icons dürfen lediglich zur Verlinkung zu den Plattformen genutzt werden, andere Funktionen sind nicht zulässig. Wie etwa ihre Nutzung als generelle Icons, z. B. das Instagram-Logo für die Bildrubrik auf der Unternehmenswebsite.

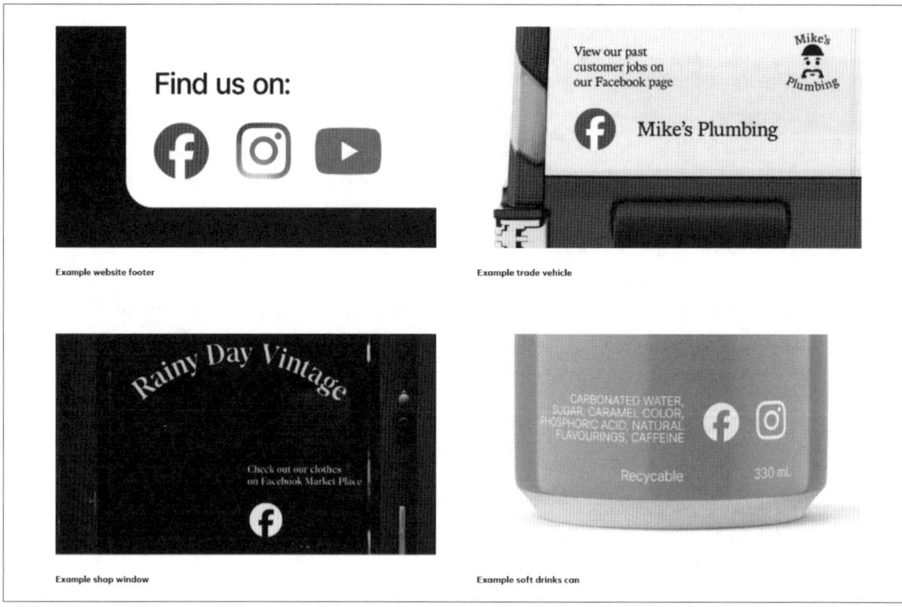

Abbildung 7.13: Die Markenrichtlinie von Facebook erklärt, wie die Logos online und auf Produkten verwendet werden dürfen.

Checkliste: Nutzung von Social-Media-Icons

1. Falls eine Markenrichtlinie der Plattform vorliegt, wurden ihre Voraussetzungen geprüft und eingehalten.

2. Im Übrigen werden die folgenden allgemeinen Voraussetzungen beachtet:

- Das Social-Media-Icon ist aktuell.
- Es wird nur das Icon und nicht der ausgeschriebene Plattformname verwendet. (Eine Kombination ist beim YouTube- und beim TikTok-Logo zulässig.)
- Form und Farbe des Markenlogos wurden nicht verändert. (Monochrom und monochrom invertiert sind zulässig.)
- Das Icon wird nicht grafisch mit der eigenen Marke oder dem Unternehmenslogo verknüpft.
- Zwischen dem Icon und dem übrigen Inhalt besteht ein Abstand von mindestens 50% der Icon-Größe.
- Das Icon wird ausschließlich zum Verweis auf die Plattform genutzt und nicht mit anderen Funktionen versehen (z.B. Verlinkung auf andere Angebote, Aufklappen von Elementen, Laden von Inhalten).

7.2 Ambush-Marketing mit Olympia, WM und Großevents

Eine Anlehnung an Großevents ist möglich, wenn generische Sportbegriffe verwendet werden und keine Gefahr besteht, wahrheitswidrig für einen offiziellen Sponsor gehalten zu werden.

Die große Sichtbarkeit und Medienpräsenz von Mega-Events wie der Fußball-WM oder den Olympischen Spielen bietet verlockende Möglichkeiten für das Marketing. Manche Unternehmen, die keine offiziellen Sponsoren sind, nutzen das sogenannte *Ambush- und Guerillamarketing*, um von der Beliebtheit der Events zu profitieren, ohne teure Sponsoringgebühren zu zahlen. Rechtlich ist das allerdings heikel, da diese Marketingform oft auf unsicherem Boden steht. Die Grenze zwischen geschickter Werbung und der Verletzung von Rechten Dritter oder der Erzeugung falscher Assoziationen ist oft unscharf. Im folgenden Abschnitt finden Sie einen Leitfaden, der erläutert, wann die Bezugnahme auf sportliche Großveranstaltungen erlaubt ist und wann Abmahnfallen lauern.

Hinweis: Ambush- und Guerilla-Marketing

»Ambush-Marketing« beschreibt Marketingstrategien, die die mediale Aufmerksamkeit von Großereignissen nutzen, ohne offizieller Sponsor zu sein. Der Begriff *Ambush* kommt aus dem Englischen und bedeutet »Hinterhalt«. Diese Methode gilt als eine Spielart des « Guerilla-Marketings«. Guerilla-Marketing basiert auf der Idee, kreative und unkonventionelle Marketingideen und -techniken einzusetzen, um mit minimalem Budget maximale Aufmerksamkeit zu erzielen (z.B. überraschende Pop-up-Installationen, gebrandete Streetart oder spektakuläre Aktionen im öffentlichen Raum).

7.2.1 Markenrecht und seine Grenzen

Bei der Anlehnung an Sportereignisse spielt das Markenrecht eine Rolle, wenn Namen oder Kennzeichen der Events ohne Erlaubnis verwendet werden. Gerichte haben jedoch wiederholt festgestellt, dass es keinen umfassenden Schutz für jede wirtschaftliche Nutzung der offiziellen Bezeichnungen von Sportereignissen gibt. Allgemeinsprachliche Begriffe sind nicht schützbar, da ihnen die notwendige Unterscheidungskraft fehlt. Der markenrechtliche Schutz wird z.B. in den folgenden Fällen verneint:

- »FUSSBALL WM 2006« (BGH, Az. I ZB 96/05)
- »WM 2010« (BGH, Az. I ZR 183/07)
- »SOUTH AFRICA 2010« (BGH, Az. I ZR 183/07)
- »QATAR 2022« und »WORLD CUP 2022« (Bundesgericht-CH, Az. 4A_518/2021 und 4A_526/2021)

Es ist also zulässig, mit einem »WM 2026-Rabatt« zu werben. Allerdings ist erhöhte Vorsicht geboten, da Begriffe, die unter Sportfans als gängig betrachtet werden könnten, juristisch nicht unbedingt als allgemeinsprachlich gelten, sodass deren Nutzung sowie die Nutzung anderer Kennzeichen der Veranstaltungen untersagt ist:

- **Eigennamen von Verbänden:** »UEFA Fußball-Europameisterschaft«, »Champions League« oder »Formel 1 Grand Prix« sind allesamt geschützte Marken, die kein Teil des allgemeinen Wortschatzes sind.
- **Nutzung offizieller Maskottchen:** Offizielle Maskottchen werden als Marken angemeldet und sind zudem urheberrechtlich geschützt.
- **Veranstaltungslogos:** Auch offizielle Logos der jeweiligen Events sind als geschützte Marken eingetragen und urheberrechtlich geschützt.

7.2.2 Verwechslungsgefahr vermeiden

Auch wenn Sie keine Marke der Veranstalter nutzen, dürfen Sie dennoch nicht den Eindruck erwecken, ein offizieller Sponsor zu sein oder sonst wie mit dem Veranstalter zu kooperieren. Damit würde es sich um eine unlautere Imageausbeutung handeln. Das kann z.B. der Fall sein, wenn Sie zwar nicht exakt die entsprechenden Logos, aber ähnliche Farben oder Formen wie die Sponsoren in den Werbemitteln einsetzen.

Fallbeispiel

Das OLG München entschied am 5. Februar 2015, dass ein Sportartikelhersteller wegen eines Trikots mit einem auf Brusthöhe platzierten Bundesadler umrandet von den Wörtern »Deutschland, Deutschland, Deutschland« einen Markenrechtsverstoß beging, da der DFB den Bundesadler umrandet mit den Worten »Deutscher Fußballbund« als Marke hat schützen lassen (OLG München, Az. 6 U 3249/14).

7.2.3 Anknüpfung an Sport, Ort und Ereignis ist erlaubt

Die reine Bezeichnung des Sports, wie z.B. »Fußball-Gewinnspiel« ist immer erlaubt. Auch das Sportereignis an sich darf Anknüpfungspunkt für Werbung sein, solange nicht die zuvor genannten geschützten Marken und Kennzeichen benutzt werden. Erlaubt wäre z.B. Werbung mit »1% Rabatt pro WM-Tor!« oder einem »EURO 2028 UK – Gewinnspiel«, aber nicht mit »UEFA EURO 2028«.

7.2.4 Marketing am Veranstaltungsort

Eine Variante des Ambush-Marketings ist das Mitbringen von Werbematerial an den Veranstaltungsort. Dabei müssen Sie jedoch das Hausrecht der Veranstalter beachten. Auch wenn Sie z.B. vor dem Stadion Werbeträger Ihres Unternehmens verteilen, wird ab einem gewissen Umfang und einem systematischen Vorgehen eine verbotene Täuschung über vorgeblich bestehende Sponsoringeigenschaften vorliegen. Zudem können auch Ihre Werbeträger belangt werden.

Fallbeispiel

Die niederländische Brauerei Bavaria stattete 36 Besucherinnen eines WM-Fußballspiels mit knappen Outfits aus, die sie unter anderem über ihre Homepage vertrieb. Obwohl die Oberteile keine Logos trugen, konnten Eingeweihte sie sofort als Produkte der Brauerei erkennen. Dies führte zu Ordnungs- und polizeirechtlichen Maßnahmen wegen Hausfriedensbruchs.

7.2.5 Olympische Ringe und olympische Begriffe

Bei der Verwendung olympischer Symbole und Begrifflichkeiten ist aufgrund einer speziellen gesetzlichen Regelung besondere Vorsicht geboten, insbesondere in Bezug auf das olympische Emblem.

7.2.5.1 Das Olympiaschutzgesetz

Gemäß dem Gesetz zum Schutz des olympischen Emblems und der olympischen Bezeichnungen (OlympSchG) ist die Nutzung olympischer Bezeichnungen und Symbole ausschließlich dem Deutschen Olympischen Sportbund (DOSB) und dem Internationalem Olympischen Komitee (IOC) vorbehalten (siehe Abbildung 7.14).

Abbildung 7.14: Die olympischen Ringe sind als olympisches Emblem durch das OlympSchG ausdrücklich geschützt und dürfen nicht zu Marketingzwecken verwendet werden.

Das OlympSchG verbietet explizit jeglichen gewerblichen Gebrauch von Begriffen wie »Olympiade«, »Olympia«, »olympisch« oder »Olympische Spiele« zu folgenden Zwecken:

- zur Kennzeichnung von Waren oder Dienstleistungen,
- in der Werbung für Waren oder Dienstleistungen oder
- als Firma, Geschäftsbezeichnung oder zur Bezeichnung einer gewerbsmäßigen Veranstaltung.

7.2.5.2 Erlaubter kommerzieller Gebrauch von Olympia-Begriffen

Ein Verstoß gegen das OlympSchG liegt vor, wenn die Gefahr besteht, dass der Werbende irrtümlich für einen offiziellen Sponsor der Olympischen Spiele gehalten wird oder das Ansehen der Olympischen Spiele unlauter ausgenutzt oder beschädigt wird. Erfreulich aus Marketingsicht ist jedoch, dass die Gerichte hohe Anforderungen an eine solche Verwechslungsgefahr oder Rufausnutzung stellen.

Insbesondere wenn die olympischen Begriffe genutzt werden, um auf die Qualität der Produkte hinzuweisen, oder nur ein zeitlicher Zusammenhang mit dem Großereignis besteht, erkannten die Gerichte bei den folgenden Slogans keinen Verstoß gegen das OlympSchG:

- »Olympische Preise« (OLG Frankfurt, Az. 6 U 122/17)
- »Olympia-Rabatt« (BGH, Az. I ZR 131/13)
- »Olympiareif« und »olympiaverdächtig«, auch für Sportkleidung und auch wenn dabei ein Sportler mit einer Goldmedaille abgebildet wird (BGH, Az. I ZR 225/17)
- »Bauernhofolympiade« (OLG München, Az. 29 U 2233/17)
- »Unser Angebot zu Olympia 2008« (LG Nürnberg-Fürth, Az. 3 O 10482/11)
- »FlatRateEdition Beijing – Unser Angebot zu Olympia 2008« (OLG Schleswig, Az. 6 U 31/12)

7.2.5.3 Erlaubter kommunikativer Gebrauch und Memes

Die Nutzung von geschützten Marken zur Kommunikation oder das Herstellen eines direkten Bezugs zu Großveranstaltungen ist zulässig. Beispiele hierfür sind Social-Media-Posts oder Hashtags, solange diese nicht kommerziell missbraucht werden:

- **Zulässige kommunikative Nutzung:** Beispielsätze könnten sein: »Wir schauen uns heute alle zusammen die EM an und drücken unserem Team die Daumen« oder »Unserem Nationalteam wünschen wir viel Erfolg bei den Olympischen Spielen!«.
- **Memes:** Zudem dürfen Sie Memes, die sich auf aktuelle sportliche Ereignisse beziehen, teilen, solange Sie das Teilen nicht mit der Bewerbung Ihrer Produkte oder Dienstleistungen verbinden.
- **Offizielle Hashtags:** Um kein Risiko einzugehen, verwenden Sie die von den Veranstaltern offiziell genutzten Hashtags und nicht Ihre eigenen Versionen (beispielsweise #EURO2028 anstelle von #UEFAEURO2028).
- **Verbotener Imagetransfer**: »Wir wünschen unserer Nationalmannschaft viel Erfolg bei den Olympischen Spielen und allen Teilnehmern unseres Olympia-Gewinnspiels viel Glück!« oder »Unser Gewinnspiel zum Finale! #FIFA2026«.

> **Tipp: Offizielle Hashtags nutzen**
>
> Nutzen Sie die auch von den Veranstaltern verwendeten Hashtags und keine eigenen Abwandlungen.

7.2.5.4 Hinweis auf fehlende Sponsoreneigenschaft

Das Ambush-Marketing birgt viele rechtliche Fallstricke und Unklarheiten. Besonders ohne Budget zur Verteidigung gegen mögliche Abmahnungen, die auch bei unberechtigten Abmahnungen einen mittleren vierstelligen Betrag kosten können, sollten Sie die Grenzen des Erlaubten nicht ausreizen.

Um Ihr Risiko so gering wie möglich zu halten, sollten Sie im Zweifelsfall einen klärenden Hinweis zu Ihren Marketingaussagen hinzufügen, z. B.:

> Während des Fußballspiels der Nationalmannschaft erhalten alle Fans 10% Rabatt.*
>
> *Es besteht keine Kooperation/Sponsoring/Verbindung mit/zu den offiziellen Ausrichtern der Fußball EM 2024.

Die Schriftgröße des Hinweises darf zwar etwas kleiner als die eigentliche Werbeaussage sein, sollte jedoch in unmittelbarer Nähe zu Ihrer Aussage stehen. Es geht dabei darum, dass jemand, der die Anzeige sieht, auch sofort den zusätzlichen Hinweis erkennt. Eine Fußnote wäre daher nicht ausreichend.

Tipp: Risikoabwägung

Im Marketing müssen die rechtlichen Risiken oft gegen die wirtschaftlichen Vorteile abgewogen werden. So können die Vorteile der Sichtbarkeit und Umsatzsteigerung die Kosten einer Abmahnung durchaus überwiegen. Solche Abwägungen sollten jedoch nicht ohne eine vorherige rechtliche Beratung vorgenommen werden, da andernfalls das Risiko einer persönlichen Haftung der Handelnden besteht.

Checkliste: Olympia- und Ambush-Marketing

1. Erlaubnispflichtige Nutzung:

- Vermeiden Sie die Nutzung von Eigennamen der Veranstalter oder Events (z.B. FIFA, UEFA, Champions League).
- Verwenden Sie keine Maskottchen oder Logos der jeweiligen Events.
- Erwecken Sie nicht den Eindruck, ein offizieller Sponsor zu sein. Vermeiden Sie auch ähnliche Farben, Formen oder Motive in Ihren Werbemitteln.
- Gehen Sie davon aus, dass Werbeaktionen auf dem Gelände der Stadien und an anderen Veranstaltungsorten gegen das Hausrecht verstoßen.

2. Erlaubter kommerzieller Gebrauch:

Die Nutzung von allgemeinsprachlichen Bezeichnungen der Sportarten oder Ereignisse ist zu Werbezwecken erlaubt (z.B. »Fußball-Rabatt« oder »EURO 2028 UK – Gewinnspiel«).

3. Erlaubter kommunikativer Gebrauch:

- Beispiel: »Wir drücken unserer Nationalmannschaft die Daumen! #FIFAEM2028«.
- Memes zu Ereignissen dürfen zu kommunikativen Zwecken geteilt werden.

4. Spezialfall Olympia:

- Die Nutzung der olympischen Ringe zu Werbezwecken ist verboten.
- Die Nutzung von Begriffen wie »olympisch«, »Olympia« etc. ist erlaubt, solange dabei nicht der Eindruck einer Kooperation oder eines offiziellen Sponsorings der Olympischen Spiele entsteht. Begriffe wie »Olympia-Rabatt« oder »olympische Preise« sind erlaubt.

5. Risikominderung durch Hinweis auf fehlende Sponsoreneigenschaft:

Fügen Sie Ihren Marketingaussagen einen klärenden Hinweis hinzu, dass kein offizielles Sponsoringverhältnis besteht.

KAPITEL 8

Influencer, Testimonials und Affiliates

Dieses Kapitel behandelt die rechtlichen Rahmenbedingungen im Influencer-Marketing einschließlich der gesetzlichen Anforderungen an Transparenz und Werbekennzeichnung. Es beleuchtet rechtliche Stolperfallen in der Zusammenarbeit zwischen Influencern, Agenturen und Kunden und erklärt, wie vertragliche Absprachen diese vermeiden können. Außerdem geht es darum, was zu beachten ist, wenn Mitarbeitende als Corporate Influencer agieren oder KI-generierte Influencer zum Einsatz kommen. Ziel dieses Kapitels ist es, Influencer, Unternehmen und Marketingverantwortliche dabei zu unterstützen, die rechtlichen Risiken beim Influencer-Marketing zu minimieren und effektive Marketingstrategien zu entwickeln, die mit den gesetzlichen Vorgaben in Einklang stehen.

8.1 Influencer-Marketing

Werbung durch Influencer für fremde Produkte, bezahlt oder nicht, muss gekennzeichnet werden.

Als *Influencer* werden Personen bezeichnet, die vor allem in sozialen Medien das Meinungsbild anderer Menschen prägen und ihr Konsumverhalten beeinflussen. Rechtlich betrachtet, ist es hierbei weniger wichtig, ob jemand offiziell als »Influencer« bezeichnet wird oder nicht. Viel wichtiger ist es, wenn diese Person den Eindruck erweckt, neutral oder objektiv zu sein, tatsächlich aber aus wirtschaftlichen Gründen agiert und dies verschleiert. In solchen Fällen muss die Person klar auf ihre wirtschaftliche Motivation hinweisen.

Das Unterlassen dieser Kennzeichnung kann zu kostspieligen Abmahnungen führen. Bei wiederholten Verstößen gegen die Kennzeichnungspflichten drohen Strafen von bis zu 5.000 Euro. Daher ist es von großer Bedeutung, die im Folgenden beschriebenen rechtlichen Vorgaben im Influencer-Marketing genau zu kennen und einzuhalten.

Hinweis: Rein private Accounts

Private Accounts, die keine Kooperationen eingehen, müssen sich um die folgenden Regeln keine Sorgen machen, da sie weder fremde noch eigene Leistungen bewerben. Wer allerdings plant, seinen Account zu monetarisieren, sollte sich gut überlegen, ob die wirtschaftlichen Vorteile den Aufwand und die rechtlichen Risiken rechtfertigen.

8.1.1 Notwendigkeit von Werbehinweisen

Laut Gesetz müssen redaktionelle und kommerzielle Inhalte klar voneinander getrennt und entsprechend gekennzeichnet werden. Dies zeigt sich unter anderem in § 6 Abs. 1 Nr. 1 DDG, § 5a Abs. 4 UWG sowie in § 74 MStV. Diese Vorschriften unterstreichen, wie wichtig es den Gesetzgebern ist, dass Influencer ihre werblichen Beiträge deutlich als solche kennzeichnen. In Fällen verdeckter Werbung entscheiden Gerichte daher häufig zu Lasten der Influencer.

8.1.2 Postings gegen Entgelt

Beiträge, für die ein Entgelt gezahlt oder versprochen wurde, müssen immer als Werbung gekennzeichnet sein. Dies gilt auch, wenn das Entgelt indirekt erfolgt, beispielsweise durch Zahlungen an eine zwischengeschaltete Agentur, die Influencer bezahlt. Indirekte Zuwendungen umfassen auch Situationen, in denen Influencer nicht direkt, aber etwa durch eine Gage für eine Eventteilnahme o.Ä. vergütet werden. Auch bei kostenlosen oder rabattierten Produkten oder Leistungen, wie etwa Reisen, ist eine Kennzeichnung erforderlich.

Hinweis: Werbekennzeichnung in Ausnahmefällen nicht erforderlich

Eine Kennzeichnung als Werbung ist dann nicht notwendig, wenn der geschäftliche Hintergrund eindeutig erkennbar oder bekannt ist. So ist etwa bekannt, dass die berufliche Sportausstattung der Fußballer gesponsert ist. Bewirbt der Fußballer dagegen auf seinem privaten Account Sportprodukte, dann muss er die Beiträge als Werbung kennzeichnen.

8.1.3 Werbliche Erwähnung selbst erworbener Produkte

Der BGH hat entschieden, dass Influencer auch Beiträge zu selbst erworbenen Produkten als Werbung kennzeichnen müssen, wenn diese Beiträge die Produkte werblich hervorheben (BGH, Az. I ZR 90, 125, 126/20):

- **Werbliche Hervorhebung:** Wenn ein Beitrag »ohne jede kritische Distanz allein die Vorzüge« eines Produkts lobt, muss er als Werbung gekennzeichnet werden. Dieser Werbecharakter fehlt, wenn das Produkt neutral, als Teil des Alltags, präsentiert wird (siehe Abbildung 8.1). Zudem darf keine Geschäftsbeziehung zu dem Produktanbieter bestehen.
- **Platzierung von Links:** Auch ein Link zum Hersteller oder Produkt zeigt den Werbecharakter eines Beitrags und erfordert eine Kennzeichnung des Beitrags.

Abbildung 8.1: Der Anlass für die Entscheidung des BGH war das hier abgebildete und abgemahnte Instagram-Posting der Influencerin Cathy Hummels. Ihr wurde vorgeworfen, dass die Platzierung des von ihr erworbenen blauen Elefanten, mit dem sie das Gesicht ihres Kindes bedeckt, Werbung darstelle. Denn mit dem Posting steigere sie die Reichweite ihres Accounts. Der BGH entschied jedoch, dass keine Werbung vorliegt, solange das Produkt nicht besonders hervorgehoben wird, selbst wenn die Marke sichtbar ist. (BGH, Az. I ZR 126/20; Quelle: instagram.com/p/Bm0Pu3fjYGX/)

Tipp: Rechnungen zu Nachweiszwecken aufbewahren

Influencer sollten Rechnungen für selbst gekaufte Produkte unbedingt aufbewahren. Laut § 5a Abs. 4 UWG wird bei Posts mit Werbewirkung zugunsten fremder Unternehmen ein Entgelt vermutet. Bei einer Abmahnung wegen Schleichwerbung müssen Influencer nachweisen, dass sie kein Entgelt erhalten haben. Das heißt, sie müssen belegen können, dass sie vorgestellte Produkte oder Reisen selbst bezahlt haben. Fehlen diese Nachweise, ist eine Werbekennzeichnung erforderlich.

8.1.4 Erkennbare Unternehmens-Accounts

Wenn ein Profil, Blog oder Video erkennbar von einem Unternehmen (z.B. an einem Firmennamen erkennbar) oder einem geschäftlich agierenden Freiberufler veröffentlicht wird, bedarf es keiner Werbehinweise. In diesem Fall wird die geschäftliche Motivation nicht verschleiert.

Aber Vorsicht, wenn der Geschäftsführer oder Unternehmensinhaber für ihre Unternehmen werben, dann müssen sie dies kennzeichnen (wie die Kennzeichnung aussehen muss, erfahren Sie in Abschnitt 8.3 zu den Corporate Influencern).

8.1.5 Redaktionelle Trennung

Verlage, Onlinemagazine und Journalisten müssen unmissverständlich angeben, in welchen Fällen Inhalte bezahlt oder Produkte gesponsert sind. Obwohl sie ebenfalls gewinnorientiert bzw. beruflich tätig sind, erwarten Leserinnen und Leser, dass Inhalte aufgrund der publizistischen Grundsätze und nicht nur aus wirtschaftlichen Motiven veröffentlicht werden. Das Gleiche gilt für Corporate Blogs und Unternehmensprofile. Wenn diese Plattformen durch journalistische Beiträge oder objektive Produkttests neutral wirken, müssen sie transparent sein und entsprechende Hinweise auf den Werbecharakter geben.

8.1.6 Ausgestaltung der Werbekennzeichnung

Gerichte legen strenge Maßstäbe an die Kennzeichnung von Werbung an. Beachten Sie daher folgende Hinweise:

- **»Werbung« oder »Anzeige«:** Verwenden Sie diese klaren Begriffe immer, es sei denn, Sie sind sicher, dass eine andere Kennzeichnung zulässig ist.
- **»Sponsored«, »Paid« oder »Ad«:** Diese Begriffe sollten Sie nur für rein englischsprachige Zielgruppen nutzen. Bei mehrsprachigen Zielgruppen müssen Werbehinweise in allen verwendeten Sprachen erfolgen.
- **Sponsoring:** Der Begriff »Gesponsert« darf nicht statt »Werbung« oder »Anzeige« verwendet werden, da es sich beim Sponsoring um eine in Abschnitt 8.1.9 erläuterte spezielle gesetzlich geregelte Form der Werbepartnerschaft handelt.
- **Kennzeichnung durch Plattformen:** Eine automatisch bereitgestellte Werbekennzeichnung der Plattformen ist möglicherweise nicht ausreichend, wenn sie einen der Begriffe »Werbung« oder »Anzeige« nicht enthält (siehe Abbildung 8.2).
- **Einleitender Texthinweis:** Statt »Werbung« kann auch die Formulierung »Für diesen Beitrag habe ich ein Entgelt erhalten.« verwendet werden.
- **»Werbung wegen Markennennung«:** Wenn das Produkt selbst erworben wurde (siehe Abschnitt 8.1.3 oben), darf der Werbehinweis statt lediglich »Werbung« optional auch »Werbung wegen Markennennung« lauten.

- **Aufmerksamkeit:** Der Werbehinweis sollte am Anfang eines Beitrags platziert sein, nicht versteckt in Hashtags, Kommentaren oder langen Beschreibungen.
- **Platzierung im Profil:** Ein Werbehinweis nur im Profil des Influencers ist nicht ausreichend, da Beiträge, Bilder oder Videos in den Social-Media-Timelines der Follower eigenständig erscheinen. Jeder einzelne Beitrag muss daher einen eigenen Werbehinweis enthalten. Ein allgemeiner Hinweis wie »Werbeaccount« in der Profilbeschreibung genügt nicht.
- **Redaktionelle Produkttests:** Auch Produkttests, die auf von Herstellern gestellten Produkten basieren, sollten als Werbung gekennzeichnet werden. Alternativ kann bereits zu Beginn des Beitrags darauf hingewiesen werden, dass die Produkte vom Hersteller/Unternehmen zur Verfügung gestellt wurden, z.B.: »Das Testprodukt wurde uns kostenlos zur Verfügung gestellt.« Ein Zusatz, der die Objektivität des Beitrags hervorhebt, z.B. »Die Bereitstellung des Produkts hatte keine Auswirkung auf unsere Objektivität«, ist zulässig. Allerdings ist der Hinweis nur bei sachlichen und neutralen Produkttests erlaubt, für die sonst kein Entgelt geflossen ist. Wird dagegen das Produkt werblich hervorgehoben oder der Test vom Hersteller bezahlt, muss die Kennzeichnung wieder »Werbung« oder »Anzeige« lauten.

Abbildung 8.2: In sozialen Netzwerken wie Instagram müssen bezahlte Beiträge als »Markeninhalt« (engl. »Branded Content«) gekennzeichnet werden. Solche Beiträge erhalten eine spezielle Markierung durch die Plattformen. Wenn diese Markierung den Begriff »Werbung« enthält (in diesem Beispiel »Werbepartnerschaft«), ist sie ausreichend. Da sich diese Kennzeichnungen ändern können, empfiehlt es sich, Beiträge selbst zusätzlich als Werbung zu kennzeichnen.

8.1.7 Werbung, Produktplatzierung und Produkthilfe in Videos

Wenn in Videos fremde Produkte gezeigt oder platziert werden, kann abhängig von der Art der Platzierung und dem Wert des Produkts ein Hinweis auf eine Produktplatzierung erforderlich sein oder es kann darauf verzichtet werden. Die Entscheidung darüber hängt von den spezifischen Umständen und rechtlichen Vorgaben ab.

Hinweis: Begrifflichkeiten

Auch wenn Begriffe wie »Produktplatzierung« oder »Sponsoring« manchmal als bloße Synonyme für Werbung verstanden werden, haben sie rechtlich unterschiedliche Bedeutungen und Voraussetzungen. So ist die Produktplatzierung in den §§ 8 Abs. 7, 38 Medienstaatsvertrag (MStV) geregelt und das Sponsoring in § 10 MStV. Beide Begriffe werden nachfolgend erläutert.

8.1.7.1 Kennzeichnung als Werbung

Videos müssen als »Werbung« oder »Anzeige« gekennzeichnet werden, wenn sie ein Produkt werblich hervorheben. Das gilt unabhängig davon, ob ein Entgelt gezahlt wird oder nicht (siehe Abschnitt 8.1.3). Eine derartige Hervorhebung liegt insbesondere in den folgenden Fällen vor:

- **Herausstellung:** Das Produkt wird zentral herausgestellt, z.B. wenn sich das Video rund um das Produkt dreht.
- **Anpreisung:** Das Produkt wird angepriesen, z.B. indem dessen Vorzüge hervorgehoben werden.
- **Kaufempfehlung:** Es wird eine Kaufempfehlung ausgesprochen.

Die Kennzeichnung der Werbung muss in Videos wie folgt geschehen:

- **Werbeblock:** Handelt es sich nur um einen kurzen Werbeblock, muss dieser deutlich vom übrigen Inhalt getrennt sein (z.B. durch eine Einblendung oder sprachliche Überleitung zur »Werbung«). Während des Werbeblocks muss der Hinweis »Werbung« oder Anzeige« permanent eingeblendet werden.
- **Werbekennzeichnung:** Enthält das Video immer wieder werbliche Inhalte, muss es die gesamte Laufzeit über als »Werbung« oder »Anzeige« gekennzeichnet werden. Die Bezeichnung »Werbevideo« ist ebenfalls zulässig.
- **Dauerwerbesendung:** Als »Dauerwerbesendung« müssen Formate gekennzeichnet werden, die mindestens 90 Sekunden lang dauern, redaktionell gestaltet sind, bei denen aber die Werbung einen wesentlichen Bestandteil des Videos darstellt (z.B. wenn ein Video sich um ein Produkt dreht oder laufend Produkte werblich vorgestellt werden).
- **Zusätzlicher Hinweis in der Beschreibung:** Der Hinweis auf Werbung oder eine Dauerwerbesendung sollte zu Beginn der Videobeschreibung stehen.

Fallbeispiel

In der TV-Sendung »Das Dschungelcamp« wurden Teilnehmer gezeigt, die Kekse der Marke »Pick up!« genussvoll verzehrten und dabei u. a. Aussagen wie »Das hat alles: Karamell, Schokolade und Keks« oder »Das ist eine Geschmacksbombe« tätigten. Die Niedersächsische Landesmedienanstalt beanstandete, dass die Sendung lediglich mit dem Hinweis auf Produktplatzierung gekennzeichnet war. Das Verwaltungsgericht Hannover gab ihr recht und befand, dass es sich nicht um bloße Produktplatzierung, sondern um kennzeichnungspflichtige Werbung handelte (VG Hannover, Az. 7 A 13293/1).

8.1.7.2 Kennzeichnung als Produktplatzierung

Statt als Werbung dürfen Videos und Podcasts gesetzlich als Produktplatzierung gekennzeichnet werden, wenn deren Urheber zwar ein Entgelt erhalten, das Produkt aber nicht werblich hervorgehoben, sondern redaktionell eingebunden wird (§ 2 Abs. 2 Nr. 12, 8 und 38 MStV):

- **Keine werbliche Hervorhebung:** Es liegt keine werbliche Hervorhebung des Produkts vor, wie zuvor in Abschnitt 8.1.7.1 erläutert.
- **Ausschließlich redaktioneller Einsatz:** Das Produkt wird nur erwähnt, ist nur im Bild sichtbar oder ist Teil einer Handlung.
- **Kein inhaltlicher Einfluss:** Der Produkthersteller nimmt keinen Einfluss auf den Inhalt von Videos oder Podcasts.
- **Inhaltsbeschränkungen:** Die Produktplatzierung ist in Videos, die sich an Kinder richten, in Nachrichten sowie im Fall politischer Information, bei Verbraucherthemen und bei religiösen Inhalten untersagt. In diesen Fällen muss der Inhalt mit den Werbehinweisen entsprechend Abschnitt 8.1.7.1 gekennzeichnet werden.

Produkthinweise müssen wie folgt gekennzeichnet werden:

- **Gesetzliche Kennzeichnungspflicht:** Der Hinweis auf die Produktplatzierung muss zu Beginn und zum Ende einer Sendung sowie nach einer Werbeunterbrechung erfolgen. In den Werberichtlinien wird festgelegt, dass die Kennzeichnung durch eine mindestens drei Sekunden lange Einblendung des Symbols »P« als senderübergreifendes Logo für Produktplatzierungen erfolgen sollte. Zusätzlich soll der Hinweis »Unterstützt durch Produktplatzierung« erscheinen.
- **Zusätzlicher Hinweis in der Beschreibung:** Der Hinweis auf die Produktplatzierungen sollte zu Beginn der Videobeschreibung erscheinen.
- **Plattformregeln:** Neben den vorgenannten gesetzlichen Regeln müssen die Regeln der Plattformen beachtet werden. Diese können festlegen, dass auch Produktplatzierungen als Werbung gekennzeichnet werden müssen (siehe Abbildung 8.3).

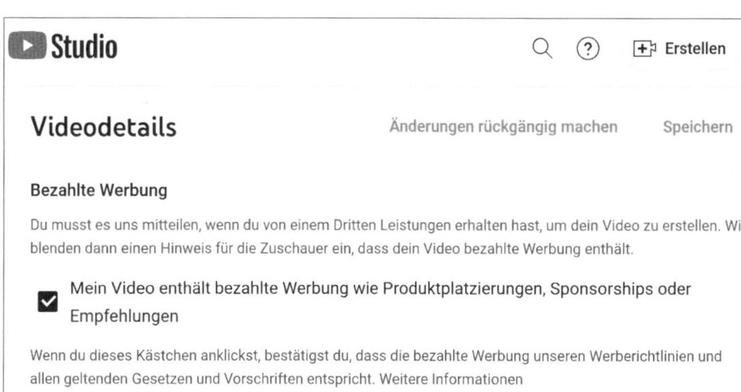

Abbildung 8.3: Plattformen können eigene Vorgaben zur Videokennzeichnung treffen und z.B. wie hier im Beispiel von YouTube vorgeben, dass sowohl Werbung als auch Produktplatzierungen als Werbung gekennzeichnet werden.

8.1.7.3 Kennzeichnungsfreie Produkthilfe

Anders als eine Produktplatzierung muss eine Produkthilfe gar nicht gekennzeichnet werden, wenn sie die folgenden Voraussetzungen erfüllt:

- **Keine werbliche Hervorhebung:** Es liegt keine werbliche Hervorhebung des Produkts, wie zuvor in Abschnitt 8.1.7.1 erläutert, vor.
- **Ausschließlich redaktioneller Einsatz:** Das Produkt wird nur erwähnt, ist bloß im Bild sichtbar oder ist Teil einer Handlung.
- **Kein inhaltlicher Einfluss:** Der Produkthersteller nimmt keinen Einfluss auf den Inhalt von Videos oder Podcasts.
- **Kein Entgelt:** Anders als bei einer Produktplatzierung wird für die Einbindung des Produkts kein Entgelt gezahlt.
- **Kein bedeutender Wert:** Das Produkt selbst darf keinen Wert von mehr als 1.000 Euro haben und zugleich 1 % der Produktionskosten nicht überschreiten. Andernfalls müsste ein Hinweis auf die Produktplatzierung erscheinen. Wenn ein Unternehmen mehrere Produkte zur Verfügung stellt, werden ihre Werte zusammengezählt. Stammt die Ware jedoch von unterschiedlichen Anbietern, wird der Wert jedes Produkts separat betrachtet.

8.1.8 Werbekennzeichnung in Podcasts

Auch wenn Produkte in Podcasts, sei es bezahlt oder selbst erworben, werblich hervorgehoben werden, müssen sie als Werbung gekennzeichnet werden. Hier gelten dieselben Prinzipien wie bei Werbung in Videos:

- **Werbeblock:** Handelt es sich nur um einen kurzen Werbeblock, muss dieser deutlich vom übrigen Inhalt getrennt sein (durch ein Jingle oder durch eine sprachliche Überleitung und Ausleitung zur »Werbung«).
- **Dauerwerbesendung:** Wird in einem Podcast Werbung redaktionell eingebunden und dauert sie länger als 90 Sekunden, wie etwa durch die Einladung eines Gasts, dessen Produkte oder Dienstleistungen werblich hervorgehoben oder empfohlen werden, muss dies als »Dauerwerbesendung« sprachlich angekündigt werden.
- **Zusätzlicher Hinweis in der Beschreibung:** Der Hinweis auf »Werbung« oder »Dauerwerbesendung« sollte auch zu Beginn der Podcast-Beschreibung stehen.

8.1.9 Sponsoring

Der Begriff »Werbung« kann nicht einfach durch »Sponsoring« ersetzt werden. Sponsoring im rechtlichen Sinne liegt vor, wenn der Hinweis auf den Sponsor – ob grafisch oder akustisch – ausschließlich dem Image eines Unternehmens oder einer Marke dient, nicht jedoch der Produktwerbung. Ein Sponsorenhinweis darf daher nur einen imageprägenden Slogan enthalten und keine zusätzlichen werblichen Aussagen. Außerdem muss der Hinweis zu Beginn und am Ende eines Videos oder Podcasts platziert werden.

8.1.10 Werbekennzeichnung bei Gewinnsponsoring

Auch bei Gewinnspielen besteht die Gefahr unerlaubter Schleichwerbung. Eine unzureichende Werbekennzeichnung kann Abmahnungen und Klagen nach sich ziehen. Daher ist eine sorgfältige Kennzeichnung von Werbung bei Gewinnspielen wichtig:

- **Gesponserte Gewinne mit Werbung:** Stellt ein Unternehmen seine Produkte für die Verlosung bereit und werden die Vorzüge der Produkte hervorgehoben, muss das Gewinnspiel als »Werbung« oder »Anzeige« gekennzeichnet werden (siehe Abschnitt 8.1.6 zum Influencer-Marketing).
- **Gewinne vom Arbeitgeber:** Stammt das zu verlosende Produkt vom Arbeitgeber und besteht eine berufliche Verbindung zum Unternehmen, sollte das Gewinnspiel als »Werbung« oder »Anzeige« gekennzeichnet werden, oder der Sachverhalt sollte zu Beginn der Ankündigung klargestellt werden, z. B.: »Heute verlose ich Produkte, die mir von meinem Arbeitgeber zur Verfügung gestellt wurden.«
- **Gesponserte Gewinne ohne Werbung:** Werden die Produkte nur – ohne besondere werbliche Hervorhebung – zur Verfügung gestellt, reicht ein Hinweis wie »Wir verlosen X, zur Verfügung gestellt von der Firma Y AG« aus.

8.1.11 Besondere Branchenvorgaben

Neben der Kennzeichnung als Werbung müssen Influencer dieselben gesetzlichen Regeln für die beworbenen Produkte wie die Hersteller selbst beachten. Dazu gehören insbesondere Verbote wie das der Alleinstellungswerbung (z. B. »Das beste Produkt«) oder des Greenwashings (z. B. Bezeichnung als »klimaneutral«) oder wie gesundheitsbezogene Aussagen (z. B. »Detox«), die alle in Kapitel 12 erläutert werden. In solchen Fällen sollten Auftraggeber werblicher Beiträge sicherstellen, dass diese Einschränkungen eingehalten werden. Das kann durch vertragliche Verpflichtungen der Influencer, klare Anweisungen und eine Vorabprüfung der Inhalte geschehen.

Beispiel: Medfluencer

In Abschnitt 12.9.2 erhalten Sie im Rahmen der Hinweise zur Heilmittelwerbung Informationen zu speziellen Anforderungen, die an sogenannte »Medfluencer«, also z. B. Ärztinnen und Ärzte mit erfolgreichen Social-Media-Kanälen oder auch Laien, die Heilmittel empfehlen, gestellt werden.

8.1.12 Rechtsfolgen bei Verstößen

Bei Rechtsverstößen durch Influencer drohen Unterlassungs- und Schadensersatzansprüche, Anwaltskosten und Bußgelder. Unterlassungsansprüche bedeuten, dass Unternehmen und/oder Influencer verpflichtet sind, Rechtsverstöße zu unterlassen, andernfalls drohen Vertragsstrafen von etwa 2.000 bis 5.000 Euro bei z.B. erneut fehlender Werbekennzeichnung. Insgesamt belaufen sich diese Kosten meist auf 3.000 bis 6.000 Euro, die eigene Rechtsberatung eingeschlossen. Dabei müssen Sie zusätzlich die folgenden Aspekte beachten:

- **Komplexe Haftung bei Influencer-Werbung:** Die Haftung bei Influencer-Werbung ist komplex, da sowohl das werbende Unternehmen als auch der Influencer haftbar sind und abgemahnt werden können. Unternehmen sollten vertraglich regeln, wie Influencer im Fall einer Abmahnung agieren und wer für welche Rechtsverstöße haftet. Beispielsweise sollten Influencer haften, wenn sie Urheberrechtsverstöße durch den Einsatz eigenen Contents begehen.
- **Verantwortlichkeit von Agenturen:** Wenn Agenturen Verträge mit Influencern im eigenen Namen abschließen, haften sie selbst für die Rechtsverstöße der Influencer. Diese Haftung wird vermieden, wenn die Verträge direkt zwischen Influencern und den Kunden, für die Influencer werben sollen, abgeschlossen werden.

8.2 Vertragliche Regelungen mit Influencern

Die wesentlichen Punkte der Zusammenarbeit mit Influencern, wie etwa Leistungspflichten, Vergütung und Nutzungsrechte, sollten vertraglich geregelt werden.

Angesichts der rechtlichen Vorgaben und Haftungsrisiken sollte die Beauftragung von Influencern immer vertraglich geregelt werden. Im Folgenden erfahren Sie, welche vertraglichen Stolperfallen drohen und wie Sie diese vermeiden können.

> **Hinweis: Brand Ambassador statt Influencer**
>
> In juristischen Verträgen wird der Begriff »Influencer« oft vermieden, da er aufgrund seines allgemeinsprachlichen und weit gefassten Charakters nicht präzise genug ist und potenzielle Unklarheiten verursachen kann. Stattdessen werden Bezeichnungen wie »Brand Ambassador«, »Brand Influencer« oder »Partner« verwendet.

8.2.1 Vertragspartner identifizieren

Verträge binden nur die jeweiligen Vertragsparteien. Sollen vor allem Kunden von Agenturen von einem Vertrag profitieren und z.B. die Rechte an den von Influencern erstellten Inhalten oder Mitspracherechte haben, dann müssen sie in den Vertrag einbezogen werden. Dabei sind vor allem die folgenden Agenturkonstellationen relevant:

- **Die Agentur schließt einen Vertrag mit dem Influencer im eigenen Namen ab:** In diesem Fall sollte der Kunde explizit bezeichnet und als Berechtigter aus dem Vertrag (was Leistungen, Nutzungsrechte und andere Rechte angeht) genannt werden.
- **Die Agentur schließt einen Vertrag mit dem Influencer im Namen des Kunden ab:** Wenn der Kunde im Vertrag als Vertragspartner gelistet ist, ist der Kunde Vertragspartner, und die vorgenannten Komplikationen sind nicht zu erwarten. Das ist die sicherere Variante.

8.2.2 Leistungspflichten festlegen

Der Vertrag sollte detailliert aufführen, welche Leistungen von den Influencern erbracht werden müssen:

- **Art des Inhalts:** z. B. Produktbilder, Personenbilder, indoor, outdoor, selbst erstellt, Fotoshootings etc.
- **Ästhetik:** z. B. Bildstimmung, »Look-and-feel« passend zur Marke.
- **Zielgruppe:** z. B. Ansprache nur der weiblichen oder nur der männlichen Follower.
- **Zeitpunkt:** Postings zu bestimmten Zeiten oder an bestimmten Tagen.
- **Begriffe und Links:** zu verwendende Hashtags, Mentions, Links oder Keywords.
- **No-Gos:** z. B. Erwähnung von Produkten der Mitbewerber, das Zeigen von Produkten in bestimmten Situationen.
- **Technische Aspekte:** z. B. Bild oder Video, Videodauer, Bildauflösung, Seitenverhältnis.
- **Kanäle und Profile:** auf welchen Social-Media-Plattformen und Kanälen die Postings erscheinen sollen.
- **Posting-Frequenz und -zeitraum:** z. B. eine bestimmte Zahl von Postings oder einmal wöchentlich im Kampagnenzeitraum.
- **Wie lange der Content online bleibt:** z. B. für die Dauer der Kampagne, danach dauerhaft, nach Gusto des Influencers oder mit Löschungspflicht verbunden.
- **Zusätzliche Promotion-Aufgaben:** z. B. Teilnahme an Veranstaltung X, Fotoshooting Y, Testimonial im Onlinemagazin Z, Veranstaltung eines Gewinnspiels.

8.2.3 Erfolgsmessung und Rapporting

Influencer sind in erster Linie dazu verpflichtet, ihre Arbeit ordnungsgemäß auszuführen. Sie sind jedoch grundsätzlich nicht dafür verantwortlich, bestimmte Erfolge wie Reichweite oder Verkaufszahlen zu erzielen. Möchten Auftraggeber die Entlohnung jedoch an konkrete Zahlen oder Ergebnisse koppeln oder zumindest Berichte oder Zahlen erhalten, muss dies ausdrücklich vertraglich vereinbart werden.

8.2.4 Rechte an den erstellten Inhalten

Rund um Influencer-Kampagnen kann es zu Streitigkeiten um die Rechte an den erstellten Inhalten kommen. Influencer haben hierbei als Urheber meist die besseren Karten (dies wird in Abschnitt 5.1.7 genauer erläutert). Bestehen Unklarheiten bei den Nutzungsrechten, kann sich daher häufig der Influencer durchsetzen. Unternehmen und Agenturen sollten deshalb genau festlegen, welche Rechte ihnen zustehen sollen. Zum Beispiel bedeutet das Recht, ein von einem Influencer erstelltes Produktvideo auf den unternehmerischen Kanälen in sozialen Netzwerken hochladen zu dürfen, nicht automatisch, dass das Video auch auf der Webseite und im TV verwendet werden darf.

Um Missverständnisse zu vermeiden, nutzen viele Firmen sogenannte Buy-out-Klauseln. Diese sichern ihnen alle Rechte am Inhalt, während die Influencer dennoch genug Rechte behalten, um den Inhalt auf ihren eigenen Kanälen zu nutzen. Allerdings akzeptieren nicht alle Influencer solche Klauseln ohne Weiteres, oder sie verlangen dafür ein höheres Honorar. Um spätere Rechtsstreitigkeiten zu vermeiden, sind detaillierte Vereinbarungen wichtig, die die folgenden Punkte umfassen sollten:

- **Exklusivität:** Im Fall einer exklusiven Nutzung hat der Auftraggeber das alleinige Nutzungsrecht. Der Influencer darf die Inhalte nur mit Zustimmung des Auftraggebers und nur in der Art und Weise, wie es der Auftraggeber erlaubt, weiterverwenden – insbesondere innerhalb eigener Profile in sozialen Netzwerken. Umgekehrt und nicht exklusiv kann der Auftraggeber auch bloß das »einfache Recht« erhalten, ein Bild oder ein Video nur innerhalb eines bestimmten Social-Media-Kanals zu nutzen.
- **Kopieren und teilen:** Es muss geklärt sein, wer den Inhalt wie vervielfältigen und verbreiten darf, etwa durch manuelles Hochladen auf anderen Plattformen.
- **Verwendungszwecke:** Wenn Inhalte für unvorhergesehene Zwecke wie etwa auf Produktverpackungen oder als Werbematerial genutzt werden sollen, muss dies ausdrücklich festgelegt werden.
- **Nutzungsdauer:** Die Nutzung des Inhalts kann zeitlich begrenzt werden.
- **Geografische Beschränkung:** Die Nutzung kann auf bestimmte Regionen beschränkt sein.
- **Unterlizenzierung:** Es muss klar geregelt sein, ob und wie der Inhalt Dritten zur Verfügung gestellt werden darf, z. B. innerhalb einer Unternehmensgruppe, etwa als Weitergabe an Vertriebspartner.
- **Urhebernennung:** Die Nennung des Urhebers ist gesetzlich vorgeschrieben. Wird sie weggelassen, liegt ein Urheberrechtsverstoß vor (dazu erfahren Sie mehr in Abschnitt 3.1.6). Soll der vom Influencer erstellte Inhalt anderweitig

verwendet werden, ohne den Urheber nennen zu müssen (z.B. für eigene Produktwerbung des Unternehmens), sollte ein Verzicht auf die Urhebernennung vereinbart werden.

- **Löschungsrechte und -pflichten:** Es muss geregelt werden, was nach der Kampagne mit den Beiträgen passiert, ob sie z.B. gelöscht werden sollen oder für eine gewisse Zeit bzw. dauerhaft nach Gusto der Influencer online verbleiben können.

8.2.5 Vergütung

Die Vergütungsart in Influencer-Kampagnen kann flexibel gestaltet werden: etwa durch individuelle Bezahlung pro Posting, Pauschalsätze oder erfolgsabhängige Vergütungen. Bei Reisen sollte Aufwandsersatz, wie Kilometerpauschalen oder die Klassen bei Bahn- und Flugreisen, vereinbart werden. Wichtig sind auch Absprachen zur Rechnungsstellung und zu Zahlungsfristen, da diese in den Verträgen oft vergessen werden. Zudem müssen Auftraggeber mögliche Sozialabgaben berücksichtigen.

Hinweis: Abgabe an die Künstlersozialkasse

Unternehmen, die freischaffende Künstler oder Publizisten (z.B. Grafiker, Fotografen, Texter, Journalisten) beauftragen und ihnen über 450 Euro im Jahr zahlen, sind verpflichtet, zusätzlich 5% dieser Entgelte als Abgabe an die Künstlersozialkasse (KSK) zu leisten. Laut KSK sind auch die Auftraggeber von Influencern, die Videocontent, Bilder oder Texte im Rahmen von Kooperationen erstellen und hierfür entgeltlich vergütet werden, abgabepflichtig. Dies sollte bei Vertragsverhandlungen berücksichtigt werden.

8.2.6 Werbekennzeichnung

Eine klare Kennzeichnung der Inhalte als Werbung sollte im Vertrag eine verpflichtende Bedingung sein (siehe dazu Abschnitt 8.1.6). Die Einhaltung der Kennzeichnungspflichten sollte kontrolliert werden, da Auftraggeber für eine unzureichende Werbekennzeichnung selbst direkt haften (§ 8 Abs. 2 UWG). Das gilt auch, wenn die Influencer durch eine Agentur beauftragt wurden.

8.2.7 Haftung und Verantwortung für Inhalte

Auftraggeber haften für die Inhalte, die Influencer in ihrem Auftrag veröffentlichen (§ 14 Abs. 7 MarkenG, § 99 UrhG, § 8 Abs. 2 UWG). Deshalb sollten Agenturen und Unternehmen zum einen sicherstellen, dass Influencer fremde Urheber-, Marken- und Persönlichkeitsrechte sowie Wettbewerbsregeln einhalten. Zudem sollten sie vertraglich vereinbaren, dass die Influencer ihnen wegen ihrer Rechtsverstöße entstehende Kosten (z.B. Abmahnkosten) erstatten müssen.

Tipp: Vertragliche und praktische Risikominderung

Vertragliche Regelungen schützen Auftraggeber nicht vollständig vor Abmahnungen durch Wettbewerber oder Schutzorganisationen, sie vereinfachen es lediglich, Schadensersatz- oder Kündigungsansprüche gegen Influencer geltend zu machen. Um Risiken bereits vorab zu vermeiden, sollten praktische Maßnahmen ergriffen werden, wie die Bereitstellung von Anleitungen für korrekte Werbekennzeichnungen und einer Liste unzulässiger Begriffe (siehe Abschnitt 8.2.2).

8.2.8 Freigabe

Um Rechtsverstöße frühzeitig zu erkennen, sollte ein Freigabeprozess für Influencer-Inhalte vereinbart werden. Es kann zusätzlich vereinbart werden, dass eine Freigabe als erteilt gilt, wenn innerhalb von 48 Stunden keine Ablehnung erfolgt.

8.2.9 Kündigung und Stornierung

Es sollten Kündigungsfristen vereinbart werden, die für beide Vertragsparteien eine hinreichende Sicherheit bieten. Das Gesetz erlaubt zudem außerordentliche Kündigungen bei schwerem vertragswidrigem Verhalten der Influencer, wobei in der Regel eine vorherige Abmahnung notwendig ist. Einfacher wird es, wenn das zulässige Verhalten wie im folgenden Abschnitt 8.2.10 ausdrücklich geregelt wird. Bei schwerwiegendem Fehlverhalten, das nicht oder kaum behebbar ist, wie z. B. Schmähung der beworbenen Produkte oder unzumutbar rufschädigendes Verhalten in der Öffentlichkeit, ist eine außerordentliche Kündigung auch ohne vorherige Abmahnung möglich.

8.2.10 Verhaltens- und Imageklauseln

Influencer werden wegen ihres Images engagiert, da ihre Außenwirkung für eine Kampagne entscheidend ist. Negatives Verhalten oder unpassende Aussagen können der Kampagne und dem Image des Unternehmens schaden. Deshalb sollte der Influencer-Vertrag das gewünschte Image klar definieren, z. B. in der Präambel:»Der Influencer wird bei der Zielgruppe der 15- bis 20-jährigen Schüler und Studenten als sportlich, vorbildlich, smart, politisch neutral, ohne Bezug zu Alkohol, Zigaretten und anderen Drogen sowie sozial engagiert wahrgenommen. Die Beauftragung erfolgt auf dieser Grundlage ...«

Hinweis: Konsequenzen der Meinungsfreiheit

Es ist unzulässig, Influencern vorzuschreiben, welche politischen oder gesellschaftlichen Meinungen sie privat vertreten dürfen. Influencer müssen jedoch akzeptieren, dass sie bei Äußerungen, die als politisch oder gesellschaftlich bedenklich gelten, berufliche Konsequenzen wie z. B. eine Kündigung riskieren.

8.2.11 Vertraulichkeit und Diskretion

Im Marketingbereich ist es entscheidend, dass Vertragsinhalte, Informationen zu Kampagnen und finanzielle Angelegenheiten vertraulich bleiben. Daher sollte diese Vertraulichkeit in jedem Vertrag klar festgelegt werden. Um sicherzustellen, dass alle Parteien die Regeln einhalten, kann man eine Vertragsstrafe vereinbaren. Üblicherweise liegt diese zwischen 5.000 und 10.000 Euro. Auch wenn solche Strafen selten eingefordert werden, wirkt ihre bloße Existenz oft disziplinierend und hilft, die Vertraulichkeit zu wahren.

8.2.12 Wettbewerbsklauseln

Wettbewerbsklauseln sind ein wirksames Mittel, um Exklusivität zu sichern und zu verhindern, dass Influencer während und nach einer Kampagne für Wettbewerber tätig werden. Auch wenn keine umfassende Exklusivität vereinbart ist, sollte festgelegt werden, dass Kampagnenbeiträge nicht mit anderen Werbeposts vermischt oder direkt hintereinander (sogenanntes *Back to Back*) gepostet werden dürfen. Dies schützt die Effektivität der eigenen Kampagne. Andernfalls könnten sonst Influencer z. B. zwei Produkte unterschiedlicher Hersteller in einem einzigen Beitrag präsentieren, was die Aufmerksamkeit zwischen den Produkten aufteilen würde.

Checkliste: Kennzeichnungspflichten für Influencer

1. Wann sind Werbehinweise erforderlich?

- Bei Kooperationen mit Bezahlung oder Sachleistungen (z. B. kostenlose Produkte).
- Bewerbung selbst erworbener Produkte ohne kritische Distanz (z. B. Anpreisung, einseitige Hervorhebung von Vorteilen, Kaufaufforderungen etc.).

2. Umsetzung der Werbehinweise:

- »Werbung« oder »Anzeige« ist am sichersten.
- »Sponsored«, »Paid« oder »Ad« nur bei rein englischsprachigen Zielgruppen.
- »Werbung wegen Markennennung« ist bei selbst erworbenen Produkten optional zulässig.
- Werbehinweise müssen am Anfang der Beiträge deutlich erkennbar sein, dürfen nicht in Hashtag-Wolken oder am Ende langer Texte platziert sein.
- »Werbung« darf nicht durch »Sponsoring« ersetzt werden, außer bei reiner Imageförderung.
- Jeder Beitrag muss individuell als Werbung gekennzeichnet sein; ein allgemeiner Hinweis im Profil ist nicht ausreichend.
- Redaktionelle Produkttests sollten als Werbung gekennzeichnet oder die kostenlose Bereitstellung sollte erwähnt werden.
- Redaktionelle Produktplatzierungen in Videos müssen gekennzeichnet werden.

3. Spezielle Hinweise für die Kennzeichnung in Videos:

- **Werbung:** Werbeblöcke sollten klar vom redaktionellen Inhalt getrennt und mit »Werbung« oder »Anzeige« gekennzeichnet werden. Videos, die länger als 90 Sekunden sind und Werbung ohne Trennung enthalten, müssen als »Dauerwerbesendungen« gekennzeichnet werden.

- **Produktplatzierung:** Ist zulässig, wenn das Produkt redaktionell eingebunden ist, nicht werblich hervorgehoben wird und ein Entgelt gezahlt wird. Es muss zu Beginn und am Ende mit einem »P« und dem Hinweis »Unterstützt durch Produktplatzierung« gekennzeichnet werden. Dabei sind auch die Plattformregeln zu beachten, die eventuell eine zusätzliche Kennzeichnung als Werbung erfordern.
- **Produkthilfe:** Keine Kennzeichnung ist erforderlich, wenn das Produkt redaktionell eingebunden ist, nicht werblich hervorgehoben wird, kein Entgelt gezahlt wird und der Wert unter 1.000 Euro bleibt.

4. Spezielle Hinweise für die Kennzeichnung in Podcasts:

- **Werbung:** Werbeblöcke sollten klar vom redaktionellen Inhalt getrennt und mit »Werbung« oder »Anzeige« gekennzeichnet werden.
- **Dauerwerbesendungen:** Podcasts, die redaktionell gestaltet sind, aber Werbung enthalten, die länger als 90 Sekunden dauert, müssen als »Dauerwerbesendungen« gekennzeichnet werden.

5. Haftungsregelungen:

- Influencer und Auftraggeber haften gemeinsam für Rechtsverstöße der Influencer.
- Von den Rechtsverstößen Betroffene können sich aussuchen, gegen wen sie vorgehen möchten: Influencer, Auftraggeber oder beide.
- Daher sollte zwischen Auftraggeber und Influencer geklärt werden, wer am Ende die Kosten tragen soll (z.B. Influencer für eigenen Content und Aussagen, solange sie nicht freigegeben waren).

6. Vertragliche Vereinbarungen im Influencer-Vertrag:

- Die Vertragspartner sind klar definiert.
- Die Leistungs- und Mitwirkungspflichten des Influencers sind klar definiert.
- Regelungen zur Erfolgsmessung sind getroffen.
- Nutzungs- und Löschungsrechte sind gesichert.
- Eine klare Verpflichtung zur Werbekennzeichnung durch Influencer ist festgehalten.
- Die Vergütung ist festgelegt.
- Die Kosten für Rechtsverstöße werden getragen.
- Ein Freigabeprozess ist vorhanden.
- Eine Wohlverhaltensklausel wurde aufgenommen.
- Vertraulichkeit und Verschwiegenheit sind vereinbart.
- Maßnahmen zum Kunden- und Wettbewerbsschutz sind festgelegt.

8.3 Corporate Influencer

Dank Corporate Influencern können Unternehmen authentischer wirken, müssen aber die damit verbundenen rechtlichen Risiken im Blick behalten.

Als *Corporate Influencer* werden Influencer bezeichnet, die im Auftrag eines Unternehmens oder als dessen Inhaber, Geschäftsführer oder Mitarbeitende vor allem in sozialen Medien als Fürsprecher des Unternehmens fungieren. Diese häufig dem Arbeitgeber nicht einmal bekannte Auslagerung des Marketings auf Mitarbeitende bringt zahlreiche rechtliche Konsequenzen und Unwägbarkeiten mit sich. Arbeitgeber sollten diese Risiken nicht nur wegen ihrer Mitverantwortung, sondern auch aufgrund ihrer Fürsorgepflicht gegenüber Mitarbeitenden durch Aufklärung und vertragliche Regelungen aktiv begleiten.

> **Hinweis: Corporate Influencer und Markenbotschafter**
>
> Statt *Corporate Influencer* wird manchmal auch der Begriff *Markenbotschafter* verwendet. Allerdings muss ein Markenbotschafter nicht zwangsläufig zur Belegschaft zählen, sondern kann eine unternehmensfremde Person sein.

8.3.1 Geschäftliches Handeln als Risikoschwelle

Rechtliche Risiken entstehen, wenn die Beiträge der Mitarbeitenden in sozialen Netzwerken nicht nur privat, sondern im Interesse des Unternehmens erfolgen. Dies gilt, sobald die Beiträge nicht nur eigenberuflicher Natur sind, wie Berichte aus dem Arbeitsalltag oder über die Teilnahme an Projekten, sondern primär den Arbeitgeber unterstützen, beispielsweise durch das Teilen von Produkt- oder Stellenausschreibungen und die Beantwortung von Kundenfragen. In diesem Fall sind die Beiträge geschäftlicher Natur.

8.3.2 Haftung der Arbeitgeber für geschäftliche Inhalte

Das Gesetz sieht vor, dass Arbeitgeber für Handlungen ihrer Mitarbeitenden, die im Interesse des Unternehmens erfolgen, haften, auch wenn das Unternehmen selbst kein Verschulden trifft. Daher müssen Arbeitgeber damit rechnen, haftbar gemacht zu werden, selbst wenn ihre Mitarbeitenden ohne ihr Wissen als Influencer tätig sind. Weitere Erläuterungen zur Haftung für Mitarbeitende finden Sie in Abschnitt 17.1.

8.3.3 Transparenz und Kennzeichnungspflichten

Mitarbeitende, die als Corporate Influencer werben, müssen in den jeweiligen Beiträgen darüber aufklären, in welcher Verbindung sie zu den von ihnen vorgestellten Produkten oder Unternehmen stehen. Ein solcher Hinweis kann z.B. wie folgt lauten (siehe auch Abbildung 8.4):

- »... Produkt meines Arbeitgebers ...« oder
- »Mein Unternehmen sucht Mitarbeitende ...« oder
- »Werbung« bzw. »Anzeige« am Anfang des Beitrags.

Dieser Hinweis sollte in jedem Beitrag im ersten Satz erscheinen. Ein zentraler Hinweis auf den Arbeitgeber im Profil ist zusätzlich zu empfehlen, wäre aber für sich allein nicht ausreichend, denn Nutzende können einzelne Beiträge aufrufen, ohne sich das Profil der Verfasser anzuschauen.

Abbildung 8.4: Einige Plattformen, wie LinkedIn, zeigen den Arbeitgeber immer unter dem Namen des Mitarbeitenden an. Trotzdem sollten Corporate Influencer Nutzer immer darauf hinweisen, wenn sie über die Produkte ihres Arbeitgebers sprechen. Erstens stellt nicht jeder automatisch eine Verbindung zwischen Produkt und Unternehmen her, und zweitens kann LinkedIn das Design jederzeit ändern und den Hinweis auf den Arbeitgeber entfernen. Dadurch würden die Beiträge der Mitarbeitenden rückwirkend zu ungekennzeichneter und abmahnbarer Schleichwerbung werden.

8.3.4 Untersagung und Freigabe

Der sicherste rechtliche Weg, um eine Haftung für Mitarbeitende zu vermeiden, die unbemerkt als Corporate Influencer tätig sind, besteht darin, den Mitarbeitenden generell zu untersagen, ohne vorherige Absprache im Namen des Unternehmens in sozialen Medien zu sprechen oder Produkte des Unternehmens zu bewerben. Gegen Verstöße muss sofort vorgegangen werden, denn die Duldung der nicht erlaubten Fürsprache wird sonst als eine Freigabe gewertet. Alle Mitarbeitenden sollten darüber hinaus darauf hingewiesen werden, dass ihr Verhalten in sozialen Medien Auswirkungen auf den Arbeitgeber haben kann (z. B. im Rahmen einer Social-Media-Richtlinie, wie in Abschnitt 17.1.2.2 beschrieben). Insbesondere sollten sie davon absehen, mit privaten Accounts im Namen des Arbeitgebers zu sprechen oder negative Kommentare zu kontern. Stattdessen sollten Sie das Social-Media-Team oder sonst die für die Kundenkommunikation zuständige Abteilung über die negativen Kommentare informieren.

8.3.5 Vereinbarung, Freigabe und Duldung

Die Freigabe der Tätigkeit als Corporate Influencer gegenüber Mitarbeitenden kann auf zwei Arten erfolgen:

- **Vertragliche Vereinbarung:** Rechtlich verbindlich und damit die rechtlich sicherste Lösung ist eine vertragliche Vereinbarung über die Tätigkeit als Corporate Influencer. Mitarbeitende werden dabei wie reguläre Influencer behandelt, sodass auf die eingangs in diesem Kapitel genannten Vorgaben verwiesen werden kann. Dies gilt besonders für vertragliche Regelungen zu Nutzungsrechten, Vergütung und Haftungsverteilung, die mit Corporate Influencern vereinbart werden sollten (siehe Abschnitt 8.2 oben).

- **Freigabe ohne Vereinbarung:** Wenn Mitarbeitenden die Tätigkeit als Influencer ausdrücklich erlaubt ist, aber keine Regelungen zur Ausgestaltung der Tätigkeit getroffen werden, dann wird es dem Arbeitgeber schwerfallen, Mitarbeitende für Fehler im Zusammenhang mit dieser Tätigkeit zu belangen.
- **Bloße Duldung:** Wenn ein Arbeitgeber weiß, dass ein Mitarbeiter als Influencer tätig ist, und das duldet, dann wird es rechtlich so gewertet, als ob er eine Freigabe ohne Vereinbarung gegeben hätte.

Arbeitgeber sollten eine schriftliche Vereinbarung mit Corporate Influencern abschließen. Dies gewährleistet nicht nur rechtlichen Schutz, sondern dient auch der Einhaltung der Compliance-Vorgaben im Unternehmen.

Tipp: Instruktion und Kontrolle

Unabhängig von der Art der Freigabe sollten Mitarbeitenden Hilfestellungen an die Hand gegeben werden, damit sie wissen, wie sie Rechtsverstöße vermeiden. Dazu gehört insbesondere, ihnen deutlich zu machen, dass sie immer auf den Bezug zum Unternehmen hinweisen müssen und nicht im Namen des Unternehmens sprechen dürfen. Zudem sollten Corporate Influencer zumindest stichprobenartig dahingehend überprüft werden, ob sie insbesondere die Vorgaben zur Erkennbarkeit der Zugehörigkeit zum Arbeitgeber befolgen. Dieses Kontrollrecht sollte vertraglich vereinbart werden.

8.3.6 Inhaberschaft an Accounts

Insbesondere wenn ein Account speziell für die Tätigkeit als Corporate Influencer angelegt wird, sollte, wie in Abschnitt 2.2.6 dargestellt, vereinbart werden, wem die Rechte an diesem Account gehören.

8.3.7 Impressumspflicht für Influencer

Werden eigene Profile der Corporate Influencer in sozialen Medien zur Fürsprache für den Arbeitgeber genutzt, liegt deren geschäftliche Nutzung vor. Diese zieht wiederum Impressums- und Datenschutzpflichten nach sich. Allerdings ist rechtlich nicht geklärt, ob nur die jeweiligen Beiträge für den Arbeitgeber als geschäftlich gelten oder das ganze Profil.

Hier ist vorstellbar, dass ein Gericht dies vor allem vom Umfang der Nutzung des Profils zur Werbung für den Arbeitgeber abhängig macht. Wird ein Profil eher selten für den Arbeitgeber eingesetzt, ist es rechtlich und wirtschaftlich vertretbar, die Rechtsansicht zu teilen, dass ein Impressum nicht erforderlich ist (zum Abmahnrisiko siehe unten).

Wird das Profil jedoch regelmäßig zur Werbung für den Arbeitgeber genutzt, sollte ein Impressum aufgenommen werden, das auch im Verweis auf das Impressum des Arbeitgebers bestehen kann (Impressumsverweise werden in Abschnitt 2.2.5 erläutert). Verweisen Corporate-Influencer-Accounts jedoch per Link auf das Impressum und die Datenschutzerklärung des Arbeitgebers, muss dort der Hinweis aufgenommen werden, dass diese auch für die genannten Influencer-Accounts gelten.

> **Hinweis: Vermindertes Risiko von Impressumsabmahnungen**
>
> Durch das »Gesetz gegen Abmahnmissbrauch« ist das Risiko von Abmahnungen wegen Verstößen gegen die Impressumspflichten erheblich gesunken. Weitere Hinweise zum Risiko von Impressumsabmahnungen erhalten Sie in Abschnitt 2.1.7.

8.3.8 Datenschutzpflichten der Influencer

Dadurch dass Corporate Influencer geschäftlich agieren, gelten für sie zumindest insoweit die Vorgaben der DSGVO. Das heißt, Corporate Influencer betreffen z. B. datenschutzrechtliche Auskunftspflichten (erläutert in Abschnitt 10.7) oder die Pflicht, eine Datenschutzerklärung bereitzustellen (siehe Abschnitt 10.6). Auch sind sie von den in Abschnitt 2.2.1 erläuterten Datenschutzrisiken bei der Nutzung sozialer Netzwerke betroffen.

Wie schon im Hinblick auf das Impressum in Abschnitt 8.3.7 erläutert, ist es auch beim Datenschutz nicht geklärt, ab welchem Umfang der Profilnutzung die DSGVO zum Tragen kommt.

Diese rechtlichen Unwägbarkeiten vollständig zu klären, ist aufwendig und wegen häufig unklarer Rechtslage meist nicht abschließend möglich. Allerdings ist das Risiko in diesem Bereich, wie auch im Fall des Impressums, zumindest nach bisheriger praktischer Erfahrung gering (der Verzicht auf die Angabe einer Datenschutzerklärung wird in Abschnitt 2.2.5 erläutert). Ferner kann der Arbeitgeber die interne Haftung für etwaige datenschutzrechtliche Risiken der Profilnutzung des Corporate Influencers übernehmen. Aufgrund der komplizierten Materie sollte der Einsatz von Corporate Influencern zu Beginn von rechtlich sachkundigen Personen geprüft werden.

> **Checkliste: Prüfung des Einsatzes von Corporate Influencern**
>
> **1. Risikoaufklärung und Freigabeprozess:**
>
> - Mitarbeitende über die Risiken der werblichen Fürsprache informieren.
> - Werbliche Fürsprache nur mit ausdrücklicher Freigabe zulassen.
> - Verstöße sanktionieren, ansonsten gilt die Duldung als Freigabe.
>
> **2. Abgrenzung privater und geschäftlicher Inhalte:**
>
> - Keine Kennzeichnungspflicht für private Inhalte, etwa Berichte aus dem Arbeitsalltag, persönlicher Erfolge etc.
> - Kennzeichnungspflicht für geschäftliche Inhalte, etwa Teilen von Produktwerbung, Berichte von Produktvorzügen, Beantwortung von Kundenanfragen etc.

3. Transparenz und Kennzeichnung:

- Hinweise auf die Unternehmenszugehörigkeit, etwa »Mein Arbeitgeber«, »Mein Unternehmen« etc.
- Alternativ können auch die Begriffe »Werbung« oder »Anzeige« von Corporate Influencern verwendet werden.

4. Duldung oder Vereinbarung:

- Vertragliche Vereinbarung: Regelung zu Nutzungsrechten, Vergütung und Haftungsverteilung vorhanden (siehe Abschnitt 8.2), die rechtlich sicherste Lösung.
- Freigabe ohne Vereinbarung oder Duldung durch den Arbeitgeber: Mitarbeitende dürfen ausdrücklich als Influencer auftreten, aber ohne vertragliche Regelungen (Risiko: eingeschränkte rechtliche Handhabe bei Fehlern und fehlende rechtliche Compliance).
- Bloße Duldung: Mitarbeitende agieren als Influencer, und der Arbeitgeber duldet dies wissentlich (rechtlich wie Freigabe ohne Vereinbarung zu bewerten).

5. Impressum und Datenschutz:

- Bei einer geschäftliche Nutzung ihres Accounts werden Corporate Influencer impressumspflichtig, und die DSGVO kommt zur Anwendung.
- Ein Verweis auf das Impressum und die Datenschutzerklärung des Arbeitgebers ist möglich.

8.4 Virtuelle Influencer

Der Einsatz von virtuellen Influencern ermöglicht die vollständige kreative Kontrolle der Influencer.

Virtuelle Influencer sind vollständig digital erstellte Figuren. Sie sind auf Social-Media-Plattformen aktiv und haben Follower, die ihre Inhalte konsumieren. Im Gegensatz zu menschlichen Influencern existieren sie ausschließlich in der digitalen Welt. Virtuelle Influencer bieten Vorteile wie vollständige kreative Kontrolle und geringere langfristige Kosten.

Die rechtlichen Rahmenbedingungen ändern sich gegenüber der Zusammenarbeit mit echten Influencern dagegen kaum. Der Unterschied besteht im Wesentlichen darin, dass die vertraglichen und gesetzlichen Pflichten nicht vom Influencer selbst, sondern vom Programmierer bzw. Anbieter des virtuellen Influencers zu beachten sind.

8.4.1 Werbekennzeichnung

Virtuelle Influencer müssen wie ihre menschlichen Pendants klar als kommerziell handelnde Akteure erkennbar sein. Es gelten dieselben Werbekennzeichnungspflichten wie bei Menschen (siehe Abbildung 8.5). Beiträge, die für Unternehmen und Produkte werben, müssen als Werbung oder Anzeige gekennzeichnet sein. Eine Kennzeichnung ist unnötig, wenn die Unternehmenszugehörigkeit anderweitig klar erkennbar ist, etwa durch einen Namenszusatz (»Max von der XY AG«).

Abbildung 8.5: Viele virtuelle Influencer, wie in diesem Beispiel »Aitana Lopez«, können leicht für echte Personen gehalten werden. Daher gelten für sie dieselben Regeln zur Werbekennzeichnung wie für menschliche Influencer. Alle von Unternehmen bezahlten Beiträge müssen als Werbung gekennzeichnet sein.

8.4.2 Pflicht zur KI-Kennzeichnung

Eine Pflicht, KI-Influencer als solche zu kennzeichnen, kann sich aus den folgenden Gründen ergeben:

- **Deepfake im Sinne der KI-VO:** Seit dem 2. August 2026 müssen sogenannte Deepfakes deutlich als solche gekennzeichnet werden. Deepfakes im Sinne der KI-Verordnung sind jedoch nur KI-Nachbildungen oder Manipulationen von Abbildungen echter Menschen (siehe Art. 3 Nr. 60 und 50 Abs. 4 KI-VO). Virtuelle Influencer sind jedoch nicht echten Personen nachgebildet und stellen daher keine kennzeichnungspflichtigen Deepfakes in diesem Sinne dar (Weiteres zur Kennzeichnungspflicht bei Deepfakes erfahren Sie in Abschnitt 4.6.2).
- **Verbraucherrecht:** Eine Kennzeichnung als »KI« oder »virtuell« wäre neben der Werbekennzeichnung nur dann erforderlich, wenn Verbraucher darauf hätten vertrauen dürfen, dass die Person echt ist. Ein solches Vertrauen besteht in der Werbung jedoch selten, wo z. B. häufig Schauspieler oder Kunstfiguren Produkte präsentieren.
- **Kennzeichnungspflichten sozialer Netzwerke:** Soziale und andere Plattformen verlangen zunehmend, dass KI-Werke als solche gekennzeichnet werden, was auch für KI-Influencer gilt (siehe dazu Abschnitt 4.6.5).

- **Verwechselbarkeit mit echten Personen:** Virtuelle Influencer dürfen nur eingesetzt werden, wenn keine Verwechslungsgefahr mit realen Personen besteht. Ansonsten können sie gegen Datenschutz- und Persönlichkeitsrechte verstoßen, selbst wenn es sich um eine eindeutig digitale Nachbildung handelt. Aber auch in diesem Zusammenhang senkt die KI-Kennzeichnung das Risiko einer Abmahnung oder Klage durch die realen Personen. Hinweise zu den Grenzen der zulässigen Verwechselbarkeit, z. B. mit Prominenten, erhalten Sie in Kapitel 6.

Zusammenfassend betrachtet, sollte man KI-Influencer in den sozialen Medien stets als solche kennzeichnen, auch wenn es keine gesetzliche Pflicht dafür gibt. Verwenden Sie Begriffe wie »KI« oder »virtuell« in der Beschreibung, um klarzustellen, dass es sich um einen künstlichen Influencer handelt.

Checkliste: Virtuelle Influencer

1. Verwechselbarkeit mit echten Personen vermeiden:

Wenn ein virtueller Influencer einer echten Person zum Verwechseln ähnlich sieht, dann liegt darin ein Verstoß gegen das Recht am eigenen Bild der echten Person vor.

2. Minderung der Verwechslungsgefahr:

- Ähnlichkeiten mit realen Personen prüfen durch Bilderrückwärtssuche.
- Entwicklungs- und Prüfprozess dokumentieren.
- Als KI-Erzeugnis kennzeichnen, um das Risiko zufälliger Ähnlichkeiten zu vermeiden.
- Echte Menschen als Vorlage verwenden mit Model Release für die kommerzielle Nutzung.

3. Kennzeichnung künstlicher Bilder, Videos und Postings:

- Klare Kennzeichnung, dass es sich nicht um einen echten Menschen handelt.
- Beiträge müssen als Werbung oder Anzeige gekennzeichnet werden.
- Kennzeichnung entfällt, wenn die Unternehmenszugehörigkeit klar erkennbar ist, z.B. durch Namenszusatz oder grafische Kennzeichnung.
- Keine Pflicht zur Kennzeichnung als Deepfake, wenn keine echten Personen mittels KI abgebildet werden.
- Ferner müssen KI-Kennzeichnungspflichten der sozialen Netzwerke beachtet werden (siehe Abschnitt 4.6.5).

8.5 Testimonials

Für Testimonials gelten die gleichen Anforderungen wie für Influencer – jede wirtschaftliche Beeinflussung muss kenntlich gemacht werden.

Testimonials sind Empfehlungen oder Aussagen von Personen, die zur Werbung für ein Unternehmen, ein Produkt, eine Dienstleistung oder eine Marke genutzt werden (auch als *Endorsement-Marketing* bezeichnet). Diese Marketingstrategie nutzt positive Bewertungen von Personen, die als kompetent angesehen werden. Beispiele für solche Fürsprecher sind:

- berühmte Persönlichkeiten,
- Branchenexperten,
- zufriedene Kunden oder
- Geschäftspartnerinnen und -partner.

Die Hauptaufgabe eines Testimonials besteht dabei darin, die Qualität des beworbenen Produkts zu bestätigen, das Vertrauen der Zielgruppe zu gewinnen und ihre Kaufentscheidung positiv zu beeinflussen. Hierbei müssen jedoch die folgenden wettbewerbsrechtliche Hinweise und Risiken beachtet werden.

8.5.1 Gemeinsamkeiten und Unterschied zu Influencern

Sowohl das Marketing mit Testimonials als auch das Influencer-Marketing setzen auf persönliche Empfehlungen von Personen. Während Marketing mit Testimonials formeller ist und mehr Kontrolle bietet, setzt Influencer-Marketing auf Authentizität und enge Community-Beziehungen. Beide Strategien können kombiniert werden, etwa wenn Influencer zugleich eigene Kunden sind.

Auch die rechtlichen Grundsätze sind in beiden Fällen vergleichbar und gelten sowohl für das Influencer-Marketing als auch für Testimonials. Das bedeutet: Die Unternehmen, die Testimonials einholen, haften für den Inhalt. Sie sollten die Rechtsbeziehung mit der Person, die ein Testimonial formuliert, vertraglich festlegen, dabei aber zusätzlich auch die folgenden speziellen Aspekte des Marketings mit Testimonials beachten.

8.5.2 Transparenz und Werbekennzeichnung

Wenn einer Person eine Gegenleistung für die Nutzung des Testimonials versprochen wurde, muss dies im Rahmen des Testimonials offengelegt werden. In manchen Fällen ist die Bezahlung offensichtlich, z. B. wenn Sportler Sportkleidung einer Marke tragen. Verbraucher wissen, dass diese Prominenten bezahlt werden. Anders ist es, wenn Kunden Vorteile irgendeiner Art, wie z. B. Gutscheine oder Rabatte, für Testimonials erhalten. Hier muss klar auf diese Incentivierung hingewiesen werden (siehe Abbildung 8.6).

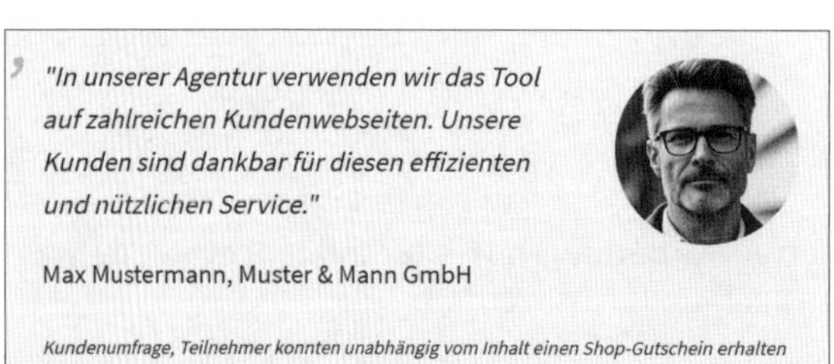

Abbildung 8.6: Wenn Kunden im Gegenzug für ein Testimonial eine Zuwendung erhalten haben, muss darauf bereits im Sichtzusammenhang mit dem Testimonial hingewiesen werden, wie in diesem Beispiel auf den Gutschein.

8.5.3 Erfundene Testimonials

Sie dürfen keine Testimonials erfinden und den Eindruck vermitteln, sie seien echt. Wenn Sie Fürsprecher erfinden, muss für die Verbraucher erkennbar sein – z. B. durch Hinweise oder übertriebenes reklamehaftes Auftreten –, dass es sich um Werbefiguren und nicht um echte, unabhängige Personen handelt.

8.5.4 Eigenwerbung mit Kundenreferenzen

Die Vorgaben zum Schutz personenbezogener Daten und von Geschäftsgeheimnissen verbieten grundsätzlich die Offenlegung von Kundennamen oder der Art der Geschäftsbeziehung. Sie können Kunden oder deren Projekte daher nur dann als Referenz nutzen, wenn die Kunden das explizit erlauben oder Sie das Recht auf Referenz vertraglich vorab vereinbart haben. Zum einen können Sie ein solches Recht in Ihre AGB aufnehmen:

> »Die Agentur darf auf die Beauftragung durch den Kunden sowie auf das Kundenprojekt zu Zwecken der Referenz und der Eigenwerbung unter Beachtung der Vorgaben zum Schutz von Daten und Geschäftsgeheimnissen des Kunden verweisen. [Optional:] Kunden können der vorgenannten Referenzwerbung jederzeit widersprechen.«

Allerdings sollten Sie prüfen, ob der Kunde nicht eigene AGB bereitstellt, die eine solche Referenz ohne Erlaubnis wiederum verbieten. Ist das der Fall, entfällt Ihr Referenzrecht (man spricht dabei davon, dass die AGB-Klauseln des Kunden Ihre Klausel »ausknockt«). Daher sollten Sie obige Referenzklausel nicht nur in die AGB, sondern auch in den Vertrag mit dem Kunden oder in Ihr Angebotsschreiben an den Kunden explizit aufnehmen. Denn individuelle Vereinbarungen mit dem Kunden haben Vorrang vor den AGB. Auch wenn Sie mit dem Kunden z. B. im Rahmen eines E-Mail-Austauschs vereinbaren, dessen Projekt als Referenz zu nutzen, gilt diese Vereinbarung und nicht das, was in den AGB steht.

8.5.5 Nutzung von öffentlichen Kundenmeinungen

Es kann vorkommen, dass Sie z. B. eine positive Produktrezension eines professionellen Magazins oder auch einzelner Nutzer übernehmen und z. B. auf Ihrer Website, in sozialen Medien oder in Print verwenden möchten. In all diesen Fällen sollten Sie bei dem Verlag bzw. Verfasser nachfragen, ob diese mit der von Ihnen geplanten Nutzung einverstanden sind. Denn ansonsten drohen Urheber- und Datenschutzverstöße, die Sie nur im Fall der Verlinkung vermeiden können:

- **Urheberrecht:** Der Text der Produktkritik kann urheberrechtlich geschützt sein, wenn er hinreichend originell ist. Unabhängig von der Originalität können auch kurze Textausschnitte zusätzlich durch das Leistungsschutzrecht für Presseverleger geschützt sein (mehr zum Schutz von Texten erfahren Sie in Abschnitt 3.4). Enthält die Produktkritik Bildaufnahmen, muss der Urheber deren Übernahme ebenfalls zustimmen (beachten Sie dazu die Hinweise zu einer einfachen Nutzungserlaubnis in Abschnitt 5.2.1).

- **Datenschutz:** Wenn Sie Namen von Personen übernehmen, dann verarbeiten Sie ihre personenbezogenen Daten und müssen die DSGVO beachten. Diese Übernahme kann zwar auf Grundlage berechtigter betriebswirtschaftlicher Interessen erlaubt sein (datenschutzrechtliche Erlaubnisgrundlagen werden in Abschnitt 10.4 erläutert), allerdings müssten die Betroffenen mit ihr rechnen können. So müssen z. B. Beiträge, die auf Bewertungsplattformen oder in sozialen Medien eingegeben werden, mit deren Einbindung als Widgets rechnen, sofern dies in den Nutzungsbedingungen der Plattformen vereinbart wird (allerdings müssen Sie die Haftungsrisiken entsprechend Abschnitt 17.5 beachten).

Zusammengefasst, können Sie die vorgenannten Urheber- und Datenschutzrisiken vermeiden, wenn Sie die oben genannte Produktkritik nicht kopieren, sondern auf sie nur mittels Link verweisen oder sie in Social Media teilen (Hinweise zur urheberrechtlichen Erleichterung beim Verlinken, Einbetten und Teilen erhalten Sie in Abschnitt 3.3.2).

8.5.6 Eigene Haftung für Testimonials

Unabhängig von der Art der Nutzung haften Sie für alle Testimonials und Maßnahmen, die Sie nach außen hin befürworten oder nutzen:

- **Keine Haftung für Aussagen Dritter:** Sie haften nicht für werbende Aussagen Dritter, solange Sie nicht aktiv darauf verlinkt oder verwiesen haben. Das gilt auch für Kundenaussagen auf Ihrer Social-Media-Pinnwand oder in Blogkommentaren, sofern Sie davon keine Kenntnis haben (wobei die fehlende Kenntnis auf der eigenen Webseite abhängig von der Zahl der täglich eingehenden Bewertungen von einem Gericht als unglaubwürdig betrachtet werden könnte). Details zur Haftung für Nutzerinhalte erhalten Sie in Abschnitt 17.3.
- **Haftung bei Verweis und Sharing:** Verweisen Sie z. B. per Link auf ein Testimonial oder teilen es auf Ihrer Website, haften Sie für dessen Inhalt, da sie es als Werbemittel einsetzen. Sie müssen daher sicherstellen, dass es keine unwahren Tatsachen oder wettbewerbswidrigen Aussagen enthält. Weitere Informationen zur Haftung für verlinkte Inhalte finden Sie in Abschnitt 17.5.

Checkliste: Testimonials

1. Pflicht zur Kennzeichnung als Werbung:

Haben die Verfasser der Testimonials Geld- oder Sachzuwendungen erhalten, müssen die Testimonials als »Werbung« oder »Anzeige« gekennzeichnet werden.

2. Transparenz und Authentizität:

Erfinden oder Fälschen von Testimonials ist wettbewerbswidrig.

3. Eigenwerbung mit Kundenreferenzen:

Nur mit Erlaubnis der Kunden, entweder in den AGB oder individuell vereinbart.

4. Übernahme von öffentlichen Kunden- und Nutzeraussagen:

Nur wenn mittels Widgets möglich oder mit Zustimmung der Verfasser.

5. Eigene Haftung:

- Übernahme fremder Testimonials (z.B. das Kopieren, Verlinken, Einbetten oder Teilen in sozialen Netzwerken) führt zur Haftungsübernahme.
- Vor der Übernahme von Testimonials sollte die Richtigkeit und Zulässigkeit der Aussagen geprüft werden.

8.6 Affiliate-Marketing

Affiliate-Verträge sollten so detailliert wie möglich sein, und Affiliate-Links müssen erläutert sowie als Werbung gekennzeichnet werden.

Affiliate-Marketing ist ein Onlinegeschäftsmodell, bei dem Unternehmen ihre Partner, sogenannte Affiliates, für die Vermittlung von Verkäufen oder Leads entlohnen. Affiliates bewerben Produkte oder Dienstleistungen über Webseiten, Blogs, soziale Medien oder E-Mail-Marketing. Gelangt ein Nutzer über einen speziellen Affiliate-Link auf die Unternehmenswebsite und tätigt eine gewünschte Aktion wie einen Kauf oder eine Anmeldung, erhält der Affiliate eine Provision. Dieses Modell verknüpft die Zahlung direkt mit den erzielten Ergebnissen.

Hinweis: Leads

Im Affiliate-Marketing sind mit *Leads* Aktionen wie Registrierungen oder Anfragen gemeint, die ein Nutzer nach dem Klick auf einen Affiliate-Link durchführt. Rechtlich relevant sind hier insbesondere die transparente Kennzeichnung von Affiliate-Links als Werbung sowie die Einhaltung datenschutzrechtlicher Vorgaben bei der Erhebung und Verarbeitung der Nutzerdaten, insbesondere der Abschluss entsprechender datenschutzrechtlicher Verträge gemäß Abschnitt 10.5 sowie die in Abschnitt 10.10 erläuterte Einwilligungspflicht für Tracking-Cookies.

8.6.1 Vertragliche Regelungen

Affiliates können bei der Platzierung von Affiliate-Links verschiedene Rechtsverstöße begehen, wie beispielsweise Urheberrechtsverletzungen durch eigene Werbemittel (z.B. bei Verwendung urheberrechtlich geschützter Bilder), die Verletzung fremder Marken oder wettbewerbswidrige Aussagen. Um als Auftraggeber die Haftung für solche Verstöße zu vermeiden, sind möglichst detaillierte Vorgaben zur Platzierung und Bewerbung der Affiliate-Links entscheidend.

Fallbeispiel

Unternehmen haften für ihre eigenen technischen Mittel und Werbemittel, die sie den Affiliates zur Verfügung stellen, sowie für Rechtsverstöße der Affiliates, die diese im Auftrag des Unternehmens begehen. Weichen die Affiliates jedoch von den vertraglichen Vorgaben ab, entfällt die Haftung (BGH, Az. I ZR 27/22).

Empfohlene vertragliche Regelungen umfassen:

- **Werbekanäle:** Beschränkung der Werbekanäle, z. B. auf Webseiten, Social Media, Newsletter, Messenger etc.
- **URLs festlegen:** Festlegung der URLs der Webseiten, auf denen Affiliate-Links gesetzt werden dürfen.
- **Markennutzung:** Verbot der Nutzung von Marken der Mitbewerber oder auch der eigenen Marke bei der Anzeigenschaltung (siehe Erläuterungen zum Keyword-Bidding in Abschnitt 15.2).
- **Werbemittel:** Festlegung von Werbemitteln (Texten, Grafiken, Links) und Verbot der Bearbeitung dieser Werbemittel.
- **Verbot des Missbrauchs:** Beispiele sind Klickbetrug (wenn Affiliates für selbst generierte Klicks auf ihre Links entlohnt werden), Cookie-Dropping (wenn Klicks vorgetäuscht werden, ohne dass die Anzeige geklickt wurde) sowie Eigenbuchungen und -registrierungen (wenn Affiliates fiktive Personen für Newsletter-Anmeldungen nutzen oder Bestellungen tätigen, weil ihre Provision den Kaufpreis übersteigt).
- **Vertragsstrafe:** Es ist zu empfehlen, für den Fall eines Vertragsverstoßes eine Vertragsstrafe in einer Höhe zwischen 5.000 und 10.000 Euro zu vereinbaren.

8.6.2 Kennzeichnungspflicht für Affiliate-Links

Affiliate-Links müssen bereits vor ihrem ersten Auftauchen in einem Text als solche gekennzeichnet werden.

Affiliate-Links in redaktionellen Inhalten oder persönlichen Profilen müssen als Werbung gekennzeichnet werden. Dies kann wie folgt geschehen:

- Der gesamte Beitrag wird als »Werbung« oder »Anzeige« gekennzeichnet.
- Die einzelnen Links werden jeweils um den Zusatz »Werbung« ergänzt (ein nur beim Überfahren mit der Maus schwebender Mouseover-Hinweis reicht nicht aus).
- Der Hinweis muss spätestens vor dem ersten Affiliate-Link auftauchen, wobei der Begriff »Affiliate-Link« erläutert werden muss, da er nicht für jedermann verständlich ist (siehe Abbildung 8.7).

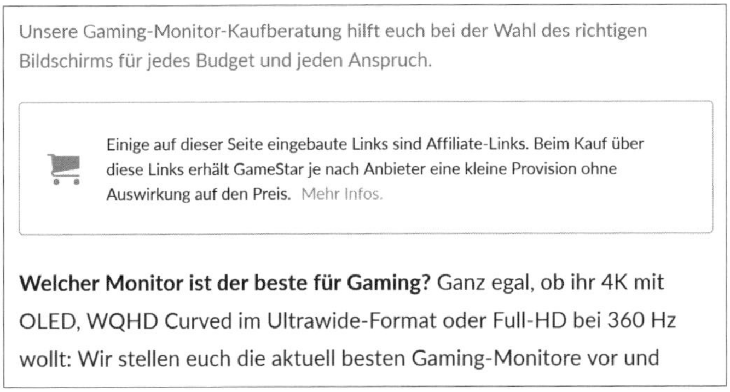

Abbildung 8.7: Beispiel eines rechtskonformen Hinweises auf der Webseite des Magazins Gamestar.de, der vor dem Setzen des ersten Affiliate-Links platziert wurde.

8.6.3 Datenschutz

Neben den Kennzeichnungspflichten müssen auch die datenschutzrechtlichen Vorgaben beachtet werden. Im Affiliate Marketing sind es vor allem die in Abschnitt 10.10 erklärte Pflicht zur Einholung einer Einwilligung beim Einsatz von Cookies und ähnlichen Verfahren, die zwecks Messung der Zugriffe und Begründung der Affiliate-Provision Informationen auf Geräten der Nutzer speichern oder von diesen auslesen.

Ferner kann je nach Affiliate-System ein Fall der gemeinsamen datenschutzrechtlichen Verantwortlichkeit zwischen dem Affiliate-Netzwerk und Teilnehmern vorliegen, was den Abschluss entsprechender datenschutzrechtlicher Vereinbarungen erforderlich macht. Hierzu wenden Sie sich am besten, wie in Abschnitt 10.5 beschrieben, an den jeweiligen Netzwerkanbieter.

Checkliste: Zulässigkeit von Affiliate-Links

1. Haftungsminderung durch vertragliche Regelungen mit Affiliates, die unter anderem die folgenden Punkte umfassen sollten:

- Zulässige Werbekanäle.
- Zulässige URLs, unter denen die Affiliate-Links platziert werden dürfen.
- Erlaubnis zur Markennutzung.
- Erlaubte Werbemittel.
- Verbot der Manipulation des Affiliate-Verfahrens (z.B. durch Cookie-Dropping).
- Androhung einer Vertragsstrafe bei Verstoß.

2. Werbekennzeichnungspflicht:

- Gesamten Beitrag als »Werbung« oder »Anzeige« markieren.
- Einzelne Links mit »Werbung« kennzeichnen (nicht bloß ein Einblenden der Kennzeichnung bei Mouseover).
- Platzierung einer Aufklärung über Bedeutung und Funktion spätestens vor dem Auftauchen des ersten Affiliate-Links.

3. Datenschutzaspekte:

- Datenschutzverträge mit werbenden Unternehmen bzw. Affiliate-Plattformen.
- Einwilligung in Cookies und ähnliche Verfahren einholen.

4. Haftung:

- Unternehmen haften für Rechtsverstöße, die Affiliates begehen, es sei denn, sie haben gegen die vertraglichen Verbote verstoßen.
- Vertragliche Regelungen senken die Haftung durch Einschränkung von z. B. zulässigen Webseiten oder Werbemitteln, die im Rahmen der Affiliate-Werbung eingesetzt werden dürfen.

KAPITEL 9

Äußerungen, Bewertungen, Testergebnisse und Prüfsiegel

In diesem Kapitel geht es darum, welche rechtlichen Aspekte bei der Kommunikation und Meinungsäußerung im Online-Marketing wichtig sind. Sie lernen, wo die Grenzen zwischen zulässiger Meinung und rechtswidriger Schmähkritik liegen und wie Sie sich rechtlich korrekt ausdrücken können, ohne Abmahnungen zu riskieren. Außerdem erhalten Sie detaillierte Informationen darüber, welche Aussagen erlaubt sind und wie Sie effektiv gegen unzulässige Kundenbewertungen vorgehen können. Das Kapitel beschäftigt sich auch damit, wie Sie rechtssicher mit Testergebnissen, Prüfsiegeln oder Kundenumfragen werben können.

9.1 Meinungen und Tatsachen

Wer Tatsachen behauptet, muss im Zweifel deren Richtigkeit nachweisen können. Meinungsäußerungen bedürfen zwar keines Beweises, dürfen jedoch nicht beleidigend sein.

Egal ob Sie eine negative Kundenbewertung beurteilen oder sich über Mitbewerber äußern möchten: Es ist essenziell, den Unterschied zwischen Meinung und Tatsache sowie deren rechtliche Grenzen zu kennen:

- **Tatsachen:** Tatsachen sind überprüfbare Ereignisse oder Vorgänge. Eine Tatsachenbehauptung kann wahr oder falsch sein, z.B. »dieses Buch ist über 500 Seiten lang«.
- **Meinungen:** Meinungen sind persönliche Überzeugungen und Werturteile, die weder beweisbar noch wahr oder falsch sind, z.B. »dieses Buch ist aufregender als ein Roman«.

Ob Sie die Zulässigkeit einer negativen Kundenbewertung beurteilen oder sich selbst über Mitbewerber äußern möchten: In beiden Fällen ist es unerlässlich, dass Sie die im Folgenden genannten Unterschiede zwischen Meinungen und Tatsachen kennen.

9.1.1 Tatsachen müssen wahr sein

Der Unterschied zwischen Tatsache und Meinung ist sehr wichtig, weil Meinungsäußerungen mehr Spielraum haben. Während Meinungen Mutmaßungen und Annahmen enthalten dürfen, müssen Tatsachenbehauptungen wahr sein. Wenn jemand eine von Ihnen behauptete oder verbreitete Tatsache bestreitet und rechtlich gegen Sie vorgeht, müssen Sie die Richtigkeit Ihrer Äußerung nachweisen.

> **Hinweis: Nachweispflicht**
>
> Im Streitfall muss derjenige, der die Aussage getroffen hat, ihren Wahrheitsgehalt beweisen. Es ist dagegen nicht die Aufgabe der betroffenen Personen, zu beweisen, dass die Aussage falsch ist.

Diese Benachteiligung von Tatsachenbehauptungen gegenüber Meinungen ergibt sich daraus, dass Tatsachen mehr Gewicht haben. Es ist ein Unterschied, ob Sie äußern: »Ich meine, dass die Telekom die Hälfte ihrer Kunden verloren hat« oder behaupten: »Die Telekom hat die Hälfte ihrer Kunden verloren«. Im ersten Fall handelt es sich klar um eine persönliche Meinung, die nicht stimmen muss. Im zweiten Fall könnte man davon ausgehen, dass Ihre Aussage stimmt, was beispielsweise dazu führen kann, dass jemand aufgrund Ihrer Aussage einen Vertrag bei einem Mitbewerber der Telekom abschließt.

> **Tipp: Risikominimierung durch Formulierung als Meinung**
>
> Wenn Sie sich nicht sicher sind, ob eine Tatsache stimmt, dann sagen Sie das, und formulieren Sie Ihre Aussagen generell als Meinung. Die Meinungsfreiheit nach Art. 5 Abs. 1 GG erlaubt Ihnen, auch Aussagen zu treffen, die nicht der Wahrheit entsprechen, solange Sie klarmachen, dass es Ihre subjektive Ansicht ist, z.B.: »Meiner Meinung nach hat die Telekom mehr Kunden als Vodafone.«

9.1.1.1 Tatsachen mit Meinungen vermischt

Die rechtliche Beurteilung von Aussagen, bei denen Meinungen und Tatsachen vermischt sind, kann in der Praxis komplex sein. Gemischte Aussagen liegen z. B. in den folgenden Fällen vor:

- »200 Euro für eine Übernachtung in diesem Hotel sind überteuert.«
- »Der Hersteller verkürzt die Lebensdauer seiner Produkte.«

Um zu prüfen, ob diese Aussagen zulässig sind, müssen Sie wie folgt vorgehen:

- **Trennbare Aussagen:** Wenn möglich, sollten Tatsachen und Meinungen getrennt voneinander betrachtet werden (siehe Abbildung 9.1). Die Tatsachenbehauptungen müssen der Wahrheit entsprechen, während Meinungen subjektiver Natur sind und, solange sie keine Beleidung oder Schmähung darstellen, zulässig sind. Im Fall des ersten Beispiels oben ist die nachzuweisende Tatsache der Preis von 200 Euro, während die Einschätzung des Werts eine zulässige Meinung darstellt. Bei der zweiten Ansicht ist eine derartige Trennung jedoch nicht so einfach.

- **Nicht trennbare Aussagen:** Bei Aussagen, die Meinungen und Tatsachen so vermischen, dass sie nicht getrennt werden können, ist der Kontext entscheidend. Wenn z.B. ein glaubwürdiges Testmagazin behauptet, ein Hersteller verkürze absichtlich die Lebensdauer seiner Produkte, um mehr Umsatz zu erzielen, könnte dies wegen der vermuteten gründlichen Recherche als Tatsachenbehauptung angesehen werden. Wird jedoch die gleiche Aussage von einer Privatperson in einem Forum gemacht, könnte sie als bloße Meinung betrachtet werden, da man nicht von einer gründlichen Prüfung ausgehen kann.

Zum Schutz der Meinungsfreiheit tendieren Gerichte in Zweifelsfällen dazu, eine Aussage als Meinung einzustufen.

Abbildung 9.1: Diese Produktbewertung im Bildbeispiel kombiniert im ersten Halbsatz eine im Zweifel nachzuweisende Tatsachenaussage zur Lebensdauer der Batterie mit der zulässigen persönlichen Ansicht, dass diese für den Alltagsgebrauch ungeeignet sei.

Vorsicht: Umgang mit Mitbewerbern

Im Umgang mit Mitbewerbern gelten andere Regeln als für Verbraucher. Aussagen, die Sie als Verbraucher tätigen könnten, sind nicht unbedingt zulässig, wenn Sie im Wettbewerb stehen. Solche Äußerungen könnten als gezielte Behinderung des Mitbewerbers (§ 4 Abs. 4 UWG) oder unzulässiger Produktvergleich gewertet werden (Details zum Produktvergleich finden Sie in Abschnitt 12.2). Wann dagegen sachlich gestützte Kritik erlaubt ist, erfahren in Abschnitt 9.1.3.4 weiter unten.

9.1.2 Verbreitung fremder Aussagen, Distanzierung und Laienprivileg

Nicht nur die eigene Behauptung falscher Tatsachen, sondern auch die Verbreitung von falschen Tatsachenbehauptungen, die andere aufgestellt haben, ist unzulässig. Der oft anzutreffende Satz »Wie ich von XY erfahren habe ...« schützt daher nicht vor einer Rechtsverletzung, es sei denn, Sie distanzieren sich von der Falschbehauptung oder können sich entweder direkt oder im Rahmen des unten beschriebenen Laienprivilegs auf die Pressefreiheit berufen.

9.1.2.1 Distanzierung von fremden Behauptungen

Mit einer wirksamen Distanzierung können Sie zum Ausdruck bringen, dass Sie zwar eine fremde Behauptung wiedergeben, aber für ihren Inhalt nicht einstehen möchten. Eine Distanzierung ist jedoch nur dann wirksam, wenn sie deutlich erkennbar, ernsthaft und überhaupt möglich ist. Ist der Wahrheitsgehalt einer Tatsache fragwürdig, sollten Sie von deren Verbreitung insgesamt Abstand nehmen.

Eine Distanzierung in der Form »Ich kann die Aussagen dort nicht beurteilen ...« mag bei Privatpersonen ausreichen, aber nicht, wenn ein Unternehmen z.B. unwahre Aussagen über Mitbewerber oder deren Produkte verbreitet. Diese Grundsätze sind auch zu beachten, wenn Sie Links zu unwahren Tatsachen, Schmähungen oder Beleidigungen teilen (weitere Hinweise zur Linkhaftung erhalten Sie in Abschnitt 17.5).

Vorsicht: Teilen und Verlinken

Zumindest im Marketing ist es am besten, auf die Verlinkung oder Verbreitung von Aussagen oder Inhalten zu verzichten, wenn Sie sich nicht sicher sind, ob die Inhalte rechtlich zulässig sind. Das ist sicherer, als auf eine wirksame Distanzierung zu vertrauen. Dies gilt vor allem bei Aussagen über Mitbewerber.

9.1.2.2 Verdachtsberichterstattung

Journalistische Medien haben eine Schlüsselrolle bei der Offenlegung von Straftaten und Missständen. Sie dürfen im Rahmen der Verdachtsberichterstattung, wie etwa bei Verdacht auf Straftaten oder Korruption, auch unbewiesene Tatsachen verbreiten. Dies unterscheidet sie von Privatpersonen und Unternehmen und basiert auf der rechtlichen Grundlage des Bundesverfassungsgerichts (vgl. BVerfG, AZ 1 BvR 1248/11), darf aber nur unter den folgenden presserechtlichen Voraussetzungen erfolgen:

- **Journalistisches Medium:** Der Verdacht muss in einem Medium erscheinen, das zur öffentlichen Meinungsbildung beiträgt, etwa in Zeitschriften, Onlinemagazinen oder journalistisch geführten Blogs und Social-Media-Accounts.
- **Öffentliches Interesse:** Die Berichterstattung muss von öffentlichem Interesse sein, d.h., sie sollte zur Meinungsbildung oder öffentlichen Debatte beitragen und für das Gemeinwohl relevant sein.
- **Keine offensichtlich falsche Behauptung:** Falsche Tatsachen dürfen nur mit ausdrücklicher Distanzierung wiedergegeben werden, wenn ihre Unwahrheit bekannt ist.

- **Eigene Recherche und Rückfragen:** Vor der Veröffentlichung müssen Journalistinnen und Journalisten gründlich recherchieren und, wenn möglich, die betroffenen Personen kontaktieren, um deren Sichtweise zu berücksichtigen, oft mit Fristen von 24 bis 72 Stunden.
- **Mindestmaß an Beweisen:** Es müssen ausreichende Beweise vorhanden sein, wie öffentliche Ermittlungen oder Anklageerhebungen. Eine bloße Strafanzeige reicht nicht für die Nennung von Namen.
- **Sorgfaltspflicht und Vorverurteilung:** Ein erhöhter Sorgfaltsmaßstab ist erforderlich, um keine Vorverurteilung zu riskieren. Die Unschuldsvermutung muss gewahrt werden.
- **Keine unangemessene Beeinträchtigung:** Vor Veröffentlichung ist abzuwägen, ob der potenzielle Schaden, sollten die Vermutungen unwahr sein, verglichen mit der Relevanz der Vermutung für die Öffentlichkeit, zumutbar ist.
- **Unschuldsvermutung:** Ein Hinweis auf die Ungewissheit der Tatsachenlage sollte genutzt werden, um die Verlässlichkeit der Informationen zu relativieren und die Unschuldsvermutung zu betonen, z. B.: »Wir weisen ausdrücklich darauf hin, dass die Unschuldsvermutung gilt und der in dem verlinkten Artikel enthaltene strafrechtliche Vorwurf tatsächlich zutrifft.«

Im Marketing müssen die Prinzipien der Verdachtsberichterstattung vor allem bei der Gestaltung von Überschriften und Teasern für Magazinartikel oder Videos, die eine Verdachtsberichterstattung zum Inhalt haben, berücksichtigt werden. Auch die Teaser dürfen nicht den Eindruck erwecken, dass eine beschuldigte Person bereits schuldig ist. Formulierungen wie »Wie konnte er so viele Kunden betrügen?« unterstellen, dass die beschuldigte Person schuldig ist, und stellen deshalb schadensersatzpflichtige Persönlichkeitsrechtsverstöße dar. Stattdessen sollten Marketingtexte im Konjunktiv verfasst werden, um rechtliche Risiken zu minimieren und keine Vorverurteilungen zu suggerieren, z. B.: »Hätte er überhaupt so viele Kunden betrügen können?«

9.1.2.3 Laienprivileg

Aufgrund der im vorstehenden Abschnitt geschilderten Regeln dürfen journalistische Publikationen oder Medien, die eine Verdachtsberichterstattung zum Gegenstand haben, auch wenn auf Verdacht beruhend, von jedermann verbreitet werden. Wenn Sie solche Publikationen oder die in ihnen enthaltenen Aussagen oder Tatsachen im Rahmen dieses »Laienprivilegs« teilen, sollten Sie stets die Quelle nennen, beispielsweise durch eine Formulierung wie »Wie die FAZ schreibt …«

Eine feste Regel, welchen Medien zu trauen ist, gibt es nicht. Die erwähnten Medien sollten sich durch journalistische Sorgfalt und gründliche Recherche auszeichnen. Ferner sollten Sie generell keine Verdachtsberichterstattung zu Ihren Mitbewerbern teilen, zumindest nicht ohne eine fachlich versierte Rechtsprüfung (dazu siehe auch den Merkkasten in Abschnitt 9.1.1.1 weiter oben).

9.1.3 Grenze der Meinungsfreiheit: Beleidigungen und Schmähungen

Meinungen haben zwar einen größeren Spielraum als Tatsachenbehauptungen, doch auch Meinungsäußerungen sind inhaltliche Grenzen gesetzt. Die Zulässigkeit von Meinungsäußerungen endet dort, wo die Beleidigung oder Schmähung beginnt. Eine Beleidigung liegt dann vor, wenn die Ehre oder Würde einer Person verletzt wird. Bei einer Schmähung wird eine unsachliche Kritik geübt, die darauf abzielt, eine Person oder ein Unternehmen verächtlich zu machen und herabzusetzen.

9.1.3.1 Beleidigung durch Ehrverletzung

Ob Aussagen ehrverletzend sind, hängt vom Kontext, der Situation und der Beziehung der Beteiligten ab. Ein lockerer Spruch kann unter Freunden akzeptabel sein, aber gegenüber Fremden als Beleidigung gelten. Generell sind bestimmte Kategorien von Ausdrücken (wie Vulgärausdrücke, historisch belastete Begriffe, Vorwürfe von Straftaten oder abwertende Vergleiche) tendenziell beleidigend.

Fallbeispiel

Das Amtsgericht Koblenz befand, dass der Eintrag »Vorsicht Spaßbieter« in einer eBay-Bewertung eine verbale Beleidigung und Verunglimpfung darstellt (AG Koblenz, Az. 151 C 624/06).

9.1.3.2 Kollektivbeleidigungen

Kollektivbeleidigungen sind nicht strafbar. Kollektivbeleidigungen beziehen sich auf große Gruppen, bei denen individuelle Ehrverletzungen unwahrscheinlich sind, z. B. Berufsgruppen oder Branchen – beispielsweise: »Alle Onlinehändler sind Halsabschneider.« Wird diese Aussage jedoch nicht allgemein, sondern spezifisch gegenüber einem oder mehreren konkreten Händlern getroffen, handelt es sich wiederum um eine strafbare Beleidigung.

9.1.3.3 Volksverhetzung

Volksverhetzung (§ 130 StGB) ist strafbar, wenn öffentliche Äußerungen zum Hass gegen Teile der Bevölkerung aufstacheln, zu Gewalt oder Willkürmaßnahmen auffordern oder die Menschenwürde durch Beschimpfungen, böswillige Verächtlichmachungen (z. B. Bezeichnung als »Pack«) oder Verleumdungen angreifen. Beispiele dafür sind Aufrufe zur Gewalt gegen bestimmte ethnische oder religiöse Gruppen oder eine Billigung solcher Gewalttaten, aber auch Herabsetzungen dieser Gruppen.

9.1.3.4 Schmähkritik

Der häufigste Fall der Beleidigung im Internet ist die Schmähkritik. Bei einer Schmähkritik verlässt der Kritisierende die sachliche Ebene und zielt auf Diffamierung und Ehrverletzung ab. Schmähkritik ist nicht nur gegenüber Personen, sondern auch gegenüber Unternehmen verboten. Zwar haben Unternehmen keine »Ehre« wie eine Person, die Diffamierung kann aber das unternehmerische Ansehen schädigen.

Das bedeutet jedoch nicht, dass Sie den Adressaten Ihrer Kritik mit Samthandschuhen anfassen müssten. Solange Sie einen sachlichen Umstand kritisieren und keine vulgären Begriffe benutzen, dürfen Sie Ihre Kritik durchaus auch polemisch und überspitzt formulieren.

Fallspiel

Der BGH entschied, dass die eBay-Bewertung »Versandkosten Wucher!!« zulässig ist, da sie eine Meinungsäußerung und keine Schmähkritik darstellt (Urteil, Az. VIII ZR 319/20). Der Kläger forderte die Entfernung der Bewertung, doch das Gericht betonte die Vorrangstellung der Meinungsfreiheit. Auch generelle Äußerungen wie »Wettbewerbswidrige Schrottbücher übernehmen den Ratgebermarkt« über Bücher von (nicht konkret benannten) Mitbewerbern sind eine zulässige Meinungsäußerung, wenn sie mit Tatsachen und Ansichten unterlegt werden (OLG Frankfurt a.M., Az. 6 W 14/22).

Kritik muss bestimmte Anforderungen erfüllen, um zulässig zu sein:

- **Begründung:** Je schärfer die Kritik, desto wichtiger ist eine belastbare Begründung, basierend auf wahren Tatsachen. Beispielsweise bedarf die Äußerung »Die Bedienung des Lokals war mir unsympathisch« keiner besonderen Begründung, während für »Die Bedienung war arrogant« ein konkreter Vorfall genannt werden sollte.
- **Zutreffende Tatsachen:** Alle Tatsachenbehauptungen müssen der Wahrheit entsprechen, ohne wesentliche Umstände zu verschweigen.
- **Verhältnismäßigkeit:** Kritik sollte angemessen sein. Schimpfwörter oder Beleidigungen sind nicht akzeptabel.

Beispiele für rechtmäßige und rechtswidrige Kritik:

- »Diese Agentur ist unfähig.« – Hierbei handelt es sich um rechtswidrige Schmähkritik, da kein Anlass für diese Behauptung genannt wurde.
- »Die Agentur ist unfähig, da sie unsere Social-Media-Accounts nicht einrichten konnte.« – Harte, aber zulässige Meinungsäußerung, da sie auf Tatsachen basiert.
- »Die Agentur besteht aus grenzdebilen Idioten.« – Unangemessen herabsetzende Äußerung, selbst wenn auf Tatsachen basierend.

Hinweis: Rechtsbegriffe wie Betrüger vermeiden

Rechtsbegriffe wie »illegal«, »Krimineller«, »Betrüger« oder »Dieb« sollten nur verwendet werden, wenn eine Person nachweisbar verurteilt wurde.

9.1.3.5 Unerlaubte Behauptung wahrer Tatsachen

Selbst wahre Tatsachenbehauptungen können in bestimmten Konstellationen zu Rechtsverletzungen führen:

- **Verletzung der Privatsphäre:** Die Offenlegung geheimer Informationen aus dem Privat- oder Intimbereich, die beispielsweise Krankheiten oder Liebes- und Sexualbeziehungen betreffen, ist untersagt.
- **Verletzung von Geschäftsgeheimnissen oder Datenschutz:** Die Veröffentlichung unternehmensinterner Informationen und personenbezogener Daten ohne Zustimmung der Betroffenen oder ohne gesetzliche Erlaubnis ist rechtswidrig.
- **Formalbeleidigung:** Eine herabsetzende Darstellung wahrer Tatsachen, etwa unter Verwendung von vulgären Ausdrücken, gilt wegen dieser Form des Ausdrucks als Beleidigung und ebenso z. B. die Mitteilung sexueller Details (§ 192 StGB).

9.1.4 Die Folgen von Beleidigungen und unwahren Tatsachenbehauptungen

Die Folgen von Äußerungsdelikten können auf drei Ebenen auftreten:

- **Zivilrechtlich:** Betroffene können bei unwahren Tatsachenbehauptungen oder Beleidigungen zunächst eine Abmahnung aussprechen und eine Unterlassungserklärung sowie Schadensersatz verlangen. Besonders teuer wird es, wenn prominente Personen oder Unternehmen betroffen sind (der Schadensersatz für Beleidigungen bewegt sich im Bereich von 200 bis 1.000 Euro).
- **Strafrechtlich:** Unbewiesene Tatsachen können zu einer Anklage wegen übler Nachrede (§ 186 StGB) oder Verleumdung (§ 187 StGB) führen mit drohenden Geld- oder Freiheitsstrafen bis zu zwei Jahren.
- **Sanktionen der Social-Media-Plattformen:** Verstöße gegen Richtlinien einer Plattform können zur zeitweisen Sperrung oder Löschung des Benutzerkontos führen.

Fallbeispiel

Ein Facebook-Nutzer kommentierte das Video eines Bundesministers mit dem Wort »Drecksack«. Das Landgericht Koblenz entschied, dass dies nicht von der Meinungsfreiheit gedeckt ist, da es ehrenrührig ist. Der Nutzer musste 600 Euro Schmerzensgeld und 800 Euro Abmahnkosten zahlen (LG Koblenz, Az. 14 O 784/23).

9.1.5 Vorgehen gegen Verletzungen der eigenen Person oder des Unternehmens

Die oben genannten Folgen zeigen bereits auf, wie Sie gegen falsche Tatsachenbehauptungen, Beleidigungen und Schmähungen, die Sie selbst oder Ihr Unternehmen betreffen, vorgehen können.

Hinweis: Geschäftsschädigend ist nicht gleichbedeutend mit rechtswidrig

Nur weil ein Beitrag geschäftsschädigend ist, bedeutet das nicht automatisch, dass er rechtswidrig ist. Sie können sich nur bei falschen Tatsachenbehauptungen, Beleidigungen oder Schmähungen wehren.

Sie können die folgende Strategien gegen rechtswidrige Aussagen verfolgen:

- **Vorgehen gegen die Verfasser:** Ist die Identität bekannt, können Sie die Verfasser zur Löschung auffordern, eine Darstellung der Tatsachen aus Ihrer Sicht (die sogenannte *Gegendarstellung*) verlangen, abmahnen oder gerichtlich gegen die Verfasser der rechtswidrigen Aussage vorgehen. Eine Abmahnung oder ein Gerichtsverfahren kann zu einer Unterlassungserklärung führen, die bei Wiederholung eine Strafzahlung vorsieht. Dabei haben Sie das Recht, dass Ihnen bei einer ausreichenden Begründung des Rechtsverstoßes die Klarnamen und Kontaktdaten der Verfasser durch die Plattform herausgegeben werden, wobei hierfür eine gerichtliche Anordnung erforderlich ist (§ 21 TDDDG).
- **Vorgehen gegen den Plattformbetreiber:** Kennen Sie den Verfasser nicht, wenden Sie sich an den Plattformbetreiber. Dieser haftet erst nach Kenntnisnahme der Rechtsverletzung. Informieren Sie ihn formlos und setzen Sie eine Frist, bis wann der Beitrag gelöscht werden muss. Wird der Beitrag nicht innerhalb der Frist gelöscht, können Sie eine Abmahnung aussprechen lassen, und falls auch diese nicht beachtet wird, können Sie Ihren Anspruch vor Gericht geltend machen.
- **Strafantrag bei der Staatsanwaltschaft:** Ein Strafantrag kann zu strafrechtlichen Ermittlungen und Strafen für den Verfasser führen. Ist die Identität des Verfassers unbekannt, kann die Staatsanwaltschaft per Gerichtsbeschluss entsprechende Informationen vom Plattformbetreiber einfordern.

Weitere Informationen zur Durchsetzung von Rechtsverstößen und zur Abwehr von Abmahnungen finden Sie in Kapitel 18.

Checkliste: Meinungen und Tatsachen

Auf folgende Punkte müssen Sie bei jeder Äußerung achten:

1. Meinungen und Tatsachen unterscheiden:

- Tatsachen sind nachweisbare Ereignisse oder Vorgänge.
- Meinungen sind persönliche Überzeugungen und Werturteile.

2. Im Fall einer Tatsachenbehauptung:

- Behauptete Tatsachen müssen wahr und nachweisbar sein.
- Die Verbreitung unwahrer Tatsachenbehauptungen, die andere geäußert haben, ist unzulässig.

- Im Streitfall müssen Sie die Richtigkeit Ihrer Aussage beweisen.
- Das Laienprivileg erlaubt die Übernahme von Aussagen, die von verlässlichen Medien getroffen wurden – unter Nennung der Quelle.
- Eine wirksame Distanzierung kann erforderlich sein, um Rechtsverletzungen zu vermeiden.
- Auch wahre Tatsachen können bei Verletzung der Privatsphäre oder des Geschäftsgeheimnisses rechtswidrig sein.

3. Im Fall einer Meinungsäußerung:

- Meinungen können weder falsch noch richtig sein, hier besteht ein größerer inhaltlicher Spielraum.
- Formulieren Sie unsichere Aussagen als Meinung, um die Meinungsfreiheit zu nutzen.
- Die Meinungsfreiheit endet bei Beleidigungen oder Schmähkritik.
- Beleidigungen verletzen die Ehre, Schmähkritik zielt auf Diffamierung ab.
- Die Verbreitung von Beleidigungen und Schmähungen Dritter ist unzulässig.
- Gegenüber Mitbewerbern gelten zusätzliche Regeln, hier ist besondere Vorsicht geboten.

9.2 Bewertungen

Eine Möglichkeit, gegen unliebsame Kundenbewertungen vorzugehen, besteht darin, den Kundenkontakt zu hinterfragen.

Bei Bewertungen prallen zwei Interessen aufeinander: Unternehmen möchten möglichst positiv oder gar nicht bewertet werden, während Kunden oft den Wunsch haben, ihre Unzufriedenheit deutlich zum Ausdruck zu bringen. Dies führt häufig zu Gerichtsurteilen, die sich mit dem Thema Bewertungen auseinandersetzen. Die rechtlichen Vorgaben für Bewertungen, die aus diesen Urteilen resultieren, sind Gegenstand des folgenden Abschnitts.

Tipp: Kein Bewertungsverbot in AGB

Kunden in den AGB zu untersagen, negative Bewertungen zu verfassen, mag wie eine einfache Lösung für das Problem negativer Bewertungen erscheinen. Es ist aber, weil es eine Verletzung der Meinungsfreiheit darstellen würde, unwirksam (OLG Koblenz, Az. 2 U 279/21).

9.2.1 Verbot von Beleidigungen, Schmähungen und unwahren Tatsachen

Die in Abschnitt 9.1 aufgeführten Regeln für die Zulässigkeit von Meinungs- und Tatsachenäußerungen gelten auch für Bewertungen. Unternehmen und Einzelpersonen haben das Recht, die Löschung von Bewertungen zu verlangen, wenn diese auf unwahren Tatsachen basieren oder Beleidigungen und Schmähkritik darstellen.

Fallbeispiel

Wer in einem Onlinebewertungsportal negative Tatsachen über ein Unternehmen behauptet, muss deren Wahrheitsgehalt beweisen können, entschied das LG Frankenthal (Az. 6 O 18/23). Ein Kunde hatte ein Umzugsunternehmen mit nur einem Stern bewertet und behauptet, ein Möbelstück sei beschädigt worden. Der Beweis misslang, weshalb das Gericht die Löschung der Bewertung anordnete. Das Urteil ist rechtskräftig.

9.2.2 Anspruch auf Nachweis des Kundenkontakts

Eine effektive Methode zur Beseitigung von unliebsamen Bewertungen im Dienstleistungsbereich besteht darin, den Kundenkontakt abzustreiten. Der Betreiber des Bewertungsportals muss bei solch einer Löschungsaufforderung vom Verfasser der Bewertung einen Nachweis des Kontakts anfordern, z. B. eine Rechnung oder ähnliche Angaben, auch wenn diese geschwärzt sind (z. B. bei Arztpraxen). Verweigert der Kunde diesen Nachweis, muss die Bewertung gelöscht werden.

Bewertende können dieser Strategie von Dienstleistern entgegenwirken, indem sie ihrer Bewertung Nachweise wie Fotos von Mängeln, detaillierte Angaben zum Servicevorgang oder ähnliche Informationen beifügen. Dadurch kann das bewertete Unternehmen den Vorgang leichter nachvollziehen und muss begründen, warum trotzdem kein Kundenkontakt vorgelegen hat.

Fallbeispiel

Ein Onlineportal, das anonyme Hotelbewertungen veröffentlicht, muss den Hotelbesuch nachweisen können. Wenn ein Hotel behauptet, die schlechte Bewertung auf dem Portal stamme nicht von einem ihrer Gäste, liegt die Nachweispflicht beim Bewertungsportal (BGH, Az. VI ZR 1244/20). Dieses muss den Verfasser bitten, einen Nachweis über den Aufenthalt vorzulegen. Kann der Verfasser diesen Nachweis nicht erbringen, muss das Portal die Bewertung entweder löschen oder die Verantwortung für deren Inhalt übernehmen.

Hinweis: Offenlegung bei Bewertungen der Arbeitnehmer

Die Pflicht zum Nachweis des Kundenkontakts kann auch auf die Bewertung von Arbeitgebern durch Arbeitnehmer übertragen werden. Das heißt, auch Arbeitgeber können einen Nachweis darüber verlangen, dass es sich bei den Bewertungsverfassern tatsächlich um aktuelle oder ehemalige Arbeitnehmer handelt. Werden diese Nachweise, z. B. weil die Verfasser anonym bleiben wollen, nicht vorgelegt, muss die Bewertung gelöscht werden (so entschied im Fall des Bewertungsportals »Kununu« das OLG Hamburg, Az. 7 W 11/24).

9.2.3 Anspruch auf Begründung

In mehreren Fällen haben Gerichte entschieden, dass negative Bewertungen ohne Begründung gelöscht werden müssen. Der Grund: Die Bewertungen enthalten keine nachprüfbaren Tatsachen oder Meinungsäußerungen, die es dem Bewerteten ermöglichen, darauf zu reagieren (siehe Abbildung 9.2).

Fallbeispiel

In beiden Fällen ging es um Ein-Stern-Bewertungen auf Google ohne einen zusätzlichen Kommentar. Die Gerichte entschieden, dass solche Bewertungen zu entfernen sind, weil sie nachteilig für die Unternehmen sind und ohne sachlich überprüfbare Inhalte keine Möglichkeit zur angemessenen Reaktion bieten (OLG Köln, Az. 6 U 83/22, LG Lübeck, Az. 9 O 59/17).

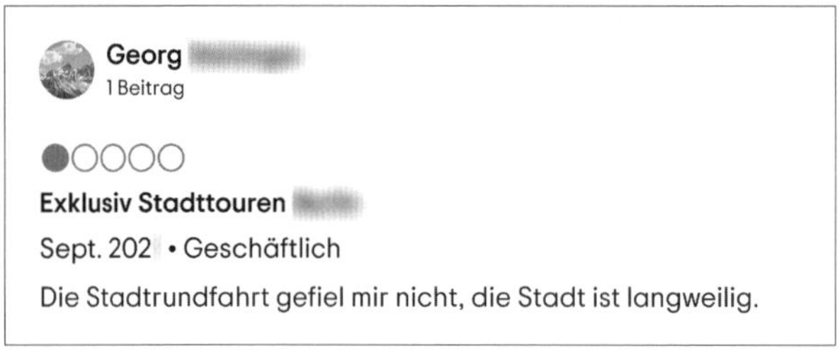

Abbildung 9.2: Eine Bewertung mit nur einem Stern, wie im Bildbeispiel, bedarf einer Begründung. Diese Begründung ermöglicht dem Dienstleister, darauf zu reagieren. Ebenso hilft sie potenziellen Kunden, die Bewertung im Hinblick auf ihre eigenen Bedürfnisse zu bewerten. Dabei sollten an die Begründung keine hohen Anforderungen gestellt werden, sodass auch die in dem Bildbeispiel enthaltene Begründung ausreichend ist.

9.2.4 Kein Anspruch auf Löschung des Basisprofils

Unternehmen, Selbstständige oder Organisationen können nicht verhindern, dass Bewertungsplattformen Profile mit ihren Basisdaten anlegen. Ohne Einwilligung dürfen diese Profile jedoch nur grundlegende Daten wie Name, berufsbezogene Daten und Bewertungen enthalten.

Fallbeispiel

Der BGH entschied, dass ein Arzt keinen DSGVO-Löschungsanspruch gegen das Ärztebewertungsportal Jameda hat, obwohl Angaben zu seiner Praxis ohne Einwilligung übernommen wurden. Jameda hat ein berechtigtes Interesse an der Speicherung der Daten (BGH, Az. VI ZR 692/20). So wurde auch im Fall von Google Places entschieden (OLG Schleswig, Az. 9 U 134/21).

9.2.5 Keine Bewertung von Mitarbeitenden

Mitarbeitende von Unternehmen, Selbstständige, Organisationen und Behörden dürfen im Gegensatz zu ihren Arbeitgebern nicht öffentlich bewertet werden, da dies ihre

Datenschutz- und Persönlichkeitsrechte verletzen würde. Ausgenommen sind Fälle, in denen Mitarbeitende eine fachlich relevante Rolle spielen, etwa als Fachärzte oder Hochschullehrer. Hier ist eine Bewertung mittels sachlicher und fachbezogener Kriterien zulässig (z.B. der Fähigkeit, Sachverhalte zu vermitteln).

9.2.6 Auskunft und Herausgabe von Daten der Verfasser

Plattformbetreiber müssen Informationen zur Identität von Verfassern rechtswidriger Bewertungen, wie unwahrer Tatsachenbehauptungen oder Schmähkritik, auf gerichtliche Anordnung hin herausgeben (§ 21 TDDDG). Beispielsweise kann die Behauptung, ein Arbeitgeber zahle keine Gehälter, eine Verleumdung nach § 187 StGB darstellen und den Plattformanbieter gerichtlich dazu verpflichten, die Identität des Verfassers offenzulegen. Weitere Informationen zur Durchsetzung Ihrer Rechte erhalten Sie in Kapitel 18.

9.2.7 Erfundene und gekaufte Bewertungen

Erfundene Bewertungen sind wettbewerbswidrig. Sobald die Verfasser von Bewertungen Vergünstigungen beispielsweise in Form von Geldzahlungen, Rabatten, kostenlos überlassenen Produkten, Gutscheinen, Dienstleistungen oder die Teilnahme an Gewinnspielen erhalten (siehe Abbildung 9.3), muss dies bei den Bewertungen deutlich angegeben werden. Andernfalls haftet das Unternehmen für diese unlauteren Bewertungen, selbst wenn keine Vorgaben zur Art oder zum Inhalt der Bewertung gemacht worden sind.

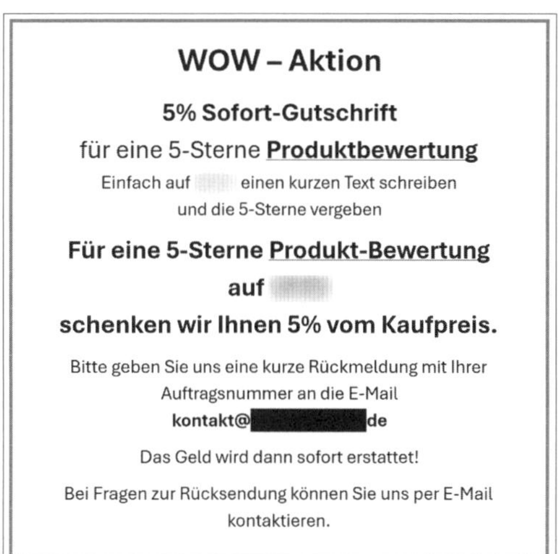

Abbildung 9.3: Beispiel einer Aktion, bei der Kunden zu Bewertungen auf einer Handelsplattform aufgefordert werden. Eine derartige Aufforderung ohne gleichzeitige Verpflichtung zur Offenlegung der Kaufpreiserstattung ist ebenso wie die derart zustande gekommene Produktbewertung wettbewerbswidrig. Zudem verstoßen derart gekaufte Bewertungen gegen typische Plattformbedingungen. Das wäre auch dann der Fall, wenn keine Vorgabe für die Zahl der Sterne bestünde.

Ein Hinweis auf erhaltene Vorteile sollte klar und prägnant formuliert sein. Ein Beispiel für einen solchen Hinweis wäre:

> »Verfasser(in) hat eine Teilerstattung des Kaufpreises erhalten« oder »Verfasser(in) hat einen Einkaufsgutschein erhalten«.

Der Hinweis darf um den Zusatz, dass keine inhaltlichen Vorgaben gemacht wurden, ergänzt werden:

> »Es wurden keine inhaltlichen Vorgaben gemacht.«

Der Hinweis könnte beispielsweise am Anfang einer Bewertungsrubrik platziert werden. Können die Bewertungen jedoch auch einzeln abgerufen oder dargestellt werden, sollte der Hinweis als Teil jeder Bewertung platziert sein.

Fallbeispiel

Das OLG Frankfurt am Main entschied, dass die Werbung mit Bewertungen auf Social-Media-Plattformen wettbewerbswidrig und abmahnbar ist, wenn diese Bewertungen im Austausch für die Teilnahme an einem Gewinnspiel abgegeben wurden und nicht darauf hingewiesen wird (OLG Frankfurt am Main, Az. 6 U 270/19).

Werden die Bewertungen online dadurch »gekauft«, dass Dritte ein Entgelt dafür erhalten, dass die Bewertungen wie gewünscht auf bestimmten Plattformen oder Webseiten erscheinen, handelt es sich ebenfalls um einen abmahnbaren Wettbewerbsverstoß (siehe Abbildung 9.4).

Abbildung 9.4: Im Internet finden sich sehr viele Angebote für Bewertungen, die gekauft werden können. Das deutet darauf hin, dass eine hohe Nachfrage nach gekauften Bewertungen besteht. Der Grund dafür dürfte sein, dass es für Mitbewerber häufig schwierig ist, den Kauf von Bewertungen gerichtsfest nachzuweisen. Neben den rechtlichen Aspekten müssen aber natürlich auch die Richtlinien der Plattformen beachtet werden. Wird aufgedeckt, dass ein Unternehmen mit gekauften Bewertungen arbeitet, ohne die Rahmenbedingungen anzugeben, drohen Konsequenzen wie etwa die Löschung des gesamten Unternehmenseintrags im Bewertungsportal.

9.2.8 Haftung für Kundenbewertungen

Ob Sie für Bewertungen haften, die von Kunden veröffentlicht werden, hängt davon ab, welchen Einfluss Sie auf diese Bewertungen haben:

- **Externe Plattform:** Sie haften nicht für die Bewertungen, die Ihre Kunden auf externen Bewertungsplattformen oder in sozialen Netzwerken verfassen (BGH, Az.I ZR 193/18). Ausnahmsweise können Sie jedoch für die fehlende Transparenz des kommerziellen Hintergrunds haften. Das ist der Fall, wenn Sie Kunden Vorteile für Bewertungen Ihrer Produkte oder Services auf externen Plattformen versprechen, ohne die Kunden gleichzeitig zu verpflichten, diese Vorteile, wie zuvor in Abschnitt 9.2.7 oben dargelegt, offenzulegen (z.B. könnten Kunden dazu verpflichtet werden, am Anfang der Bewertung den Zusatz »Für diese Bewertung habe ich einen Rabatt von 10% erhalten« aufzunehmen).
- **Eigene Website:** Für Inhalte der Nutzer auf Ihren Webseiten haften Sie grundsätzlich erst ab Kenntnis der Rechtswidrigkeit der Bewertung (weitere Hinweise zur Haftung für Nutzerinhalte erhalten Sie in Abschnitt 17.3).

9.2.9 Richtige Zuordnung von Bewertungen

Bei allen Bewertungen muss erkennbar sein, wofür sie abgegeben wurden. Das ist z.B. verboten:

- **Bildung von Gesamtwerten:** Wenn Produktbewertungen aus mehreren Produktlinien oder Plattformen kumuliert werden, um einen Durchschnittswert darzustellen, muss die Berechnungsmethode klar erläutert werden.
- **Falsche Zuordnung:** Bewertungen dürfen ausschließlich bei den Produkten angezeigt werden, für die sie abgegeben wurden. Es ist beispielsweise unzulässig, eine Bewertung, die zu einem bestimmten Produkt gehört, ohne weitere Erläuterung unter einer Produktlinie oder dem Unternehmensnamen zu platzieren.

9.2.10 Hinweise auf die Echtheit von Kundenbewertungen

Unternehmen, die Kundenbewertungen darstellen, müssen angeben, ob und wie sie sicherstellen, dass Bewertungen von tatsächlichen Nutzern oder Käufern stammen (§ 5b Abs. 3 UWG). Das umfasst Informationen über Prüfprozesse und den anschließenden Umgang mit den Bewertungen. Fehlen diese Angaben, ist das unlauter und abmahnbar. Hierbei sind die folgenden Kriterien zu beachten:

- **Informationsverpflichtete:** Unternehmen, die Bewertungen auf eigenen Webseiten anzeigen, müssen die Informationspflichten beachten. Ausgenommen sind reine B2B-Angebote, die sich nur an Geschäftskunden richten. Angaben zur Echtheitsverifikation sind auch erforderlich, wenn Bewertungen via Widgets (z.B. Google Places, Trustpilot) eingebunden werden. Auf Plattformen wie eBay oder Amazon liegt die Verantwortung für die Information zu den dort gezeigten Bewertungen dagegen bei den Plattformbetreibern.

- **Keine Vorabverifikation notwendig:** Erforderlich ist nur die Offenlegung, ob und wie Bewertungen überprüft werden. Es besteht aber keine Verpflichtung, eine Verifikation von Bewertungen durchzuführen.
- **Inhalt der Informationen:** Beschreiben Sie, ob und wie Sie Kundenbewertungen moderieren. Ein einfacher Hinweis könnte lauten: »Wir überprüfen nicht die Echtheit der Kundenbewertungen.« Wenn eine Überprüfung erfolgt: »Nur Käufer unserer Produkte sind berechtigt, Bewertungen abzugeben.«
- **Platzierung der Informationen:** Die Hinweise zur Echtheitsverifikation sollen im »Sichtzusammenhang« der Bewertungen stehen, z. B. zu Beginn eines Rezensionsblocks oder direkt im Bewertungsblock. Ein Link zu einer detaillierteren Seite oder einem Pop-up genügt (siehe Abbildung 9.5), beispielsweise mit dem Linktext »Echtheitsverifikation« oder »Bewertungsvalidierung«. Werden externe Widgets genutzt, prüfen Sie, ob diese entsprechende Hinweise zur Prüfung von Bewertungen enthalten, oder fragen Sie beim Anbieter nach.

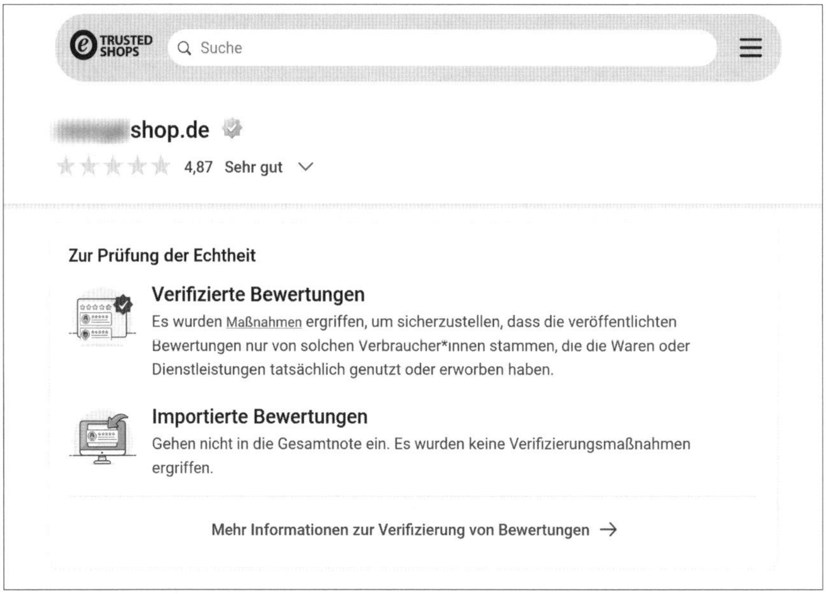

Abbildung 9.5: Das Beispiel zeigt die Bewertungsrubrik der Plattform »Trusted Shops« und demonstriert, wie Hinweise auf die Verifizierung der Bewertung für unterschiedliche Bewertungsverfahren erstellt werden können. (Quelle: trustedshops.de)

Checkliste: Bewertungen

1. Verbotene Inhalte: In Bewertungen verboten sind Beleidigungen, Schmähungen und unwahren Tatsachen.

2. Nachweisbarkeit des Kundenkontakts: Bewertungen müssen von Bewertungsplattformen gelöscht werden, wenn der Kundenkontakt bestritten wird und nicht bewiesen werden kann.

3. Basisprofile: Bewertungsplattformen dürfen auch ohne Zustimmung der betroffenen Unternehmen oder Selbstständigen ein Basisprofil (Name, berufsbezogene Daten und Bewertungen) anlegen.

4. Datenschutz von Mitarbeitern: Bewertungsobjekte sind Unternehmen oder Selbstständige, aber nicht ihre Mitarbeitenden. Das heißt, die Namen von Mitarbeitenden sollten in Bewertungen nicht auftauchen, ansonsten haben diese das Recht, ihre Namen oder, falls nötig, die gesamte Bewertung löschen zu lassen.

5. Herausgabe von Daten: Wer gegen rechtswidrige, z.B. unwahre, Bewertungen vorgehen möchte, kann gerichtlich die Herausgabe von Daten des Verfassers von der Bewertungsplattform verlangen.

6. Transparenz bei Anreizen: Werden für Bewertungen Entgelte gezahlt bzw. Rabatte oder sonstige Vorteile gewährt, muss dies im Zusammenhang mit der Bewertung mitgeteilt werden.

7. Haftung von Unternehmen für Kundenbewertungen: Grundsätzlich besteht keine Haftung für Kundenbewertungen auf externen Bewertungsplattformen.

8. Klare Zuordnung, was bewertet wurde: Es muss erkennbar sein, wofür Bewertungen abgegeben wurden (Produkt, Unternehmen etc.).

9. Informationen zur Verifikation der Bewertungen:

- Unternehmen, die Bewertungen auf eigenen Webseiten anzeigen, sind verpflichtet, darzulegen, ob und, falls ja, wie sie sicherstellen, dass diese von echten Nutzern oder Käufern stammen, indem sie Informationen zu Prüfprozessen bereitstellen.
- Diese Transparenzanforderungen gelten auch für eingebundene Bewertungswidgets, die von externen Plattformen bezogen werden.
- Die Hinweise (bzw. ein Link zu den Hinweisen) müssen im Sichtzusammenhang mit der Bewertung stehen.

9.3 Werbung mit Testergebnissen

Angaben zu Testergebnissen müssen sachlich, aktuell, transparent, wahr und vollständig sein.

Werbung mit Testergebnissen, etwa von der Stiftung Warentest, unterliegt strengen rechtlichen Vorgaben. Um Irreführung und Abmahnungen zu vermeiden, muss für die Verbraucher klar sein, welche Institution auf Grundlage welcher Kriterien welche Produkte oder Leistungen getestet hat.

9.3.1 Platzierung und Erkennbarkeit der Testkriterien sowie der Fundstelle

Verbraucher müssen über die Testkriterien informiert werden. Dies kann entweder durch Nennung der Kriterien selbst oder durch Verweis auf eine Fundstelle geschehen. Verweise auf Kopien des Tests, z. B. als PDF, sind ebenfalls möglich. Häufiger wird jedoch auf externe Quellen verwiesen. Dabei sind folgende rechtliche Vorgaben zu beachten:

- **Erkennbarkeit des Verweises:** Es muss klar sein, dass eine Webadresse zu den Testdetails führt. Der Linktext sollte dies deutlich machen, z. B. »Testkriterien« statt »Mehr Informationen« (OLG Frankfurt, Az. 6 U 51/15).
- **Sternchenverweise:** Sternchen und deren Auflösung im Fußbereich einer Webseite sind zulässig und besonders in Printwerbung bei langen Links sinnvoll. Das Sternchen selbst muss dabei verständlich erläutert sein, etwa »Link zum Test*« oder »Testkriterien*«. Ein Text »Info« oder ein Info-Icon würden z. B. nicht ausreichen.
- **Fundstellen in Print:** Für Zeitschriften müssen Jahr und Nummer der Ausgabe angegeben werden. Bei vergriffenen Ausgaben sind die Kontaktdaten des Verlags erforderlich (OLG Frankfurt, Az. 6 U 51/15).
- **Klickbarer Link nicht erforderlich:** Bei Onlinewerbung reicht die Angabe der Webadresse der Website, die die Testdetails enthält, aus. Eine direkte Verlinkung ist nicht erforderlich (BGH, Az. I ZR 88/16).
- **Einfach merkbare Links:** Verwenden Sie leicht merkbare Webadressen, die nicht angeklickt werden können. Lange oder komplizierte URLs sollten vermieden werden. Ideal ist eine Weiterleitung zu den Testdetails über Ihre eigene Domain, beispielsweise »eigene-domain.com/test«.
- **Direkter Verweis auf den Test:** Der Link sollte direkt zu den Testdetails führen. Wenn der Link zur Hauptseite des Testanbieters führt, müssen die Testdetails dort leicht auffindbar sein.
- **Kontrastreicher Text:** Die Fundstelle muss optisch leicht wahrnehmbar sein, z.B. kein schwarzer Text auf grauem Hintergrund (OLG Koblenz, Az. 9 U 1248/11).
- **Hinreichende Textgröße:** Die Schriftgröße sollte gut lesbar sein, mindestens 6 Punkte groß im Printbereich (LG Köln, Az. 33 O 55/19).
- **Erkennbarkeit in allen Formaten:** Die Fundstelle muss in allen Formaten sichtbar sein, z. B. auch in Vorschaubildern.
- **Einblendung in Videos:** In Videos oder TV-Beiträgen muss die Fundstelle für einen durchschnittlich aufmerksamen Zuschauer gut erkennbar sein. Ein Fundstellenhinweis, z. B. ein Link zu dem Testergebnis, sollte mehrere Sekunden eingeblendet werden; zwei Sekunden sind zu kurz (OLG Frankfurt, Az. 6 U 266/12).
- **Verweis in Podcasts:** In Podcasts kann ein verständlicher Fundstellenlink genannt oder es kann auf die Begleithinweise zur Sendung (sogenannte *Shownotes*) verwiesen werden.

> **Hinweis: Sternchenverweis**
>
> Ein Link zu dem Testergebnis kann auch mittels eines Sternchenhinweises in der Grafik platziert werden. Dagegen wäre es z.B. nicht ausreichend, einen Link zum Testergebnis etwa hinter einer Schaltfläche *Weitere Infos* zu platzieren, da diese Schaltfläche mit dem Hinweis auf das Testergebnis räumlich nicht verbunden ist. Es könnte sich auch um Infos zur Anzeige, zum Anbieter etc. handeln.

9.3.2 Inhaltliche Vorgaben

Neben der einfachen Auffindbarkeit und Lesbarkeit sind für die Zulässigkeit der Werbung mit Testergebnissen auch die inhaltlichen Angaben zum Test von großer Bedeutung.

- **Nennung der verantwortlichen Testinstitution:** Wenn mit Testergebnissen geworben wird, muss erkennbar sein, wer den Test verantwortet hat, z.B. »Stiftung Warentest«, »WirtschaftsWoche« etc. Es ist nicht ausreichend, wenn die für den Test verantwortliche Stelle erst nach dem Aufruf der Fundstelle feststellbar ist (OLG Düsseldorf, Az. 20 U 101/18). Umgekehrt wäre es aber auch nicht ausreichend, nur den Namen der Testinstanz ohne weitere Angaben zur konkreten Fundstelle zu nennen.
- **Hinweis auf fehlende Objektivität:** Verbraucher erwarten, dass Testergebnisse, mit denen geworben wird, anhand objektiver Kriterien von einer unabhängigen Einrichtung ermittelt wurden. Ist der Test z.B. vom Hersteller in Auftrag gegeben worden, muss darauf explizit hingewiesen werden, z.B. »Test durchgeführt im Auftrag des Herstellers«.
- **Nicht repräsentative Stichproben:** Stützt sich das Testergebnis auf nicht repräsentative Stichproben oder nur auf einen »Vorabcheck« statt auf eine umfassende Untersuchung, muss das kenntlich gemacht werden.
- **Subjektive Tests:** Handelt es sich um Tests, die auf subjektiven Merkmalen beruhen und damit von dem persönlichen Geschmack der Tester abhängen, muss dies für die Verbraucher erkennbar sein. Es darf nicht der Eindruck eines objektiven Tests erweckt werden. Wird z.B. der »beste Burger der Stadt« gewählt, muss offensichtlich sein, wenn etwa nur der Geschmack, nicht aber Kriterien wie Zubereitung oder Zutaten in die Bewertung eingeflossen sind (OLG München, Az. 29 U 2044/99).
- **Notenrang bei Gleichrangigkeit:** Ist ein Produkt zusammen mit anderen getestet worden und hat die gleiche Note erhalten, muss auch sein Rang im Testfeld angegeben werden. Werden z.B. bei der Stiftung Warentest mehrere Produkte mit »gut« bewertet, müssen Rang und Note im Gesamttest wiedergegeben werden, z.B. »Gut (2,2), Platz 6 im Test von 15 Reiseanbietern«. Das gilt nicht, wenn ein Produkt die Note »sehr gut« erhalten hat. In diesem Fall ist es nicht erforderlich, mitzuteilen, dass auch andere Produkte die gleiche Note erhalten ha-

ben (BGH, Az. I ZR 71/80). Es sei denn, das Produkt wurde trotz gleicher Note als *Testsieger* gekürt (siehe Abbildung 9.6). Denn in diesem Fall wurde das Produkt unter allen als das beste ausgewählt.

- **Test von Einzelmerkmalen:** Es muss erkennbar sein, sollte ein Test nicht alle der üblicherweise erwartbaren Kriterien eines Produkts oder einer Dienstleistung abdecken (siehe Abbildung 9.6). Wurde z.B. nur die Servicequalität von Hotels bewertet, darf das Gewinnerhotel die Auszeichnung »Bestes Hotel« nur mit dem zusätzlichen Hinweis verwenden, dass die Servicequalität getestet wurde (OLG Brandenburg, Az. 6 U 34/11). Wird im anderen Fall ein Produkt von »Öko-Test« nur auf gesundheitlich oder ökologisch bedenkliche Inhaltsstoffe geprüft, nicht aber auf Wirksamkeit, muss die Werbung diese Einschränkung nennen. Beispiele hierfür sind Formulierungen wie »Ökologische Beurteilung: gut« oder »Gesamtbeurteilung: unbedenklich« (OLG Frankfurt, Az. 6 U 103/05).
- **Werbung mit Einzelmerkmalen des Tests:** Es ist grundsätzlich zulässig, mit einzelnen Testmerkmalen zu werben, solange diese für das Gerät prägend sind (z.B. Kaffeearoma bei Kaffeemaschinen) und nicht über ein schlechteres Gesamtergebnis des Tests hinwegtäuscht wird (OLG Celle, Az. 13 U 22/05). Daher sollte auch die Gesamtnote mitgeteilt werden.
- **Testwortlaut nicht ändern:** Der Wortlaut des Tests und verwendete Begrifflichkeiten sollten nicht verändert werden (z.B. »Spitzenprodukt« zu »Bestes Produkt«). Auch sollte das Prädikat »Testsieger« nicht verwendet werden, wenn das Prädikat nicht ausdrücklich vergeben wurde und noch andere Produkte die gleiche Note bzw. Bewertung erreicht haben (OLG Hamburg, Az. 3 U 142/12).
- **Keine Verallgemeinerung:** Testergebnisse müssen immer konkreten Produkten oder Dienstleistungen zugeordnet werden (BGH, Az. I ZR 136/13). Es darf nicht der Eindruck entstehen, sie würden z.B. für eine ganze Produktlinie gelten (es sei denn, diese ist getestet worden).
- **Keine Zusammenfassung zur Durchschnittsnote:** Es darf kein Durchschnittsergebnis aus mehreren Tests gebildet und für mehrere Produkte verwendet werden (OLG Frankfurt, Az. 6 W 92/21).
- **Mehrere Testergebnisse:** Wenn Ihr Produkt oder Unternehmen mehrfach getestet wurde, dann müssen Sie sich entscheiden, ob Sie nur einzelne oder alle Tests darstellen wollen. Dagegen ist es nicht erlaubt, nur eine Auswahl der günstigsten Tests zu treffen, da hierdurch die tatsächliche Wahrnehmung des Produkts im Rahmen der Tests verfälscht wird (OLG Köln, Az. 6 U 60/09).
- **Zeitablauf und Produktänderungen:** Ein Testdatum muss zwar nicht angegeben werden, werden Testergebnisse jedoch durch neuere Testverfahren ersetzt, dürfen die alten Bewertungen nicht mehr verwendet werden. Ist ein Produkt erneut geprüft worden, dürfen die alten Testergebnisse ebenfalls nicht mehr verwendet werden. Auch wenn sich das Produkt selbst im Hinblick auf die überprüften Kriterien verändert hat, dürfen alte Prüfungsergebnisse nicht verwendet werden. Außerdem ist die Verwendung der Testergebnisse für neuere und andere auch technisch gleiche oder baugleiche Produkte nicht erlaubt.

- **Urheberrechte am Test:** Sie dürfen zwar auf die Ergebnisse der Testberichte verweisen, die Testberichte selbst sind jedoch als Schriftwerke Werke urheberrechtlich geschützt und dürfen ohne Zustimmung der Teststelle nicht kopiert werden (Hinweise zu Presseclippings erhalten Sie in Abschnitt 3.4.3.14).
- **Logonutzung nur mit Lizenz:** Viele der Testinstitutionen auf dem Markt, wie z.B. die Stiftung Warentest, erlauben die Nutzung ihrer Logos nur nach Abschluss eines Lizenzvertrags. Ohne eine entsprechende Lizenz darf lediglich in Textform auf den Test verwiesen werden, da ansonsten ein Verstoß gegen Urheber- oder Markenrechten der Testinstitution droht.

Abbildung 9.6: In diesem Beispiel wirbt der Staubsaugeranbieter Miele mit dem Testergebnis der Stiftung Warentest. Dabei wirbt er sowohl mit den Gesamtergebnissen als auch erlaubterweise mit den für das konkrete Produkt zu erwartenden Einzeleigenschaften, wie Saugen, Handhabung und Haltbarkeit. In dem im Beispiel herangeholten Verweis sind die notwendigen Angaben zur Fundstelle des Tests und der Testinstitution enthalten. (Quelle: Miele.de)

Hinweis: Stiftung Warentest

Das Logo der Stiftung Warentest darf nur mit einem kostenpflichtigen Logo-Lizenzvertrag verwendet werden, der zeitlich beschränkt gilt (Website mit Hinweisen zur Verwendung der Testergebnisse: *https://www.test.de/unternehmen/werbung-5016972-0/*). Nach Erwerb der passenden Lizenz kann das Logo in Print-, Online- und TV-Werbung genutzt werden. Die Nutzung des Logos unterliegt Richtlinien abhängig vom Test (z.B. rote Logos für im Testheft veröffentlichte Produkte, orangefarbene Logos für den Produktfinder). Verstöße gegen die Richtlinien gelten als Vertragsverletzungen. Stiftung Warentest haftet jedoch nicht für irreführende Werbung durch Nutzer ihres Logos (OLG Köln, Az. 6 U 70/22).

Checkliste: Werbung mit Testergebnissen

1. Platzierung und Erkennbarkeit der Fundstelle:

- **Verweis auf Testdetails:** entweder durch direkte Angabe oder Verweis auf eine Fundstelle (z.B. PDF oder Website).
- **Erkennbarkeit des Verweises:** Linktexte wie »Testkriterien« verwenden, »Mehr Informationen« reicht nicht aus (OLG Frankfurt, Az. 6 U 51/15).
- **Sternchenangaben:** Sternchenhinweise auf den Link zu den Testdetails sind zulässig, wenn erkennbar ist, dass sie zu weiteren Details führen, z.B. »Testanbieter und -kriterien*«.
- **Fundstellen in Print:** Angabe von Jahr und Ausgabenummer in Magazinen und bei vergriffenen Tests Angabe der Bezugsquelle, z. B. Adresse des Verlags (OLG Frankfurt, Az. 6 U 51/15).
- **Verlinkung:** Eine Angabe der URL zu den Testergebnissen ist ausreichend, eine Verlinkung ist nicht zwingend (BGH, Az. I ZR 88/16).
- **Einfach merkbare Links:** Falls nicht verlinkbar, sollten kurze, leicht merkbare Webadressen genutzt und kryptische URLs vermieden werden.
- **Direkter Link:** Der Kunde muss das Testergebnis unmittelbar und ohne eigene Suche erreichen können. Der Link sollte daher direkt zur Seite mit dem Testergebnis und nicht bloß zur Homepage des Testanbieters führen.
- **Kontrastreicher Text:** Der Verweis muss optisch gut erkennbar sein.

2. Inhaltliche Vorgaben:

- **Nennung der Testinstitution:** deutliche Angabe, wer den Test durchgeführt hat.
- **Hinweis auf fehlende Objektivität:** Tests, die im Auftrag des Produktherstellers bzw. Anbieters durchgeführt wurden, müssen entsprechend gekennzeichnet sein.
- **Subjektive Tests:** Falls die Ergebnisse auf subjektiven Bewertungen basieren, muss dies klar erkennbar sein.
- **Notenrang bei Gleichrangigkeit:** Bei gleichen Noten muss der Rang im Testfeld angegeben werden, Ausnahme: bei »sehr gut«.
- **Test von Einzelmerkmalen:** Es muss erkennbar sein, wenn nur bestimmte Aspekte eines Produkts getestet wurden.
- **Werbung mit Einzelmerkmalen:** Einzelne Testmerkmale dürfen beworben werden, solange sie nicht über das Gesamtergebnis hinwegtäuschen.
- **Testwortlaut nicht ändern:** Der Wortlaut des Tests darf nicht verändert werden.
- **Keine Verallgemeinerung:** Testergebnisse dürfen nicht auf andere Produkte oder Produktlinien verallgemeinert werden.
- **Keine Durchschnittsnote:** Es darf kein Durchschnittsergebnis aus mehreren Tests gebildet werden.
- **Mehrere Testergebnisse:** Wenn mehrere Tests durchgeführt wurden, müssen alle Testergebnisse dargestellt werden oder nur ein Testergebnis. Dagegen ist eine Auswahl der besten Tests unzulässig.
- **Zeitablauf und Produktänderungen:** Wird ein älterer Produkttest mit neuen Geräten erneut durchgeführt, dürfen die alten Testergebnisse nicht mehr für Werbezwecke verwendet werden.

3. Nutzung von Tests und Testlogos:

- **Urheberrechte am Test:** Die Testberichte sind urheberrechtlich geschützt und dürfen nicht ohne Erlaubnis kopiert werden.
- **Lizenzvertrag erforderlich:** Für die Nutzung von Testlogos (z.B. Stiftung Warentest) ist ein kostenpflichtiger Lizenzvertrag erforderlich.
- **Einhaltung der Logorichtlinien:** Logos dürfen nur nach den Lizenzbedingungen der Testinstitution verwendet werden.

9.4 Werbung mit Güte- und Prüfzeichen, Siegeln und Awards

Wie bei Werbung mit Testergebnissen müssen auch bei Werbung mit Gütezeichen und Siegeln grundsätzlich die ausstellende Institution und die Prüfkriterien mitgeteilt werden.

Gütezeichen, Zertifikate und Siegel sollen Qualität, Seriosität und Sicherheit eines Unternehmens bzw. seiner Produkte garantieren. Im Grundsatz müssen die gleichen Voraussetzungen wie bei der Werbung mit Testergebnissen beachtet werden, d.h., die Verbraucher müssen leicht erkennen können, welche Institution die Gütezeichen und Siegel verliehen hat und nach welchen Kriterien. Dabei gelten die folgenden Besonderheiten, jeweils abhängig von der Art des Gütezeichens, Siegels oder Auszeichnung.

9.4.1 Güte-, Qualitäts- und Testsiegel

Wie auch bei Testergebnissen erwarten Verbraucher bei Werbung mit Testsiegeln eine entsprechende Prüfung nach objektiven Kriterien durch eine neutrale Partei. Es gilt die gleichen Kriterien wie bei der Werbung mit Testergebnissen zu beachten. Erkennbar muss also sein, von welcher Stelle die Siegel verliehen werden, wofür sie verliehen wurden und wo die Kriterien der Verleihung eingesehen werden können. Weicht die Vergabe von Siegeln von den Erwartungen, die auf Verbraucherseite bestehen, ab, muss dies angegeben werden.

9.4.2 Prüfzeichen

Ein Prüfzeichen bestätigt, dass sicherheitsrelevante Eigenschaften eines Produkts geprüft und eingehalten wurden (z.B. das GS-Zeichen, siehe Abschnitt 9.4.2.3). Anders als Gütezeichen, die die besondere Qualität eines Produkts betonen, belegen Prüfzeichen die Einhaltung von Sicherheitsstandards. Die Inhalte, auf die sich Prüf- und Gütezeichen beziehen, können sich überschneiden. In beiden Fällen gelten die gleichen Anforderungen wie bei Testergebnissen: Eine Prüfung nach objektiven Kriterien durch einen unabhängigen Dritten muss nachweisbar sein (BGH 21.07.2016, Az. I ZR 26/15).

9.4.2.1 Zertifikate

Zertifikate bestätigen, dass eine Person, ein Produkt, eine Dienstleistung oder ein Unternehmen definierte Qualitäts- oder Leistungsstandards erfüllt hat. Dementsprechend gilt für Zertifikate dasselbe wie für Testergebnisse. Die ausstellende Stelle muss klar erkennbar sein, um Vertrauen und Nachvollziehbarkeit zu gewährleisten. Außerdem muss das Zertifikat den genauen Umfang der geprüften oder vermittelten Leistungen bzw. Merkmale detailliert angeben.

9.4.2.2 CE-Kennzeichen

Abbildung 9.7: Das CE-Kennzeichen muss zwar an Geräten oder Software angebracht sein, darf jedoch nicht als Prüfzeichen im Marketing genutzt werden.

Die Besonderheit des CE-Kennzeichens besteht darin, dass es gesetzlich vorgeschrieben ist und auf einer von den Herstellern selbst durchgeführten und nicht auf einer externen Prüfung beruht (siehe Abbildung 9.7). Es ist kein Prüfzeichen. Der Hersteller sichert lediglich die Einhaltung gesetzlicher Anforderungen im Rahmen einer sogenannten Konformitätserklärung zu. Daher müssen folgende Hinweise beim Umgang mit dem CE-Kennzeichen beachtet werden:

- **Pflicht zur Anbringung am Gerät:** Das CE-Kennzeichen muss direkt am Gerät angebracht sein (§ 7 Abs. 2 ProdSG). Fehlt es, liegt ein Wettbewerbsverstoß vor.
- **Hinweis auf Vorhandensein:** Die CE-Kennzeichnung kann in der Produktbeschreibung erwähnt werden, allerdings nur im Rahmen technischer Daten und Eigenschaften.
- **Keine werbliche Hervorhebung:** Das CE-Kennzeichen darf nicht besonders hervorgehoben werden. Eine Platzierung außerhalb der Produktspezifikation, z.B. neben anderen Prüfzeichen, ist wettbewerbswidrig. Es gilt als Werbung mit Selbstverständlichkeiten (die Werbung mit Selbstverständlichkeiten wird in Abschnitt 12.5 erläutert).
- **Keine Verwendung mit »Prüfung«:** Da keine Prüfung stattfindet, sind Begriffe wie »CE-geprüft« oder Kombinationen mit anderen Prüfzeichen, z.B. »TÜV-/GS-/CE-geprüft«, wettbewerbswidrig (OLG Frankfurt, Az. 6 U 24/11).

Hinweis: CE-Kennzeichen für KI-Systeme

Das CE-Kennzeichen dient auch dazu, KI-Systeme, die laut KI-Verordnung als Hochrisiko-KI-Systeme eingestuft werden, als rechtskonform zu kennzeichnen, d.h. den Anforderungen der KI-VO entsprechend. Weitere Informationen zu Hochrisiko-KI-Systemen finden Sie in Abschnitt 11.1.6.

9.4.2.3 »TÜV-geprüft« und »Geprüfte Sicherheit«

In Deutschland bieten neben anderen Anbietern, wie z.B. *DEKRA*, vor allem die TÜV-Prüfstellen verschiedene Prüfzeichen und Gütesiegel, beispielsweise für Webseiten oder die Sicherheit. Ein bekanntes Zeichen ist das »GS«-Gütesiegel für geprüfte Sicherheit (d.h., es ist ein Prüf- und Gütezeichen in einem). Diese Prüf- und Gütesiegel sind gesetzlich nicht vorgeschrieben, daher darf mit ihnen geworben werden (anders als im Fall gesetzlich vorgeschriebener Prüfzeichen, siehe vorherigen Abschnitt). Es müssen jedoch die folgenden Bedingungen beachtet werden, die neben dem TÜV auch für vergleichbare Anbieter gelten:

- **Ausstellende Stelle:** Die konkrete Prüfstelle muss angegeben werden, wie *TÜV Nord*, *TÜV Süd* oder *TÜV Rheinland*. Allgemeine Aussagen wie »TÜV-geprüft« sind wettbewerbswidrig (LG Berlin, Az. 16 O 598/11).
- **Gegenstand der Prüfung:** Es muss klar erkennbar sein, was geprüft wurde. Ein allgemeines »TÜV-Süd-geprüft« reicht nicht aus; genaue Angaben zum Gegenstand der Prüfung, wie »Prüfung Sicherheit Website« oder »Geprüfte Sicherheit«, sind erforderlich.
- **Fundstelle und Kriterien:** Alle Zertifizierungspunkte und Prüfungsverfahren müssen zugänglich gemacht werden (siehe Abbildung 9.8). Falls eine Verlinkung nicht möglich ist, müssen die Unterlagen selbst hochgeladen und verlinkt werden (OLG Düsseldorf, Az. I-20 U 208/13).

Abbildung 9.8: Das in diesem Beispiel gezeigte GS-Prüfzeichen enthält selbst die erforderlichen Angaben zur prüfenden Stelle (TÜV Rheinland) sowie zum Gegenstand der Prüfung (GS) und eine Fundstelle, bei der die Prüfkriterien abgerufen werden können (Angabe von Website und ID-Nummer).

9.4.3 Herkunftssiegel

Im Internet finden sich oft Siegel, die auf die Quelle einer Leistung und nicht direkt auf die Qualität eines Produkts oder Unternehmens hinweisen. Solche Siegel, wie z.B. »Made in Germany« oder »Anwaltlich geprüft von ...«, können das Vertrauen der Kunden steigern (siehe Abbildung 9.9). Es handelt sich dabei nicht um echte Testsiegel, weil keine unabhängige Prüfung stattgefunden hat. Solange die Herkunfts- oder Qualitätsaussagen wahr sind, ist die Nutzung solcher Siegel zulässig.

Abbildung 9.9: Das im linken Bilddrittel abgebildete »Made in Germany«-Siegel darf verwendet werden, wenn das Produkt in Deutschland hergestellt wurde. Die Farben der deutschen Flagge dürfen genutzt werden, der Bundesadler jedoch nicht. Es wäre ein bußgeldbewehrter Missbrauch von Amtsabzeichen gemäß § 124 Ordnungswidrigkeitsgesetz (OWiG). Aber auch ohne Bundesadler kann ein abmahnbarer Verstoß vorliegen, da Verbraucher aufgrund der Aufmachung davon ausgehen könnten, es handele sich um eine offizielle Auszeichnung seitens der Bundesregierung. Ein Beispiel ist das Siegel in der Mitte, das den Logos der Bundesministerien im rechten Bilddrittel ähnlich sieht. Im Fall der EU dürfen die blauen EU-Farben und die gelben Sterne für sich, aber nicht in der Anordnung der EU-Flagge genutzt werden.

9.4.4 Fantasiesiegel

Bei selbst gestalteten Testsiegeln, die einen Test und dessen Ergebnis darstellen, ist besondere Vorsicht erforderlich. Erweckt ein Siegel den Eindruck, es stamme von einer unabhängigen oder staatlichen Stelle, verstößt dies gegen das Irreführungsverbot (siehe Abbildung 9.9). Auch die Werbung mit eigenen Testkriterien erfordert Transparenz: Bei Kundentests muss klar sein, wie der Test durchgeführt wurde und welche Kriterien angewendet wurden. Zulässig ist es dagegen, mit eigenen Leistungen oder deren Qualität zu werben (siehe Abbildung 9.10).

Abbildung 9.10: Fantasiesiegel wie in diesem Beispiel sind zulässig, wenn sie nicht den Eindruck erwecken, von einer unabhängigen Stelle verliehen worden zu sein, und nur die eigenen Leistungen anpreisen. Die Verwendung des Begriffs »Top-Preise« stellt dabei keine unzulässige Werbung mit Superlativen gem. Abschnitt 12.1 dar (OLG Köln, Az. 6 U 173/14).

9.4.5 Awards

Auch für Awards, d.h. Auszeichnungen wie Branchenpreise, Web-Awards, Publikumspreise etc., gilt, dass sie Angaben zur verleihenden Stelle sowie eine Fundstelle zu den Kriterien der Verleihung enthalten müssen. Diese Anforderungen gelten zumindest immer dann, wenn der Award den Eindruck einer von einer neutralen Stelle und nach objektiven Kriterien erfolgten Verleihung erweckt:

Fallbeispiel

Das LG Wiesbaden entschied, dass die Begriffe »Product winner« und »Best product« als Werbung mit Testergebnissen gelten, bei denen angegeben werden muss, weshalb diese Auszeichnungen verliehen worden sind (LG Wiesbaden, Az. 12 O 29/18). Der Werbende hätte eine Fundstelle oder eine Verlinkung angeben müssen, was in diesem Fall unterblieben war.

Eine Fundstellenangabe ist dagegen nicht erforderlich, wenn eine Auszeichnung ausschließlich nach subjektiven Kriterien vergeben wird und keine objektiven Produkteigenschaften getestet werden.

Fallbeispiel

Das OLG Köln urteilte, dass bei der Werbung mit der Auszeichnung »WORLD CAR DESIGN OF THE YEAR« keine Fundstelle nötig sei (Az. 6 U 203/16). Dieser Preis beruhe auf subjektiven Einschätzungen und bewerbe keine Produktqualität, sodass Nutzer selbst die Preiswürdigkeit beurteilen können.

Checkliste: Werbung mit Gütezeichen, Zertifikaten, Siegeln und Awards

1. Gütezeichen, Qualitätszeichen und Testsiegel:

- **Objektivität:** Siegel müssen auf objektiven Kriterien und einer neutralen Prüfung basieren.
- **Nennung der Verleihungsstelle:** Es muss klar erkennbar sein, wer das Siegel verliehen hat.
- **Transparenz der Kriterien:** Die Kriterien der Verleihung müssen einsehbar sein.
- **Abweichungen kennzeichnen:** Jede Abweichung von der Erwartung der Verbraucher bei der Vergabe muss klar angegeben werden.

2. Gesetzlich vorgeschriebene Prüfzeichen:

- **Erforderliche Angabe:** Gesetzliche Prüfzeichen müssen korrekt und ohne besondere werbliche Hervorhebung angegeben werden.
- **Keine zusätzliche Werbung:** Hinweise wie »CE-geprüft« oder übertrieben hervorgehobene gesetzliche Prüfzeichen sind wettbewerbswidrig.

3. Freiwillige Prüfzeichen:

- **Merkmale:** Prüfzeichen bestätigen die Einhaltung von festgelegten Kriterien.
- **Objektive Prüfung:** Die Prüfung muss nach objektiven Kriterien durch einen unabhängigen Dritten erfolgen.
- **Erkennbarkeit:** Prüfzeichen, wie das GS-Zeichen, dürfen nur mit klarer Kennzeichnung und den entsprechenden Prüfdetails genutzt werden.

4. Zertifikate:

- **Vertrauen und Transparenz:** Die ausstellende Stelle und der Umfang der Prüfung müssen klar erkennbar sein.
- **Detaillierte Angaben:** Die geprüften Merkmale müssen genau angegeben werden.
- **Verlinkung:** Verlinkungen auf externe Details zu Prüfmethoden sind zulässig.

5. Herkunftssiegel:

- **Korrekte Herkunft:** Herkunftssiegel dürfen nur verwendet werden, wenn sie der Wahrheit entsprechen (z.B. »Made in Germany«).
- **Keine offizielle Symbolik:** Offizielle Symbole, wie der Bundesadler oder die EU-Flagge, dürfen nicht verwendet werden.

6. Fantasiesiegel:

- **Vorsicht vor Irreführung:** Eigene Testsiegel dürfen nicht den Eindruck erwecken, sie seien von einer unabhängigen Stelle vergeben worden.
- **Testkriterien angeben:** Bei eigenen Testsiegeln (z.B. »Kundentest«) müssen der eigene Ursprung und die Testkriterien genannt sein.

7. Awards:

- **Fundstelle angeben:** Die Fundstelle zu den Verleihungskriterien muss angegeben werden, wenn der Eindruck einer objektiven Bewertung erweckt wird.
- **Subjektive Auszeichnungen:** Bei rein subjektiven Preisen (z.B. Design-Awards) ist eine Fundstellenangabe nicht zwingend erforderlich, wenn keine objektiven und nachprüfbaren Produktkriterien beworben werden.

9.5 Kundenumfragen

Um Abmahnungen zu vermeiden, sind Transparenzregeln auch bei Kundenumfragen essenziell.

Es ist grundsätzlich zulässig, mit Kundenumfragen bzw. Konsumtests zu werben. Allerdings muss, z.B. durch einen Begleittext, offensichtlich sein, von welcher Stelle, mit wie vielen Personen und nach welchen Kriterien die Umfrage durchgeführt wurde. Der Hinweis darf zwar in kleiner Schrift erfolgen, muss aber in Sichtweite der Kundenumfrage stehen.

Eine etwaige Beeinflussung der Kunden in eine bestimmte Richtung ist nur dann zulässig, wenn dies transparent gemacht wird, z.B. durch einen Hinweis wie »Teilnehmer konnten am Gewinnspiel teilnehmen«.

Fallbeispiel

Eine Onlineversandapotheke warb mit dem Titel »Webshop Awards« und der Aussage »Die beste Online-Apotheke Deutschlands«, die auf der Umfrage eines Award-Anbieters unter Apothekenkunden basierte. Dazu gab sie in kleinerer Schrift an: »Online-Verbraucher-Befragung in Deutschland im Zeitraum 15.05. bis 03.09.2018, durchgeführt von ›Q‹, insgesamt 87.650 Bewertungen in 20 Kategorien. Mehr Informationen unter www.webshopawards.de«. Der BGH sah hier die Kennzeichnung als ausreichend an und hatte keine Zweifel an der Objektivität des Verfahrens. Der BGH stellte klar, dass eine Irreführung nur dann vorgelegen hätte, wenn das Abstimmungsverhalten beeinflusst worden wäre, was in diesem Fall nicht nachgewiesen war (BGH, Az. I ZR 203/20).

Vorsicht: Kundenzufriedenheitsumfragen per E-Mail

Die Frage nach Zufriedenheit per E-Mail wird als Direktwerbung behandelt, die nur mit Einwilligung der Empfänger oder an Bestandskunden versendet werden darf. Weitere Hinweise zum Versand von Kundenzufriedenheitsumfragen erhalten Sie in Abschnitt 13.2.1 und Abschnitt 13.6.

Checkliste: Kundenumfragen

- **Veranstalter:** Angabe zur Stelle, die die Umfrage durchgeführt hat.
- **Anzahl der Befragten:** Angabe von Anzahl und Art der Teilnehmenden (wenn z.B. nur bestimmte Personengruppen befragt wurden).
- **Quelle:** Angabe der URL zur Webseite mit Details zur Umfrage.
- **Objektivität sicherstellen:** Beeinflussung des Abstimmungsverhaltens muss gekennzeichnet werden.

KAPITEL 10

Datenschutz

Datenschutz ist ein komplexes Rechtsgebiet, das viele Bereiche des Marketings berührt – vom Versand von Newslettern über das Einholen von Cookie-Einwilligungen, die Nutzung von sozialen Netzwerken und Messengern bis hin zum Einsatz von KI. Das Ziel dieses Kapitels ist es, Ihnen sowohl ein solides Grundlagenwissen zu vermitteln als auch praktische Antworten auf typische datenschutzrechtliche Fragen im Marketing zu geben. Anhand konkreter Beispiele erfahren Sie, wie Sie die DSGVO in der Praxis sicher anwenden und datenschutzkonforme Prozesse im Umgang mit Dienstleistern und externen Partnern rechtssicher gestalten.

10.1 Wann kommt die DSGVO zur Anwendung?

Im Online-Marketing ist es eher die Regel als die Ausnahme, dass personenbezogene Daten verarbeitet werden und die DSGVO damit anwendbar ist.

Das EU-weit geltende Datenschutzrecht greift, wenn Sie als Verantwortlicher personenbezogene Daten in der EU oder von EU-Bürgern verarbeiten oder verarbeiten lassen.

> **Hinweis: Schweizer Datenschutzgesetz**
>
> Die in diesem Kapitel behandelten Regeln der DSGVO lassen sich weitgehend auf das Schweizer Recht übertragen, das 2023 aktualisiert wurde und der DSGVO entspricht. Diese Regeln gelten beispielsweise auch für Unternehmen in Deutschland, die Schweizer Kunden oder Nutzer ansprechen. Eine Datenverarbeitung, die nach der DSGVO zulässig ist, ist in der Regel auch nach dem Schweizer DSG erlaubt – und umgekehrt.

10.1.1 Personenbezogene Daten

Mit personenbezogenen Daten sind alle Angaben gemeint, mit denen Personen identifizierbar sind. Dies können Klardaten wie Namen oder Postadressen von Personen sein, aber auch mittelbar zu einer Person führende Angaben, wie Telefonnummern,

E-Mail-Adressen, Fotos, aber auch Kundennummern oder Cookies sowie IP-Adressen (siehe Abbildung 10.1). Entgegen einem weitverbreiteten Irrtum unterfallen auch pseudonyme Daten der DSGVO:

- **Pseudonyme Daten:** Während Klardaten wie z.B. Namen oder Telefonnummern direkt auf eine Person schließen lassen, führen pseudonyme Daten indirekt zu einer Person und können sie zum Ziel von Werbemaßnahmen machen. Zum Beispiel handelt es sich bei IP-Adressen um pseudonyme Daten (siehe Abbildung 10.1). Laut DSGVO sind auch pseudonyme Daten personenbezogen (Art. 4 Nr. 5 DSGVO).
- **Anonyme Daten:** Lediglich anonyme Daten sind nicht personenbezogen. Das sind z.B. aggregierte, d.h. zusammengefasste Daten in Statistiken. Wichtig ist in diesem Zusammenhang, dass bereits eine Angabe, die einen Personenbezug aufweist, einen gesamten anonymen Datensatz personenbezogen machen kann.

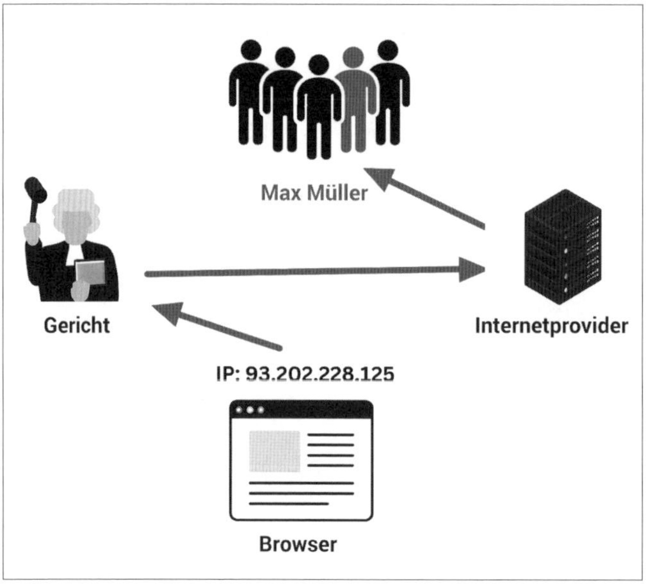

Abbildung 10.1: IP-Adressen gelten grundsätzlich als personenbezogene Daten, da sie einem konkreten Internet-Anschluss und damit dessen Inhaber zugeordnet werden können. Obwohl sie keine direkten Informationen wie Namen oder Telefonnummern enthalten, sind sie dennoch pseudonyme Daten. Denn sie ermöglichen es, den Anschlussinhaber zu identifizieren. Bei einem Urheberrechtsverstoß kann beispielsweise ein Gericht den Internetanbieter verpflichten, die Identität des Anschlussinhabers offenzulegen.

Tipp: Im Zweifel Personenbezug

Um möglichst keine Datenschutzverstöße zu begehen, sollten Sie zuerst immer annehmen, dass alle Informationen, die Sie verarbeiten, personenbezogene Daten sind. Dies gilt, bis Sie eindeutig nachweisen können, dass die Informationen tatsächlich anonym sind und somit nicht mehr einer Person zugeordnet werden können.

10.1.2 Verarbeitung

Der Begriff *Verarbeitung* umfasst nahezu alle Prozesse im Umgang mit personenbezogenen Daten. Dazu gehören vor allem das Erheben, Offenlegen und Verändern, das Zusammenführen mit anderen Daten, das Übermitteln, Speichern und Löschen von personenbezogenen Daten (Art. 4 Nr. 2 DSGVO). Im Marketing sind diese Vorgänge fast immer relevant.

> **Tipp: Alle Phasen der Verarbeitung prüfen**
>
> Jede Phase der Datenverarbeitung muss auf ihre Zulässigkeit geprüft werden. Dazu gehören unter anderem die Erhebung, die Speicherung, die Nutzung und letztlich die Löschung der Daten. Beispiele sind die Erhebung von E-Mail-Adressen bei Gewinnspielen, deren Nutzung für den Newsletter-Versand und die Löschung nach einem Widerruf der Einwilligung durch die Empfänger. In diesem Kapitel erfahren Sie, wie Sie diese Prüfungen erfolgreich umsetzen.

10.2 Grundsätze des Datenschutzes

Sobald Sie personenbezogene Daten verarbeiten, müssen Sie die in Art. 5 DSGVO enthaltenen Datenschutzgrundsätze beachten (siehe Abbildung 10.2). Die Grundprinzipien dienen auch als Orientierungshilfe und können als Prüfungsreihenfolge herangezogen werden, wenn Sie prüfen möchten, ob Ihr Verarbeitungsprozess zulässig ist:

- **Rechtmäßigkeit:** Die Verarbeitung personenbezogener Daten muss auf einer rechtlichen Grundlage basieren. Dies kann beispielsweise die Einwilligung der betroffenen Person, die Erfüllung eines Vertrags oder eine gesetzliche Verpflichtung sein. Die Erlaubnisgrundlagen werden als Nächstes in Abschnitt 10.4 dieses Kapitels erläutert.
- **Zweckbindung:** Die Erhebung personenbezogener Daten darf nur für festgelegte, eindeutige und legitime Zwecke erfolgen und nicht in einer mit diesen Zwecken unvereinbaren Weise weiterverarbeitet werden (z. B. Newsletterversand bei E-Mail-Adressen). Die Zwecke müssen bereits vor dem Beginn der Verarbeitung festgelegt werden.
- **Transparenz:** Die betroffene Person muss klar und verständlich darüber informiert werden, wie ihre personenbezogenen Daten verarbeitet werden. Dies umfasst Informationen über den Zweck der Verarbeitung, die Dauer der Speicherung und die Rechte der betroffenen Person. Wie derartige Datenschutzhinweise und eine Datenschutzerklärung bereitzustellen sind, erfahren Sie in Abschnitt 10.6.
- **Datenminimierung:** Die Verarbeitung der Daten muss sich auf das für die Zwecke der Verarbeitung notwendige Maß beschränken. Daher müssen Sie vor der Aufnahme von Verarbeitungsverfahren prüfen, wie diese mit möglichst wenig personenbezogenen Daten funktionieren können. Worauf hierbei zu achten ist, erfahren Sie in Abschnitt 10.3 dieses Kapitels.

- **Richtigkeit:** Personenbezogene Daten müssen sachlich richtig und erforderlichenfalls auf dem neuesten Stand sein. Es sind alle angemessenen Maßnahmen zu treffen, damit unrichtige Daten unverzüglich gelöscht oder berichtigt werden. Dazu gehört auch die Beachtung und Umsetzung aller Kunden- und Nutzeranfragen, wie in Abschnitt 10.7 erläutert.
- **Speicherbegrenzung:** Personenbezogene Daten dürfen nur so lange gespeichert werden, wie es für die Zwecke, für die sie verarbeitet werden, erforderlich ist. Dieses Grundprinzip bedeutet, dass Sie personenbezogene Daten löschen müssen, sobald die Rechtsgrundlage für ihre Verarbeitung entfallen ist. Näheres erfahren Sie in Abschnitt 10.8.
- **Integrität und Vertraulichkeit:** Eine angemessene Sicherheit der personenbezogenen Daten muss gewährleistet sein, einschließlich Schutz vor unbefugter oder unrechtmäßiger Verarbeitung sowie vor unbeabsichtigtem Verlust, vor Zerstörung oder Schädigung. Wie Sie dies nachweisen können, erfahren Sie in Abschnitt 10.9 weiter unten.
- **Rechenschaftspflicht:** Sie müssen Behörden und betroffenen Personen nachweisen, dass Sie die DSGVO einhalten. Prüfen und protokollieren Sie daher jeden Verarbeitungsvorgang, einschließlich der verwendeten Software und Onlinetools. Die Checklisten in diesem Kapitel unterstützen Sie dabei. Zudem sind Sie verpflichtet, alle Prozesse, in denen personenbezogene Daten verarbeitet werden, in einem Verzeichnis von Verarbeitungstätigkeiten zu führen (siehe Abschnitt 10.9 dieses Kapitels).

Abbildung 10.2: Die Grundsätze des Datenschutzes dienen als Orientierungshilfe bei der Prüfung der Zulässigkeit von Verarbeitungsverfahren. Sie werden im Rahmen dieses Kapitels konkretisiert.

10.3 Privacy by Design

Der Grundsatz des *Privacy by Design* bedeutet, dass der Schutz personenbezogener Daten bereits in der Entwicklungsphase von Technologien berücksichtigt und integriert wird. Dies steht im Einklang mit dem in Abschnitt 10.2 genannten Grundsatz der Datenminimierung. Dieser Grundsatz schreibt vor, dass nur die unbedingt notwendigen Daten erhoben und verarbeitet werden dürfen.

In der DSGVO ist dieser Ansatz in Art. 25 unter der Bezeichnung »Datenschutz durch Technikgestaltung und durch datenschutzfreundliche Voreinstellungen« verankert. Der Grundsatz umfasst insbesondere die folgenden Aspekte:

- **Datenschutz in der Konzeptphase:** Bereits in der Planungsphase neuer Verfahren, in denen personenbezogene Daten verarbeitet werden, wie z.B. in personalisierten Marketingkampagnen, muss berücksichtigt werden, wie diese möglichst datenschutzfreundlich umgesetzt werden können.
- **Datenschutzfreundliche Auswahl von Diensten:** Wenn Sie zwischen mehreren gleich geeignet erscheinenden Diensten wählen können, müssen Sie den Dienst auswählen, der den besseren Datenschutz bietet. Ein Beispiel ist die Wahl einer cookielosen Tracking-Variante gemäß Abschnitt 10.10.12 anstelle von Google Analytics. Im Marketing kann es allerdings vorkommen, dass die datenschutzfreundlichere Tracking-Variante für den beabsichtigten Zweck nicht ausreicht (z.B. wenn die für die geplante Aufgabe unbedingt benötigten Softwareschnittstellen oder -funktionen fehlen). In solch begründeten Fällen kann Google Analytics eingesetzt werden (siehe dazu auch Abbildung 10.3).
- **Datenschutzfreundliche Voreinstellungen:** Dies bedeutet, dass bei allen Verfahren und Diensten nur diejenigen Daten abgefragt werden sollten, die tatsächlich zur Durchführung erforderlich sind. Zum Beispiel sollten in Kontaktformularen Telefonnummern nicht ohne triftigen Grund als erforderliche Angabe abgefragt werden.

Abbildung 10.3: Der Grundsatz von Privacy by Design ist flexibel und erfordert eine Abwägung zwischen Datenschutzanforderungen und den Zielen eines Unternehmens. Dies wird beispielsweise bei der Auswahl von Messengern für den Kundenkontakt deutlich. So gelten z.B. die Messenger Threema oder Signal als datenschutzrechtlich besonders sicher. Allerdings sind sie für den Zweck, möglichst viele Kunden zu erreichen, weniger geeignet als die weiter verbreiteten Messenger WhatsApp oder Telegram. Daher steht der Grundsatz von Privacy by Design dem Einsatz der letztgenannten Messenger nicht im Wege.

10.4 Erlaubnisgrundlagen

Im Datenschutz gilt der Grundsatz, dass die Verarbeitung personenbezogener Daten grundsätzlich verboten ist, es sei denn, man kann sich auf eine Erlaubnisgrundlage berufen.

Die DSGVO (Datenschutz-Grundverordnung) verbietet grundsätzlich die Verarbeitung personenbezogener Daten, es sei denn, eine gesetzliche Erlaubnis liegt vor (sogenanntes »Verarbeitungsverbot mit Erlaubnisvorbehalt«). Im Marketing sind folgende Erlaubnisgrundlagen relevant:

- **Vertragserfüllung (Art. 6 Abs. 1 lit. b) DSGVO):** Eine Verarbeitung der Daten ist zulässig, wenn sie zur Erfüllung eines Vertrags mit einer Person erforderlich ist. Das ist z. B. gegeben, wenn Adressdaten im Rahmen eines Onlineeinkaufs oder eines Gewinnspiels verarbeitet werden. Nicht notwendig für diese Zwecke wäre z. B. das Tracking oder Profiling von Nutzerdaten.
- **Gesetzliche Verpflichtungen (Art. 6 Abs. 1 lit. c) DSGVO):** Eine Verarbeitung darf erfolgen, wenn sie nötig ist, um rechtliche Pflichten zu erfüllen, wie z. B. das Aufbewahren von Rechnungen für steuerliche Zwecke.
- **Verarbeitung im öffentlichen Interesse oder in Ausübung öffentlicher Gewalt (Art. 6 Abs. 1 lit. e) DSGVO):** Personenbezogene Daten dürfen verarbeitet werden, wenn dies für öffentliche Aufgaben oder zur Ausübung öffentlicher Gewalt erforderlich ist, z. B. bei der Öffentlichkeitsarbeit im Rahmen der Nutzung von sozialen Netzwerken durch Behörden.
- **Berechtigte Interessen (Art. 6 Abs. 1 lit. f) DSGVO):** Eine Datenverarbeitung ist dann erlaubt, wenn berechtigte Interessen dies erfordern. Voraussetzung ist hierbei allerdings, dass die Interessen und Rechte der betroffenen Person nicht verletzt werden. An diesem Punkt kommt es zu Grabenkämpfen zwischen Aufsichtsbehörden und Unternehmen, vor allem bezogen auf das Tracking und Profiling. In Abschnitt 10.10 zum Thema Cookies wird dieser Aspekt ausführlicher behandelt.
- **Einwilligung:** Auch wenn die Einwilligung im Gesetz an erster Stelle als Erlaubnisgrundlage genannt wird, sollte man nur dann auf sie setzen, wenn keine andere Erlaubnisgrundlage greift (siehe Abbildung 10.4). Denn eine solche Einwilligung kann jederzeit ohne Angabe von Gründen widerrufen werden.

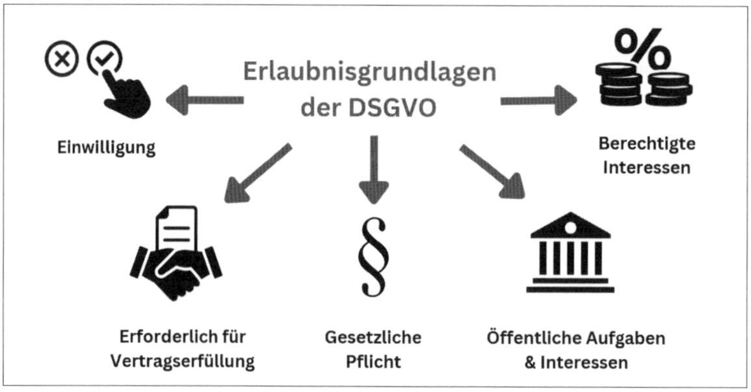

Abbildung 10.4: Weil es aufwendig ist, eine Einwilligung einzuholen und zu dokumentieren, und weil sie jederzeit widerrufen werden kann, sollte sie nur dann als Erlaubnisgrundlage herangezogen werden, wenn andere Erlaubnisgrundlagen nicht infrage kommen oder das Gesetz ausdrücklich eine Einwilligung verlangt.

Sie ist online übrigens erst ab einem Alter von 16 Jahren zulässig. Zudem müssen Sie sowohl die Einwilligung selbst nachweisen können als auch, dass die Betroffenen über die von der Einwilligung gedeckte Datenverarbeitung belehrt wurden. In bestimmten Fällen sind Einwilligungen allerdings erforderlich, etwa im Direktmarketing oder beim Setzen von Cookies.

Beispiele dazu, wie sich diese Rechtsgrundlagen in der Praxis auswirken, erhalten Sie z. B. im Rahmen der Abschnitte zum Direktmarketing (siehe Kapitel 13) und zu Bildaufnahmen von Personen (siehe Abschnitt 6.1.1).

10.5 Subunternehmer, Onlinewerkzeuge und Drittlandtransfers

Beim Einsatz von Subunternehmen muss geprüft werden, ob die erforderlichen Datenschutzverträge geschlossen wurden und, sofern die Datenverarbeitung außerhalb der EU erfolgt, ausreichende Datenschutzgarantien vorliegen.

Im modernen Marketing ist die Verarbeitung personenbezogener Daten ohne den Einsatz von Drittanbietern kaum noch vorstellbar. Zu diesen Drittanbietern gehören Webhosting- und Cloudanbieter, IT-Dienstleister, soziale Netzwerke, E-Mail-Marketing-Dienste, Werbenetzwerke und Tracking-Dienste, die Daten von Kunden, Nutzern oder Mitarbeitenden verarbeiten. Der Einsatz von Subunternehmern ist grundsätzlich erlaubt, solange bestimmte Voraussetzungen beachtet werden, die je nach Art der Zusammenarbeit und der Frage, ob Daten außerhalb der EU und des Europäischen Wirtschaftsraums (EWR) verarbeitet werden, variieren (siehe Abbildung 10.5).

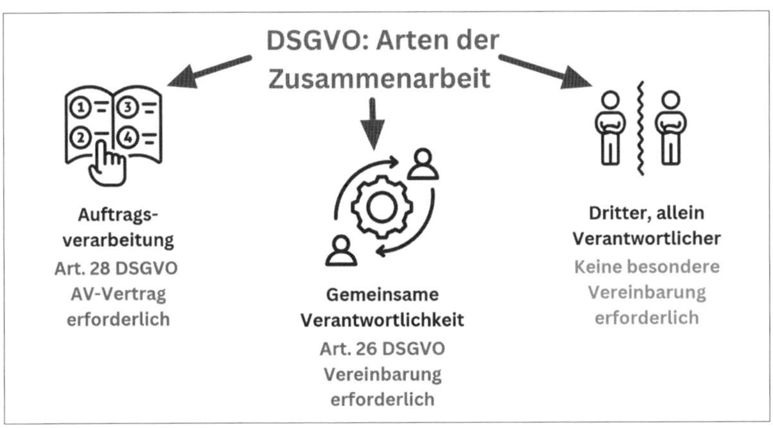

Abbildung 10.5: Die Klassifizierung von Subunternehmern, Dienstleistern oder Anbietern von Onlinetools als weisungsgebundene Auftragsverarbeiter, gemeinsam arbeitsteilig tätige Verantwortliche oder selbstständig agierende Dritte entscheidet darüber, ob zusätzliche Vereinbarungen erforderlich sind.

10.5.1 Auftragsverarbeitung bei Weisungsgebundenheit

Wenn Subunternehmer personenbezogene Daten ausschließlich gemäß Ihren Vorgaben verarbeiten, ohne sie für eigene Zwecke zu nutzen, gelten sie als *Auftragsverarbeiter* (Art. 4 Nr. 8 DSGVO). Beispiele hierfür sind:

- **Cloud-Dienstleister:** Daten werden im Auftrag eines Unternehmens gespeichert und verwaltet, jedoch nicht vom Dienstleister für eigene Zwecke genutzt.
- **E-Mail-Marketing:** Ein externer Anbieter versendet Newsletter im Auftrag des Unternehmens, verarbeitet die Listendaten aber nicht für eigene Zwecke.
- **Marketingagenturen:** Agenturen, die z.B. Newsletter versenden oder Gewinnspiele durchführen, verarbeiten Daten im Auftrag des Kunden.

Hinweis: Abschluss eines Auftragsverarbeitungsvertrags

Der Einsatz von Auftragsverarbeitern ist zulässig, sofern die Vorgaben der DSGVO eingehalten werden. Dazu zählt insbesondere der Abschluss eines *Auftragsverarbeitungsvertrags* (englisch *Data Processing Agreement/Addendum*, DPA) gemäß Art. 28 DSGVO mit den Subunternehmern (siehe Abbildung 10.6).

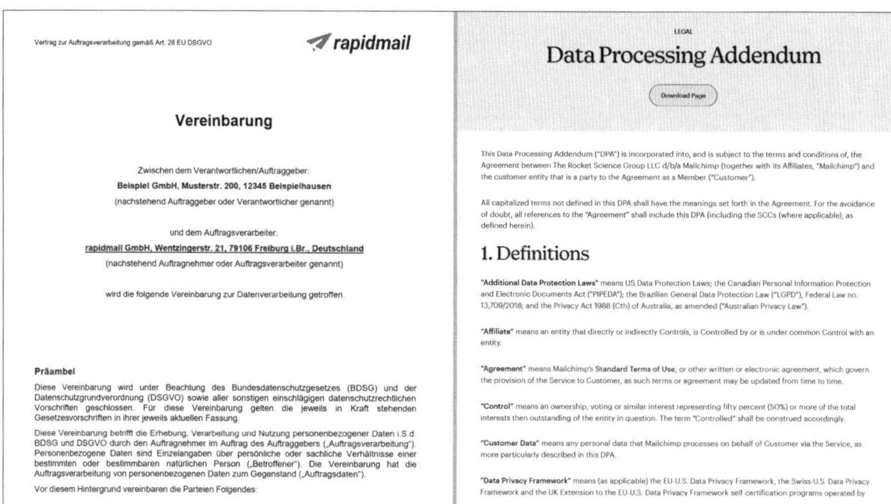

Vertrag zur Auftragsverarbeitung gemäß Art. 28 EU DSGVO

rapidmail

Vereinbarung

Zwischen dem Verantwortlichen/Auftraggeber:

Beispiel GmbH, Musterstr. 200, 12345 Beispielhausen

(nachstehend Auftraggeber oder Verantwortlicher genannt)

und dem Auftragsverarbeiter:

rapidmail GmbH, Wentzingerstr. 21, 79106 Freiburg i.Br., Deutschland

(nachstehend Auftragnehmer oder Auftragsverarbeiter genannt)

wird die folgende Vereinbarung zur Datenverarbeitung getroffen.

Präambel

Diese Vereinbarung wird unter Beachtung des Bundesdatenschutzgesetzes (BDSG) und der Datenschutzgrundverordnung (DSGVO) sowie aller sonstigen einschlägigen datenschutzrechtlichen Vorschriften geschlossen. Für diese Vereinbarung gelten die jeweils in Kraft stehenden Gesetzesvorschriften in ihrer jeweils aktuellen Fassung.

Diese Vereinbarung betrifft die Erhebung, Verarbeitung und Nutzung personenbezogener Daten i.S.d. BDSG und DSGVO durch den Auftragnehmer im Auftrag des Auftraggebers („Auftragsverarbeitung"). Personenbezogene Daten sind Einzelangaben über persönliche oder sachliche Verhältnisse einer bestimmten oder bestimmbaren natürlichen Person („Betroffener"). Die Vereinbarung hat die Auftragsverarbeitung von personenbezogenen Daten zum Gegenstand („Auftragsdaten").

Vor diesem Hintergrund vereinbaren die Parteien Folgendes:

LEGAL

Data Processing Addendum

Download Page

This Data Processing Addendum ("DPA") is incorporated into, and is subject to the terms and conditions of, the Agreement between The Rocket Science Group LLC d/b/a Mailchimp (together with its Affiliates, "Mailchimp") and the customer entity that is a party to the Agreement as a Member ("Customer").

All capitalized terms not defined in this DPA shall have the meanings set forth in the Agreement. For the avoidance of doubt, all references to the "Agreement" shall include this DPA (including the SCCs (where applicable), as defined herein).

1. Definitions

"Additional Data Protection Laws" means US Data Protection Laws; the Canadian Personal Information Protection and Electronic Documents Act ("PIPEDA"); the Brazilian General Data Protection Law ("LGPD"), Federal Law no. 13,709/2018; and the Privacy Act 1988 (Cth) of Australia, as amended ("Australian Privacy Law").

"Affiliate" means an entity that directly or indirectly Controls, is Controlled by or is under common Control with an entity.

"Agreement" means Mailchimp's **Standard Terms of Use**, or other written or electronic agreement, which govern the provision of the Service to Customer, as such terms or agreement may be updated from time to time.

"Control" means an ownership, voting or similar interest representing fifty percent (50%) or more of the total interests then outstanding of the entity in question. The term "Controlled" shall be construed accordingly.

"Customer Data" means any personal data that Mailchimp processes on behalf of Customer via the Service, as more particularly described in this DPA.

"Data Privacy Framework" means (as applicable) the EU-U.S. Data Privacy Framework, the Swiss-U.S. Data Privacy Framework and the UK Extension to the EU-U.S. Data Privacy Framework self-certification programs operated by

Abbildung 10.6: Die Form und Art des Abschlusses von Auftragsverarbeitungsverträgen hängt vom Anbieter ab. Bei dem Anbieter »rapidmail« wird der Vertrag z.B. individuell abgeschlossen (»*https://www.rapidmail.de/*«, linker Bildteil), während er bei dem Anbieter »Mailchimp« ein Bestandteil der AGB ist und bei der Registrierung automatisch abgeschlossen wird (»*https://mailchimp.com/legal/data-processing-addendum/*«, rechter Bildteil).

10.5.2 Gemeinsame Verantwortlichkeit bei arbeitsteiligem Handeln

Im Fall der gemeinsamen Verantwortlichkeit (englisch *Joint Control*) besteht kein Weisungsverhältnis zwischen den beteiligten Verarbeitern. Vielmehr handeln sie arbeitsteilig und bestimmen gemeinsam die Mittel und Zwecke der Verarbeitung (Art. 4 Nr. 7 DSGVO). Beispiele:

- **Zentrale Marketingstelle im Konzern:** Wenn z.B. mehrere Unternehmen im Konzern einen gemeinsamen Adressverteiler pflegen, Gewinnspiele gemeinsam veranstalten etc., werden die Daten der betroffenen Empfänger oder Teilnehmer gemeinsam verarbeitet.
- **Gemeinsam betriebene Onlineplattformen:** Zwei Unternehmen betreiben zusammen eine Onlineplattform, auf der Kundendaten gesammelt und verarbeitet werden.
- **Facebook-Seiten:** Der EuGH urteilte, dass Unternehmen (oder sonstige Organisationen), die eine Facebook-Seite betreiben, dadurch einen wesentlichen Beitrag dazu leisten, dass Facebook die Daten der Seitenbesucher erhebt (EuGH, Az. C-210/16). Einzelheiten zu diesem Thema sind in Abschnitt 2.2.1 näher beschrieben. Da das Unternehmen und Facebook Zielgruppen effizient erreichen wollen und wirtschaftliche Ziele verfolgen, liegt ein gemeinsamer Zweck vor. Dasselbe bestätigte der EuGH für das Einbinden einer Gefällt-mir-Schaltfläche auf einer Webseite (EuGH, Az. C-40/17). Seitdem bietet Facebook eine Vereinbarung über gemeinsame Verantwortlichkeit an (siehe Abbildung 10.7).

Im Fall der gemeinsamen Verantwortlichkeit müssen Sie eine spezielle Vereinbarung abschließen, in der festgelegt wird, welche Partei welche Verarbeitungsschritte zu welchen Zwecken übernimmt, wie und in welchem Umfang die Daten verarbeitet werden und wer für die Information und die Beantwortung der Auskunfts- oder Löschungsanfragen der betroffenen Personen verantwortlich ist (Art. 26 DSGVO).

facebook

Du und Meta Platforms Ireland Limited, Serpentine Avenue, Block J, Dublin 4 Irland („Meta Ireland", „wir" oder „uns"; zusammen die „Parteien") erkennen an und stimmen zu, gemeinsam Verantwortliche gemäß Artikel 26 DSGVO für die Verarbeitung dieser personenbezogenen Daten in Events für Seiten-Insights („Insights-Daten") zu sein. Die gemeinsame Verantwortlichkeit umfasst die Erstellung dieser Events und ihre Zusammenführung in Seiten-Insights, die dann den

Abbildung 10.7: In sozialen Medien werden Verträge über gemeinsame Verantwortlichkeit für Facebook-Seiten (entsprechend diesem Bildbeispiel, facebook.com/legal/terms/page_controller_addendum) automatisch bei der Registrierung mit den Plattformanbietern abgeschlossen. Weitere Informationen zum Datenschutz beim Einsatz sozialer Netzwerke erhalten Sie in Abschnitt 2.2.1.

10.5.3 Beauftragung von Dritten

Wenn Subunternehmer und Empfänger von Daten weder Auftragsverarbeiter sind noch gemeinsam Verantwortliche, dann gelten sie als *Dritte* im Sinne der DSGVO (Art. 4 Nr. 10 DSGVO). Das ist in den folgenden Konstellationen der Fall:

- **Datenverarbeitung ist kein Teil der Beauftragung:** Die Subunternehmer werden nicht mit der Verarbeitung von personenbezogen Daten beauftragt. Vielmehr sollen sie andere Aufgaben erfüllen, in deren Rahmen sie mit personenbezogenen Daten in Verbindung kommen können. Das betrifft z. B. Hilfsleistungen wie Kurierdienste oder Reinigungskräfte.
- **Die Auftragnehmer arbeitet eigenständig:** In dieser Konstellation unterliegen die Subunternehmer oder Datenempfänger keiner Weisung im Hinblick auf die Datenverarbeitung (sind also keine Auftragsverarbeiter entsprechend Abschnitt 10.5.1), und es liegt auch keine arbeitsteilige Verarbeitung vor (also keine gemeinsame Verantwortlichkeit im Sinne des Abschnitts 10.5.2). Beispiele hierfür sind Behörden, Versicherungen, Banken, Rechtsanwälte, Steuerberater oder Wirtschaftsprüfer.

Handelt es sich bei den Subunternehmern oder Empfängern von Daten um Dritte, muss, anders als im Fall der Auftragsverarbeitung oder der gemeinsamen Verantwortung, kein spezieller Datenschutzvertrag abgeschlossen werden. Das heißt aber nicht, dass der Datenschutz gar nicht gilt. So ist auch in dieser Situation eine rechtliche Grundlage für die Weitergabe der Daten an Dritte erforderlich. Dies können z. B. berechtigte Interessen, wie sie bei einer Rechtsberatung bestehen, oder gesetzliche Pflichten etwa für die Buchführung sein. Ebenso müssen die Dritten die erhaltenen Daten vertraulich und sorgfältig behandeln. Es wird daher empfohlen, in Verträgen mit Dritten eine Klausel aufzunehmen, die sie zur Einhaltung des Datenschutzes verpflichtet (siehe Abbildung 10.8).

> **Vertraulichkeits- und Verschwiegenheitspflichten**
>
> Der Dienstleister darf personenbezogene Daten nur verarbeiten, wenn dies zur Erfüllung der Dienstleistung erforderlich ist. Die Verarbeitung erfolgt ausschließlich nach Weisung und unter Wahrung von Vertraulichkeit, Integrität und Verfügbarkeit der personenbezogenen Daten. Der Dienstleister darf keine unerlaubten Einblicke in Unterlagen nehmen oder Geräte und Datenträger benutzen, die nicht seinem Aufgabenbereich zugehörig sind. Auch dürfen Unterlagen oder Datenträger nicht eigenmächtig vernichtet werden. Der Dienstleister meldet Unregelmäßigkeiten, auch wenn er unbeabsichtigt personenbezogene Daten verarbeitet. Mitarbeiter oder Beauftragte des Dienstleisters sind entsprechend zu verpflichten.

Abbildung 10.8: Datenschutzklausel aus dem Vertrag mit einem Reinigungsunternehmen. Eine solche Klausel ist hilfreich, da sie rechtliche Rahmenbedingungen für den Umgang mit personenbezogenen Daten festlegt und den Dienstleister zu spezifischen Schutzmaßnahmen verpflichtet. Im Fall eines Datenschutzverstoßes stärkt sie die Position des Auftraggebers, etwa bei der Durchsetzung von Schadensersatzforderungen, da klare Verantwortlichkeiten und Pflichten bereits vertraglich festgelegt sind.

10.5.4 Einsatz von Dienstleistern aus den USA und anderen Drittländern

Die DSGVO untersagt grundsätzlich die Übermittlung personenbezogener Daten in »Drittländer«, d.h. Länder außerhalb des europäischen Wirtschaftsraums, wie z. B. in die USA (Art. 44 bis 49 DSGVO). Dies betrifft besonders das Marketing, da viele Anbieter von Onlinetools und Plattformen aus den USA stammen.

Eine Übermittlung ist nur erlaubt, wenn Sie nachweisen können, dass das Datenschutzniveau im Zielland dem Datenschutzniveau in der EU entspricht oder eine Ausnahmeregelung vorliegt. Hierzu kommen die folgenden rechtlichen Verfahren infrage:

- **Angemessenheitsbeschluss/Data Privacy Framework:** Die EU-Kommission erkennt für einige Länder ein angemessenes Datenschutzniveau an. Zu diesen Ländern zählen insbesondere die Schweiz, Neuseeland, Andorra, Argentinien, Japan, Südkorea, Kanada, Israel und Großbritannien. Für die USA gilt, zumindest zum Zeitpunkt der Fertigstellung dieses Buchs, ebenfalls ein Angemessenheitsbeschluss, wenn die dortigen Datenempfänger im Rahmen des *Data Privacy Framework* ein spezielles Zertifizierungsverfahren durchlaufen (siehe Abbildung 10.9).

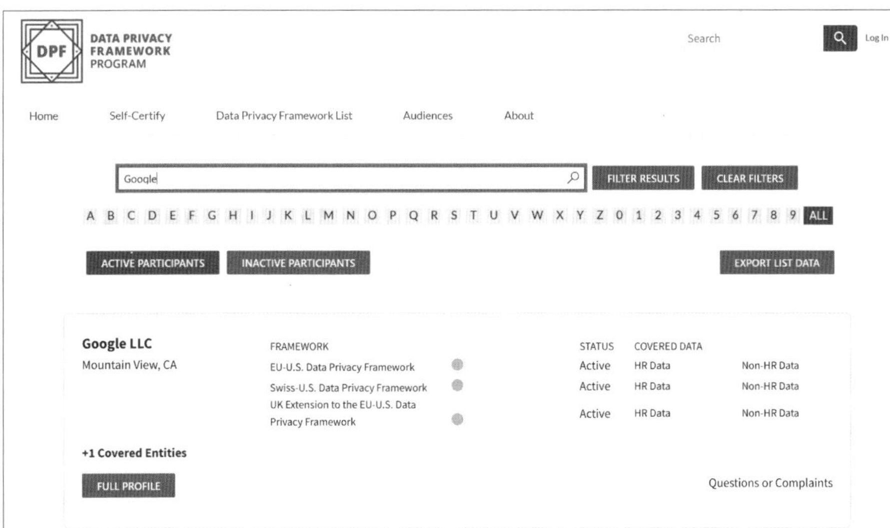

Abbildung 10.9: Datentransfers in die USA bzw. die Beauftragung von US-Dienstleistern bergen ein inhärentes Risiko, vom EuGH für unzulässig erklärt zu werden. Der Grund ist, dass der Transfer personenbezogener Daten außerhalb der EU einer besonderen Gewähr eines angemessenen Datenschutzniveaus bedarf. Da jedoch in den USA die Zusagen, die Daten der EU-Bürger zu schützen, kein Gesetz, sondern Dekrete sind, also Verfügungen des US-Präsidenten, können sie vom jeweiligen Nachfolger aufgehoben oder für unzureichend befunden werden. (Bildquelle: Datenbank für Unternehmen, die unter dem jeweils geltenden EU-US-Transferverfahren, in diesem Fall dem zum Zeitpunkt der Buchfertigstellung geltenden Data Privacy Framework (DPF), zertifiziert sind (»dataprivacyframework.gov«). Deren Einsatz gilt als zulässig. Wird das DPF aufgehoben, müssen andere Rechtsgrundlagen wie die Standardvertragsklauseln als Grundlage der Datentransfers herangezogen werden.

- **Abschluss von Standardvertragsklauseln:** Als Standardvertragsklauseln werden Musterverträge der EU-Kommission bezeichnet, die Vertragspartner zur Einhaltung des europäischen Datenschutzniveaus verpflichten. Sie werden zusätzlich oder anstelle der in Abschnitt 10.5 genannten Auftragsverarbeitungsverträge bzw. anstelle von Verträgen über gemeinsam Verantwortliche abgeschlossen. Die Aufsichtsbehörden verlangen im Fall der USA außerdem, dass darin technische und organisatorische Maßnahmen festgelegt werden, die den Schutz der Daten von Europäern vor dem Zugriff durch US-Geheimdienste sicherstellen.
- **Verbindliche Interne Vorschriften (Binding Corporate Rules):** Unternehmen können eigene verbindliche Datenschutzregeln etablieren. Diese Regelungen sind allerdings komplex und erfordern externe Zertifizierungen.
- **Erforderliche Datentransfers:** Datentransfers sind zulässig, wenn sie notwendig und für die Betroffenen ersichtlich sind, z. B. bei Buchungen von Reisen in die USA.
- **Einwilligungen:** Betroffene Personen können ihre Einwilligung in Drittlandtransfers ihrer Daten erteilen. Dies setzt jedoch voraus, dass sie umfassend informiert werden: nicht nur über die Datentransfers in die USA, sondern auch über die damit verbundenen Risiken wie beispielsweise den Zugriff auf ihre Daten durch US-Behörden.

> **Tipp: Wenn möglich, EU/EWR-Dienste und -Anbieter wählen**
>
> Wenn möglich, sollten wegen der datenschutzpolitischen Abhängigkeiten bei der Übermittlung von Daten in Drittstaaten Dienstleister aus der EU oder dem europäischen Wirtschaftsraum gewählt werden. Auch Anbieter aus als datenschutzsicher anerkannten Drittstaaten wie z. B. Kanada oder der Schweiz können als datenschutzrechtlich sicher betrachtet werden.

10.5.5 Vorgehen in der Praxis

Die Rechtslage ist komplex, da es schwierig ist, eine Abgrenzung zwischen Auftragsverarbeitern, gemeinsam Verantwortlichen und Dritten vorzunehmen und häufig Mischformen existieren. Um ganz rechtssicher zu agieren, sollten Sie eine datenschutzrechtliche Beratung in Anspruch nehmen. Vorab und als Mindestmaßnahme sollten Sie die Anbieter kontaktieren und Informationen erfragen. Große, datenschutzrechtlich vertrauenswürdige Anbieter informieren Sie normalerweise darüber, ob es sich um Auftragsverarbeitung oder gemeinsame Verantwortlichkeit handelt, und stellen die notwendigen Vertragsunterlagen bereit.

Beispiel einer Anfrage:

> Sehr geehrte Damen und Herren,
>
> ich interessiere mich für die Nutzung Ihres Diensts. Für die Zwecke der datenschutzrechtlichen Prüfung bitte ich um Informationen zu den folgenden Punkten:

1. Wer ist für die Verarbeitungsprozesse im Sinne von Art. 4 Nr. 7 DSGVO datenschutzrechtlich verantwortlich? Können Sie mir die Firma und die Adresse nennen?
2. In welcher Funktion verarbeiten Sie personenbezogene Daten? Als Auftragsverarbeiter, gemeinsam Verantwortlicher oder Dritter?
3. Können Sie einen entsprechenden Vertrag zur Datenverarbeitung (z.B. Auftragsverarbeitungsvertrag bzw. einen Vertrag für gemeinsame Verantwortlichkeit) samt technischen und organisatorischen Schutzmaßnahmen vorlegen? Muss dieser gesondert unterzeichnet werden, oder ist er automatisch Teil des Vertrags?
4. Werden Daten in einem Drittland außerhalb der EU/Schweiz verarbeitet? Falls ja, auf welcher Rechtsgrundlage?

Vor dem Versand an englischsprachige Anbieter können Sie die Anfrage (z.B. mit einem KI-Tool) übersetzen. Bereits die Anfrage ist ein wesentlicher Schritt in Richtung Datensicherheit. Eine ausbleibende oder unklare Antwort ist ein Indiz dafür, dass der Dienst eine datenschutzrechtlich potenzielle Risikoquelle sein könnte.

10.6 Datenschutzhinweise und Datenschutzerklärung

Eine Datenschutzerklärung muss eine doppelte Herausforderung meistern: Sie muss eine Vielzahl an Details zu allen Verarbeitungsverfahren enthalten und dennoch präzise sowie verständlich sein.

Die DSGVO verlangt, dass die Verantwortlichen für die Datenverarbeitung den Personen, deren Daten erhoben werden, mitteilen, wer sie sind, warum die Daten verarbeitet werden und auf welcher rechtlichen Grundlage dies geschieht. Diese Informationen werden in einer sogenannten Datenschutzerklärung mitgeteilt.

10.6.1 Platzierung der Datenschutzerklärung

Ihre Datenschutzerklärung muss an jedem Ort verfügbar sein, an dem Sie personenbezogene Daten erheben, z.B.

- auf Webseiten,
- in Social-Media-Profilen,
- in Mobile und Web-Apps,
- in Newslettern.

Sie muss leicht zu finden, mit einem Klick erreichbar und verständlich sein (Art. 12 Abs. 1 DSGVO). Auf Webseiten sollte sie über einen Link im Footer aufgerufen werden können, in Apps sollte sie im Infobereich oder im Hauptmenü platziert sein. Der Inhalt sollte klar strukturiert, in einfacher Sprache verfasst und idealerweise mit einem Inhaltsverzeichnis versehen sein.

Der Link zur Datenschutzerklärung sollte klar durch Bezeichnungen wie »Datenschutz«, »Datenschutzerklärung«, »Datenschutzinformationen« oder »Datenschutzhinweise« leicht als solcher erkennbar sein.

10.6.2 Inhalte der Datenschutzerklärung

Die Inhalte der Datenschutzerklärung ergeben sich aus den Artikeln 13 und 14 der DSGVO. Dazu gehören zunächst die allgemeinen Angaben:

- **Verantwortlicher und Kontaktmöglichkeit:** Angabe des Namens oder der Firma sowie der Postadresse des für die Datenverarbeitung verantwortlichen Unternehmens, der Behörde oder der Person. Darüber hinaus muss mindestens eine E-Mail-Adresse als Kontaktmöglichkeit für Anfragen bereitgestellt werden.
- **Datenschutzbeauftragte/r:** Falls ein Datenschutzbeauftragter existiert, muss zumindest dessen E-Mail-Adresse als Kontaktmöglichkeit angegeben werden.
- **Betroffenenrechte:** Hinweis, dass den betroffenen Personen Rechte entsprechend den Artikeln 15 bis 21 sowie 77 DSGVO zustehen (z. B. Recht auf Auskunft und Löschung von Daten, wie in Abschnitt 10.7 erläutert).

Hinweis: Datenschutzbeauftragter

Ein Datenschutzbeauftragter wird gemäß Art. 37 DSGVO benötigt, wenn die Kerntätigkeit des Unternehmens in der umfangreichen Verarbeitung von besonderen Kategorien personenbezogener Daten (z.B. durch Gesundheits-Apps) oder in der systematischen Überwachung von betroffenen Personen besteht (z.B. bei einem Werbenetzwerk). In Deutschland ist gemäß § 38 BDSG ein Datenschutzbeauftragter auch dann erforderlich, wenn in der Regel mindestens 20 Personen ständig mit der automatisierten Verarbeitung von personenbezogenen Daten beschäftigt sind, was schon bei der Nutzung von E-Mail-Postfächern der Fall sein kann. Die Schwelle von 20 Personen ist regelmäßig Gegenstand politischer Diskussionen und könnte sich in der Zukunft ändern.

Zu den vorgenannten allgemeinen Angaben zum Verantwortlichen und Datenschutzbeauftragten müssen pro Verarbeitungsprozess (z. B. Warenverkauf, Newsletter-Versand, Einsatz von Analysewerkzeugen, Einsatz von KI-Werkzeugen, Nutzung sozialer Netzwerke etc.) die folgenden Angaben gemacht werden:

- **Zwecke und Rechtsgrundlagen der Verarbeitung:** Zum Beispiel »Versand von Newslettern auf Grundlage einer Einwilligung gemäß Art. 6 Abs. 1 lit. a) DSGVO« oder »Abschluss von Kaufverträgen, Abrechnung und Lieferung von bestellten Waren gemäß Art. 6 Abs. 1 lit. b) DSGVO«.
- **Berechtigte Interessen:** Wenn Sie Daten auf Grundlage berechtigter Interessen verarbeiten (siehe Abschnitt 10.4), d. h. die Verarbeitung weder auf Grundlage einer Einwilligung erfolgt noch notwendig zur Erfüllung Ihrer Vertragspflichten ist, müssen Sie diese Interessen nennen (z. B. »Versand von Werbenachrichten

an Kunden auf Grundlage berechtigter betriebswirtschaftlicher Interessen, gemäß Art. 6 Abs. 1 lit. f) DSGVO«).

- **Erforderlichkeit der Bereitstellung von Daten:** Es ist erforderlich, mitzuteilen, ob die Bereitstellung von personenbezogenen Daten gesetzlich vorgeschrieben oder vertraglich erforderlich ist, sowie die Folgen der Nichtbereitstellung der Daten, z. B. »Die Angaben zu Person, Post- und E-Mail-Adresse sowie Zahlungsdaten sind erforderlich, um den Abschluss und die Durchführung von Kaufverträgen zu ermöglichen. Ohne diese Daten ist es nicht möglich, in unserem Onlineshop einzukaufen«.
- **Empfänger:** Wenn personenbezogene Daten an externe Stellen außerhalb der eigenen Organisation weitergegeben werden, sollten die Empfänger oder ansonsten Kategorien von Empfängern klar benannt werden. Die Angabe der Empfängerkategorien ist vor allem bei datenschutzrechtlich als üblich zu bezeichnenden oder wechselnden Dienstleistungsanbietern ausreichend, etwa »Banken«, »Steuerberater«, »Speditionsunternehmen« oder »freiberufliche Mitarbeiter«. Ansonsten und vor allem, wenn personenbezogene Daten der Nutzer zu Werbe- und Marketingzwecken verarbeitet oder außerhalb der EU transferiert werden, müssen die Empfänger benannt werden, z. B. »Google Ireland Limited, Gordon House, Barrow Street, Dublin 4, Irland« im Fall von Google Analytics.
- **Datentransfers in Drittländer:** Es sind stattfindende oder geplante Datentransfers in Länder außerhalb der EU (sogenannte Drittländer) bzw. der Einsatz von Dienstleistern aus Drittländern und deren Rechtsgrundlage anzugeben (z. B. »Nutzung von Pinterest auf Grundlage von Standardvertragsklauseln«). Weitere Informationen zu Drittlandtransfers erhalten Sie in Abschnitt 10.5.4 weiter oben in diesem Kapitel).
- **Dauer der Speicherung:** Sie müssen mitteilen, wie lange die personenbezogenen Daten gespeichert bzw. wann sie gelöscht werden, oder, falls die Dauer nicht bekannt ist, die Kriterien nennen, um die Speicherdauer berechnen zu können, z. B.: »Wir speichern die Kundendaten im Kundenkonto bis zu drei Jahre nach Löschung des Kundenkontos.«
- **Automatisierte Entscheidungsfindung:** Mit automatisierter Entscheidungsfindung sind Verfahren gemeint, bei denen im Einzelfall eine Maschine ohne menschliches Zutun automatisch Entscheidungen trifft, die rechtliche, wirtschaftliche oder vergleichbare Relevanz für die betroffenen Personen haben (Art. 22 DSGVO). Ein Beispiel ist eine automatische Bonitätsbewertung, bei der Kunden nur dann auf Rechnung kaufen können, wenn eine Abfrage bei der Schufa oder anderen Wirtschaftsauskunfteien positiv ist. In diesen Fällen werden umfassende Informationen benötigt. Sie sollten professionell erstellt werden.
- **Quelle und Kategorien von Daten, wenn sie von Dritten bezogen wurden:** Werden Daten nicht bei den betroffenen Personen, sondern von Dritten bezogen, müssen diese Dritten als Quelle der Daten und es müssen die Kategorien der Daten genannt werden, z. B. »Wir versenden Postwerbung an postalische Adressen, die wir aus dem öffentlichen Register XYZ beziehen«. Dagegen müs-

sen Sie nicht darüber informieren, wie die genannte Quelle selbst an die verwendeten Daten kam. Ob und wann Sie Daten aus externen Quellen für Werbezwecke nutzen dürfen, erfahren Sie in Abschnitt 13.4.9.3 und 13.4.9.4.

Tipp: Nutzung von Onlinegeneratoren

Aufgrund der Vielzahl einzelner Angaben sollten Datenschutzerklärungen durch Fachpersonen oder mithilfe von Softwarewerkzeugen erstellt werden, sofern diese auf dem aktuellen Stand sind. (Offenlegung: Der Autor ist selbst Anbieter eines Datenschutzgenerators (*https://datenschutz-generator.de*), weist jedoch darauf hin, dass auch auf aktuellem Stand gehaltene Generatoren anderer Anbieter verwendet werden können.)

10.6.3 Zeitpunkt der Information

Datenschutzinformationen müssen abhängig von der Art der Datenerhebung zum richtigen Zeitpunkt bereitgestellt werden:

- **Zeitpunkt der Datenerhebung:** Grundsätzlich müssen die Datenschutzinformationen zum Zeitpunkt der Datenerhebung verfügbar sein, etwa als Link im Footer jeder Webseite.
- **Erhebung aus Drittquellen:** Werden Daten aus Drittquellen wie öffentlichen Verzeichnissen, aus sozialen Netzwerken oder von Adresshändlern bezogen, müssen die betroffenen Personen spätestens innerhalb eines Monats und vor der ersten Kontaktaufnahme informiert werden.
- **Nachträgliche Änderungen:** Änderungen der Datenschutzerklärung erfordern grundsätzlich keine Information, es sei denn, die Verarbeitungsumstände ändern sich aus der Sicht der Betroffenen wesentlich. Dies trifft zu, wenn neue Verarbeitungszwecke hinzukommen, zusätzliche Datenempfänger involviert sind, die Datenspeicherung verlängert wird, automatisierte Entscheidungen eingeführt werden oder Daten in ein außereuropäisches Drittland übermittelt werden. In diesen Fällen müssen Betroffene informiert und gegebenenfalls muss eine Einwilligung eingeholt werden.

Checkliste: Datenschutzerklärung

1. Inhalte der Datenschutzerklärung:

- Angaben zum Verantwortlichen: Firma/Name, Adresse und zumindest die E-Mail-Adresse als Kontaktmöglichkeit.
- Kontaktdaten des Datenschutzbeauftragten (soweit vorhanden): Es muss zumindest die E-Mail-Adresse angegeben werden.
- Zweck und Rechtsgrundlage der Datenverarbeitung/Begründung berechtigter Interessen: z. B. Versand von Newslettern auf Grundlage einer Einwilligung gemäß Art. 6 Abs. 1 S. 1 lit. a) DSGVO.

- Begründung, falls berechtigte Interessen als Rechtsgrundlage angegeben wurden: z. B. Versand von E-Mails an Bestandskunden gemäß Art. 6 Abs. 1 S. 1 lit. f) DSGVO auf Grundlage betriebswirtschaftlicher Interessen (weitere Informationen zum Newsletter-Versand finden Sie in Kapitel 13).
- Empfänger bzw. Kategorien von Empfängern der personenbezogenen Daten: z. B. E-Mail-Marketing-Plattform Mailchimp, Rocket Science Group, LLC, 675 Ponce De Leon Ave NE #5000, Atlanta, GA 30308, USA.
- Erforderlichkeit der Bereitstellung von Daten: Angabe, ob die Bereitstellung der Daten erforderlich ist, z. B. »die Bereitstellung der E-Mail-Adresse ist für den Versand erforderlich« oder pauschal »für den Kaufabschluss erforderliche Angaben werden mit einem Sternchen gekennzeichnet«.
- Datenübermittlung in ein Drittland bzw. an eine internationale Organisation und Verweis auf eventuelle Angemessenheitsbeschlüsse oder sonstige Garantien: z.B. Datentransfers in die USA auf Grundlage von Standardvertragsklauseln.
- Speicherdauer der Daten oder Kriterien ihrer Berechnung: z. B. Löschung 6 Monate nach Kündigung.
- Rechte der Nutzer als Betroffene (Art. 15-21, 77 DSGVO): Auflistung der gesetzlichen Rechte.
- Automatisierte Entscheidungsfindung/Profiling: Informationen zur Logik, zur Tragweite und zu angestrebten Auswirkungen.
- Kategorien und Quelle der Daten (bei Erhebung aus Drittquellen): Erhebung aus dem öffentlich einsehbaren Verzeichnis der Berufskammer XY.

2. Gestaltung der Datenschutzerklärung:

- Verständlichkeit: einfache Navigation, z. B. über ein Inhaltsverzeichnis, Zusammenfassungen, nachvollziehbare Gliederung, lesbare und kontrastreiche Schrift, Absätze und Abstände.
- Präzise und einfache Sprache: präzise, eindeutige Formulierungen und klare, einfache Sprache (wobei diese gemäß der Natur der Sache an manchen Stellen komplexer sein wird, weshalb z. B. vereinfachte Zusammenfassungen oder übersichtliche Gliederungen zu empfehlen sind).
- Kontextgerecht: Bereitstellung zum Zeitpunkt der Erhebung und in geeigneter Form und an geeigneter Stelle.

3. Platzierung der Datenschutzerklärung:

- Einfach erkennbar: Einfach erkennbar bedeutet, dass die Datenschutzerklärung bzw. der zu ihr führende Link sofort ohne Schwierigkeiten auffindbar ist. Bei Verlinkungen sollte der Begriff »Datenschutz« verwendet werden, z. B. »Datenschutzhinweise«, »Datenschutzerklärung«.
- Unmittelbar erreichbar: Die Datenschutzerklärung sollte problemlos und möglichst direkt zugänglich sein, idealerweise mit nur einem Klick. Nach bisheriger Erfahrung sind aber auch bei zwei Klicks keine Schwierigkeiten zu erwarten (z. B. wenn der erste Klick auf den Link »Datenschutzerklärung« zu einer Webseite mit einer Übersicht aller Rechtsdokumente führt, in der noch ein zweiter Klick auf einen Link »Datenschutzerklärung« erforderlich ist, um von dort aus zur eigentlichen Datenschutzerklärung zu gelangen).

4. Zeitpunkt der Information:

- Bei Direkterhebung: Bereitstellung zum Zeitpunkt der Erhebung.
- Bei Erhebung aus Drittquellen: Wenn Sie z.B. Kontaktdaten zur werblichen Kontaktaufnahme erwerben, müssen Sie den Empfängern spätestens zum Zeitpunkt der ersten Kontaktaufnahme oder spätestens zum Zeitpunkt der Offenlegung gegenüber anderen Empfängern sowie generell spätestens innerhalb eines Monats Zugang zu Ihren Datenschutzhinweisen ermöglichen (Art. 14 Abs. 3 DSGVO). Daher ist zu empfehlen, dass alle Werbezusendungen einen Link zu Ihren Datenschutzhinweisen enthalten (siehe dazu auch Abschnitt 13.4.12).

10.7 Betroffenenrechte

Anfragen zur Auskunft und Löschung können sehr aufwendig sein, wenn man nicht darauf vorbereitet ist. Simulieren Sie solche Anfragen von Nutzern oder Kunden, um zu überprüfen, ob sie auf deren Bearbeitung ausreichend vorbereitet sind.

Personen, die von der Verarbeitung ihrer personenbezogenen Daten betroffen sind, haben Rechte, die in der DSGVO in den Artikeln 15 bis 21 und 77 benannt sind. Auf diese Rechte müssen Sie in Ihrer Datenschutzerklärung hinweisen. Zu diesen Rechten gehören insbesondere:

- **Auskunftsrecht:** Sie müssen gemäß Art. 15 DSGVO kostenlos und unverzüglich (maximal innerhalb eines Monats) beantworten, ob und, falls ja, welche Daten verarbeitet werden. Auf Wunsch müssen Sie auch eine Kopie der Daten zur Verfügung stellen.
- **Recht auf Berichtigung:** Betroffene Personen können gemäß Art. 16 DSGVO die Berichtigung unrichtiger oder die Vervollständigung unvollständiger personenbezogener Daten verlangen.
- **Recht auf Löschung:** Betroffene haben das Recht, gemäß § 17 DSGVO die Löschung ihrer personenbezogenen Daten zu verlangen, wenn diese nicht mehr erforderlich sind oder unrechtmäßig verarbeitet wurden.
- **Recht auf Einschränkung der Verarbeitung:** Sie dürfen ein Löschgesuch ablehnen, wenn Sie verpflichtet sind, die Daten für andere Zwecke zu speichern. Abseits dieser Zwecke ist die Verarbeitung aber gemäß Art. 18 DSGVO untersagt (das Gesetz spricht von Einschränkung der Verarbeitung). Zum Beispiel müssen Kundenrechnungen als Steuerunterlagen entsprechend § 147 Abgabenordnung (AO) acht Jahre lang archiviert werden (siehe Tabelle 10.1). Abseits dieser Zwecke ist die Verarbeitung aber gemäß Art. 18 DSGVO untersagt (das Gesetz spricht von Einschränkung der Verarbeitung). Zum Beispiel müssen Kundenrechnungen für Steuerzwecke bis zu zehn Jahre archiviert werden. Es wäre jedoch nicht erlaubt, die Rechnungen z.B. nach Jahren zu scannen, um aus ihnen Adressen für den Werbeversand zu gewinnen (die Löschung wird nachfolgend in Abschnitt 10.8 behandelt).

- **Recht auf Datenübertragbarkeit:** Betroffene Personen haben gemäß Art. 20 DSGVO das Recht, ihre personenbezogenen Daten in einem strukturierten, gängigen und maschinenlesbaren Format zu erhalten oder diese einem anderen Verantwortlichen zu übermitteln. Nutzer einer Gesundheits-App können beim Wechsel die Übertragung ihrer erfassten Daten an die App eines anderen Anbieters verlangen. In der Praxis bleibt dieses Recht oft ungenutzt, da es an kompatiblen Schnittstellen bei den Datenempfängern mangelt.
- **Recht auf Widerruf der Einwilligung:** Betroffene können eine einmal erteilte Einwilligung zur Datenverarbeitung jederzeit widerrufen (Art. 7 Abs. 3 DSGVO).
- **Widerspruchsrecht:** Betroffene können gemäß Art. 21 DSGVO der Verarbeitung ihrer personenbezogenen Daten widersprechen, z. B. wenn sie keine postalische Werbung mehr empfangen wollen (mehr zum Widerspruchs- und Widerrufsrecht im Direktmarketing erfahren Sie in Abschnitt 13.16).
- **Recht auf Beschwerde bei der Aufsichtsbehörde:** Betroffene Personen haben das Recht, sich bei Datenschutzbehörden über die Verarbeitung ihrer Daten zu beschweren (Art. 77 DSGVO). Die für Sie zuständige Datenschutzbehörde muss nicht genannt werden, zumal sich die betroffenen Personen auch bei anderen Datenschutzbehörden beschweren dürfen.

10.8 Löschkonzept

Ein Löschkonzept ist ein systematischer Plan, der Prozesse und Maßnahmen definiert, um die datenschutzkonforme Löschung von personenbezogenen Daten zu gewährleisten (z. B. die Festlegung, wann und durch wen personenbezogene Daten gelöscht werden müssen). Ein Löschkonzept ist erforderlich, da personenbezogene Daten nicht dauerhaft gespeichert werden dürfen. Sie müssen in den folgenden Fällen gelöscht werden:

- **Der Verarbeitungszweck ist erreicht.** Beispiel: Adressdaten, nachdem die Ware an einen Käufer versendet wurde.
- **Die Rechtsgrundlage entfällt.** Beispiel: Ein Kunde kündigt das Kundenkonto in einem Onlineshop.
- **Widerruf einer Einwilligung oder Widerspruch.** Beispiel: Eine Nutzerin widerruft ihre Einwilligung für den Erhalt von Newslettern oder widerspricht dem Erhalt von postalischer Werbung (mehr zum Widerruf im Rahmen des Direktmarketings erfahren Sie in Abschnitt 13.16).
- **Rechtswidrige Verarbeitung.** Beispiel: Es stellt sich heraus, dass Adressdaten für Werbemailings ohne erforderliche Einwilligung erhoben wurden.

Allerdings dürfen personenbezogene Daten länger gespeichert werden, falls ein anderer Zweck und eine rechtliche Grundlage für deren Speicherung bestehen (siehe Tabelle 10.1). Dazu gehören vor allem:

- **Gesetzliche Speicherfristen:** Das Handelsgesetzbuch und die steuerrechtliche Abgabenordnung verlangen, dass geschäfts- und steuerrelevante Unterlagen bis zu zehn Jahre lang aufbewahrt werden müssen. Dies betrifft jedoch nur diese spezifischen Unterlagen und die Verwendung der Daten für diese Zwecke (z. B. dürfen Kundenrechnungen auch dann zu Steuerzwecken gespeichert werden, wenn die Kunden ihr Kundenkonto gelöscht haben).

- **Anderweitige Verpflichtungen:** Nach der Auslieferung einer Ware hat der Kunde Gewährleistungs- und andere Ansprüche, die er innerhalb von drei Jahren geltend machen kann. Daher müssen seine Daten so lange gespeichert werden. (Beispiel: Ein Kunde hat drei Jahre Zeit, um Mängel an einem erworbenen Produkt zu reklamieren.)
- **Schutz eigener Rechte:** Wenn jemand seine Einwilligung widerruft, dürfen die zugehörigen Daten zum Einwilligungs- und Widerrufsvorgang ebenfalls für die Dauer von drei Jahren gespeichert werden. In dieser Zeit könnte ein Empfänger beispielsweise Unterlassungsansprüche nach einem Werbeversand geltend machen. (Beispiel: Dokumentation der Widerrufserklärung, um sich im Fall eines Rechtsstreits abzusichern.)

Tabelle 10.1: Die Grundlage eines jeden Löschkonzepts ist die Auflistung aller für Ihre Verarbeitungsverfahren relevanten Lösch- und Archivierungspflichten. In dem vorliegenden Beispiel werden die wichtigsten Aufbewahrungspflichten nach dem Handels- und Steuerrecht gelistet sowie zum Schutz der eigenen Rechte im Rahmen von Geschäftsverfahren. Beachten Sie, dass die Fristen am Ende des Jahres, in dem das relevante Ereignis (z.B. ein Kaufvorgang) stattfand, zu laufen beginnen.

Allgemeine Löschfristen
• **10 Jahre** – Aufbewahrungsfrist für Bücher und Aufzeichnungen, Jahresabschlüsse, Inventare, Lageberichte, Eröffnungsbilanz sowie die zu ihrem Verständnis erforderlichen Arbeitsanweisungen und sonstigen Organisationsunterlagen (§ 147 Abs. 1 Nr. 1 i. V. m. Abs. 3 AO, § 14b Abs. 1 UStG, § 257 Abs. 1 Nr. 1 i. V. m. Abs. 4 HGB).
• **8 Jahre** – Buchungsbelege, wie z. B. Rechnungen und Kostenbelege (§ 147 Abs. 1 Nr. 4 und 4a i. V. m. Abs. 3 Satz 1 AO sowie § 257 Abs. 1 Nr. 4 i. V. m. Abs. 4 HGB).
• **6 Jahre** – Übrige Geschäftsunterlagen: empfangene Handels- oder Geschäftsbriefe, Wiedergaben der abgesandten Handels- oder Geschäftsbriefe, sonstige Unterlagen, soweit sie für die Besteuerung von Bedeutung sind, z. B. Stundenlohnzettel, Betriebsabrechnungsbögen, Kalkulationsunterlagen, Preisauszeichnungen, aber auch Lohnabrechnungsunterlagen, soweit sie nicht bereits Buchungsbelege sind und Kassenstreifen (§ 147 Abs. 1 Nr. 2, 3, 5 i. V. m. Abs. 3 AO, § 257 Abs. 1 Nr. 2 u. 3 i. V. m. Abs. 4 HGB).
• **3 Jahre** – Daten, die erforderlich sind, um potenzielle Gewährleistungs- und Schadensersatzansprüche oder ähnliche vertragliche Ansprüche und Rechte zu berücksichtigen sowie damit verbundene Anfragen zu bearbeiten, basierend auf früheren Geschäftserfahrungen und üblichen Branchenpraktiken, werden für die Dauer der regulären gesetzlichen Verjährungsfrist von drei Jahren gespeichert (§§ 195, 199 BGB).

Neben der Niederschrift der Fristen müssen Sie sicherstellen, dass die Löschung auch umgesetzt wird. Dies kann z. B. in Form von jährlich durchzuführenden manuellen Löschaktionen (etwa durch die IT-Abteilung) oder durch Einstellungen zur automatischen Löschung in den eingesetzten Systemen erfolgen (z. B. automatisches Löschen von inaktiven Kundenkonten nach dem festgelegten Zeitraum).

10.9 Rechenschaftspflicht und Verarbeitungsverzeichnis

Protokollieren Sie alle Prüfungen neuer Datenverarbeitungsverfahren oder Onlinetools sorgfältig. Eine fehlende Dokumentation kann z.B. im Fall einer Datenpanne zu Ihren Lasten ausgelegt werden.

Im Datenschutz sind Sie zur Rechenschaft verpflichtet (Art. 5 Abs. 2 DSGVO). Das bedeutet vor allem, dass z.B. im Fall von Auskunftsanfragen oder Datenschutzpannen in der Regel Sie nachweisen müssen, die Vorgaben der DSGVO eingehalten zu haben. Prüfen und dokumentieren Sie deshalb jeden Verarbeitungsvorgang und die eingesetzten Werkzeuge. Die Checklisten in diesem Kapitel helfen Ihnen dabei.

Ein wesentlicher Bestandteil der Rechenschaftspflicht ist die Führung eines Verzeichnisses von Verarbeitungstätigkeiten gemäß Art. 30 DSGVO und der Nachweis der Sicherheit der Daten (Art. 32 DSGVO).

- **Verzeichnis von Verarbeitungstätigkeiten:** Damit ist eine Aufstellung aller Verarbeitungsverfahren samt Details gemeint, die stets auf dem aktuellen Stand gehalten werden muss (siehe Abbildung 10.10).

Verarbeitungstätigkeit	Ansprechpartner	Datum der Einführung	Zwecke der Verarbeitung	Kategorie betroffene Personen	Kategorie von personenbez. Daten	Kategorie von Empfängern	Drittlands-transfer	Löschfristen
Lohnabrechnung (über Buchhaltungsbüro)	Hans Klausen 0981/123456-1 hans@ modehuber-fallstadt.de	01.01.2018	• Auszahlung der Löhne/Gehälter • Abfuhr Sozialabgaben u. Steuern	Beschäftigte	• Name und Adressen der Beschäftigten • ggf. Religions-zugehörigkeit • Eindeutige Kennzahlen zur Steuer…	Buchhaltungs-büro	Keine	10 Jahre (Gesetzliche Aufbewahrungsfrist)
Betrieb der Webseite (über Hosting-Dienstleister)	Peter Diercksen 0981/123456-2 peter@ modehuber-fallstadt.de	19.03.2018	Unternehmens-darstellung	• Kunden • Webseitenbesucher	• IP-Adressen	Keine	Keine	IP-Adresse nach 30 Tagen
Kundenkarten-verwaltung	Marie Greiner 0981/123456-3 marie@ modehuber-fallstadt.de	19.03.2018	Verwaltung der Kundendaten	Kunden	• Stammdaten der Kunden • Kaufhistorien	Keine	Keine	10 Jahre (Gesetzliche Aufbewahrungsfrist)
Zahlungsabwicklung bei Kunden (über externen Dienstleister)	Peter Diercksen 0981/123456-2 peter@ modehuber-fallstadt.de	19.03.2018	Durchführung der Zahlungsverarbeitung	Kunden	• Stammdaten der Kunden • Zahlungsdaten (Bank-verbindung)	Zahlungsdienst-leister	Keine	10 Jahre (Gesetzliche Aufbewahrungsfrist)
Werbemaßnahmen zur Kundengewinnung und -bindung	Marie Greiner 0981/123456-3 marie@ modehuber-fallstadt.de	20.03.2018	Marketing zur Kundenakquirierung	• Bestandskunden • potenzielle Neukunden	• Postadressen der Kunden	Keine	Keine	10 Jahre (Gesetzliche Aufbewahrungsfrist)
...	...	...	...	...	...	...	...	...

Abbildung 10.10: Das Beispiel zeigt ein Verzeichnis von Verarbeitungstätigkeiten aus einem Muster der bayerischen Datenschutzaufsicht »https://www.lda.bayern.de/de/thema_kleine_unternehmen.html«, das zusammen mit den Vorlagen kostenlos zur Verfügung gestellt wird. Als Unternehmen werden Sie jedoch entweder eine professionelle Unterstützung oder eine Software in Anspruch nehmen müssen, um den Anforderungen an den Detailgrad und die Aktualität nachkommen zu können.

- **TOMs und Sicherheitskonzept:** Das Verzeichnis von Verarbeitungstätigkeiten muss zudem um ein Verzeichnis mit technischen und organisatorischen Maßnahmen (kurz TOMs) ergänzt werden, um die Sicherheit der Daten nachweisen zu können (siehe Abbildung 10.11).

Regelmäßige und anlasslose System- und Sicherheitstests:
Es werden regelmäßig und auch anlasslos System- und Sicherheitstests, wie z. B. Code-Scan und Penetrationstests, durchgeführt.

Regelmäßige anlasslose Auswertung der Log-Dateien:
Regelmäßige anlasslose Auswertung der Log-Dateien zur Erkennung von ungewöhnlichen Einträgen.

Überprüfung, Bewertung und Evaluation der TOMs:
Jährliche Überprüfung, Bewertung und Evaluation der Wirksamkeit der technischen und organisatorischen Maßnahmen zur Gewährleistung der Sicherheit der Verarbeitung.

Konzept zur Wahrung von Betroffenenrechten: Es besteht ein Konzept, das die Wahrung der Betroffenenrechte durch den Auftraggeber gewährleistet.

Notfallkonzept: Es besteht ein Konzept, das eine unverzügliche und den gesetzlichen Anforderungen entsprechende Reaktion auf Gefährdungen und Verletzungen des Schutzes personenbezogener Daten gewährleistet.

Abbildung 10.11: Dieser Auszug zeigt Ausschnitte aus einer Aufstellung der technischen und organisatorischen Maßnahmen (TOMs). Die Aufstellung der TOMs dient als Nachweis dafür, dass ausreichende Maßnahmen zum Schutz personenbezogener Daten beispielsweise vor fremdem Zugriff, Verlust oder unbeabsichtigter Veränderung ergriffen wurden. Im Zweifelsfall muss jedoch auch die tatsächliche Umsetzung dieser Maßnahmen nachgewiesen werden.

Datenbehörden verlangen die Vorlage des Verzeichnisses von Verarbeitungstätigkeiten und der TOMs vor allem im Fall von Datenpannen und dann innerhalb weniger Tage. Fehlt es oder ist es unvollständig, kann es Ihnen als Organisationsfehler angelastet werden und zu einem bußgeldbewährten Datenschutzverstoß führen.

Checkliste: Datenschutzprüfung eines Verarbeitungsverfahrens

1. Verarbeitung personenbezogener Daten:

- Personenbezogene Daten sind alle Angaben, mit denen Personen identifizierbar sind, einschließlich pseudonymer Daten (z.B. Nutzer-IDs).
- Die Verarbeitung umfasst alle Prozesse, die personenbezogene Daten betreffen (Erhebung, Speicherung, Nutzung, Löschung etc.).
- Die DSGVO gilt, wenn der Verantwortliche in der EU sitzt oder personenbezogene Daten von EU-Bürgern verarbeitet werden.

2. Privacy by Design:

- Alternative Lösungen: Analysieren Sie, ob es datenschutzfreundlichere Alternativen gibt, die den gleichen Zweck erfüllen und ebenso effektiv sind.
- Voreinstellungen: Vergewissern Sie sich, dass die voreingestellten Optionen den Datenschutz maximieren und nur die unbedingt erforderlichen Daten verarbeiten.

3. Rechtmäßigkeit der Verarbeitung – ist sie erlaubt?

- Vorliegen einer Einwilligung gemäß Art. 6 Abs. 1 lit. a) DSGVO.
- Erforderlichkeit für die Vertragserfüllung gemäß Art. 6 Abs. 1 lit. b) DSGVO.
- Erforderlichkeit zur Erfüllung gesetzlicher Pflichten gemäß Art. 6 Abs. 1 lit. c) DSGVO.

- Erforderlichkeit der Verarbeitung im öffentlichen Interesse oder in Ausübung öffentlicher Gewalt (Art. 6 Abs. 1 lit. e) DSGVO).
- Vorliegen berechtigter Interessen, die nicht von Schutzinteressen überwogen werden, gemäß Art. 6 Abs. 1 lit. f) DSGVO.

4. Einsatz von Subunternehmern:

- Auftragsverarbeitung: Subunternehmer dürfen Daten nur auf Weisung und im Auftrag verarbeiten. Dies erfordert den Abschluss eines Vertrags zur Auftragsverarbeitung (Data Processing Agreement/Addendum).
- Gemeinsame Verantwortlichkeit: Beide Parteien bestimmen gemeinsam Mittel und Zwecke der Verarbeitung. Hier ist eine Vereinbarung über die gemeinsame Verantwortlichkeit erforderlich.
- Beauftragung von Dritten: Beispiele hierfür sind Behörden, Versicherungen und Banken. Obwohl keine speziellen Vereinbarungen gesetzlich festgelegt sind, ist empfohlen, die Verpflichtung zum Datenschutz in Verträgen mit der Dritten festzuhalten (sie kann auch Teil der AGB der Dritten sein).
- In Zweifelsfällen bei Anbietern nach datenschutzrechtlicher Rolle und Vertrag fragen.

5. Übermittlung von personenbezogenen Daten in Drittstaaten (z.B. bei Nutzung von US-Onlinetools):

- Grundsätzlich verboten, wenn personenbezogene Daten von EU-Bürgern außerhalb der EU/des EWR verarbeitet werden.
- Erlaubt unter bestimmten Bedingungen: z.B. Angemessenheitsbeschluss, Data Privacy Framework für die USA, Standardvertragsklauseln, Binding Corporate Rules, Einwilligung der Betroffenen.

6. Information der Betroffenen in einer Datenschutzerklärung:

- Information der betroffenen Personen entsprechend den gesetzlichen Vorgaben in Artikel 13 und 14 DSGVO u. a. über die Zwecke und Rechtsgrundlagen der Verarbeitung, die Empfänger der Daten, Speicherdauer, Rechte der Betroffenen und das Bestehen eines Beschwerderechts bei einer Aufsichtsbehörde.
- Einfach auffindbar und unmittelbar erreichbar (mit maximal zwei Klicks), z.B. im Fußbereich einer Webseite.
- Präzise und verständlich formuliert.

7. Beachtung der Rechte der Betroffenen:

- Auskunftsrecht, Berichtigungsrecht, Löschungsrecht, Einschränkung der Verarbeitung, Datenübertragbarkeit, Widerspruchsrecht, Widerruf der Einwilligung und Recht auf Beschwerde bei einer Aufsichtsbehörde.
- Unverzügliche Bearbeitung, spätestens innerhalb eines Monats.

8. Löschkonzept:

- Aufstellung relevanter Löschfristen.
- Zuständigkeiten festlegen, Dokumentation und regelmäßige Prüfung.

9. Rechenschaftspflicht:

- Die datenschutzrechtliche Zuverlässigkeit von Verarbeitungsverfahren und eingesetzten Tools muss geprüft und die Niederschrift der Prüfung muss auf Papier oder elektronisch aufbewahrt werden.

- Dieses Prüfungsprotokoll dient als Nachweis gegenüber Behörden und Betroffenen der Einhaltung der Datenschutzvorgaben.

10. Führung eines Verzeichnisses von Verarbeitungstätigkeiten:

- Das Verzeichnis von Verarbeitungstätigkeiten muss alle Verfahren erfassen, in denen personenbezogene Daten verarbeitet werden. Dazu zählen beispielsweise die Kundenverwaltung, das Inkassowesen, die Buchhaltung, der Betrieb und die Verwaltung von Webseiten sowie Marketingaktivitäten.
- Eingesetzte Werkzeuge und Subunternehmer, die personenbezogene Daten verarbeiten (z.B. Google Analytics, Webhoster, Cloud-Dienste etc.).
- Zusätzlich sind die zur Sicherstellung der Datensicherheit und des Datenschutzes ergriffenen technischen und organisatorischen Maßnahmen (TOMs) darzustellen, insbesondere Maßnahmen zum Zutrittsschutz (z.B. Zugangskontrollen), Zugangsschutz (z.B. Passwörter, Zwei-Faktor-Authentifizierung), Zugriffsschutz (z.B. Rechte- und Rollenkonzepte), Weitergabeschutz (z.B. Datenverschlüsselung), Eingabekontrolle (z.B. Protokollierungen), Auftragskontrolle (z.B. vertragliche Weisungen an Dienstleister), Verfügbarkeitskontrolle (z.B. Backups, Notfallpläne) sowie Trennungskontrolle (z.B. getrennte Verarbeitung unterschiedlicher Datensätze).

10.10 Cookies, Tracking und Profiling

Bevor Cookies oder Softwareskripte auf den Rechnern der Nutzer zu Marketing- oder Analysezwecken gespeichert werden, ist eine vorherige Einwilligung der Nutzerinnen und Nutzer erforderlich.

Im Online-Marketing ist der Datenschutz und mit ihm der Schutz der Privatsphäre von zentraler Bedeutung. Das gilt vor allem beim Einsatz von Cookies zu Werbezwecken und Analysezwecken. Nachfolgend erhalten Sie Informationen zu den rechtlichen Grundlagen sowie praktische Tipps zur Umsetzung von Cookie-Einwilligungen.

10.10.1 Zwei Gesetze sind zu beachten

Bei der Nutzung von Cookies müssen Website-Betreiber zwei Arten von Vorschriften beachten (siehe Abbildung 10.12):

- **ePrivacy:** Diese Vorschriften schützen die Integrität von Endgeräten vor Fremdzugriffen, vergleichbar mit dem Schutz eines Hauses vor unbefugtem Zutritt (dieser Schutz der Endgeräte wird als *digitale Privatsphäre* bzw. *ePrivacy* bezeichnet.). Die ePrivacy ist in der ePrivacy-Richtlinie der EU geregelt, die wiederum in nationalen Gesetzen wie in § 25 TDDDG in Deutschland umgesetzt wird.
- **Datenschutz (DSGVO):** Die DSGVO konzentriert sich auf den Schutz personenbezogener Daten, egal ob sie auf oder außerhalb von Endgeräten gespeichert sind. Sie kommt zusätzlich zur ePrivacy-Vorschrift zur Anwendung. Denn

für die Zwecke der Zielgruppenbestimmung werden zwar pseudonyme, aber dennoch personenbezogene Daten verarbeitet (siehe oben Abschnitt 10.1.1). Die DSGVO erfasst zudem die Verarbeitung von Nutzerprofilen, die nicht auf den Geräten der Nutzer, sondern auf Servern von Werbenetzwerken erfolgt.

Da beide Gesetze parallel gelten, müssen Sie sich bei Cookies an dem strengsten Gesetz orientieren. Das ist die ePrivacy-Regelung, da sie nur unbedingt erforderliche, also notwendige Cookies erlaubt, während Cookies nach der DSGVO auch auf Grundlage berechtigter Interessen eingesetzt werden dürfen.

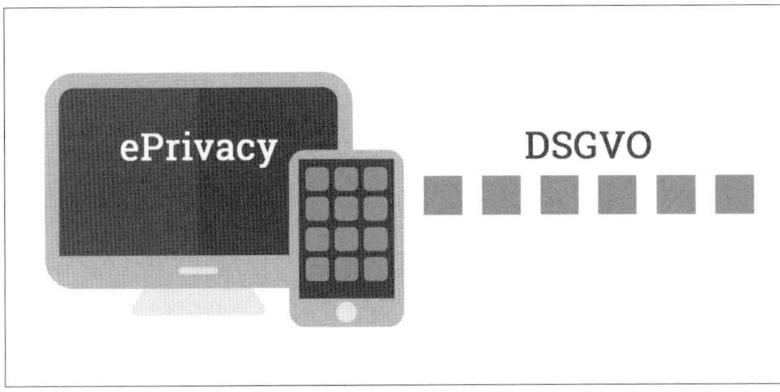

Abbildung 10.12: Sofern Sie Cookies einsetzen, sind zwei Regelungen zu beachten: Die ePrivacy-Richtlinie schützt Endgeräte vor unbefugten Zugriffen, unabhängig von den dabei gespeicherten oder ausgelesenen Daten. Die Datenschutz-Grundverordnung (DSGVO) hingegen schützt personenbezogene Daten, egal ob sie sich auf Endgeräten oder anderswo befinden.

Wenn Sie Analysedaten erheben, Konversionen messen oder Zielgruppen bilden, müssen Sie im Marketing praktisch immer eine Einwilligung einholen. Es sei denn, Sie setzen nur die in Abschnitt 10.10.12 beschriebenen cookielosen Messverfahren ein.

10.10.2 Cookie-Einwilligung

Laut § 25 TDDDG ist die Einwilligung der Nutzerinnen und Nutzer erforderlich, bevor Informationen auf deren Geräten gespeichert oder auf ihnen ausgelesen werden dürfen. Dabei spielt es keine Rolle, um welche Art von Informationen es sich handelt – das können Bilder, Texte, Software, Websites mit Skripten oder Daten im Browser sein, egal in welchen Verfahren (Cookies, SessionStorage, LocalStorage oder direkt auf dem Gerät) sie gespeichert werden. Der Begriff »Cookie« wird als Sammelbegriff für diese Speicher- und Lesevorgänge verwendet.

10.10.3 Ausnahmen für erforderliche Cookies

Eine Cookie-Einwilligung ist nicht notwendig, wenn das Speichern oder Auslesen von Daten auf Nutzergeräten zwingend erforderlich ist, um einen vom Nutzer ausdrücklich gewünschten digitalen Dienst bereitzustellen. Gerichte legen diesen Grundsatz streng und technisch aus, wobei die Interessen des Webseitenbetreibers keine Rolle spielen. Die folgende Übersicht zeigt den Umfang der erforderlichen Datenspeicherung auf:

- **Funktionsbedingt notwendig:** Als unbedingt erforderlich gelten Cookies zur Speicherung des Warenkorbs, des Log-in-Status oder der Sprachwahl auf einer Webseite.
- **(Sicherheits)technisch notwendig:** Funktionen wie Load Balancing (d. h. die gleichmäßige Verteilung von Netzwerk- oder Datenverkehr), Darstellungsoptimierungen und Betrugsschutz für Kunden gelten ebenfalls als unbedingt erforderlich.
- **Komfortfunktionen:** Der Einsatz von Komfortfunktionen, etwa das Merken der letzten Abspielposition in einem Video, ist umstritten, aber bisher gibt es keine Beanstandungen durch die Aufsichtsbehörden.
- **Werbetracking und Analyse:** Cookies für wirtschaftliche Analysen oder für Tracking sind nicht erforderlich und erfordern stets eine Einwilligung. Auch ein VG-Wort-Pixel auf Autorenseiten dürfte demnach nur mit Einwilligung genutzt werden. Allerdings werden sich Aufsichtsbehörden nach bisheriger Erfahrung nicht daran stören, da die Daten der Nutzer nicht zur Profilbildung oder zu Werbezwecken eingesetzt werden (siehe zu den Rechtsfolgen Abschnitt 10.17 unten).

Zusammenfassend ist festzuhalten, dass der Einsatz von Cookies für Reichweitenmessung, Webanalyse und Marketingzwecke immer einer Einwilligung bedarf.

10.10.4 Gestaltung einer wirksamen Cookie-Einwilligung

Wie eine Cookie-Einwilligung aussehen soll, gibt das Gesetz nicht genau vor. Sie muss jedoch ausdrücklich und jeweils für eine bestimmte Verarbeitung sowie informiert und aus freiem Willen erfolgen und auch jederzeit widerrufbar sein. Praktisch bedeuten diese Voraussetzungen, dass eine wirksame Einwilligung in das Speichern und Lesen von Cookies in und aus den Endgeräten der Nutzer die folgenden Voraussetzungen erfüllen muss:

10.10.5 Ausdrückliche Einwilligung

Der EuGH hat entschieden, dass eine Einwilligung in den Einsatz von Cookies eine aktive Handlung erfordert (EuGH, Az. C-673/17). Folglich können Cookie-Banner, die lediglich informieren, keine wirksame Einwilligung einholen (siehe Abbildung 10.13). Erst die Ausführung von Cookies nach einem Klick auf eine Einwilligungsschaltfläche (z. B. *Einverstanden* oder *Akzeptieren*) gilt als aktive Einwilligung der Nutzer. Zu diesem Zweck kommen sogenannte »Cookie-Einwilligungs-Banner« zum Einsatz. Wenn die Cookie-Banner die Verwaltung mehrerer Cookies erlauben, werden sie als *Consent-Management-Plattformen* (CMP) bezeichnet.

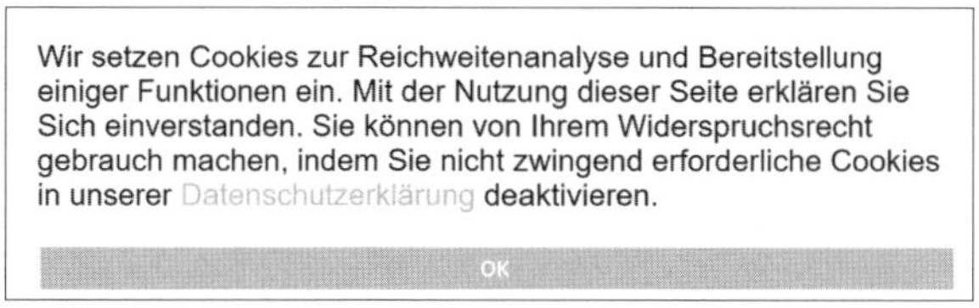

Abbildung 10.13: Der EuGH entschied, dass bloße Untätigkeit (d.h. Nutzung der Webseite, ohne den Cookies zu widersprechen) keine wirksame Einwilligung darstellt. Damit ist diese Art von bloßen Hinweisen auf den Cookie-Einsatz für eine Einwilligung nicht ausreichend und nur im Fall cookielosen Trackings ausreichend (siehe Abschnitt 10.10.12).

10.10.6 Arten von Cookie-Management-Plattformen

Um eine Cookie-Einwilligung einzuholen, sind die in Abschnitt 10.10.5 bereits erwähnten Consent-Management-Plattformen (CMP) von großer Bedeutung und stellen aufgrund der Vielzahl rechtlicher und technischer Anforderungen die einfachste und sicherste Lösung dar. Bei der Auswahl einer der vielen rechtlich weitgehend gleichwertigen Plattformen auf dem Markt spielt besonders die Möglichkeit der automatischen Aktualisierung eine wichtige Rolle:

- **CMP mit Aktualisierungsfunktion:** Wenn Sie möchten, dass Ihre Webseite regelmäßig gescannt und die Liste der Cookies und deren Anbieter automatisch in Ihrem Cookie-Einwilligungsbanner aktualisiert wird, müssen Sie eine Cookie-Management-Plattform einsetzen, die aktuelle Informationen aus einer zentralen Datenbank bezieht (siehe Abbildung 10.14).

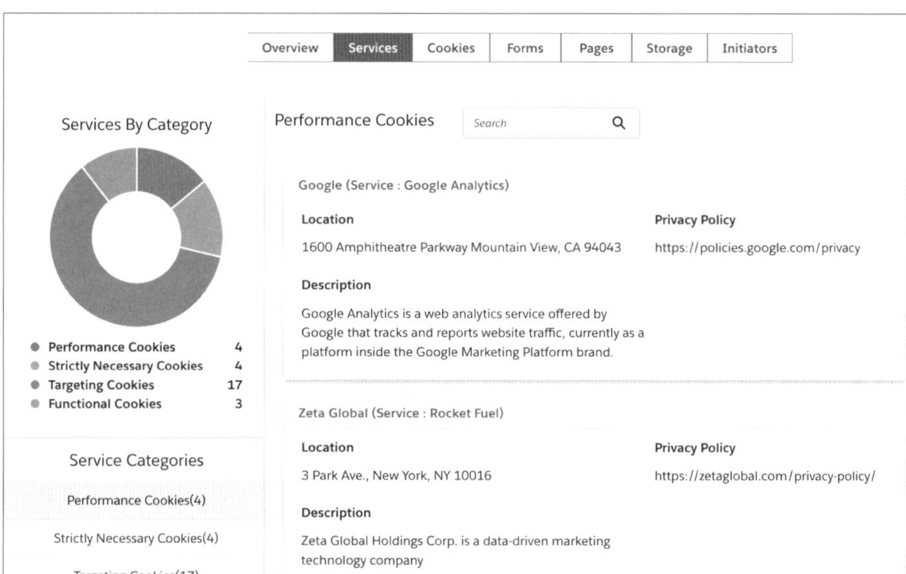

Abbildung 10.14: Beispiel einer Cookie-Management-Plattform, bei der die Tracking-Skripte und deren Anbieter automatisch erkannt und den Nutzern zur Einwilligung bereitgestellt werden. Diese Verfahren sind besonders dann zu empfehlen, wenn sich Cookies und Anbieter häufig ändern, wie z.B. bei der Teilnahme an Werbenetzwerken.

- **CMP ohne Aktualisierungsfunktion:** Solche Cookie-Management-Plattformen können auf einem eigenen Server betrieben oder selbst erstellt werden. In diesem Fall müssen die Informationen zu den verwendeten Cookies und deren Anbietern manuell integriert werden (siehe Abbildung 10.15).

Abbildung 10.15: Beispiel einer Cookie-Management-Plattform, bei der die Angaben zur Erkennung von Tracking-Skripten per Hand eingetragen werden müssen (wie hier in dem Fall von Google Analytics). Derartige Systeme eignen sich, wenn sich die eingesetzten Cookies auf Ihrer Webseite seltener ändern.

10.10.7 Umfang von Informationen in Consent-Management-Plattformen

Der EuGH hat festgelegt, dass den Einwilligenden die folgenden Informationen zur Verfügung gestellt werden müssen (EuGH, Az. C-673/17, siehe Abbildung 10.16):

- **Art und Funktionsweise der Cookies:** Webseitenbesucher müssen wissen, zu welchen Zwecken die Cookies eingesetzt werden. Das heißt, ihnen muss zumindest in Grundzügen die Funktionsweise des Online-Marketings oder der Webseitenanalyse dargelegt werden (z. B. »Marketingzwecke: Cookies werden verwendet, um Ihr Nutzerverhalten zu analysieren und Ihre Interessen besser zu verstehen. Dies ermöglicht uns und den eingesetzten Anbietern die Erstellung eines Profils, das hilft, Ihnen personalisierte Inhalte und Werbung basierend auf Ihren vorherigen Interaktionen und Interessen anzuzeigen.«). Weitere Details können in die Datenschutzerklärung, auf die verwiesen werden sollte, aufgenommen werden.

- **Lebensdauer der Cookies:** Häufig beträgt die Lebensdauer 24 Monate. Prüfen Sie die Angaben Ihrer Dienstleister oder fragen Sie diese direkt. In vielen Consent-Management-Plattformen sind die Informationen zur Lebensdauer voreingetragen.
- **Identität der Dienstleister:** Nennen Sie die Dienstleister, die Cookies verarbeiten, möglichst schon im Cookie-Banner mit einem Link zu deren Datenschutzerklärung. Geben Sie auch an, wenn die Cookies allein unter Ihrer Verantwortung verarbeitet werden (z.B. »Diese Cookies werden allein von uns gespeichert und ausgelesen.«).

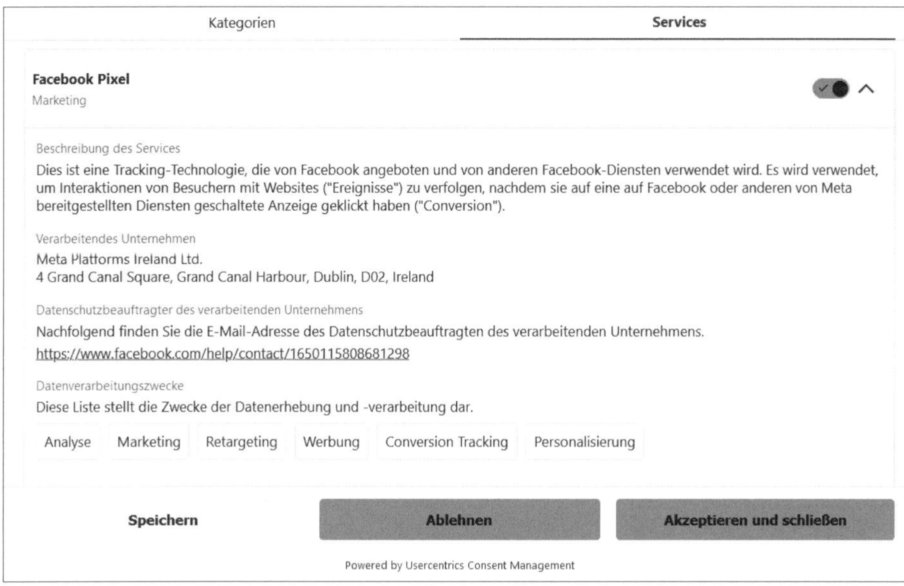

Abbildung 10.16: Die vom EuGH geforderten Informationen zu den verwendeten Cookies sollten idealerweise bereits im Detail- oder Einstellungsbereich des Cookie-Einwilligungsbanners bereitgestellt werden oder alternativ per Link zugänglich sein. (Beispiel: Auszug aus den Informationen der Consent-Management-Plattform Usercentrics)

10.10.8 Ablehnungsschaltfläche

Die Ablehnung von Cookies muss ebenso einfach sein wie die Einwilligung. Nutzende dürfen nicht durch den Einwilligungsdialog in die Irre geführt werden, sodass sie Cookies aus Versehen zustimmen oder weil die Ablehnung erschwert wird. Solche sogenannten *Dark Patterns* sind unzulässig, da die Einwilligung nicht als freiwillig gilt, wenn die Ablehnung komplizierter ist. Was das konkret bedeutet, lässt sich am besten anhand der folgenden Beispiele verdeutlichen:

- **Eindeutige Bezeichnung:** Schaltflächen sollten klar mit *Akzeptieren* und *Ablehnen* gekennzeichnet sein. Das LG Rostock (Az. 3 O 762/19) hielt Begriffe wie »Nur notwendige Cookies akzeptieren« oder Ablehnen nur in den Einstellungen für unzureichend.

- **Farbe der Schaltflächen:** Beim Einsatz von Farben zur Lenkung der Nutzer ist Vorsicht geboten. Datenschutzbehörden gehen davon aus, dass eine auffällig gestaltete *Akzeptieren*-Schaltfläche und eine unauffällige *Ablehnen*-Schaltfläche zu einer unwirksamen Einwilligung führen, da dies eine bewusste Irreführung der Nutzenden darstellt (siehe Abbildung 10.17).
- **Größe und Form:** Die Schaltflächen zum *Akzeptieren* und *Ablehnen* sollten nach Möglichkeit gleich groß sein, um als gleichwertig zu gelten.
- **Ablehnung auf zweiter Ebene:** Sehr häufig müssen Nutzer eine Unterseite der Consent-Management-Plattform aufrufen, um nicht unbedingt erforderliche Cookies abzulehnen. Ein derartiges Verfahren ist risikoreich. Legt man die Rechtsprechung des BGH zugrunde, ist ein solches Verfahren unzulässig (BGH, Az. I ZR 7/16, Rn. 32).

Abbildung 10.17: Beispiel für eine Cookie-Einwilligung nach den Vorgaben der Aufsichtsbehörden. Die Schaltflächen zum Ablehnen und Akzeptieren der Cookies (im Beispiel rot umrandet) sind gleich gestaltet, sodass die Auswahl und damit die Einwilligung als unbeeinflusst und frei gilt.

Tipp: »Cookies ablehnen«-Schaltfläche in der Praxis

Trotz der Forderungen der Aufsichtsbehörden und der Tendenz der bisherigen gerichtlichen Entscheidungen sind in der Praxis Ablehnen-Schaltflächen oft unauffälliger gestaltet als Akzeptieren-Schaltflächen. Sie sind z.B. kleiner oder in grauer Farbe gehalten.

Der Grund dafür: Das Risiko, wegen eines weniger prominenten Ablehnen-Buttons ein Bußgeld zu bekommen oder von der Datenschutzbehörde oder Nutzern belangt zu werden, ist zum Veröffentlichungszeitpunkt dieses Buchs eher gering. Dennoch könnte sich diese Situation schnell ändern. Deshalb ist es wichtig, die rechtlichen Entwicklungen im Auge zu behalten, wenn Sie die Ablehnen-Schaltfläche dezenter gestalten möchten.

10.10.9 Widerspruchsmöglichkeit

Nutzer müssen ihre Cookie-Einstellungen jederzeit ändern und widerrufen können, um ihren Widerspruch zu erklären. Platzieren Sie daher eine gut sichtbare Schaltfläche oder einen Link im Fußbereich der Webseite (siehe Abbildung 10.18), um die Cookie-Einstellungen erneut aufzurufen. Idealerweise integrieren Sie diese Option auch in die Cookie-Hinweise Ihrer Datenschutzerklärung. Nutzer sollten zudem bereits im Cookie-Einwilligungsbanner darauf hingewiesen werden, wo sie diese Links finden, z.B. »*Widerrufsmöglichkeiten finden Sie in der Datenschutzerklärung und im Fußbereich unserer Webseite*«.

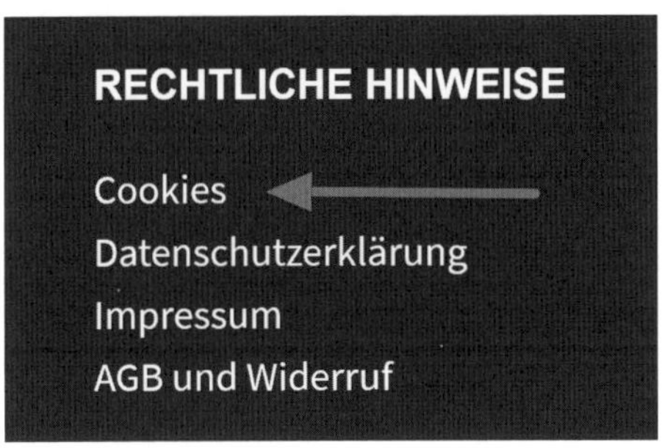

Abbildung 10.18: Beispiel eines Links für den Aufruf der Cookie-Einstellungen im Footer einer Webseite: Er kann als »Cookies« oder »Cookie-Einstellungen« bezeichnet werden.

10.10.10 Nachweis der Cookie-Einwilligung

Die eingeholten Einwilligungen müssen Sie nachweisen können (Art. 7 Abs. 1 DSGVO). Dazu sollte die IP-Adresse der Nutzer, optimal in einem verschlüsselten Zustand, samt deren Zeitpunkt der Einwilligung bis zum Widerspruch der Einwilligung gespeichert werden. Aus Gründen der Datenminimierung sollten die Daten dann nach einem gewissen Zeitraum, ohne dass der Nutzer die Webseite erneut aufgesucht hat, gelöscht werden. Das Gesetz gibt keinen Zeitraum vor, daher ist eine Löschung spätestens nach drei Jahren zu empfehlen.

Die Ablehnung der Cookie-Einwilligung darf ebenfalls gespeichert werden, um die Nutzer nicht mit erneuten Cookie-Bannern zu belästigen. Die meisten Consent-Management-Plattformen verfügen über ein solches Nachweis- und Löschverfahren.

10.10.11 Einwilligung in eingebettete Inhalte

Die Einwilligungspflicht gilt ebenfalls, wenn fremde Inhalte in die Website eingebunden werden und eigene Tracking-Maßnahmen »mitbringen«. So können z.B. eingebundene YouTube-Videos Mess- und -Werbecookies auf Rechnern der Nutzer speichern. Derartige Inhalte dürfen daher nicht ohne Einwilligung eingebunden werden (siehe Abbildung 10.19).

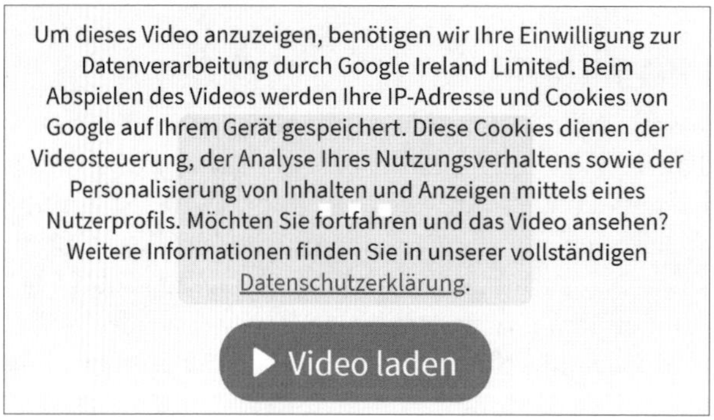

Abbildung 10.19: Werden Videos, Bilder und andere Inhalte aus externen Quellen eingebunden, müssen Sie prüfen, ob diese eigene Cookies einsetzen. Ist das der Fall, müssen Nutzer ihre Einwilligung geben, bevor solche externen Inhalte geladen werden. Diese Einwilligung kann über das reguläre Cookie-Einwilligungsbanner oder ähnlich lautend wie in diesem Bildbeispiel an der Stelle erfolgen, an der die externen Inhalte angezeigt werden sollen.

10.10.12 Webanalyse ohne Cookies

Wie bereits in Abschnitt 10.10.1 erläutert, erfordert die Einwilligung in den Einsatz von Cookies zwei separate Einwilligungen: eine für das Speichern von Informationen auf Endgeräten und eine für die Verarbeitung der auf diese Weise erhobenen Nutzerdaten zu Analyse- oder Werbezwecken. Dies bedeutet, eine Einwilligungspflicht entfällt nur dann, wenn weder Cookies gespeichert und ausgelesen noch anderweitig erfasste Daten wie beispielsweise die IP-Adresse der Nutzer für Werbezwecke verwendet werden dürfen:

10.10.12.1 Keine Einwilligungspflicht nach § 25 TDDDG

Eine Einwilligungspflicht nach § 25 TDDDG entfällt, wenn weder Daten von den Endgeräten der Nutzer ausgelesen noch auf diesen geschrieben werden:

- **Kein Einsatz von Cookies und ähnlichen Verfahren:** Es dürfen keine Informationen in Cookies, LocalStorage sowie mittels ähnlicher Verfahren auf Geräten der Nutzer gespeichert oder von diesen ausgelesen werden. Es dürfen ausschließlich die vom Browser der Nutzer gesendeten Informationen mittels des sogenannten Browserprinting-Verfahrens verarbeitet werden.

- **Browserprinting und serverseitiges Tracking:** Wenn ein Browser eine Website von einem Webserver aufruft, dann sendet er von sich aus ein Bündel an Informationen an den Webserver. Dazu gehören vor allem die IP-Adresse (damit der Server weiß, wohin er die Website-Daten übermitteln muss), aber auch System- und Browsereinstellungen, Bildschirmauflösung, installierte Plug-ins und Schriftarten. Auf Grundlage der vorgenannten Informationen kann ein sogenannter »digitaler Fingerabdruck« erstellt werden (auch als *Digital Fingerprint* oder *Device Fingerprint* bezeichnet). Gemeint ist damit eine Methode zum Tracking von Nutzern ohne Speicherung von Daten auf dem Endgerät (siehe Abbildung 10.20). Da die Datenerhebung auf dem Server stattfindet, wird in diesem Zusammenhang auch vom »serverseitigen Tracking« gesprochen.

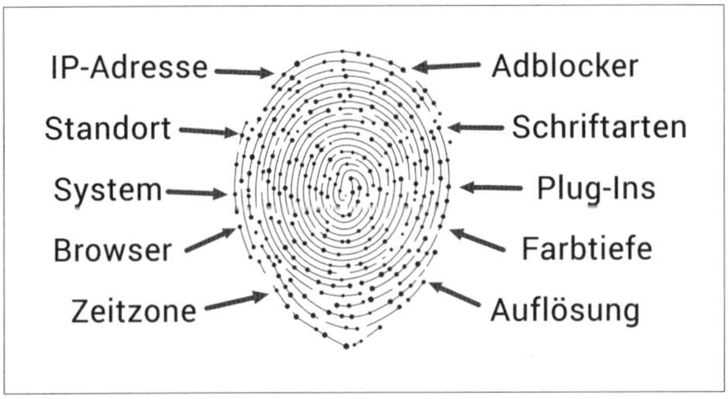

Abbildung 10.20: Symbolische Darstellung eines »digitalen Fingerabdrucks«, d.h. eines Datensatzes, der aus einer Vielzahl von Informationen besteht, die ein Server von einem Browser erhält, und einem bestimmten Endgerät zugeordnet werden kann, ohne dass dabei Cookies eingesetzt werden. Dieser Vorgang wird, zumindest nach dem zum Zeitpunkt der Veröffentlichung dieses Buchs herrschenden Rechtsstand, nicht als ein einwilligungspflichtiges Auslesen von Daten aus den Endgeräten der Nutzer im Sinne des Abschnitts 10.10.2 verstanden.

- **Keine Zusatzskripte:** Auf den Endgeräten dürfen nicht nur keine Cookies, sondern auch keine Skripte oder ähnliche Programme gespeichert werden, die Informationen aus den Endgeräten oder dem Browser auslesen und an die Nutzer senden (z.B. Skripte des Tools Google Tag Manager).
- **Keine Einwilligungspflicht nach § 25 TDDG:** Da die Informationen, die dem digitalen Fingerabdruck zugrunde liegen, nicht ausgelesen, sondern lediglich vom Browser der Nutzer empfangen werden, findet kein Zugriff auf die Endgeräte der Nutzer statt. Damit ist mangels Beeinträchtigung der digitalen Privatsphäre (ePrivacy) keine Einwilligung nach § 25 TDDG erforderlich (weitere Hinweise zur digitalen Privatsphäre erhalten Sie in Abschnitt 10.10.1). Allerdings kommt dennoch die DSGVO zur Anwendung, da es sich bei dem digitalen Fingerabdruck zwar um ein pseudonymes, aber personenbezogenes Datum handelt (pseudonyme Daten werden in Abschnitt 10.1.1 erläutert).

10.10.12.2 Keine Einwilligungspflicht nach der DSGVO

Eine Einwilligungspflicht nach der DSGVO entfällt, wenn das Tracking auf Grundlage berechtigter Interessen erfolgen kann (die einzelnen Rechtsgrundlagen werden in Abschnitt 10.4 erläutert). Das halten Aufsichtsbehörden zwar für zulässig, allerdings nur im folgenden engen Rahmen (Abbildung 10.21):

- **Kürzung der IP-Adresse:** Die IP-Adresse muss zumindest um die letzten Stellen gekürzt werden, wenn sie gespeichert wird und der erneuten Identifizierung wiederkehrender Besucher dient.
- **Kein Profiling:** Es dürfen keine Profile der Webseitenbesucher angelegt werden, d.h. mit laufend neuen Daten angereicherte Datensätze. Daten, die einen Nutzer betreffen, sollen nach Ansicht der Aufsichtsbehörden spätestens nach 24 Stunden gelöscht werden. Wobei dies keine starre gesetzliche, sondern aus der Sicht der Datenschutzbehörden eine angemessen lange Frist ist.
- **Datenschutzinformationen und Widerspruchsmöglichkeit:** Ihre Datenschutzerklärung sollte entsprechende Informationen zum Analyseverfahren enthalten und eine Widerspruchsmöglichkeit, ein sogenanntes *Opt-out*, anbieten, mit der die Nutzer dauerhaft einer Erfassung widersprechen können.
- **Keine Einwilligungspflicht:** Laut Aufsichtsbehörden müssen Nutzer mit dem vorgenannten eingeschränkten Analyseverfahren rechnen, das heißt, es kann auf berechtigte Interessen gestützt werden. Eine datenschutzrechtliche Einwilligung ist ebenfalls nicht erforderlich.

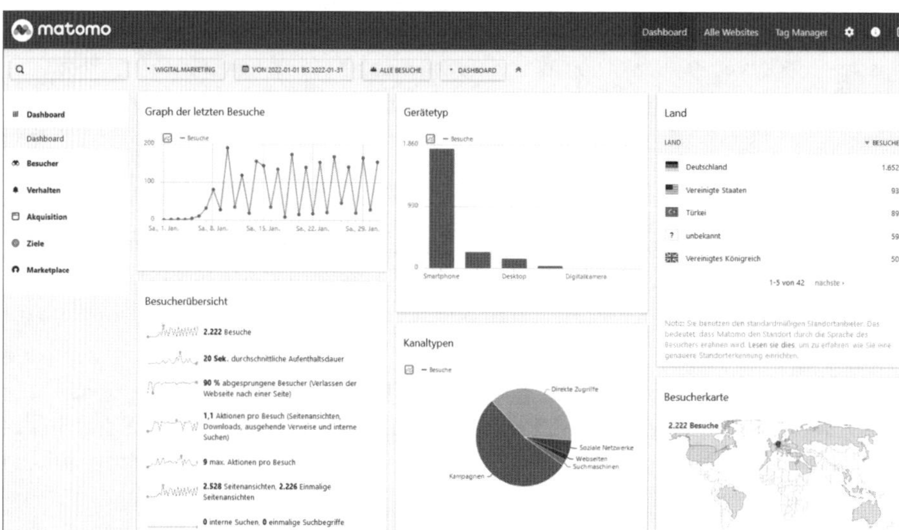

Abbildung 10.21: Das Analysewerkzeug Matomo (matomo.org) ist eine der auf dem Markt verfügbaren cookielosen Methoden der Webanalyse, die zudem häufig im Grad der Datenerfassung den individuellen Anforderungen und der Risikoaversion angepasst werden können. So können auch Dienste wie Google Analytics serverseitig angebunden und deren Einsatz im Browser der Nutzer unsichtbar sein. Diese Verfahren erfordern allerdings eine professionelle Betreuung, und ihr Einsatz sollte rechtlich geprüft werden.

Das beschriebene Analyseverfahren kann damit insgesamt einwilligungsfrei und ohne Cookie-Banner durchgeführt werden. Allerdings ist es im Vergleich zu Werkzeugen wie Google Analytics, Meta-Pixeln, TikTok-Pixeln oder LinkedIn- und Pinterest-Tags (es handelt sich um Verfahren zur Ermittlung und Festlegung von Zielgruppen für Werbeanzeigen anhand von Webseitenbesuchern) jedoch weniger effektiv, da der Umfang der erhobenen Daten und dementsprechend die Genauigkeit der Bestimmung der Zielgruppen geringer ist.

Das heißt, eine einwilligungsfreie Webanalyse kommt eher auf Webseiten zum Einsatz, die nicht am Display-Marketing teilnehmen, also der Einblendung von Anzeigen auf der eigenen Webseite oder Bildung von Zielgruppen, und denen diese Art der datenschutzfreundlichen Analyse ausreicht.

10.10.13 »Einwilligung oder Zahlung«-Modelle

Viele Medienseiten und soziale Netzwerke wie Meta bieten Nutzerinnen und Nutzern eine Wahl. Sie können entweder der Nutzung ihrer Daten zu Werbezwecken zustimmen oder eine Gebühr für einen werbefreien Zugang zahlen (siehe Abbildung 10.22). Dieses Modell soll zeigen, dass die Werbeeinwilligung freiwillig ist, da Nutzer alternativ auch zahlen können. Die Datenschutzaufsichtsbehörden sehen das jedoch anders:

- **Freie Willensentscheidung:** Um wirksam zu sein, müssen Cookie-Einwilligungen auf einer freien Willensentscheidung basieren. Ein solcher freier Wille ist zumindest dann nicht vorhanden, wenn die Nutzer aus ihrer Sicht keine andere Alternative haben, als die Einwilligung zu geben.
- **Mögliche Zwangslage trotz Zahlung bei sozialen Netzwerken:** Eine Zwangslage für Nutzer liegt insbesondere bei sozialen Netzwerken vor, die für viele Menschen ein Teil ihres Soziallebens ausmachen. Daher sind die sozialen Netzwerke dazu übergegangen, eine Option zu schaffen, die es ermöglicht, die Webseite ohne Werbung gegen Entgelt zu nutzen. Damit haben die Nutzer aus Sicht der Anbieter eine Alternative zur werbenden Nutzung, und ihre Einwilligung in die Werbung ist freiwillig. Darauf wollen sich die Datenschutzbehörden jedoch nicht einlassen. Der europäische Datenschutzausschuss verlangt zum Zeitpunkt, zu dem dieses Buch veröffentlicht wird, dass soziale Netzwerke auch eine abgespeckte Version ohne jegliche Werbung und Zahlung zur Verfügung stellen müssen.
- **Geringeres Risiko bei Medien- und Unternehmenswebseiten**: Weniger problematisch und von Behörden kritisiert, aber zum Zeitpunkt der Fertigstellung dieses Buchs nicht untersagt, ist dagegen der Einsatz von derartigen Bezahlschranken auf Medienseiten oder anderen Webseiten, die sich mit Werbung finanzieren. Hier kann zumindest damit argumentiert werden, dass sie anders als soziale Netzwerke derzeit nicht als essenziell betrachtet werden können, zumindest dann, wenn Alternativen zu den behandelten Themen und Inhalten bestehen (siehe Abbildung 10.22).

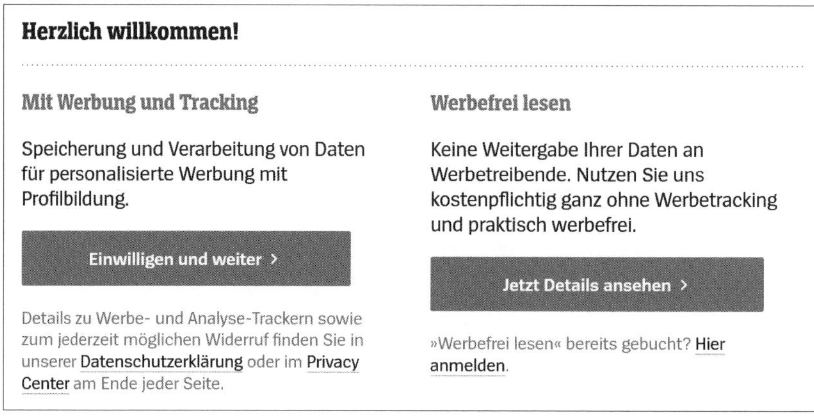

Abbildung 10.22: Solche »Einwilligen oder Geld«-Modelle (auch als »Pur«-Modelle bezeichnet) sind besonders auf Medien-Websites verbreitet (Quelle: spiegel.de). Beanstandet wurden sie bislang nur bei Facebook, was an der zentralen Rolle der Plattform im sozialen Leben vieler Nutzer liegt.

Checkliste: Notwendigkeit und Zulässigkeit der Cookie-Einwilligung

1. Notwendigkeit einer Einwilligung:

- **Keine Einwilligungspflicht bei erforderlichen Cookies:** Nicht benötigt, wenn Cookies (aus Nutzersicht) für ein Onlineangebot unbedingt erforderlich, also notwendig sind: z.B. für Warenkorbinhalt, Log-in-Status, Sprachauswahl, Website-Darstellung, Schutz der Nutzer, z.B. vor Betrug.
- **Cookielose, serverseitige Reichweitenmessung mit einem digitalen Fingerabdruck:** Werden keine Cookies auf den Nutzergeräten gespeichert, sondern nur die vom Browser der Nutzer an den Server gesendeten vorgehalten – und auch nur kurzfristig (24 Stunden) und pseudonymisiert –, und werden keine Werbeprofile gebildet, ist eine Einwilligung nicht erforderlich.
- **Einwilligungspflicht fürs Marketing:** Wenn Cookies für Marketingzwecke, z.B. zur Zielgruppenbildung oder zur Bildung von Nutzerprofilen (etwa Schaltung von Instagram-Anzeigen auf Grundlage der Daten der Website-Besucher) oder Konversionsmessung eingesetzt werden (z.B. Google Analytics und Google Ads), ist unabhängig davon, ob Cookies eingesetzt werden oder nicht, eine Einwilligung erforderlich.

2. Aktive Einwilligung erforderlich:

- Nutzer müssen eine Schaltfläche, z.B. *Alle Cookies akzeptieren*, aktiv anklicken.
- Vor der Abgabe der Einwilligung dürfen einwilligungspflichtige Cookies nicht aktiv sein, und der zu ihrer Ausführung erforderliche Softwarecode darf nicht auf das Gerät des Nutzers geladen und erst recht nicht dort ausgeführt werden.

3. Einfache Ablehnung:

- Die Ablehnung von nicht erforderlichen Cookies sollte per Klick auf eine *Ablehnen*-Schaltfläche möglich sein.

- Die Schaltfläche sollte optisch der Einwilligungsschaltfläche entsprechen.

4. Informationen zu Cookies:

- Identität der Dienstleister, die die Cookies verarbeiten.
- Art und Funktionsweise: z.B. Beschreibung der Nutzung von verhaltens- und interessenbezogenen Angaben zu Zwecken des Online-Marketings etc.
- Lebensdauer der Cookies.
- Hinweis auf Detailerläuterungen zu den Cookies in der Datenschutzerklärung.

5. Serverseitiges Tracking:

- Nutzung digitaler Fingerabdrücke (*Device Fingerprints*) statt Datenspeicherung auf den Geräten der Nutzer.
- Der Einsatz ohne Einwilligung, aber stattdessen auf Grundlage berechtigter Interessen ist laut Aufsichtsbehörden zwar möglich, aber nur auf eine einfache Webanalyse, ohne Profilbildung für Werbezwecke, beschränkt. Die Nutzerinformationen müssen nach 24 Stunden gelöscht werden.

6. Zahlung-oder-Werbung-Modelle:

- Das Risiko ist gering, wenn das Angebot hinter der »Zahlung oder Werbung«-Schranke nicht einzigartig ist.
- Bei sozialen Netzwerken wird diese Praxis von den Aufsichtsbehörden für unzulässig gehalten. Stattdessen wird die Entwicklung von Light-Versionen der sozialen Netzwerke gefördert, die ohne Tracking und ohne Zahlung auskommen.

10.11 Social-Media-Management

Heutzutage sind Social-Media-Management-Werkzeuge alltäglich und bereiten in der Regel keine datenschutzrechtlichen Probleme.

Werkzeuge für Social-Media-Management, -Publishing,-Planung und -Dashboards ermöglichen eine zentrale Verwaltung und Übersicht über die eigenen Aktivitäten in sozialen Netzwerken. Sie bieten Funktionen wie das Erstellen von Beiträgen, das Reagieren auf Kommentare und Nachrichten von Nutzern sowie die Analyse von Kennzahlen und die Erstellung von Berichten. Der Einsatz dieser Werkzeuge ist in der Regel unter datenschutzrechtlichen Gesichtspunkten unbedenklich, da er durch das berechtigte Interesse an einer effektiven Kundenkommunikation und Öffentlichkeitsarbeit gerechtfertigt ist. Entscheidend ist, dass die Anbieter datenschutzkonform handeln und insbesondere folgende Voraussetzungen erfüllen:

- **Auftragsverarbeitungsvertrag:** Die Anbieter der Tools müssen einen Auftragsverarbeitungsvertrag vorlegen, in dem sie sich verpflichten, die Daten der Nutzer nicht für andere Zwecke als die Bereitstellung ihrer Management-Plattform einzusetzen und die Daten zu schützen (Genaueres dazu siehe Abschnitt 10.5.1 oben).

- **Garantie für Datenschutz bei Anbietern außerhalb der EU:** Bei der Nutzung von Anbietern außerhalb der EU/des EWR ist sicherzustellen, dass diese geeignete Garantien zum Schutz personenbezogener Daten bieten. Dies kann z.B. durch den Abschluss von EU-Standardvertragsklauseln oder durch die Teilnahme an einem anerkannten Zertifizierungssystem erfolgen (weitere Details hierzu erhalten Sie in Abschnitt 10.5.4 oben).

Checkliste: Datenschutzrechtliche Anforderungen an Social-Media-Management-Werkzeuge

1. Auftragsverarbeitungsvertrag:

- Anbieter müssen dem Unternehmen, das deren Tool nutzt, einen Auftragsverarbeitungsvertrag vorlegen.
- Der Vertrag muss die Verpflichtung beinhalten, Daten der Nutzer nicht für andere Zwecke einzusetzen und zu schützen.

2. Garantie für Datenschutz bei Anbietern außerhalb der EU:

- Sicherstellen, dass Anbieter außerhalb der EU geeignete Garantien zum Schutz personenbezogener Daten bieten.
- Beispiele: Durch EU-Kommission anerkanntes Datenschutzniveau im Sitzland des Anbieters (z.B. Schweiz oder Kanada), Abschluss von EU-Standardvertragsklauseln oder Teilnahme an einem anerkannten Zertifizierungssystem.

10.12 Social-Media- und Internet-Monitoring

Die allgemeine Überwachung der öffentlichen Internetkommunikation ist erlaubt, jedoch ist die systematische Beobachtung von Einzelpersonen, insbesondere von Mitarbeitenden, mit wenigen Ausnahmen verboten.

Social-Media- und Internet-Monitoring bedeutet, soziale Medien und das Internet gezielt und systematisch zu beobachten, um Diskussionen und Meinungen über das Unternehmen oder seine Produkte nachzuvollziehen. Dabei werden oft personenbezogene Daten wie Nutzerkommentare oder Interaktionen erfasst. Datenschutzrechtlich ist dies zunächst zulässig, wenn eine Einwilligung der betroffenen Personen vorliegt, was allerdings in der Praxis nicht umsetzbar ist. Monitoring ist allerdings auch auf Grundlage berechtigter unternehmerischer Interessen zulässig.

Hinweis: Gilt nur für Menschen

Die folgenden im Rahmen des Monitorings und generell des Datenschutzes besprochenen Beschränkungen gelten zum Schutz von »natürlichen« Personen, also nicht von Unternehmen oder Organisationen. Das heißt, ein Profiling eines Unternehmens ist den in diesem Abschnitt genannten Beschränkungen oder Informationspflichten nicht unterworfen.

10.12.1 Berechtigtes Interesse am Monitoring

Unternehmen, ebenso wie Behörden oder andere Organisationen, können sich auf berechtigte unternehmerische, öffentlich-rechtliche oder vergleichbare Interessen berufen, um zu erfahren, welche Reaktionen sie selbst, ihre Produkte oder ihre Kampagnen in der Öffentlichkeit auslösen (die Rechtsgrundlagen werden in Abschnitt 10.4 erläutert). Das ist auch der Fall, wenn z.B. nach geeigneten Kooperationspartnern, etwa für eine Zusammenarbeit geeigneten Influencern, gesucht wird.

Allerdings dürfen die Schutzinteressen und Grundfreiheiten der vom Monitoring betroffenen Personen die berechtigten betriebswirtschaftlichen Interessen der Unternehmen an effizienter Marktbeobachtung nicht überwiegen. Das kann insbesondere dann passieren, wenn eine Person über einen längeren Zeitraum beobachtet wird und die gesammelten Informationen in einem Personenprofil gesammelt werden.

Eine einmalige Erfassung von Beiträgen von Personen ist grundsätzlich zulässig, solange auf Grundlage der so gewonnenen Daten keine Profile gebildet werden.

- **Punktuelle Erfassung ist zulässig:** Wenn Personen Inhalte über Unternehmen, Produkte, Behörden etc. sowie andere Themen im Internet oder in sozialen Netzwerken verfassen, müssen sie damit rechnen, dass die Unternehmen oder Behörden diese Inhalte lesen. Daher dürfen diese Informationen im Rahmen des Monitorings grundsätzlich erfasst werden, ohne die Schutzrechte der Verfasser zu verletzen. Daher ist diese punktuelle Art des Monitorings grundsätzlich zulässig. Um Ihre Rechtssicherheit zu erhöhen, sollten eingelesene Daten jedoch möglichst anonymisiert, d.h. ohne Namen, in das eigene System eingelesen und nur mit einem Link zur Quelle versehen werden.
- **Profiling ist grundsätzlich unzulässig:** Wenn jedoch Profile zu den Nutzenden oder zu anderen Personen erstellt und über einen längeren Zeitraum mit weiteren Daten angereichert werden, spricht dies dafür, dass die Schutzinteressen, insbesondere der Schutz der Privatsphäre, der Betroffenen überwiegen und die Beobachtung unzulässig ist.
- **Zulässiges Profiling von Influencern:** Das Profiling kann ausnahmsweise zulässig sein, wenn es von den betroffenen Personen erwartet werden kann. So müssen Influencer damit rechnen, dass sie zumindest über einen überschaubaren Zeitraum von mehreren Monaten von potenziellen Auftraggebern beobachtet werden und nach sachlichen Kriterien, zu denen neben Reichweite auch Tonalität, Markennähe etc. gehören können, beurteilt werden (siehe Tabelle 10.2).
- **Zulässiges Profiling zu Beweiszwecken:** Des Weiteren käme ein Profiling anderer Personen infrage, wenn deren Verhalten z.B. strafrechtlich relevant ist und nur so die nötigen Nachweise gesammelt werden können. Die Grenzen zwischen zulässigem Monitoring und unerlaubtem Profiling von Personen sind fließend und sollten daher zuvor rechtlich geprüft werden. Die Prüfung der datenschutzrechtlichen Zulässigkeit und des Rahmens des Monitorings (welche

Daten über welchen Zeitraum zu welchen Zwecken) sollte auf jeden Fall protokolliert werden. Die Notwendigkeit der Protokollierung wird in Abschnitt 10.9 zur Rechenschaftspflicht erklärt.

Tabelle 10.2: Beispiel eines Influencer-Profils, das für die Zwecke einer möglichen Kooperation erstellt wurde

Kriterium	Wert
Zielgruppendemografie	18–34 Jahre, 60 % weiblich, größtenteils DACH
Engagement-Rate	7,80 %
Inhalte/Content-Qualität	Hochwertig, professionelle Fotografie
Markenaffinität	85 % Übereinstimmung mit Markenwerten
Reichweite	350.000 Follower
Content-Typen	60 % Bilder, 30 % Videos, 10 % Stories
Authentizität	Hoch (4,5 von 5 Punkten)
Ton und Stil	Locker, humorvoll
Posting-Frequenz	5 Beiträge pro Woche
Plattformverteilung	70 % Instagram, 20 % TikTok, 10 % YouTube
Engagement-Details	Tiefgängige Kommentare, hohe Leserbindung
Wachstumsrate	3 % monatliches Wachstum
Vergangene Kooperationen	Zusammenarbeit mit 5 bekannten Marken
Reputation	Positiv, keinerlei Skandale
Themenfokus	Lifestyle, Mode, Nachhaltigkeit
Verhältnis Follower/Following	15:1
Krisenmanagement	Effektiv, Reaktionszeit von 2 Stunden
Werblichkeitsquote	25 % der Inhalte sind Werbung
Feedback von Followern	Positiv, konstruktive Kommentare
Ethische/rechtliche Standards	Werbekennzeichnung, wenige Verstöße

Neben den gesetzlichen Vorgaben untersagen die Nutzungsbedingungen von Netzwerken oder anderen Plattformen ein Monitoring, sofern es nicht über ihre Schnittstellen erfolgt (siehe Abbildung 10.23).

Hinweis: Monitoring von Mitarbeitenden ist unzulässig

Die systematische Beobachtung von Mitarbeitenden und erst recht die Erstellung von Profilen auf Grundlage der Beobachtung sind grundsätzlich unzulässig. Hier überwiegen die Schutzinteressen der Mitarbeitenden. Zulässig, unter Beachtung der Datenschutzvorgaben, ist jedoch die punktuelle Recherche der Mitarbeiter, z. B. der Bewerber, wie weiter unten in Abschnitt 10.12.3 erläutert.

Snap Inc.

anderem, dass du die nachgenannten Handlungen und jeden dahingehenden Versuch unterlassen musst, und dass du auch niemanden zu den nachgenannten Handlungen ermuntern darfst, da sonst dein Account geschlossen werden kann und die Services für dich gesperrt werden können:

- [...]
- die Nutzung von Robotern, Spidern, Crawlern, Scrapern, Skripts, Software oder anderer automatisierter oder halbautomatisierter Mittel, Prozesse oder Schnittstellen, um auf die Services zuzugreifen, sie zu scrapen, zu extrahieren oder zu kopieren, einschließlich aller Nutzerdaten, Inhalte oder anderer in den Services enthaltener Daten;

Abbildung 10.23: Bitte beachten Sie, dass soziale Netzwerke das Auslesen von Informationen (das sogenannte Website-Scraping) generell, wie in diesem Auszug aus den Nutzungsbedingungen von Snapchat (snap.com/terms), untersagen und Sie daher die offiziellen Schnittstellen oder Social-Media-Management-Werkzeuge und ähnliche in Abschnitt 10.11 beschriebene Werkzeuge einsetzen müssen, die diese Schnittstellen nutzen, um auf Daten aus sozialen Netzwerken zugreifen zu dürfen.

10.12.2 Information über Monitoring und Profiling

Personen, deren personenbezogene Daten beim Social-Media- und Internet-Monitoring erfasst werden, müssen darüber informiert werden. Dies müsste persönlich erfolgen, da eine Information in der Datenschutzerklärung des monitorenden Unternehmens nicht ausreichen würde. Allerdings ist zumindest eine Ausnahme möglich.

10.12.2.1 Informationspflicht

Da das Monitoring und gegebenenfalls das Profiling datenschutzrechtlich relevante Vorgänge darstellen, müssen die betroffenen Personen, d.h. entsprechend dem vorstehenden Abschnitt 10.12.2 z.B. Nutzer und Influencer, über die Erhebung ihrer Daten informiert werden.

10.12.2.2 Ausnahmen von der Informationspflicht

Je nach Art der Nutzung der mittels Monitoring erfassten Informationen kann sich eine Informationspflicht gegenüber den beobachteten Nutzern ergeben. Das heißt, die beobachteten Personen müssten Datenschutzhinweise zu den in Abschnitt 10.6 genannten Informationen erhalten, es sei denn, es besteht die Möglichkeit, sich auf eine Ausnahme von der Informationspflicht zu berufen.

- **Unverhältnismäßiger Aufwand:** Zumindest im Fall der Erfassung von Nutzerdaten im Rahmen eines allgemeinen Monitorings ist die Argumentation zu rechtfertigen, dass die Information einzelner Nutzer angesichts der Menge der erfassten Inhalte einen unverhältnismäßigen Aufwand darstellen würde (Art. 14 Abs. 5 lit. b) DSGVO).

- **Informationspflicht bei Datenspeicherung und Profiling:** Im Fall der Speicherung der Daten der Nutzer, z.B. für Zwecke einer Beweissicherung, der Kontaktaufnahme oder eines Profilings, z.B. von Influencern, wird jedoch ein Informationsaufwand als verhältnismäßig betrachtet werden können. Auch die Öffentlichkeit der erhobenen Daten entbindet nicht von der Informationspflicht.
- **Risiko unterlassener Informationen:** Dass wie zuvor beschrieben beobachtete Personen selten informiert werden, dürfte vor allem daran liegen, dass bisher keine Fälle bekannt sind, in denen deren Unterlassung zu einem Bußgeldverfahren geführt hat. Das Risiko, dass die Influencer dies mitbekommen und sich auch noch daran stören, ist nach bisheriger Erfahrung eher gering. Wenn die Informationen jedoch verwendet werden, um sie als Beweismittel gegen die jeweiligen beobachteten Personen, z.B. wegen ausgesprochener Beleidigungen oder Schmähungen, zu verwerten, ist eine Information empfohlen. Ansonsten besteht das Risiko, dass diese Informationen von Gerichten einem Beweisverwertungsverbot unterworfen werden könnten.

10.12.2.3 Inhalte der Informationspflicht

Die beobachteten Personen müssen gemäß Art. 13 und 14 DSGVO, wie in Abschnitt 10.6 erläutert, informiert werden. Bei der Beschaffung von Daten aus dem Internet müssen sie insbesondere auch über die Quelle (z.B. Google-Suche, LinkedIn) und die Art der Daten (z.B. Namen, Kontakt- und Inhaltsdaten wie Texte, Videos und Bilder) informiert werden (Art. 14 Abs. 1 lit. d) und Abs. 2 lit. f) DSGVO, siehe Abbildung 10.24).

10.12.2.4 Zeitpunkt der Information

Diese Informationen müssen innerhalb einer angemessenen Frist, spätestens jedoch innerhalb eines Monats und spätestens bei Kontaktaufnahme (z.B. von Influencern), bereitgestellt werden (Art. 14 Abs. 3 lit. a) DSGVO).

Checkliste: Social-Media- und Internet-Monitoring von Personen

- **Berechtigtes Interesse am Monitoring:** Es besteht ein berechtigtes Interesse am Monitoring des öffentlichen Internets das eigene Unternehmen oder andere Themen betreffend.
- **Grundsätzliche Zulässigkeit:** Grundsätzlich zulässig ist das Scannen und Auswerten von öffentlichen Inhalten, auch wenn darin Namen und Inhalte von Postings von menschlichen Verfassern enthalten sind.
- **Verbot des Website-Scrapings**: Website-Scraping bezeichnet das automatische Auslesen von Daten auf Webseiten. In sozialen Netzwerken und bei anderen geschützten Inhalten ist dies jedoch nur erlaubt, wenn man die vom Plattformanbieter bereitgestellten Schnittstellen im Rahmen ihrer Lizenzbestimmungen verwendet.

- **Profiling ist grundsätzlich unzulässig:** Profiling, also die fortgesetzte Anreicherung des Profils einer Person mit Daten zwecks deren Analyse, ist grundsätzlich unzulässig. Dies gilt insbesondere für das Profiling von Mitarbeitenden.
- **Zulässiges Profiling bei Influencern:** Profiling ist zulässig bei zeitlich begrenzter Beobachtung von Influencern zur Evaluierung einer Zusammenarbeit.
- **Zulässiges Profiling zur Beweissammlung:** Notwendige Sicherung von Beweisen bei Straftaten oder schweren Pflichtverstößen.
- **Information bei Profilbildung:** Die Information von Personen, deren Daten im Rahmen des Monitorings erfasst werden (z. B. öffentliche Kommentare zum Unternehmen), ist nicht erforderlich. Es sei denn, es werden zwecks längerer Beobachtung Profile von ihnen angelegt.
- **Beauftragung von Dritten und Nutzung von Monitoring-Tools:** Werden Dritte zu Zwecken des Monitorings eingesetzt, muss ein Auftragsverarbeitungsvertrag abgeschlossen werden (siehe Abschnitt 10.5.1). Bei Datentransfers außerhalb der EU müssen entsprechende Garantien, wie Standardvertragsklauseln, vorliegen (siehe Abschnitt 10.5.4).
- **Protokollierung:** Die vorstehenden Prüfungsschritte müssen zu Nachweiszwecken und zur Erfüllung der Rechenschaftspflicht protokolliert werden.

10.12.3 Mitarbeiterrecherche

Das Einholen von Informationen über Mitarbeitende unterliegt generell strengen datenschutzrechtlichen Vorgaben. Während das Profiling von Mitarbeitenden, also die systematische und langfristige Informationssammlung, in der Regel als verboten gilt, kann das punktuelle Sammeln von Informationen unter den nachfolgend beschriebenen strengen Voraussetzungen zulässig sein.

10.12.3.1 Anlass der Recherche

Arbeitgeber dürfen nicht ohne konkreten Anlass nach Informationen über Mitarbeitende oder Bewerber im Internet suchen. Ein Anlass könnte beispielsweise die zu besetzende Position sein. Soll z. B. die Bewerberin künftig über erhebliche Vermögenswerte verfügen oder rechtliche Schutzfunktionen erfüllen (z. B. als Compliance- oder Datenschutzbeauftragte), dann ist eine Internetrecherche nach dieser Person grundsätzlich erlaubt. Bei bereits angestellten Mitarbeitenden könnte eine Mitteilung über Beleidigungen gegen den Arbeitgeber oder ein Hinweis auf Diebstähle, also schwere Pflichtverstöße und Straftaten, Anlass für weitere Untersuchungen sein.

Hinweis: Zulässigkeit der Informationen

Es gilt die Faustregel: Informationen, nach denen in einem Vorstellungsgespräch nicht gefragt werden darf, dürfen nicht in die Entscheidung über ein Arbeitsverhältnis einfließen und auch nicht Gegenstand der Suche sein (z.B. die Frage, ob eine Bewerberin schwanger ist).

10.12.3.2 Einschränkung der Informationsquellen

Für eine Mitarbeiterrecherche dürfen nur öffentlich zugängliche Informationen genutzt werden, etwa aus Suchmaschinen oder sozialen Netzwerken, die der beruflichen Darstellung dienen, wie XING oder LinkedIn, es sei denn, die Informationen dort sind nur für Freunde sichtbar. Recherchen in privat genutzten Netzwerken wie Instagram, TikTok oder Facebook sind grundsätzlich unzulässig. Ausnahmen von den Grundsätzen können nur in besonders schweren Fällen erfolgen, etwa bei der Aufklärung von Missbrauch von Arbeitsmitteln, und auch nur, wenn ein Nachweis nicht mit weniger einschneidenden Mitteln zu führen ist (siehe Abbildung 10.24).

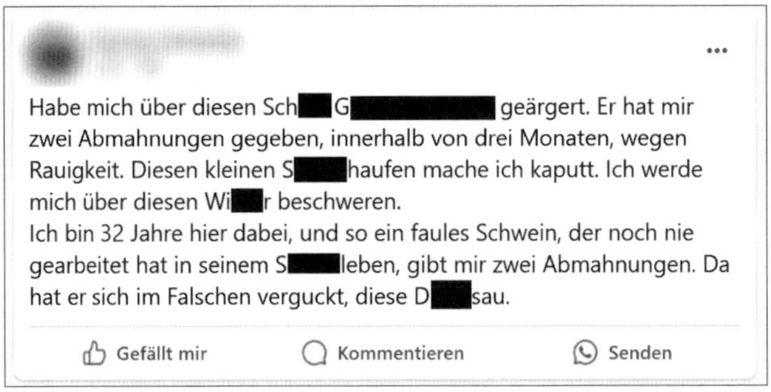

Abbildung 10.24: Wird dem Arbeitnehmer eine schwere Pflichtverletzung vorgeworfen, in diesem Bildbeispiel die Beleidigung eines Vorgesetzten (entsprechend ArbG Hagen, Az. 3 Ca 2597/11), darf der Arbeitgeber auch Privatprofile der Mitarbeiter zwecks Beweissicherung aufrufen. Allerdings sollte dies nicht ohne eine rechtliche Beratung sowie im Beisein einer Beschäftigtenvertretung oder sonst anderer verlässlicher Zeugen erfolgen.

10.12.3.3 Alternative Informationsquellen

Auch wenn ein Anlass zur Recherche besteht, sollte im nächsten Schritt geprüft werden, ob gleichermaßen geeignete Informationen auf datenschutzfreundlichere Weise erlangt werden können (der Grundsatz der Datenminimierung wird oben in Abschnitt 10.2 erläutert).

Alternativen zur Onlinesuche nach Mitarbeitenden sind z.B. die direkte Befragung des Bewerbers oder die Anforderung eines polizeilichen Führungszeugnisses in Bezug auf relevante Straftaten. Ebenso kann die Befragung anderer Mitarbeiter, die Verstöße gemeldet haben, eine Möglichkeit sein. Umgekehrt ist beispielsweise eine heimliche Videoüberwachung zur Aufklärung eines Diebstahls datenschutzrechtlich belastender und daher keine geeignete Alternative zur Einsichtnahme in ein Facebook-Profil eines Mitarbeiters.

10.12.3.4 Social-Media-Account der Bewerber

Die in Abschnitt 10.12.3 dargelegten Einschränkungen bei der Mitarbeiterrecherche gelten auch für Bewerber und deren Social-Media-Accounts:

- **Zulässige Frage nach beruflichen Netzwerken:** Es ist zulässig, z.B. im Bewerbungsformular nach dem LinkedIn-Profil der Bewerber zu fragen, da es sich hierbei um ein berufliches Netzwerk handelt. Allerdings sollten die Bewerber darauf hingewiesen werden, dass diese Angabe freiwillig ist und auf ihre Bewerbung keinen Einfluss hat.
- **Unzulässige Frage nach Privatnetzwerken:** Bewerber sollten nicht zur Angabe ihrer privaten Social-Media-Profile z.B. bei TikTok oder Instagram aufgefordert werden, es sei denn, es besteht ein konkreter Anlass, etwa weil die Bewerber sich auf eine Stelle als Social-Media-Manager oder Corporate Influencer bewerben. Aber auch in diesem Fall muss klargestellt werden, dass die Angabe freiwillig ist, Arbeitsproben auch anders vorgelegt werden können (z.B. als Screenshots von Beiträgen) und dass eine Nichtangabe keine negativen Folgen hat.

10.12.3.5 Corporate Influencer

Corporate Influencer sind Mitarbeitende, die ihren Arbeitgeber, vor allem in sozialen Netzwerken, repräsentieren oder für ihn werben (weitere Informationen zu Corporate Influencern finden Sie in Abschnitt 8.3).

- **Sourcing und Prüfung von Corporate Influencern:** Arbeitgeber dürfen nicht selbstständig im Internet nach geeigneten Mitarbeitern für die Rolle als Corporate Influencer suchen. Sie können jedoch zur freiwilligen Meldung aufrufen oder Informationen nutzen, die ihnen von anderen Mitarbeitenden oder Dritten zugetragen werden. Außerdem können Informationen verwendet werden, die zufällig entdeckt wurden, beispielsweise wenn ein Mitarbeiter bereits erfolgreich, wenn auch möglicherweise noch unerlaubt, als Corporate Influencer tätig ist. Damit ein Mitarbeiter als Corporate Influencer tätig werden kann, kann vereinbart werden, dass der Arbeitgeber den Social-Media-Account des Mitarbeiters auf Eignung prüft. Dies schließt sowohl eine anfängliche Überprüfung als auch gelegentliche stichprobenartige Überprüfungen auf Eignung und Rechtskonformität ein.
- **Suche nach Rechts- und Vertragsverstößen:** Trotz der möglichen Haftung darf ein Arbeitgeber nicht eigenständig nach Mitarbeiterinnen und Mitarbeitern suchen, die möglicherweise unerlaubt für ihn werben. (Die Haftung und deren Vermeidung in Verbindung mit Mitarbeiterverstößen wird in Abschnitt 17.1 erläutert.) Liegt ein konkreter Anlass vor, wie ein Hinweis von Kunden oder eine zufällige Entdeckung beim Unternehmens-Monitoring, muss zunächst der betreffende Mitarbeiter befragt und zur Löschung oder sonstigen Beseitigung der rechtswidrigen Inhalte aufgefordert werden (z.B. Platzierung eines Werbehinweises). Erst bei Weigerung oder begründetem Zweifel an der Umsetzung dürfte sein Profil aufgerufen und auf weitere Verstöße überprüft wird.

10.12.3.6 Information der Mitarbeiter

Arbeitgeber müssen Mitarbeitende entsprechend Abschnitt 10.6 über die Recherche informieren, sie darf nicht im Geheimen geschehen. Sie können sich insbesondere nicht auf die im Hinblick auf zufällige Beobachtungen von Nutzern und Influencern in Abschnitt 10.12.2 genannte Ausnahme der Unzumutbarkeit der Information berufen. Ebenso ist das Risiko von Schadensersatzzahlungen und Bußgeldern bei geheimer Recherche von Mitarbeitenden weitaus höher.

Die Datenschutzinformationen müssen innerhalb einer angemessenen Frist, spätestens jedoch innerhalb eines Monats, bereitgestellt werden. Dabei ist es angemessen, diese Mitteilung bereits im Rahmen des Bewerbungsverfahrens zu machen, da es in der Regel keinen sachlichen Grund gibt, länger zu warten (Art. 14 Abs. 3 lit. a) DSGVO). Das wäre z.B. der Fall, wenn laufende polizeiliche Ermittlungen stattfinden würden und die sofortige Information laut den Ermittlungsbehörden den Ermittlungsprozess gefährden könnte.

Fallbeispiel

Das Landesarbeitsgericht Düsseldorf entschied, dass Arbeitgeber Bewerber informieren müssen, wenn sie diese im Internet suchen. Im konkreten Fall suchte ein Arbeitgeber den Namen eines Bewerbers für den Posten eines Justiziars bei Google und fand Informationen über eine Betrugsverurteilung. Obwohl die Verwertung der Information erlaubt war, wurde dem Bewerber Schadensersatz in Höhe von 1.000 Euro zugesprochen, da er nicht über die Datenkategorien informiert wurde und somit keine Möglichkeit hatte, sich angemessen zu wehren (LAG Düsseldorf, Az. 12 Sa 1007/23, zum Zeitpunkt der Publikation des Buchs zur Revision beim Bundesarbeitsgericht).

10.12.3.7 Prüfung der Erlaubnisgrundlage und Protokollierung

Auch die Mitarbeiterrecherche muss protokolliert werden, um als Nachweis ihrer Rechtmäßigkeit zu dienen, insbesondere was die vorhergehende Festlegung von Zwecken angeht. Die zu protokollierenden Punkte können Sie Abschnitt 10.12.2 zur Rechenschaftspflicht beim Monitoring entnehmen.

Hinweis: Rechtsgrundlagen der Mitarbeiterrecherche

Die Rechtsgrundlage, also die gesetzliche Erlaubnis der Mitarbeiterrecherche, kann je nach Situation unterschiedlich sein. Eine Einwilligung gemäß Art. 6 Abs. 1 lit. a) DSGVO wird im Fall einer freiwilligen Mitteilung der Daten vorliegen. Alternativ kann die Recherche im Rahmen des Bewerbungsprozesses zur Begründung eines Arbeitsverhältnisses nach Art. 6 Abs. 1 lit. b) DSGVO erforderlich sein. Schließlich kann auch eine Erforderlichkeit nach Art. 6 Abs. 1 lit. f) DSGVO bestehen, um Pflichtverletzungen oder Straftaten nachzuweisen. Die einzelnen Rechtsgrundlagen werden in Abschnitt 10.4 vorgestellt.

Checkliste: Recherche über Mitarbeitende

- **Anlass für Recherche:** Eine Internetrecherche über Mitarbeitende oder Bewerbende darf nur bei konkretem Anlass durchgeführt werden, z.B. bei Verdacht auf schwere Pflichtverletzungen, Straftaten oder im Rahmen der Eignungsprüfung für eine spezifische Position.
- **Zulässigkeit der Informationen:** Informationen, die in Vorstellungsgesprächen nicht abgefragt werden dürfen, sind auch in der Recherche tabu (z.B. betreffend Schwangerschaft).
- **Nutzungsbeschränkungen:** Auch wenn soziale Netzwerke oder andere Plattformen ihre Daten mittels Schnittstellen zur Verfügung stellen, kann deren Nutzung, z.B. für Zwecke des Recruitings oder durch Arbeitgeber, verboten sein.
- **Öffentliche Quellen:** Nur Informationen aus öffentlich zugänglichen, berufsbezogenen Quellen (z.B. LinkedIn) sind zulässig, nicht jedoch solche aus privat genutzten Netzwerken (z.B. Facebook).
- **Alternative Informationsquellen:** Vor einer Onlinerecherche sollten datenschutzfreundlichere oder geeignetere Alternativen wie direkte Befragung oder polizeiliches Führungszeugnis etc. in Betracht gezogen werden.
- **Freiwillige Mitteilung durch Bewerber:** Bewerber sollten nicht zur Angabe von Social-Media-Profilen gezwungen werden. Freiwillige Angaben sind möglich, wenn die Position Social-Media-Kompetenzen erfordert oder es sich um berufsbezogene Netzwerke handelt.
- **Corporate Influencer:** Arbeitgeber dürfen nicht eigenständig nach potenziellen Corporate Influencern suchen. Freiwillige Meldungen sind zulässig. Eine Prüfung von Social-Media-Profilen ist nur nach Vereinbarung gestattet.
- **Information der Mitarbeitenden:** Mitarbeiterinnen und Mitarbeiter müssen rechtzeitig, spätestens innerhalb eines Monats, über die Recherche informiert werden, idealerweise bereits während des Bewerbungsverfahrens.
- **Prüfung der Erlaubnisgrundlage:** Einwilligung bei freiwilliger Mitteilung (Art. 6 Abs. 1 lit. a) DSGVO), Erforderlichkeit für ein Arbeitsverhältnis bei Bewerbern (Art. 6 Abs. 1 lit. b) DSGVO) oder für die Aufklärung von Pflichtverletzungen oder Suche nach Influencern (Art. 6 Abs. 1 lit. f) DSGVO).
- **Protokollierung:** Jede Recherche muss protokolliert werden, um deren Rechtmäßigkeit nachweisen zu können.

10.13 Einsatz von Messengern

Sie können gängige Messenger für Marketingzwecke datenschutzrechtlich hinreichend sicher nutzen, solange Sie die Nutzerinnen und Nutzer nicht ohne deren Einwilligung über Messenger kontaktieren.

Messenger gelten rechtlich als Telekommunikationsmittel, ähnlich wie Telefone. Daher unterliegt ihre Nutzung dem Telekommunikationsrecht. Das bedeutet, dass

Sie für die eigentlichen Kommunikationsvorgänge im Messenger (die Übermittlung der ausgetauschten Informationen) datenschutzrechtlich nicht verantwortlich sind. Prozesse, die über die reine Kommunikation hinausgehen, wie die Übermittlung von Adressdaten an Messenger-Dienste oder Marketingaktivitäten (etwa der Versand von Werbenachrichten), sind weiterhin datenschutzrechtlich relevant, wie im Folgenden näher erläutert wird.

10.13.1 Kein Erstkontakt ohne Einwilligung

Das erste datenschutzrechtliche Problem tritt auf, wenn ein Unternehmen (dasselbe gilt auch für Selbstständige, Behörden oder andere Organisationen) eigenständig die Telefonnummer eines Kunden in einen Messenger eingibt, um darüber Kontakt zu dieser Person aufzunehmen. Dabei werden die Telefonnummer und möglicherweise weitere Adressdaten an den Anbieter des Messengers übermittelt.

Für diese Art der Datenübermittlung gibt es jedoch keine gesetzliche Grundlage, da sie für die Vertragsabwicklung nicht notwendig ist. Unternehmen können sich hierbei nicht auf berechtigte Interessen berufen, da die Schutzinteressen der Nutzer Vorrang haben und alternative Kommunikationswege in der Regel verfügbar sind (weitere Hinweise zu datenschutzrechtlichen Erlaubnisgrundlagen erhalten Sie in Abschnitt 10.4). Daher sollte ein erster Kontakt mit Kunden, Mitgliedern oder anderen Beteiligten nicht ohne deren ausdrückliche Einwilligung erfolgen. Anders verhält es sich, wenn die Kunden von sich aus den ersten Kontakt über den Messenger aufnehmen.

10.13.2 Messenger als Kontaktquelle angeben

Im Gegensatz zur aktiven Kontaktaufnahme mit Kunden per Messenger ist es rechtlich zulässig, Messenger als Kontaktmöglichkeit anzubieten. Dies basiert auf dem berechtigten Interesse an effektiver Kundenkommunikation (datenschutzrechtliche Erlaubnisgrundlagen werden in Abschnitt 10.4 vorgestellt). Dabei bleiben die Interessen der Nutzer gewahrt, solange ihnen andere, ähnlich schnelle Kommunikationskanäle zur Verfügung stehen (z. B. E-Mail oder Kontaktformular).

10.13.3 Diskussionsgruppen im Messenger

Einige Messenger, wie z. B. Telegram, erlauben es, Gruppen anzulegen, die ähnlich wie Diskussionsforen funktionieren. Achten Sie jedoch darauf, dass Sie für die Entfernung von rechtswidrigen Inhalten der Diskussionsteilnehmer verantwortlich sind. Sobald Sie von solchen Inhalten erfahren, müssen Sie diese löschen und User, die gegen das Gesetz verstoßen, ausschließen. Andernfalls riskieren Sie, für diese Verstöße haftbar gemacht zu werden (Hinweise zum Haftungsprivileg für Nutzerinhalte erhalten Sie in Abschnitt 17.3). Vergessen Sie nicht, in der Beschreibung der Diskussionsgruppe Links zu Ihrem Impressum und Ihrer Datenschutzerklärung aufzunehmen. Weitere Hinweise zur Umsetzung der Impressumspflicht finden Sie in Abschnitt 2.1.3 und zu Datenschutzhinweisen in Abschnitt 2.1.5.

10.13.4 Sharing-Links

Schaltflächen, mit denen sich Links zu Beiträgen oder Produkten, genauso wie in sozialen Netzwerken, via Messenger teilen lassen, sind datenschutzrechtlich unproblematisch (siehe Abbildung 10.25). Hierbei wird lediglich ein externer Link auf den Messenger-Dienst gesetzt.

Aber auch wenn der eigentliche Link zu Messengern für sich datenschutzrechtlich in Ordnung ist, können datenschutzrechtliche Probleme beim Einsatz von externen Sharing-Tools entstehen.

> **Hinweis: Datenschutzrisiko bei Sharing-Tools**
>
> Sharing-Links zu Social-Media-Plattformen sind für sich genommen unproblematisch. Vorsicht ist jedoch geboten, wenn die Sharing-Links mittels Softwareerweiterungen oder -Plug-ins des genutzten Redaktionssystems oder mittels Softwarecode automatisch in Webseiten eingefügt werden. Sie müssen dann unbedingt prüfen, ob die Sharing-Tools Trackingfunktionen enthalten, ob sie z.B. Analyse- oder Tracking-Cookies auf Geräten der Nutzer speichern oder Informationen an den Anbieter des Sharing-Tools senden. In diesen Fällen müssen Sie auch eine Einwilligung entsprechend Abschnitt 10.10.2 einholen.

Abbildung 10.25: Links, die es ermöglichen, Webseiten, Angebote oder andere Inhalte über Messenger wie WhatsApp zu teilen, sind unproblematisch.

10.13.5 Messenger-Marketing

Messenger dürfen auch als Marketingkanäle genutzt werden, um Verbraucher beispielsweise mit Produktangeboten oder Newslettern zu versorgen (mitunter auch als »Broadcasting« bezeichnet). Dabei müssen die rechtlichen Vorgaben für Direktmarketing beachtet werden, die in Abschnitt 13.12 speziell auch für Messenger erläutert werden. Die wichtigste Voraussetzung hierfür ist das Einholen der Einwilligung der Nutzer in den Empfang von Werbenachrichten. Die Einwilligungspflicht bezogen auf den Einsatz von Messengern im Marketing wird in Abschnitt 13.12 erläutert.

10.13.6 Aufnahme in die Datenschutzerklärung

Die von ihnen eingesetzten Messenger sollten Sie auch in Ihrer Datenschutzerklärung aufführen und dabei ihre Anbieter als Datenempfänger benennen, z.B.:

> Wir nutzen WhatsApp, einen Messenger mit Ende-zu-Ende-Verschlüsselung, für die Kommunikation mit Kunden. Dabei werden Funktionen wie Textnachrichten, Sprach- und Videoanrufe sowie der Versand von Bildern, Videos und Dokumenten verwendet. Die Gruppenchat-Funktion steht ebenfalls zur Verfügung. Dienstanbieter: WhatsApp Ireland Limited, Merrion Road, Dublin 4, D04 X2K5, Irland. Rechtsgrundlage: Berechtigte betriebliche Interessen gemäß Art. 6 Abs. 1 S. 1 lit. f) DSGVO. Weitere Informationen finden Sie auf der Website: *https://www.whatsapp.com/* und in der Datenschutzerklärung: *https://www.whatsapp.com/legal.*

Weitere Informationen zu den im Rahmen der Datenschutzerklärung erforderlichen Informationen erhalten Sie in Abschnitt 10.6.

Checkliste: Messenger und Datenschutz

1. Aktive Kontaktaufnahme nur mit Einwilligung:

- Erste Kontaktaufnahme über Messenger ohne vorherige Einwilligung vermeiden.
- Die Übersendung von Kontakt- und Adressdaten der Kunden an Messenger stellt ohne Einwilligung der Kunden einen Datenschutzverstoß dar.

2. Bereitstellung als Kontaktquelle ohne Einwilligung zulässig:

- Messenger können als eine Kontaktmöglichkeit bereitgestellt werden.
- Es sollten Alternativen wie E-Mail oder ein Kontaktformular verfügbar sein.

3. Diskussionsgruppen:

- Die Einrichtung von Gruppen in Messengern ist zulässig.
- Die Verantwortung für die Entfernung rechtswidriger Inhalte liegt beim Betreiber.
- Impressum und Datenschutzerklärung sollten verlinkt sein.

4. Sharing-Links:

- Links zur einfachen Verbreitung von Inhalten über Messenger sind datenschutzrechtlich unbedenklich.
- Wenn die Links mittels eines Sharing-Tools oder eines externen Softwarecodes in die Webseite eingesetzt werden, muss geprüft werden, ob hierbei keine Trackingfunktionen durch das Sharing-Tool installiert wurden.

5. Messenger als Marketingkanal:

- Messenger dürfen für Marketingzwecke genutzt werden.
- Es muss aber die Einwilligung der Empfänger für die Zusendung von Angeboten oder Newslettern eingeholt werden.
- Der Einsatz von Chatbots oder ähnlichen Diensten zur Einholung der Einwilligung oder zum Versand von Werbenachrichten ist erlaubt.

6. Datenschutzhinweise:

- Messenger sollten als Verfahren in der Datenschutzerklärung aufgeführt werden.
- Die Anbieter der Messenger sind als Datenempfänger zu benennen.

10.14 Einsatz von Chatbots

Bei der Frage, wie Chatbots datenschutzrechtlich zu bewerten sind, kommt es vor allem auf deren Art und Funktion an.

Chatbots sind Programme, die entwickelt wurden, um mit Nutzern (in der Regel Kunden) in natürlicher Sprache zu kommunizieren. Sie können in verschiedenen Bereichen eingesetzt werden, um interaktive Kommunikation zu ermöglichen, etwa durch die Beantwortung von Fragen, die Durchführung von Transaktionen oder die Bereitstellung von Informationen.

Im Kontext des Datenschutzes wird die Nutzung von Chatbots durch verschiedene rechtliche Vorgaben geregelt, die je nach Art des Chatbots variieren:

10.14.1 Servicefunktionen

Chatbots, die auf einer Website eingesetzt werden, um Fragen von Nutzern oder potenziellen Kunden zu beantworten, sind datenschutzrechtlich auf Grundlage berechtigter Interessen an einer effizienten Beantwortung von Kundenfragen zulässig (siehe Abschnitt 10.4).

Schwierigkeiten können vielmehr auf vertraglicher und auf Haftungsebene entstehen, die nachfolgend dargestellt werden:

- **Rechtsverbindliche Erklärungen:** Ein besonders hohes Risiko entsteht, wenn Chatbots rechtswirksame oder haftungsträchtige Erklärungen abgeben können. Das ist der Fall, wenn sie z.B. Aussagen zu Produkteigenschaften oder Lieferzeiten treffen, Bestellungen stornieren oder über Zahlungen verfügen können. Diese Aussagen werden dem Betreiber des Chatbots zugerechnet, als wenn sie von einem Mitarbeiter getätigt worden wären.
- **Hinweise auf Unverbindlichkeit und Haftungsausschlüsse:** Um die Haftung für den Chatbot zu vermeiden, müssen Sie sicherstellen, dass ein Chatbot entweder diese risikogeneigten Aufgaben nicht wahrnimmt oder dass er technisch und rechtlich verlässlich ist. Zusätzlich können bestimmte Haftungsausschlüsse oder generelle Hinweise empfohlen werden (siehe Abbildung 10.26). Diese Haftungshinweise müssen gleich am Anfang der Konversation platziert werden und sollten von einer rechtlich fachkundigen Person formuliert werden, da pauschale Haftungsausschlüsse zur Unwirksamkeit der ganzen Klausel führen können (Haftungsausschlüsse werden in Abschnitt 17.2.1 erläutert).

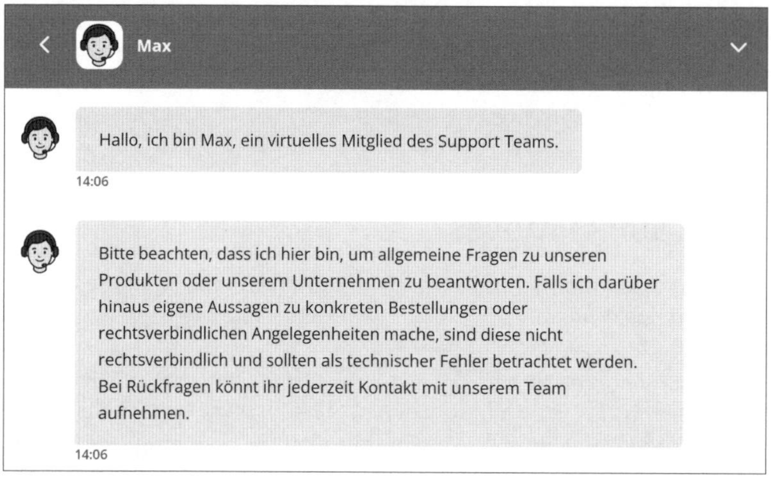

Abbildung 10.26: Beispiel eines Hinweises in einem Chatbot für den Fall, dass der Chatbot zufälligerweise rechtlich verbindliche Erklärungen oder sonstige haftungsauslösende Erklärungen tätigt. Noch wichtiger als ein solcher Hinweis ist jedoch die Sicherstellung, dass der Chatbot technisch derartige Aussagen erst gar nicht tätigen kann.

10.14.2 Marketingfunktionen

Chatbots können ähnlich wie Newsletter-Systeme genutzt werden, um Kunden textbasierte Informationen zuzusenden. Dabei müssen jedoch die folgenden gesetzlichen Vorgaben beachtet werden:

Bevor ein Chatbot für Marketingzwecke genutzt wird, muss die ausdrückliche Einwilligung der Kunden entsprechend Abschnitt 13.12 eingeholt werden. Der Chatbot kann sowohl die Einwilligung der Kunden erfassen als auch deren Widersprüche umsetzen.

10.14.3 KI-Funktionen

Bei Chatbots, die auf künstlicher Intelligenz basieren, müssen die in Abschnitt 11.2 beschriebenen datenschutzrechtlichen Anforderungen für KI geprüft werden.

- **Verbotene KI-Systeme:** Es muss sichergestellt werden, dass der Chatbot keine verbotenen KI-Praktiken verwendet, die etwa dazu dienen, die Entscheidungsfreiheit der Nutzer zu manipulieren oder unbewusst zu beeinflussen (siehe Abschnitt 11.1.5).
- **Datenschutzvorgaben für KI:** Wenn der Chatbot auf KI-Technologien basiert, müssen die speziellen Datenschutzvorgaben für künstliche Intelligenz berücksichtigt werden. Das betrifft insbesondere den Umgang mit Trainingsdaten, die Verwendung von Kundendaten zur Verbesserung der KI und den sicheren Umgang mit diesen Daten (siehe Abschnitt 11.2).

10.14.4 Datenschutzvorgaben für alle Chatbots

Zusätzlich zu den vorstehenden Hinweisen müssen für einen rechtlich sicheren Einsatz von Chatbots die folgenden allgemeinen Vorgaben beachtet werden:

- **Datenschutzvereinbarung:** Wenn ein externer Anbieter den Chatbot bereitstellt, muss geprüft werden, ob eine entsprechende Datenschutzvereinbarung (in der Regel ein Auftragsverarbeitungsvertrag entsprechend Abschnitt 10.5.1) vorliegt.
- **Datentransfers außerhalb der EU:** Falls Nutzerdaten in Drittländer außerhalb der EU übertragen werden, muss sichergestellt werden, dass diese Transaktionen den datenschutzrechtlichen Anforderungen entsprechen (z.B. durch Standardvertragsklauseln oder andere Mechanismen gemäß Abschnitt 10.5.4).
- **Impressum und Datenschutzerklärung:** Wenn der Chatbot nicht auf der eigenen Website läuft, die bereits diese Informationen enthält, muss der Chatbot selbst ein eigenes Impressum und einen Hinweis auf die Datenschutzerklärung bereitstellen.
- **Impressumspflicht bei Social Bots:** Bots, die automatisch Inhalte in sozialen Netzwerken veröffentlichen, müssen als solche gekennzeichnet werden (§ 18 Abs. 3 MStV).

Checkliste: Einsatz von Chatbots

1. Allgemeine Datenschutzvorgaben:

- **Datenschutzvereinbarung:** Eine Datenschutzvereinbarung (z. B. ein Auftragsverarbeitungsvertrag) mit dem externen Anbieter des Chatbots muss vorliegen (Abschnitt 10.5.1).
- **Datentransfers außerhalb der EU:** Wenn Nutzerdaten in Drittländer außerhalb der EU übertragen werden, müssen die datenschutzrechtlichen Anforderungen (z. B. durch Standardvertragsklauseln) eingehalten werden (Abschnitt 10.5.4).
- **Impressum und Datenschutzerklärung:** Der Chatbot muss ein Impressum und einen Hinweis auf die Datenschutzerklärung enthalten, insbesondere wenn er über externe Plattformen wie Messenger läuft.
- **Impressumspflicht bei Social Bots:** Social Bots, die automatisch Inhalte in sozialen Netzwerken veröffentlichen, müssen gemäß § 18 Abs. 3 MStV als solche gekennzeichnet werden.

2. Servicefunktion:

- **Berechtigte Interessen:** Chatbots zur Beantwortung allgemeiner Kundenfragen können datenschutzrechtlich auf Grundlage berechtigter Interessen eingesetzt werden.
- **Rechtsverbindliche Erklärungen:** Chatbots können rechtsverbindliche oder haftungsträchtige Aussagen treffen.
- **Haftungsausschluss:** Haftungsausschlüsse müssen die Unverbindlichkeit von Aussagen zu Bestellungen oder Vertragsabschlüssen deutlich machen und rechtlich verbindlich sein.

- **Platzierung der Haftungshinweise:** Haftungshinweise müssen zu Beginn der Konversation platziert werden.

3. Marketingfunktionen:

- **Einwilligung der Kunden:** Vor der Nutzung für Marketingzwecke muss die ausdrückliche Einwilligung der Kunden eingeholt werden.
- **Erfassung und Umsetzung von Widersprüchen:** Der Chatbot muss in der Lage sein, die Einwilligung der Kunden zu erfassen und deren Widersprüche umzusetzen.

4. KI-Funktionen:

- **Datenschutzanforderungen für KI:** Bei Chatbots, die auf KI basieren, müssen die datenschutzrechtlichen Anforderungen für KI geprüft werden.
- **Verbotene KI-Systeme:** Es muss sichergestellt werden, dass der Chatbot keine verbotenen KI-Mechanismen verwendet, die die Entscheidungsfreiheit der Nutzer manipulieren oder unbewusst beeinflussen.
- **Umgang mit Trainingsdaten:** Der Umgang mit Trainingsdaten und die Verwendung von Kundendaten zur Verbesserung der KI müssen den datenschutzrechtlichen Vorgaben für künstliche Intelligenz entsprechen.

10.15 Weitere typische Datenschutzszenarien

Datenschutzfragen treten in nahezu allen Marketingprozessen auf. Aus Gründen der Übersichtlichkeit werden diese Themen in den entsprechenden thematisch passenden Kapiteln behandelt:

- **Versand von Werbenachrichten:** Datenschutzrelevante Aspekte, wie das Einholen wirksamer Einwilligungen, der Einsatz technischer Dienstleister und die Messung von Öffnungs- und Klickraten, finden Sie in Kapitel 13 zum Direktmarketing.
- **Einsatz von KI:** Details zur datenschutzkonformen Nutzung von KI-Anwendungen werden in Kapitel 11 erläutert.
- **Aufnahmen von Personen:** Hinweise zur rechtlichen Absicherung bei der Verwendung von Bild- und Videoaufnahmen, z.B. in Social-Media-Postings und Werbekampagnen, erhalten Sie in Kapitel 6.
- **Gewinnspiele:** Datenschutzrechtliche Aspekte von Gewinnspielen werden in Kapitel 14.4 behandelt.

10.16 Datenpannen und Haftung

Im Fall einer Datenpanne müssen Sie schnell handeln, um das Problem zu beheben und die Meldepflicht zu prüfen. Daher sollten Sie auf solche Notfälle vorbereitet sein.

Datenpannen treten auf, wenn die Sicherheit personenbezogener Daten gefährdet wird. Häufig vorkommende Beispiele sind das versehentliche Versenden von Adresslisten an falsche Empfänger oder ein unerlaubter Zugriff auf einen Server. In solchen Fällen ist schnelles und sorgfältiges Handeln entscheidend.

- **Datenschutzverletzung beseitigen:** Sie müssen die Ursache der Datenschutzverletzung lokalisieren und beseitigen (z. B. durch Überprüfung und Anpassung von Sicherheitseinstellungen, das Schließen von Sicherheitslücken in der Software oder die Re-Authentifizierung von Benutzern).
- **Interne Meldung:** Benachrichtigung der zuständigen Personen innerhalb der Organisation. Dazu gehören insbesondere der Datenschutzbeauftragte, die für die IT-Technik zuständigen Personen und die zuständigen Vorgesetzten. Eine rechtliche Beratung ist ebenfalls zu empfehlen, um mögliche Folgen und hohe Bußgelder bei Fehlern zu vermeiden.
- **Behördliche Meldung:** Eine Mitteilung an die Aufsichtsbehörde muss innerhalb von 72 Stunden erfolgen, es sei denn, die Datenpanne stellt kein Risiko für die Rechte und Freiheiten natürlicher Personen dar (Art. 33 DSGVO).
- **Betroffenenbenachrichtigung:** Bei hohem Risiko für die Rechte und Freiheiten der betroffenen Personen müssen diese benachrichtigt werden (Art. 34 DSGVO).
- **Dokumentation:** Eine ausführliche Dokumentation der Datenpanne und der ergriffenen Maßnahmen ist notwendig, um die Erfüllung der datenschutzrechtlichen Pflichten belegen zu können. Ein Protokoll sollten Sie auch dann erstellen, wenn Sie zu der Überzeugung gelangen, dass eine Meldung der Datenpanne an Behörden und betroffene Personen nicht erforderlich ist. Sollten später Rückfragen kommen oder sich neue Tatsachen ergeben, kann die Frage, wie Sie den Vorfall ursprünglich behandelt haben und warum Sie ihn nicht gemeldet haben, von erheblicher Bedeutung sein. Das gilt insbesondere, wenn es um die Verhängung von Bußgeldern wegen einer unterlassenen Meldung geht.

Um das Risiko von Datenpannen zu reduzieren, sollten präventive Maßnahmen ergriffen werden. Dazu zählen regelmäßige Schulungen der Mitarbeitenden zu Datenschutz und Datensicherheit sowie robuste technische und organisatorische Maßnahmen zum Schutz der Daten.

Vorsicht: Persönliche Haftung

Die Vermeidung von Datenpannen liegt auch im Interesse der Geschäftsführung und der leitenden Angestellten, denn diese haben die Verpflichtung, entsprechende Schulungen, Instruktionen sowie Kontrollmaßnahmen zu ergreifen, damit Mitarbeitende keine Datenschutzfehler begehen. Sollten sie diese Maßnahmen unterlassen, gehen sie das Risiko einer persönlichen Haftung wegen Sorgfaltspflichtverletzung ein.

Checkliste: Umgang mit Datenpannen

1. Risiko beseitigen:

- Beseitigung der Ursache: Lokalisieren und Beseitigen der Ursache der Datenschutzverletzung.
- Maßnahmen: Überprüfung und Anpassung von Sicherheitseinstellungen, Schließen von Sicherheitslücken oder Re-Authentifizierung von Benutzern.

2. Interne Meldung:

- Unverzüglich die zuständigen Personen innerhalb der Organisation benachrichtigen.
- Beteiligte: Datenschutzbeauftragter, IT-Verantwortliche, zuständige Vorgesetzte.
- Einholen rechtlicher Beratung, um mögliche Folgen und Bußgelder zu vermeiden.

3. Externe Meldung der Datenpanne:

- Meldung an die Aufsichtsbehörde: Datenpannen in der Regel innerhalb von 72 Stunden melden, Ausnahme: kein Risiko für Rechte und Freiheiten (Art. 33 DSGVO).
- Benachrichtigung der Betroffenen: Betroffene Personen informieren, wenn ein hohes Risiko für deren Rechte und Freiheiten besteht (Art. 34 DSGVO).

4. Dokumentation:

- Umfassende Dokumentation der Datenpanne und der ergriffenen Maßnahmen.
- Eine Dokumentation auch dann erstellen, wenn keine Meldung an Behörden oder Betroffene erforderlich ist.

5. Präventive Maßnahmen:

- Reduzieren Sie das Risiko von Datenpannen durch regelmäßige Schulungen zu Datenschutz und Datensicherheit.
- Implementieren Sie robuste technische und organisatorische Maßnahmen zum Schutz der Daten.

6. Persönliche Haftung der Geschäftsführung:

- Geschäftsführung und leitende Angestellte müssen vorbeugende Schulungen, Instruktionen und Kontrollmaßnahmen umsetzen.
- Fehlende Vorbeugungsmaßnahmen können zur persönlichen Haftung der Geschäftsführung und der leitenden Angestellten führen.

Vermeidung persönlicher Haftung durch ordnungsgemäße Implementierung von Schutz- und Reaktionsverfahren.

- Risiko beseitigen: Ursache beseitigen.
- Interne Meldung: Zuständige Personen innerhalb der Organisation umgehend benachrichtigen.
- Meldung an die Aufsichtsbehörde: Melden Sie Datenpannen innerhalb von 72 Stunden an die Aufsichtsbehörde, es sei denn, es liegt kein Risiko vor (Art. 33 DSGVO).
- Betroffenenbenachrichtigung: Betroffene Personen bei hohem Risiko für ihre Rechte und Freiheiten informieren (Art. 34 DSGVO).
- Dokumentation: Ausführliche Dokumentation der Datenpanne und der ergriffenen Maßnahmen durchführen.
- Präventive Maßnahmen: Risiko von Datenpannen durch regelmäßige Schulungen und robuste technische sowie organisatorische Maßnahmen reduzieren.
- Sorgfaltspflicht: Persönliche Haftung der Geschäftsführung bei fehlender Implementierung von Schutz- und Reaktionsverfahren.

10.17 Rechtsfolgen und Risiken bei Datenschutzverstößen

Im Online-Marketing sind rechtliche Unklarheiten in gewisser Weise Teil des Geschäftsrisikos. Die entscheidende Frage ist, wie groß das Risiko und wie hoch die Wahrscheinlichkeit seines Eintritts ist.

Bei der Planung und Durchführung von Marketingmaßnahmen müssen Sie auch potenzielle Datenschutzverstöße und deren Folgen im Blick behalten und einpreisen können. Im Folgenden erhalten Sie daher eine Übersicht über die möglichen Konsequenzen sowie Hinweise zur Einschätzung des praktischen Risikos.

10.17.1 Rechtsfolgen und Risiken bei Datenschutzverstößen

Da die Bußgelder auf Basis des Umsatzes berechnet werden, können Datenschutzverstöße für Unternehmen schwere rechtliche und finanzielle Folgen haben. Hier ein Überblick:

- **Untersagungsverfügung:** Datenschutzbehörden können die beanstandete Datenverarbeitung, z. B. Trackingmaßnahmen ohne Einwilligung, untersagen. Bei Nichtbefolgung droht ein Zwangsgeld.
- **Bußgeld:** Bußgelder werden vor allem bei erheblichen Verstößen verhängt, z. B. bei Versand von Werbemailings ohne Einwilligung oder mehrfachen Beschwerden über nicht erteilte Auskünfte. Die Höhe des Bußgelds richtet sich nach dem Unternehmensumsatz und kann je nach Art des Verstoßes bis zu 4% des weltweiten Jahresumsatzes oder 20 Millionen Euro betragen, je nachdem, welcher Betrag höher ist (Art. 83 DSGVO).
- **Verwarnung:** Bei einem erstmaligen Verstoß, der nicht auf Absicht basierte oder dessen Umfang unerheblich war, z. B. der ersten Beschwerde über eine fehlende Auskunft oder Nichtmeldung einer kleinen Datenpanne, kann die Aufsichtsbehörde statt eines Bußgelds als »gelbe Karte« eine Verwarnung aussprechen.
- **Auskunfts- und Informationsanfrage:** Datenschutzaufsichtsbehörden beginnen Aufsichtsverfahren mit dem Versenden von Fragen zu den beanstandeten oder angezeigten Verfahren oder Fragebogen zum Cookie-Einsatz (siehe Abbildung 10.27). Aber auch wenn es zuerst informelle Anfragen sind, müssen sie aufgrund der Risiken für den Verlauf des folgenden Verfahrens, z. B. in Richtung Bußgeld, rechtlich von einer juristischen Fachperson geprüft werden.
- **Abmahnungen:** Betroffene, klagebefugte Organisationen und Mitbewerber können Abmahnungen und Unterlassungsforderungen wegen Datenschutzverstößen und bei Wiederholung Vertragsstrafen von 2.500 bis 5.000 Euro aussprechen (wobei die Frage, wann eine Abmahnberechtigung vorliegt, umstritten ist und je Einzelfall bestimmt werden muss).

1. Ist der beschriebene Sachverhalt zutreffend? Falls nein, schildern Sie bitte den aus Ihrer Sicht tatsächlichen Hergang.

2. Welche Daten zur Person des Beschwerdeführers werden im Einzelnen verarbeitet?

3. Zu welchem Zweck werden die Daten verarbeitet?

4. Auf welche Rechtsgrundlage stützen Sie die beschriebene Verarbeitung personenbezogener Daten?

   Soweit Sie sich auf eine Einwilligung stützen, übersenden Sie uns bitte einen Nachweis für diese.

5. Aus welchen Gründen sind Sie dem Ersuchen des Beschwerdeführers auf Auskunft und Löschung nicht nachgekommen?

6. Haben Sie eine betriebliche Datenschutzbeauftragte oder einen betrieblichen Datenschutzbeauftragten bestellt?

Abbildung 10.27: Auszug aus einer Informationsanfrage der Datenschutzbehörde, nachdem sich ein Website-Besucher über eine nicht erfolgte Auskunft des Website-Betreibers beschwert hatte. Auch solche Vorabanfragen müssen ernst genommen werden und sollten nicht ohne rechtliche Beratung beantwortet werden. Nicht beantwortete Auskunftsanfragen gehören zu den häufigsten Gründen für Beschwerden von Nutzern und Kunden.

- **Schadensersatzzahlungen:** Betroffene Personen können Entschädigung fordern, wenn sie materielle oder immaterielle Schäden erleiden (z. B. psychische Belastung aufgrund von Kontrollverlust über die personenbezogenen Daten). Laut BGH müssen keine weiteren Nachteile oder Schäden nachgewiesen werden, da bereits der Nachweis des Kontrollverlusts als Grundlage des Schadensersatzes genügt. Dieser Nachweis kann z. B. durch die gesetzlich verpflichtende Meldung einer Datenpanne geführt werden (siehe dazu Abschnitt 10.16). Die verbraucherfreundliche Rechtsprechung machen sich auch viele »Glücksritter« zunutze, die Abmahnungen an Webseitenbetreiber versenden (siehe Abbildung 10.28).

Fallbeispiel

Der BGH entschied, dass bereits der Verlust der Kontrolle über eigene Daten und die begründete Angst vor Missbrauch einen immateriellen Schaden darstellen können (BGH, Az. VI ZR 10/23). Im zugrunde liegenden Fall konnten Dritte aufgrund unzureichender Schutzmaßnahmen bei Facebook auf Daten wie Name, Geschlecht, Arbeitsstätte und Telefonnummer zugreifen. Der BGH hielt hierfür einen Schadensersatz von 100 Euro für angemessen, wies aber darauf hin, dass die Höhe vom Einzelfall abhängt.

Verstoß gegen DSGVO - Rechtswidrige Weitergabe von Daten

Sehr geehrte Damen und Herren,

ich habe am **28.05.202**[redacted] Ihre Website besucht:
http://www.[redacted]
Meine IP-Adresse lautet: **91.40.22.**[redacted]

Leider haben Sie auf Ihrer Webseite den Drittanbieterdienst **Google Fonts** dynamisch eingebunden, wodurch bei Aufruf Ihrer Webseite automatisch und ohne Zustimmung des Besuchers eine Verbindung mit den Servern von Google hergestellt wird.
(Im Seitenquelltext erkennbar an der Verlinkung zu **„fonts.googleapis.com"** oder **„fonts.gstatic.com"**).

Damit Übermitteln Sie mindestens meine IP-Adresse an einen Server in einem Drittland, den USA, wo bisher kein angemessenes Datenschutzniveau gewährleistet ist.

Dies nur als gutgemeinten Ratschlag. Da ich aber auch betroffen bin und mein Ärgernis über die Weitergabe meiner Daten enorm ist, mache auch ich hiermit selbst einen Anspruch nach Art. 82 DSGVO bei Ihnen geltend. Ich beziehe mich auf oben genanntes Urteil.

Die Zahlung in Hohe von 100,- € ist bitte bis zum **11.06.202**[redacted] auf folgendes Konto zu entrichten:

Name: [redacted]
IBAN: [redacted]
BIC: [redacted]

Ich hoffe, dass wir das Thema somit beenden können und mein heutiger Hinweis hilfreich für Sie war, Ihre Webseite in Zukunft DSGVO-Konform zu gestalten.

Mit freundlichen Grüßen,

[redacted]

Abbildung 10.28: Die Zahl der Schadenersatzforderungen von professionellen Akteuren und Privatpersonen nimmt seit Inkrafttreten der DSGVO und der strengen Rechtsprechung zu Cookies und den Anforderungen an die Übermittlung von Daten in Drittländer zu (siehe Abschnitt 10.5.4) erheblich zu. In diesem (gekürzten) Beispiel handelt es sich um eine von einem Privatnutzer gestellte Schadensersatzforderung wegen der Einbindung von Schriftarten auf der Webseite über den Dienst Google Fonts. Da dies durchaus rechtmäßig erfolgen kann und Sie keine wirkliche Sicherheit gewinnen, sollten Sie auf derartige Forderungen, erst recht nicht ohne vorherige rechtliche Beratung, eingehen.

Hinweis: Legal Tech

Bei einer großen Zahl von betroffenen Kunden kann es vorkommen, dass schon eine Reihe von Nutzern, die ihre rechtlichen Ansprüche über Internetseiten oder Apps gesammelt durchsetzen, in der Summe hohe Schadensersatzsummen geltend machen, auch wenn die Beträge, die jede einzelne Person fordert, gering sind.

10.17.2 Risikoabwägung

Neben den rechtlichen Aspekten müssen Sie bedenken, dass im Online- und Digitalmarketing aufgrund der sich ständig und schneller als das Recht ändernden Technologien stets eine gewisse rechtliche Unsicherheit besteht und zum »Betriebsrisiko« gehört.

Darüber hinaus gibt es eine Bandbreite an unterschiedlichen Ansichten, wie Gesetze ausgelegt werden müssen. Daher erhalten Sie auch im Rahmen dieses Buchs nicht nur Rechtshinweise, sondern auch Hinweise auf die Risikoneigung der jeweiligen Maßnahmen (z.B. in Abschnitt 13.18 für den Werbeversand am B2B-Kunden).

Checkliste: Rechtsfolgen bei Datenschutzverstößen

- **Bußgelder:** Können bis zu 4% des weltweiten Jahresumsatzes oder 20 Millionen Euro betragen, je nach Art des Verstoßes.
- **Untersagungsverfügungen:** Datenschutzbehörden können die Verarbeitung rechtswidriger Daten, wie z. B. Tracking ohne Einwilligung, untersagen. Nichtbefolgung kann ein Zwangsgeld nach sich ziehen.
- **Verwarnungen**: Bei erstmaligen oder geringfügigen Verstößen können Verwarnungen ausgesprochen werden, statt Bußgelder zu erheben.
- **Auskunfts- und Informationsanforderungen:** Behörden können detaillierte Informationen zu bestimmten Verfahren fordern; eine rechtliche Untersuchung solcher Anforderungen durch Fachpersonen wird empfohlen.
- **Abmahnungen:** Organisationen, Mitbewerber und Betroffene können Abmahnungen und Unterlassungsforderungen aussprechen; Wiederholungen können Vertragsstrafen von 2.500 bis 5.000 Euro nach sich ziehen.
- **Schadensersatz:** Betroffene können Entschädigung für materielle oder immaterielle Schäden fordern; der Nachweis eines Kontrollverlusts über personenbezogene Daten reicht aus.
- **Risikoeinschätzung:**
- Aufgrund der schnell wechselnden Technologien und der variablen Auslegung von Gesetzen sind Marketingmaßnahmen, insbesondere im Onlinebereich, mit einem gewissen Risiko verbunden, das in der Praxis bewertet werden muss.
- Jede Maßnahme sollte individuell auf die Wahrscheinlichkeit eines Datenschutzverstoßes sowie die Schwere der möglichen Konsequenzen (z. B. Bußgelder) überprüft werden.

KAPITEL 11

KI-Verordnung und Zulässigkeit der KI-Nutzung

In diesem Kapitel erfahren Sie, wie Sie sicherstellen können, dass die von Ihnen in Betracht gezogenen KI-Werkzeuge oder -Verfahren im Einklang mit der KI-Verordnung (KI-VO) und der DSGVO stehen. Das Kapitel richtet sich zum einen an Entscheidungsträger, die festlegen möchten, ob und wie KI-Tools in ihrem Unternehmen oder ihrer Organisation eingesetzt werden sollen. Es ist aber genauso empfehlenswert, dass alle Mitarbeitenden, die mit KI arbeiten, diese Grundlagen der gesetzlich geforderten und in diesem Kapitel erläuterten »KI-Kompetenz« kennen. Beachten Sie, dass bei Nichteinhaltung der KI-VO Bußgelder von bis zu 35 Millionen Euro oder 7 % des Jahresumsatzes – je nachdem, welcher Betrag höher ist – drohen können. Daher ist es wichtig, diese rechtlichen Grundlagen der KI-Nutzung zu kennen.

11.1 Zulässigkeit der KI-Nutzung entsprechend der KI-Verordnung

Vor dem Einsatz von KI-Systemen müssen Ihre Mitarbeiterinnen und Mitarbeiter in der Erkennung von verbotener und Hochrisiko-KI sowie mit den Kennzeichnungspflichten für KI-Ergebnisse vertraut sein.

Bevor Sie KI-Software oder -Tools in Ihrem Unternehmen einsetzen oder eigene KI-Modelle entwickeln, ist es entscheidend, die Vorgaben der KI-Verordnung zu kennen. Die folgende Übersicht informiert über wesentliche Anforderungen und rechtliche Risiken beim Einsatz von KI. Sie richtet sich insbesondere an Führungskräfte und Inhaber, die sicherstellen müssen, dass KI-Anwendungen rechtskonform implementiert werden, da sie persönlich haftbar gemacht werden können, wenn erforderliches Wissen oder Schutzmaßnahmen fehlen.

Hinweis: Zeitplan für das Inkrafttreten der KI-Verordnung

Die KI-Verordnung tritt stufenweise in Kraft, beginnend am 2. August 2024. Seit dem 2. Februar 2025 ist das Verbot bestimmter Praktiken im Bereich der KI wirksam (siehe Abschnitt 11.1.5), ebenso wie die Verpflichtung zur Förderung der KI-Kompetenz (siehe Abschnitt 11.1.9). Ab dem 2. August 2026 gelten die Regelungen für Hochrisiko-KI-Systeme (siehe Abschnitt 11.1.6) und die Anforderungen zur Kennzeichnung von Deepfakes (siehe Abschnitt 11.1.7).

11.1.1 Definition von KI und KI-Systemen

Die KI-Verordnung definiert künstliche Intelligenz als ein maschinell gestütztes System (bezeichnet als *KI-System*), das in einem festgelegten Rahmen autonom arbeitet und lernfähig ist (Art. 3 Nr. 1 KI-VO).

Autonom, also eigenständig, bedeutet in diesem Kontext, dass das System nicht nur auf vorgegebene Handlungsanweisungen reagiert, sondern auch eigene Regeln ableiten und zu eigenen Ergebnissen kommen kann, ohne dass Menschen hierbei eingreifen. Einfach ausgedrückt, erkennt man eine KI daran, dass sie eigenständig ihre Wissensbasis erweitern kann und Aufgaben löst, die normalerweise menschliche Intelligenz erfordern Wenn allgemeinsprachlich der Begriff KI verwendet wird, dann sind damit in der Regel *KI-Systeme* bzw. je nach Kontext die im Folgenden erläuterten *KI-Modelle* gemeint.

11.1.2 KI-Modelle als Grundlage von KI-Systemen

Ein KI-Modell ist die Grundlage eines KI-Systems, d.h. die Software, die als Denk- und Wissensgrundlage dient. Wird ein KI-Modell um eine Schnittstelle zur Außenwelt, z.B. eine Eingabemöglichkeit für KI-Befehle, ergänzt, spricht man von einem KI-System (siehe Abbildung 11.1). In der Praxis hat man meist mit KI-Systemen zu tun, da nahezu alle KI-Werkzeuge und -Software KI-Systeme darstellen. Dazu gehören beispielsweise Chatbots, personalisierte Produktempfehlungen, die Auswertung von Nutzerdaten, Supportsysteme auf Webseiten, sogenannte KI-Agenten, die selbstständig komplexere Aufgaben erledigen, oder KI-Tools zur Erstellung von Inhalten.

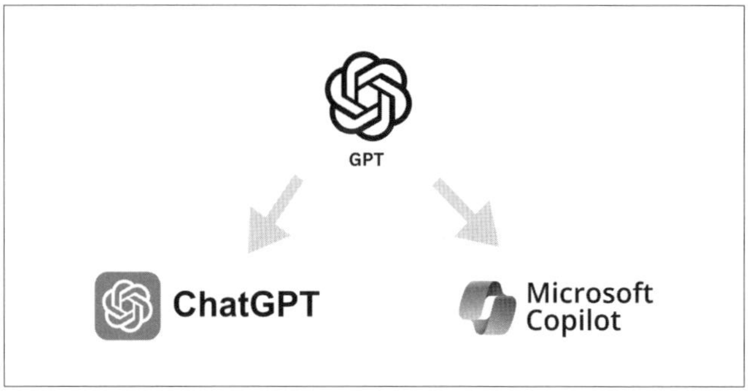

Abbildung 11.1: Das KI-Modell »GPT« (in unterschiedlichen Versionen) wird z.B. in dem Chatbot »ChatGPT« sowie in Microsofts AI-Assistenten »Copilot« eingesetzt. Bei ChatGPT und Copilot handelt es sich um KI-Systeme im Sinne der KI-VO, die z.B. Ergebnisse ausgeben und so Einfluss auf die physische (d.h. »echte«) und virtuelle (d.h. »digitale«) Außenwelt nehmen können.

Hinweis: Generative KI und LLMs

In diesem Buch bezieht sich der Begriff KI vor allem auf die *generative KI*, die im Marketing verwendet wird, um Texte, Bilder oder Videos zu erstellen oder zu bearbeiten (dazu mehr in Kapitel 4). Diese Technologie basiert auf sogenannten *Large Language Models* (LLMs), also großen Sprachmodellen. Beispiele dafür sind die GPT-Modelle von OpenAI, die menschlicher Texte, Bilder und andere Medien nach Mustern und Wahrscheinlichkeiten durchsuchen, diese deuten und auf dieser Grundlage mit Menschen kommunizieren.

11.1.3 Wer die KI-VO beachten muss

Die KI-Verordnung gilt für alle Unternehmen, Organisationen oder Selbstständige, die KI außerhalb eines persönlichen und privaten Rahmens einsetzen (Art. 3 Nr. 8 KI-VO). Dabei unterscheidet die KI-VO zwischen den folgenden »Akteuren«:

- **Betreiber:** Betreiber sind Unternehmen, Organisationen oder Selbstständige, die KI-Werkzeuge nutzen. Sie müssen sicherstellen, dass ihre Mitarbeitenden über die nötige KI-Kompetenz verfügen. Dazu gehören das Erkennen verbotener KI-Praktiken (siehe Abschnitt 11.1.5) sowie der Umgang mit Hochrisiko-KI-Systemen (siehe Abschnitt 11.1.6). Außerdem sollten sie die Kennzeichnungspflichten für Deepfakes (siehe Abschnitt 11.1.7) und die Datenschutzregeln für den Umgang mit KI (siehe Abschnitt 11.2) kennen.
- **Anbieter:** Anbieter sind diejenigen, die KI-Systeme oder -Modelle entwickeln oder unter eigenem Namen vertreiben. Auch wenn Sie eine Website oder eine mobile App anbieten, die KI-Funktionen enthält (z. B. Bildgenerierung), gelten Sie als KI-Anbieter. In solchen Fällen müssen Sie vor allem die Pflichten zur Kennzeichnung von KI-Inhalten beachtet (siehe Abschnitt 11.1.7.2). Praktisch relevante Nachteile ergeben sich aus der Rolle als KI-Anbieter aber erst dann, wenn es sich um Hochrisiko-KI-Systeme handelt (siehe Abschnitt 11.1.6).
- **Einführer und Händler:** Die Kategorie der Einführer und Händler umfasst Personen und Unternehmen, die KI-Systeme in die EU importieren und dort vertreiben (z. B.: Ein Unternehmen in Deutschland importiert KI-gesteuerte Gesichtserkennungstechnologie aus den USA und verkauft diese an Sicherheitsfirmen innerhalb der EU.).

Hinweis: Geltung der KI-VO für Privatpersonen

Die KI-VO gilt nicht bei der Nutzung von KI im Rahmen von ausschließlich persönlichen Tätigkeiten (Art. 4 Abs. 10 KI-VO). Dies betrifft beispielsweise die Entwicklung oder Nutzung von KI in der Freizeit. Sobald KI-Systeme oder -Modelle jedoch, auch unentgeltlich, verbreitet oder veröffentlicht werden, greift die KI-VO mit ihren Regeln und Pflichten. Ebenfalls relevant wird sie bei der Veröffentlichung von Deepfakes, vor allem KI-generierten Nachbildungen realer Menschen, in sozialen Netzwerken. Wenn die Deepfakes für jedermann zugänglich sind, handelt es sich bei deren Onlinestellung nicht mehr um eine persönliche Tätigkeit. In diesem Fall muss das Deepfake als ein KI-Werk gekennzeichnet werden (weitere Hinweise zu Deepfakes erhalten Sie in Abschnitt 4.6). Ansonsten drohen die in Abschnitt 11.1.11 genannten Sanktionen.

11.1.4 Aufbau und Risikoklassen der KI-Verordnung

Die KI-Verordnung strebt nicht an, jeden Aspekt der Nutzung von KI-Systemen zu regeln. Ihr Hauptziel ist es, die Risiken, die solche Systeme für Personen darstellen, zu verhindern oder zu verringern. Juristisch spricht man von einem Produktsicherheitsgesetz, wobei KI-Systeme das Produkt sind. Dazu unterscheidet die KI-VO zwischen den folgenden Risikogruppen (siehe Abbildung 11.2):

- **Unannehmbares Risiko:** KI-Praktiken wie z. B. unterschwellige Beeinflussung, Social Scoring oder biometrische Emotionserkennung am Arbeitsplatz sind insgesamt untersagt.
- **Hochrisiko-KI:** Die Regelung von KI-Systemen mit hohem Risiko stellt den Kern der KI-VO dar (siehe Abschnitt 11.1.6). Beispiele sind KI-Systeme, die zur Beurteilung von Bewerbern und Beschäftigten eingesetzt werden.
- **Transparenzrisiko:** Ein Transparenzrisiko besteht vor allem bei Deepfakes, also KI-generierten Bildern, die echte Personen, Orte, Objekte oder Ereignisse nachbilden und für echt gehalten werden könnten (siehe Abschnitt 11.1.7). Daher müssen solche Inhalte als KI-Ergebnisse gekennzeichnet werden.
- **Übrige KI-Systeme:** Für übrige KI-Anwendungen, wie z. B. Spamfilter, gelten keine besonderen Regeln. Jedoch muss auch bei deren Einsatz die allgemein geltende Pflicht zur KI-Kompetenz beachtet werden (siehe Abschnitt 11.1.9).

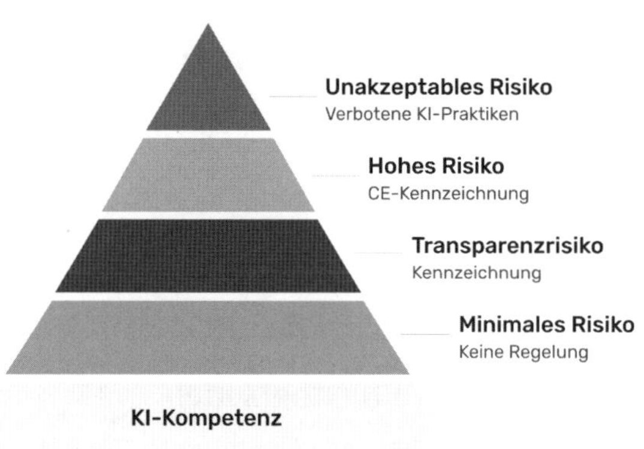

Abbildung 11.2: Die KI-Verordnung teilt KI-Systeme in verschiedene Risikogruppen ein. KI-Systeme mit inakzeptablem Risiko sind verboten. Hochrisikosysteme erfordern ein besonderes Konformitätsverfahren und eine CE-Kennzeichnung. Beim Transparenzrisiko gelten Kennzeichnungspflichten. Im Fall von KI-Systemen ohne spezielles Risiko gibt es, abgesehen von der für alle KI-Systeme geltenden Pflicht zur KI-Kompetenz, keine besonderen Regelungen.

> **Hinweis: KI-Modelle mit allgemeinem Verwendungszweck**
>
> Zusätzlich zu den genannten Risikoklassen behandelt die KI-Verordnung die Entwicklung von allgemein einsetzbaren KI-Modellen (Englisch: General-Purpose AI, (GPAI)), die in alle Risikokategorien fallen können (Art. 51 bis 56 KI-VO). Diese Vorschriften betreffen z.B. Entwicklerinnen und Entwickler von KI-Modellen wie GPT, Claude oder Gemini.

11.1.5 Verbotene KI-Praktiken

Die KI-Verordnung der EU legt in Artikel 5 fest, welche KI-Systeme absolut verboten sind. Diese Verbote dienen dem Schutz grundlegender Rechte, wie der Menschenwürde oder der Privatsphäre.

Die Nutzung dieser verbotenen KI-Praktiken kann zu hohen Strafen, Schadensersatzforderungen und rechtlichen Konsequenzen führen. Unternehmen und Organisationen müssen daher vor jeder Einführung eines KI-Systems prüfen, ob es überhaupt erlaubt ist.

11.1.5.1 Welche KI-Praktiken sind verboten?

Laut Artikel 5 der KI-VO sind folgende KI-Praktiken vollständig untersagt:

- **Unterschwellige Beeinflussung und manipulative Techniken:** Diese Techniken werden in Abschnitt 11.1.5.2 näher erläutert.
- **Ausnutzung der Schutzbedürftigkeit von Personen:** Siehe ebenfalls Abschnitt 11.1.5.2.
- **Social Scoring:** KI darf nicht genutzt werden, um Menschen auf Grundlage ihres Verhaltens oder persönlicher Merkmale zu bewerten und einzustufen, z.B. als System, das Bürgern Punkte für ihre Kreditwürdigkeit oder öffentliche Dienstleistungen vergibt.
- **Vorhersage krimineller Aktivitäten durch KI:** KI-Systeme, die Menschen allein auf Grundlage von Verhaltensmustern, d.h. eines Profilings, als potenzielle Straftäter einstufen.
- **Erstellung oder Erweiterung von Gesichtserkennungsdatenbanken:** Die Nutzung von KI zum ungezielten Sammeln und Speichern von Gesichtsbildern aus dem Internet oder von Überwachungsaufnahmen ist untersagt. Beispiel: Eine KI analysiert Social-Media-Bilder, um eine private Gesichtserkennungsdatenbank zu erstellen.
- **Emotionserkennung am Arbeitsplatz und in Bildungseinrichtungen:** KI darf nicht verwendet werden, um Emotionen oder psychische Zustände von Mitarbeitenden oder Schülern und Studenten zu erfassen. Beispiel: Eine KI analysiert Gesichtsausdrücke von Mitarbeitenden in Videokonferenzen, um deren Motivation zu messen.

- **Biometrische Kategorisierung nach sensiblen Merkmalen:** KI-Systeme dürfen Menschen nicht auf Grundlage von ethnischer Zugehörigkeit, politischer Meinung oder sexueller Orientierung kategorisieren. Beispiel: Eine KI analysiert Fotos und ordnet Personen bestimmten ethnischen Gruppen zu.
- **Biometrische Überwachung und Gesichtserkennung in Echtzeit:** Die flächendeckende Gesichtserkennung oder biometrische Identifikation im öffentlichen Raum zu Strafverfolgungszwecken ist verboten. Eine Ausnahme bilden besondere Fälle der Strafverfolgung mit richterlicher Genehmigung.

11.1.5.2 Verhaltensbeeinflussung und Ausnutzung von Schwächen

Im Marketing geht es vor allem um das Verbot von KI-Systemen zur maßgeblichen Beeinflussung von Entscheidungen oder des Verhaltens von Menschen. Diese Beeinflussung ist verboten, wenn dabei der Person oder Dritten große Schäden zugefügt werden. Zu den Formen der Beeinflussung zählen:

- die Beeinflussung unterhalb der Wahrnehmungsschwelle (was z.B. durch kurze Bildeinblendungen erfolgen kann),
- absichtliche Manipulation (z.B. durch das gezielte Einsetzen von personalisierten, emotional aufgeladenen Inhalten),
- sowie die Ausnutzung von Schwächen oder Schutzbedürftigkeit aufgrund von Alter, Behinderung oder sozialer und wirtschaftlicher Lage. Beispielsweise kann es problematisch sein, wenn Minderjährige oder ältere Menschen mithilfe eines KI-Chatbots zu persönlichen Informationen befragt werden und basierend auf dem Gespräch eine speziell auf sie abgestimmte Verkaufstaktik entwickelt und angewendet wird.

Derartige Fälle sind auch im Online-Marketing denkbar, wobei sie aggressiver Natur wären und so bereits generell als wettbewerbswidrig betrachtet werden können, weil der Einfluss auf die Entscheidungsfreiheit eine für Verbraucher wesentliche Information ist und ihm hätte mitgeteilt werden müssen (§ 5b UWG).

> **Hinweis: Kenntnis der Verbote ist essenziell**
>
> Es ist essenziell, dass alle Mitarbeitenden, die potenziell verbotene KI-Praktiken nutzen könnten, die rechtlichen Grenzen eines problematischen Einsatzes kennen (die Fähigkeit, KI-Risiken zu erkennen, ist ein Teil der in Abschnitt 11.1.9 beschriebenen KI-Kompetenz). Dasselbe gilt auch für die Erkennung von Hochrisiko-KI-Systemen.

11.1.6 Vorliegen eines Hochrisiko-KI-Systems

Ab dem 2. August 2026 gelten für sogenannte Hochrisiko-KI-Systeme gemäß Art. 6 der KI-VO strenge Regelungen. Diese Systeme werden in sensiblen Bereichen eingesetzt und haben potenziell erhebliche Auswirkungen auf die Rechte und Freiheiten von Menschen.

Die Einstufung als Hochrisiko-KI bedeutet, dass strenge Vorgaben zur Sicherheit, Transparenz und Überwachung eingehalten werden müssen. Wer solche Systeme verwendet oder bereitstellt, muss sicherstellen, dass sie rechtskonform eingesetzt werden.

11.1.6.1 Liste der Hochrisiko-KI-Systeme

Laut Anhang I und II der KI-Verordnung gelten folgende Anwendungsbereiche von KI als hochriskant:

- **Biometrische Identifikation und Überwachung:**
  - Gesichtserkennungssysteme, die Personen z.B. in Videoüberwachungssystemen identifizieren.
  - Biometrische Kategorisierung, z.B. durch Erkennung von Geschlecht oder Ethnie.
- **Kritische Infrastruktur:** KI-Systeme zur Steuerung von Stromnetzen, Verkehrssystemen oder Wasserversorgung.
- **Bildung und Prüfungen:**
  - **Zugang, Zulassung und Bildungsbewertung:** KI-Systeme, die zur Feststellung des Zugangs, der Zulassung, zur Bewertung von Lernergebnissen oder des Bildungsniveaus von Personen in Bildungseinrichtungen verwendet werden.
  - **Lernprozesssteuerung:** KI-Systeme, die zur Steuerung des Lernprozesses und zur Bewertung von Lernergebnissen in Bildungseinrichtungen eingesetzt werden.
  - **Überwachung von Prüfungsverhalten:** KI-Systeme, die zur Überwachung und Erkennung von verbotenem Verhalten bei Prüfungen in Bildungseinrichtungen genutzt werden.
- **Beschäftigung und Personalmanagement:**
  - **Einstellung und Auswahl:** KI-Systeme, die zur Einstellung oder Auswahl von Personen verwendet werden, insbesondere für das Schalten von Stellenanzeigen, das Sichten, Filtern und Bewerten von Bewerbungen.
  - **Arbeitsbedingungen und Leistungsbewertung:** KI-Systeme, die Entscheidungen über Arbeitsbedingungen, Beförderungen, Kündigungen oder die Zuweisung von Aufgaben basierend auf individuellen Verhaltensweisen, persönlichen Merkmalen oder Eigenschaften beeinflussen, sowie solche, die die Leistung und das Verhalten von Personen in Beschäftigungsverhältnissen überwachen und bewerten.
- **Grundlegende private und öffentliche Dienste:**
  - **Öffentliche Unterstützungsleistungen:** KI-Systeme, die von Behörden verwendet werden, um zu beurteilen, ob Personen Anspruch auf grundlegende öffentliche Unterstützungsleistungen und -dienste (einschließlich Gesundheitsdiensten) haben und ob diese Leistungen gewährt, eingeschränkt, widerrufen oder zurückgefordert werden sollen.

- **Kreditwürdigkeitsprüfung:** KI-Systeme, die zur Kreditwürdigkeitsprüfung und Bonitätsbewertung von natürlichen Personen verwendet werden, mit Ausnahme von Systemen zur Aufdeckung von Finanzbetrug.
- **Versicherungsrisikobewertung:** KI-Systeme, die zur Risikobewertung und Preisbildung in Bezug auf Lebens- und Krankenversicherungen für natürliche Personen verwendet werden.
- **Notfalldienste:** KI-Systeme, die zur Bewertung und Klassifizierung von Notrufen sowie zur Entsendung oder Priorisierung von Not- und Rettungsdiensten (einschließlich Polizei, Feuerwehr und medizinischer Nothilfe) oder für die Triage von Patienten in der Notfallversorgung verwendet werden.

- **Strafverfolgung:**
  - **Risikobewertung von Opfern:** KI-Systeme zur Bewertung des Risikos, dass eine Person Opfer einer Straftat wird.
  - **Lügendetektoren:** KI-Systeme als Lügendetektoren oder ähnliche Instrumente zur Unterstützung von Strafverfolgungsbehörden.
  - **Beweisbewertung:** KI-Systeme zur Bewertung der Verlässlichkeit von Beweismitteln in strafrechtlichen Ermittlungen.
  - **Straftatrisiko:** KI-Systeme zur Bewertung des Risikos, dass eine Person eine Straftat begeht oder wieder begeht (was generell verboten ist, wenn die Bewertung ausschließlich auf Profiling beruht, siehe Abschnitt 11.1.5.1).
  - **Profiling:** KI-Systeme zur Erstellung von Profilen natürlicher Personen für die Aufdeckung, Ermittlung oder Verfolgung von Straftaten.
- **Migration, Asyl und Grenzkontrolle:**
  - **Lügendetektoren:** KI-Systeme als Lügendetektoren.
  - **Risikobewertung:** KI zur Bewertung von Sicherheits-, Einwanderungs- oder Gesundheitsrisiken.
  - **Antragsprüfung:** KI zur Unterstützung bei Asyl- und Visumanträgen.
  - **Personenidentifizierung:** KI zur Identifizierung im Migrationskontext.
- **Rechtspflege und demokratische Prozesse:**
  - **Justizunterstützung:** KI zur Unterstützung von Justizbehörden.
  - **Wahlbeeinflussung:** KI zur Beeinflussung von Wahlverhalten oder Ergebnissen.

Hinweis: Produktbezogene Hochrisiko-KI-Systeme

KI-Systeme gelten als hochriskant, wenn sie wichtige Teile von Produkten wie medizinischen Geräten, industriellen Maschinen, Spielzeugen, Flugzeugen, Autos, Aufzügen, Sportbooten, landwirtschaftlichen Maschinen oder Geräten zur Verwendung in explosionsgefährdeten Bereichen sind oder selbst solche Produkte darstellen (Art. 6 Abs. 1 i. V. m. Anhang III KI-VO).

11.1.6.2 Hochrisiko-KI-Systeme im Marketing

Im Marketing kann der Einsatz eines Hochrisiko-KI-Systems vor allem bei der Verwendung ortsbasierter biometrischer Systeme für personalisierte Werbung eingesetzt werden. Wenn auch mit der rechtlichen Herausforderung, dass bereits die Gesichtserfassung zur Prüfung, ob eine Einwilligung vorliegt, selbst einer Einwilligung (z. B. durch Klick auf einen Button) bedürfte (siehe Abbildung 11.3).

Abbildung 11.3: Wie in diesem fiktiven Beispiel könnte eine als Hochrisiko-KI-System qualifizierte biometrische Erkennung eingesetzt werden, um die Kunden in einem Kaufhaus automatisch zu erkennen und sie z.B. anhand ihrer Vorlieben zur passenden Abteilung zu lotsen oder personalisierte Display-Werbung anzuzeigen. Ein solches Verfahren bedürfte vor allem eines transparenten Einwilligungsverfahrens, müsste rechtlich gründlich geprüft werden (siehe Abschnitt 11.2.8) und würde einer sehr strengen Prüfung seitens der Aufsichtsbehörde unterliegen.

11.1.6.3 Pflichten für Anbieter von Hochrisiko-KI-Systemen

Anbieter von Hochrisiko-KI-Systemen unterliegen strengen regulatorischen Anforderungen, die sicherstellen sollen, dass ihre Produkte robust, sicher und rechtskonform sind. Zu den zentralen Pflichten gehören:

- Einrichtung eines Risikomanagementsystems (Art. 9 KI-VO).
- Datenregelung und -management zur Sicherstellung der Qualität, Relevanz und Unvoreingenommenheit der Daten (Art. 10 KI-VO).
- Erstellung einer technischen Dokumentation und Protokollierung (Art. 11, 12 KI-VO).
- Erfüllung von Transparenzanforderungen, z. B. Offenlegung, dass KI im Einsatz ist (Art. 13 KI-VO).
- Gewährleistung der menschlichen Aufsicht über die Entscheidungen der KI (Art. 14 KI-VO).
- Sicherstellung von Genauigkeit, Robustheit und Cybersicherheit (Art. 15 KI-VO).
- Durchführung regelmäßiger Konformitätsbewertungen und gegebenenfalls Zertifizierung (Art. 43 und 49 KI-VO).

11.1.6.4 Pflichten für Betreiber von Hochrisiko-KI-Systemen

Unternehmen, Behörden oder Organisationen, die zwar keine Hochrisiko-KI-Systeme entwickeln, aber nutzen, tragen ebenfalls erhebliche Verantwortung. Diese erstreckt sich auf die Implementierung, Nutzung und Überwachung solcher Systeme:

- Verwendung gemäß Betriebsanleitung und Durchführung technischer sowie organisatorischer Sicherheitsmaßnahmen.
- Sicherstellung einer kompetenten Aufsicht durch geschulte Mitarbeitende oder KI-Beauftragte (Englisch: »AI Officer«).
- Zweckgebundene Datenkontrolle und Überwachung der Systemleistung.
- Berichtspflichten bei Zwischenfällen und Vorfällen sowie Protokollaufbewahrung.
- Information der Arbeitnehmer über den Einsatz der KI.
- Durchführung einer weiter unten in Abschnitt 11.2.8 genannten Datenschutz-Folgenabschätzung (DSFA).

Hinweis: CE-Kennzeichen

Rechtskonforme Hochrisiko-KI-Systeme erkennen Sie vor allem an dem CE-Kennzeichen. Dieses wird an Hochrisiko-KI-Systemen angebracht, die ein sogenanntes Konformitätsverfahren durchlaufen haben (§ 43 KI-VO). Bitte beachten Sie, dass es sich dabei um ein gesetzliches Pflichtkennzeichen handelt. Daher dürfen Sie zwar einen Hinweis auf das CE-Kennzeichen in die Beschreibung eines KI-Systems aufnehmen, jedoch nicht zu Werbezwecken besonders hervorheben. Weitere Informationen zur Nutzung des CE-Kennzeichens finden Sie in Abschnitt 9.4.2.2.

11.1.7 Deepfakes und Kennzeichnungspflichten

Die KI-VO sieht ein Risiko der KI in der Nutzung zur Verbreitung von Unwahrheiten und in den damit einhergehenden Risiken durch Irreführung, z.B. zu politischen, wirtschaftlichen oder betrügerischen Zwecken. Daher sieht Art. 50 der KI-VO eine Reihe von Kennzeichnungspflichten vor.

11.1.7.1 Deepfakes

Der Begriff »Deepfake« bezeichnet den durch KI erzeugten oder manipulierten Bild-, Ton- oder Videoinhalt, der wirklichen Personen, Gegenständen, Orten, Einrichtungen oder Ereignissen ähnelt und einer Person fälschlicherweise als echt oder wahrheitsgemäß erscheinen würde. Ab der vollständigen Gültigkeit der KI-VO am 2. August 2026 müssen Deepfakes als KI-Erzeugnisse gekennzeichnet werden (50 Abs. 4 in Verbindung mit Art. 3 Nr. 60 KI-VO).

Im Rahmen des Marketings muss die Kennzeichnungspflicht für Deepfakes insbesondere in den folgenden Fällen berücksichtigt werden:

- KI-Nachbildungen von echten Menschen in Bildern oder Videos.
- Von KI erstellte Bilder konkreter Sachen (z. B. Gebrauchtfahrzeugen) sowie Bilder von Orten, z. B. Hotels oder Restaurants.
- KI-Nachbildungen von Stimmen echter Menschen.

Die Kennzeichnungspflichten werden in Abschnitt 4.6 ausführlich erläutert. Zusammengefasst, müssen im Marketing Deepfakes nur dann gekennzeichnet werden, wenn echte Menschen oder Gegenstände oder Orte mittels KI nachgebildet werden (siehe Abbildung 11.4). Bei von der KI erdachten Personen oder anderen Inhalten ist zumindest nach der KI-VO keine Kennzeichnung erforderlich. Die Kennzeichnung als KI-Werk kann aber anderweitig, z. B. durch die Kennzeichnungspflichten für KI-Inhalte der sozialen Netzwerke, entstehen (siehe Abschnitt 4.6.5).

Abbildung 11.4: Beispiel des Einsatzes KI-erzeugter Bebilderung der Recruiting-Kampagne eines Klinikums. Das Bild ist zumindest auf den ersten Blick nicht von einer echten Fotoaufnahme unterscheidbar. Da die Person im Vordergrund von der KI erdacht wurde, ist das Bild aufgrund dieser Personendarstellung noch kein Deepfake. Allerdings ist mit dem Spremberger Turm in Cottbus im Hintergrund ein wirklicher Ort zu sehen. Daher ist das Bild ein Deepfake und müsste als KI-Werk gekennzeichnet werden. (Quelle: Carl-Thiem-Klinikum Cottbus)

11.1.7.2 Kennzeichnungspflichten der Anbieter

Neben Deepfakes müssen ab dem 2. August 2026 Anbieter von KI-Systemen KI-Ergebnisse als solche kennzeichnen, z. B. in den Metadaten von Bildern oder mit Texthinweisen (Art. 50 Abs. 2 KI-VO). Wer Anbieter eines KI-Systems ist, erfahren Sie oben in Abschnitt 11.1.3.

Ebenfalls müssen Anbieter von KI-Systemen dafür sorgen, dass im Fall von KI-Systemen, die zur direkten Interaktion mit Menschen bestimmt sind, Menschen erkennen können, dass sie mit KI-Systemen interagieren (Art. 50 Abs. 1). Das wird besonders im Servicebereich relevant werden, z. B. im Fall von Chatbots, bei denen erkennbar sein muss, dass es sich nicht um echte Menschen handelt (siehe Abbildung 11.5).

Abbildung 11.5: Menschen sollen es erkennen können, wenn sie mit KI-Software interagieren. Dafür müssen die Anbieter von KI-Software sorgen. Derartige Hinweise können, wie etwa in diesem Beispiel in der ersten Begrüßungsnachricht oder vor der Nutzung des Chats eingeblendet werden (Hinweise datenschutzrechtlicher Natur zur Nutzung von Chatbots erhalten Sie in Abschnitt 10.14).

11.1.7.3 KI-generierte Nachrichten- und Pressetexte

Betreiber von KI-Systemen, die Texte erzeugen oder manipulieren, müssen diesen KI-Einsatz offenlegen, wenn die Texte dazu dienen, die Öffentlichkeit zu informieren (Art. 50 Abs. 4). Diese Kennzeichnungspflicht betrifft vor allem News-Outlets, aber auch Privatpersonen, die KI-generierte Texte in sozialen Medien oder Blogs an die Öffentlichkeit richten. Die Kennzeichnungspflicht entfällt, wenn die Texte durch eine Redaktion oder sonst wie durch Menschen überprüft (also tatsächlich gelesen) werden und wenn eine inhaltlich verantwortliche Person im Impressum angegeben ist (mehr zur Impressumspflicht erfahren Sie in Abschnitt 2.1.3).

> **Hinweis: Plattformrichtlinien und Kodizes**
>
> Bitte beachten Sie, dass sich, neben den gesetzlichen Pflichten, eine Kennzeichnungspflicht für KI-Inhalte auch aus den AGB der Plattformen, z.B. der sozialen Netzwerke, sowie aufgrund von Branchenkodizes ergeben könnte. Zum Zeitpunkt der Veröffentlichung dieses Buchs hat sich jedoch zumindest der deutsche Presserat gegen die Aufnahme einer expliziten Kennzeichnungspflicht entschieden.

11.1.7.4 Kennzeichnungspflichten nach anderen Vorschriften

Auch wenn die Kennzeichnungspflicht für Deepfakes, Nachrichtentexte und Anbieter erst ab dem 2. August 2026 beachtet werden muss, können sich Kennzeichnungspflichten z.B. aus dem Verbraucherrecht ergeben, etwa aufgrund der Vorgaben sozialer Netzwerke oder um Verwechslungen digitaler Personen mit möglicherweise existierenden menschlichen Ebenbildern zu vermeiden. Bitte beachten Sie die ausführlichen Hinweise zu Kennzeichnungspflichten in Abschnitt 4.6, das KI-Inhalte zum Thema hat.

11.1.8 Black-Box-Problem und Diskriminierung

Aufgrund der Komplexität von KI-Systemen können beim Einsatz schnell Fehler auftreten. Diese resultieren häufig aus unzureichenden Datengrundlagen oder mangelnder Transparenz in den KI-Prozessen. Im folgenden Abschnitt erfahren Sie, wie solche Fehler entstehen können und auf welche rechtlichen Stolperfallen Sie dabei achten müssen. Zudem wird am Beispiel der Diskriminierung von Bewerbern gezeigt, welche Folgen diese Fehler haben können.

11.1.8.1 Black-Box-Problem

Zu den wesentlichen Merkmalen einer künstlichen Intelligenz gehört ihre Eigenständigkeit besonders beim Lösen der ihr übertragenen Aufgaben (die Autonomie wird im Rahmen der Definition der KI in Abschnitt 11.1.1 erläutert).

Die Schattenseite dieser Autonomie ist, dass viele Denkprozesse der künstlichen Intelligenz für Menschen, die mit ihr umgehen, häufig nicht nachvollziehbar sind (sogenanntes Black-Box-Problem, siehe Abbildung 11.6). Das bedeutet, dass die Nutzer der KI nicht wirklich wissen, wie die KI zu ihrem Ergebnis gekommen ist.

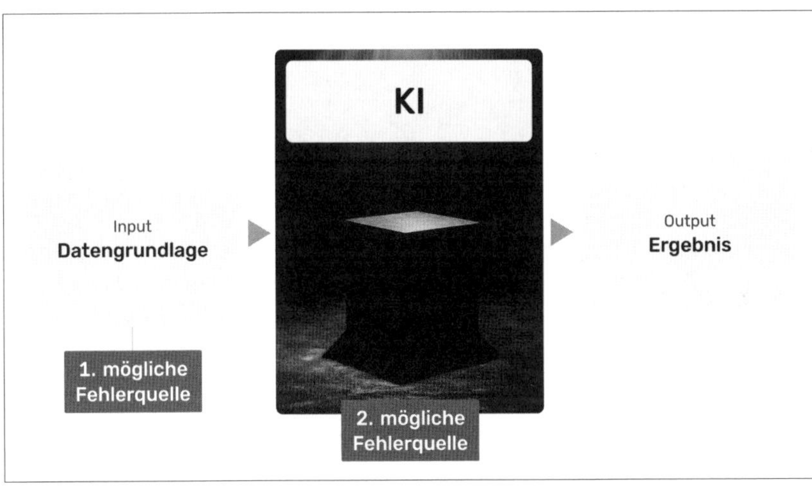

Abbildung 11.6: Diese Abbildung veranschaulicht die möglichen Fehlerquellen beim Einsatz von KI. Dazu gehört zum einen die Datengrundlage, also die der KI zur Verfügung gestellten Daten und Eingaben (Prompts). Zum anderen kann die KI Fehler bei der Verarbeitung dieser Daten begehen, ohne dass diese Fehler für den KI-Nutzer nachvollziehbar sind (Black-Box-Problem).

Das kann mitunter dazu führen, dass einer künstlichen Intelligenz besondere logische Fähigkeiten zugeschrieben werden, obwohl sie lediglich auf Grundlage von statistischen Wahrscheinlichkeiten arbeitet (daher wird KI zuweilen ironisch als *stochastischer Papagei* bezeichnet).

Als Folge kann eine Vielzahl von Fehlern auftreten, die praktisch alle Rechtsgebiete berühren. Eine KI kann z.B. fehlerhafte Geschäftsentscheidungen vorschlagen oder zur Diskriminierung von Menschen führen (siehe Abschnitt 11.1.8.2).

11.1.8.2 Fehlerhafte Datengrundlage

Die Fehlerquelle kann nicht nur im Verarbeitungsprozess, sondern auch in der Datengrundlage liegen, also den Informationen, die der KI zur Verfügung gestellt wurden (siehe Abbildung 11.7).

Name	Geschlecht	Abteilung	Jahr Eintritt
Reiner Stoll	männlich	Qualitätssicherung	1985
Anatol Gutknecht-Löwer	männlich	Marketing	1996
Leif Schüler	männlich	Einkauf	1974
Dipl.-Ing. Ricardo Karge	männlich	Personalwesen	1968
Karl-Heinrich Buchholz	männlich	Vertrieb	1966
Uld Oderwald	männlich	Entwicklung	1996
Herr Necati Kuhl B.Eng.	männlich	IT	1989
Clemens Juncken-Roht	männlich	IT	1971
Hinrich-Jessel	männlich	Qualitätssicherung	1979
Janos Ackermann	männlich	IT	1974

Abbildung 11.7: Wenn eine KI zur Auswahl von Bewerbern eingesetzt wird, muss darauf geachtet werden, dass sie bei der Bewerberauswahl nicht nach Geschlecht, Alter oder Ethnie diskriminiert. Dies kann z.B. passieren, wenn, wie in diesem fiktiven Beispiel, die KI auf die bisherige Mitarbeiterhistorie zurückgreifen kann und dort sieht, dass bisher nur Männer eingestellt wurden. Führt eine derart voreingenommene Datengrundlage dazu, dass Bewerberinnen abgelehnt werden, steht ihnen ein Schadensersatzanspruch wegen Verletzung des Allgemeinen Gleichbehandlungsgesetzes (AGG) zu, der bis zu drei Bruttomonatsgehälter betragen kann (§§ 1, 15 Abs. 2 AGG). Das würde auch gelten, wenn die KI nur auf Männer zugeschnittene Stellenanzeigen formulieren würde.

KI-Systeme funktionieren grob gesagt dadurch, dass sie die vorhandenen Daten auslesen, darin nach Mustern und statistischen Zusammenhängen suchen und daraus ihre Entscheidungen ableiten. Das bedeutet, dass der althergebrachte Grundsatz der IT-Technik, »Garbage in, Garbage out« – nämlich dass fehlerhafte Daten zu fehlerhaften Entscheidungen führen –, auch im Fall von KI gilt.

Das bedeutet, Sie müssen nicht nur die KI-Ergebnisse kontrollieren, sondern auch die Daten, die Sie in die KI eingegeben haben. Dies können z.B. Umsatzberichte sein, auf deren Grundlage eine neue Geschäftsstrategie erarbeitet wird, aber auch die Auswahl von Bewerbern, die durch voreingenommene Datensätze zur rechtswidrigen und schadensersatzpflichtigen Diskriminierung von Bewerbern führen kann (siehe Abbildung 11.7).

Checkliste: KI-Fehler und Diskriminierung vermeiden

1. Sicherstellung von Transparenz und Nachvollziehbarkeit:

- Den Einsatz von Black-Box-Modellen und Situationen vermeiden, bei denen Entscheidungsprozesse der KI nicht nachvollziehbar sind.
- Regelmäßige Audits der KI-Modelle durchführen, um Fairness, Transparenz und rechtliche Konformität zu gewährleisten.
- Menschliche Kontrolle sicherstellen – KI sollte keine endgültigen Entscheidungen ohne menschliche Aufsicht treffen.
- KI-Vorschläge nicht ungeprüft übernehmen, besonders wenn mögliche Fehler erhebliche wirtschaftliche oder rechtliche Konsequenzen haben können.
- Mitarbeitende schulen, damit sie sich der ethischen Risiken und rechtlichen Vorgaben im Umgang mit KI bewusst sind.

2. Förderung von Fairness und Vermeidung von Diskriminierung:

- Trainingsdaten auf Verzerrungen prüfen, um Benachteiligungen bestimmter Gruppen zu verhindern.
- KI-Ergebnisse regelmäßig überprüfen, um unbewusste Diskriminierung aufzudecken.
- Insbesondere in diskriminierungssensiblen Bereichen sollte KI nicht autonom entscheiden.
- Finanzielle Risiken im Auge behalten: Diskriminierende Entscheidungen durch KI können zu Schadensersatzansprüchen führen.

11.1.9 Pflicht zur KI-Kompetenz

Der Gesetzgeber verlangt, dass Betreiber und Anbieter von KI-Systemen sicherstellen, dass ihr Personal über angemessene Kenntnisse im Bereich KI verfügt (Art. 4 der KI-Verordnung). Diese »KI-Kompetenz« umfasst die Fähigkeit, KI-Systeme sachgemäß zu nutzen, sowie die Fähigkeit, Chancen, Risiken und potenzielle Schäden zu erkennen. Unternehmen oder Organisationen müssen diese Kompetenz besitzen, sobald KI eingesetzt wird.

11.1.9.1 Umfang der KI-Kompetenz

Der erforderliche Umfang der KI-Kompetenz richtet sich nach den Risiken, die die KI für Verbraucher, Nutzerinnen und Nutzer, Mitarbeitende oder andere Dritte birgt. Bei der Erstellung von Bildern mit KI sind die Anforderungen geringer als bei der Nutzung biometrischer Verfahren. Im ersten Fall reicht eine Einweisung und Informationen zu Datenschutz und Urheberrechten aus, im zweiten Fall ist eine ausführliche Schulung nötig.

11.1.9.2 Folgen fehlender KI-Kompetenz

Die Kompetenz im Umgang mit Künstlicher Intelligenz (KI) wird nicht direkt von Aufsichtsbehörden überprüft oder mit Bußgeldern sanktioniert. Allerdings kann das

Fehlen dieser Fähigkeit rechtliche Verstöße begünstigen. Außerdem könnten die Konsequenzen gravierender sein, wenn eine KI-Kompetenz des Personals nicht nachgewiesen werden kann. Mögliche Nachteile sind:

- **Bußgelder nach der KI-VO:** Verstöße gegen die oben genannten KI-Verbote können ein Bußgeld von bis zu 35 Millionen Euro oder 7% des weltweiten Jahresumsatzes nach sich ziehen (siehe Abschnitt 11.1.11).
- **Bußgelder nach der DSGVO:** Die fehlende KI-Kompetenz wirkt sich ebenfalls als ein bußgelderhöhender Faktor bei der Berechnung von DSGVO-Bußgeldern aus, die bis zu 20 Millionen Euro oder 4% des weltweiten Jahresumsatzes betragen können (siehe Abschnitt 10.17).
- **Schadensersatz:** Eine fehlende KI-Kompetenz kann sich auch auf den Verschuldensgrad und damit die Höhe von Schadensersatzansprüchen auswirken, die z.B. aufgrund von Datenschutz- oder Urheberrechtsverletzungen gezahlt werden müssen.
- **Persönliche Haftung der Geschäftsführung und leitender Angestellter:** Sorgen die Geschäftsführung oder die zuständigen leitenden Angestellten nicht für eine ausreichende KI-Kompetenz, können sie wegen unterlassener Schulungsmaßnahmen persönlich für die KI-Verstöße der Mitarbeitenden in Haftung genommen werden.

Es ist essenziell, dass die Mitarbeitenden einer Organisation, die KI-Werkzeuge und KI-Anwendungen einsetzt, zumindest Grundkenntnisse über mögliche Risiken, deren Folgen und Vermeidungsmöglichkeiten beim KI-Einsatz haben. Denn in der Praxis entstehen viele Fehler aus Unwissenheit oder Unkenntnis, selbst in einfachen Situationen wie der Formulierung einer E-Mail durch KI (siehe Abbildung 11.8).

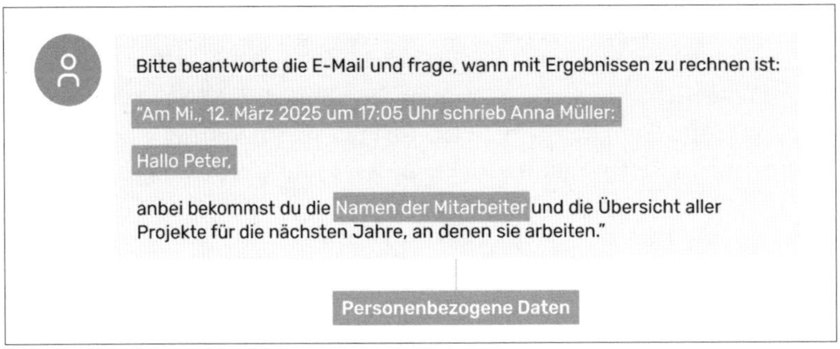

Abbildung 11.8: Zur KI-Kompetenz gehört auch das Wissen, dass bereits das Kopieren einer Geschäfts-E-Mail in KI-Systeme (wie in diesem Bildbeispiel), die solche Daten für ihr Training nutzen können, einen Verstoß gegen den Datenschutz sowie eine Verletzung von Geschäftsgeheimnissen bedeuten kann (zum Datenschutz beim KI-Einsatz siehe Abschnitt 11.2). Die Nutzung von Daten für Trainingszwecke ist insbesondere bei kostenlosen KI-Angeboten der Fall.

11.1.9.3 KI-Richtlinien und Schulungen

Um sicher nachweisen zu können, dass Mitarbeitende die Risiken des KI-Einsatzes kennen und zu deren Vermeidung verpflichtet wurden, sollten obligatorische KI-Richtlinien, Einweisungen und Schulungen eingeführt werden. KI-Richtlinien bieten dabei verbindliche Erklärungen und Verhaltenspflichten und dienen als Nachweis einer Basiskompetenz (weitere Hinweise zu den KI-Richtlinien erhalten Sie in Abschnitt 17.1.2.1, ein Muster finden Sie in Anhang C zu diesem Buch). Zusätzlich zu den KI-Richtlinien sollten Mitarbeitende im Umgang mit spezifischen KI-Tools sowie zu den damit verbundenen Risiken geschult und in diese eingewiesen werden.

> **Hinweis: Braucht jedes Unternehmen einen KI-Beauftragten?**
>
> Im Gegensatz zum Datenschutzbeauftragten gibt es in der KI-Verordnung keine Pflicht zur Ernennung eines KI-Beauftragten. Eine solche Position kann jedoch notwendig werden, insbesondere beim Einsatz von KI im Hochrisikobereich, wenn spezielle Fachkenntnis, Kontrolle und Koordination erforderlich sind (z.B. bei Hochrisiko-KI-Systemen entsprechend Abschnitt 11.1.6). Die Bezeichnung der Stelle ist gesetzlich ebenfalls nicht festgelegt und kann z.B. KI-Beauftragter, AI Officer oder KI-Manager lauten.

11.1.10 Neben der KI-VO zu beachtende Gesetze

Die KI-Verordnung ergänzt die bestehenden Vorschriften, ersetzt sie aber nicht. Das bedeutet, dass beim Einsatz von KI immer zu prüfen ist, dass nicht nur die KI-Verordnung, sondern auch die anderen einschlägigen Gesetze beachtet werden. Zu den wichtigsten neben der KI-VO zu beachtenden Gesetzen gehören:

- **DSGVO:** Bei der Verarbeitung personenbezogener Daten durch KI müssen die Vorgaben der Datenschutz-Grundverordnung beachtet werden, etwa wenn Mitarbeitende KI-Systeme nutzen (weitere Hinweise hierzu erhalten Sie unten in Abschnitt 11.2).
- **Geschäftsgeheimnisschutzgesetz:** Geschäftsgeheimnisse sind nur geschützt, wenn sie angemessen vor ungewollter Offenbarung geschützt werden (§ 2 Abs. 1b) GeschGehG). Mitarbeiter müssen darum angehalten werden, z.B. E-Mails mit Geschäftsgeheimnissen ohne ausdrückliche Freigabe nicht für Zwecke der Schreibkorrektur an ein fremdes KI-System zu übermitteln (siehe Abschnitt 11.3).
- **Urheberrecht:** Die unerlaubte Nutzung urheberrechtlich geschützter Werke zur Schulung von KI stellt einen Urheberrechtsverstoß dar. Weitere Hinweise finden Sie im Abschnitt zur Erstellung von Inhalten mithilfe von KI in Kapitel 4.
- **Persönlichkeitsrechte:** Durch KI erstellte Abbildungen von Prominenten können, wie in Abschnitt 6.5 dargestellt, Persönlichkeitsrechte verletzen.
- **Wettbewerbs- und Markenrecht:** KI kann z.B. eingesetzt werden, um Werbetexte zu generieren oder Werbeideen und Konzepte zu erstellen. Wenn die KI

jedoch wettbewerbswidrige Inhalte wie unbelegte Superlative (»Wir sind die Besten«) erstellt oder Marken von Wettbewerbern nutzt, haften die Anwender für Rechtsverstöße (dazu mehr in Kapitel 12 und Abschnitt 7.1).

11.1.11 Sanktionen bei Verstoß gegen die KI-VO

Die KI-Verordnung sieht ein dreistufiges Sanktionssystem vor, das je nach Schwere des Verstoßes verschiedene Bußgelder androht (Art. 99 Abs. 3 bis 5 KI-VO):

- **7 % des weltweiten Jahresumsatzes bzw. bis zu 35 Millionen Euro, je nachdem, welche Summe höher ist:** Dieses Bußgeld droht bei Einsatz verbotener KI-Systeme (Art. 5 KI-VO) oder Nichterfüllung der Qualitätskriterien für Daten bei Hochrisiko-KI-Systemen (Art. 10 KI-VO).
- **3 % des weltweiten Jahresumsatzes bzw. bis zu 15 Millionen Euro, je nachdem, welche Summe höher ist:** Dies betrifft etwa den Einsatz von Hochrisiko-KI-Systemen ohne die erforderlichen technischen und organisatorischen Maßnahmen, das Fehlen von KI-Beauftragten oder die fehlende Kennzeichnung von Deepfakes.
- **1 % des weltweiten Jahresumsatzes bzw. bis zu 7,5 Millionen Euro, je nachdem, was höher ist:** Dieses Bußgeld droht, wenn falsche Informationen an Behörden gegeben werden.

Für KMU und Start-ups gilt jeweils der um eine Stufe niedrigere Betrag, der sich aus den genannten Prozentsätzen oder Summen ergibt (d. h., für den Einsatz verbotener KI-Systeme beispielsweise droht bei einem KMU ein Bußgeld von 3 % statt 7 %). Als KMU gelten in der EU Unternehmen, die weniger als 250 Mitarbeiter beschäftigen und einen jährlichen Umsatz von höchstens 50 Millionen Euro oder eine jährliche Bilanzsumme von höchstens 43 Millionen Euro haben (festgelegt in der EU-Empfehlung 2003/361).

Tipp: Compliance

Die Einhaltung der KI-VO sollte auch im Interesse der Geschäftsführung liegen (siehe Abschnitt 11.1.9.2), da sie persönlich haftet, wenn keine notwendigen Maßnahmen zur Einhaltung der KI-VO ergriffen wurden.

Checkliste für Betreiber von KI-Systemen gemäß KI-VO

1. Prüfung, ob es sich um ein KI-System im Sinne der KI-VO handelt:

- Es muss sich um ein maschinelles System handeln (also auf Computersoftware basierend).
- Das System muss in der Lage sein, aus Erfahrungen zu lernen und sich zu verbessern, ähnlich wie ein Mensch durch Übung lernt (z. B. durch das Sammeln von Informationen und das Erkennen von Mustern, um bessere Entscheidungen zu treffen).

- Das KI-System arbeitet autonom und verarbeitet Informationen selbstständig, um Vorhersagen zu treffen, Inhalte zu erstellen, Empfehlungen zu geben oder Entscheidungen zu fällen, ohne dass ständig menschliches Eingreifen erforderlich ist.
- Praxistipp: Wenn etwas als »KI« bezeichnet wird, sollte grundsätzlich angenommen werden, dass die KI-Verordnung relevant ist und die Voraussetzungen für den Einsatz von KI überprüft werden müssen. Nur wenn klar nachgewiesen werden kann, dass es sich nicht um KI handelt, kann von dieser Annahme abgewichen werden.

2. Prüfung, ob es sich um eine verbotene KI-Praktik handelt:

- Unterschwellige Beeinflussung und manipulative Techniken.
- Ausnutzung der Schutzbedürftigkeit von Personen.
- Social Scoring auf Verhalten oder Merkmalen basierend.
- Vorhersage krimineller Aktivitäten durch Profiling.
- Erstellung von privaten Gesichtserkennungsdatenbanken.
- Emotionserkennung am Arbeitsplatz und in Bildungseinrichtungen.
- Biometrische Kategorisierung nach sensiblen Merkmalen.
- Biometrische Überwachung im öffentlichen Raum.

3. Prüfung, ob es sich um ein Hochrisiko-KI-System handelt:

- Biometrische Identifikation und Gesichtserkennung.
- Steuerung kritischer Infrastruktur.
- Bildungsbewertung und Prüfungsüberwachung.
- Personalmanagement: Einstellung und Leistungsbewertung.
- Kreditwürdigkeit und Versicherungsrisikobewertung.
- Notfalldienstklassifizierung.
- Strafverfolgung: Lügendetektoren und Beweisbewertung.
- Bewertung von Sicherheits- und Migrationsrisiken.
- Unterstützung von Justizbehörden.
- KI zur Wahlbeeinflussung.

4. Transparenzpflichten (ab 2. August 2026):

- Interaktion und KI-Inhalte: Anbieter von KI-Systemen müssen Nutzer darüber informieren, dass sie mit einem KI-System interagieren, und müssen KI-Ergebnisse in maschinenlesbarem Format kennzeichnen.
- Deepfakes: Wer Deepfakes erstellt oder manipuliert, also täuschend echte Abbildungen oder Videos von existierenden Personen, Gegenständen, Orten, Einrichtungen oder Ereignissen erzeugt, muss diese als »KI-Erzeugnisse« kennzeichnen. Eine Kennzeichnung ist jedoch nicht erforderlich, wenn es sich um »erfundene« Personen, Orte etc. handelt.

5. KI-Kompetenz:

- Es muss mittels KI-Richtlinien und Weiterbildungen sichergestellt sein, z. B. durch Instruktionen und Schulungen, dass Mitarbeitende über ausreichende technische Kenntnisse und Erfahrungen verfügen.
- Beachtung anderer Rechtsvorschriften: DSGVO, Geschäftsgeheimnisschutzgesetz, Urheberrecht und Wahrung von Persönlichkeitsrechten.

5. Sanktionen bei Verstößen:

- Bis zu 35 Millionen Euro oder 7% des Jahresumsatzes für den Einsatz von verbotenen KI-Systemen.
- Bis zu 15 Millionen Euro oder 6% des Jahresumsatzes für den unerlaubten Einsatz von Hochrisiko-KI-Systemen oder die fehlende Kennzeichnung von Deepfakes.

11.2 Zulässigkeit der KI-Nutzung entsprechend der DSGVO

In der Praxis spielt die datenschutzrechtliche Zulässigkeit von KI-Systemen nach der DSGVO mindestens eine ebenso große Rolle wie die Beachtung der KI-Verordnung.

Selbst wenn der Einsatz der KI-Software nach der KI-VO erlaubt ist, müssen Sie trotzdem die Vorgaben der DSGVO prüfen. Dies ist wichtig, auch wenn sich am Ende herausstellen sollte, dass die DSGVO nicht relevant ist. Im Folgenden finden Sie wichtige Datenschutzaspekte, die Sie vor dem Einsatz der KI prüfen und ihre Prüfung protokollieren müssen (die Rechenschaftspflicht im Datenschutz wird in Abschnitt 10.9 erläutert). Dieses Kapitel setzt Grundkenntnisse im Datenschutz voraus.

Es ist zu empfehlen, es erst dann zu lesen, nachdem Sie das Kapitel 10 gelesen haben.

Tipp: Betriebsrat bzw. Personalrat einbinden

Arbeitgeber mit Betriebsrat bzw. Personalvertretung müssen diese Personalvertretungen im Rahmen der Regelungen von KI-Maßnahmen für Mitarbeitende einbinden, da KI-Systeme potenziell Möglichkeiten der Überwachung der Mitarbeitenden regeln können (§ 87 Absatz 1 Nr. 6 BetrVG).

11.2.1 Verarbeitung personenbezogener Daten und DSGVO-Relevanz

Datenschutzrechtlich ist der Einsatz von KI relevant, wenn dabei personenbezogene Daten verarbeitet werden. Darunter fallen Daten, die es ermöglichen, eine Person zu identifizieren, wie Name, Adresse und Telefonnummer, aber auch alle mit diesen Daten verbundenen Informationen (z.B. Schriftstücke, Personenbilder etc.). Weitere Hinweise zum Personenbezug erhalten Sie in Abschnitt 10.1.1.

Beispiele zur Verdeutlichung der Abgrenzung:

- Personenbezug:
  - Eingabe von Texten oder Dateien mit identifizierenden Angaben zu Personen (z.B. Personenbilder, E-Mails oder Vertragsdokumente).

- KI über eine Schnittstelle mit einem E-Mail-Programm verbinden oder Datensätze mit Nutzer- oder Kundendaten auswerten.
- KI-Chatbots im Kundenservice.

- Kein Personenbezug:
  - Generieren von Code, Bildern oder Marketingtexten.
  - Eingabe und Einholen von technischen Informationen ohne Bezug zu konkreten Personen.

11.2.2 Zulässigkeit und Rechtsgrundlage des Einsatzes der KI

Die DSGVO bestimmt, dass jede Verarbeitung personenbezogener Daten zunächst verboten ist und nur durch spezielle Erlaubnistatbestände gerechtfertigt werden kann (mehr dazu in Abschnitt 10.1.4). Es kommen vor allem die folgenden Erlaubnisgrundlagen infrage, wobei zunächst der Zweck der KI-Nutzung festgelegt werden muss:

- **Erfüllung von Vertragspflichten:** Diese Grundlage gilt, wenn die KI zur Vertragserfüllung eingesetzt wird, z.B. wenn eine Agentur eine KI als Arbeitsmittel nutzt.
- **Berechtigte Interessen:** Betriebswirtschaftliche Interessen sind zulässig, solange sie die Rechte der Betroffenen nicht überwiegen. Dies ist insbesondere dann der Fall, wenn Betroffene nicht mit der konkreten Verarbeitung ihrer Daten rechnen konnten. Beispielsweise kann durchaus argumentiert werden, dass Agenturkunden heutzutage mit dem Einsatz von KI-Software zu Korrekturzwecken beim E-Mail-Versand oder zur Erstellung generischer Bilder etwa für die Bebilderung von Anzeigen rechnen müssen (auf den Einsatz von KI im Rahmen von Kundenverhältnissen wird in Abschnitt 4.8 vertieft eingegangen). Sie müssen jedoch nicht davon ausgehen, dass ihre Namen, E-Mail-Adressen und der E-Mail-Verlauf von der verwendeten KI zu Trainingszwecken genutzt werden (siehe Abbildung 11.8).
- **Einwilligung:** Diese Option ist hilfreich, wenn keine andere Rechtsgrundlage greift, birgt jedoch Nachteile wie die jederzeitige Widerrufbarkeit und einen erhöhten Verwaltungsaufwand.

11.2.3 Verbot automatisierter Entscheidungen im Einzelfall

Die Datenschutz-Grundverordnung (DSGVO) verbietet grundsätzlich Entscheidungen, die ausschließlich auf einer automatisierten Verarbeitung personenbezogener Daten beruhen, wenn diese Entscheidungen für den Betroffenen rechtliche Auswirkungen haben oder ihn in ähnlicher Weise erheblich beeinträchtigen (Art. 22 DSGVO). Dies betrifft auch künstliche Intelligenz (KI), die zur Automatisierung von Entscheidungen eingesetzt wird. Ein typisches Beispiel hierfür ist die automatische Bonitätsprüfung, die beispielsweise zu einer Ablehnung eines Kreditantrags führen kann, ohne dass ein Mensch in den Entscheidungsprozess eingreift. Ein weiterer Fall kann die automatische Auswahl von Bewerbern sein (siehe Abbildung 11.9).

Eine Ausnahme kann nur im folgenden Fall gemacht werden:

- **Menschliche Endprüfung:** Eine menschliche Endprüfung findet statt, die nicht in einem bloßen »Durchwinken« besteht (siehe Abbildung 11.9). Es muss eine echte, unabhängige Beurteilung erfolgen. Ein Beispiel: Ein Algorithmus lehnt einen Kredit ab, aber ein Bankmitarbeiter überprüft den Fall und trifft eine endgültige Entscheidung.
- **Einwilligung:** Eine Einwilligung der betroffenen Personen liegt vor. Zum Beispiel kann ein Onlineshop eine personalisierte Produktempfehlung auf Grundlage bisheriger Käufe anbieten, wenn ein Kunde dem zugestimmt hat.
- **Notwendigkeit für die Vertragserfüllung:** Eine Ausnahme ist auch zulässig, wenn die Entscheidung notwendig ist, um einen Vertrag zu erfüllen. Dies könnte der Fall sein, wenn etwa für den Abschluss eines Onlineabonnements eine Bonitätsprüfung durchgeführt wird, die automatisch erfolgt, aber notwendig ist, um den Vertrag überhaupt abschließen zu können.

Betroffene Personen müssen immer darüber informiert werden, wenn sie von einer automatisierten Entscheidung betroffen sind. Darüber hinaus haben sie das Recht, in solchen Fällen eine menschliche Prüfung der Entscheidung zu verlangen, ihren Standpunkt darzulegen und die Entscheidung anzufechten. Dies stellt sicher, dass der Mensch weiterhin die Kontrolle über wichtige Entscheidungen behält.

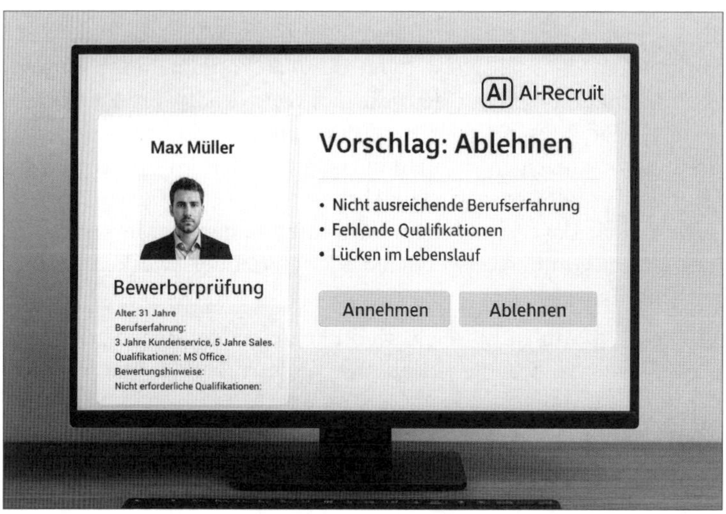

Abbildung 11.9: Eine KI, die automatisch Bewerber auswählt, trifft eine wesentliche Entscheidung im Einzelfall, was gemäß § 22 DSGVO datenschutzrechtlich unzulässig ist, da die Interessen der Bewerber schwerer wiegen als günstige Auswahlmethoden. KI kann jedoch, wie im Bildbeispiel, unterstützend bei der Bewerberauswahl eingesetzt werden, solange ein Mensch die Entscheidung trifft. Dabei muss aber gewährleistet sein, dass die Vorschläge der KI nachvollziehbar sind, um Fehler und Diskriminierung zu vermeiden (siehe Abschnitt 11.1.8). Zudem handelt es sich hier um ein Hochrisiko-KI-System (Abschnitt 11.1.6), das speziellen Pflichten der KI-Verordnung unterliegt.

11.2.4 Einwilligung in die Datennutzung für das KI-Training

Ein besonders hohes Risiko eines Datenschutzverstoßes liegt vor, wenn KI-Anwendungen eingesetzt werden, die personenbezogene Daten für eigene Trainingszwecke verarbeiten.

Daher wird grundsätzlich nicht empfohlen, KI-Werkzeuge für berufliche Zwecke zu nutzen, wenn diese Ihre Eingaben zum Training ihrer Algorithmen verwenden. Das gilt insbesondere für kostenlose Dienstleistungen, bei denen Sie die Eingaben und Daten-Uploads im Tausch für die KI-Nutzung dem KI-Anbieter zur Verfügung stellen müssen (dies ist in der Regel den AGB zu entnehmen, siehe Abbildung 11.10).

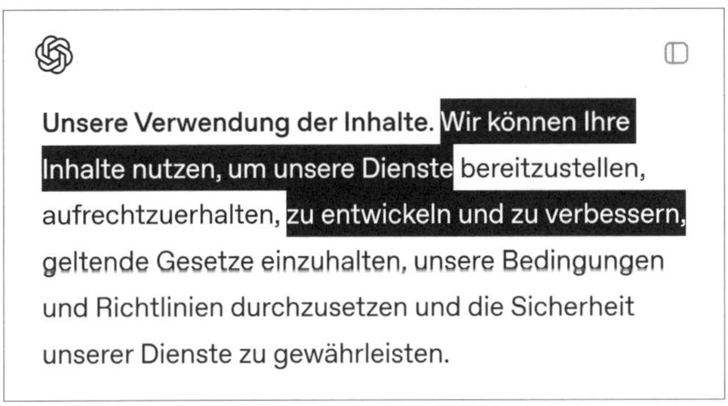

Unsere Verwendung der Inhalte. Wir können Ihre Inhalte nutzen, um unsere Dienste bereitzustellen, aufrechtzuerhalten, zu entwickeln und zu verbessern, geltende Gesetze einzuhalten, unsere Bedingungen und Richtlinien durchzusetzen und die Sicherheit unserer Dienste zu gewährleisten.

Abbildung 11.10: In den Nutzungsbedingungen von KI-Anwendungen wird üblicherweise festgelegt, ob Ihre Daten für das Training der KI genutzt werden dürfen. Dies kann auch indirekt formuliert sein, beispielsweise durch Formulierungen wie »um unsere Dienste zu entwickeln und zu verbessern«, wie in diesem Ausschnitt der Nutzungsbedingungen der kostenlosen Version von ChatGPT (openai.com/de-DE/policies/row-terms-of-use/, Stand 09.04.2025, Hervorhebung vom Verfasser). Eine datenschutzkonforme Nutzung von KI-Anwendungen ist daher in der Regel nur bei den kostenpflichtigen Versionen möglich.

Sollten Sie dennoch ein bestimmtes KI-Werkzeug zwingend benötigen oder ein eigenes KI-Modell trainieren wollen, müssen Sie die Einwilligung der Personen einholen, deren personenbezogene Daten dafür verarbeitet werden. Dabei ist es wichtig, die Einwilligenden – z.B. Kunden oder Nutzer – darüber zu informieren, dass nach einem Widerruf der Einwilligung zwar die Lerngrundlagen wie Bilder, Texte oder Videos gelöscht werden können, die auf diesen Daten basierenden Lernprozesse der KI jedoch nicht rückgängig gemacht werden können.

11.2.5 Rechtsbeziehung und Verträge

Ein zentraler Aspekt der DSGVO ist die Bestimmung der datenschutzrechtlichen Verantwortlichkeit. Diese legt fest, welche datenschutzrechtlichen Vereinbarungen nötig sind und wer z.B. Nutzeranfragen beantworten muss. Es gibt drei mögliche Szenarien:

- **Alleinverantwortung:** Der Anbieter der KI-Software ist allein für die Verarbeitung der eingegebenen Daten verantwortlich (siehe Abschnitt 10.5.3). Das ist bei den kostenlosen KI-Modellen häufig der Fall, die sich dafür vorbehalten, diese Daten für Zwecke des KI-Trainings zu nutzen. Daher ist diese Konstellation datenschutzrechtlich als unsicher zu betrachten (siehe Abbildung 11.10).

- **Auftragsverarbeitung:** Kostenpflichtige KI-Angebote beinhalten die Möglichkeit des Abschlusses sogenannter Auftragsverarbeitungsverträge (siehe Abschnitt 10.5.1). Diese Konstellation kommt in der Praxis am häufigsten vor. Die Anbieter der KI-Software handeln dann weisungsgebunden und nutzen die Eingaben der Nutzer nur für die Beantwortung der Anfragen, aber nicht für Trainingszwecke der eigenen KI (siehe Abbildung 11.11).
- **Gemeinsame Verantwortlichkeit:** Eine Konstellation, in der derjenige, der ein KI-System nutzt, mit dessen Anbieter datenschutzrechtlich gemeinsam verantwortlich ist. Das läge z. B. vor, wenn zwei Unternehmen gemeinsam ein KI-System betreiben (siehe Abschnitt 10.5.2).

Welche Konstellation zutrifft, hängt von der KI und dem Anbieter ab. In Abschnitt 10.5.5 finden Sie eine Musteranfrage, um dies mit dem Anbieter zu klären.

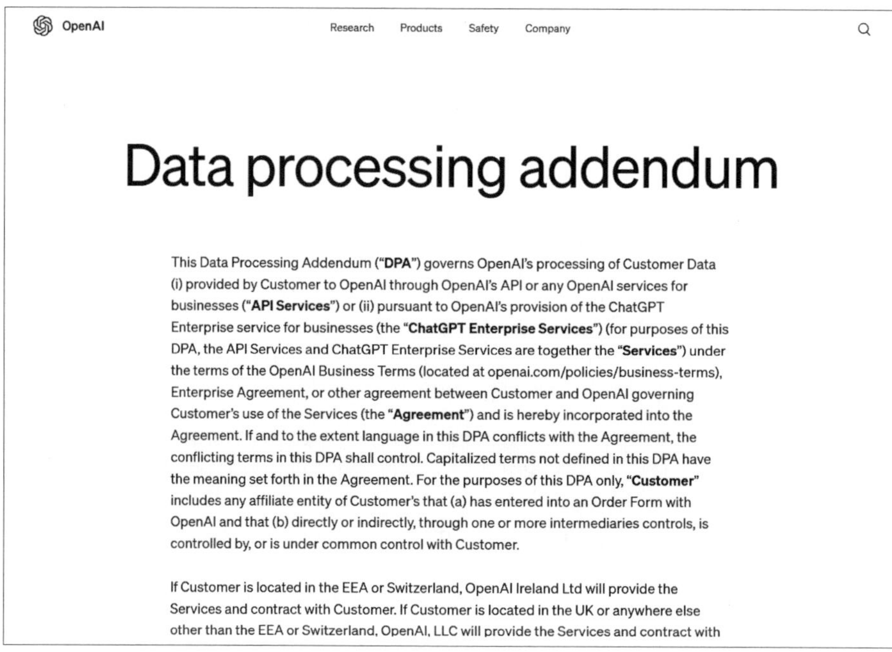
OpenAI   Research   Products   Safety   Company

Data processing addendum

This Data Processing Addendum ("**DPA**") governs OpenAI's processing of Customer Data (i) provided by Customer to OpenAI through OpenAI's API or any OpenAI services for businesses ("**API Services**") or (ii) pursuant to OpenAI's provision of the ChatGPT Enterprise service for businesses (the "**ChatGPT Enterprise Services**") (for purposes of this DPA, the API Services and ChatGPT Enterprise Services are together the "**Services**") under the terms of the OpenAI Business Terms (located at openai.com/policies/business-terms), Enterprise Agreement, or other agreement between Customer and OpenAI governing Customer's use of the Services (the "**Agreement**") and is hereby incorporated into the Agreement. If and to the extent language in this DPA conflicts with the Agreement, the conflicting terms in this DPA shall control. Capitalized terms not defined in this DPA have the meaning set forth in the Agreement. For the purposes of this DPA only, "**Customer**" includes any affiliate entity of Customer's that (a) has entered into an Order Form with OpenAI and that (b) directly or indirectly, through one or more intermediaries controls, is controlled by, or is under common control with Customer.

If Customer is located in the EEA or Switzerland, OpenAI Ireland Ltd will provide the Services and contract with Customer. If Customer is located in the UK or anywhere else other than the EEA or Switzerland, OpenAI, LLC will provide the Services and contract with

Abbildung 11.11: Der Anbieter OpenAI, bekannt für die Tools ChatGPT und DALL-E, bietet ein »Data Processing Addendum« (DPA) an. Es handelt sich hierbei um einen Vertrag zur Auftragsverarbeitung, der zusichert, dass Nutzerdaten nicht für Trainingszwecke der KI verwendet und nur nach Kundenanweisungen verarbeitet werden. Allerdings müssen Sie immer prüfen, ob die angebotenen Verträge auch für das von Ihnen verwendete Lizenzmodell gelten. So sind die DPA fast immer nur für kostenpflichtige Lizenzen vorhanden und können auf bestimmte Nutzungsarten, wie z.B. die »Enterprise«- und die »AP«-Version in dem obigen Beispiel, beschränkt sein.

Vorsicht: Personenbezogene Daten im Kundenauftrag verarbeiten

Wenn Sie, z.B. als Marketingagentur, personenbezogene Daten im Auftrag von Kunden verarbeiten (z.B. Kundendaten analysieren) und dabei KI-Tools einsetzen, müssen Sie dies den Kunden mitteilen. Je nach Konstellation kann zudem eine Genehmigung der Kunden erforderlich sein (z.B. wenn ein Auftragsverarbeitungsvertrag zwischen Kunde und Agentur die Freigabe von Subunternehmern fordert).

11.2.6 Datentransfers außerhalb der EU

Wenn im Rahmen der Nutzung künstlicher Intelligenz personenbezogene Daten von Personen außerhalb der EU, häufig in den USA, verarbeitet werden, müssen die KI-Anbieter sicherstellen, dass ein Datenschutzniveau erreicht wird, das den Anforderungen der DSGVO entspricht. Welche Methoden dafür eingesetzt werden können, erfahren Sie in Abschnitt 10.5.4.

11.2.7 Auskunfts- und Löschungsrechte

Sie müssen auf Anfragen von Personen vorbereitet sein, deren Daten Sie mittels KI verarbeiten (z.B. Kunden im KI-basierten Kundenservice). Diese können z.B. Auskunft, Kopie, Berichtigung oder Löschung von personenbezogenen Daten verlangen (siehe Abschnitt 10.7 und Abschnitt 10.8). Solche Anfragen müssen Sie umgehend beantworten, auch wenn Sie lediglich mitteilen, dass keine personenbezogenen Daten der Anfragenden verarbeitet werden.

Eine solche Anfrage kann unerfüllbar sein und zu Bußgeldern und Schadensersatzpflichten führen, wenn Sie z.B. personenbezogene Daten von Kunden im Rahmen von kostenlosen Tools verarbeitet haben und die Daten so Eingang in KI-Modelle gefunden haben, ohne wieder gelöscht werden zu können (siehe Abschnitt 11.2.4).

Tipp: Simulation einer Anfrage

Prüfen Sie vor dem Einsatz eines KI-Werkzeugs, ob Sie eine simulierte Anfrage eines Ihrer Kunden bzw. Nutzer z.B. zur Auskunft oder Löschung ihrer Daten beantworten können.

11.2.8 Datenschutz-Folgenabschätzung

Bei der Verarbeitung einer großen Menge von Daten mittels KI, z.B. Daten eines großen Kundenbestands oder Daten aller Mitarbeitenden eines großen Unternehmens, sowie bei der Verarbeitung von besonderen Kategorien von Daten, wie z.B. Gesundheitsdaten, ist eine sogenannte Datenschutz-Folgenabschätzung unerlässlich (Art.

35 DSGVO). Es handelt sich dabei um eine ausführliche Prüfung, die von Fachpersonen durchgeführt wird. Während der Prüfung werden die Risiken der KI-Nutzung überprüft und ob die getroffenen Sicherheitsmaßnahmen diese Risiken auffangen können. Eine solche Prüfung sollte auch immer dann durchgeführt werden, wenn Hochrisiko-KI eingesetzt wird (siehe dazu Abschnitt 11.1.6).

Im Rahmen der üblichen Marketingaufgaben ist eine Datenschutz-Folgenabschätzung in der Regel nicht erforderlich. Das könnte anders sein, wenn dort große Mengen von Daten verarbeitet werden, z. B. wenn die KI eines Werbenetzwerks den Nutzern auf Grundlage ihrer Werbeprofile passende Werbeanzeigen ausgibt.

Hinweis: Besondere Kategorien von Daten

Besondere Vorsicht ist bei der Verarbeitung sogenannter besonderer Kategorien von Daten (Art. 9 Abs. 1 DSGVO) geboten, wie z.B. Gesundheitsdaten, biometrische Daten oder Daten, die die ethnische Zugehörigkeit, die sexuelle Orientierung oder politische Präferenzen betreffen. In diesen Fällen gelten besonders strenge Anforderungen, deren Missachtung hohe Bußgelder nach sich ziehen kann. Daher sollten Sie ohne fachliche Prüfung keine sensiblen Daten wie z.B. Gesundheitsdaten in externe KI-Systeme eingeben.

11.2.9 Rechenschaftspflichten

Bei allen Prüfungspunkten sollten Sie immer davon ausgehen, dass die Beweislast für den rechtmäßigen Einsatz der KI bei Ihnen liegt. Das heißt, dass Sie die in diesem Kapitel beschriebenen Voraussetzungen der zulässigen Nutzung nachweisen können müssen. In der Praxis bedeutet dies, dass Sie alle Aspekte der Nutzung, angefangen bei der Prüfung der Zulässigkeit, protokollieren sollten.

Hinweis: Verzeichnis von Verarbeitungstätigkeiten

Das Datenschutzmanagement erfordert ein internes Verzeichnis von Verarbeitungsprozessen (Genaueres hierzu erfahren Sie in Abschnitt 10.9). In diesem Verzeichnis sollte auch der Einsatz der KI und der eingesetzten Anbieter unter Nennung der Zwecke, der Rechtsgrundlagen und der verarbeiteten Daten eingetragen werden.

11.2.10 Informationspflichten in der Datenschutzerklärung

Sie müssen betroffene Personen, wie Nutzer oder Kunden, in Ihrer Datenschutzerklärung über den Einsatz von KI-Verfahren und -Tools informieren. Die Anbieter der KI-Werkzeuge sollten dabei als Datenempfänger genannt werden (die Inhalte einer Datenschutzerklärung werden in Abschnitt 10.6.2 aufgeführt).

11.2.11 Verbot mit Erlaubnisvorbehalt für Mitarbeitende

Beim Einsatz von KI-Werkzeugen müssen Risiken auf Mitarbeiterebene berücksichtigt werden. Mitarbeitende könnten zum einen ihre Privatsphäre und die Datensicherheit gefährden, wenn sie persönliche Daten als Prompts eingeben oder identifizierende Nutzerkonten verwenden. Zum anderen kann der Einsatz von KI zu Risiken für andere Personen oder Unternehmen führen, wenn z.B. E-Mails mit Kundendaten oder Informationen von Geschäftspartnern in KI-Systemen verarbeitet werden (siehe Abbildung 11.13).

Die Nutzung von KI kann auch Risiken für Dritte darstellen, etwa wenn KI-gestützt E-Mails beantwortet werden und dabei Daten Dritter in Trainingsdaten der KI Eingang finden. Um diesen Risiken zu begegnen, wird ein zweistufiges Vorgehen empfohlen:

- **Untersagung:** Im ersten Schritt wird den Mitarbeitern untersagt, KI-Systeme für betriebliche Zwecke ohne Freigabe zu nutzen (siehe Abbildung 11.12).
- **Beschränkte Erlaubnis**: Im zweiten Schritt können Sie bestimmte KI-Nutzungen erlauben, auch individuell je Mitarbeiter oder unter dem Vorbehalt einer erfolgreichen KI-Schulung und beschränkt auf bestimmte KI-Anwendungen, die datenschutzrechtlich geprüft und freigegeben wurden.

Der Vorteil dieser Regelung liegt darin, die Kontrolle über die Nutzung von KI zu bewahren und damit das Risiko einer sogenannten »Schatten-KI« – Anwendungen, die Mitarbeitende ohne das Wissen des Arbeitgebers verwenden – erheblich zu verringern.

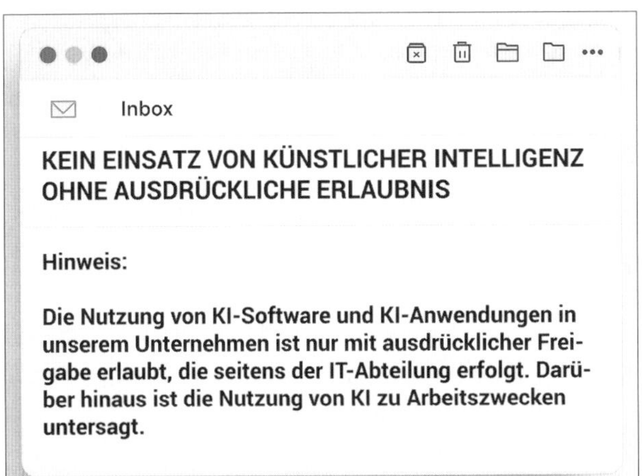

Abbildung 11.12: Ein fiktives Beispiel eines Verbots der KI-Nutzung unter Erlaubnisvorbehalt. Rechtlich betrachtet ist es am sichersten, den Einsatz von KI allen Mitarbeitenden grundsätzlich zu verbieten und nur unter genauen Vorgaben zu erlauben.

Essenziell ist jedoch, dass Arbeitgeber dieses Verbot aktiv überwachen und durchsetzen. Andernfalls könnte die Duldung von Schatten-KI dem Arbeitgeber als generelle Erlaubnis zur Nutzung von KI angelastet werden.

Wichtig: KI-Kompetenz

Mitarbeitende müssen die potenziellen Risiken der KI-Nutzung kennen und wissen, wie sie diese vermeiden können. Daher sind Schulungen und interne KI-Richtlinien zur Einhaltung der gesetzlichen Vorgaben erforderlich (weitere Informationen zur KI-Kompetenz finden sich in Abschnitt 11.1.9 und zu Richtlinien für Mitarbeitende in Abschnitt 17.1.2.1).

Checkliste: Datenschutz beim KI-Einsatz

- **Anwendbarkeit:** Prüfen, ob personenbezogene Daten verarbeitet werden.
- **Einsatzfelder und Zwecke bestimmen:** Vor der Nutzung muss festgelegt werden, für welche Zwecke die jeweilige KI-Anwendung eingesetzt wird.
- **Möglichst Verzicht auf personenbezogene Daten:** Bewertung, ob der Einsatz ohne personenbezogene Daten möglich ist.
- **Rechtsgrundlage für die Datenverarbeitung festlegen:** Festlegung, auf welcher Erlaubnisgrundlage die Verarbeitung personenbezogener Daten durch KI erfolgt (entsprechend Abschnitt 10.4 z. B., wenn der KI-Einsatz für die Erfüllung eines Vertrags oder berechtigter betriebswirtschaftlicher Interessen erforderlich ist, oder sonst auf Grundlage einer Einwilligung).
- **Kein Einsatz für Trainingszwecke:** Personenbezogene Daten von Kunden oder Nutzern sollten ohne deren Einwilligung nicht für Trainingszwecke der KI eingesetzt, d. h. keinen dauerhaften Eingang in die Wissensbasis der KI finden. Die Eingaben der Nutzer (Prompts) sollten daher nur verarbeitet werden, um sie zu beantworten oder auszuführen. Danach, vorbehaltlich der Wünsche der Nutzer, sollten Prompts und deren Ergebnisse aus dem KI-System gelöscht werden.
- **Datenschutzkonformes KI-Training:** Im Fall einer Nutzung von personenbezogenen Daten für das KI-Training muss eine Einwilligung der betroffenen Personen eingeholt werden. Dabei sind die Betroffenen auf die beschränkte Möglichkeit der Rückgängigmachung ihrer Entscheidung hinzuweisen.
- **Keine automatisierte Letztentscheidung:** Sicherstellen, dass keine automatisierten Entscheidungen ohne menschliche Überprüfung getroffen werden.
- **Datensicherheit:** Gewährleistung der Datensicherheit, z. B. Schutz von Zugangsdaten, IT-Sicherheit aufseiten der KI-Anbieter prüfen.
- **Beschäftigte sensibilisieren und verpflichten:** Sensibilisierung der Beschäftigten für Datenschutzthemen bei der KI-Nutzung durch KI-Richtlinien, Schulungen und Instruktion.
- **Datenschutz-Folgenabschätzung:** Durchführung einer Datenschutz-Folgenabschätzung (DSFA) in Fällen mit hohem Risiko.
- **Protokollierung und Verzeichnis:** KI-Verfahren und KI-Werkzeuge, die personenbezogene Daten verarbeiten, müssen in einem Verzeichnis von Verarbeitungstätigkeiten geführt werden.
- **Transparenz und Datenschutzhinweise:** Nutzer müssen in einer Datenschutzerklärung darüber informiert werden, wann in welchem Umfang welche Arten von personenbezogenen Daten zu welchen Zwecken durch die KI genutzt werden.

- **Berichtigung, Löschung und weitere Betroffenenrechte:** Sicherstellung der Rechte auf Berichtigung und Löschung und der Sicherstellung anderer Rechte aller Personen, deren personenbezogene Daten durch eingesetzte KI-Systeme verarbeitet werden (z. B. von Kunden, Nutzerinnen oder Mitarbeitenden).
- **Datenschutzbeauftragte und Beschäftigtenvertretung einbinden:** Einbindung von, soweit vorhanden, Datenschutzbeauftragten und der Beschäftigtenvertretung in die Prüfung der Einführung oder Nutzung von KI-Systemen (Betriebsrat oder Personalrat).

11.3 Geschäftsgeheimnisse

Neben dem Datenschutz sollten Sie beim Einsatz von KI unbedingt auch den Schutz von Geschäftsgeheimnissen berücksichtigen:

- **Qualifizierung als Geschäftsgeheimnis:** Geschäftsgeheimnisse umfassen vertrauliche Informationen wie Vertragsinhalte, Marketingstrategien und Produktideen, die wirtschaftlichen Wert besitzen und vor unbefugter Offenlegung geschützt werden müssen (§ 2 Nr. 1 GeschGehG). Zu den Geschäftsgeheimnissen im Marketingbereich gehören beispielsweise geplante Werbekampagnen, die strategische Ausrichtung auf bestimmte Zielgruppen, einzigartige Markenpositionierungsstrategien sowie Analysen und Prognosen von Markttrends (siehe auch Abbildung 11.13).
- **Eigene Geschäftsgeheimnisse:** Werden im Rahmen der KI-Nutzung Geschäftsgeheimnisse in die KI eingegeben, die anschließend Eingang in die KI-Trainingsdaten finden, können die Inhaber den rechtlichen Schutz aufgrund fehlender Schutzmaßnahmen verlieren (§ 2 Nr. 1 lit. b) GeschGehG).
- **Fremde Geschäftsgeheimnisse:** Geben Sie fremde Geschäftsgeheimnisse weiter, können Sie gegen vertragliche Pflichten und NDAs (Non-Disclosure Agreements) verstoßen mit der Pflicht zur Zahlung einer Vertragsstrafe als Folge.

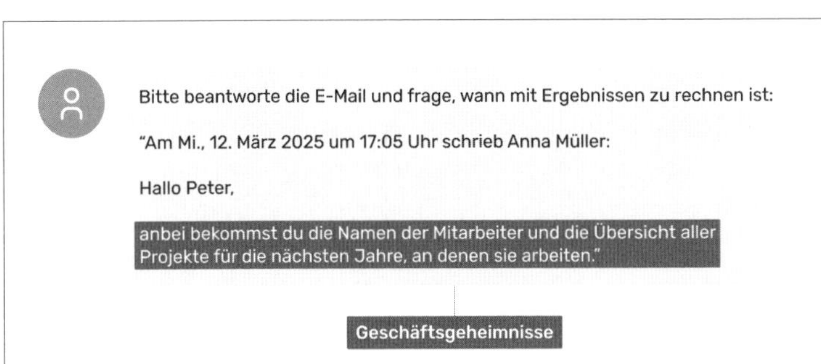

Abbildung 11.13: In dem Beispiel einer E-Mail-Korrektur mittels einer kostenlosen KI-Anwendung (siehe Abbildung 11.6) wurden neben personenbezogenen Daten auch Geschäftsgeheimnisse eingegeben und damit gefährdet. Mitarbeiter, die trotz KI-Schulung derart sorglos handeln, können wegen Verstößen gegen die Geschäftsgeheimnisschutzpflichten je nach Schwere abgemahnt oder gar außerordentlich gekündigt werden.

Tipp: Geschäftsgeheimnisverletzung vorbeugen

Geben Sie keine Geschäftsgeheimnisse in KI-Systeme ein, wenn unklar ist, wie die jeweiligen KI-Tools diese Daten weiterverarbeiten. Schützen Sie Geschäftsgeheimnisse ebenso sorgfältig wie personenbezogene Daten. Dazu gehört insbesondere, dass Mitarbeitende wissen, was Geschäftsgeheimnisse sind, und dass eigene und fremde Geschäftsgeheimnisse nur mit Erlaubnis des Arbeitgebers in KI-Tools eingegeben werden dürfen.

Checkliste: Schutz von Geschäftsgeheimnissen beim KI-Einsatz

- **Anwendbarkeit prüfen**: Geschäftsgeheimnisse sind wertvolle, vertrauliche Informationen, die vor unbefugter Offenlegung geschützt werden müssen. Prüfen Sie, ob solche Daten durch KI verarbeitet werden.
- **Instruktion der Mitarbeitenden:** Stellen Sie sicher, dass alle Mitarbeitenden wissen, was als Geschäftsgeheimnis gilt und wie diese definiert sind.
- **Erlaubnis und Freigabe:** Sorgen Sie dafür, dass Geschäftsgeheimnisse nur mit der ausdrücklichen Erlaubnis und unter Berücksichtigung von Unternehmensrichtlinien in KI-Anwendungen eingegeben werden dürfen.
- **Organisatorische und technische Maßnahmen:** Implementieren Sie umfassende Maßnahmen wie IT-Sicherheit, Zugriffskontrollen und Mitarbeiterschulungen, um Geschäftsgeheimnisse zu schützen. Ergänzen Sie diese Maßnahmen durch regelmäßige Audits und Notfallpläne. Im Regelfall können dazu die bestehenden Datenschutzmaßnahmen auf Geschäftsgeheimnisse erweitert werden.

KAPITEL 12

Werbeaussagen, Greenwashing und Barrierefreiheit

In diesem Kapitel erfahren Sie, welche rechtlichen Aspekte Sie bei der Formulierung von Marketingtexten und Inhalten aus wettbewerbsrechtlicher Sicht beachten müssen, um deren Abmahnbarkeit zu vermeiden. Typische rechtliche Stolperfallen sind Werbung mit Alleinstellungs- oder Spitzenstellungsbehauptungen, Vergleiche mit Mitbewerbern, der Kauf von Followern, Preis- und gesundheitsbezogene Angaben sowie Werbung mit ökologischen Aspekten, ohne den Fehler des »Greenwashings« zu begehen. Bei all diesen Vorgaben sollten Sie stets im Hinterkopf behalten, dass jeder Verstoß gegen diese Vorschriften eine Abmahnung nach sich ziehen kann. Sie müssen sich zwar nicht alle Details merken, aber wissen, wo die rechtlichen Fallstricke lauern und wie sie vermieden werden können.

12.1 Werbung mit Allein- und Spitzenstellung

Unternehmen sollten ihre Vormachtstellung auf dem Markt nur dann behaupten, wenn ihr Vorsprung deutlich und nachweisbar ist.

Kommerzielle Anbieter müssen zahlreiche wettbewerbsrechtliche Vorgaben beachten, die im Gesetz gegen den unlauteren Wettbewerb (UWG) verankert sind. Diese Regeln schützen Mitbewerber vor unfairen Praktiken und Verbraucher vor irreführender Werbung. Insbesondere die Allein- und Spitzenstellungsbehauptungen unterliegen hohen gesetzlichen Anforderungen und sind daher risikoreiche Marketingmaßnahmen. Aussagen wie »Wir sind die Besten«, »Wir haben die günstigsten Angebote« oder »Unsere App ist die beliebteste« sollen Verbraucher ansprechen und Vertrauen gewinnen.

Solche Behauptungen kommen im Online-Marketing häufig vor, auch beiläufig oder scherzhaft, sie können aber auch in diesen Fällen zu Wettbewerbsverstößen führen. Denn solche Aussagen bedeuten zugleich, dass Mitbewerber schlechter, teurer oder weniger beliebt sind, und werden daher häufig Gegenstand rechtlicher Auseinandersetzungen.

Im Online-Marketing ist es daher essenziell, zu verstehen, was Allein- und Spitzenstellungsbehauptungen sind und wann sie erlaubt sind.

Hinweis: »Schwarze Liste« der unlauteren Geschäftspraktiken

Eine Vielzahl weiterer typischer unlauterer und abmahnbarer Geschäftspraktiken findet sich in der »Schwarzen Liste« zum UWG im Anhang zu § 3 Abs. 3 UWG (siehe *https://www.gesetze-im-internet.de/uwg_2004/anhang.html*).

12.1.1 Alleinstellungsbehauptung

Eine Alleinstellungsbehauptung kennzeichnet ein Unternehmen oder Produkt als einzigartig im Markt und für Mitbewerber schwer einzuholen. Typisch ist die Nutzung eines Artikels mit einem Vergleichswort (siehe Abbildung 12.1). Beispiele sind: »Wir/Unsere Produkte sind die besten«, »Der Marktführer/Führende Elektronikhändler«, »Unschlagbar günstig/Das beste Preis-Leistungs-Verhältnis« oder »Einmalige Spitzenleistung«.

Auch die optische Hervorhebung einzelner Wörter in Werbeslogans kann eine Alleinstellung suggerieren. Zum Beispiel ist die Aussage »X, die kreative Werbeagentur« keine Alleinstellungsbehauptung. Wird aber der Artikel hervorgehoben, etwa schriftbildlich mit »X, **die** kreative Werbeagentur« oder »X, DIE kreative Werbeagentur«, vermittelt dies eine Alleinstellung auf dem Markt.

Abbildung 12.1: Wenn Ihre Werbetexte mit »der/die/das« beginnen, weist das auf ein Alleinstellungsmerkmal hin, das gerechtfertigt und belegbar sein muss. Pauschale Aussagen wie »die beste …« sind besonders riskant, da unklar bleibt, was Kunden darunter verstehen sollen. Meinen Sie den Service, das Ergebnis oder die Kundenzufriedenheit? Solche Behauptungen sind ohne neutrale Testinstanzen (siehe Abschnitt 9.3) generell schwer zu beweisen und daher anfällig für Abmahnungen.

12.1.2 Spitzenstellungsbehauptung

Die Werbung mit Spitzenstellung ähnelt der Alleinstellungsbehauptung und sollte ebenso geprüft werden. Der Unterschied liegt darin, dass nicht die alleinige Vorherrschaft, sondern die Zugehörigkeit zu einer Spitzengruppe behauptet wird. Typische Aussagen sind:

- »Eines der besten/größten/führenden Unternehmen.«
- »Beste Qualität/Sehr gute Qualität/Höchste Güte.«
- »Spitzenleistung/Reinste Prägung.«

Auch hier muss das Unternehmen oder Produkt zu einer Spitzengruppe gehören, die einen deutlichen und dauerhaften Abstand (als Daumenregel mindestens 10%) zum Durchschnitt aufweist. Sollte ein Mitbewerber diese Spitzenstellung infrage stellen, muss das werbende Unternehmen den Abstand, je nach Konstellation, z.B. durch Vorlage von Umsatz- oder Kundenzahlen, Produkt- oder Marktanalysen nachweisen.

12.1.3 Reklamehafte Übertreibung ist erlaubt

Keine Werbung mit einer Alleinstellung liegt vor, wenn es sich um erkennbare reklamehafte Übertreibungen handelt, die objektiv nicht nachprüfbar sind. Je unglaubwürdiger und weniger nachprüfbar die Aussage, desto geringer ist das Risiko eines wettbewerbswidrigen Verhaltens. Beispiele hierfür sind:

- »Kellogg's, das Beste am Morgen« – Hier wird nicht behauptet, dass Kellogg's Cornflakes die besten aller Cornflakes sind, sondern dass sie generell das Allerbeste am Morgen sind, was nicht überprüfbar ist (BGH, Az. I ZR 318/98).
- »Mutti gibt mir immer das Beste« – Diese Aussage bewertet das Produkt als »das Beste« allgemein, also ohne Vergleich zu anderen Produkten, was eine reklamehafte Übertreibung darstellt (LG Hamburg, Az. 416 O 108/10).
- »Beste Aussicht«, »beste Lage«, »bester Wein« oder »der beste Powerkurs aller Zeiten« sind erkennbare subjektive Meinungen (KG, 21.06.2019, Az. 5 U 121/18; Az. 5 W 175/10). Allerdings sollten die Aussagen nicht täuschen (siehe Abbildung 12.2).

Diese Beispiele zeigen, dass die Grenze zur reklamehaften Übertreibung schwer zu ziehen ist und es auf einzelne Worte ankommt. Die Gerichte gehen davon aus, dass Verbraucher vermuten, Werbeaussagen basierten auf nachprüfbaren Fakten. Ein Slogan wie »Der leckerste aller Kaffees« könnte z.B. durch repräsentative Marktumfragen überprüft werden.

Auch das in Abbildung 12.1 gezeigte Beispiel der Waschanlage stellt keine reklamehafte Beschreibung dar. Vielmehr könnten sich Kunden z.B. denken, dass diese Anlage vielleicht die besten Reinigungsmittel hat oder die beste und die größte Auswahl. Das heißt, in diesem Fall müsste geprüft werden, was sich die Kunden potenziell unter »die beste Waschanlage« vorstellen, und all diese Vorstellungen müssten zutreffen.

Abbildung 12.2: Erkennbar subjektive Aussagen haben einen weiten Spielraum, wie z.B. »beste Aussicht« oder »beste Lage«. Allerdings haben auch diese Aussagen ihre Grenzen, wenn es sich nach dem Durchschnittsempfinden nicht einmal um eine gute Aussicht oder Lage handeln sollte. So könnte man es auch in diesem Bildbeispiel sehen. Allerdings wird eine Täuschung durch Beifügung der Bilder der Unterkunft vermieden. So ist es hinreichend erkennbar, dass hier beste Lage und Aussicht eher als erkennbar reklamehafte Übertreibungen verwendet werden.

12.1.4 Voraussetzungen zulässiger Allein- oder Spitzenstellungsbehauptungen

Falls Sie dennoch eine Alleinstellung behaupten möchten, müssen Sie einen deutlichen und stetigen Vorsprung gegenüber vergleichbaren Mitbewerbern oder vergleichbaren Leistungen haben.

> **Hinweis: Gilt auch für Aussagen gegenüber Kunden**
>
> Die wettbewerbsrechtlichen Vorgaben gelten auch für eine direkte Kommunikation mit Kunden, z.B. in Privatnachrichten. Gehen Sie immer davon aus, dass ein Kundengespräch potenziell auch ein Testgespräch eines Mitbewerbers sein könnte.

12.1.4.1 Vergleichsgruppen

Ihre Alleinstellung muss zutreffen, und auch jede mögliche Interpretation durch Kunden muss richtig sein. Je nach Branche variieren die Anforderungen:

- **Größe:** »Wir sind die Größten« bezieht sich bei Herstellern auf den Umsatz, bei Händlern auf die Breite des Sortiments.
- **Beliebtheit:** »Wir sind die Beliebtesten« misst sich bei Herstellern am Umsatz, bei Händlern an der Größe des Kundenstamms.
- **Führung:** »Wir sind der führende Buchhändler« erfordert nicht nur höhere Umsatzzahlen, sondern auch eine bessere Produkt- und Servicequalität.
- **Spitzenstellung:** Aussagen wie »Das beste Notebook« sind riskant, da das Produkt in allen Disziplinen wie Prozessorleistung und Preis-Leistungs-Verhältnis überlegen sein muss.
- **Regionale Reichweite:** Aussagen wie »Das beliebteste Unternehmen in Europa« sind nur zulässig, wenn die Leistungen flächendeckend angeboten werden. In einem Fall wurde dies verneint, da die Leistungen nicht in allen EU-Ländern angeboten wurden.

12.1.4.2 Deutlicher Vorsprung

Ein deutlicher Vorsprung gegenüber Konkurrenten ist notwendig. Beim Umsatz oder Absatz gelten 10% als ausreichend. Bei zeitlichen Abständen (»Die erste KI-Software aus Deutschland«) sollten es mindestens mehrere Wochen sein.

12.1.4.3 Stetigkeit

Der Vorsprung muss nicht nur aktuell bestehen, sondern auch eine gewisse Dauer und Stetigkeit aufweisen. Dabei wird erwartet, dass die Vorrangstellung auf absehbare Zeit, in der Regel für mindestens etwa ein Jahr, erhalten bleibt. Kurzfristige Momentaufnahmen, die sich nur über wenige Monate erstrecken, genügen nicht.

Zudem darf der Vorsprung nicht jederzeit wegfallen können. Der Nachweis einer solchen gesicherten Vorrangstellung ist besonders schwierig, da in vielen Märkten stetige Veränderungen und Wettbewerbsdruck bestehen.

Fallbeispiel

Ein Anzeigenportal warb mit »konkurrenzlos hohen Konversionsraten pro Anzeigenaufruf«. Das OLG Hamm hielt diese Werbung jedoch für unglaubwürdig, da das Anzeigenportal nicht nachweisen konnte, dass ein anderes Anzeigenportal nicht jederzeit ebenfalls eine derartige Konversionsrate erreichen könnte (OLG Hamm, Az. I-4 U 82/13).

12.1.4.4 Risikominderung

Begrenzen Sie Alleinstellungsbehauptungen möglichst auf Sparten, Produktgruppen, Branchen, Merkmale oder Regionen, für die Sie die Allein- oder Spitzenstellung nachweisen können. Beispielsweise »Der schnellste Lieferservice am Wochenende« anstatt »Der schnellste Lieferservice« oder »Die beliebteste App für Geschäftskunden« statt »Die beliebteste App«.

> **Hinweis: Sternchenverweis**
>
> Erläuternde Sternchentexte sind nur dann zulässig, wenn die Werbeaussage an sich zulässig ist und nur Unklarheiten bestehen. Essenzielle Teile wie »*am Wochenende« im vorgenannten Beispiel müssen jedoch in direkter Nähe der Hauptaussage stehen und dürfen nicht in einer Fußnote erklärt werden.

12.1.5 Teilen von Kundenaussagen

Auch Ihre Kunden können Alleinstellungsbehauptungen oder Behauptungen einer Spitzenstellung aufstellen, beispielsweise in Google-Bewertungen, Kommentaren oder in Erwähnungen auf sozialen Netzwerken:

- »Ihr seid die Besten und Größten unter allen Tierfutteranbietern!«
- »Euer Service ist der beste!«
- »So schnell, wie ihr liefert, liefert kein anderer!«

Generell müssen Sie diese Kundenmeinungen nicht korrigieren oder deren Löschung fordern. Es ist für jedermann erkennbar, dass sie subjektive Kundenaussagen darstellen. Aber wenn Sie diese Beiträge teilen, kommentieren oder sie z. B. auf Ihrer Website unter ausgewählten Testimonials platzieren, machen Sie sich diese Aussage rechtlich gesehen zu eigen und haften für diese (weitere Hinweise zur Haftung für verlinkte und geteilte Inhalte erhalten Sie in Abschnitt 17.5).

12.1.6 Beispiele

Die Prüfung, ob die Werbung mit Allein- oder Spitzenstellung zulässig ist, ist sehr schwer, weil das Gesetz keine konkreten Kriterien bereithält. Daher schauen Juristen auf zuvor ergangene Gerichtsentscheidungen wie die im Folgenden gelisteten:

- »Bestpreis« ist als Slogan unzulässig, wenn die Qualität und der Abstand der Preise zur Konkurrenz nicht nachgewiesen werden können (LG Stuttgart, Az. 40 O 44/09).
- »Der beste Preis der Stadt« oder »Unschlagbar billig« sind nachweisbare Behauptungen einer Alleinstellung, die nur erlaubt sind, wenn sie auch zutreffen (OLG Hamm, Az. 4 U 108/04).
- »Nummer 1« ist als Selbstbeschreibung erlaubt, wenn der Werbende gegenüber seinen Mitbewerbern in der betreffenden Hinsicht einen deutlichen und stetigen Vorsprung, vor allen bei Umsatzzahlen, vorweisen kann (LG Köln, Az. 33 O 97/05).
- »Größte Programmzeitschrift« darf sich nur nennen, wer in allen relevanten Aspekten einen klaren und eindeutigen Vorsprung vor den Mitbewerbern nachweisen kann, der eine langfristige Spitzenstellung sichert (OLG Düsseldorf, Az. 2 U 74/00).

- »Deutschlands beliebtester Anbieter« ist als Aussage zulässig, wenn der größte Kundenstamm in der Branche nachgewiesen werden kann (OLG Hamburg, Az. 5 U 214/08).
- »DAS ORIGINAL« und »die weltweit erste Online-Plattform – und damit das Original –, auf der man als Rentnerin und Rentner seine Dienste anbieten und sich mieten lassen kann« darf sich nur bezeichnen, wer als erste Plattform bzw. als erste Geschäftsidee auf dem Markt war (OLG Bremen, Az. 2 U 132/14).
- »Konkurrenzloser Marketing-Vorteil« ist eine unzulässige Spitzenstellungsaussage, da keine Stetigkeit vorliegt, weil der Vorteil durch neue Angebote von Konkurrenten jederzeit aufgehoben werden kann (OLG Hamm, Az. I-4 U 82/13).
- »Maximum Speed« ist bei Software eine Werbung mit einer Alleinstellung, die nur dann zulässig ist, wenn die Software tatsächlich die schnellste ist (OLG Düsseldorf, Az. U 193/09).
- »1a Unternehmen« wird als irreführende Bezeichnung betrachtet, wenn der Eindruck beim Verbraucher erweckt wird, dass das Prädikat »1a« von einem kompetenten Dritten verliehen wurde, obwohl dies nicht der Wahrheit entspricht (OLG Düsseldorf, Az. 20 U 14/06). Weitere Hinweise zur Werbung mit Testergebnissen und Auszeichnungen erhalten Sie in Abschnitt 9.3 und Abschnitt 9.4.
- »Technologieführer« ist die Behauptung einer Alleinstellung, die in der jeweiligen Technologiesparte auch wirklich vorliegen muss (OLG Hamburg, Az. 3 U 222/00).
- »Wir gehören zur Leistungsspitze« ist eine Werbung mit einer Spitzenstellung in der Branche, die auch nachweislich vorliegen muss (OLG Hamburg, Az. 3 U 51/03).

Checkliste: Werbung mit Allein- und Spitzenstellung

1. Werbung mit Alleinstellung:

- Behauptung der Einzigartigkeit oder Unerreichbarkeit im Vergleich zu Mitbewerbern muss zutreffen und belegbar sein wie beispielsweise »Bestes Produkt«, »Größter Anbieter«, »Umfangreichste Anwendung« etc.

2. Werbung mit Spitzenstellung:

- Zugehörigkeit zu einer Gruppe, die sich positiv von anderen Mitbewerbern absetzt, muss belegbar sein wie beispielsweise »Wir gehören zu den führenden/größten Anbietern«, »Spitzenprodukt seiner Klasse«.

3. Reklamehafte Übertreibung ist erlaubt:

- Kein Wettbewerbsverstoß liegt vor, wenn die Werbung mit Allein- oder Spitzenstellung für Verbraucher als »unglaubwürdig und weniger überprüfbar« erkennbar ist wie beispielsweise »bester Wein« oder »das Beste am Tag« im Hinblick auf Cornflakes.

4. Ansonsten muss die Allein- und Spitzenstellung nachweisbar sein:

- **Vergleichsfaktoren feststellen:** Worauf bezieht sich z.B. »Bestes Unternehmen« aus Verbrauchersicht (z.B. Umsatzzahlen, Größe des Kundenstamms, technische Vorteile, regionale Reichweite)?
- **Deutlicher Vorsprung:** Der Vorsprung muss im Hinblick auf die relevanten Faktoren nachweisbar sein (z.B. durch Kunden- und Umsatzzahlen oder, was aufwendiger und unsicherer ist, durch eine Marktbefragung). Mindestens 10% stellen einen sicheren Richtwert für den Abstand zu den Umsatzzahlen und Kundenzahlen der Mitbewerber dar.
- **Stetiger Vorsprung:** Der Vorsprung sollte nicht nur kurzfristig bestehen und von z.B. Marktschwankungen abhängen. Vielmehr sollte ein Vorsprung dauerhaft mindestens ein Jahr lang gewährleistet sein.
- **Minderung des Risikos durch Eingrenzung:** Eingrenzung der Reichweite der Allein- oder Spitzenstellungsbehauptung, z.B. auf Sparten, Produktgruppen, Branchen, Merkmale oder Regionen (z.B. »Größtes Sortiment an Büroartikeln in Bayern«).

12.2 Vergleiche mit Mitbewerbern oder deren Produkten

Ein Vergleich mit der Konkurrenz ist nur zulässig, wenn es um objektive Merkmale geht, die für Verbraucher bei Vertragsabschluss entscheidend sind.

Vergleichende Werbung ermöglicht es, die Vorteile der eigenen Produkte hervorzuheben und Kunden, die Konkurrenzprodukte nutzen, gezielt anzusprechen. Konkurrenten achten jedoch genauestens darauf, dass die in § 6 UWG genannten Regeln des Wettbewerbsrechts für vergleichende Werbung eingehalten werden.

12.2.1 Vergleichende Werbung

Eine Werbung ist vergleichend, wenn die folgenden Voraussetzungen erfüllt werden:

- **Vergleichende Werbung:** Eine Werbung gilt als vergleichend, wenn sie einen Mitbewerber oder dessen Produkte erkennbar darstellt und mit den eigenen vergleicht. Anders als bei allgemeinen Behauptungen einer Spitzenstellung bezieht sich der Vergleich nicht auf alle, sondern auf bestimmte Mitbewerber.
- **Mitbewerber:** Ein Mitbewerber ist jeder, mit dem Sie im Wettbewerbsverhältnis stehen. Das umfasst alle Unternehmer, deren Leistungen theoretisch durch Ihre ersetzt werden könnten. Beispiel: Meta und Google sind Mitbewerber im Werbemarkt, Volkswagen und Tesla im Automobilmarkt.
- **Erkennbarer Mitbewerber:** Der Mitbewerber oder seine Leistungen müssen im Vergleich erkennbar sein. Dies ist bei direkter Nennung (»Unser Auto ist besser als der Tesla«) oder indirekter Nennung (»Unser Auto fährt auch ohne Stern besser als manch eines mit«) der Fall. Eine Vielzahl von Wettbewerbern ist nicht erkennbar bei Aussagen wie »Wir sind besser als die Konkurrenz«. Das fällt unter die Regeln der Alleinstellungswerbung, wie oben in Abschnitt 12.1 erläutert.

Ein Vergleich mit Mitbewerbern liegt dagegen nicht vor,

- wenn Kunden allgemein zum Vergleich aufgefordert werden (»Vergleichen Sie uns mit unseren Mitbewerbern«) oder
- wenn nur eigene Produkte einander gegenübergestellt werden (»Das beste iPhone« oder »Unser bestes Waschmittel«).

12.2.2 Voraussetzungen zulässiger vergleichender Werbung

Handelt es sich um einen Fall vergleichender Werbung, ist diese nur unter den im Folgenden erläuterten Bedingungen zulässig:

12.2.2.1 Gleicher Bedarf und gleicher Zweck

Der Vergleich muss auf Waren oder Dienstleistungen für denselben Bedarf oder Zweck abzielen. Ein Vergleich identischer Produkte ist unproblematisch, etwa: »Das neue iPad Pro 9 kostet bei uns 600 Euro statt 700 Euro bei Anbieter X.« (siehe Abbildung 12.3). Ansonsten gelten die folgenden Voraussetzungen:

- **Austauschbarkeit:** Produkte müssen für ihren Zweck austauschbar sein, z. B. ein Kfz aus der Oberklasse darf nur mit Fahrzeugen derselben Klasse verglichen werden.
- **Objektive Eigenschaften:** Der Vergleich darf sich nur auf wesentliche, relevante, nachprüfbare und typische Eigenschaften oder den Preis beziehen. Vermeiden Sie Werturteile wie »preiswerter«, »wertvoller«, »angenehm«, »freundlich«, »besser«, »moderner« oder »leckerer«, da diese subjektiv und schwer nachweisbar sind.

Abbildung 12.3: In diesem Beispiel führt die Supermarktkette Lidl einen Preisvergleich durch, der die Kaffeepreise von Aldi gegenüberstellt. Solche Preisvergleiche für identische Produktmarken sind grundsätzlich erlaubt. Auch die Wort-Bild-Marke von Aldi bleibt unverletzt, da zwar optisch ein Bezug zur Wort-Bild-Marke von Aldi Süd hergestellt wird, indem das Wort »ALDI« in weißer Schrift mit einer dreifarbigen Umrahmung dargestellt wird, jedoch das tatsächliche Logo, wie in Abbildung 12.5 dargestellt, nicht genutzt wird. (Quelle: Lidl)

12.2.2.2 Keine Gefahr von Verwechslungen

Der Vergleich darf nicht dazu führen, dass Ihre Marken, Waren oder Dienstleistungen mit denen der Konkurrenz verwechselt werden, etwa durch eine satirische Verwendung von Produktbezeichnungen der Konkurrenz (siehe Abbildung 12.4). Die markenrechtliche Verwechslungsgefahr wird in Abschnitt 7.1.7.1 detailliert erklärt:

Abbildung 12.4: Die Schokoladenmarke Tony's wirbt mit Nachhaltigkeit und hat Verpackungen der Mitbewerber nachgeahmt, ergänzt um den Text »Kommt dir bekannt vor, schmeckt ähnlich, aber zahlt allen Farmer:innen faire Preise«. Der Inhaber der Marke Milka ging jedoch erfolgreich gegen die Nutzung der als Farbmarke geschützten lila Farbe auf der nachgemachten Verpackung vor. Das LG Hamburg gab ihm recht, da für die Werbung auch ein anderer violetter Farbton hätte genutzt werden können (LG Hamburg, Az. 315 O 30/24). Wie es rechtssicherer geht, zeigt Abbildung 12.3. (Quelle: Tony's Chocolonely)

12.2.2.3 Rufausbeutung und Verunglimpfung

Der Vergleich darf weder den Ruf des Mitbewerbers beeinträchtigen noch dessen Image ausnutzen, um Aufmerksamkeit für die eigenen Produkte zu erzeugen (sogenannter *Imagetransfer*, erläutert in Abschnitt 7.1.7.2). Vermeiden Sie Formulierungen wie:

- »Genauso gut wie X«.
- »Eine echte Alternative zu X«.
- »Identisch mit X«.

Fallbeispiel

Der Bundesgerichtshof entschied, dass Wendungen wie »à la Cartier«, »passen wunderbar zu Cartier-Schmuck« und »für alle, die Cartier-Schmuck mögen« unlautere vergleichende Werbung sind, da sie den Ruf von Cartier ausnutzen (BGH, Az. I ZR 3/06).

Hinweis: Neckereien zwischen Social-Media-Accounts von Marken

Es kommt vor, dass sich Unternehmen in sozialen Medien gegenseitig necken. Dabei ist jedoch zu beachten, dass auch solche Aussagen den Anforderungen des Wettbewerbsrechts unterliegen, da sie von Verbrauchern wahrgenommen und ernst genommen werden können. Um das Risiko von Irreführungen oder unzulässiger Herabsetzung zu vermeiden, sollte stets klar erkennbar sein, dass es sich um humorvolle oder scherzhafte Äußerungen handelt.

Checkliste: Vergleichende Werbung

1. Liegt ein Vergleich vor?

- Ein Vergleich mit einem konkreten Mitbewerber oder Produkt.
- Der Vergleich mit eigenen Produkten fällt nicht darunter und ist erlaubt.

2. Ist der Vergleich zulässig?

- Gleicher Bedarf und gleicher Zweck bei Vergleichsobjekten (z.B. Kfz).
- Vergleich objektiver Eigenschaften (z.B. Verbrauch).
- Keine Gefahr der Verwechslung (keine Nutzung fremder Marken).
- Keine Rufausbeutung oder Beeinträchtigung der Marke des Mitbewerbers (z.B. Imagetransfer durch Gleichstellung der Qualität).

12.3 Unwahre Werbeaussagen

Das Gesetz nennt Fälle, in denen die Verwendung falscher Angaben in der Werbung als Wettbewerbsverstoß gilt.

Das Gesetz verlangt, dass Ihre Aussagen zu Produkten, Leistungen und Ihrem Unternehmen gemäß § 5 UWG wahr sein müssen und nicht in die Irre führen dürfen. Sie müssen Kunden aufklären, wenn sie offensichtlich einem Irrtum unterliegen. Besonders wichtig sind folgende Fallgruppen:

- **Verfügbarkeit:** Vermeiden Sie Lockvogelwerbung, also Werbung für Produkte, die Sie nicht oder nur in geringer Menge vorrätig haben. In der Regel wird ein Vorrat für zwei Tage Verkauf gefordert; ist der Vorrat geringer, müssen Sie dies angeben.
- **Herstellungsverfahren:** Sie dürfen Produkte z.B. nicht als »Handarbeit« bewerben, wenn sie fabrikmäßig hergestellt werden, oder als »Maßarbeit«, wenn es sich um Massenware handelt.
- **Beschaffenheit:** Eigenschaften von Produkten oder Leistungen müssen zutreffen. »Markenqualität« für anonyme Waren ist ebenso unzulässig wie »Lederwaren« für Kunstleder. Ein Notebook der vorletzten Generation kann nicht als »Top of the line« beworben werden.
- **Geografische oder betriebliche Herkunft:** Irreführung über die Herkunft ist verboten. Beispielsweise ist »Qualität aus Deutschland« für im Ausland hergestellte Waren nicht zulässig. »Honig aus eigener Produktion« ist irreführend,

wenn der Honig vom Großhändler stammt. Dabei kann es auf einzelne Umstände wie z. B. die Art der Verpackung ankommen (siehe Abbildung 12.5).

- **Anlass einer Aktion:** Werbung mit »Insolvenzverkäufen«, »Räumungsaktionen« oder »Jubiläumsangeboten« darf nur erfolgen, wenn diese Situationen und die damit verbundenen Kaufvorteile tatsächlich bestehen.
- **Geistige Eigentumsrechte:** Sie dürfen nur mit Marken- und Patentrechten werben, wenn Sie diese Rechte besitzen. Die Verwendung des ®-Zeichens erfordert eine registrierte Marke (dazu mehr in Abschnitt 7.1.6). Begriffe wie »behördlich geschützt« sind nur zulässig, wenn dieser Schutz tatsächlich besteht.
- **Eigene Befähigung und Erfolge:** Auch Werbung mit Auszeichnungen muss der Wahrheit entsprechen. Falsche Behauptungen über Preise oder die Erfindung eigener Auszeichnungen sind unzulässig. »Wir haben 1.000 Schreiben zufriedener Kunden erhalten« ist irreführend, wenn es nur 500 waren.

Abbildung 12.5: Die Dubai-Schokolade wurde zum Trendlebensmittel und beschäftigte auch die Gerichte bezüglich ihrer Herkunftsbezeichnung. Es ging darum, ob der Begriff »Dubai-Schokolade« nur eine bestimmte Herstellungsweise beschreibt (»Gattungsbegriff«) oder ob die Schokolade oder ihre Zutaten tatsächlich aus Dubai stammen. Im Fall Aldi Süd entschied das LG Köln, dass Verpackungen mit der Skyline von Dubai und englischer Sprache eine ausländische Herkunft suggerieren (Az. 33 O 544/24). Hingegen sah das LG Frankfurt bei deutschsprachigen Verpackungen keine Täuschung über die Herkunft der Schokolade (Az. 2-06 O 18/25).

12.4 Kauf von Fans und Followern

Es ist abmahnbar, sowohl Fans und Follower zu kaufen als auch umgekehrt ohne Nachweis zu behaupten, jemand hätte dies getan.

Die Anzahl der Fans eines Social-Media-Accounts gilt oft als Erfolgssymbol. Daher gibt es diverse Modelle des Verkaufs, der Vermietung oder anderer Überlassungsformen von Fans oder Followern. Dies stellt eine Irreführung der Verbraucher dar, da hierüber die eigene Beliebtheit und Reichweite zum wirtschaftlichen Vorteil verfälscht werden. Neben dem Kauf von Followern und Gewinnspielen existieren weitere Strategien wie das »Folgen-für-Folgen«-Prinzip oder »Like-for-Like«-Aktionen. Diese Methoden verzerren ebenfalls die reale Beliebtheit und können von Mitbewerbern abgemahnt werden. Das systematisch täuschende Vorgehen muss allerdings nachgewiesen werden, da die Behauptung eines Follower-Kaufs als Tatsachenbehauptung belegt werden muss.

Vorsicht: Follower-Kauf nicht unbelegt behaupten

Behaupten Sie keinen Kauf von Followern oder eine Teilnahme an Like-Tausch-Gruppen ohne gerichtsfeste Beweise. Andernfalls riskieren Sie eine Abmahnung wegen unbelegter Tatsachenbehauptungen (OLG Frankfurt a. M., Az. 16 W 21/13). Teilen Sie immer mit, dass es sich um bloße Vermutungen auf Grundlage der vorliegenden Fakten handelt (die Nachweispflicht bei Tatsachenbehauptungen wird in Abschnitt 9.1.1 erläutert).

12.5 Werbung mit Selbstverständlichkeiten

Rechte und Vorteile, die Verbrauchern ohnehin zustehen oder gesetzlich vorgeschrieben sind, dürfen nicht werblich als Vorteil hervorgehoben werden.

Eine Werbung mit Selbstverständlichkeiten liegt vor, wenn gesetzlich vorgeschriebene Eigenschaften bzw. deren Verbot als ein besonderer Vorteil eines Produkts oder einer Dienstleistung dargestellt werden. Diese Praxis ist irreführend und vermittelt den falschen Eindruck außergewöhnlicher Vorteile, obwohl es sich um allgemeine Standards handelt. Stattdessen muss Werbung echte Alleinstellungsmerkmale und besondere Vorteile hervorheben, die über gesetzliche Vorgaben hinausgehen. Andernfalls gilt sie als wettbewerbswidrig und ist abmahnfähig. Beispiele für unzulässige Werbung mit Selbstverständlichkeiten:

- **Gesetzlich vorgeschriebene Pflichten:** »Rechnung mit ausgewiesener Mehrwertsteuer«, »Rechnung auf Ihren Namen«, »24 Monate Gewährleistung«, »14 Tage Widerrufsrecht«, »Alle vom Ausland eingeführten Artikel werden ordentlich verzollt«, »Registrierung beim Verpackungsregister LUCID«.
- **Selbstverständliche Produktmerkmale:** »100% Original«, »Wir verkaufen nur Originalware«, »Bei uns keine billigen Fälschungen«, »CE-geprüft«, »FCKW-frei«.
- **Gesetzliche Versand- und Haftungspflichten:** »Die Versandgefahr tragen wir« oder »Ihr Paket oder Päckchen ist gegen Transportschäden oder Verlust versichert«.

Hinweis: Gesetzliche Prüfzeichen

Wie Sie rechtssicher gesetzlich vorgeschriebene Kenn- und Prüfzeichen wie das CE-Zeichen verweisen können, erfahren Sie in Abschnitt 9.4.2.

Checkliste: Werbung mit Selbstverständlichkeiten

1. Vermeidung von Irreführung:

- Heben Sie keine gesetzlich vorgeschriebenen Pflichten (z.B. die gesetzlich gegenüber Verbrauchern verpflichtende »zweijährige Gewährleistung«) oder den Verzicht auf ohnehin verbotene Eigenschaften (z.B. »FCKW-frei«) als besondere Vorteile hervor.
- Stellen Sie sicher, dass Ihre Werbung keine allgemeinen Standards als außergewöhnliche Leistungen darstellt (z.B. »100% Original«).

2. Hervorhebung echter Alleinstellungsmerkmale:

Werbung sollte sich auf besondere Vorteile und Alleinstellungsmerkmale konzentrieren, die über gesetzliche Vorgaben hinausgehen (z.B. »dreijährige Garantiefrist« in Ergänzung zu einer zweijährigen Gewährleistungsfrist im Gesetz).

12.6 Preiswerbung

Die Grundregel der Preiswerbung lautet, dass Sie Verbrauchern gegenüber immer nur Bruttoendpreise angeben dürfen.

Bei Preisangaben gegenüber Verbrauchern müssen vor allem die Vorgaben der Preisangabenverordnung (PAngV) beachtet werden. Diese regelt, ob, welcher und wie ein Preis anzugeben ist.

12.6.1 Preisangabepflicht

Ein Preis ist immer anzugeben, wenn einem Verbraucher der Abschluss eines Vertrags angeboten wird. Das ist nicht der Fall, wenn z.B. in Werbeanzeigen, in Postings in sozialen Medien oder in Blogs auf das Produkt hingewiesen wird. Erst wenn eine Möglichkeit vorhanden ist, das Produkt in den Warenkorb zu legen, z.B. in einer Produktbeschreibung, aber auch in einer Produktvorschau in einem Produktkarussell, muss der Bruttopreis samt Hinweis auf die enthaltene MwSt. und etwaige Versandkosten genannt werden (wobei auf die MwSt. und Versandkosten entsprechend Abschnitt 12.6.5 mittels eines Sternchenhinweises verwiesen werden kann).

12.6.2 Angabe von Bruttoendpreisen

Gegenüber Verbrauchern müssen immer Bruttoendpreise angegeben werden, d.h. inklusive Steuern und Gebühren. Bei Angeboten nur für Unternehmen muss dies deutlich gemacht werden, beispielsweise »Nettopreise, Angebot richtet sich nur an Unternehmen«, und der Erwerb muss dann auf Geschäftskunden beschränkt sein.

12.6.3 Reine B2B-Angebote

Wenn sich Ihr Angebot ausschließlich an Geschäftskunden richtet, können Sie Nettopreise angeben und sind nicht an die für Verbraucher geltenden Pflichten gebunden, wie etwa die Widerrufsbelehrung. Es ist jedoch wichtig, deutlich zu machen, dass Ihr Angebot nur für Geschäftskunden bestimmt ist. Dafür sollten Sie folgende Punkte beachten:

- **Hinweise auf Start- und Produktseiten:** Sie sollten bereits auf der Startseite Ihres Shops und in jeder Produktübersicht einen Hinweis mit dem Text »Angebot nur für Geschäftskunden« platzieren. Dieser Hinweis sollte auf weiterführende Informationen verlinken, z.B. auf eine Informationsseite oder die allgemeinen Geschäftsbedingungen (AGB).
- **Bestätigung:** Im Bestellprozess sollten Käufer bestätigen, dass sie Unternehmer sind.
- **Prüfungsvorbehalt und Stichproben:** In Ihren AGB sollte ein Vorbehalt stehen, der es Ihnen erlaubt, die Unternehmereigenschaft zu überprüfen, etwa durch Vorlage eines Gewerbescheins. Außerdem führen Sie am besten stichprobenartige Überprüfungen durch, um sicherzustellen, dass nur Unternehmen Bestellungen aufgeben. Andernfalls könnte ein Gericht entscheiden, dass Ihr Angebot auch für Verbraucher gilt und abmahnbar ist.

Beispiel einer Einschränkung auf Geschäftskunden (basierend auf den Definitionen für Verbraucher und Unternehmer in den §§ 13 und 14 BGB):

> Beschränkung auf Geschäftskunden: Unser kostenpflichtiges Angebot richtet sich nur an Geschäftskunden, nicht an Verbraucher. Mit Ihrer Bestellung oder Kundenregistrierung erklären Sie, dass Sie ein Geschäftskunde und kein Verbraucher sind. (Weitere Informationen) Die generierte Datenschutzerklärung und sonstige Rechtstexte für Privatpersonen sind kostenlos (aber dieser Hinweis ist aufgrund gesetzlicher Vorgaben trotzdem notwendig). Ein Verbraucher ist jede natürliche Person, die ein Rechtsgeschäft zu einem Zwecke abschließt, der überwiegend weder ihrer gewerblichen noch ihrer selbstständigen beruflichen Tätigkeit zugerechnet werden kann. Als Geschäftskunden gelten Unternehmen, d.h. jede natürliche oder juristische Person oder eine rechtsfähige Personengesellschaft, die bei Abschluss eines Rechtsgeschäfts in Ausübung ihrer gewerblichen oder selbstständigen beruflichen Tätigkeit handelt. Als Geschäftskunden gelten ebenfalls Freiberufe, juristische Personen des öffentlichen Rechts (z.B. Behörden), Parteien sowie eingetragene Vereine. Wir behalten uns das Recht vor, die Unternehmereigenschaft zu überprüfen, und fordern gegebenenfalls entsprechende Nachweise an.

12.6.4 Grundpreisangabe

Bei Produkten, die nach Menge verkauft werden, muss der Grundpreis – also der Preis pro Einheit – deutlich und gut lesbar angegeben sein. Dieser Preis bezieht sich auf Einheiten wie Kilogramm, Liter, Meter, Quadratmeter oder Kubikmeter. Ein Beispiel: Eine Kosmetikcreme mit 50 ml Inhalt kostet 94 Euro, was einem Grundpreis von 188,00 Euro pro 100 ml entspricht (siehe Abbildung 12.6).

Ausnahmen von dieser Regel gelten für bestimmte Produkte, etwa solche mit weniger als zehn Gramm oder Millilitern. Eine Übersicht der Ausnahmen ist in § 4 Abs. 3 der Preisangabenverordnung (PAngV) zu finden. Wenn die Ware in standardisierter Einheit verkauft wird, etwa ein Liter oder ein Kilogramm, sind der Endpreis und der Grundpreis gleich. In solchen Fällen entfällt die Angabe des Grundpreises.

Abbildung 12.6: Wenn eine Produktdarstellung wie hier in einem Produktkarussell eine »In den Warenkorb«-Schaltfläche enthält, muss sie den Bruttopreis, gegebenenfalls samt Mengenangaben und Hinweis auf die Umsatzsteuer sowie Versandkosten enthalten. Wobei Letztgenannte wie im oberen Bildbeispiel mittels eines Sternchenhinweises zu dem unten angegebenen Hinweis führen dürfen.

12.6.5 Inkl. MwSt. zzgl. Versand

Der Hinweis auf im Preis enthaltene Mehrwertsteuer und zusätzliche Versandkosten ist nur erforderlich, wenn das Produkt direkt in den Warenkorb gelegt werden kann. Ist dazu erst ein Klick auf eine Produktseite nötig, kann der Hinweis zunächst entfallen.

Als Hinweistext hat sich in der Praxis die Anmerkung »*inkl. MwSt., zzgl. Versandkosten« etabliert. Der Hinweis kann direkt im »Sichtzusammenhang«, d. h. in der Nähe der Preisangabe, oder per Sternchenlink unten auf der Webseite erfolgen (siehe Abbildung 12.6). Wichtig ist zudem, dass der Hinweis auf die Versandkosten auf die entsprechende Informationsseite zu den Versandkosten oder auf die Stelle in den AGB, in denen die Versandkosten genannt werden, verweist,

Hinweis: MwSt.-Angabe für Kleinunternehmer

Für Kleinunternehmer besteht die Möglichkeit, die Umsatzsteuer auszuweisen, ohne dazu verpflichtet zu sein. Tun sie dies nicht, müssen sie darauf hinweisen, z. B. durch die Angabe »umsatzsteuerbefreit nach § 19 UStG zzgl. Versandkosten« statt »Inkl. MwSt.«.

12.6.6 Anbieterangaben für Anzeigen und Beiträge

Bei Onlineanzeigen, Bannern oder Social-Media-Postings kann es notwendig sein, Identität und Anschrift des Unternehmens anzugeben, wenn sie »den Verbraucher in die Lage versetzen, einen Kauf zu tätigen« (siehe Abbildung 12.7). Das ist der Fall, wenn die Ware oder Dienstleistung konkret beschrieben ist und einen Preis enthält (auch »ab ...«-Preise).

Es muss jedoch ein konkretes Produkt angeboten werden. Marken- oder Gattungsangaben wie z.B. »Apple-Geräte ab 500 €« sind nicht konkret genug, Angebote wie z.B. »Apple iPad ab 500 €« dagegen schon.

Abbildung 12.7: Sobald ein Verbraucher anhand eines Angebots wie in dem obigen Beispiel trotz verbleibender Details, wie genaue Reisezeiten, Farbauswahl etc., den Entschluss fassen kann, müssen Unternehmen auch in Werbeanzeigen und Postings in sozialen Medien ihre Identität und ihre Adresse angeben (Beispiel entsprechend EuGH, Az. C-122/10).

12.7 Umweltbezogene Werbung und Greenwashing

Rechtlich spricht man vom Greenwashing, wenn umweltbezogene Aussagen für Verbraucher inhaltlich nicht nachvollziehbar oder nicht nachweisbar sind.

Umweltbezogene Werbung wird zunehmend wichtiger, und viele Unternehmen möchten sich mittels sogenannter *Green Claims*, d.h. umweltbezogener Aussagen zu ihren Produkten, positiv positionieren. Zu den häufig verwendeten Begriffen in dieser Werbung gehören unter anderem »emissionsfrei«, »ökologisch«, »erneuerbar«, »kohlenstoffarm«, »verantwortungsbewusst«, »naturfreundlich«, »CO_2-neutral«, »aus 100 Prozent recyceltem Material«, »verringerte CO_2-Emissionen«, »plastikfrei«, »nachhaltig«, »regional«, »energieeffizient«, »schadstofffrei«, »umweltfreundlich«, »ressourcenfreundlich«, »kurze Lieferwege«, »klimafreundlich« oder »biologisch abbaubar«. Diese Art von umweltbezogener Werbung ist zulässig, solange Verbraucher die Aussagen nachvollziehen können und nicht über die ökologischen Aspekte getäuscht werden, was dann als *Greenwashing* bezeichnet wird.

12.7.1 Erläuterung der verwendeten Begrifflichkeiten

Formulierungen wie »klimaneutral«, »nachhaltig« oder »Unsere Verpackung besteht zu 30 Prozent aus recyceltem Kunststoff« sind für Verbraucher oft intransparent und erfordern zusätzliche Erläuterungen. Wann genau ein umweltbezogener Begriff von sich aus transparent oder hinreichend erläutert ist, lässt sich schwer vorhersagen und wird oft durch Gerichtsurteile entschieden. Begriffe, die nicht für jeden sofort verständlich oder die mehrdeutig sind, sollten daher erläutert werden (siehe Abbildung 12.8). Der genaue Umfang der benötigten Erläuterungen ist nicht klar festgelegt. Empfehlenswert ist es, grundlegende Informationen auf der Verpackung anzugeben. Für weitere Details kann auf eine Website mittels Webadresse verwiesen werden.

Abbildung 12.8: Der Süßwarenhersteller Katjes warb auf der Produktverpackung damit, klimaneutral zu produzieren, was die Wettbewerbszentrale als irreführend kritisierte. Der Bundesgerichtshof stimmte zu, dass »klimaneutral« ohne klare Erklärung täuschend und mehrdeutig sein kann (BGH, Az. I ZR 98/23). Dabei befand das Gericht, dass Katjes insbesondere schon auf der Verpackung angeben muss, wenn die Klimaneutralität nicht aus eigenem Bemühen, sondern mittels des Erwerbs von CO_2-Zertifikaten erreicht wird. Hinweis: Bitte beachten Sie, dass die Werbung mit der Klimaneutralität durch Kompensation der Emissionen in der Zukunft weiter eingeschränkt werden soll (siehe nachfolgend Abschnitt 12.7.5).

Vorsicht: Ein Link reicht nicht aus

Der BGH entschied ferner, dass ein Internetlink in der Werbung zur Erklärung des Begriffs »klimaneutral« nicht ausreicht. Die Erklärung muss direkt in der Werbung enthalten sein. Ein Link oder ein QR-Code können dabei nur auf weitere Details verweisen, wie z.B.:

»Klimaneutral (50% unternehmensweite Emissionsreduktion im letzten Jahr und Ausgleich der restlichen 50% mit CO_2-Zertifikaten. Details: [Link])«.

12.7.2 Keine Irreführung

Bei umweltbezogenen Begriffen ist die Gefahr der wettbewerbswidrigen Irreführung (siehe Abschnitt 12.3) groß, wie die folgenden Konstellationen zeigen:

- **Unzutreffende oder nicht nachweisbare Aussagen:** Behauptungen müssen wahr und nachweisbar sein. Beispielsweise ist die Aussage »100 Prozent recyceltes Papier« unwahr, wenn auch Holzschnittreste verwendet werden, die zuvor nicht zu Papier verarbeitet waren (KG Berlin, Az. 5 U 103/08).
- **Bezugsobjekte:** Aussagen können sich nur auf bestimmte Aspekte eines Unternehmens oder Produkts beziehen, was dazugeschrieben werden muss (z.B. klimaneutrale Auslieferung).
- **Unterlassung negativer Aussagen:** Aussagen müssen umfassend sein, ohne umweltschädliche Merkmale zu verschweigen.

Fallbeispiel

Ein Fonds-Anbieter warb mit einer bestimmten CO_2-Reduktion durch seine Investments. Allerdings unterließ er es, zu sagen, dass es sich nur um Zielvorgaben und nicht um eine bereits erfolgte CO_2-Reduktion handelte. Die Verbraucherzentrale Baden-Württemberg klagte, und das LG Stuttgart entschied, dass diese Werbung irreführend sei (LG Stuttgart Az. 36 O 92/21 KfH).

12.7.3 Keine Werbung mit Selbstverständlichkeiten

Es ist unzulässig, mit der Einhaltung gesetzlicher Vorgaben zu werben, wie etwa dem werbenden Hinweis auf das Fehlen verbotener Inhalte, wie »Keine Phosphate« bei Reinigungsmitteln oder »FCKW-frei« (LG Berlin, Az. 15 O 332/11). Weitere Beispiele zur Werbung mit Selbstverständlichkeiten finden Sie in Abschnitt 12.5.

12.7.4 Werbung mit »Öko« und »Bio«

Bei der Verwendung der Begriffe »Öko« und »Bio« im Bereich der Verarbeitung von Lebensmitteln und landwirtschaftlicher Erzeugung müssen Sie besondere Vorsicht walten lassen, da hier strenge gesetzliche Regelungen existieren. Die EU-Öko-Verordnung 2018/848 und ihre Durchführungsverordnung legen die Rahmenbedingungen für ökologische Produktion und Bio-Zertifizierung in der EU fest.

In Deutschland konkretisieren das Öko-Landbaugesetz, das Öko-Kennzeichnungsgesetz und die Öko-Kennzeichenverordnung diese Vorgaben. Diese Gesetze legen fest, wie ökologische Produkte rechtlich korrekt gekennzeichnet und beworben werden dürfen, regeln die Gestaltung des deutschen Bio-Siegels und definieren die Rechtsfolgen bei Verstößen (siehe Abbildung 12.9).

Abbildung 12.9: Begriffe wie »Bio« und »Öko« sowie die Verwendung von EU-weiten Bio-Siegeln (linke Bildhälfte) und dem deutschen Bio-Siegel (rechte Bildhälfte) sind im Lebensmittelvertrieb nur zulässig, wenn die gesetzlichen Anforderungen an die Herstellung und Zertifizierung dieser Produkte eingehalten werden.

12.7.5 Zukünftige Entwicklung: Green Deal der EU

Zum Zeitpunkt der Veröffentlichung dieses Buches berät die EU Regelungen zur Förderung verlässlicher Umweltinformationen und zur Bekämpfung von *Greenwashing* im Rahmen des *Green Deal*. Die neuen Regeln sollen verlässliche, vergleichbare und nachprüfbare Umweltinformationen von Produkten und Unternehmen verlangen:

- Allgemeine Umweltaussagen (z.B. »grün«, »öko«) ohne genaue Spezifizierung sollen verboten werden.
- Umweltzeichen ohne Drittzertifizierung sollen verboten verboten werden und Bewertungskriterien müssen öffentlich sein.
- Ganzheitliche Umweltaussagen sollen nur gemacht werden dürfen, wenn sie das gesamte Produkt betreffen und nicht nur einen Teil der Herstellung.
- Wenn die Klimaneutralität eines Produkts nur durch externe Kompensationen erreicht wird, soll die Bezeichnung als »klimaneutral« wettbewerbswidrig sein.
- Zukünftige Umweltleistungen sollen transparent und überprüfbar sein.
- Vergleichende Umweltaussagen sollen auf standardisierten Tests beruhen.
- Irrelevante Merkmale sollen nicht beworben werden dürfen.
- Gesetzliche Anforderungen sollen nicht als Besonderheit beworben werden dürfen.

Es ist noch ungewiss, ob diese Regelungen tatsächlich Gesetz werden. Sie sollten jedoch die rechtlichen Entwicklungen genau verfolgen, wenn Sie Werbeaussagen wie »grün«, »öko« oder »klimaneutral« verwenden möchten (siehe Abschnitt 12.5).

12.7.6 Rechtsfolgen bei irreführender umweltbezogener Werbung

Bei Verstößen gegen umweltbezogene Aussagen handelt es sich um Wettbewerbsverstöße wegen Verstoßes gegen sogenannte Marktverhaltensregeln (§ 3a UWG), und Ihnen drohen kostenpflichtige Abmahnungen, die von jedem Mitbewerber oder

Verbrauchs- und Wettbewerbsverband mit den folgenden Konsequenzen verschickt werden können:

- **Unterlassungserklärung:** Sie werden aufgefordert, eine strafbewehrte Unterlassungserklärung abzugeben, mit einer Vertragsstrafe, die bei Zuwiderhandlung oft über 5.000 Euro beträgt.
- **Abmahnkosten:** Ebenfalls werden Sie zur Übernahme der Abmahnkosten aufgefordert. Diese liegen zwischen 200 Euro bei klagebefugten Organisationen und können bis zu 1.500 Euro bei Mitbewerbern betragen. Bei Weigerung und Gerichtsverhandlung könnten sich die Kosten vervierfachen.
- **Schadensersatz:** Zudem besteht das Risiko, Schadensersatz zahlen oder unlauter erwirtschaftete Gewinne herausgeben zu müssen.
- **Unerlaubte Nutzung von »Öko« oder »Bio« im Bereich Lebensmittel/ Landwirtschaft:** Je nach Art und Grad des Verstoßes Entzug der Bio-Zertifizierung, Bußgelder oder Rückruf von Produkten.

Weitere Hinweise zu den Folgen von Rechtsverstößen und Abmahnungen erhalten Sie in Kapitel 18.

Checkliste: Umweltbezogene Werbung und Greenwashing

1. Erläuterung der verwendeten Begrifflichkeiten:

Begriffe wie »klimaneutral« oder »nachhaltig« sollten so erläutert werden, dass Verbraucher genau verstehen, was sie bedeuten und auf welchen Maßnahmen sie basieren.

2. Keine Irreführung:

- Behauptete Eigenschaften müssen zutreffen und nachweisbar sein.
- Keine Unterlassung negativer Aussagen, die umweltschädliche Merkmale verschweigen.
- Verbrauchern muss klar sein, ob Aussagen für das gesamte Produkt, das Unternehmen oder eine Produktlinie gelten.

3. Werbung mit Öko und Bio:

- Gilt für die Verarbeitung von Lebensmitteln und landwirtschaftliche Erzeugung.
- Zulassung der Nutzung der Begriffe »Bio« oder »Öko« nur im Rahmen der Zertifizierung und Vorgaben der EU-Öko-Verordnung.

4. Green Deal der EU – mögliche neue Regeln für umweltbezogene Werbung (mögliche gesetzliche Entwicklung):

- Allgemeine Umweltaussagen ohne klare Spezifizierung und Begründung sind untersagt (z.B. »grün« oder »öko«).
- Keine Verwendung von Siegeln ohne staatliche oder Drittzertifizierungssysteme.
- Aussagen über das gesamte Produkt nur treffen, wenn sie es vollständig betreffen.
- Produktbezogene Aussagen über Treibhausgasemissionen sind nicht zulässig, wenn sie auf einer Kompensation der Treibhausgase beruhen. Im Fall von Unternehmen ist die Kompensation kein Ausschlussgrund.

- Behauptungen zu zukünftiger Umweltleistung müssen transparent und überprüfbar sein.
- Vergleichende Umweltaussagen müssen objektiv und einheitlich durchgeführt werden.
- Keine Bewerbung irrelevanter Merkmale oder Erfüllung gesetzlicher Anforderungen als besondere Merkmale.
- Entwicklung der Rechtslage muss beobachtet werden.

12.8 Werbung mit gesundheitsbezogenen Angaben

Angaben, die die Gesundheit betreffen, also das körperliche oder geistige Wohlergehen, unterliegen rechtlich strengen Vorschriften und erfordern eine gründliche rechtliche Vorabprüfung.

Gesundheitsbezogene Angaben (sogenannte *Health Claims*) betonen die gesundheitsfördernden Wirkungen von Produkten wie Lebens- und Nahrungsergänzungsmitteln und sprechen gesundheitsbewusste Verbraucher an. Diese Art der Werbung ist jedoch streng reguliert, um Verbraucher vor irreführenden Aussagen zu schützen.

12.8.1 Health Claims, Nährwertangaben und Heilversprechen

Für die rechtliche Beurteilung solcher Werbung ist es wichtig, zwischen *Health Claims*, *Nährwertangaben* und *Heilversprechen* zu unterscheiden. Health Claims und Nährwertangaben unterliegen der Health-Claims-Verordnung (HCVO), während Heilversprechen den Regelungen des Arzneimittelrechts unterliegen, weil sie eine Heilwirkung versprechen (weitere Details finden sich in Abschnitt 12.9 unten).

Nährwertbezogene Angaben beschreiben wiederum besondere Nährwerteigenschaften von Lebensmitteln wie Energie- oder Nährstoffgehalt (»kalorienarm«, »proteinreich«, »zuckerfrei«). Sie müssen im Anhang zur HCVO gelistet werden und zutreffend sein.

12.8.2 Health-Claims-Verordnung (HCVO)

Die Europäische Union hat durch die Health-Claims-Verordnung (Verordnung (EG) Nr. 1924/2006) strenge Regeln für die Werbung mit gesundheitsbezogenen Angaben eingeführt, um die Interessen der Verbraucher zu schützen. Nach dieser Verordnung dürfen keine allgemeinen und nicht nachweisbaren gesundheitsfördernden Wirkungen beworben werden.

12.8.3 Zulässige Nährwertangaben

Ergänzend zu der Health-Claims-Verordnung listet die »Health-Claims-Liste« (Verordnung (EU) Nr. 432/2012) über 200 zulässige Health Claims zu bestimmten Inhaltsstoffen, Vitaminen und Mineralstoffen (z. B. Eisen, Calcium, Vitamin C). Nur diese dürfen in der Werbung verwendet werden, sofern die Inhaltsstoffe in ausreichender Menge im Produkt enthalten sind (siehe Abbildung 12.10). Zudem muss die vorgegebene Ausdrucksweise verwendet werden, z. B.: »Eisen trägt zu einer normalen Funktion des Immunsystems bei«. Eine abweichende Aussage, wie z. B. »Eisen macht das Immunsystem stark« wäre dagegen unzulässig und abmahnbar.

Eisen	Eisen trägt zur normalen Bildung von roten Blutkörperchen und Hämoglobin bei	Die Angabe darf nur für Lebensmittel verwendet werden, die die Mindestanforderungen an eine Eisenquelle gemäß der im Anhang der Verordnung (EG) Nr. 1924/2006 aufgeführten Angabe [NAME DES VITAMINS/DER VITAMINE] UND/ODER [NAME DES MINERALSTOFFS/DER MINERALSTOFFE]-QUELLE erfüllen.

Abbildung 12.10: Die Health-Claims-Liste legt genau fest, welcher Wortlaut bei der Werbung mit bestimmten Nährstoffen verwendet werden darf (zweite Spalte des oben stehenden Auszugs). Zusätzlich regelt sie die Bedingungen, unter denen diese Aussagen getroffen werden dürfen (dritte Spalte).

12.8.4 Wahr, eindeutig und nicht irreführend

Die Health-Claims-Verordnung verbietet irreführende gesundheitsbezogene Angaben. Werbung für Lebensmittel mit nährwert- oder gesundheitsbezogenen Vorteilen ist nur dann erlaubt, wenn:

- die Sicherheit anderer Lebensmittel nicht infrage gestellt wird (z. B.: »Unser Müsli ist besonders, denn es ist sicher für Ihr Herz.«),
- der Eindruck vermieden wird, dass eine ausgewogene Ernährung nicht ausreicht (z. B.: »Nur unser Vitaminpräparat liefert die notwendigen Vitamine für den Tag.«),
- Aussagen den Verbraucher nicht zu übermäßigem Verzehr anregen oder diesen verharmlosen (z. B.: »Je mehr von unseren Proteinriegeln Sie essen, desto besser ist es für Ihre Gesundheit!«),
- keine allgemeinen, unklaren oder überzogenen Behauptungen aufgestellt werden (z. B.: »Dieses Getränk gibt Ihnen die notwendige Energie für den Tag.«),
- bei Verbrauchern keine Angst ausgelöst wird (z. B.: »Ohne unser Nahrungsergänzungsmittel riskieren Sie schwere gesundheitliche Probleme.«),
- der durchschnittliche Verbraucher die Angaben versteht,
- die beworbenen Vorteile wissenschaftlich belegt sind,
- die EU-Vorschriften zur Kennzeichnung, Aufmachung und Werbung eingehalten werden;

- die Nährstoffe in ausreichender Menge vorhanden sind, um die behauptete Wirkung zu entfalten;
- die Nährstoffe in einer verwertbaren Form vorliegen und die Angaben sich auf das verzehrfertige Produkt beziehen.

Aufgrund der umfangreichen Voraussetzungen und des erforderlichen produktbezogenen Fachwissens ist die Einschätzung von Health Claims herausfordernd (s. Abbildung 12.11. Deshalb sollten Sie Health Claims nur dann einsetzen, wenn sie von einer rechtlich fachkundigen Person geprüft und für Marketingzwecke freigegeben wurden.

Abbildung 12.11: Die EU-Kommission hat die Gesundheitsversprechen von »Kinder Schokolade« und »Yakult« (beide links im Bildbeispiel) mangels Wahrheitsbeweises abgelehnt. Die Gesundheitsclaims der Produkte »Fruchtzwerge« von Danone und »Deli Active«-Margarine (beide rechts im Bildbeispiel) erfüllten dagegen die Anforderungen der Health-Claims-Verordnung und wurden zugelassen. (Hinweis: Die abgebildeten Produktverpackungen dienen der Veranschaulichung, die Health Claims müssen nicht konkret auf diesen Verpackungen enthalten gewesen sein.)

12.8.5 Werbung für alkoholische Getränke

Alkoholhaltige Produkte dürfen gar keine gesundheitsbezogenen Werbeaussagen enthalten. Nährwertbezogene Angaben dürfen nur darüber gemacht werden, dass ein geringer Alkoholgehalt enthalten ist (<1,2 %) oder dass Alkohol oder Brennwert reduziert wurde.

Fallbeispiel

Der Bundesgerichtshof entschied, dass Bier nicht als »bekömmlich« beworben werden darf. Eine Brauerei im Allgäu hatte Biere mit diesem Begriff beworben, was ein Verbraucherschutzverband beanstandete. Der BGH bestätigte das Verbot, da gesundheitsbezogene Werbeaussagen für alkoholische Getränke mit über 1,2% Alkoholgehalt unzulässig sind (BGH, Az. I ZR 252/16).

12.8.6 Clean Labeling

Beim sogenannten *Clean Labeling* wird hervorgehoben, dass bestimmte unerwünschte Inhaltsstoffe fehlen oder bestimmte Herstellungsverfahren nicht angewendet wurden, wie »frei von Zucker«, »ohne Glutamat« oder »ohne Gentechnik«. Es gibt keine einheitliche gesetzliche Regelung dafür, jedoch müssen solche Aussagen den allgemeinen werberechtlichen Vorschriften entsprechen: Sie dürfen nicht irreführend sein, müssen transparent sein und dürfen nicht mit Selbstverständlichkeiten werben (siehe Abschnitt 12.7.3). Es ist z.B. nicht erlaubt, für Wasser mit dem Begriff »vegan« zu werben, da Wasser per se keine tierischen Produkte enthält.

Hinweis: Weitere Grenzen für »Ohne«- und »Frei von«-Angaben

Bei der Werbung mit Clean Labeling müssen neben der Health-Claims-Verordnung auch die Lebensmittelinformations-Verordnung (LMIV) und die Deutsche Zusatzstoff-Zulassungsverordnung (ZZulV) beachtet werden. Diese enthalten bestimmte Maximalgrenzen: »Ohne Glutamat« bedeutet z.B., dass kein Glutamat enthalten sein darf, während »ohne Zusatz von Glutamat« bedeutet, dass natürliches Glutamat aus Hefeextrakten erlaubt ist.

12.8.7 Gilt für Hersteller, Händler und Influencer

Die Health-Claims-Verordnung wie auch die generellen Vorgaben für gesundheitsbezogene Werbung betreffen alle, die Produkte in den Verkehr bringen oder für Sie geschäftlich werben – somit auch Hersteller und Händler. Betroffen sind aber z.B. auch Influencer, die rechtswidrige Health Claims tätigen, wobei deren Auftraggeber mithaften und ebenfalls abgemahnt werden können (weitere Hinweise zur Haftung für Influencer erhalten Sie in Abschnitt 8.2.7).

Fallbeispiel

Das LG Hagen entschied, dass eine Mode-Influencerin auf Instagram gegen die Health-Claims-Verordnung verstieß, indem sie ein »Detox-Delight-Getränk« bewarb. Der Begriff »Detox« impliziert wissenschaftlich unbewiesene Entgiftungswirkungen, was laut Gericht eine unzulässige gesundheitsbezogene Angabe darstellt (LG Hagen, Az. 23 O 30/17).

Checkliste: Gesundheitsbezogene Werbung

1. Nährwertangaben:

- Beschreiben besondere Nährwerteigenschaften von Lebensmitteln, etwa Energie-, Nähr- oder Stoffgehalt.
- Nur zulässig, wenn diese Aussagen im Anhang der Health-Claims-Verordnung gelistet sind.

2. Health Claims:

- Aussagen, die gesundheitsfördernde Wirkungen von Lebensmitteln oder Nahrungsergänzungsmitteln beschreiben.
- Ein durchschnittlicher Verbraucher muss diese Angaben verstehen.
- Angabe darf nicht falsch, mehrdeutig oder irreführend sein.
- Aussagen müssen wissenschaftlich belegt sein.
- Positive Effekte müssen auf den Verzehr des Produkts zurückzuführen sein.
- Werbung für alkoholische Getränke: Verwendung positiver gesundheitsbezogener Angaben ist verboten. Erlaubt ist nur Werbung für eine relevante Reduzierung von Alkohol- und Brennwert.
- Clean Labeling: »Frei von«- und »Ohne«-Angaben dürfen nicht irreführend sein. Sie müssen transparent sein und dürfen keine Selbstverständlichkeiten enthalten.

3. Heilversprechen:

Behauptungen, Krankheiten heilen oder Leiden verhindern zu können, sind keine Health Claims, sondern Heilversprechen, bei denen die Vorgaben für Heilmittelwerbung zu beachten sind.

12.9 Werbung für Heilmittel und medizinische Leistungen

Krankheitsbezogene Produkte und Behandlungsmethoden dürfen in der Werbung nur mit größter Sachlichkeit dargestellt werden und dürfen weder Angst schüren noch auf finanzielle Lockmittel setzen.

Es gibt kein generelles Werbeverbot für Angehörige von Gesundheitsberufen oder Anbieter von Heilmitteln. Allerdings ist diese Art von Werbung streng reguliert und birgt hohe Risiken. Eine fachkundige Rechtsprüfung entsprechender Werbeaussagen ist deshalb erforderlich. Das Heilmittelwerbegesetz (HWG) regelt in Deutschland die Werbung für Arzneimittel, Medizinprodukte, Heilverfahren (sowohl für Menschen als auch für Tiere), plastisch-chirurgische Eingriffe ohne medizinische Notwendigkeit und Produkte mit behaupteter therapeutischer Wirkung.

Hinweis: Begriff der Heilmittelwerbung

Der Begriff der Werbung gemäß § 1 Abs. 1 HWG ist sehr weit gefasst und beinhaltet alle produkt- oder leistungsbezogenen Aussagen, die darauf angelegt sind, den Absatz des beworbenen Produkts oder der beworbenen Leistung zu fördern (BGH, Az. I ZR 193/18). Umfasst sind jegliche Maßnahmen zur auch sachlichen Information sowie Ratschläge etc. mit dem Ziel, die Verschreibung, den Verkauf oder den Verbrauch von Arzneimitteln zu fördern (OLG Hamburg, Az. 3 U 13/09).

12.9.1 Werbeverbote und Hinweispflichten

Das HWG enthält insbesondere die folgenden Werbeverbote und Hinweispflichten:

- **Werbeverbote nach § 11 HWG:** Außerhalb der Fachkreise (d.h. insbesondere gegenüber Patienten und anderen Verbrauchern) ist Werbung mit Empfehlungen durch bekannte Personen, mit Aussagen, dass das Arzneimittel ärztlich, zahnärztlich, tierärztlich oder anderweitig fachlich empfohlen oder geprüft ist oder angewendet wird, mit Krankengeschichten oder mit irreführenden Darstellungen unzulässig. Aussagen über Gesundheitsbeeinträchtigungen, die ohne das Arzneimittel bestünden (z.B. »Ohne dieses Medikament drohen Ihnen dauerhafte Rückenschmerzen«), sind verboten. Verboten ist auch Werbung, die sich gezielt an Kinder wendet, Preisausschreiben oder Verlosungen und die Verteilung von Mustern/Proben ohne Nachfrage. Gegenüber Verbrauchern sind zudem werbende Vergleiche mit anderen Arzneimitteln unzulässig.
- **Werbeverbote nach § 12 HWG:** Es ist generell verboten, für die Behandlung bestimmter Krankheiten zu werben. Bei Menschen betrifft dies meldepflichtige Krankheiten, bösartige Neubildungen, Suchtkrankheiten (außer Nikotinabhängigkeit) und Schwangerschaftskomplikationen.
- **Zugaben und Werbegaben:** Unter Zugaben und Werbegaben versteht man zusätzliche Vorteile oder Geschenke, die im Zusammenhang mit dem Erwerb eines Arzneimittels angeboten werden. Das können z.B. kleine Geschenke, Proben oder Rabattgutscheine sein. Die Zugaben und Werbegaben dürfen nur von geringem Wert sein (§ 7 HWG). Ein sicherer Richtwert liegt bei einem Euro (BGH, Az. I ZR 98/08). Zudem müssen diese Gegenstände durch eine dauerhafte und deutlich sichtbare Bezeichnung des Werbenden oder des beworbenen Produktes oder beider als Werbeträger gekennzeichnet sein.
- **Hinweis auf Fachberatung und Nebenwirkungen:** Richtet sich die Heilmittelwerbung nicht ausschließlich an Fachkreise, muss der Hinweis »Zu Risiken und Nebenwirkungen lesen Sie die Packungsbeilage und fragen Sie Ihre Ärztin, Ihren Arzt oder in Ihrer Apotheke« gut lesbar und von den übrigen Werbeaussagen deutlich abgesetzt und abgegrenzt aufgenommen werden (§ 4 Abs. 3 HWG).
- **Fernbehandlung:** Werbung mit ärztlicher Fernbehandlung ist untersagt außer in Fällen, in denen »nach allgemein anerkannten Standards« ein persönlicher ärztlicher Kontakt nicht erforderlich ist (§ 9 UWG). Da es bei neuen Technologien häufig an »anerkannten Standards« fehlt, ist Werbung für Fernbehandlungen besonders risikoreich und bedarf einer rechtlich versierten Prüfung.

Fallbeispiel

Der BGH untersagte die Werbung für eine Fernbehandlungs-App, zu deren Leistungsumfang von Ärzten mittels der App aus der Ferne durchgeführte Diagnosen, Therapieempfehlungen und Krankschreibungen gehörten (BGH, Az. I ZR 146/20). Der BGH begründete die Untersagung damit, dass es keinen anerkannten Standard gibt, laut dem ein persönlicher Arztkontakt bei den vorgenannten Behandlungen nicht erforderlich ist.

Checkliste: Heilmittelwerbung gemäß HWG

1. Geltungsbereich:

- Arzneimittel, Medizinprodukte.
- Heilverfahren und -behandlungen, plastisch-chirurgische Eingriffe ohne medizinische Notwendigkeit.
- Produkte mit behaupteter therapeutischer Wirkung (z.B. Magnete, Steine, homöopathische Mittel, Nahrungsergänzungsmittel).

2. Täuschungsverbot:

- Keine Zuschreibung nicht vorhandener therapeutischer Wirkungen.
- Keine falschen Eindrücke erwecken, dass z.B. ein Erfolg mit Sicherheit erwartet werden kann.

3. Einschränkungen für Zugaben:

- Kennzeichnung als Werbemittel.
- Geringer Wert (1 Euro als sicherer Richtwert).

4. Verbotene Werbung gegenüber Nicht-Fachkreisen (u. a.):

- Empfehlungen von Prominenten, irreführende Krankengeschichten, missbräuchliche oder irreführende Darstellungen.
- Darstellung, dass eine Nichtverwendung die Gesundheit beeinträchtigt oder eine Verwendung sie verbessert.
- Verlosungen und Preisausschreiben, die die übermäßige Einnahme von Heilmitteln fördern.
- Irreführende Äußerungen Dritter (z.B. Dankes- oder Empfehlungsschreiben).
- Werbevorträge, mit denen ein Feilbieten oder eine Entgegennahme von Anschriften verbunden ist.
- Werbung, die sich überwiegend an Kinder unter 14 Jahren richtet.

5. Hinweispflicht gegenüber Nicht-Fachkreisen: Heilmittelwerbung gegenüber Verbrauchern muss den folgenden Hinweistext enthalten: »Zu Risiken und Nebenwirkungen lesen Sie die Packungsbeilage und fragen Sie Ihre Ärztin, Ihren Arzt oder in Ihrer Apotheke.«

6. Verbotene Werbung für Behandlung und Heilung bestimmter Krankheiten: Meldepflichtige Krankheiten, bösartige Neubildungen, Suchtkrankheiten (außer Nikotinabhängigkeit) und Schwangerschaftskomplikationen.

7. Erlaubte Werbung gegenüber Fachkreisen (z.B. Ärzten und Ärztinnen):

- Hinweise auf Gutachten und fachliche Beiträge.
- Fachliche Empfehlungen und Prüfungen.
- Patientengeschichten.
- Bilder von Gesundheitsberufen.
- Vorher-nachher-Vergleiche.

12.9.2 Medfluencer

Medfluencer sind Personen wie Ärzte, Apotheker, Heilpraktiker oder sogar medizinische Laien, die in sozialen Medien medizinische Themen diskutieren oder Gesundheitstipps geben, aber auch ihre Leistungen oder fremde Produkte bewerben.

Da sich die Grenzen zwischen Unterhaltung, Lifestyle, sachlich-medizinischen Informationen und individueller Beratung oft verwischen, müssen Medfluencer besonders darauf achten, die gesetzlichen Vorgaben einzuhalten:

- **Werbung ist grundsätzlich erlaubt:** Grundsätzlich dürfen auch Ärztinnen und Ärzte online sachlich und angemessen werben, solange sie die gesetzlichen Vorgaben für gesundheitsbezogene Werbung einhalten. So ist es etwa zulässig, auf eigene ärztliche Leistungen hinzuweisen oder z.B. für Bücher zu werben.
- **Verbot der Fremdwerbung:** Verboten ist Ärztinnen und Ärzten dagegen die Werbung für Produkte, Arzneimittel oder Dritte, wie z.B. bestimmte Kliniken oder Arztkollegen.
- **Geltung des HWG:** Medfluencer müssen bei direkt oder indirekt werblichen Aussagen über Arzneimittel, medizinische Produkte oder Heilverfahren das Heilmittelwerbegesetz beachten (siehe Abschnitt 12.9.1). So ist z.B. Ärztinnen und Ärzten berufswidrige Werbung verboten, was dann der Fall ist, wenn sie keine interessen- und sachgerechten Informationen enthält. Auch anpreisende, irreführende oder vergleichende Werbung ist untersagt (§ 27 Abs. 3 Satz 2 der Musterberufsordnung für Ärzte [MBO-Ä]). Ebenso dürfen Heilmitteln keine nicht vorhandenen Wirkungen zugesprochen werden, Erfolge dürfen nicht garantiert und schädliche Wirkungen dürfen nicht verschleiert werden.
- **Umgehung des Verbots von Vorher-nachher-Bildern:** Da das Heilmittelwerbegesetz (HWG) ein ausdrückliches Verbot der Werbung mit Vorher-nachher-Bildern enthält, versuchen einige Praxen, alternative Wege zu finden. Eine verbreitete Strategie ist die Begleitung des gesamten Behandlungsprozesses in einem Videoformat wie etwa in Reels oder auf TikTok. Durch die Darstellung des Eingriffsverlaufs wird es dem Zuschauer ermöglicht, Veränderungen wahrzunehmen, ohne explizite Vorher-nachher-Bilder zu präsentieren. Ob diese Form der Darstellung rechtlich zulässig ist, ist bislang nicht abschließend geklärt. Angesichts der weitreichenden Auslegung des Vorher-nachher-Verbots durch die Rechtsprechung ist jedoch Vorsicht geboten. Auch schematische oder animierte Darstellungen können bereits gegen § 11 Abs. 1 S. 3 Nr. 1 HWG verstoßen.
- **Livestreaming, TikTok und Reels:** Das Livestreaming von operativen Eingriffen über Plattformen wie Instagram oder TikTok wird zunehmend als modernes Werbemittel eingesetzt. Es schafft Transparenz, ermöglicht Echtzeitinteraktion mit Zuschauern und soll Vertrauen aufbauen. Allerdings unterliegt auch diese Form der Werbung den strengen Anforderungen des ärztlichen Werberechts. Die Darstellung muss sachlich sein und nicht anpreisend oder irreführend. Außerdem ist die ausdrückliche schriftliche Einwilligung der Patienten zwingend erforderlich. Diese muss die Zustimmung zur Aufnahme bzw. Live-Übertragung, die Veröffentlichung auf Social Media sowie eine jederzeitige Widerrufsmöglichkeit umfassen. Eine rein mündliche Einwilligung reicht nicht aus.

- **Werbekennzeichnung:** Zusätzlich müssen Medfluencer darauf achten, dass die Produktwerbung korrekt als solche kenntlich gemacht wird, insbesondere wenn sie entgeltlich im Auftrag eines Produktherstellers oder eines Händlers erfolgt. Aber auch die Bewerbung selbst erworbener Produkte oder fremder Leistungen ohne Entgelt kann eine Kennzeichnungspflicht auslösen.
- **Täuschung über Qualifikation:** Wird die Zugehörigkeit zur Gesundheitsbranche vorgegeben oder eine ähnliche Täuschung über die beruflichen Qualifikationen vorgenommen, liegt eine abmahnbare Täuschung der Verbraucher vor. Wenn z.B. ein medizinischer Laie in einem Kittel auftritt und sich »@BestDoc4You« oder ähnlich nennt, Gesundheitstipps erteilt und mit Werbeplatzierungen Geld verdient, liegt eine solche Täuschung vor.
- **Haftung aufgrund eines Behandlungsvertrags:** Medfluencer müssen vorsichtig bei der Beantwortung individueller Anfragen sein. Missverständnisse könnten zu einem rechtlich bindenden Behandlungsvertrag oder einem Haftungsanspruch führen. Deshalb sollten sie klarstellen, dass ihre Inhalte keine individuelle medizinische Beratung darstellen und stets professionelle medizinische Hilfe aufgesucht werden sollte.

Medfluencer müssen den strengen gesetzlichen Rahmen insbesondere bei der Gesundheitswerbung beachten. Ansonsten riskieren sie nicht nur Abmahnungen oder Schadensersatzforderungen, sondern als Angehörige von Gesundheitsberufen Sanktionen bis zum Entzug der Approbation. Auch Unternehmen, die mit Medfluencern zusammenarbeiten, sollten sicherstellen, dass diese alle relevanten gesetzlichen Vorgaben einhalten. Generelle Hinweise zu gesetzlichen Vorgaben beim Influencer-Marketing erhalten Sie in Abschnitt 8.1.

Checkliste: Rechtliche Vorgaben für Medfluencer

- **Erlaubte Werbung:** Ärztinnen und Ärzte dürfen ihre eigenen Leistungen bewerben, solange die Werbung sachlich und gesetzeskonform ist. Auch Laien dürfen grundsätzlich Gesundheitstipps geben oder für Produkte werben.
- **Verbotene Fremdwerbung:** Allerdings ist für Ärztinnen und Ärzte die Werbung, also die besondere Hervorhebung und Anpreisung von Produkten, Arzneimitteln oder Dienstleistungen Dritter untersagt. Solche Produkte dürfen nicht einmal im Bild auftauchen.
- **HWG-gerechte Werbung:** Werbung für Arzneimittel und medizinische Produkte muss sachlich sein; irreführende oder vergleichende Werbung ist verboten.
- **Werbekennzeichnung:** Werbung muss korrekt gekennzeichnet werden, insbesondere bei einer Entlohnung durch Hersteller oder Händler.
- **Täuschungsverbot:** Medfluencer dürfen nicht über ihre beruflichen Qualifikationen täuschen, insbesondere nicht als Ärztinnen oder Ärzte auftreten, wenn sie es nicht sind.
- **Haftungsrisiken:** Individuelle Beratungen können zur Haftung aus Behandlungsverträgen führen, eine besondere Vorsicht ist geboten.

12.9.3 Gewinnspiele im Gesundheitssektor

Bei der Durchführung von Gewinnspielen mit Bezug zum Gesundheitsbereich müssen ebenfalls das HWG und insbesondere die folgenden Aspekte beachtet werden:

- **Der Verwendung von Arzneimitteln keinen Vorschub leisten**: Gewinnspiele, die Arzneimittel bewerben, sind gemäß § 11 Nr. 13 HWG unzulässig, da sie den Konsum fördern könnten. Verboten wäre z. B. ein Preisausschreiben einer Apotheke, bei dem Kopfschmerztabletten gewonnen werden können.
- **Vorsicht auch bei an Fachkreise gerichteten Gewinnspielen:** Gewinnspiele, die sich an Fachkreise wie Ärzte richten, dürfen diese nicht zum unnötigen Verschreiben von Medikamenten anregen und die Gewinnchancen nicht an deren Absatz koppeln.
- **Zulässige Unternehmenswerbung:** Gewinnspiele, die keine Medikamente, sondern Anbieter oder Vertreiber von Arzneimitteln oder Gesundheitsdienstleistungen bewerben, sind zulässig. Ein Beispiel wäre eine Apotheke, die eine Reise verlost.

Fallbeispiel

Ein Urteil des OLG Frankfurt zeigt, wie unvorhersehbar die rechtliche Beurteilung von Gewinnspielen im Gesundheitssektor sein kann. In dem verhandelten Fall verloste eine Versandapotheke ein E-Bike an Kunden, die ein Rezept einlösten. Das Gericht sah in dieser Aktion eine unsachgemäße Beeinflussung der Teilnehmer, da sie ohne das Gewinnspiel möglicherweise eine öffentliche Apotheke aufgesucht und dort persönlichen Rat von Apothekerinnen und Apothekern erhalten hätten (OLG Frankfurt, Az. 6 U 112/17).

Zusammenfassend gesagt, ist es ratsam, juristischen Rat einzuholen, bevor Sie ein Gewinnspiel im Gesundheitsbereich veranstalten. Durch die strengen Bestimmungen in diesem Bereich besteht ein hohes Risiko von Rechtsverletzungen. Beachten Sie auch die Hinweise zur Beschränkung zulässiger Begriffe im Marketing mit einem Bezug zum Gesundheitsbereich (weitere Hinweise zu sogenannten *Health Claims* erhalten Sie in Abschnitt 12.8).

Checkliste: Gewinnspiele im Gesundheitssektor

- **Keine Arzneimittel als Gewinne:** Arzneimittel dürfen nicht als Gewinne angeboten werden, da dies den Konsum fördern könnte (§ 11 Nr. 13 HWG).
- **Keine Anreize zur unnötigen Verschreibung (bei Fachkreisen):** Gewinnspiele, die sich an Fachkreise (z. B. Ärzte) richten, dürfen diese nicht zur unnötigen Verschreibung von Medikamenten anregen und die Gewinnchancen nicht an deren Absatz koppeln.
- **Zulässige Unternehmenswerbung:** Gewinnspiele, die keine Medikamente bewerben, sondern Anbieter oder Vertreiber von Arzneimitteln oder Gesundheitsdienstleistungen, sind grundsätzlich zulässig.
- **Keine unsachgemäße Beeinflussung:** Stellen Sie sicher, dass die Teilnahme am Gewinnspiel die Teilnehmer nicht in unsachgemäßer Weise beeinflusst, z. B. dazu bewegt, auf eine persönliche Beratung in einer Vor-Ort-Apotheke zu verzichten.

12.10 Barrierefreiheit

Das Beachten der Barrierefreiheit ist im Allgemeinen sinnvoll und gesetzlich insbesondere bei Behörden sowie bei E-Commerce-Angeboten, die Verbraucher ansprechen, verpflichtend.

Die Barrierefreiheit ist zum einen im öffentlich-rechtlichen Bereich vorgeschrieben – etwa für Behörden, z.B. bei der Ausgestaltung von Webseiten im Behindertengleichstellungsgesetz (BGG) samt Nebenverordnungen. Ab dem 28. Juni 2025 sind mit dem Barrierefreiheitsstärkungsgesetz (BFSG) die Vorgaben der Barrierefreiheit auch im privatrechtlichen Bereich zu beachten. Das BFSG betrifft im Hinblick auf den Onlinebereich insbesondere die Ausgestaltung von E-Commerce-Angeboten. Im Marketing kommt sie zur Anwendung, wenn kostenlose Angebote im Tausch gegen die Berechtigung zur Datennutzung angeboten werden.

> **Hinweis: Was ist Barrierefreiheit?**
>
> Barrierefreiheit im Sinne des BFSG bedeutet, dass Produkte und Dienstleistungen so gestaltet werden, dass sie für Menschen mit Behinderungen ohne zusätzliche Erschwernis und grundsätzlich ohne fremde Hilfe zugänglich und nutzbar sind. Ziel ist es, Hindernisse abzubauen, die Menschen mit Einschränkungen an der gleichberechtigten Teilhabe am gesellschaftlichen, wirtschaftlichen und digitalen Leben hindern. Dies betrifft insbesondere physische Produkte, digitale Dienstleistungen, Kommunikationsmittel sowie Informationen und deren Bereitstellung.

12.10.1 Betroffene Produkte und Dienstleistungen

Das BFSG gilt für bestimmte Produkte und Dienstleistungen. Zu den betroffenen Produkten gehören unter anderem folgende:

- Computer und Betriebssysteme.
- Smarte Geräte, wie Smartphones, Tablets und Smart-TVs.
- E-Book-Reader und E-Books.
- Selbstbedienungsterminals, z.B. Geldautomaten oder Fahrkartenautomaten.

Betroffene Dienstleistungen umfassen:

- Bank- und Personenbeförderungsdienste (z. B. Onlinebanken und Ticketbestellung).
- Telekommunikationsdienste (z.B. Messenger, Telefon- und Internetdienste).
- Dienstleistungen im elektronischen Geschäftsverkehr (z.B. E-Commerce-Angebote, Onlinemarktplätze).

Im Onlinebereich und insbesondere im Marketing wird vor allem die Barrierefreiheitspflicht für »Dienstleistungen im elektronischen Geschäftsverkehr«, also E-Commerce-Angebote, relevant, die im Rahmen dieses Abschnitts behandelt werden.

12.10.2 Maßgeblichkeit für E-Commerce

In der vorhergehenden Aufzählung der betroffenen Dienstleistungen ist insbesondere der letzte Punkt von Bedeutung. Unter »elektronische Geschäftsdienstleistungen« fallen alle kostenpflichtigen E-Commerce-Dienste, die sich an Verbraucher richten. Dabei gilt die Pflicht zur Barrierefreiheit unabhängig vom verkauften Produkt oder der angebotenen Dienstleistung. Es kann sich also um Onlineshops, Onlinemarktplätze oder Buchungsseiten für kostenpflichtige Veranstaltungen oder Serviceleistungen handeln.

12.10.3 Ausnahmen vom BFSG

Bevor Sie sich mit den gesetzlichen Pflichten des Barrierefreiheitsstärkungsgesetzes (BFSG) auseinandersetzen, sollten Sie die wichtigsten Ausnahmen kennen. Denn nicht alle Unternehmen und Angebote sind von den Vorgaben des BFSG betroffen.

12.10.3.1 Das BFSG betrifft nur Verbrauchergeschäfte

Die Vorgaben des BFSG gelten ausschließlich für Angebote, die sich an Verbraucher (B2C) richten. Unternehmen, die ihre Produkte oder Dienstleistungen ausschließlich für gewerbliche Kunden (B2B) anbieten, sind von den Anforderungen ausgenommen. Ein Onlineshop, der ausschließlich für Geschäftskunden zugänglich ist, muss daher keine barrierefreien Anpassungen vornehmen. Jedoch sollten Sie in diesem Fall die zur Ausgrenzung von Verbrauchern erforderlichen und in Abschnitt 12.6.3 beschriebenen Maßnahmen treffen.

12.10.3.2 Ausnahme für Kleinstunternehmen

Kleinstunternehmen sind bei der Erbringung von Dienstleistungen von den Pflichten des BFSG ausgenommen (§ 3 Abs. 3 BFSG). Ihr Unternehmen zählt als Kleinstunternehmen, wenn Sie weniger als zehn Mitarbeitende beschäftigen und entweder einen Jahresumsatz oder eine Bilanzsumme von maximal zwei Millionen Euro aufweisen (festgelegt in der EU-Empfehlung 2003/361). Viele Selbstständige oder Einzelunternehmer müssen daher die Barrierefreiheitspflichten des BFSG nicht beachten.

12.10.3.3 Grundlegende Veränderung und unverhältnismäßiger Belastung

Zusätzlich gibt es Ausnahmen vom BFSG bei einer sonst »grundlegenden Veränderung« eines Produkts oder einer Dienstleistung sowie bei »unverhältnismäßiger Belastung« (§§ 16 und 17 BFSG). Beide Ausnahmen betreffen den E-Commerce in der Praxis jedoch kaum, da Onlineshops und digitale Angebote in der Regel ohne größere Eingriffe barrierefrei gestaltet werden können.

12.10.4 Vom BFSG umfasste Webseiten und Inhalte

Das BFSG betrifft nicht jede Webseite oder jedes Onlineangebot, sondern nur »Dienstleistungen im elektronischen Geschäftsverkehr«, die »auf individuelle Anfrage eines Verbrauchers im Hinblick auf den Abschluss eines Verbrauchervertrags erbracht werden« (§ 2 Nr. 26 BFSG).

Hinter dieser juristischen Formulierung steckt eine klare Einschränkung: Das Gesetz gilt nur für Webseiten oder Apps, über die Verbraucher Einkäufe tätigen oder Buchungen vornehmen können.

Betroffen sind beispielsweise:

- **Onlineshops:** Onlineshops, in denen Produkte oder Dienstleistungen verkauft werden, fallen insgesamt unter das BFSG. Zu den Onlineshops gehören insbesondere Produktseiten, Rechtstexte und Verbraucherinformationen sowie Warenkorb- und Kassenbereich.
- **Buchungsformulare:** Ebenfalls vom BFSG umfasst sind Buchungsformulare, etwa für Reisen oder Veranstaltungen.
- **Terminvereinbarung:** Aber auch wenn z.B. Termine bei kostenpflichtigen Dienstleistern wie Ärzten, Frisören oder Veranstaltungen online vereinbart werden können, tragen diese Formulare zum Vertragsschluss bei und unterfallen dem BFSG.
- **Registrierungsformulare:** Auch Registrierungsformulare, z.B. für Apps, Onlineshops oder Onlineplattformen, sind umfasst.

Nicht betroffen sind hingegen die Plattformen oder Apps selbst, sondern nur der konkrete Prozess des Vertragsschlusses. Zum Beispiel fällt eine kostenpflichtige App samt ihren Funktionen selbst nicht unter das BFSG, wohl aber das Registrierungsformular, das für die Nutzung notwendig ist.

12.10.4.1 Bloße Informationen fallen nicht unter das BFSG

Webseiten, Apps und Inhaltselemente, die ausschließlich der Information dienen – ohne eine direkte Transaktionsmöglichkeit oder Aufforderung zum Vertragsschluss –, sind nicht vom BFSG betroffen. Nicht unter das BFSG fallen beispielsweise:

- **Blogs und Newsseiten:** Blogartikel oder Newsseiten, die rein informativen Charakter haben, unterfallen nicht dem BFSG.
- **Werbeanzeigen:** Werbeanzeigen, die auf Produkte oder Dienstleistungen hinweisen, aber keine direkte Kauf- oder Buchungsoption bieten, werden nicht vom BFSG erfasst.
- **Unternehmensseiten:** Das BFSG gilt ebenfalls nicht für Unternehmensseiten, die lediglich Informationen über das Unternehmen bereitstellen, ohne eine unmittelbare Kaufmöglichkeit zu bieten.

Sobald jedoch eine Webseite den direkten Abschluss eines Vertrags erleichtert, etwa durch eine Bestell- oder Buchungsfunktion, wird sie unter die Anforderungen des BFSG fallen.

12.10.4.2 Landingpages

Ob eine Landingpage als E-Commerce-Angebot gilt, ist rechtlich noch nicht geklärt. Klar ist, dass die Landingpage definitiv unter das BFSG fällt, sobald eine *In den Warenkorb*-Schaltfläche oder ein Bestell- bzw. ein Buchungsformular vorhanden ist. Angesichts der Unsicherheit und der Risiken ist jedoch zu empfehlen, spätestens dann, wenn die Landingpage nicht nur die Produkte beschreibt, sondern Preise nennt und direkt auf Webseiten mit einer Warenkorbschaltfläche oder einem Bestellformular verlinkt, auch die Landingpage barrierefrei zu gestalten.

12.10.4.3 E-Mails, Newsletter und Werbenachrichten

Im Fall von E-Mails sind zumindest alle nach Geschäftsabschluss versendeten E-Mails, wie Bestellbestätigungen und Rechnungen, nicht vom BFSG umfasst. Denn das BFSG gilt nur für den Kauf bzw. Bestellprozess (siehe Abschnitt 12.10.4). Anders sieht es aus bei der Beantwortung von Produktanfragen, Werbemails oder Newslettern, die Angaben zu Produkten und deren Preisen sowie Links zu Bestellmöglichkeiten, zum Beispiel zur Produktseite im Onlineshop, enthalten. Hier könnte das BFSG für anwendbar gehalten werden.

Wie auch bei den Landingpages gilt: Gehen Sie von der Pflicht zur Barrierefreiheit dann aus, wenn in einer E-Mail konkrete Preise und Links direkt zu Bestellmöglichkeiten genannt werden.

12.10.4.4 Profile in sozialen Netzwerken

Typische Social-Media-Profile sind in der Regel nicht vom BFSG erfasst, da sie als reine Informationsseiten gelten. Sollte ein Profil in einem sozialen Netzwerk jedoch aktiv auf den Vertragsabschluss hinwirken, etwa durch eine Kaufmöglichkeit über Privatnachrichten oder über von der Plattform integrierte Bestellfunktionen für Produkte oder Dienstleistungen, wird das BFSG auf diese Elemente und Profile, in die sie eingebettet sind, Anwendung finden.

12.10.4.5 Videos und Livestreams

Videos und Livestreams fallen nicht automatisch unter das BFSG. Entscheidend ist, ob sie unmittelbar auf einen Vertragsschluss hinwirken. In bestimmten Fällen kann das Gesetz jedoch zur Anwendung kommen:

- **Produktvideos:** Sind Videos Teil einer Produktbeschreibung auf einer E-Commerce-Seite, gelten sie als wesentliche Verbraucherinformation. Sie müssen daher barrierefrei sein, z.B. durch Untertitel oder textliche Wiedergabe des Inhalts.

- **Livestreams mit Käuferberatung:** Wenn Livestreams in E-Commerce-Angeboten zur Beratung und Unterstützung des Kaufprozesses dienen, müssen sie barrierefrei sein. Das gilt besonders für Teleshopping-ähnliche Livestreams, in deren Rahmen Kunden Kaufentscheidungen treffen.

12.10.4.6 Einbindung externer Videos und Widgets

Externe Inhalte wie eingebettete YouTube-Videos oder Bewertungswidgets müssen nicht grundsätzlich barrierefrei sein. Eine Barrierefreiheitspflicht besteht nur dann, wenn sie auf den Vertragsabschluss hinwirken. Das ist insbesondere der Fall, wenn sie auf Webseiten mit direktem Verkaufs- oder Buchungsbezug eingebunden sind. Betroffen sind beispielsweise:

- **Produktdetailseiten mit eingebetteten Videos:** Wenn ein Video als Teil der Produktbeschreibung dient, muss es barrierefrei zugänglich sein, z. B. mit Untertiteln oder einer textlichen Zusammenfassung.
- **Bewertungswidgets:** Werden Kundenbewertungen oder Sternebewertungen in einem Onlineshop angezeigt, um die Kaufentscheidung zu beeinflussen, sollte die Bewertungsfunktion auch barrierefrei sein.

12.10.4.7 Kostenlose Angebote

Aus dem Wortlaut des Gesetzes ergibt sich nicht klar, ob unter den Begriff der »Dienstleistungen im elektronischen Geschäftsverkehr« auch kostenlose Angebote fallen. Dazu könnte z. B. die Registrierung auf einer Onlineplattform oder in einer Onlinecommunity oder die Testversion eines Onlinetools gehören. Die dem deutschen BFSG zugrunde liegende EU-Richtlinie spricht jedoch davon, dass die Barrierefreiheit den »Onlineverkauf von Produkten und Dienstleistungen« schützen soll (European Accessibility Act, RL 2019/882, Erwägungsgrund 46). Dabei gilt der Begriff des Verkaufs auch für Daten:

- **Daten als Entgelt:** Unter einem Verkauf in diesem Sinne ist auch eine Einräumung von Nutzungsmöglichkeiten einer Plattform gegen die Hingabe von Rechten an der Nutzung von Daten zu verstehen (siehe § 327 Abs. 3 BGB). Das heißt, bei einer »kostenlosen« Plattform, die Daten der Kunden für die Darstellung zielgenauer Werbung nutzt oder bei der die Nutzer von kostenlosen Produkten Werbe-E-Mails erhalten, sollten Sie davon ausgehen, dass das BFSG auch für diese »kostenlosen«, aber nicht entgeltlosen Dienste gilt (siehe Abbildung 12.12). Das Entgelt sind in dem Fall die Daten der Nutzer (siehe zu Daten als Entgelt OLG München, Az. 29 U 2799/17).
- **Bloße Bereitstellung des Diensts:** Werden die Daten der Nutzerinnen und Nutzer dagegen nur zur Bereitstellung der Plattform verwendet, liegt kein »Verkauf« der Teilnahmemöglichkeit an der Plattform im Sinne des BFSG vor. Das ist z. B. der Fall, wenn sich Nutzer bei einem Onlineforum registrieren, das diese Nutzerdaten lediglich für die Bereitstellung der Diskussionsmöglichkeit verarbeitet.

Abbildung 12.12: In diesem Beispiel ist die Anmeldung zu einem Newsletter Voraussetzung für den Download einer Broschüre. Damit stellt die Einwilligung in die Nutzung der E-Mail-Adresse zu Werbezwecken ein Entgelt für den Download dar, weshalb das Formular dem Abschluss eines Verbrauchergeschäfts dient und dem BFSG unterfällt. Hinweis: Es handelt sich um ein vereinfachtes Beispiel. Wie Sie eine derartige Kopplung der kostenlosen Leistung wirksam gestalten, erfahren Sie in Abschnitt 13.4.3.

12.10.4.8 Onlinemarktplätze und Handelsplattformen

Der Betreiber eines Onlinemarktplatzes muss sicherstellen, dass die Plattform den Anforderungen des BFSG für elektronische Dienstleistungen entspricht. Er ist hauptsächlich für die Einhaltung der Barrierefreiheitsstandards verantwortlich. Auch Händler können haftbar gemacht werden, wenn sie ihre Produkte auf einem nicht barrierefreien Marktplatz anbieten, besonders wenn sie über die Barrieren informiert sind. Diese Haftung ergibt sich aus dem Verhältnis des Händlers zum Hersteller gemäß § 11 Abs. 2 BFSG.

12.10.5 Inkrafttreten der Pflichten des BFSG

Das Barrierefreiheitsstärkungsgesetz trat am 29. Juni 2025 in Kraft. Zwar existiert eine Übergangsfrist bis zum 27. Juni 2030, diese gilt jedoch nicht für E-Commerce-Angebote (§ 38 BFSG), sondern nur für die in Abschnitt 12.10.1 genannten Produkte, auf denen sie laufen können. Zum Beispiel muss bis zum 27. Juni 2030 kein barrierefreies Website-Terminal für einen Messestand neu angeschafft werden, aber die darauf laufende Website muss ab dem 29. Juni 2025 barrierefrei sein.

12.10.6 Vorgaben zur Umsetzung der Barrierefreiheit

Das BFSG selbst legt keine detaillierten technischen Maßnahmen zur Barrierefreiheit fest. Stattdessen verweist es auf die *Web Content Accessibility Guidelines* (WCAG), die als internationaler Standard für digitale Barrierefreiheit gelten (§ 4 BFSG in Verbindung mit der Europäischen Norm für digitale Barrierefreiheit EN 301 549, die in Abschnitt 9 auf die WCAG verweist). Die aktuellen Richtlinien sind unter folgendem Link einsehbar: WCAG 2.2. *https://www.w3.org/TR/WCAG22/*.

Um die Anforderungen des BFSG zu erfüllen, müssen Websites und Apps nach den WCAG so gestaltet sein, dass alle Nutzer – unabhängig von Einschränkungen und

Geräten – sie problemlos verwenden können (Abbildung 12.13). Die Vorgaben lassen sich in vier zentrale Prinzipien der Barrierefreiheit gliedern.

Abbildung 12.13: Alle vom BFSG umfassten Webseiten müssen responsiv sein, d.h. auf allen gängigen Displays und in allen Größen nutzbar und barrierefrei sein.

Checkliste: Umsetzung der Barrierefreiheit

1. Wahrnehmbarkeit:

Digitale Inhalte müssen für alle Nutzer wahrnehmbar sein, insbesondere für Menschen mit Seh- oder Hörbeeinträchtigungen.

- Screenreader-Kompatibilität: Alle Inhalte müssen von Screenreadern erfasst und korrekt vorgelesen werden können.
- Anpassbare Texte: Textgrößen müssen skalierbar sein, ohne dass Inhalte oder Funktionen verloren gehen.
- Alternativtexte für Bilder und Icons: Bilder mit informativem Inhalt benötigen eine aussagekräftige Textalternative.
- Untertitel und Transkriptionen: Videos und Audiodateien müssen mit Untertiteln oder Transkripten versehen sein.
- Optimierte Farben und Kontraste: Farbkontraste müssen hoch genug sein, um auch für Menschen mit Sehschwächen gut lesbar zu sein.

2. Bedienbarkeit:

Nutzer müssen eine Website oder App unabhängig von ihrer Eingabemethode vollständig bedienen können.

- Tastatursteuerung: Alle interaktiven Elemente müssen ohne Maus oder Touchscreen steuerbar sein.
- Sinnvolle Tab-Reihenfolge in Formularen: Logische Navigation per Tabulator-Taste.
- Keine Zeitlimits: Keine Zeitbegrenzungen für Eingaben, ohne eine Verlängerungsmöglichkeit anzubieten.
- Alternative Bedienmethoden: Alternative Bedienmethoden wie Sprachsteuerung oder Schaltersteuerung für motorisch eingeschränkte Nutzer.

3. Verständlichkeit:

Websites und Apps müssen einfach und intuitiv verständlich sein.

- Konsistente Navigation und Benutzerführung: Menüpunkte dürfen sich nicht unerwartet verschieben oder ändern.
- Klare Anweisungen und präzise Fehlermeldungen: Statt »Ungültige Eingabe« sollte z. B. »Bitte geben Sie eine gültige E-Mail-Adresse ein.« erscheinen.
- Einfache Sprache: Keine unnötig komplizierten Formulierungen und kein Fachjargon.
- Klare visuelle Hierarchien: Eine logische Anordnung von Überschriften, Buttons und Navigationselementen.

4. Robustheit:

Die technische Umsetzung muss sicherstellen, dass Inhalte auf allen Endgeräten und mit assistiven Technologien korrekt dargestellt werden.

- Valider Code: Der Code muss semantisch korrekt sein, um eine optimale Kompatibilität mit Screenreadern und anderen assistiven Technologien zu gewährleisten.
- Stabile Benutzerführung: Keine plötzlichen oder unerwarteten Änderungen von Layout oder Navigation, die Nutzer verwirren könnten.
- Einhaltung von Webstandards: Der Code muss mit verschiedenen Browsern und assistiven Technologien kompatibel sein.

Tipp: Prüfung der Barrierefreiheit

Eine erste Bestandsaufnahme und Analyse der Barrierefreiheit eines Onlineangebots kann durch automatische Tests mit frei verfügbaren Tools sowie durch die Nutzung eines Screenreaders erfolgen, wie sie von sehbeeinträchtigten Personen verwendet werden (siehe Abbildung 12.14):

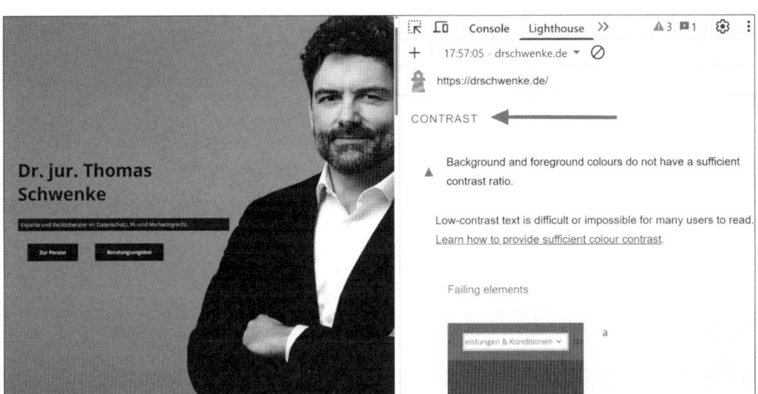

Abbildung 12.14: Bei der Umsetzung der Barrierefreiheit auf Webseiten können diverse Hilfswerkzeuge genutzt werden. Eine gute Anlaufstelle ist die Erweiterung »Lighthouse« für den Chrome-Browser, die in der Webkonsole (F12) aufgerufen werden kann, die Webseite analysiert und Verbesserungsvorschläge macht. In diesem Beispiel werden z. B. unzureichende Kontraste auf der Website des Autors beanstandet (siehe Pfeil in der rechten Spalte).

- WAVE (Tests): *wave.webaim.org*
- axe DevTools (Tests): *deque.com/axe/devtools*
- Google Lighthouse (Test): *developer.chrome.com/docs/lighthouse*
- NVDA (Screenreader): *nvaccess.org*
- JAWS (Screenreader): *freedomscientific.com/products/software/jaws*

12.10.7 Barrierefreiheitserklärung

Zusätzlich zu den technischen Anforderungen müssen E-Commerce-Anbieter, die vom BFSG erfasst werden, in einer Barrierefreiheitserklärung darüber informieren, wie sie die Barrierefreiheitsanforderungen umsetzen. Dabei müssen folgenden Mindestinhalte aufgenommen werden:

- **Allgemeine Beschreibung der Dienstleistung:** Darstellung der Art der digitalen Dienstleistung, z.B. Onlineshop: »Unser Onlineshop spezialisiert sich auf Gartenprodukte und bietet eine vielfältige Auswahl an Gartenprodukten an.«
- **Erfüllung der Barrierefreiheitsanforderungen:** Angaben dazu, ob und in welchem Umfang die Website oder App barrierefrei ist und welche Standards (z.B. WCAG) umgesetzt wurden, wie beispielsweise »Alle Inhalte sind ohne Farbunterscheidung zugänglich, und es gibt Textalternativen für Nutzer mit eingeschränktem Sehvermögen.«
- **Angaben zum Anbieter und Kontaktmöglichkeit:** Name/Firma, Adresse und Telefonnummer des Anbieters der Website.
- **Zuständige Marktüberwachungsbehörde:** Ansprechpartner für Nutzer bei Beschwerden ist in der Regel die neue *Marktüberwachungsstelle der Länder für Barrierefreiheit von Produkten und Dienstleistungen* in Magdeburg.

Die Informationen können auf zweierlei Weise erfolgen:

- **AGB:** Die Pflichtinformationen zur Barrierefreiheit können in den AGB erfolgen.
- **Auf andere gut sichtbare Weise:** Die Pflichtinformationen können als eigener Menü- oder Navigationspunkt in den Onlineshop integriert werden. Alternativ ist ein Hinweis im Fußbereich der Webseite möglich, beispielsweise ein Link *Barrierefreiheit* neben den Angaben zu Impressum und Datenschutz.

Hinweis: Barrierefreie Darstellung der Pflichtinformationen

Die Pflichtinformationen müssen selbst barrierefrei sein, d.h. den oben in den Umsetzungshinweisen genannten Anforderungen unter anderem an einfache Auffindbarkeit, Verständlichkeit und Ausgabe mittels assistierender Geräte entsprechen (§ 14 Abs. 1 Nr. 2 BFSG).

12.10.8 Konsequenzen bei Verstößen gegen die Pflichten zur Barrierefreiheit

Verstöße gegen die Barrierefreiheitsanforderungen des BFSG haben folgende Konsequenzen:

- **Abmahnungen:** Es ist davon auszugehen, dass Gerichte das BFSG und die BFSGV als sogenannte Marktverhaltensnormen betrachten werden, weshalb Verstöße gegen diese Vorschriften als abmahnfähige Wettbewerbsverstöße gemäß § 3a UWG gelten werden.
- **Behördliche Maßnahmen und Bußgelder:** Erfüllt ein Onlineshop die Barrierefreiheitsanforderungen oder Informationspflichten gemäß Anlage 3 nicht, liegt eine Ordnungswidrigkeit nach § 37 Abs. 1 Nr. 8 BFSG vor. Diese kann mit einem Bußgeld bis zu 100.000 Euro geahndet werden, wenn sie trotz Aufforderung nicht beseitigt wird. Ferner können Aufsichtsbehörden den Betrieb von Webseiten oder Apps, die nicht barrierefrei sind, untersagen.

Checkliste: Barrierefreiheitsstärkungsgesetz

1. Geltung des BFSG für das eigene Angebot:

- An Verbraucher gerichtete Angebote (B2C).
- Nötige Unternehmensgröße: Mindestens 10 Beschäftigte oder Jahresumsatz über 2 Millionen Euro.

2. Umfasste E-Commerce- und kostenlose Angebote:

- E-Commerce-Angebote, z.B. Onlineshops inkl. Produkt-, Bestell-, Warenkorb- und Bezahlseiten.
- Registrierungs-, Buchungsformulare für Reisen oder Veranstaltungen.
- Landingpages mit Bestellmöglichkeiten.
- Lead- und Newsletter-Registrierungsformulare.
- Dokumente wie AGB, Datenschutzhinweise oder Barrierefreiheitserklärungen.

3. Umsetzung der Barrierefreiheit:

- **Wahrnehmbarkeit:** Sicherstellen, dass Inhalte von Screenreadern erfasst werden können und visuell gut erkennbar sind, z. B. durch deutliche Kontraste bei Cookie-Bannern.
- **Bedienbarkeit:** Ermöglichen einer vollständigen Navigation und Bedienung über die Tastatur, wie bei externen Widgets, und Bereitstellung von Untertiteln oder alternativen Beschreibungen für Videos.
- **Verständlichkeit:** Verwendung klarer und einfacher Sprache in Dokumenten wie Datenschutzinformationen oder AGB, intuitive Navigation für Social-Media-Präsenzen.
- **Robustheit:** Sicherstellen der korrekten Funktion von Websites und Apps auf allen Endgeräten und mit Assistenztechnologien durch regelmäßige Prüfungen.

4. Barrierefreiheitserklärung:

- **Inhalte:** Angaben zur Dienstleistung, Listung der Barrierefreiheitsmaßnahmen, Firma, Postadresse und Telefonnummer, Angaben zur zuständigen Marktüberwachungsbehörde.
- **Platzierung:** In AGB und/oder als Link im Fußbereich des Onlineangebots.

5. Mögliche Rechtsfolgen bei Verstößen:

- **Bußgelder:** Bis zu 100.000 Euro, abhängig von der Schwere des Verstoßes.
- **Abmahnungen:** Risiko von Abmahnungen durch Mitbewerber oder klagebefugte Organisationen.

12.11 Verstöße gegen weitere Spezialgesetze

Neben den allgemeinen und den besonderen bereits genannten wettbewerbsrechtlichen Regelungen gibt es noch eine Vielzahl von Spezialgesetzen, bei denen ein Verstoß gegen eine Marktverhaltensregelung ebenfalls einen Wettbewerbsverstoß darstellt (§3a UWG).

Dazu gehören produktbezogene Gesetze und Verordnungen, deren Aufnahme den Rahmen dieses Buchs sprengen würde:

- Arzneimittelgesetz
- Batteriegesetz
- Buchpreisbindungsgesetz
- Elektro- und Elektronikgerätegesetz
- Energieverbrauchskennzeichnungsverordnung
- Geräte- und Produktsicherheitsgesetz inkl. Spielzeugverordnung
- Kosmetikverordnung
- Lebensmittel-, Bedarfsgegenstände- und Futtermittelgesetzbuch
- Lebensmittel-Kennzeichnungsverordnung
- Medizinproduktegesetz
- Nahrungsmittelergänzungsverordnung
- Textilkennzeichnungsverordnung
- Verpackungsgesetz

Ferner sind manche Berufsgruppen, wie z.B. Ärzte, Apotheker, Steuerberater oder Rechtsanwälte, berufsrechtlichen Regeln unterworfen, die eigene Vorgaben mit sich bringen.

12.12 Regeln der Plattformen

Neben gesetzlichen Vorgaben sind auch die Regeln der einzelnen Plattformen und Netzwerke für Ihre Werbe- und Marketingmaßnahmen maßgeblich (siehe Abbildung 12.15). Diese Regeln ändern sich häufig. Sie müssen sie deshalb stets im Blick behalten. Ein Verstoß gegen gesetzliche Vorgaben stellt zudem immer auch einen Verstoß gegen die Plattformregeln dar.

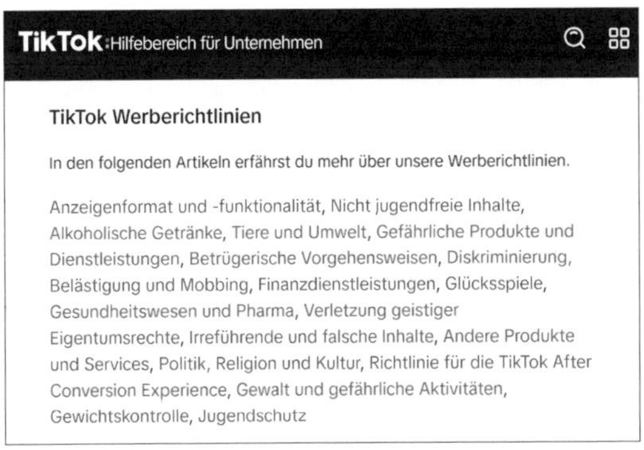

Abbildung 12.15: TikTok hat insgesamt 18 verschiedene Werberichtlinien, die beim Marketing beachtet werden müssen. Diese Richtlinien können je nach Produkt unterschiedlich relevant sein. (Quelle: »*https://ads.tiktok.com/help/article/tiktok-advertising-policies*«)

12.13 Rechtsfolgen bei Wettbewerbsverstößen

Wenn Sie gegen die wettbewerbsrechtlichen Vorgaben verstoßen, müssen Sie mit einer kostenpflichtigen Abmahnung rechnen. Diese kann von jedem Mitbewerber – was am häufigsten vorkommt – sowie von Verbraucherschutz- oder Wettbewerbsverbänden versendet werden.

- **Strafbewehrte Unterlassung:** In der Abmahnung werden Sie aufgefordert, eine Unterlassungserklärung abzugeben und zuzusichern, dass es zu keiner Wiederholung kommt. Ein Verstoß gegen diese Erklärung führt zu einer Vertragsstrafe, die meist über 5.000 Euro liegt.
- **Anwaltsgebühren:** Sie müssen die Abmahnkosten übernehmen, die üblicherweise zwischen 1.000 und 2.000 Euro betragen. Weigern Sie sich, droht eine gerichtliche Auseinandersetzung, bei der im Verlustfall Kosten in vierfacher Höhe entstehen können. Wenn eine Abmahnung von einer klagebefugten Organisation wie etwa der Verbraucherzentrale oder der Wettbewerbszentrale ausgesprochen wird, betragen die Kosten der Abmahnung ca. 250 Euro.
- **Zahlung Schadensersatz:** Zusätzlich können Sie zur Zahlung von Schadensersatz oder zur Herausgabe unlauter erzielter Gewinne verpflichtet werden, wenn Ihre Werbung einem Mitbewerber Gewinnausfälle verursacht hat.

Weitere Hinweise zu den Folgen von Rechtsverstößen, Abmahnungen und deren Abwehr erhalten Sie in Kapitel 18.

Hinweis: Verjährung nach sechs Monaten

Bitte beachten Sie im Wettbewerbsrecht die Besonderheit, dass Ansprüche gegen Mitbewerber innerhalb von sechs Monaten verjähren (§ 11 UWG). Die Verjährungsfrist beginnt mit der Kenntnis der wettbewerbswidrigen Handlung und der Person des Verletzers. Wenn innerhalb dieser Frist beispielsweise nicht gegen unzulässige Alleinstellungsbehauptungen vorgegangen wird, können diese Verstöße später in der Regel nicht mehr unterbunden werden.

KAPITEL 13

Direktmarketing via E-Mail, Messenger, Briefpost und Telefon

In diesem Kapitel wird Direktmarketing als Sammelbegriff für alle Werbemaßnahmen verwendet, die potenzielle Kunden direkt über deren Empfangskanäle ansprechen. Dazu zählen beispielsweise Newsletter, die an eine Vielzahl von E-Mail-Empfängern gesendet werden, ebenso wie individuell verfasste Messenger-Nachrichten oder Telefonanrufe. Diese Methoden sind besonders effizient, weil sich die Empfänger – anders als bei einer Werbeanzeige oder einer Webseite – der Werbung nicht entziehen können. Allerdings hat diese Effizienz auch eine Schattenseite, die als Spam bekannt ist und den Gesetzgeber dazu veranlasst hat, Direktmarketing im Internet nur innerhalb strenger rechtlicher Grenzen zuzulassen. Unerlaubtes Direktmarketing kann zu Abmahnungen durch die Empfänger der Werbung und hohen Bußgeldern seitens der Datenschutzaufsichtsbehörden führen. Bevor Sie daher selbst Werbenachrichten verschicken, ist es notwendig, dass Sie die in diesem Kapitel vorgestellten Rechtsgrundlagen des Direktmarketings kennen.

13.1 Rechtliche Grundlagen

Beim Versand von Werbenachrichten müssen sowohl die Vorschriften des Wettbewerbsrechts als auch des Datenschutzrechts beachtet werden.

Um die rechtliche Zulässigkeit von Direktmarketingmaßnahmen zu prüfen, sind zwei Gesetze relevant:

- **Wettbewerbsrecht:** Das Wettbewerbsrecht verbietet unzumutbar belästigende Werbung und verlangt im Bereich des Direktmarketings – unabhängig davon, ob dieses über elektronische Post wie E-Mail oder Messenger oder durch Telefonanrufe erfolgt – grundsätzlich eine vorherige Einwilligung (§ 7 UWG).
- **Datenschutzrecht:** Da Kontaktdaten personenbezogene Daten sind, stellt der Versand von Nachrichten eine Verarbeitung personenbezogener Daten dar und erfordert zumindest nach Ansicht der Datenschutzbehörden zusätzlich eine Einwilligung gemäß Art. 6 DSGVO (die datenschutzrechtlichen Erlaubnisgrundlagen werden in Abschnitt 10.4 näher erläutert).

Beide Gesetze machen vergleichbare Vorgaben. Ist ein Werbeversand nach UWG zulässig, ist er in der Regel auch nach DSGVO erlaubt (OVG Saarland, Az. 2 A 111/22).

13.2 Weites Verständnis von Werbung

Nahezu alle Nachrichten, die Unternehmen außerhalb der Vertragskommunikation versenden, werden gesetzlich als Werbung qualifiziert.

Um sicherzustellen, dass Ihre Direktmarketing-Aktion rechtlich sicher ist, sollten Sie zuerst prüfen, ob Ihre Nachricht Werbung im Sinne des Wettbewerbsrechts darstellt.

13.2.1 Arten werblicher Kommunikation

Der Begriff *Werbung* wird im Direktmarketing weit ausgelegt. Darunter fallen alle Kommunikationsmaßnahmen, die der Absatzförderung oder Imagepflege von Unternehmen dienen:

- **Produktwerbung:** Informationen über neue Produkte und Dienstleistungen.
- **Imagewerbung:** Hinweise auf Unternehmensveränderungen, neue Filialen, Events, Mitarbeiteränderungen, Serviceverbesserungen und Social-Media-Aktivitäten.
- **Infomaterial:** Allgemeine praktische Ratschläge, Anleitungen und Hilfen zur Produktanwendung, die z.B. per Newsletter versendet werden, stellen sogenannte Imagewerbung dar.
- **Pressemitteilungen:** Diese dienen in der Regel der Umsatzförderung und sind daher Werbung.
- **Leistungsanfragen und Kooperationen:** Anfragen nach Leistungen eines Unternehmens bzw. einer Person oder Kooperationsanfragen, die sich ebenfalls auf Leistungen der Angefragten beziehen, stellen keine Werbung dar. Zum Beispiel kann eine Tech-Influencerin von einem Technikanbieter gefragt werden, ob sie Werbung für dessen Geräte machen möchte, da solche Kooperationen typischerweise im Leistungsangebot von Influencern enthalten sind (vgl. BGH, Az. I ZR 75/06). Im Gegensatz dazu würde es als Werbung angesehen, der Influencerin unaufgefordert Werbung für die Geräte per E-Mail oder Privatnachricht zu senden, um sie als Kundin zu gewinnen (vgl. BGH, Az. I ZR 197/05).
- **Kaufabbrecher-Erinnerungen:** Solche E-Mails sind einwilligungspflichtige Werbung, da sie der Absatzförderung dienen.
- **Fehlgeleitete Registrierungsbestätigungen:** Die Bestätigung, ein Kunden- oder Benutzerkonto in einem Onlineshop oder auf einer Onlineplattform angelegt zu haben, wird von Gerichten als Werbung gewertet (AG Berlin Pankow-Weißensee, Az. 101 C 1005/14; AG Hamburg, Az. 5 C 78/14). Das bedeutet, dass Sie im Rahmen einer Registrierung zuerst eine Double-Opt-in-Nachricht

an den Nutzer senden sollten, um sicherzustellen, dass die verwendete E-Mail-Adresse tatsächlich ihm gehört. Sobald dies bestätigt ist, können Sie ihm die Begrüßungsinformationen und weitere Hinweise zu Ihrer Plattform zusenden (siehe dazu Abschnitt 13.5). Allerdings ist das Abmahnrisiko in der Praxis auch ohne Double-Opt-in-Verfahren bisher gering, weshalb das Bestätigungsverfahren häufig unter Inkaufnahme des möglichen Risikos nicht angewendet wird (die möglichen Rechtsfolgen unerlaubten Werbeversands werden in Abschnitt 13.17 erläutert).

- **Kundenzufriedenheitsumfragen und Bewertungsanfragen:** Kundenzufriedenheitsumfragen und Bewertungsanfragen gehören laut BGH nicht zu der üblicherweise erwarteten Nutzung von Kundendaten (BGH, Urteil, Az. VI ZR 225/17, siehe Abbildung 13.1). Sie dürfen daher nur mit Einwilligung oder an Bestandskunden unter den in Abschnitt 13.6 genannten Voraussetzungen versendet werden.
- **Recruiting-E-Mails:** Gezielte Angebote an Jobsuchende sind nicht als Werbung anzusehen. Im Gegensatz dazu gelten E-Mails oder Nachrichten, die gezielt oder in großen Mengen an potenzielle Kandidaten verschickt werden, als Werbung, es sei denn, diese Kandidaten haben aktiv ihr Interesse bekundet, z.B. durch ein Gesuch auf beruflichen sozialen Netzwerken wie LinkedIn oder Xing, oder sie haben ihre E-Mail-Adresse für solche Zwecke zur Verfügung gestellt. Bei der Kontaktaufnahme über die beruflichen E-Mail-Adressen der Adressaten ist Vorsicht geboten. Ein Headhunter darf sich beispielsweise nur kurz mit einer Mitarbeiterin in Verbindung setzen, sei es durch einen Anruf auf dem dienstlichen Telefon oder durch eine E-Mail, und dabei lediglich fragen, ob grundsätzlich Interesse an einer neuen Arbeitsstelle besteht, sowie das Angebot knapp erläutern (vgl. BGH, Az. I ZR 221/01).
- **Empfehlungs- und Tell-a-Friend-Funktionen:** Wenn Unternehmen den Nutzerinnen und Nutzern erlauben, unter Eingabe von E-Mail-Adressen von Freunden oder Bekannten z.B. Produktempfehlungen oder Hinweise auf lesenswerte Beiträge über das System ihres Anbieters zu versenden, handelt es sich um einwilligungspflichtige Werbung, die ohne Einwilligung der Empfänger versendet wurde. Weitere Hinweise zu den Empfehlungs-Funktionen erhalten Sie unten in Abschnitt 13.10.
- **Saisonale Grüße:** Saisonale Grüße, z.B. zu Weihnachten, sind Maßnahmen, die zur Erhaltung und Pflege der Kundenbeziehung beitragen. Jedoch gelten sie nach dem strengen gesetzlichen Maßstab damit als absatzfördernde Werbung. Folglich bedarf auch deren Versand via E-Mail einer Einwilligung der Kunden oder erfolgt im Rahmen der Bestandskundenwerbung (die Bestandskundenwerbung wird in Abschnitt 13.6 erläutert). Zwar sind keine Urteile als Folge von saisonalen Grüßen bekannt, dennoch sollte dieses Risiko immer berücksichtigt werden. Sollten saisonale Grüße zudem noch mit Hinweisen auf Aktionen oder Produkte verbunden werden, handelt es sich bei den Grüßen ohnehin um reguläre Produktwerbung. Der Versand per Post ist dagegen einwilligungsfrei (mehr zur Werbung per Post in Abschnitt 13.14).

- **E-Cards:** Der Versand von elektronischen Grußkarten durch Unternehmen wird als einwilligungspflichtige Werbung angesehen (LG München I, Az. 33 O 5791/03). Der Versand per Post ist dagegen einwilligungsfrei (mehr zur Werbung per Post in Abschnitt 13.14).
- **Inbox-Werbung:** Wenn bei kostenlosen E-Mail-Portalen Werbehinweise automatisch in den E-Mails der Nutzer angezeigt werden, handelt es sich ebenfalls um einwilligungspflichtige Werbung (BGH, Az. I ZR 25/19). Falls Sie diese Art von Werbung schalten, sollten Sie, z. B. durch Rückfrage bei dem Anbieter des E-Mail-Portals, sicherstellen, dass die Einwilligung der Nutzer hierzu eingeholt wurde, bevor Ihre Werbeanzeige angezeigt wird. Andernfalls können Sie als Auftraggeber dieser Werbung abgemahnt werden.
- **Einwilligungsanfrage:** Bereits die Anfrage, ob eine Werbezusendung erwünscht ist, gilt als Werbung, da sie den Empfänger zum Zweck der Absatzförderung oder Imagepflege kontaktiert. Nur Bestätigungsmails im Rahmen des hier erläuterten Double-Opt-in-Verfahrens stellen keine Werbung dar (siehe Abschnitt 13.5).

Der Umstand, dass die vorgenannten Nachrichten als Werbung eingestuft werden, bedeutet nicht automatisch, dass sie verboten sind. Allerdings ist für den Versand eine Einwilligung der Empfängerinnen und Empfänger oder eine gesetzliche Erlaubnis für Bestandskunden erforderlich (siehe Abschnitt 13.6).

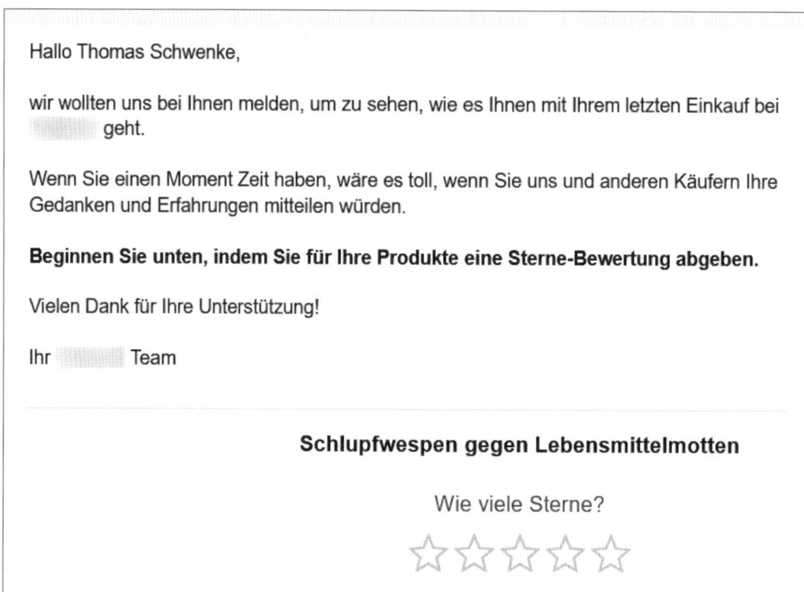
Hallo Thomas Schwenke,

wir wollten uns bei Ihnen melden, um zu sehen, wie es Ihnen mit Ihrem letzten Einkauf bei geht.

Wenn Sie einen Moment Zeit haben, wäre es toll, wenn Sie uns und anderen Käufern Ihre Gedanken und Erfahrungen mitteilen würden.

Beginnen Sie unten, indem Sie für Ihre Produkte eine Sterne-Bewertung abgeben.

Vielen Dank für Ihre Unterstützung!

Ihr Team

Schlupfwespen gegen Lebensmittelmotten

Wie viele Sterne?

Abbildung 13.1: Kundenzufriedenheitsumfragen und Bewertungsanfragen, wie im Fall der Produktbewertung im obigen Beispiel, sind laut BGH als einwilligungspflichtige Werbung einzustufen. Ohne ausdrückliche Einwilligung können sie nur an Bestandskunden gesendet werden, vorausgesetzt, diese wurden zuvor gemäß den Erläuterungen unten in Abschnitt 13.6 vorab informiert und haben dem Werbeversand nicht widersprochen.

13.2.2 Nicht werbliche Kommunikation

Der Begriff der Werbung ist weit gefasst, dennoch gibt es Inhalte, die keine Werbung darstellen und somit nicht einwilligungspflichtig sind:

- **Interne Geschäftsangelegenheiten:** Kommunikation innerhalb von Geschäftsbeziehungen, z.B. zwischen Unternehmen und ihren Mitarbeitenden oder Subunternehmern, fällt nicht unter Werbung.
- **Erfüllung von Vertragspflichten:** Nachrichten, die zur Vertragserfüllung notwendig sind (z.B. Rechnungen, Mitgliederinformationen eines Vereins), gelten nicht als Werbung. Vorsicht: Weisen Bestellbestätigungen auf weitere Angebote hin, gilt dies als Werbung (siehe Abschnitt 13.2.3).
- **Fehlgeleitete Buchungs- und Bestellbestätigungen:** Ob das Versenden von Buchungs- und Bestellbestätigungen des Geschäftsabschlusses an die falschen Adressaten einen Fall von Werbung darstellt, wurde bisher nicht entschieden. In der Praxis sind derartige Fälle zumindest nicht bekannt, sodass hier zumindest kein hohes Risiko angenommen werden kann. Allerdings gilt dies nur für die reinen Bestätigungen eines Kaufs oder einer Buchung sowie die Zusendung der Rechnung. Denn zumindest in zwei Fällen haben Gerichte entschieden, dass die Bestätigung der Registrierung eines Kundenkontos einen Fall einwilligungspflichtiger Werbung darstellt (siehe zu Registrierungsbestätigungen Abschnitt 13.2.1).
- **Double-Opt-in-Anfrage:** Eine Double-Opt-in-Anfrage zur Bestätigung einer Einwilligung in den Werbeversand stellt, zumindest wenn sie keine Werbung enthält, wie näher in Abschnitt 13.5 erläutert, keine Werbung dar (u. a. LG Kassel, Az. 1 S 92/22).
- **Spendenwerbung und Werbung für ideelle Zwecke:** Auch Werbung für Spenden, sei es von Unternehmen oder gemeinnützigen Organisationen, erfordert grundsätzlich eine Einwilligung. Selbst wenn es nicht um kommerzielle Werbung geht, wie im Fall einer gemeinnützigen Organisation, handelt es sich dennoch um die Verarbeitung personenbezogener Daten, die einer Einwilligung gemäß DSGVO bedarf (siehe Abschnitt 13.1).

Hinweis: Doppelte Einwilligungspflicht

Entfällt der Werbecharakter der Nachricht, z.B. im Fall der gemeinnützigen Spendenwerbung, greift die Einwilligungspflicht nach Wettbewerbsrecht zwar nicht mehr (siehe Abschnitt 13.1 oben zu den maßgeblichen Gesetzen), die Einwilligungspflicht der DSGVO bleibt jedoch bestehen. Das bedeutet, dass der Wegfall des Werbecharakters Sie zwar vor Abmahnungen durch Mitbewerber schützt, jedoch nicht vor Abmahnungen und Schadensersatzforderungen der Empfänger oder vor Bußgeldern der Datenschutzbehörden.

13.2.3 Vermischung werblicher und nicht werblicher Inhalte

Seien Sie vorsichtig, wenn Sie werbliche Inhalte in Ihre normalen Mitteilungen einbinden, ganz besonders in Signaturen von E-Mails oder Messenger-Nachrichten. Selbst wenn nur ein kleiner Teil einer E-Mail-Nachricht Werbung enthält, wird die gesamte E-Mail als einwilligungspflichtige Werbemail angesehen.

13.2.3.1 Werbezusatz

Selbst Kommunikation, die normalerweise nicht als Werbung gilt, wird als solche und als einwilligungspflichtig eingestuft, wenn sie Werbeelemente enthält. Beispielsweise verwandelt sich eine Bestellbestätigung eines Onlineshops rechtlich betrachtet in eine einwilligungspflichtige Werbenachricht, wenn sie Informationen zu weiteren Shopangeboten, Rabatten und Ähnlichem beinhaltet.

13.2.3.2 Werbung in E-Mail-Signaturen

Es ist erlaubt, in Signaturen auf eigene Onlinepräsenzen hinzuweisen und z.B. Links auf die eigenen Websites und Social-Media-Profile hinzuzufügen (LG Augsburg, 12 C 11/23). Werden jedoch zusätzliche Hinweise umsatzfördernder Art aufgenommen, handelt es sich bei den versendeten Nachrichten um einwilligungspflichtige und sonst abmahnbare Werbung:

Fallbeispiel

Der BGH befand, dass der folgende Hinweis auf eine mobile App in der Signatur eines Versicherers einwilligungspflichtige Werbung darstellte: »Neu für iPhone Nutzer: Die App S. Haus & Wetter, inkl. Push-Benachrichtigungen für Unwetter und vielen weiteren nützlichen Features rund um Wetter und Wohnen: (…)« (BGH, Az. VI ZR 134/15).

Das KG Berlin urteilte ebenso bei diesem Hinweis in einer E-Mail-Signatur, die eigene Vorzüge hervorhebt: »[Der Absender] organisiert, denkt mit, erledigt. Nutzen Sie www…de« (KG, Az. 5 U 35/20).

Checkliste: Handelt es sich um Werbung?

1. Werbung ist jede Maßnahme zur Absatzförderung und umfasst unter anderem:

- Produktwerbung,
- Imagewerbung,
- Tipps und Informationen,
- saisonale Grüße,
- Bewertungs- und Kundenzufriedenheitsanfragen,
- Kaufabbrecher-E-Mails,
- Fehlgeleitete Registrierungsbestätigungen.

2. Nicht zur Werbung gehören die zur Vertrags- oder Geschäftsabwicklung erforderlichen Nachrichten:

- Fehlgeleitete Buchungs- und Bestellbestätigungen,
- Rechnungsversand,
- Beantwortung von Anfragen,
- Versand von Double-Opt-in-E-Mails.

3. Vorsicht: Bei Vermischung von nicht werblichen und werblichen Inhalten gilt die gesamte Nachricht als Werbung.

4. Spendenwerbung:

- Spendenaktionen von Unternehmen stellen Werbung dar.
- Bei ideellen Organisationen liegt keine wettbewerbsrechtliche Werbung vor, aber eine Einwilligungspflicht nach der DSGVO.

13.3 Zulässigkeit des Werbeversands

Direktmarketing ist im Allgemeinen nur dann zulässig, wenn die Empfänger vorher ihre Einwilligung erteilt haben. Eine Ausnahme besteht bei Postsendungen und E-Mails, die an bestehende Kunden gerichtet sind.

Der Versand von Werbenachrichten ist gesetzlich nur unter bestimmten Bedingungen erlaubt, die von der Art des genutzten Kommunikationskanals abhängen:

- **E-Mail, Messenger, Privatnachrichten und SMS:** Der Versand von Werbung via E-Mail, Messenger, Privatnachrichten in sozialen Netzwerken oder via SMS (das Gesetz spricht hier allgemein von »elektronischer Post«) ist grundsätzlich nur mit Einwilligung der Nutzer zulässig. Eine Ausnahme erlaubt jedoch unter bestimmten Voraussetzungen den Versand ohne Einwilligung an Bestandskunden (siehe Abschnitt 13.6).
- **Telefonische Werbung:** Werbung via Telefonanruf ist nur mit Einwilligung der Angerufenen zulässig. Die gesetzliche Ausnahme eines mutmaßlichen Interesses ist stark begrenzt.
- **Postalische Werbung:** Werbung per Post ist auch ohne Einwilligung der Adressaten grundsätzlich erlaubt, solange die Empfänger nicht widersprochen haben.

Checkliste: Einwilligungspflicht im Direktmarketing

- **Postalische Werbung:** Versand ohne Einwilligung zulässig.
- **Telefon:** nur mit Einwilligung.
- **E-Mail:** nur mit Einwilligung, außer bei Bestandskunden.

13.4 Voraussetzungen einer Einwilligung in den E-Mail-Versand

Eine Einwilligung gilt nur dann als wirksam, wenn sie ausdrücklich und informiert erfolgt, sodass die Einwilligenden den Inhalt der eingehenden Nachrichten einschätzen können.

Abgesehen vom Versand per Post ist der Werbeversand normalerweise nur mit Einwilligung erlaubt. Diese Einwilligung muss folgende formelle und inhaltliche Bedingungen erfüllen, um wirksam zu sein:

- **Ausdrückliche Erklärung:** Die Einwilligung muss ausdrücklich erfolgen. Vorangekreuzte Einwilligungskästchen sind z.B. nicht ausreichend.
- **Information der einwilligenden Person:** Die Person muss wissen, wem gegenüber sie die Einwilligung erteilt und mit welcher Art von Inhalten sie rechnen muss.
- **Freiwilligkeit:** Die Einwilligung muss freiwillig sein und darf nicht erzwungen oder durch Täuschung erlangt werden.
- **Widerrufshinweis:** Einwilligungen können jederzeit mit Wirkung für die Zukunft widerrufen werden. Zwar ist die Einwilligung ohne diesen Hinweis nicht zwingend unwirksam, jedoch stellt dessen Fehlen einen Verstoß gegen die Informationspflicht des Art. 7 Abs. 3 DSGVO dar.

Die Punkte werden im weiteren Verlauf des Kapitels detailliert erklärt.

13.4.1 Ausdrückliche Einwilligung

Eine ausdrückliche Einwilligung erfordert eine aktive Handlung des Werbeempfängers. Diese ist nicht gegeben, wenn lediglich aufgrund von Nichtstun eine Einwilligung vermutet oder unterstellt wird. Diese Unterschiede haben praktische Konsequenzen, wie die folgenden Beispiele zeigen:

- **Veröffentlichung von Kontaktdaten:** Die bloße Veröffentlichung einer E-Mail-Adresse, z.B. auf einer Website oder in Verzeichnissen, stellt keine ausdrückliche Einwilligung für E-Mail-Werbung dar (BGH, Az. VI ZR 721/15).
- **Aushändigen einer Visitenkarte:** Das Aushändigen einer Visitenkarte signalisiert zwar den Wunsch nach Kontaktaufnahme, legitimiert aber nur individuellen Kontakt, etwa per Telefon oder E-Mail. Für die Aufnahme in einen Newsletter-Verteiler bedarf es dagegen einer ausdrücklichen Einwilligung, beispielsweise durch Unterschrift auf einem Anmeldeformular auf einer Messe. Ferner sollte ein Double-Opt-in-Verfahren durchgeführt werden, um nachweisen zu können, dass die Einwilligung tatsächlich vom Inhaber der E-Mail-Adresse stammt (weitere Informationen hierzu erfahren Sie in Abschnitt 13.5).

- **Interessentenanfragen:** Vorherige Kontakte, z.B. von potenziellen Kunden, rechtfertigen nur eine Antwort auf die Anfrage, aber keine Aufnahme in einen Werbeverteiler (AG München, Az. 161 C 6412/09).
- **Einwilligung in den AGB:** Eine Einwilligung in den Werbeversand, die nur in den AGB oder in Teilnahmebedingungen »versteckt« ist, ist unwirksam. Auch ein Kontrollkästchen *Ich bin mit den AGB einverstanden* stellt dann keine ausdrückliche Einwilligung in den Werbeversand dar (BGH, Urteil vom 16.07.2008, Az. VIII ZR 348/06).
- **Vorangehakte Kontrollkästchen:** Ein vorangehaktes Kontrollkästchen (z.B. *Ich bin mit dem Empfang des Newsletters einverstanden*) erfordert keine aktive Handlung und ist daher unwirksam (LG München I, Az. 4 HK O 8135/17).

13.4.2 Werbeeinwilligung muss getrennt erfolgen

Eine Einwilligung muss mit einer separaten Handlung wie dem Anklicken eines Kontrollkästchens erklärt werden. Eine Kombination mit anderen Erklärungen, etwa zu AGB oder Teilnahmebedingungen, ist nicht ausreichend (siehe Abbildung 13.2). Gerichte sehen hier keine aktive Einwilligung, da nicht eindeutig ist, ob die Einwilligung zum Werbemailing aktiv erklärt wurde oder nur passiv »miterklärt« worden ist.

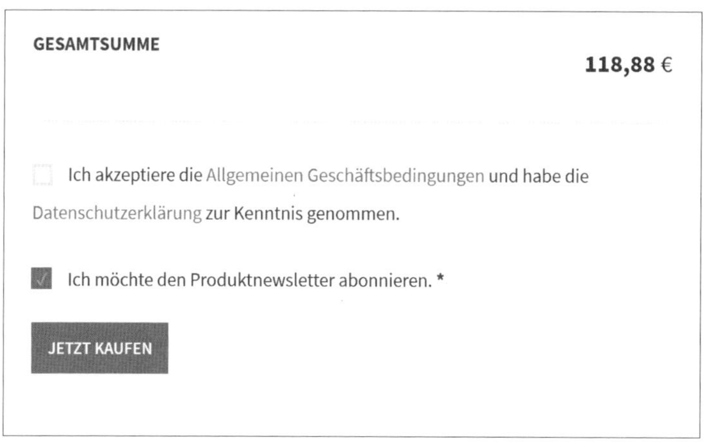

Abbildung 13.2: Im obigen Beispiel wird für den Newsletter korrekt ein separates Kontrollkästchen zur Einwilligung eingesetzt. Dieses Kästchen darf jedoch nicht wie in dem Beispiel vorab ausgewählt sein, da es ansonsten an einer bestätigenden Handlung im Hinblick auf die Newsletter-Einwilligung fehlen würde.

Tipp: Separates Kontrollkästchen bei verbundenen Erklärungen

Holen Sie Einwilligungen bei Gewinnspielen oder Bestellungen immer mit einem separaten Kontrollkästchen ein. Bei einem Onlineformular, das ausschließlich der Anmeldung zu einem Newsletter dient, ist ein Kontrollkästchen dagegen nicht erforderlich. In diesem Fall stellt der Klick auf die Absenden-Schaltfläche des Formulars eindeutig die Erklärung der Einwilligung in den Werbeversand dar.

13.4.3 Kopplung der Einwilligung

Von der Kopplung einer Einwilligung spricht man, wenn der Abschluss eines Vertrags oder die Erbringung der Vertragsleistung von der Abgabe einer Einwilligung abhängig gemacht wird. Das ist beispielsweise der Fall, wenn Nutzern Vorteile versprochen werden unter der Bedingung, dass sie der Nutzung ihrer Kontaktdaten für Werbezwecke oder den Versand von Newslettern zustimmen. Zu diesen Vorteilen können z. B. gehören:

- die Teilnahme an einem Gewinnspiel.
- der Download eines Whitepapers (siehe Abbildung 13.3).
- die Mitgliedschaft in einem Shopping-Club (LG München I, Az. 37 O 4402/23).

Abbildung 13.3: In diesem Beispiel (rot unterstrichen) wird deutlich gemacht, dass der Download des Newsletters vom Bezug des Newsletters abhängig ist. Derart transparent, ist die Kopplung des Downloads an die Einwilligung zulässig. Beachten Sie zudem, dass derartige Formulare, die sich an Verbraucher richten, barrierefrei gestaltet sein müssen (siehe Abschnitt 12.10).

Das Gesetz verbietet es grundsätzlich, dass ein Vertragsabschluss oder dessen Erfüllung von der Abgabe einer Einwilligung abhängig gemacht wird (sogenanntes »Kopplungsverbot« gemäß Art. 7 Abs. 4 DSGVO). Das wäre z. B. der Fall, wenn ein Onlineshop die Lieferung der Ware von der Einwilligung in die Zusendung eines Newsletters abhängig machen würde. Bei der Bereitstellung kostenloser Leistungen wie den oben genannten liegt jedoch in der Regel keine Zwangslage vor (OLG Frankfurt, Az. 6 U 6/19). Verträge oder Handlungen können daher in den folgenden Fällen von einer Einwilligung in den Werbeempfang abhängig gemacht werden:

- **Keine Abhängigkeit von lebenswichtigen Leistungen:** Die Leistungen dürfen nicht so unentbehrlich sein, dass die Einwilligung als »kleineres Übel« erscheint. Für die meisten Gewinnspiele und Whitepapers gibt es Alternativen. Anders wäre es, wenn eine Krankenkasse gesundheitsbezogene Informationen an eine Newsletter-Einwilligung koppelt: Hier würde die Anmeldung nicht mehr als freiwillig gelten.

- **Vorherige Information**: Nutzer müssen vorab über die Kopplung informiert werden. Eine Einwilligung am Ende eines Gewinnspielformulars gilt z. B. nicht als freiwillig, da der Teilnehmer sie möglicherweise nur erteilt, um die bisher investierte Zeit nicht zu verlieren.

13.4.4 Vorhergehende Einwilligung

Das werbende Unternehmen muss vor dem Versand der ersten Werbemail die Einwilligung des Empfängers einholen. Eine nachträgliche Einwilligung kann zwar dazu führen, dass der Empfänger keine Abmahnung einreicht, schützt jedoch nicht vor einem möglichen Bußgeld seitens der Datenschutzbehörde.

13.4.5 Information über den Inhalt der Werbenachrichten

Eine Einwilligung muss hinreichend konkretisiert sein, damit die Einwilligenden wissen, welche Arten von Werbeinhalten sie erhalten werden. Dabei sollte das Werbespektrum breit genug gefasst, aber nicht zu pauschal formuliert sein. Hierbei kann die Rechtsprechung als Orientierungshilfe dienen:

- **»Werbung«, »Werbezwecke«:** Diese Begriffe sind zu allgemein und nicht zulässig (OLG Hamm, Az. 4 U 201/21; LG Düsseldorf, Az. 33 O 95/13 U).
- **»Unsere Produkte und Leistungen«, »Angebote und Services der X GmbH«:** Diese Angaben sind ausreichend, wenn aus dem Kontext hervorgeht, welche Produkte oder Dienstleistungen gemeint sind. Das ist der Fall, wenn die Einwilligung für Newsletter auf der Unternehmensseite eingeholt wird und die Leistungen bekannt oder benannt sind, wie z. B. bei einem Autohersteller, dessen Produkte eindeutig Kraftfahrzeuge sind, oder Lebensmittel im Fall eines Online-Lebensmittelhändlers.
- **»Finanzen und Versicherungen«, »Finanzdienstleistungen«:** Diese Begriffe sind zu weit gefasst, um eine konkrete Einwilligung zu begründen (OLG Frankfurt, Az. 6 U 93/15).
- **»Strom und Gas«:** Diese Produktkategorien wurden wiederum für hinreichend konkret gehalten (OLG Frankfurt, Az. 6 U 6/19).

Es zeigt sich also, dass eine gewisse Pauschalität zulässig ist, sofern sie Produktkategorien (wie Strom und Gas) umfasst, jedoch nicht ganze Branchenbereiche (wie Finanzdienstleistungen).

Tipp: Grob gefasste Einwilligungen mit Beispielen ergänzen

Um rechtssicher zu sein und dennoch die Einwilligungsrate zu erhöhen, können Sie neben den grob gefassten Inhaltsangaben bestimmte Inhalte, die von Nutzerinnen und Nutzern erwartet werden, konkret anführen: »Sie erklären sich mit dem Erhalt von Werbenachrichten zu unseren Leistungen, Produkten und Aktionen (z.B. Gewinnspiele, Angebote, Rabatte) via E-Mail einverstanden.«

13.4.6 Information über die Versandhäufigkeit

Ob die Frequenz der Werbenachrichten angegeben werden muss, ist rechtlich nicht eindeutig geklärt. Wenn die Nachrichten üblicherweise ein bis zwei Mal wöchentlich versendet werden, kann auf einen Hinweis verzichtet werden. Bei häufigerer Sendung sollten Sie die Frequenz angeben, etwa »unsere täglichen News« oder »Sie erhalten mehrmals täglich Nachrichten«. Denn mit dieser Frequenz dürften Empfänger üblicherweise nicht rechnen. Je nach Inhalt der Newsletter kann es jedoch Abweichungen geben, beispielsweise wenn es um aktuelle Nachrichten oder Börseninformationen geht, die üblicherweise mehrfach am Tag versendet werden.

Vorsicht: Angabe der Versandhäufigkeit

Die Angabe der Versandhäufigkeit birgt das Risiko, dass sie nicht überschritten werden darf. Das KG Berlin entschied, dass bei einer Einwilligung für einen wöchentlichen Newsletter eine häufigere Sendung abgemahnt werden kann (KG Berlin, Az. 5 U 1043/20). Um dieses Risiko zu vermeiden, sollten Sie auf mögliche Abweichungen durch Begriffe wie »in der Regel« oder »grundsätzlich« hinweisen, z.B. »Unser Newsletter wird in der Regel wöchentlich oder häufiger versendet«.

13.4.7 Einwilligungserklärung für verschiedene Werbekanäle

Eine Einwilligung kann auch gleichzeitig für mehrere Werbekanäle eingeholt werden, wobei diese benannt werden müssen. So hielt der BGH die folgende Einwilligung für zulässig (BGH, Az. III ZR 196/17):

> »Ich möchte künftig über neue Angebote und Services der T. GmbH per E-Mail, Telefon, SMS oder MMS persönlich informiert und beraten werden.«

Im Hinblick auf die heutigen Kommunikationsgewohnheiten ist zu empfehlen, dass Sie auch konkrete Messenger als Kommunikationskanäle, auf die sich die Einwilligung erstrecken soll, aufnehmen (z.B. die Messenger WhatsApp oder Signal).

13.4.8 Benennung der Einwilligungsempfänger

Für die einwilligenden Personen muss es bereits zum Zeitpunkt, wenn sie die Einwilligung abgeben, klar und deutlich erkennbar sein, wer der Empfänger ihrer Einwilligung ist. Nur der Einwilligungsempfänger darf die Werbenachrichten versenden bzw. versenden lassen. Wird die Einwilligung auf einer Website eingeholt und ergibt sich der Verantwortliche der Website aus dem Impressum, dann ist grundsätzlich eine Angabe des Einwilligungsempfängers nicht erforderlich.

13.4.9 Mehrere Einwilligungsempfänger

In großen Unternehmen oder Konzernen ist es üblich, dass Marketingaktivitäten zentral koordiniert werden. Dabei stellt sich oft die Frage, wie mit der Einholung von Einwilligungen umgegangen wird, insbesondere wenn es um die Sammlung von E-Mail-Adressen und anderen Kontaktdaten geht. Diese Herausforderung ergibt sich häufig auch bei der Zusammenarbeit innerhalb von Verbänden oder größeren Unternehmensgruppen. Es gibt grundsätzlich zwei Ansätze, um diese Problematik zu lösen:

13.4.9.1 Die Einwilligung gilt für mehrere Empfänger

Hierbei stimmt die einwilligende Person zu, dass seine Einwilligung für alle Konzerngesellschaften gilt. Alle betroffenen Unternehmen sollten explizit genannt werden – samt Datenschutzerklärung und Kontaktmöglichkeit für einen Widerruf. Die Nennung sollte bereits im Rahmen des Onlineformulars erfolgen, in dem die Einwilligung eingeholt wird. Dies könnte beispielsweise in einem ausklappbaren Bereich platziert werden. Auch wäre es möglich, auf eine externe Webseite zu verweisen, solange für die Einwilligenden anhand des Linktexts deutlich ist, dass sie dort weitere Angaben finden (siehe Abbildung 13.4). In diesem Fall ist ein interner datenschutzrechtlicher Vertrag über gemeinsame Verantwortlichkeit notwendig (der in Abschnitt 10.5.2 näher erläutert wird).

Abbildung 13.4: Soll die Einwilligung für mehrere Unternehmen eingeholt werden, müssen die Namen und Postadressen der Empfänger klar angegeben werden. Allgemeine Bezeichnungen wie »Partnerunternehmen« oder »verbundene Unternehmen« reichen nicht aus, um eine gültige Einwilligung zu erlangen (OLG Koblenz, Az. 9 U 1116/13). Auch bei Tochterunternehmen sollte zumindest eine Liste dieser Unternehmen als Übersicht per Link verfügbar sein.

13.4.9.2 Nur ein Einwilligungsempfänger

Die Einwilligung wird für ein einzelnes Unternehmen der Unternehmensgruppe eingeholt. Dabei werden die Empfänger jedoch darüber informiert, dass auch Werbung, die andere Tochterunternehmen betrifft, versendet wird, z.B. »Newsletter mit Nachrichten zu Solarbranchen und Solarprodukten der Unternehmen der ›Solar Gruppe‹«.

Welche Konstellation Sie wählen, hängt oft von den bestehenden Umständen ab. Wenn bereits entsprechende datenschutzrechtliche Verträge zwischen den Unternehmen existieren, ist das Einholen der Einwilligung für alle Unternehmen weniger aufwendig.

13.4.9.3 Co-Sponsoring

Der Begriff *Co-Sponsoring* bezeichnet im Direktmarketing eine Konstellation, bei der ein externes Unternehmen Einwilligungen für mehrere Einwilligungsempfänger, genannt »Sponsoren«, z.B. im Rahmen von Gewinnspielen, einholt. Dabei müssen die Grundsätze der Transparenz beachtet werden.

Notwendige Informationen Diese externe Einholung von Einwilligungen ist grundsätzlich erlaubt (vgl. BGH, Az. I ZR 169/10). Die Einwilligenden müssen jedoch umfassend zu jedem Sponsor informiert werden:

- **Inhalt der Einwilligung:** Welche Inhalte die Werbenachrichten des Sponsors haben werden.
- **Einwilligungsempfänger:** Name, Firma und Adresse des Sponsors (siehe dazu Abbildung 13.5).
- **Datenschutzhinweise:** Deutlicher Link zu den Datenschutzhinweisen des Sponsors.
- **Widerrufshinweis und Kontakt:** Hinweis auf das Widerspruchsrecht und Kontaktmöglichkeiten, idealerweise in den Datenschutzhinweisen gut auffindbar.

Zulässige Anzahl der Sponsoren Selbst bei vollständigen Informationen begrenzen Gerichte die Anzahl der zulässigen Sponsoren. Nach ihrer Ansicht ist die Einwilligung ab einer gewissen Anzahl von Sponsoren unwirksam, da es dem Verbraucher nicht zuzumuten ist, die Sponsorenliste zu studieren.

Was die konkrete Anzahl der Sponsoren angeht, so wurden bisher 50 und 57 Sponsoren für zu viel gehalten (BGH, Az. I ZR 7/16; OLG Frankfurt, Az. 6 U 93/15), während drei und acht Sponsoren für hinreichend transparent gehalten wurden (OLG Frankfurt, 6 U 6/19; LG Nürnberg-Fürth, Az. 19 O 266/18).

Die Entscheidungen lassen Spielraum für die Einschätzung einer sicheren Sponsorenzahl. Bis zu zehn Sponsoren gelten als sicher, ab 20 Sponsoren sollte man davon ausgehen, dass Gerichte die Einwilligungen als unzulässig betrachten werden, und dazwischen besteht eine rechtliche Grauzone.

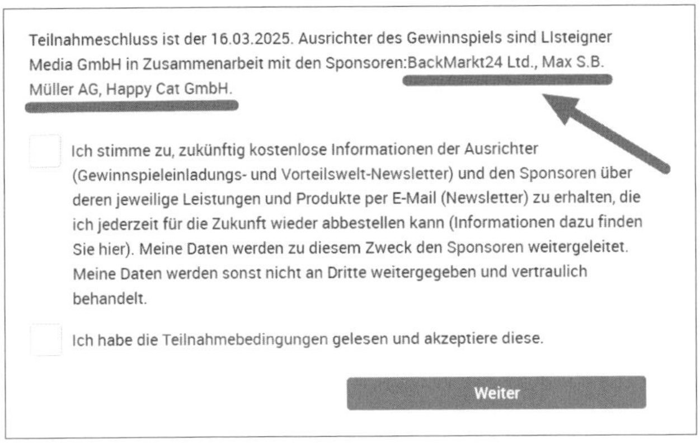

Abbildung 13.5: Es empfiehlt sich, die Sponsoren des Gewinnspiels wie in diesem Bildbeispiel gleich im Rahmen der Einwilligungsinformationen zu nennen, während auf die Details, wie die vollständige Adresse, angebotene Produkte, Datenschutzerklärung und Widerrufsmöglichkeit, per Link verwiesen werden kann.

Tipp: Prüfung der Dienstleister

Beauftragen Sie Unternehmen mit der Einholung von Einwilligungen, lassen Sie sich genau darlegen, wie und warum diese rechtlich wirksam sind. Achten Sie besonders auf die Anzahl der Sponsoren. Sind es mehr als zehn, verlangen Sie eine Begründung der Zulässigkeit. Prüfen Sie die Umsetzung regelmäßig (z. B. wöchentlich) und ziehen Sie Ihren Datenschutzbeauftragten hinzu. Denken Sie daran, dass Sie für rechtswidrige Nachrichten haften, und klären Sie, ob und wann der Dienstleister Abmahngebühren oder Bußgelder erstattet.

13.4.9.4 Ankauf von Kontaktdaten

Die in diesem Kapitel zuvor genannten Anforderungen an wirksame Einwilligungen führen dazu, dass ein rechtskonformer Erwerb von E-Mail-Adressen und anderen Kontaktdaten zu Werbezwecken im Rahmen des gewerblichen Adresshandels praktisch kaum möglich ist:

- **Fehlende Konkretisierung:** Die einwilligenden Personen kennen zum Zeitpunkt ihrer Einwilligung weder den Einwilligungsempfänger noch mögliche Inhalte der Werbenachrichten (falls doch, dann handelt es sich um das zuvor in Abschnitt 13.4.9.3 beschriebene Co-Sponsoring).
- **Kein guter Glaube:** Sie dürfen sich nicht auf die Zusicherung der Rechtmäßigkeit der Adresshändler verlassen, auch wenn diese besonders renommiert sind (OLG Düsseldorf, Az. I-20 U 137/09, KG, Az. 5 W 107/12).
- **Nichtigkeit:** Die Folge ist, dass Verträge über den Verkauf von Daten gemäß § 134 BGB als unwirksam gelten (§ 134 BGB). Das bedeutet, Sie haben keine Gewährleistungs- und Haftungsansprüche gegenüber dem Adresshändler (LG Düsseldorf, Az. 33 O 95/13 U).

> **Vorsicht: Risikobewertung**
>
> Sollten Sie dennoch den Kauf von E-Mail-Adressen erwägen, sollten Sie dabei mit einkalkulieren, dass Sie zumindest keine rechtliche Handhabe haben werden, sich gegen Abmahnungen oder Bußgelder wehren zu können, und dass Sie als Inhaber oder Geschäftsführer persönlich in Haftung genommen werden (BGH, Az. I ZR 279/02).

13.4.9.5 E-Mail-Versand via CC-Feld

Empfänger sollten bei Massenmails nicht ins *CC*-Adressfeld eingetragen werden, da ihre E-Mail-Adressen so für alle Empfänger sichtbar sind. Stattdessen müssen sie ins *BCC*-Adressfeld (*Blind Carbon Copy*) eingetragen werden, wodurch die Adressen für Dritte unsichtbar bleiben. So verhängte z. B. der Landesdatenschutzbeauftragte von Sachsen-Anhalt bereits ein Bußgeld wegen der Nutzung der CC-Funktion.

13.4.10 Namen, Geburtsdaten und Datenminimierung

Aus dem Gebot der Datenminimierung (Art. 5 Abs. 1 lit. c) DSGVO) ergibt sich, dass zunächst nur die E-Mail-Adresse als Pflichtfeld ohne weitere Erklärungen verlangt werden darf. Falls Sie andere Daten erheben möchten, müssen Sie begründen, wozu Sie diese Angaben benötigen, beispielsweise: »Wir nutzen Ihren Namen zur Personalisierung des Newsletters« oder »Wir nutzen Ihr Geschlecht und Ihr Geburtsdatum, um Ihnen ein passendes Geschenk zum Geburtstag zuzusenden«.

> **Tipp: Rechtliche Probleme bei der Auswahl des Geschlechts vermeiden**
>
> Denken Sie bitte auch daran, bei der Geschlechterauswahl in Onlineformularen nicht nur »Herr« und »Frau«, sondern auch »Divers« anzubieten (OLG Karlsruhe, Az. 24 U 19/21), und daran, dass die Eingabe des Geschlechts ohne eine begründete Notwendigkeit (z. B. medizinischer Art) kein Pflichtfeld sein darf (EuGH, Az. C 394/23).

13.4.11 Widerrufshinweis

Schon bei der Einholung einer Einwilligung müssen Sie die Nutzer darauf hinweisen, dass sie ihre Einwilligung in den Werbeempfang jederzeit mit Wirkung für die Zukunft widerrufen können, und ihnen mitteilen, wie sie den Widerruf erklären können (weitere Hinweise zum Widerruf von Einwilligungen erhalten Sie unten in Abschnitt 13.16).

> **Hinweis: Keine Unwirksamkeit, aber ein Datenschutzverstoß**
>
> Wenn Sie die Einwilligungsempfänger bei der Einholung der Einwilligung nicht auf die Widerrufsmöglichkeit hinweisen, führt dies allein nicht zur Unwirksamkeit der Einwilligung. Allerdings stellt das Fehlen des Hinweises auf den Widerruf einen Datenschutzverstoß gemäß Art. 7 Absatz 3 der DSGVO dar.

13.4.12 Verweis auf die Datenschutzerklärung

Zusätzlich sollten Sie Informationen zum Werbeversand auch in Ihre Datenschutzerklärung aufnehmen. Die notwendigen Informationen werden in Abschnitt 10.6 aufgeführt. Dazu gehören Angaben zum Verantwortlichen, die Kontaktdaten des Datenschutzbeauftragten (soweit vorhanden), Hinweise auf Rechte, wie das Recht auf Auskunft oder Löschung, sowie die Empfänger von Daten, z. B. für den Werbeversand eingesetzte technische Dienstleister.

Bedenken Sie jedoch, dass die folgenden Informationen unbedingt im Einwilligungsformular enthalten sein müssen und nicht nur in der Datenschutzerklärung stehen dürfen:

- Details zu den Nachrichteninhalten
- Widerrufsmöglichkeiten (siehe Abschnitt 13.16 unten)
- Angaben zu den Einwilligungsempfängern (siehe Abschnitt 13.4.8 oben)
- Hinweis auf Erfolgsmessung und Personalisierung (siehe Abschnitt 13.7 weiter hinten in diesem Kapitel)

13.4.13 Einholung der Einwilligungen vor Ort

Wenn Sie Einwilligungen vor Ort einholen, z. B. auf einer Messe oder einem Point-of-Sale (z. B. Ladengeschäft), sollte das Formular die gleichen Inhalte wie ein Onlineformular haben. Stellen Sie den Zugang zu den Datenschutzhinweisen digital (z. B. auf einem Tablet) oder in Papierform bereit. Protokollieren Sie Datum und Unterschrift der Einwilligung. Da Sie die Echtheit der angegebenen E-Mail-Adresse nicht sicherstellen können, senden Sie dennoch eine Double-Opt-in-E-Mail, um sie zu bestätigen (Double-Opt-in-E-Mails werden in Abschnitt 13.5 besprochen).

13.4.14 Einwilligungen auf Gewinnspielkarten, Flyern etc.

Einwilligungen für den Versand von Werbemails können auch offline, etwa in Kundenzeitschriften oder auf Gewinnspielpostkarten, eingeholt werden. Die Einwilligenden müssen ausdrücklich und informiert zustimmen:

- **Ausdrückliche Einwilligung:** Bei Anmeldungen im Rahmen anderer Erklärungen, wie z. B. bei Gewinnspielen, ist ein separates Kontrollkästchen erforderlich. Dient die Postkarte ausschließlich der Newsletter-Anmeldung, ist dies nicht notwendig (siehe Abschnitt 13.4.2).

- **Informierte Einwilligung:** Print-Einwilligungen müssen Informationen zum Versender sowie Angaben zu den kommenden Werbeinhalten und dem Widerrufsrecht enthalten (siehe Abschnitt 13.4.5 und Abschnitt 13.4.11).
- **Datenschutzhinweise:** In der Regel ist im Rahmen der Einholung von schriftlichen Einwilligungen nicht genug Platz für eine vollständige Datenschutzerklärung vorhanden. In diesem Fall sollten die wesentlichen Informationen wie Angaben zum Einwilligungsempfänger, Kontaktangaben des Datenschutzbeauftragten, Hinweise auf die Zwecke der Verarbeitung, Rechtsgrundlagen, etwaige Datenempfänger sowie die Betroffenenrechte zusammengefasst und nebst der URL der vollständigen Datenschutzerklärung angegeben werden.
- **Double-Opt-in:** Auch bei Print-Einwilligungen empfiehlt es sich, eine Bestätigungs-E-Mail zu versenden, um nachweisen zu können, dass sich tatsächlich der E-Mail-Inhaber selbst angemeldet hat (siehe Abschnitt 13.5).

13.4.15 Verfall von Einwilligungen und Berechtigungen nach Zeitablauf

Das Gesetz legt nicht fest, ob und wann Einwilligungen verfallen, wenn über längere Zeit keine Nachrichten versendet werden.

Aber ausgehend von Gerichtsentscheidungen sollten Sie damit rechnen, dass Einwilligungen nach einem gewissen Zeitraum verfallen. Leider geben Gerichte im Rahmen ihrer Entscheidungen nicht an, ab welchem Zeitpunkt Einwilligungen genau verfallen:

- Spätestens nach 19 Monaten – LG München, Az. 17 HK O 138/10.
- Spätestens nach zwei Jahren – LG Berlin, Az. 15 O 653/03.
- Spätestens nach vier Jahren – AG München, Az. 161 C 12736/22; AG Bonn, Az. 104 C 227/15.
- Gültig auch nach sieben Jahren – OLG Hamm, Az. 6 U 137/21.

Diese Fristen variieren stark. In der Praxis wird häufig ein Richtwert von anderthalb Jahren zugrunde gelegt, was bedeutet, dass man sich innerhalb dieser Frist zumindest einmal bei den Einwilligungsempfängern gemeldet haben sollte.

Hinweis: Kontaktaufnahme nach Zeitablauf

Ist die Zeit abgelaufen, dürfen Sie zumindest laut AG München nachfragen, ob sich die Kontakte weiterhin einen Versand der Werbemails wünschen (AG München, Az. 161 C 12736/22).

13.5 Double-Opt-in-Verfahren und Nachweis der Einwilligung

Ein Double-Opt-in-Verfahren ist erforderlich, um die Einwilligung nachweisen zu können.

Ohne ein protokolliertes *Double-Opt-in-Verfahren* (DOI) können Unternehmen den Nachweis für Einwilligungen gemäß Art. 7 Abs. 1 DSGVO nicht erbringen. Im Rahmen dieses Verfahrens wird vor dem ersten Versand von Werbemailings eine Bestätigungsmail an den Empfänger versendet mit der Bitte, auf einen Link zu klicken und so die Einwilligung zu bestätigen. Damit kann sichergestellt werden, dass die Einwilligung tatsächlich vom E-Mail-Inhaber erteilt worden ist (siehe Abbildung 13.6).

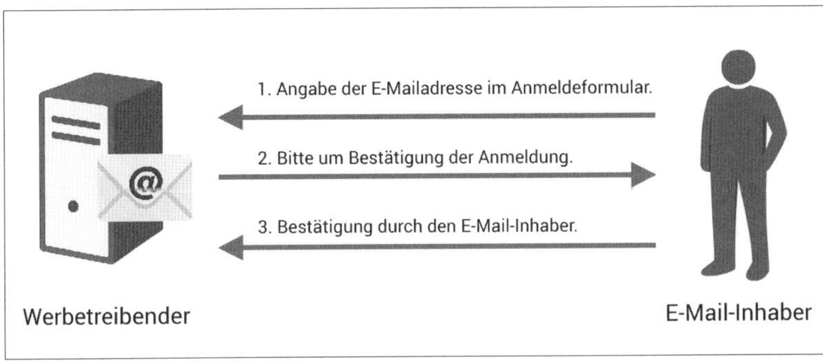

Abbildung 13.6: Beim Double-Opt-in-Verfahren gibt ein Nutzer zunächst im Anmeldeformular seine E-Mail-Adresse ein und erklärt mit dem Absenden des Formulars seine Einwilligung in den Empfang von Werbung (Punkt 1 im Bild). Dann erhält er eine Bestätigungs-E-Mail mit einem Link, auf den er klicken soll, um seine Einwilligung zu bestätigen (Punkt 2). Erfolgt die Bestätigung durch den Klick auf den Link (Punkt 3), weiß der Werbeversender, dass die Einwilligung tatsächlich vom Inhaber der E-Mail-Adresse stammt und kein Fremder diese E-Mail-Adresse in das Formular eingetragen hat.

Damit das Double-Opt-in-Verfahren nicht als Werbung qualifiziert wird und als Nachweis tauglich ist, müssen die folgenden Punkte beachtet werden:

- **Richtiger Bestätigungskanal:** Die Bestätigung muss an die jeweilige Kontaktadresse gesendet werden: bei E-Mail-Kontakten an die entsprechende E-Mail-Adresse, bei Telefon- oder SMS-Kontakten an die betreffende Telefonnummer, bei Messengern an den Messenger-Account oder die Telefonnummer, falls der Messenger an diese gekoppelt ist. Weitere Infos zur Einwilligung in Telefonwerbung finden Sie in Abschnitt 13.15 und in Messenger-Werbung in Abschnitt 13.12.
- **Keine Werbung:** Die Bestätigungsmail darf keine Werbung enthalten, ansonsten wird sie als ohne Einwilligung versendete Werbemail betrachtet (siehe Abschnitt 13.2.3). Die Gerichte sind an dieser Stelle sehr strikt.
- **Wiederholung der notwendigen Informationen:** Stellen Sie sicher, dass die Bestätigungsmail alle Informationen enthält, die der Nutzer bei der Anmeldung

erhalten hat. Fehlen diese, könnte der Empfänger behaupten, den Bestätigungslink ohne Kenntnis der Werbeinhalte angeklickt zu haben. Dies würde die Einwilligung unwirksam machen. Wiederholen Sie daher den Einwilligungstext in der E-Mail und fügen Sie einen Link zur Datenschutzerklärung hinzu (siehe Abbildung 13.7). Ohnehin sollten alle von Ihnen versendeten E-Mails in der Signatur einen Link zum Impressum und der Datenschutzerklärung enthalten.

- **Protokollierung der Einwilligung:** Um Vorwürfe wahlloser Bestätigungsmails zu vermeiden, müssen Sie die Einwilligung protokollieren (siehe AG Düsseldorf, Az. 23 C 3876/13). Speichern Sie Anmeldezeitpunkt, Bestätigung und IP-Adressen und weisen Sie in Ihrer Datenschutzerklärung darauf hin, z.B.: »Wir speichern Anmelde- und Bestätigungszeitpunkt sowie die IP-Adresse zur Nachweisführung.« Protokollieren Sie zumindest die verwendeten E-Mail-Templates mit Nutzungszeitraum. Wenn möglich, speichern Sie jedoch den vollständigen Inhalt der versendeten Bestätigungsmail zu Nachweiszwecken.
- **Keine DOI-Erinnerungen:** Die Bestätigungsmail darf nur einmal versendet werden, da erneute Erinnerungen als Werbung gelten.

Bitte Anmeldung bestätigen

Herzlichen Dank für Ihre Anmeldung!

Sie erhalten diese E-Mail, weil Sie sich für den Newsletter auf unsere Webseite https://drschwenke.de/newsletter angemeldet haben.

Bitte klicken Sie hier, um Ihre Anmeldung zu bestätigen

Ich freue mich, wenn ich Sie mit aktuellen Entwicklungen im Recht, beim Datenschutz-Generator und meiner Kanzlei unterstützen darf.

Mit dem Abonnement des Newsletters erklären Sie sich ebenfalls mit der Analyse des Newsletters durch individuelle Messung, Speicherung und Auswertung von Öffnungsraten und der Klickraten in Empfängerprofilen zur Zwecken der Gestaltung künftiger Newsletter entsprechend den Interessen unserer Leser einverstanden. Die Einwilligung in den Empfang des Newsletters und die Messung kann mit Wirkung für die Zukunft widerrufen werden. Ausführliche Hinweise erhalten Sie in unserer Datenschutzerklärung: https://drschwenke.de/datenschutz/.

Für Fragen zu diesem Newsletter wenden Sie sich bitte an:
@drschwenke.de

- Falls Sie diese E-Mail versehentlich erhalten haben, löschen Sie sie einfach. Sie werden nicht in unseren Verteiler eingetragen, wenn Sie nicht auf den Bestätigungs-Link klicken -

Mit allerbesten Grüßen,
Ihr Dr. Thomas Schwenke

Abbildung 13.7: Im DOI-Verfahren darf die Bestätigungsmail keine Werbung enthalten. Stattdessen sollte der Einwilligungstext aus dem Anmeldeformular wiederholt werden, wie in diesem Beispiel gezeigt. Der Hinweis auf die Messung der Öffnungs- und Klickraten wird in Abschnitt 13.7 erläutert.

Hinweis: Mitarbeitende als Zeugen

Mitarbeitende werden von Gerichten normalerweise nicht als Zeugen für einzelne Einwilligungsvorgänge akzeptiert (OLG München, Az. 21 U 4747/15; AG Düsseldorf, Az. 23 C 3876/13). Vor allem können Mitarbeitende ein Double-Opt-in-Verfahren nicht ersetzen. Sollte z. B. jemand auf einer Messe gegenüber einem Mitarbeiter eine E-Mail-Adresse mitteilen, kann dieser nicht überprüfen, ob die E-Mail-Adresse tatsächlich dieser Person und nicht jemand anderem gehört.

Checkliste: Voraussetzungen wirksamer E-Mail-Werbung

1. Ausdrückliche Erklärung der Einwilligung:

- Ausreichend ist der Klick auf eine Absenden-Schaltfläche, z. B. auf eine *Abonnieren-/Anmelden*-Schaltfläche, wenn das Onlineformular nur der Einwilligung dient (z. B. ein Newsletter-Anmeldeformular).
- Wenn eine Einwilligung zusammen mit anderen Erklärungen eingeholt wird (z. B. mit einer Bestätigung der AGB im Onlineshop oder der Teilnahmebedingungen bei Gewinnspielen), muss der Nutzer ein nicht vorangehaktes *Ja, ich will …*-Kontrollkästchen anhaken.
- Nicht ausreichend sind versteckte Einwilligungen, die sich nur in AGB oder Teilnahmebedingungen finden.
- Das bloße Veröffentlichen von Kontaktdaten im Internet (z. B. Impressum) stellt keine Einwilligung in den Werbeempfang dar.
- Das Zusammenfassen mehrerer Einwilligungen (z. B. für E-Mail, Telefon oder Messenger) ist zulässig, wenn die einzelnen Kanäle benannt werden.

2. Keine verbotene Kopplung:

- Die Kopplung ist generell zulässig (z. B. wenn die Teilnahme an Gewinnspielen oder der Download eines Whitepapers das Abonnement eines Newsletters voraussetzt).
- Ausnahme: Informationen sind einzigartig oder nicht anderweitig zu erhalten (z. B. aktuelle Gesundheitsinformationen).
- Einwilligende müssen auf die Kopplung vor dem Eintragen ihrer Daten hingewiesen werden.

3. Angabe des Einwilligungsempfängers:

- Eine explizite Nennung des Einwilligungsempfängers ist nicht erforderlich, wenn sie sich aus den Umständen ergibt (etwa wenn eine Einwilligung auf der Webseite eines Unternehmens eingeholt wird).
- Mehrere Einwilligungsempfänger: Werden Einwilligungen für mehrere Empfänger eingeholt (z. B. Co-Sponsoring im Rahmen eines Gewinnspiels), müssen diese mit Firma und Adresse, den Inhalten ihrer Werbenachrichten sowie der E-Mail-Adresse, an die ein Widerruf der Einwilligung gerichtet werden kann, benannt werden. Es sollten nicht mehr als zehn Einwilligungsempfänger aufgenommen werden.
- Ein rechtssicherer Ankauf von Kontaktdaten ist praktisch nicht möglich, da die Einwilligenden bei Abgabe ihrer Einwilligung hätten wissen müssen, gegenüber wem und für welche Inhalte die Einwilligung gilt.

4. Zusätzlich zur E-Mail-Adresse erhobene Angaben:

- Die Empfänger müssen darüber aufgeklärt werden, für welche Zwecke die Angaben erhoben werden (z.B. persönliche Ansprache, Personalisierung der Inhalte).
- Die Angabe dieser Daten muss optional sein.

5. Angaben zu den Inhalten der Werbe-E-Mails:

- Pauschale Begriffe wie »Werbung«, »Informationen«, »interessante Nachrichten«, »Finanzdienstleistungen« etc. sind nicht ausreichend.
- »Unsere Produkte und Leistungen«, »unsere Angebote und Services« etc. sind ausreichend, wenn das Produktportfolio bekannt oder erkennbar ist (wenn sich z.B. das Einwilligungsformular auf der Website des Anbieters befindet).
- Vorsicht vor Selbstlimitierung: Zum Beispiel erlaubt die Einwilligung, Infos »zu weiteren Gewinnspielen« zu erhalten, Ihnen nicht, Werbenachrichten für Produktangebote zu versenden.

6. Sendefrequenz der Werbenachrichten:

- Nur dann, wenn der Versand häufiger als einmal wöchentlich erfolgt.
- Vorsicht: Die Angabe der Frequenz ist bindend (z.B. dürfen »wöchentliche Newsletter« nicht täglich versendet werden).

7. Widerrufshinweis und Link zur Datenschutzerklärung:

- Informationen, die für die Einwilligung notwendig sind, müssen bereits im Einwilligungsformular stehen (z.B. Inhalte, Erfolgsmessung und Empfänger, wenn nicht eindeutig).
- Es ist ebenfalls ein Widerrufshinweis erforderlich (»Die Einwilligung kann jederzeit mit Wirkung für die Zukunft widerrufen werden«).
- Die Datenschutzerklärung muss weitere Details gemäß Art. 13 und 14 DSGVO enthalten, z.B. eingesetzte Versanddienstleister, Rechtsgrundlagen, Details der Erfolgsmessung und allgemeine Angaben zu Betroffenenrechten.

8. Bestätigung im Rahmen eines Double-Opt-in-Verfahrens (DOI):

- Ohne Bestätigung ist der Nachweis, dass der Inhaber der Kontaktadresse oder Nummer eingewilligt hat, nicht möglich.
- Einwilligungen in den Kontakt, die per E-Mail erfolgen, müssen an die angegebene E-Mail-Adresse versendet werden.
- DOI-Nachrichten dürfen keine Werbehinweise enthalten.
- DOI-Nachrichten sollten den Einwilligungstext wiederholen.
- Protokolliert werden müssen der Zeitpunkt der Einwilligung, die Bestätigung sowie der Inhalt der DOI-Nachricht.
- Der Versand von DOI-Erinnerungen ist nicht zulässig.

9. Einwilligung ist nicht widerrufen und nicht erloschen:

- Die Einwilligung darf nicht durch einen Widerruf erloschen sein.
- Nach 1,5 Jahren »Funkstille« besteht das Risiko, dass eine Einwilligung automatisch erloschen ist.

13.6 Ausnahme von der Einwilligungspflicht bei Bestandskundenwerbung

Die Möglichkeit, Werbemailings an Bestandskunden ohne Einwilligung zu versenden, wird oft übersehen, obwohl die Voraussetzungen für viele Unternehmen, vor allem mit einem monothematischen Sortiment, vergleichsweise einfach einzuhalten sind.

Das Gesetz erlaubt den Versand von Werbenachrichten an Bestandskunden, auch ohne vorab deren Einwilligung eingeholt zu haben. Allerdings müssen zuvor die in § 7 Abs. 3 UWG genannten Voraussetzungen eingehalten werden:

13.6.1 Ausnahme gilt nur für digitale Werbenachrichten

Die Ausnahme des Versands von Werbung ohne Einwilligung gilt nur für Werbenachrichten, die digital versendet werden (im Gesetz als »elektronische Post« bezeichnet). Darunter fallen insbesondere:

- E-Mail-Nachrichten,
- Privatnachrichten in sozialen Netzwerken,
- SMS/Textnachrichten,
- Messenger-Nachrichten.

Dagegen ist eine telefonische Kontaktaufnahme zu Werbezwecken bei Bestandskunden nicht ohne eine explizite Einwilligung erlaubt.

13.6.2 Vorliegen einer Kundenbeziehung

Für den Werbeversand müssen die Kontaktinformationen (z. B. E-Mail-Adresse oder Telefonnummer für Messenger) im Rahmen eines entgeltlichen Vertrags und einer bestehenden Kundenbeziehung erhalten worden sein. Bloße Anfragen vor Vertragsschluss erlauben lediglich die Beantwortung der Anfrage, nicht jedoch einen zusätzlichen Werbeversand (OLG Düsseldorf, Az. I-20 U 155/16).

Der Vertrag darf nicht storniert oder rückabgewickelt worden sein, z. B., wenn ein Käufer von seinem gesetzlichen Widerrufsrecht für Verbraucher Gebrauch macht. (LG Nürnberg-Fürth, Az. 4 HK O 655/21). Bei laufenden Verträgen, die gekündigt wurden (z. B. bei monatlicher Zahlung), bleibt die Bestandskundenwerbung nach der Kündigung bis zum Widerspruch der Kunden möglich, da der Vertrag nicht rückabgewickelt wird.

Hinweis: Daten als Entgelt

Ein Entgelt muss nicht zwangsläufig in Form von Geld erbracht werden. Auch die Einwilligung, dass eigene Daten für Werbezwecke genutzt werden können, stellt ein Entgelt in diesem Sinne dar. Beispiel: Ein Nutzer meldet sich bei einer Plattform an und muss sich als Voraussetzung für die Nutzung der Plattform damit einverstanden erklären, dass er abhängig von seinem Verhalten oder seinen Nutzungsinteressen passende Werbung auf der Plattform eingeblendet bekommt (siehe § 312 Abs. 1a BGB und OLG München, Az. 29 U 2799/17).

13.6.3 Widerspruchshinweis

Sie müssen die Kunden zweimal auf ihr Widerrufsrecht hinweisen:

- **Bei der Erhebung der Kontaktdaten:** Kunden müssen bereits bei der Erhebung ihrer Kontaktdaten deutlich über ihr Widerspruchsrecht belehrt werden. Online sollte dieser Hinweis z.B. im Kassenbereich noch vor dem Abschicken der Bestellung platziert werden (z.B. wie in Abbildung 13.8). Der Hinweis darf nicht in allgemeinen Texten wie der Datenschutzerklärung »versteckt« sein und muss eine Adresse zur Widerspruchseinlegung enthalten (LG Paderborn, Az. 2 O 325/23).
- **Bei jedem E-Mail-Versand:** Der gleiche Hinweis auf das Widerrufsrecht muss in jeder versendeten E-Mail enthalten sein.

Ferner dürfen für die Erklärung des Widerrufs keine höheren Kosten als die Basistarife für E-Mail oder Telefon entstehen (d.h., der Widerruf darf z.B. keinen Anruf einer kostenpflichtigen Mehrwertnummer voraussetzen).

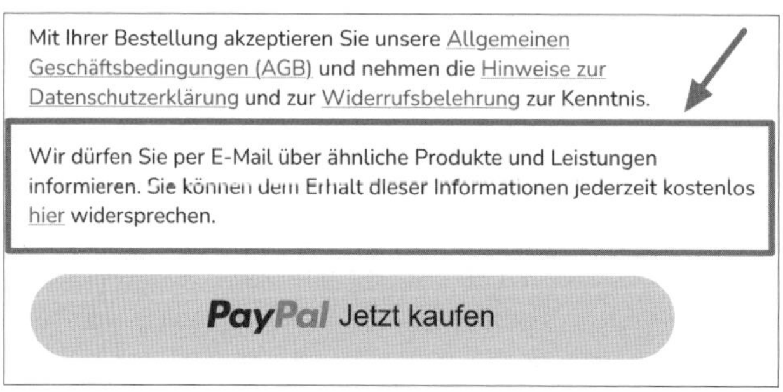

Abbildung 13.8: In diesem Beispiel wird der Werbehinweis für Bestandskunden nahe den AGB- und Datenschutzhinweisen platziert, was für optimale Sichtbarkeit sorgt. Der im Beispiel angegebene Widerspruchslink kann zu einem Kontaktformular führen. Statt des Links kann auch eine E-Mail-Adresse angegeben werden.

13.6.4 Kein Widerspruch und kein Erlöschen der Berechtigung

Der Kunde darf dem Erhalt von Werbung nicht widersprochen haben, und der Kunde darf dem Empfang der Werbung nicht widersprochen haben. Das heißt, bevor Sie Werbung an Bestandskunden versenden, prüfen Sie, ob Kunden nicht schon zuvor einen Werbewiderspruch erklärt haben. Auch nachträglich eingehende Widersprüche müssen berücksichtigt werden. Weitere Hinweise zum Werbewiderspruch erhalten Sie in Abschnitt 13.16.

Es existiert keine Entscheidung, laut der das Recht, Bestandskunden Werbenachrichten zuzusenden, wie eine Einwilligung erlöschen kann (siehe Abschnitt 13.4.15 bezüglich des Erlöschens einer Einwilligung). Wenn Sie aber jedes Risiko vermeiden wollen, dass ein Gericht das eventuell anders entscheiden wird, dann senden Sie an Bestandskunden mindestens alle anderthalb Jahre Werbenachrichten, um zu vermeiden, dass die Bestandskundenberechtigung aufgrund des Zeitablaufs erlischt.

13.6.5 Ähnliche Waren und Dienstleistungen

Werbung muss sich auf ähnliche Waren und Dienstleistungen beziehen, die einem vergleichbaren Verwendungszweck oder Bedarf des Kunden entsprechen. Das überprüfen die Gerichte anhand der folgenden Fragen:

- **Handelt es sich um Zubehör und Ergänzungswaren, die einem ähnlichen Bedarf dienen?** (z.B. Toner nach dem Kauf eines Druckers oder Objektive nach dem Kauf einer Kamera)
- **Sind die Waren oder Dienstleistungen ausgehend vom typischen Verwendungszweck austauschbar?** (z.B. alkoholische Getränke nach dem Kauf von Wein oder Fortgeschrittenenkurse nach Teilnahme an einem Grundkurs eines Coachinganbieters)

In den folgenden Fällen wurde die Ähnlichkeit der beworbenen Produkte verneint:

- Ein Kunde erwarb Holzkitt und erhielt Werbung für Macheten, Laubstaubsauger, Energiesparlampen, Regenbekleidung und Einkochautomaten (OLG Jena, Az. 2 U 88/10).
- Eine Kundin erwarb ein Geduldsspiel und erhielt Werbung für ein Wireless-Lautsprecher-Set, Origami-Papierservietten, Partygläser, Eiswürfelformen sowie ein Musik-Abmischgerät für Silvesterpartys (KG, Az. 5 W 59/11).
- Ein Kunde erwarb FFP3-Masken und erhielt Werbung für generelle Arbeitsschutzprodukte, z.B. Helme, Gehörschutz oder Sicherheitsschuhe (LG Nürnberg-Fürth, Az. 4 HK O 655/21).
- Eine Kundin erwarb ein Produkt und erhielt Gutscheine für das gesamte Sortiment des Händlers (LG Frankfurt a.M., Az. 2-03 O 372/17).

Zusammengefasst ist Werbung ist gegenüber Bestandskunden zulässig, vor allem bei monothematischen Produkten. Bei einem größeren Produktsortiment müssen Sie sicherstellen, dass Ihr System Waren in ähnliche Gruppen kategorisieren kann, um die Voraussetzungen für die Bestandskundenwerbung einzuhalten.

Hinweis: Kundenzufriedenheitsumfrage

Laut BGH stellt eine per E-Mail versendete Kundenzufriedenheitsumfrage, die den Erwerbsvorgang oder das erworbene Produkt betrifft, Bestandskundenwerbung dar und darf ohne Einwilligung versendet werden (BGH, VI ZR 225/17).

Checkliste: Bestandskundenwerbung ohne Einwilligung

1. Wird die Werbung via E-Mail, Privatnachricht, SMS oder Messenger versendet?

- Die Ausnahme für Bestandskundenwerbung gilt nur für den Versand via »elektronische Post«, also für digitale Werbenachrichten.
- Telefonische Werbung ist auch bei Bestandskunden nur mit Einwilligung erlaubt.
- Postalische Werbung bedarf ohnehin keiner Einwilligung.

2. Erhalt der Kontaktadresse im Rahmen eines entgeltlichen Vertrags?

- Bloße Anfragen sind noch nicht ausreichend.
- Ein entgeltlicher Vertrag setzt eine Zahlung mit Geld oder Daten voraus.
- Wird der Vertrag rückgängig gemacht (z.B. durch Storno oder Verbraucherwiderruf), entfällt diese Ausnahme.

3. Wurden die Kunden über ihr Widerspruchsrecht belehrt?

- Die Belehrung muss deutlich beim Erheben der Daten und in jeder Werbenachricht erfolgen.
- Wird eine E-Mail-Adresse angegeben, an die der Widerspruch gesendet werden kann?

4. Hat der Empfänger keinen Widerspruch erklärt?

5. Werden nur »ähnliche Waren und Dienstleistungen« beworben?

- Bezugspunkt sind die Produkte oder Waren, in deren Rahmen die Kontaktadresse erhalten wurde.
- Ähnlichkeit liegt vor, wenn Produkte austauschbar sind, demselben Bedarf oder Verwendungszweck dienen oder als Zubehör gelten.
- Eine Kundenzufriedenheitsumfrage per E-Mail kann im Hinblick auf das erworbene und ähnliche Produkt als ähnlich eingestuft werden und ist damit zulässig.

13.7 Einwilligung in das Newsletter-Tracking

Für die Analyse von Newslettern gelten die gleichen Grundsätze wie für das Cookie-Tracking auf Webseiten. In beiden Fällen muss hierfür eine Einwilligung eingeholt werden.

Das Messen von Öffnungs- und Klickraten in Newslettern ist heutzutage üblich und wird von den meisten E-Mail-Plattformen standardmäßig voreingestellt (siehe Abbildung 13.9). Diese Daten werden in den Profilen der Empfänger gespeichert. Für solche Tracking- und Profiling-Maßnahmen ist jedoch die Einwilligung der Empfänger, deren Leseverhalten analysiert wird, notwendig.

- **Öffnungsraten:** Die Öffnungsrate zeigt, wie viele Empfänger die E-Mail geöffnet haben. Das geschieht durch einen sogenannten *Web-Beacon* im HTML-Code der E-Mail. Dabei handelt es sich um eine 1×1 Pixel große Grafik, die vom Server des Absenders abgerufen wird und eine individuelle Empfängerkennung enthält.

- **Klickraten**: Um zu erfahren, welche Links wie oft angeklickt werden, ersetzen Versender die Links durch solche mit individueller Empfängerkennung, die zur Registrierung des Klicks auf den Server des Absenders verweisen. Dieses Verfahren, ähnlich wie Linkverkürzungsdienste (z.B. bit.ly), wird *Klicktracking* genannt.
- **Profilbildung:** Öffnungs- und Klickraten werden individuell erfasst und in den Empfängerprofilen gespeichert. Zum einen können Versender so erkennen, inwiefern Interesse an dem Newsletter besteht, und können die Abonnements gegebenenfalls beenden, um z.B. Kosten zu sparen und unerwünschte E-Mails zu verhindern. Zum anderen können so die Inhalte aber auch an die Interessen der Empfänger angepasst werden.

Die folgenden Erläuterungen dieses Abschnitts gelten auch für andere Tracking-Verfahren in Newslettern, wie z.B. das Einbinden von Google Analytics oder die Speicherung von Scroll- und Mausbewegungsverhalten mittels *Heatmaps*.

Abbildung 13.9: Wenn Ihr Versandsystem, wie in diesem Beispiel dargestellt, die Öffnung von Newslettern oder das Klicken auf Links misst – oder beides –, benötigen Sie vorher die Einwilligung der Empfänger oder müssen die Messung abstellen.

13.7.1 Einwilligungspflicht

Der europäische Gesetzgeber verlangt gemäß § 25 TDDDG die Einwilligung der Nutzer, bevor Informationen auf ihren Geräten gespeichert oder von diesen abgerufen werden. Web-Beacons und Links in E-Mails speichern Daten auf Empfängergeräten und rufen sie zur Analyse ab. Diese Praxis entspricht dem Cookie-Tracking auf Webseiten. Deshalb müssen Nutzerinnen und Nutzer nicht nur dem Erhalt von Werbenachrichten, sondern auch ausdrücklich der Erfolgsmessung zustimmen. Weitere Details zum Tracking auf Nutzergeräten finden Sie in Abschnitt 10.10.

13.7.2 Anforderungen an eine wirksame Einwilligung

Die Anforderungen an eine wirksame Einwilligung in Newsletter-Tracking entsprechen den Anforderungen an den Werbeversand selbst. Das bedeutet: Die Einwilligung muss durch eine aktive Willensbekundung erfolgen, die spezifisch für den jeweiligen Fall, informiert, unmissverständlich und freiwillig abgegeben wird. Dabei sind die folgenden Punkte zu beachten:

- **Information der einwilligenden Personen:** Einwilligende müssen beim Einwilligungsprozess, etwa für den Erhalt eines Newsletters, über Tracking und Profiling informiert werden. Diese Informationen können übersichtlich im Anmeldeformular stehen, während Details in der Datenschutzerklärung erläutert werden. Zudem müssen Einwilligende darüber informiert werden, dass die Einwilligung widerruflich ist.
- **Gesondertes Kontrollkästchen ist nicht erforderlich:** Ein separates Kontrollkästchen für jede Einwilligung (einmal in den Werbeempfang, einmal in die Erfolgsmessung) ist nicht nötig, solange deutlich erkennbar ist, dass mit einer Handlung zwei Einwilligungen erteilt werden. Einige Datenschützer verlangen getrennte Einwilligungen für Werbe-E-Mails und Tracking. Trotzdem sind kombinierte Einwilligungen, wie bei Cookie-Einwilligungen, für viele Anbieter gängige Praxis und werden von den Aufsichtsbehörden akzeptiert. Auch beim Newsletter-Tracking gibt es bisher keine Beschwerden von Aufsichtsbehörden.

13.7.3 Transparenz der Einwilligung

Die Einwilligenden müssen wissen, dass ihre Einwilligung in den Empfang der Mailings auch die Messung der Öffnungs- und Klickraten sowie die Erstellung von Profilen umfasst. Dies kann durch klare sprachliche Hinweise erreicht werden wie etwa die im folgenden Beispiel:

> »Mit dem Klick auf ›Absenden‹ erklären Sie sich damit einverstanden, dass wir Ihnen einen Newsletter mit Informationen über [bitte Inhalt angeben, z.B.: unsere Dienstleistungen, unser Unternehmen und Datenschutzthemen] zusenden, dass wir das Öffnen von Newslettern und das Anklicken von Links in den Newslettern durch die Empfänger messen und auswerten und dass wir die Daten in ihren Profilen speichern, um künftige Newsletter entsprechend den Interessen unserer Leserschaft zu gestalten.«

Mit dieser Formulierung können Sie eine wirksame Einwilligung für den Empfang von Newslettern und/oder Werbemailings einholen. Schwieriger wird es, wenn Sie auch Mailings an Bestandskunden oder bereits vorhandene Adressaten tracken und Profile für diese Empfänger bilden möchten.

13.7.4 Erfolgsmessung bei Bestandskunden und Bestandsadressen

Wie zuvor in Abschnitt 13.6 erläutert, können Werbenachrichten an Bestandskunden auch ohne Einwilligung versendet werden, solange die Kunden im Bestellprozess auf ihr Widerspruchsrecht hingewiesen werden. Das bedeutet aber auch, dass im Falle von Bestandskundenwerbung keine Einwilligung in die Zusendung von Werbebotschaften eingeholt wird, mit der gleichzeitig eine Einwilligung in das Newsletter-Tracking eingeholt werden kann (siehe Abschnitt 13.7.2).

Sie müssen daher eine Einwilligung in das Newsletter-Tracking separat einholen, wobei Ihnen die folgenden Optionen zur Verfügung stehen:

- **Einwilligung im Bestellabschluss:** Holen Sie eine Einwilligung im Rahmen des Bestellabschlusses ein und erweitern Sie diese auf einen Newsletter, der nicht nur ähnliche Produkte umfasst.
- **Nachträgliche Einwilligungsanfrage per E-Mail:** Bitten Sie Bestandskunden per E-Mail um Einwilligung zum Newsletter-Tracking. Es ist rechtlich unklar, ob dies noch als Werbung für ähnliche Waren gilt, aber die Wahrscheinlichkeit von Beanstandungen oder Bußgeldern ist geringer als bei fortgesetztem Newsletter-Tracking ohne Einwilligung (die Bestandskundenwerbung wird in Abschnitt 13.6 erläutert).
- **Verzicht auf Tracking:** Sie können Bestandskunden in einer separaten Liste führen oder segmentieren und die Erfolgsmessung für diese Liste bzw. dieses Segment abschalten.

Falls Sie sich für die letzte Option entscheiden, informieren Sie darüber, und protokollieren Sie die Zusendung des Einwilligungstexts. Hier ein Beispiel für eine nachträgliche Anfrage:

> »Bitte bestätigen Sie Ihre Anmeldung zu unserem Newsletter, indem Sie auf diesen Link klicken. Mit dem Klick auf den Bestätigungslink erklären Sie sich damit einverstanden, dass wir Ihnen Newsletter mit Informationen zu [Inhalt angeben] zusenden, dass wir die Öffnung der Newsletter und die Klicks auf die in den Newslettern enthaltenen Links durch die Empfänger messen und auswerten und dass wir diese Daten in Ihrem Profil speichern, um zukünftige Newsletter entsprechend den Interessen unserer Leser zu gestalten. Die Einwilligung kann jederzeit widerrufen werden. Ausführliche Hinweise finden Sie in unserer Datenschutzerklärung.«

Checkliste: Zulässigkeit des Newsletter-Trackings

1. Einwilligungspflicht:

- Empfänger müssen in die Erfolgsmessung ausdrücklich einwilligen.
- Die Einwilligung kann zusammen mit der Einwilligung in den Versand von Werbemailings erfolgen.

2. Voraussetzungen wirksamer Einwilligung

- Die Einwilligenden müssen über die Messung der Öffnungs- und Klickraten sowie das etwaige Anlegen von Empfängerprofilen unterrichtet werden.
- Die Information über die durchgeführte Erfolgsmessung muss bereits im Einwilligungsformular erfolgen.
- Es ist zulässig, die Einwilligung in die Erfolgsmessung zusammen mit der Einwilligung in den Versand der Werbenachricht einzuholen.

3. Erfolgsmessung bei Bestandskunden:

- Das Recht zum Werbeversand umfasst nicht das Recht zum Newsletter-Tracking.
- Eine ausdrückliche Einwilligung in Newsletter-Tracking ist erforderlich.
- Ansonsten muss Bestandskundenwerbung ohne Tracking-Pixel versendet werden.

13.8 Rechtlich notwendige Inhalte der Werbenachrichten

Werbenachrichten dürfen nicht über den Inhalt täuschen, sie müssen eine Abbestellmöglichkeit bieten und sollten Links zum Impressum und zu den Datenschutzhinweisen enthalten.

Damit E-Mail-Marketing-Kampagnen rechtlich zulässig sind, muss neben der Einwilligung auch der Inhalt der versendeten E-Mails den folgenden gesetzlichen Vorgaben entsprechen:

13.8.1 Erkennbarer Absender

Der Absender der Werbenachricht muss erkennbar sein. Die Identität des Absenders kann sich entweder aus dem Absendernamen (bei E-Mails) oder dem Accountnamen (z.B. Privatnachrichten oder Messenger-Nachrichten) oder aus dem Text bzw. Impressum der Nachricht ableiten lassen.

Es ist dagegen verboten, kryptische und zum Klicken verleitende Absenderangaben zu verwenden, wie z.B. »Ihre Bank« oder »Sofort öffnen«.

13.8.2 Kommerzieller Charakter

Der kommerzielle Charakter der Nachricht muss klar erkennbar sein. In den meisten Fällen wird dies durch den Absender deutlich, beispielsweise durch den Firmennamen. Andernfalls sollte der Betreff dies klarstellen, indem Begriffe wie »Werbung« oder »Angebote« verwendet werden. Risiken bestehen hauptsächlich bei irreführenden Betreffzeilen wie »Privat« oder »Amtssache, sofort öffnen«.

13.8.3 Inhalt

Der Inhalt der Werbemail muss inhaltlich der Einwilligung entsprechen bzw. muss sich im Fall der Bestandskundenwerbung auf ähnliche Waren oder Dienstleistungen beziehen (siehe Abschnitt 13.6.5 oben).

> **Hinweis: Urheber- und Markenrechte beachten**
>
> Beachten Sie, dass Newsletter urheber- oder markenrechtlich nicht anders als z.B. Webseiten behandelt werden. Das heißt, wenn Sie in Newslettern fremde Bilder einsetzen oder Marken verwenden, müssen Sie prüfen, ob Sie eine Berechtigung dazu haben. Weitere Hinweise zu Lizenz- und zu Markenrechten erhalten Sie in den Kapiteln 5 und 7.

13.8.4 Widerrufs- und Widerspruchsrecht

Das Widerrufs- bzw. das Widerspruchsrecht sollte klar erkennbar sein. Bei Newslettern empfiehlt sich ein Abbestelllink. Hier ein Beispiel für einen kombinierten Widerrufs- und Widerspruchshinweis für Empfänger, die eingewilligt haben, sowie für Bestandskunden:

> »Sie erhalten diese E-Mail, weil Sie sich für unseren Newsletter oder für ähnliche Produkte bzw. Leistungen interessiert oder diese erworben haben. Sie können dem Empfang weiterer Nachrichten jederzeit widersprechen und Einwilligungen für die Zukunft widerrufen. Nutzen Sie den Abmeldelink am Ende dieser E-Mail oder kontaktieren Sie uns über optout@unternehmenxy.com.«

13.8.5 Impressum und Datenschutzerklärung

Jede Werbemail muss ein Impressum oder einen Link zu Ihrem Impressum auf Ihrer Website enthalten (wie Sie ein Impressum erstellen, erfahren Sie in Abschnitt 2.1.3). Darüber hinaus sollten Sie einen Link zu Ihrer Datenschutzerklärung aufnehmen (Hinweise zu Datenschutzerklärungen erhalten Sie in Abschnitt 10.6). Das gilt in jedem Fall für Werbenachrichten, die per E-Mail versendet werden. Dagegen ist bei Privatnachrichten, SMS oder Messenger-Nachrichten ein Hinweis auf das Impressum und die Datenschutzerklärung im Rahmen der Einholung der Einwilligung ausreichend.

Checkliste: Rechtlich notwendige Inhalte der versendeten Werbenachrichten

1. Ist der Absender erkennbar?

- Angabe des Absendernamens (bei E-Mails).
- Anhand des Accountnamens (z.B. Privatnachrichten oder Messenger-Nachrichten).
- Anhand des Texts bzw. Impressums der Nachricht.

2. Ist der kommerzielle Charakter der Nachricht erkennbar?

- In der Regel anhand des Betreffs oder des Inhalts der E-Mail.
- Eine Täuschung im Betreff, z.B. »Privat!« oder »Amtssache, sofort öffnen«, ist nicht zulässig.

3. Ist der Inhalt von der Einwilligung bzw. von der Ausnahme, die für Bestandskunden gilt, gedeckt?

- Der Inhalt der Werbemail muss inhaltlich der Einwilligung entsprechen.
- Im Fall der Bestandskundenwerbung darf sich der Inhalt der Werbemails nur auf ähnliche Waren oder Dienstleistungen beziehen.

4. Enthält die Nachricht einen Link zu Ihrer Datenschutzerklärung und dem Impressum?

- Bei E-Mails immer einen entsprechenden Link aufnehmen.
- In anderen Fällen ist es ausreichend, wenn diese Informationen im Rahmen der Einholung der Einwilligung mitgeteilt werden.

13.9 Einsatz von Versanddienstleistern

Wenn externe Dienstleister beauftragt werden, ist es wichtig, einen Auftragsverarbeitungsvertrag abzuschließen. Befindet sich der Dienstleister außerhalb der EU, wie etwa in den USA, muss außerdem eine rechtliche Grundlage für die Datenübermittlung existieren.

Im professionellen Umfeld und bei großen Empfängerkreisen werden häufig externe Dienstleister für den Versand von Werbenachrichten eingesetzt. Wenn Sie die Zuverlässigkeit eines Dienstleisters beurteilen, müssen Sie zunächst klären, ob der Dienstleister die Nachrichten in Ihrem Namen versendet und somit lediglich als technischer Dienstleister fungiert oder ob er die Nachrichten in seinem eigenen Namen verschickt und als Eigner der Adresslisten auftritt (sogenannter *Adresslisteneigner* bzw. *Adresslisteninhaber*).

13.9.1 Technische Versanddienstleister

Technische Versanddienstleister, z.B. CleverReach oder Mailchimp, übernehmen den technischen Versand der E-Mails oder anderer Nachrichten, was grundsätzlich zulässig ist. Sie müssen dann jedoch die folgenden Punkte beachten:

- **Auftragsverarbeitung:** Die Dienstleister speichern Adressdaten, messen den Erfolg der E-Mails und führen Empfängerprofile. Sie gelten als Auftragsverarbeiter im rechtlichen Sinne, daher müssen sogenannte Auftragsverarbeitungsverträge abgeschlossen werden (Details hierzu erhalten Sie in Abschnitt 10.5.1).
- **Anbieter außerhalb der EU/EWR:** Bei der Nutzung von Anbietern aus datenschutzrechtlichen Drittländern (z.B. USA, Israel, Schweiz) müssen besondere Garantien vorliegen. Wie Sie Anbieter aus Drittländern einsetzen können, erfahren Sie in Abschnitt 10.5.4.
- **Datenschutzhinweise:** Führen Sie die eingesetzten Dienstleister in Ihrer Datenschutzerklärung als Empfänger auf (weitere Hinweise hierzu erhalten Sie in Abschnitt 10.6).
- **Haftung:** Sie bleiben für den gesamten Versandprozess und eventuelle Fehler des Versanddienstleisters gegenüber den Empfängern und Aufsichtsbehörden verantwortlich. Prüfen Sie daher, inwieweit Sie den Dienstleister für Kosten haftbar machen können.

Hinweis: Weitere Hilfsleistungen

Neben dem Versand von Nachrichten können im Rahmen des Werbeversands auch weitere Dienstleistungen in Anspruch genommen werden, z.B. zu Zwecken des Datenabgleichs oder der Datenübermittlung zwischen unterschiedlichen Datenquellen, etwa der Kundendatenbank und dem Newsletter-System. Dabei müssen ebenfalls die vorgenannten Regeln für technische Dienstleiter beachtet werden.

13.9.2 Versand durch externe Adresslisteneigner

In dieser Konstellation stellen Sie lediglich Inhalte bereit, die von einem Adresslisteneigner an dessen Kontakte, z. B. E-Mail- oder Postadressen, versendet werden (es handelt sich um eine Form des sogenannten *Lettershopping*-Verfahrens). Sie haben keinen direkten Zugriff auf die Kontakte, können dem Adresslisteneigner aber eine Sperrliste mit E-Mail-Adressen bereitstellen, an die kein Versand erfolgen soll. Dabei müssen Sie die folgenden Punkte beachten:

- **Datenschutzrechtliche Verträge:** Die vertragliche Situation ist in dieser Konstellation weitaus komplexer, da sowohl eine gemeinsame Verantwortlichkeit für die Verarbeitung der Daten (im Hinblick auf den Versand und die Auswertung) als auch eine Auftragsverarbeitung (im Hinblick auf übermittelte Sperrlisten) bestehen kann (Details zu vertraglichen Rechtsbeziehungen erfahren Sie in Abschnitt 10.5).
- **Datenschutzhinweise:** Ihre Datenschutzerklärung muss klar darauf hinweisen, dass der Versand über Adresslisteneigner erfolgt. Falls die Adresslisteneigner häufig wechseln und keine konkreten Anbieter im Voraus genannt werden können, sollten Sie dennoch generell auf den Einsatz Externer hinweisen (weitere Hinweise zur Datenschutzerklärung erhalten Sie in Abschnitt 10.6).
- **Eigene Haftung:** Sollte der Adresslisteneigner nicht über die nötigen Einwilligungen der E-Mail-Empfänger verfügen, kann nicht nur er selbst, sondern können auch Sie als Auftraggeber wegen unerlaubten Werbeversands abgemahnt werden. Daher sollten Sie den Vertrag mit dem Adresslisteneigner daraufhin prüfen, ob er Sie im Fall von einer Abmahnung unterstützt und die Kosten übernimmt.

Aufgrund der möglichen Komplikationen und Risiken sollten Sie vor der Beauftragung externer Adresslisteneigner rechtliche Beratung einholen.

Checkliste: Einsatz von Versanddienstleistern

1. Technischer Dienstleister (Versand an eigene Kontakte):

- Es muss ein Vertrag über Auftragsverarbeitung abgeschlossen werden.
- Gewährleistung eines sicheren Datenschutzniveaus bei Einsatz von Versanddienstleistern außerhalb der EU/des EWR.
- Aufnahme von Angaben zum Versanddienstleister in die Datenschutzerklärung.

2. Versand durch fremde Adresslisteneigner (Versand an fremde Kontakte):

- Abschluss datenschutzrechtlicher Verträge über gemeinsame Verantwortlichkeit und Auftragsverarbeitung.
- Aufnahme von Angaben zur Beauftragung von Adresslisteneignern in die Datenschutzerklärung.

3. Eigene Haftung und Freistellung:

- Das beauftragende Unternehmen haftet selbst für Rechtsverstöße sowohl der technischen Dienstleister als auch der Adresslisteneigner unmittelbar und kann z.B. direkt abgemahnt oder mit Bußgeldern belegt werden.

- In den AGB oder Verträgen mit den Dienstleistern sollte vereinbart werden, dass die Dienstleister die Kosten, die aufgrund von Abmahnungen oder Bußgeldern entstehen, ersetzen.

13.10 Empfehlungs- und Tell-a-Friend-Funktionen

Empfehlungen, die potenzielle Kunden von ihren Freunden und Bekannten erhalten, haben einen weitaus höheren Überzeugungswert als Werbenachrichten von Unternehmen.

Daher gehört es zum Online-Marketing, dass Nutzerinnen und Nutzern Funktionen zum Empfehlen und Teilen von Inhalten bereitgestellt werden. Allerdings sind diese nur dann zulässig, wenn der Empfehlungsvorgang von den Nutzern durchgeführt wird.

13.10.1 Risiko der Tell-A-Friend-Funktion

Wenn Unternehmen Nutzern erlauben, unter Eingabe von E-Mail-Adressen von Freunden oder Bekannten z.B. Produktempfehlungen oder Hinweise auf lesenswerte Beiträge über das System ihres Anbieters zu versenden, handelt es sich um widerrechtliche Werbung, die ohne Einwilligung der Empfänger versendet wurde (BGH, Az. I ZR 208/12 und Az. I ZR 65/14). Dabei ist das Unternehmen als Versender der Werbenachricht für die rechtswidrige Werbung verantwortlich (siehe Abbildung 13.10).

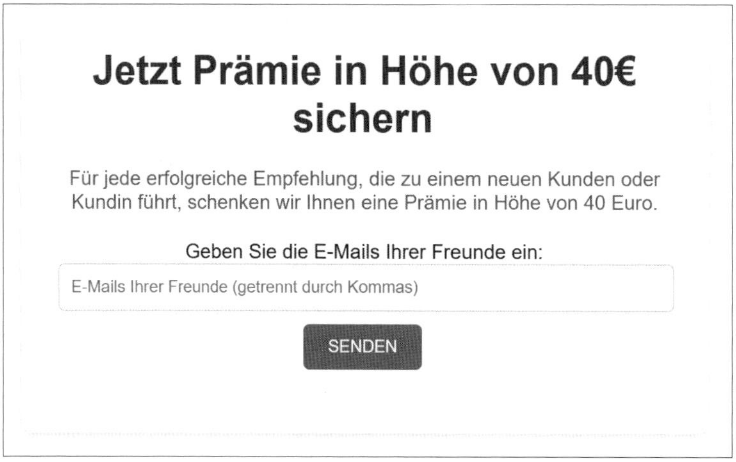

Abbildung 13.10: Tell-a-Friend-Funktionen, die wie in diesem Beispiel Empfehlungs-E-Mails serverseitig an die von Nutzern eingegebenen Empfänger versenden, sind rechtlich risikoreich. Die so versendeten E-Mails werden als Werbung eingestuft, dem Website-Betreiber zugerechnet und können abgemahnt werden.

In der Praxis werden Tell-a-Friend-Funktionen immer noch eingesetzt, dann aber unter Inkaufnahme eines möglichen Risikos. Falls Sie eine Tell-a-Friend-Funktion einsetzen, Ihr Risiko aber verringern möchten, sollten Sie die folgenden Risikominderungsmöglichkeiten in Betracht ziehen:

- **Versandlimits:** Stellen Sie sicher, dass die Empfänger nicht mehr als eine Empfehlungs-E-Mail erhalten und das System Missbrauch, z.B. durch Bots oder Nutzer, die Massenversand betreiben, erkennt und verhindert.
- **Zusicherung der Berechtigung:** Die Nutzer sollten per Kontrollkästchen zusichern, dass die Empfänger mit dem Versand einverstanden und die eingegebenen E-Mail-Adressen zutreffend sind.

Die genannten Risiken können Sie weitestgehend vermeiden, wenn die Empfehlungs-E-Mails nicht über Ihren Server versendet werden, sondern die Nutzer die E-Mails selbst in ihrem E-Mail-Client verfassen.

13.10.2 Versand über E-Mail-Client der Nutzer

Statt die E-Mail über Ihr System versenden zu lassen, können Sie die Nutzerinnen und Nutzer per Link oder Schaltfläche zum Teilen der Produkt- oder anderer Empfehlungen via E-Mail auffordern. Wenn die Nutzer die Empfehlungsschaltfläche anklicken, geht in dieser Konstellation das E-Mail-Programm der Nutzer auf. Der Versand wird also nicht durch das Unternehmen, sondern durch die Nutzer durchgeführt. Dadurch ergibt sich eine für Sie günstige Haftungskonstellation (siehe Abbildung 13.11):

- **Grundsätzlich keine Haftung:** Sie haften nicht für den durch die Absender durchgeführten Versand (KG Berlin, Az. 5 U 42/12). Sie können zudem den Nutzern auch einen eigenen Text vorgeben, den diese in ihre E-Mail übernehmen können. Nur ausnahmsweise können Sie in den im Folgenden genannten Fällen für Nachrichten haften, die von Nutzern versendet werden.
- **Haftung wegen Incentivierung:** Sie werden jedoch die Haftung tragen, wenn Sie den Nutzern einen wirtschaftlichen Vorteil, z.B. Rabatte, Preisnachlässe, Geld oder Waren, als Gegenleistung für das Verschicken der Empfehlungen anbieten. In dieser Konstellation sogenannter *Laienwerbung* müssen Sie davon ausgehen, dass ein Gericht die versendeten Werbemailings ebenfalls Ihnen zurechnet und einer Abmahnung der Empfänger wegen unerwünschten Werbeversands stattgegeben wird (vgl. BGH, Az. I ZR 145/03). Hier sollten Sie daher die in Abschnitt 13.10.1 zwecks Haftungsminimierung zuvor erwähnte Zusicherung der Absender einholen, dass der Empfänger mit der E-Mail rechnet.
- **Haftung für rechtswidrige Vorlagen:** Ferner haften Sie für die Inhalte der Textvorlagen, die Sie den Nutzern zur Verfügung stellen, z.B. wenn diese wahrheitswidrige oder wettbewerbswidrige Aussagen enthalten (siehe Abschnitt 12.3).

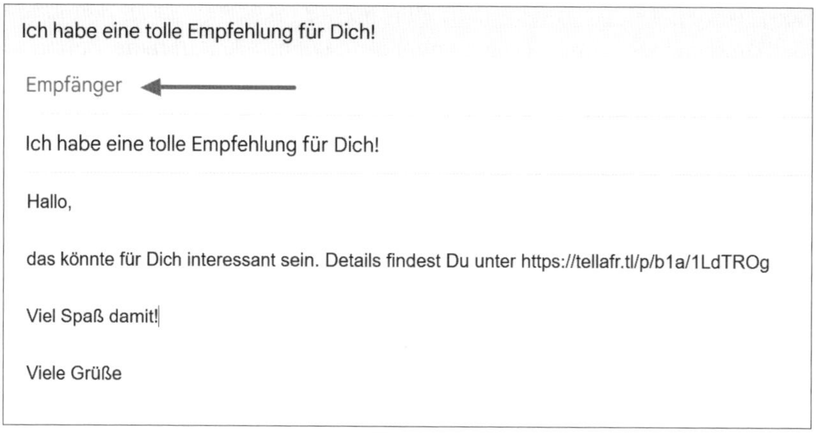

Abbildung 13.11: Wenn der Versand nicht vom Server des Unternehmens aus erfolgt, sondern in der Hand der Nutzer liegt, wird der Versand dem Unternehmen nicht als unerwünschte Werbung zugerechnet. Zulässig ist es auch, den Nutzern, wie in diesem Beispiel eines E-Mail-Entwurfs, einen Text für die Empfehlungsmail als Vorlage bereitzustellen (z.B. mittels eines »mailto:«-Links oder zum Kopieren und Einfügen). Alles, was die Versender tun müssen, ist, die Empfängeradresse in ihrer E-Mail-Software einzugeben (markiert mit dem Pfeil oben im Bildbeispiel).

13.10.3 Empfehlungen in sozialen Netzwerken und Messengern

Nutzer können aufgefordert werden, innerhalb ihrer Profile in sozialen Netzwerken und über Messenger-Dienste wie WhatsApp Produkte, Webseiten oder Beiträge zu empfehlen und mit ihren Kontakten zu teilen (siehe Abbildung 13.12).

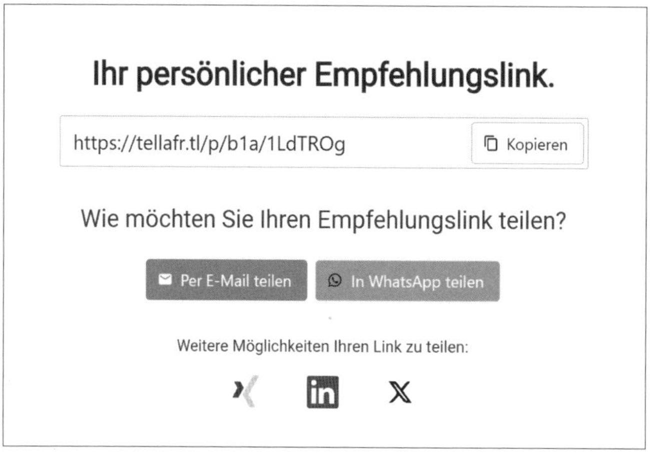

Abbildung 13.12: Die Aufforderung, Empfehlungen mittels Messenger oder sozialer Netzwerke zu veröffentlichen oder mit Freunden bzw. Kontakten zu teilen, wird einem Unternehmen so lange nicht zugerechnet, wie die Versender nicht durch Vorteile wie z.B. Rabatte zum Versand animiert werden.

In diesem Fall gilt dasselbe wie oben zum Versand von Empfehlungen über den E-Mail-Client der Nutzer:

- **Grundsätzlich keine Haftung:** Sie haften grundsätzlich nicht für die Beiträge, die Nutzer direkt mit anderen Kontakten oder in den Timelines teilen.
- **Haftung wegen Incentivierung:** Ein Haftungsrisiko entsteht aber, wenn Sie Nutzer zum Versand der Direktnachrichten über Rabatte oder sonstige Vorteile incentivieren. Dann verleiten Sie diejenigen, die Ihre Nachrichten in ihren Timelines posten oder ihre Kontakte anschreiben, zum Versand von unerwünschter Werbung und Schleichwerbung. Es gelten dann die in Kapitel 8 erläuterten Vorgaben für Influencer-Marketing, also die Pflicht, dass solche Beiträge als Werbung gekennzeichnet werden.
- **Rechtswidriger Inhalt:** Auch im Fall von sozialen Medien haften Sie für die Inhalte, die Sie Nutzern z. B. als Beitragsvorlage zur Verfügung gestellt haben.

13.11 Privatnachrichten in sozialen Netzwerken

Werbenachrichten in sozialen Netzwerken können abgemahnt werden, wenn sie von Personen außerhalb des Kontakt- oder Freundeskreises stammen.

Auch Nachrichten, die über die Nachrichtensysteme von Social-Media-Kanälen versendet werden, stellen elektronische Post dar, die einwilligungspflichtig ist, wenn ihre Inhalte werblicher Natur sind (OLG Hamm, Az. 18 U 154/22). Hierbei sind die im Folgenden dargestellten Szenarien zu beachten.

13.11.1 Kontaktanfragen

Kontaktanfragen in sozialen Netzwerken sind generell zulässig, solange sie keine werblichen Inhalte haben. Eine einfache Nachricht wie »Hallo, wollen Sie mein Kontakt werden?« ist unproblematisch. Wenn die Nachricht jedoch Werbung enthält, beispielsweise »Ich biete Marketinglösungen an«, benötigt sie die ausdrückliche Zustimmung des Empfängers, es sei denn, dieser hat zuvor konkret Interesse bekundet, etwa indem er aktiv in einer beruflichen Gruppe auf einer Plattform, die sich mit Marketinglösungen beschäftigt, Interesse äußert (z. B. durch Kommentare oder Beiträge, die auf ein Interesse an Marketingstrategien hinweisen).

> **Hinweis: Tarnung als private Kommunikation**
>
> Private Kommunikation stellt zwar keine Werbung dar und ist nicht einwilligungspflichtig, allerdings reicht der (vorgeblich) private Charakter nicht aus. Vor allem der Inhalt sowie die Zielsetzung der Kommunikation müssen privater Natur sein. Wer z.B. auf LinkedIn eine Kontaktanfrage annimmt und dann mit einem netten Gruß das Angebot eines Freelancers im Postfach vorfindet, erhält damit eine abmahnbare Belästigung. Denn die Kontaktaufnahme umfasst keine Einwilligung in den Werbeempfang.

13.11.2 Privatnachrichten

Privatnachrichten, die sich auf gemeinsame Themen beziehen oder im Rahmen eines kommunikativen Gesprächs ausgetauscht werden, sind zulässig. Zulässig ist es ebenfalls, nach den Leistungen der angeschriebenen Person zu fragen. Werden aber ungefragt Nachrichten mit Werbung für eigene Produkte oder Dienstleistungen verschickt, ist das grundsätzlich unzulässig, da dies eine Einwilligung des Empfängers voraussetzt (§ 7 UWG).

Die Abgrenzung zwischen Werbung und privater oder geschäftlicher Kommunikation ist jedoch oft schwierig. Bevor Sie wegen unerlaubter Werbung per Privatnachricht eine Abmahnung aussprechen, sollten Sie daher eher den Kontakt beenden (z. B. entfolgen) oder dem Absender klar mitteilen, dass Sie keine Werbung mehr wünschen. Ignoriert der Absender dies und schickt weiterhin Werbung, sind die Erfolgsaussichten für eine Abmahnung deutlich höher (siehe Abbildung 13.13).

Abbildung 13.13: Auch Verweise auf eigene Newsletter in Privatnachrichten, wie in diesem Beispiel bei LinkedIn, stellen Werbung dar. Werden sie ohne eine bestehende Kontaktbeziehung zugesendet, kann deren Versand abgemahnt werden. Im Rahmen einer bestehenden Kontaktbeziehung kann es unklar sein, wann die Grenze zur einwilligungspflichtigen Werbung überschritten ist. Diese Grenze können die Empfänger jedoch selbst setzen, indem sie z. B. mit »Ich möchte keine weiteren Werbenachrichten dieser Art erhalten« antworten (siehe zu Widerruf und Widerspruch Abschnitt 13.16). Folgt trotzdem eine Werbenachricht, kann diese abgemahnt werden.

Hinweis: Risikobewertung

Es ist nicht sehr wahrscheinlich, dass Sie sofort abgemahnt werden, wenn Sie Werbung in privaten Nachrichten versenden, besonders wenn diese Nachrichten persönlich formuliert und nicht offensichtlich für eine große Gruppe bestimmt sind. Sollte es jedoch zu einer Abmahnung kommen, müssen Sie die gleichen Konsequenzen tragen wie bei unerlaubter Werbung per E-Mail. Das bedeutet, Sie müssen eine Erklärung abgeben, dass Sie solche werblichen Nachrichten künftig unterlassen werden, ansonsten müssen Sie eine Vertragsstrafe zahlen (zwischen etwa 500 und 2.500 Euro, je nach Gericht und Umständen). Die rechtlichen Folgen werden in Abschnitt 13.17 genauer erläutert.

13.11.3 Autoresponder

Autoresponder (also z. B. Software, die automatisch Kontaktanfragen oder Privatnachrichten beantwortet und etwa den Empfang oder die Abwesenheit der Adressaten mitteilt) sind grundsätzlich erlaubt. Werden sie allerdings mit Werbehinweisen versehen, handelt es sich bei ihnen um erlaubnispflichtige Werbung. Die Folgen der Vermischung von Informationen mit werblichen Inhalten werden oben in Abschnitt 13.2.3 erläutert.

13.11.4 Reaktion auf Anfragen an die Allgemeinheit

Falls jemand in der Profilbeschreibung oder in Beiträgen nach bestimmten Angeboten oder Leistungen fragt (z. B. »Wir suchen Social-Media-Manager« oder »Wer kann uns bei der KI-Implementierung helfen?«), ist es zulässig, auf diese Anfragen via Privatnachricht mit einem passenden Angebot zu reagieren.

13.11.5 Erwähnungen (Mentions)

Andere Nutzerinnen und Nutzer können in sozialen Netzwerken durch die Erwähnungs- oder Verlinkungsfunktion (in der Regel mittels des @-Zeichens vor dem Namen) in Beiträge eingebunden und benachrichtigt werden. Die rechtliche Zulässigkeit hängt von der Intention ab. Das Erwähnen der Accountinhaber in einem Beitrag ist in Ordnung, wenn der Beitrag sie betrifft oder sie thematisch involviert sind und ein Interesse daran haben könnten. Fehlt aber dieser Bezug und die Erwähnung dient nur dazu, Aufmerksamkeit zu erregen, könnte ein Gericht dies als unzulässige Werbung werten (§§ 3, 7 UWG). Bisher gibt es hierzu jedoch weder Rechtsprechung noch bekannte Abmahnungen, sodass das Risiko daher eher als gering einzustufen ist.

Checkliste: Direktmarketing in sozialen Netzwerken

- Kontaktanfragen oder Privatnachrichten zu Zwecken der Kontaktaufnahme, Diskussion etc. sind zulässig.
- Enthalten Kontaktanfragen oder Privatnachrichten jedoch Werbung, bedarf deren Versand einer Einwilligung.
- Die Beantwortung von Anfragen oder öffentlichen Aufrufen oder Gesuchen stellt keine einwilligungspflichtige Werbung dar.
- Spätestens wenn Empfänger keine weiteren Werbenachrichten wünschen, handelt es sich bei weiteren Nachrichten um belästigende und abmahnfähige Werbung.
- Das Erwähnen fremder Personen oder Unternehmen in eigenen Beiträgen, um sie zu einer Diskussion einzuladen oder um zu informieren, ist zulässig. Eine Erwähnung zu Zwecken der Produktwerbung kann dagegen eher eine unzumutbare Belästigung darstellen.

13.12 Messenger, Chatbots und SMS

Werbung über Messenger, Chatbots oder SMS erfordert eine für den jeweiligen Kanal geltende und nachweisbare Einwilligung der Empfänger in den Werbeempfang.

Unabhängig davon, ob Nachrichten per SMS, WhatsApp, andere Messenger oder Chatbots versendet werden, handelt es sich stets um »elektronische Post«, sodass die gleichen Vorgaben wie bei E-Mails gelten:

- **Einwilligung:** Für den Versand von Nachrichten über telefonnummernbasierte Dienste (d.h. Messenger) benötigen Sie eine ausdrückliche Einwilligung der Nutzer (§ 7 Abs. 2 Nr. 2 UWG). Diese Einwilligung können Sie beispielsweise über Onlineformulare einholen, auch zusammen mit Einwilligungen für E-Mail-Werbung oder Telefonanrufe (siehe Abschnitt 13.4.7 für Einwilligungen für mehrere Kanäle). Messenger können zudem eigene Abonnier- oder Einwilligungsfunktionen anbieten (siehe Abbildung 13.14). Wenn Sie Chatbots nutzen, können diese ebenfalls selbstständig die erforderliche Einwilligung einholen (siehe Abschnitt 10.14.2 zum Einsatz von Chat-bots).
- **Double-Opt-in:** Einwilligungen in die Kontaktaufnahme via Messenger können nicht per E-Mail bestätigt werden, da es sich um einen anderen Kommunikationskanal handelt. Stattdessen sollten Sie die Bestätigung mit der ersten Nachricht an die Nutzer anfragen, z.B. mit »Bitte bestätige: Möchtest du Infos zu unseren Produkten und Aktionen erhalten?«. Die Empfänger können ihre Einwilligung beispielsweise durch »Ja«, »Start« oder durch Anklicken entsprechender Schaltflächen bestätigen. Wird die Einwilligung direkt im Messenger eingeholt, bedarf es keines Bestätigungsverfahrens, da die Einwilligung nur vom Inhaber des Messenger-Accounts hätte abgegeben werden können.
- **Protokollierung der Einwilligungen:** Die Bestätigung der Einwilligung muss samt Zeitstempel zu Nachweiszwecken protokolliert werden. Das geschieht z.B. bei SMS durch Speicherung der Textnachrichten oder externe Dienste. Nutzen Sie die Einwilligungsfunktion des Messengers (siehe Abbildung 13.14), ist eine detaillierte Protokollierung oft nicht möglich. Es besteht theoretisch das Risiko, dass Empfänger behaupten, keine Einwilligung erteilt zu haben. Dieses Risiko ist nach bisheriger praktischer Erfahrung jedoch gering.
- **Beauftragung von Dienstleistern:** Auch bei der Nutzung von Dienstleistern, z.B. spezieller Messenger-Marketingagenturen oder Chatbot-Anbietern, tragen Sie die Haftung für etwaige Rechtsverstöße. Sie sollten ferner je nach Konstellation entsprechende Auftragsverarbeitungsverträge oder Verträge über gemeinsame Verarbeitung mit den Anbietern schließen (dazu erfahren Sie mehr in Abschnitt 10.5).
- **Datenschutzhinweise:** Nehmen Sie die Angaben zu den eingesetzten Versanddienstleistern und/oder Messengern in Ihre Datenschutzerklärung unter Hinweis auf die Datenschutzhinweise der Dienstleister auf. Ohnehin sollten Sie bereits im Rahmen der Einwilligung auf die eingesetzten Messenger hinweisen.

Datenschutzrechtliche Hinweise zum Einsatz von Messengern erhalten Sie in Abschnitt 10.13.

Hinweis: Werbeanrufe via Messenger

Wenn via Messenger Werbeanrufe getätigt werden sollen, gelten die Voraussetzungen für Telefonwerbung aus Abschnitt 13.15. Praktisch heißt das, dass sich die Einwilligung ausdrücklich auf einen Anruf beziehen sollte, da der durchschnittliche Verbraucher unter »Kontaktaufnahme per Messenger« eine Kontaktaufnahme via Chatfunktion versteht.

Abbildung 13.14: Einige Messenger bieten spezielle Einwilligungsoptionen. In diesem Beispiel sieht man die »Abonnieren«-Schaltfläche oben rechts auf dem abgebildeten WhatsApp-Kanal.

Hinweis: Werbeanrufe über Messenger

Wenn Sie Empfänger mittels Messenger anrufen möchten, müssen Sie dies ausdrücklich in der Einwilligungserklärung erwähnen. Außerdem gelten die gleichen Regeln wie für Telefonwerbung: D.h. insbesondere, dass sie die Einwilligungen für fünf Jahre speichern müssen (siehe Abschnitt 13.15).

Checkliste: Werbung via SMS, Messenger und Chatbots

- Für Werbenachrichten via SMS oder Messenger, sei es manuell oder mittels Chatbots versendet, gelten grundsätzlich dieselben Regeln wie für Werbung via E-Mail.
- Es ist stets eine Einwilligung der Empfänger erforderlich.
- Die Einwilligung darf nicht widerrufen sein.

- Falls die Einwilligung nicht im Messenger, sondern z.B. via Onlineformular eingeholt wird, ist eine Bestätigung der Anmeldung erforderlich. Diese muss mittels einer Nachricht an den Messenger-Account des jeweiligen Abonnenten erfolgen. Eine Bestätigung per E-Mail ist nicht ausreichend.
- Die Einwilligungen müssen protokolliert und für mindestens drei Jahre ab Kündigung bzw. Widerspruch aufbewahrt werden.
- Hinweise auf Versand und Widerrufsmöglichkeit in die Datenschutzerklärung aufnehmen.
- Beim Einsatz von Versanddienstleistern Datenschutzverträge abschließen (siehe Abschnitt 13.9).
- Für Werbeanrufe muss eine gesonderte und ausdrückliche Einwilligung eingeholt werden. Es gelten die Regeln für Telefonwerbung.

13.13 Push-Nachrichten und Browserbenachrichtigungen

Für die Verwendung von Push-Nachrichten und Browserbenachrichtigungen ist die Einwilligung der Nutzerinnen und Nutzer erforderlich.

Push-Nachrichten sind kurze, automatisierte Mitteilungen, die direkt auf das Display eines mobilen Geräts oder in einem Browser (dort bezeichnet als *Browserbenachrichtigung*) angezeigt werden (siehe Abbildung 13.15). Für die rechtlich korrekte Anzeige von Push-Nachrichten und Browserbenachrichtigungen ist die Einwilligung der Nutzer erforderlich – egal, ob man das rechtlich damit begründet, dass es sich um eine Form der elektronischen Post oder um die Speicherung von Informationen auf den Geräten der Nutzer handelt (weitere Hinweise zu Cookies und ähnlichen Speicher- und Leseverfahren erhalten Sie in Abschnitt 10.10).

Dazu müssen die Empfänger über den Inhalt der kommenden Nachrichten informiert sein und die Möglichkeit haben, ihre Einwilligung einfach zu widerrufen. Bei standortbasierten Nachrichten (z.B. sogenannten *Location-based Ads*) ist eine ausdrückliche Information über die Nutzung der Standortdienste notwendig. Ferner müssen Einwilligungen protokolliert werden und nachweisbar sein.

Abbildung 13.15: zeigt eine Browserbenachrichtigung auf der Seite stern.de, bei der Nutzer in die Einblendung aktueller Artikel einwilligen können.

Checkliste: Push-Nachrichten und Browserbenachrichtigungen

- Vor dem Senden von Push-Nachrichten muss eine ausdrückliche Einwilligung der Nutzer eingeholt werden.
- Nutzer müssen über den konkreten Inhalt der Push-Nachrichten informiert sein.
- Es muss eine einfache Möglichkeit zum Widerruf der Einwilligung geben, z.B. über einen Link oder in den Einstellungen der App oder des Geräts.
- Bei der Verwendung von standortbasierten Nachrichten müssen Nutzer in der Datenschutzerklärung ausdrücklich darüber informiert werden.
- Darüber hinaus müssen in der Datenschutzerklärung Informationen zu den Rechtsgrundlagen, den Zwecken und Funktionsweisen der Push-Nachrichten bzw. der Browserbenachrichtigungen, den eingesetzten Datenempfängern, d.h. den Serviceanbietern, sowie den eingesetzten Cookies aufgenommen werden und auch zu der Möglichkeit, die erteilte Einwilligung zu widerrufen.
- Beim Einsatz von Versanddienstleistern müssen Datenschutzverträge abgeschlossen werden (siehe Abschnitt 13.9).

13.14 Postalischer Werbeversand

Die traditionelle Post bringt im Vergleich zur »elektronischen Post« (siehe Abschnitt 13.3) ein geringeres Belästigungspotenzial mit sich, was auch gesetzlich berücksichtigt wird:

- **Ohne Einwilligung zulässig:** Anders als bei E-Mail-, Telefon- oder Messenger-Werbung ist der Versand von Postwerbung ohne vorherige Einwilligung der Empfänger erlaubt.
- **Kein Widerspruch:** Der Versand ist nur so lange zulässig, bis die Empfänger widersprechen. Der Widerspruch kann direkt gegenüber dem Absender erfolgen und so den weiteren Versand insgesamt untersagen. Ebenso kann ein allgemeiner Widerspruch gegenüber dem Zusteller der jeweiligen Werbesendung mittels eines auf dem Briefkasten angebrachten Aufklebers mit der Aufforderung »Bitte keine Werbung« zum Ausdruck gebracht werden (siehe Abbildung 13.16).
- **Datenschutzhinweise:** Wenn Sie personenbezogene Daten für Postwerbung nutzen, müssen Sie dies in Ihrer Datenschutzerklärung erwähnen und auf das Widerspruchsrecht hinweisen. Auch die Werbesendung selbst muss die Kontaktdaten des Absenders, Widerrufshinweise und einen Verweis, d.h. die URL, auf die vollständige Datenschutzerklärung enthalten.
- **Keine Täuschung über Absender oder Dringlichkeit:** Der kommerzielle Charakter der Postsendung muss erkennbar sein, z.B. anhand des Absenders und der Aufmachung. Wenn Sie den Eindruck erwecken, dass es sich um private oder amtliche Post handelt oder den Eindruck von Dringlichkeit vermitteln (z.B. »An meine Nichten und Neffen« oder »Eilt, sofort öffnen!«), handeln Sie wettbewerbswidrig und sind abmahnbar.

- **Einsatz von Versanddienstleistern:** Wenn Sie den Versand durch Dritte an deren Adresslisten durchführen lassen, gelten die Regelungen zum Einsatz von fremden Adresslisteneignern, wie oben in Abschnitt 13.9 beschrieben.
- **Erwerb von Adressdaten und Lettershopping:** Beim postalischen Versand ist keine ausdrückliche Einwilligung der Adressinhaber zugunsten der Versender erforderlich, sodass ein Erwerb von Versanddaten grundsätzlich zulässig ist (anders als bei Telefon- oder E-Mail-Daten von Personen, siehe Abschnitt 13.4.9.4). Doch muss immer geprüft werden, ob die Daten öffentlich zugänglich waren oder sonst zulässig erhoben wurden und zu Werbezwecken eingesetzt werden dürfen. Zur Bewältigung dieser Herausforderung hat sich das sogenannte *Lettershop-Verfahren* etabliert. Dieses Verfahren ersetzt weitgehend den traditionellen Adresskauf. Dabei übermittelt der Adresshändler die Daten an einen Listbroker, der die Werbematerialien mit den Adressen kombiniert und Aufgaben wie den Abgleich mit Sperr- oder Robinsonlisten übernimmt (dieses Verfahren entspricht dem in Abschnitt 13.9.2 oben dargestellten Lettershop-Verfahren bei E-Mails).

Abbildung 13.16: Aufkleber auf Briefkästen, wie in diesem Beispiel, gelten als Widerspruch gegenüber jedem Werbezusteller, aber zumindest nach derzeitiger Rechtslage nicht als eine wirksame Widerspruchserklärung gegenüber den Absendern der Werbung. Wenn Sie also nicht nur verhindern möchten, dass Wurfsendungen in Ihrem Briefkasten landen, sondern auch dafür sorgen möchten, dass diese gar nicht erst abgeschickt werden, müssten Sie einen Widerspruch gegenüber dem Absender erklären.

Checkliste: Postalischer Werbeversand

- Der Versand postalischer Werbung ist auch ohne eine Einwilligung zulässig.
- Die Empfänger dürfen dem postalischen Werbeversand (oder generell jedem Werbeversand) nicht widersprochen haben.
- Die Nachricht muss den Absender erkennen lassen sowie einen Hinweis auf das Widerspruchsrecht und einen Link zur Datenschutzerklärung enthalten.
- Hinweise auf Versand und Widerspruchsmöglichkeit in die Datenschutzerklärung aufnehmen.
- Beim Einsatz von Versanddienstleistern Datenschutzverträge abschließen .

13.15 Telefonwerbung

Bei Telefonwerbung ist eine vorherige Einwilligung erforderlich, die über die Telefonnummer, sei es per Anruf oder SMS, von dem Inhaber der Telefonnummer bestätigt werden muss.

Sogenannte »Cold Calls«, also Werbeanrufe ohne vorherige Einwilligung, sind verboten. Vielmehr dürfen Werbeanrufe nur unter Beachtung der folgenden Voraussetzungen stattfinden:

- **Einwilligungspflicht:** Telefonische Werbung ist grundsätzlich nur mit Einwilligung zulässig (§ 7 Abs. 2 Nr. 1 UWG). Das Gesetz enthält zwar eine Ausnahme für eine mutmaßliche Einwilligung in die telefonische Kontaktaufnahme zu Werbezwecken, jedoch gilt diese Ausnahme nur unter der strengen Voraussetzung, dass ein konkreter Anlass für den Anruf bestand. Das kann z.B. eine vorhergehende Kundenanfrage oder ein (nachweisbarer) Kontakt auf einer Messe sein. Keine mutmaßliche Einwilligung liegt vor, wenn lediglich angenommen wird, dass jemand typischerweise Interesse an dem Werbeobjekt haben könnte (BVerwG, Az. 6 C 3.23).
- **Double-Opt-in für Telefonnummern:** Auch mit Einwilligung müssen Sie sicherstellen, dass die Telefonnummer der einwilligenden Person gehört. Dies erfolgt durch eine Bestätigung über diese Telefonnummer, z.B. per SMS, automatischen Anruf, mündliche Vorabanfrage oder Zusendung eines Bestätigungscodes (siehe Abbildung 13.17). Eine E-Mail-Bestätigung wäre nicht ausreichend, da die E-Mail-Empfänger nicht unbedingt zugleich die Inhaber der Telefonnummern sind (BGH, Az. I ZR 164/09).
- **Protokollierung der Einwilligungen:** Sie müssen die Einwilligungsvorgänge protokollieren und für Nachweiszwecke fünf Jahre nach dem letzten Kontakt aufbewahren (§ 7a UWG). Die fünfjährige Frist beginnt mit jedem Telefonanruf neu.

Abbildung 13.17: Bei der Einwilligung zur Nutzung einer Telefonnummer ist ein Double-Opt-in-Verfahren erforderlich. Allerdings muss hierzu eine Bestätigung der Einwilligung per Nachricht oder Anruf an diese Telefonnummer abgefragt werden. In diesem Beispiel wird während des Anmeldeprozesses ein Aktivierungscode per SMS versendet (linke Bildhälfte) und zur rechtlichen Bestätigung im Anmeldeformular eingegeben (rechte Bildhälfte).

- **Kein Widerruf:** Anrufe sind nur zulässig, solange der Empfänger seine Einwilligung nicht widerrufen hat.
- **Beauftragung von Dienstleistern:** Sie haften für Rechtsverstöße auch bei Beauftragung von Dienstleistern und sollten entsprechende Verträge zur Auftragsverarbeitung oder gemeinsamen Verarbeitung schließen.
- **Maßnahmen der Bundesnetzagentur:** Neben Abmahnungen von Privatpersonen, klagebefugten Organisationen oder Mitbewerbern können bei Verstoß Maßnahmen der Bundesnetzagentur wie Bußgelder oder Telefonnummernsperrungen drohen (siehe Abschnitt 13.17).

Checkliste: Telefonische Werbung

- Die Werbung per Telefon bedarf einer vorhergehenden Einwilligung.
- Eine Double-Opt-in-Bestätigung per E-Mail ist nicht ausreichend und eine Einwilligung muss entweder mündlich am Telefon oder per SMS erfolgen.
- Die Einwilligung darf nicht widerrufen sein.
- Die Einwilligungen in Telefonwerbung müssen protokolliert und für fünf Jahre gespeichert werden. Die Frist erneuert sich mit jedem Anruf.
- Hinweise auf Versand und Widerrufsmöglichkeit in die Datenschutzerklärung aufnehmen.
- Beim Einsatz von Versanddienstleistern Datenschutzverträge abschließen.

13.16 Umgang mit Widerrufs- und Widerspruchserklärungen

Beim Direktmarketing ist es essenziell, Widerrufs- und Widerspruchserklärungen umgehend zu beachten, und zwar unabhängig davon, über welchen Kanal sie eingehen. Das Gesetz unterscheidet zwischen Widerruf und Widerspruch:

- **Widerruf:** Rücknahme einer Einwilligung gemäß Art. 7 Abs. 3 DSGVO (z.B. in Form der Kündigung eines Newsletter-Abonnements).
- **Widerspruch:** Ablehnung von Werbung gemäß Art. 21 DSGVO, die ohne Einwilligung versendet wird (z.B. postalische Werbung entsprechend Abschnitt 13.14 oder Werbung per E-Mail an Bestandskunden entsprechend Abschnitt 13.6).

Im Direktmarketing ist es entscheidend, dass Wünsche von Empfängern, keine weiteren Nachrichten zu erhalten, unverzüglich berücksichtigt werden. Dabei spielt es keine Rolle, ob diese Wünsche als Widerruf, Widerspruch oder anders bezeichnet werden. Wichtig ist allein, dass der Wunsch, keine weiteren Nachrichten zu erhalten, umgehend umgesetzt wird.

13.16.1 Keine formellen Vorgaben

Widerspruchs- und Widerrufserklärungen müssen nicht als solche betitelt und müssen auch nicht begründet werden. Ausreichend ist, dass die Intention, eine solche Erklärung inhaltlich abgeben zu wollen, erkennbar ist (AG München, Az. 142 C 1633/22).

13.16.2 Weite Auslegung des Umfangs der Erklärung

Eine Widerrufserklärung kann sich eindeutig auf einen Kontaktkanal beziehen (z. B. »Ich will keine E-Mails von Ihnen empfangen«) oder alle Kontaktkanäle umfassen (»Ich will keine Werbung mehr von Ihnen erhalten«). Wenn die erklärende Person ihren Widerspruch nicht von sich aus deutlich einschränkt, ist er generell für alle Werbekanäle, also auch eine Zusendung per Post, zu verstehen. Bei Zweifeln müssen Sie nachfragen.

> **Vorsicht: Nicht zu viel löschen**
>
> Wenn Sie sich nicht darüber im Klaren sind, was eine Person erklären möchte, fragen Sie besser nach. Denn auch eine zu weite Löschung, z.B. des gesamten Kundenkontos, kann einen Vertrags- oder Datenschutzverstoß darstellen.

13.16.3 Einreichung auf allen Kanälen möglich

Es steht den Widersprechenden frei, welchen Kommunikationskanal sie für ihren Widerspruch wählen. Auch wenn Sie z. B. darum bitten, Widerspruchserklärungen nur per E-Mail einzureichen, müssen ebenfalls Widersprüche per Post beachtet werden.

> **Tipp: Sensibilisierung von Mitarbeitenden**
>
> Alle Mitarbeitenden, die externe Nachrichten erhalten können, sollten sensibilisiert werden, Widersprüche, Widerrufe und generell alle datenschutzbezogenen Anfragen sofort an die dafür zuständigen Stellen weiterzuleiten.

13.16.4 Identitätsprüfung

Ob man etwa per E-Mail eingegangene Widerrufe zur Bestätigung des Absenders hinterfragen kann, ist rechtlich unklar. Bei einer bloßen Newsletter-Abmeldung sollten Sie die Löschung unverzüglich vornehmen. Soll jedoch ein Kundenkonto gelöscht werden, ist wegen der gravierenden Folgen eine Identitätsprüfung des Antragstellers empfohlen. Dies kann mittels des Abgleichs der E-Mail-Adressen und einer Rückfrage an die Kunden-E-Mail-Adresse mit der Bitte, die Anfrage zu bestätigen, erfolgen.

13.16.5 Keine Zugangshürden

Der Widerspruch bzw. Widerruf darf nicht von der Eingabe von Log-in-Daten abhängig gemacht werden. Es ist zwar möglich, Kunden auf die Abbestellmöglichkeit im Kundenkonto hinzuweisen, aber es müssen auch Abbestell- und Löschungswünsche der Kunden auf anderen Kanälen berücksichtigt werden (LG Paderborn, Az. 2 O 35/23).

13.16.6 Bestätigung der Abmeldung und Abmeldegrund

Eine Abmeldebestätigung ist ohne ausdrücklichen Wunsch des Nutzers nicht erforderlich und generell nicht empfehlenswert, da der Empfänger weiteren Kontakt eher ablehnt. Zudem hätte der Empfänger dann einen Nachweis der erfolgreichen Abmeldung, was ihm eine Abmahnung erleichtern würde, falls z.B. aufgrund eines technischen Fehlers dennoch eine weitere Werbe-E-Mail versendet wird. Auch der Abmeldegrund sollte nur optional und nur im Rahmen eines Abmeldeprozesses auf einer Webseite abgefragt werden. Dagegen sollte diese Rückfrage keineswegs per E-Mail an die sich abmeldenden Personen versendet werden, da dies als unerwünschte Werbung gewertet werden würde.

13.16.7 Unverzügliche Umsetzung

Ein Widerspruch gegen weitere Werbe-E-Mails muss vom Versender unverzüglich umgesetzt werden (LG Paderborn, Az. 2 O 35/23). Ist eine sofortige Umsetzung durch Mitarbeitende übersehen oder nicht umgesetzt worden, wird dies dem Arbeitgeber angelastet.

13.16.8 Dauerhafte Geltung

Der Widerruf einer Einwilligung oder ein Werbewiderspruch wirkt dauerhaft und verfällt nicht nach Zeitablauf (AG München, Az. 142 C 1633/22). Zulässig ist es dagegen, eine erneute Bestätigungs-E-Mail zu versenden, falls sich der Empfänger im Rahmen eines Newsletter-Formulars anmeldet. Hat jedoch jemand erklärt, gar keine E-Mails oder sonstige Nachrichten mehr von Ihnen erhalten zu wollen, dann ist es zu empfehlen, die E-Mail-Adresse der Person auf eine Sperrliste zu setzen (siehe dazu Abschnitt 13.16.10).

- **Abmeldung von einem Newsletter:** Nach Abmeldung eines Newsletters können Nutzer sich später wieder anmelden und eine Double-Opt-in-Bestätigungs-E-Mail erhalten.
- **Genereller Werbewiderspruch:** Bei ausdrücklichem Wunsch, gar keine Werbung mehr zu erhalten, sollte dieser Wunsch in einer Sperrliste vermerkt werden (weitere Hinweise zu Sperrlisten erhalten Sie nachfolgend in Abschnitt 13.16.10).

13.16.9 Löschung der Empfängerdaten

Nach Artikel 17 DSGVO müssen nicht mehr benötigte Daten gelöscht werden (weitere Hinweise zur Löschungspflicht erhalten Sie in Abschnitt 10.8). Das gilt auch für die Daten der Newsletter-Empfänger nach der Kündigung ihres Abonnements. Die Löschung muss spätestens drei Jahre nach der Abmeldung erfolgen, wobei die Frist am Ende des Abmeldejahrs beginnt. Beispielsweise sind Daten bei einer Abmeldung am 01.09.2026 spätestens am 31.12.2029 zu löschen. Innerhalb dieser Frist dürfen die Daten nur als abgemeldet gekennzeichnet und nicht für den Versand genutzt werden. Eine Ausnahme bildet die Aufnahme der Adresse in eine Sperrliste.

Die Frist entspricht den zivilrechtlichen Verjährungsfristen für Rechtsansprüche (§§ 195, 199 BGB). Zu solchen Ansprüchen würden z. B. Schadensersatz- oder Unterlassungsansprüche gehören, die jemand aufgrund erhaltener Werbe-E-Mails auch nach langer Zeit stellen könnte. Wenn alle Daten gelöscht sind, hätten Sie keinen Nachweis, um sich gegen diesen Vorwurf zu verteidigen.

13.16.10 Aufnahme in eine Sperrliste

Eine Sperrliste dient dazu, den Versand von Werbenachrichten an Empfänger zu vermeiden. Sie ist vor allem dann notwendig, wenn Sie sich im Rahmen einer Unterlassungserklärung oder eines Gerichtsverfahrens strafbewehrt dazu verpflichtet haben, keine weiteren Nachrichten zu versenden, oder jemand sich ausdrücklich keinen Kontakt gewünscht hat (siehe Abschnitt 13.16.2). Diese Widersprüche dürfen und müssen Sie in einer Sperrliste (engl. *Blacklist*) speichern (zur Speichererlaubnis BGH, Az. VI ZR 721/15). Diese Sperrliste sollte bei allen Werbeversandsystemen und -aufträgen beachtet werden (siehe Abschnitt 13.9).

Vorsicht: Speicherung von E-Mail-Adressen als Hashwerte

Datenschützer fordern, dass E-Mail-Adressen in Sperrlisten nicht als Klardaten gespeichert werden, sondern als Hashwerte (eine mathematische Umwandlung der E-Mail-Adresse), um dem Grundsatz der Datenminimierung zu entsprechen. Wenn Sie die Möglichkeit haben, sollten Sie daher die Adressen in der Sperrliste verschlüsselt speichern. Allerdings sind jedoch keine Fälle bekannt, in denen Aufsichtsbehörden diese Ansicht durchgesetzt haben.

Checkliste: Widerspruch und Widerruf

1. Weite Auslegung des Umfangs der Erklärung:

- Empfänger können Einwilligungen für bestimmte Kanäle widerrufen (z. B. E-Mail), dem Werbeempfang über bestimmte Kanäle (z. B. postalisch) oder generell dem Werbeversand widersprechen.
- Die Verwendung der Begriffe »Widerruf« oder »Widerspruch« ist nicht erforderlich.

2. Einreichung auf allen Eingangskanälen:

- Widerrufs- und Widerspruchserklärungen können per Post, E-Mail oder telefonisch eingereicht werden.
- Widerrufs- und Widerspruchserklärungen dürfen nicht von einem Log-in oder einer Passworteingabe abhängig gemacht werden.

3. Widerrufs- und Widerspruchserklärungen sind unverzüglich umzusetzen:

- Eine Identitätsprüfung sollte nur bei begründeten Zweifeln erfolgen.
- Eine Bestätigung der Umsetzung sollte nur dann versendet werden, wenn sie ausdrücklich gewünscht wurde.

4. Widerrufs- und Widerspruchserklärungen gelten dauerhaft:

- Der Versand einer erneuten DOI-Nachricht ist auf Anfrage hin wieder zulässig.
- Wenn Empfänger keinen (Werbe-)Kontakt wünschen, ist der Eintrag ihrer (E-Mail-)Adresse in eine Sperrliste zu empfehlen.

5. Löschung der Empfängerdaten:

- Die Daten der Empfänger müssen nach Widerruf oder Widerspruch drei Jahre aufbewahrt werden.
- Die Frist beginnt am Ende des Jahres, in dem der Widerspruch oder der Widerruf erklärt wurde.

6. Aufnahme in eine Sperrliste:

- Wenn Empfänger gar keinen Kontakt mehr wünschen oder wenn eine Unterlassungserklärung abgegeben wurde.
- Wenn möglich, sollten Sperrdaten verschlüsselt gespeichert werden.

13.17 Folgen des unerlaubten Werbeversands

Werden die in diesem Kapitel genannten Regeln im Direktmarketing missachtet, drohen empfindliche Bußgelder, Abmahnungen und Schadenersatzzahlungen.

Bereits die erste Werbenachricht, die ohne Einwilligung oder sonstige gesetzliche Berechtigung versendet wird, stellt einen Rechtsverstoß dar, der Abmahnungen, Schadensersatzpflichten und Bußgelder auslösen kann (BGH, Az. I ZR 218/07).

13.17.1 Wer gegen unerlaubten Werbeversand vorgehen kann

Das Versenden unerwünschter Werbung kann auf verschiedene Weise sanktioniert werden:

- **Abmahnung durch Empfänger:** Empfängerinnen und Empfänger können die Abgabe einer Unterlassungserklärung, den Ersatz der Anwaltskosten und Schadensersatz wegen unzumutbarer Belästigung fordern.
- **Abmahnung durch klagebefugte Organisationen:** Empfänger können sich an Wettbewerbs- und Verbraucherschutzzentralen wenden, die anschließend Abmahnungen aussprechen.

- **Abmahnung durch Mitbewerber:** Eine Abmahnung kann auch von Mitbewerbern ausgesprochen werden. Mitbewerber mahnen jedoch nur selten den unerlaubten E-Mail-Versand ab, der nicht an sie adressiert ist. Zum einen bekommen sie den Versand nicht mit, und zum anderen würden sie ansonsten bei eigenen Fehlern im E-Mail-Marketing mit Gegenabmahnungen rechnen müssen.
- **Verwarnungen und Bußgelder der Datenschutzbehörden:** Empfänger können auch die Datenschutzbehörden informieren, die Verwarnungen oder Bußgelder aussprechen können.
- **Maßnahmen der Bundesnetzagentur:** Im Fall unerlaubter Telefonwerbung kann die Bundesnetzagentur Telefonnummern sperren lassen.

13.17.2 Wer wegen unerlaubten Werbeversands haftet

Bei der Frage, wer für die Rechtsverstöße haftet, kommen verschiedene Stellen und Personen infrage:

- **Werbendes Unternehmen bei Eigenversand:** Der Versender haftet für unerlaubt versendete Werbenachrichten, die durch eigene oder angestellte Mitarbeitende oder beauftragte technische Versanddienstleister verschickt wurden.
- **Werbendes Unternehmen bei Versand durch externe Listeigner:** Auch wenn Werbenachrichten von Dritten, wie Werbeagenturen oder Adresslisteneignern (siehe Abschnitt 13.9.1), versendet werden, haftet das beauftragende Unternehmen für deren Rechtsverstöße (OLG Hamburg, Az. 5 U 56/20). Daher sollte in Verträgen mit Listeignern immer auch die Haftung geregelt werden.
- **Geschäftsführer des werbenden Unternehmens:** Geschäftsführer haften persönlich, wenn sie an unzulässigen Werbe-E-Mails mitwirken, z. B. durch Adressenkauf oder Versandfreigabe. Sie können aber auch bei einem Organisationsverschulden zur Verantwortung gezogen werden, etwa wenn sie ihre Pflichten zur Einhaltung der Gesetze (sogenannte *Compliance*) verletzen. Dies ist der Fall, wenn sie nicht belegen können, dass das Personal durch Anweisungen und Schulungen über die Rechtslage beim Direktmarketing belehrt worden war. Wichtig ist also, nachzuweisen, dass alle am Werbeversand beteiligten Mitarbeitenden die rechtlichen Rahmenbedingungen und Folgen kennen und zur Einhaltung verpflichtet sind (OLG Düsseldorf, Az. I-20 U 137/09).

13.17.3 Umfang der Unterlassungserklärung

Wenn Sie abgemahnt wurden, müssen Sie eine strafbewehrte Unterlassungserklärung abgeben, deren Umfang davon abhängt, wem gegenüber sie abzugeben ist.

13.17.3.1 Empfänger der Werbenachricht

Sie müssen sich verpflichten, keine weitere unerlaubte Werbenachricht an den Abmahner zu senden oder eine Vertragsstrafe zu zahlen (zwischen 500 und 2.500 Euro, bei mehreren Verstößen auch höher; OLG München, Az. 21 U 4747/15).

Wird keine Unterlassungserklärung abgegeben, kann der Abmahnende den Gerichtsweg ergreifen und verlangen, dass das Gericht die Rechtswidrigkeit des Werbeversands bestätigt und bei Wiederholung die Zahlung eines Ordnungsgelds an den Staat fällig wird (siehe die Abbildung 13.18 und Abbildung 13.19).

Unterlassungs- und Verpflichtungserklärung

Hiermit verpflichtet sich die Fa.

[redacted] Berlin

vertreten durch Geschäftsführer [redacted]

[redacted]

im Folgenden „Schuldnerin“,

gegenüber Herrn

[redacted] Köln,

im Folgenden „Gläubiger“,

ohne Anerkenntnis einer Rechtspflicht, gleichwohl rechtsverbindlich und unter Wahrung der Einrede des Fortsetzungszusammenhanges, es bei Meidung einer von dem Gläubiger für jeden Fall der schuldhaften Zuwiderhandlung nach billigem Ermessen festzusetzenden, gegebenenfalls vom zuständigen Gericht zu überprüfenden Vertragsstrafe, zu unterlassen an den Gläubiger im geschäftlichen Verkehr per E-Mail Werbung zuzusenden oder zusenden zu lassen, insbesondere wie mit den E-Mails vom 03.08.2021, 09.08.2021, 11.08.2021, 15.08.2021, 16.08.2021, 22.08.2021, 23.08.2021, 29.08.2021, 30.08.2021 geschehen, ohne dass dessen ausdrückliche Einwilligung hierzu oder eine gesetzliche Berechtigung vorliegt.

Ort, Datum Unterschrift

Abbildung 13.18: Der Empfänger einer widerrechtlich versendeten E-Mail hat das Recht, dass der Absender sich in einer sogenannten Unterlassungserklärung zu einer Vertragsstrafe verpflichtet, falls er erneut eine solche E-Mail an den Empfänger versendet. In solchen Fällen entsteht ein Risiko für den Absender, dass er je nach Gerichtsstandort und Konstellation 500 bis 2.500 Euro an den Empfänger zahlen muss, wenn dieser weitere E-Mails erhält. Dieses Risiko lässt sich nur mit einer rechtskonform geführten Adressliste samt protokollierter Einwilligung vermeiden.

Beglaubigte Abschrift

Amtsgericht Tempelhof-Kreuzberg

Einstweilige Verfügung
Beschluss

Geschäftsnummer: [redacted]

In der einstweiligen Verfügungssache

des Herrn [redacted]
[redacted] Berlin,

Antragstellers,

- Prozessbevollmächtigter:
Rechtsanwalt [redacted]

DR.II ___
F. Obergerichtsvollzieher

g e g e n

die [redacted] GmbH,
vertreten d.d. [redacted]

Antragsgegnerin,

wird im Wege der einstweiligen Verfügung, und zwar wegen besonderer Dringlichkeit ohne mündliche Verhandlung, gemäß §§ 935 ff., 91 ZPO angeordnet:

1. Der Antragsgegnerin wird bei Vermeidung eines vom Gericht für jeden Fall der Zuwiderhandlung festzusetzenden Ordnungsgeldes bis zu 250.000,00 EUR, ersatzweise Ordnungshaft, oder einer Ordnungshaft bis zu sechs Monaten **untersagt**,

   dem Antragsteller elektronische Nachrichten (E-Mails) werblichen Inhalts zu senden oder senden zu lassen, ohne dass eine wirksame Einwilligung des Antragstellers vorliegt bzw. ohne die E-Mail-Adresse unter Einhaltung der Voraussetzungen des § 7 Abs. 3 UWG erhoben bzw. verwendet zu haben.

2. Die Antragsgegnerin hat die Kosten des Verfahrens zu tragen.

Abbildung 13.19: Wird die Abgabe der Unterlassungserklärung verweigert, kann der Empfänger beim Gericht beantragen, dass der Absender bei erneutem widerrechtlichem Versand ein Ordnungsgeld an die Staatskasse zahlen muss. Da die Verhängung des Ordnungsgelds, anders als die Vertragsstrafe aus der Unterlassungserklärung, vom Empfänger weiterer Werbemails beim Gericht beantragt werden muss und diesem nicht zugutekommt, kommt es vor, dass Unternehmen absichtlich keine Unterlassungserklärung abgeben und stattdessen eine Gerichtsentscheidung hinnehmen in der Hoffnung, die Empfänger werden sich die Mühe des Ordnungsgeldantrags nicht machen.

Das Ordnungsgeld kann bis zu 250.000 Euro betragen, wobei dieser Betrag die Höchstgrenze ist. Das Ordnungsgeld muss im Einzelfall angemessen sein, was je nach Gericht eine Zahlung von 500 bis 2.500 Euro bedeuten kann.

13.17.3.2 Klagebefugte Organisation oder Mitbewerber

Wurde man nicht von den Empfängern abgemahnt, sondern von einem Mitbewerber oder einer klagebefugten Organisation, muss man generell erklären, keine Werbe-E-Mails mehr ohne Einwilligung oder sonstige gesetzliche Grundlage zu versenden.

Der Nachteil dieser Unterlassungserklärung liegt in ihrer Reichweite. Bei einer Unterlassungserklärung gegenüber dem eigentlichen Empfänger der Werbung zahlt man eine Vertragsstrafe nur, wenn erneut eine Werbenachricht an genau diesen Empfänger geht. Bei einer Unterlassungserklärung gegenüber Mitbewerbern oder klagebefugten Organisationen wird die Vertragsstrafe fällig, egal an welchen Empfänger eine unerwünschte Werbe-E-Mail gesendet wird.

Hinweis: Keine Beschränkung auf konkrete E-Mail-Adressen

Eine Unterlassungserklärung darf zwar auf den für die unerlaubte Kontaktaufnahme verwendeten Kanal (z.B. E-Mail oder Telefon) beschränkt werden, aber nicht auf bestimmte E-Mail-Adressen oder Telefonnummern (vgl. OLG München, Az. 21 U 4747/15).

13.17.4 Kosten der Abmahnung

Die Kosten einer Abmahnung müssen zunächst von den beauftragenden Mandanten, also den Abmahnenden, getragen werden. Im Rahmen der Abmahnung wird die Erstattung dieser Anwaltskosten von der abgemahnten Partei verlangt. Die Forderung nach Kostenerstattung wird zusammen mit der Abmahnung gestellt. Die Höhe der Kosten variiert je nach Fall. Sie können jedoch von ca. 500 bis 1.000 Euro pro Abmahnung ausgehen, im Fall der Abmahnung durch klagebefugte Organisationen wie die Wettbewerbszentrale ca. 250 Euro. Zu diesen Kosten kommen noch die Kosten Ihrer Rechtsanwaltsberatung hinzu, die ebenfalls ca. 500 bis 1.000 Euro betragen können.

Vorsicht: Teures Klageverfahren

Eine Abmahnung ist die kostengünstigere Regelung eines Rechtsstreits. Wird die Frage der Rechtswidrigkeit vor Gericht verhandelt, steigen die Kosten ca. um das Vier- bis Fünffache.

13.17.4.1 Schadensersatz

Die DSGVO gewährt bei Datenschutzverstößen, einschließlich unerlaubter Werbung, den Betroffenen Schadensersatz (Art. 82 DSGVO). Die Gerichte entscheiden im Einzelfall über die Höhe, abhängig von Faktoren wie Anzahl der E-Mails und Zielgruppe der E-Mails. Die Bandbreite reicht von 0 Euro (AG Hamburg-Bergedorf, Az. 410d C 197/20; AG Goslar, Az. 28 C 7/19) über 50 Euro (AG Diez, Az. 8 C 130/18), 25 Euro (LG Heidelberg, 4 S 1/21) bis zu 500 Euro (LG Lüneburg, 07.12.2023, Az. 5 O 6/23). Im Schnitt sollten Sie daher einen Schadensersatz in Höhe von ca. 250 Euro pro Abmahnung einkalkulieren.

> **Tipp: Auch einfache Beschwerden ernst nehmen**
>
> Abmahnungen folgen oft auf formlos eingegangene Beschwerden. Reagieren Unternehmen kurz angebunden oder unhöflich, etwa mit »Wir haben Ihre Adresse aus dem Internet. Sie hätten den Newsletter einfach abbestellen können!«, provoziert das oft eine Abmahnung oder das Einschalten von Behörden. Ihre Antwort sollte daher entschuldigend sein, sofortige Abhilfe anbieten, die Quelle der E-Mail plausibel erklären und, sofern zutreffend, darauf hinweisen, dass es ein einmaliger Vorfall ist, der sich nicht wiederholt.

13.17.4.2 Verwarnungen und Bußgelder der Datenschutzbehörden

Sollte es sich um Ihren ersten Datenschutzverstoß handeln, insbesondere um einen unerlaubten E-Mail-Versand, und Sie nachweisen können, dass Sie ansonsten ein ordnungsgemäßes Datenschutzmanagement gemäß Art. 24 und 25 DSGVO betreiben und der Verstoß trotz aller getroffenen Maßnahmen (Art. 32 DSGVO) passiert ist, besteht die Möglichkeit, dass die Aufsichtsbehörde gemäß § 58 Abs. 2 DSGVO von einem Bußgeld absieht. Stattdessen kann sie eine Verwarnung gemäß § 58 Abs. 2 DSGVO erteilen oder insgesamt von einer Ahndung absehen.

Ansonsten müssen Sie mit einem Bußgeld rechnen, das bis zu 20 Millionen Euro oder 4 % des weltweiten Jahresumsatzes Ihres Unternehmens betragen kann und von der Anzahl der versendeten Werbenachrichten und Ihrem Verschuldensgrad abhängt (Details zu Datenschutzverstößen siehe Abschnitt 10.17). Beispiele aus Deutschland:

- 75.000 Euro für unzulässige E-Mail-Werbung mit Tracking (Saarland, 2022).
- 40.000 Euro für einen Onlinedienstleister wegen unrechtmäßigen E-Mail-Marketings (Baden-Württemberg, 2022).
- 1.240.000 Euro für die AOK Baden-Württemberg im Jahr 2020 für die unrechtmäßige Nutzung personenbezogener Daten von über 500 Gewinnspielteilnehmern für E-Mail-Werbung.

Tipp: Rechtsberatung bei Abmahnungen und Bußgeldverfahren

Angesichts der vielen möglichen Abmahnungs- und Bußgeldkonstellationen (die in Kapitel 18 näher erläutert werden) und der Bindung an Unterlassungserklärungen sowie der möglichen Höhe der Bußgeldbescheide sollten Sie sich in solchen Fällen unverzüglich an eine fachkundige Rechtsberatung wenden.

13.18 Risikobewertung in der B2B-Werbekommunikation

Beim Risikovergleich zeigt sich, dass der Versand von Werbenachrichten an Verbraucher besonders riskant ist.

Es wird oft fälschlicherweise angenommen, dass Werberegelungen nur für B2C (also Versand an Verbraucher) und nicht für B2B (d.h. Versand an Unternehmen und andere Geschäftspersonen) gelten. Diese Unterscheidung findet sich jedoch so nicht im Gesetz und Gerichte entscheiden konsequent zulasten der Werbeversender (BGH, Az. VI ZR 721/15). Zudem können die Abmahnungskosten für unerlaubten Werbeversand an Unternehmen höher sein als für unerlaubten Werbeversand an Privatpersonen. Das praktische Risiko variiert dabei je nach Marketingmaßnahme erheblich. Wesentliche Faktoren sind:

- **Geringes Risiko bei enger Zielgruppe:** Ist die Zielgruppe gut auf das Angebot abgestimmt und besteht ein grundlegendes Interesse, ist das Abmahnrisiko gering. Hier überwiegen in der Regel die wirtschaftlichen Vorteile des Werbeversands.
- **Hohes Risiko bei breiter Zielgruppe:** Bei einer weit gefassten Zielgruppe, wie z.B. Werbung für allgemeine Büroverbrauchsgüter oder Bürodienstleistungen, ist es wahrscheinlicher, eine Abmahnung zu erhalten. Hier sollte mit Abmahnungen gerechnet werden.
- **Verhältnis der Branchenmitglieder untereinander:** Innerhalb engerer Zirkel, etwa bei berufsständischen Gruppen wie Ärzten, erfolgen oft zunächst formlosere Hinweise, bevor Abmahnungen versendet werden. In aggressiveren Branchen, wie etwa Bereichen des Onlinehandels, sind schnelle Abmahnungen wahrscheinlicher.

Vorsicht: Rechtsberatung bei Kampagnen mit rechtlichen Risiken

Falls Kampagnen mit rechtlichen Risiken geplant werden, ist externe Beratung ratsam. Oft hängen die Risiken von Details ab. Besonders riskant ist es für Unternehmensinhaber und Geschäftsführer, da sie bei Rechtsverstößen oder Maßnahmen von Datenschutzbehörden oder Wettbewerbern persönlich haften könnten.

Checkliste: Folgen unerlaubten Werbeversands

1. Mögliche Rechtsfolgen:

- Abmahnung und Schadensersatzforderung der Empfänger.
- Abmahnung durch klagebefugte Organisationen.
- Abmahnung durch Mitbewerber.
- Verwarnungen und Bußgelder der Datenschutzbehörden.

2. Wer für unerlaubten Werbeversand haftet:

- Versender der Werbenachrichten.
- Auftraggeber, die Dienstleister mit dem Versand beauftragt haben.
- Geschäftsführer oder leitende Angestellte, wenn keine organisatorischen Schutzmaßnahmen ergriffen wurden (Instruktion, Schulung, Kontrolle von Mitarbeitenden).

3. Höhe der Kosten:

- Die Kosten einer Abmahnung liegen bei ca. 1.000 bis 1.500 Euro.
- Bei wiederholtem Verstoß wird eine Vertragsstrafe von ca. 500 bis 5.000 Euro fällig.
- Betroffene können Schadensersatz verlangen, der je nach Gericht bis zu 500 Euro betragen kann.
- Bußgelder sind abhängig vom Jahresumsatz und können bis zu 4 % des Jahresumsatzes oder bis zu 20 Millionen Euro betragen.

4. Risikobewertung bei B2B-Werbemails:

- Auch gegenüber Geschäftskunden gelten dieselben Grundsätze, es existiert kein mutmaßliches Einverständnis mit dem Werbeempfang.
- Bei enger Zielgruppe und Zuschnitt der Inhalte passend auf die Empfänger ist das Risiko geringer.

KAPITEL 14

Gewinnspiele und Teilnahmebedingungen

Gewinnspiele haben von jeher eine starke Anziehungskraft auf Kundinnen und Kunden, unterliegen jedoch strengen wettbewerbsrechtlichen Vorgaben. Hinzu kommt, dass die Richtlinien der Social-Media-Plattformen Gewinnspiele teilweise gänzlich verbieten oder sie eigenen Regeln unterwerfen, wie es beispielsweise bei den Diensten von Meta und bei LinkedIn der Fall ist. Wenn Sie strafbare Gewinnspiele und Abmahnungen wegen Wettbewerbsverstößen vermeiden möchten oder erfahren wollen, was die Klausel »Der Rechtsweg ist ausgeschlossen« genau bedeutet, finden Sie in diesem Kapitel die entsprechenden Antworten. Darüber hinaus erhalten Sie hilfreiche Hinweise zu Planung, Durchführung und Abwicklung von Gewinnspielen.

14.1 Strafbares Glücksspiel vermeiden

Wenn das Ergebnis vor allem vom Glück abhängt und der Einsatz auf dem Spiel steht, handelt es sich um ein erlaubnispflichtiges Glücksspiel.

Zuallererst müssen Sie den Unterschied zwischen Gewinnspielen und Glücksspielen kennen. Die Begriffe *Gewinnspiel* und *Glücksspiel* mögen zwar ähnlich klingen, dürfen aber keinesfalls verwechselt werden. Während ein Gewinnspiel von jedem veranstaltet werden darf, muss ein Glücksspiel staatlich genehmigt werden. Ohne diese Genehmigung drohen nicht nur Abmahnungen, sondern auch strafrechtliche Konsequenzen, einschließlich einer Freiheitsstrafe von bis zu zwei Jahren gemäß § 284 Strafgesetzbuch. Ein Glücksspiel erkennen Sie entsprechend den nachfolgenden Ausführungen daran, dass die Teilnahme einen entgeltlichen Einsatz erfordert, der bei Misserfolg verloren gehen kann, und dass der Ausgang des Spiels vom Zufall abhängt.

Vorsicht: Risiken bei unerlaubtem Glücksspiel

Neben der Bestrafung wegen unerlaubten Glücksspiels sind ebenfalls Verbotsverfügungen von Ordnungsbehörden möglich. Der Veranstalter des Glückspiels kann zudem wegen Betrugs an den Teilnehmenden bestraft werden.

14.1.1 Entgeltlichkeit und Risiko bei Glücksspielen

Das im Rahmen eines Glücksspiels eingesetzte Entgelt kann jede Geld- oder Sachleistung umfassen.

- **Porto und Anrufgebühren:** Das Porto oder die regulären Kosten eines Anrufs (wenn es sich also nicht um eine teure Mehrwertnummer handelt) stellen kein Entgelt dar, da sie Dritten (wie den Post- oderTelekommunikationsanbietern) zufließen.
- **Spielgeld:** Ebenfalls liegt kein Glücksspiel vor, wenn der Einsatz in fiktivem »Spielgeld« erfolgt, das vom Veranstalter gestellt wird.
- **Kleinstbeträge:** Allerdings kann schon ein Kleinstbetrag von 50 Cent, der dem Veranstalter zufließt, ein relevantes Entgelt darstellen, z. B. wenn eine Vielzahl von Losen bei einer Tombola erworben werden kann (LG Köln, 33 O 45/09).
- **Kosten einer Ware:** Wenn man eine Ware kauft und dadurch an einem Gewinnspiel teilnehmen kann, gelten die Kosten dieser Ware rechtlich gesehen nicht als Einsatz für das Glücksspiel (siehe Abbildung 14.1). Nur wenn der Preis des Produkts erhöht würde, um die Kosten des Gewinnspiels zu decken, wäre der Kaufpreis als Spieleinsatz zu betrachten.

Abbildung 14.1: Der BGH hat entschieden, dass es zulässig ist, einen Einkauf als Voraussetzung für die Teilnahme an einem Gewinnspiel festzulegen (BGH, Az. I ZR 4/06). Dabei wird die gekaufte Ware nicht als unerlaubter Geldeinsatz betrachtet. Diese Entscheidung macht beliebte Kundengewinnspiele rechtlich unbedenklich, sei es in Form von zufälligen Rabatten oder, wie im gezeigten Beispiel der Supermarktkette Kaufland, der Möglichkeit einer Erstattung des Einkaufs (siehe dazu auch Abschnitt 14.3.3 weiter unten).

14.1.2 Der Ausgang hängt vom Zufall ab

Der Ausgang eines Glücksspiels hängt vom Zufall ab. Daher liegt kein Glücksspiel vor, wenn zwar ein Entgelt gefordert wird, aber der Ausgang vom Geschick des Teilnehmers und nicht vom Zufall abhängt. Ein Beispiel dafür ist ein Quiz oder ein Sportwettbewerb, bei denen eine Teilnahmegebühr eingesetzt werden muss. Ein Glücksspiel liegt hingegen vor, wenn nach Zahlung des Einsatzes die Geschicklichkeit offensichtlich nur ein Vorwand ist, um das Glücksspiel zu tarnen, beispielsweise wenn einfache Fragen wie »10 x 10 + 1 = ?« gestellt werden.

Fallbeispiel

Der Veranstalter eines »Geschicklichkeitsspiels«, bei dem eine Doppelhaushälfte zu gewinnen war, wurde wegen Betrugs an den Teilnehmenden verurteilt. Diese mussten neben der Bezahlung einer Teilnahmegebühr von 19 Euro zusätzlich mehrere Quizfragen beantworten. Der Veranstalter nahm dabei 404.833 Euro ein, von denen er nur 4.833 Euro an die Teilnehmenden zurückzahlte (BGH, Az. 1 StR 529/10).

14.1.3 Tombolas oder Lotterien

Tombolas und Lotterien bieten die Möglichkeit, Sach- oder Geldgewinne zu erlangen. Tombolas sind kleinere Veranstaltungen mit meist sofortigen Sachpreisen, und Lotterien sind größere, regulierte Spiele mit Geldgewinnen. Im Rahmen der rechtlichen Einordnung werden sie jedoch gleich behandelt. Sie können z. B. im Rahmen eines Firmenfests oder einer Charity-Veranstaltung eines Vereins stattfinden. In allen Fällen ist es wichtig, die Genehmigungspflicht für Glücksspiele zu beachten:

- **Lose als Geschenk:** Kein genehmigungspflichtiges Glücksspiel liegt vor, wenn die Lose als Geschenk verteilt werden. Das ist z. B. der Fall, wenn die Besucherinnen und Besucher bei der Ankunft eine Anzahl von Losen ausgehändigt bekommen. Die Kosten der Lose dürfen jedoch nicht auf einen Eintrittspreis umgelegt werden, da dies insoweit ein Entgelt wäre.
- **Verkauf von Losen:** Müssen die Teilnehmenden dagegen Lose erwerben (entweder separat oder als Aufpreis zur Eintrittsgebühr), dann ist dies ein genehmigungspflichtiges Glücksspiel. Das ist insbesondere dann der Fall, wenn eine Lotterie oder eine Tombola durchgeführt wird, um Gewinne zu erzielen.

Nachdem Sie festgestellt haben, dass Ihre Aktion kein Glücksspiel darstellt, ist es im nächsten Schritt notwendig, die rechtlichen Anforderungen an ein Gewinnspiel zu prüfen, um dessen Rechtmäßigkeit sicherzustellen.

Hinweis: Ausnahmen für bestimmte Tombolas und Lotterien

Tombolas, die von Vereinen und Organisationen zu wohltätigen, mildtätigen oder kirchlichen Zwecken durchgeführt werden, können genehmigungsfrei sein. In Deutschland dürfen die Preise jedoch bestimmte Beträge nicht überschreiten, und solche Veranstaltungen sind auf ein bis zwei Mal pro Jahr begrenzt. Da die Regelungen je nach (Bundes-)Land variieren, ist eine Nachfrage beim zuständigen Ordnungsamt ratsam.

14.2 Teilnahmebedingungen

Fehlen die Teilnahmebedingungen, besteht die Gefahr einer kostenpflichtigen Abmahnung des Gewinnspiels.

Sobald sichergestellt ist, dass es sich um ein Gewinnspiel und nicht um ein Glücksspiel handelt, sollten als Nächstes die Teilnahmebedingungen erstellt werden. Gemäß den Vorgaben der §§ 5 und 5a UWG müssen diese die Teilnehmerinnen und Teilnehmer klar und verständlich über die wesentlichen Punkte des Gewinnspiels informieren.

> **Hinweis: Muster für Teilnahmebedingungen**
>
> In Anhang A finden Sie eine Vorlage für Teilnahmebedingungen, die Sie bei der Erstellung Ihrer eigenen Bedingungen verwenden können.

14.2.1 Inhalt der Teilnahmebedingungen

Die Teilnahmebedingungen müssen klar und deutlich formuliert sein sowie die folgenden Angaben enthalten:

- Name, Firma und Adresse des Veranstalters.
- Wer teilnehmen darf (z.B. keine Minderjährigen).
- Beginn und Ende des Gewinnspiels.
- Genaue Beschreibung dessen, was zu gewinnen ist.
- Angaben dazu, wann die Preise ausgelost werden (falls dies erst mit Abstand von mehreren Wochen oder länger nach dem Ende des Gewinnspiels erfolgt).
- Regeln, nach denen die Gewinner bestimmt werden.
- Regeln, wie die Gewinne zu den Gewinnern gelangen, falls dabei Besonderheiten wie Portokosten anfallen.
- Datenschutzhinweise (siehe Abschnitt 14.4.1 weiter unten).

Die Teilnahmebedingungen müssen für die Nutzerinnen und Nutzer einfach zugänglich sein, d.h. in direkter räumlicher Nähe zur *Teilnahme*-Schaltfläche stehen, und können auch per Link eingebunden werden (siehe Abbildung 14.2).

Abbildung 14.2: Wenn Sie Gewinnspiele in sozialen Netzwerken veranstalten, können Sie die Teilnahmebedingungen auf verschiedene Arten bereitstellen. Zum einen können Sie sie verlinken. Falls der Link nicht anklickbar ist, sollte die URL kurz und einprägsam sein. Alternativ können Sie auch den gesamten Text der Teilnahmebedingungen und die Datenschutzhinweise in den Beitrag aufnehmen. (Bildquelle: FROG.passion GmbH)

Falls Sie öfter Gewinnspiele veranstalten, bietet es sich an, generelle Teilnahmebedingungen auf einer gesonderten Informationswebseite anzulegen. Bei jedem neuen Gewinnspiel führen Sie dann nur die spezifischen Angaben auf (z.B. den Gewinn, Beginn und Ende) und weisen ansonsten auf die Teilnahmeregeln hin.

14.2.2 Einbeziehung und Kontrollkästchen

Ein Kontrollkästchen, mit dem die Zustimmung zu den Teilnahmebedingungen eines Gewinnspiels bestätigt wird, ist nicht zwingend vorgeschrieben. Die Verwendung eines Kontrollkästchens hat sich aber traditionell etabliert oder wird eingesetzt, um bestmöglich sicherzustellen, dass die Teilnehmenden den Hinweis zur Kenntnis genommen haben. Bislang sind jedoch keine Gerichtsverfahren bekannt, in denen der Nachweis eines solchen Kontrollkästchens, über das den Teilnahmebedingungen eines Gewinnspiels zugestimmt werden musste, gefordert wurde. Es genügt daher, wenn deutlich auf die geltenden Teilnahmebedingungen hingewiesen wird (siehe Abbildung 14.3).

Hinweis: Kontrollkästchen für Newsletter

Wenn Sie in das Teilnahmeformular auch die Möglichkeit der Anmeldung zum Newsletter aufnehmen, muss für diese Anmeldung ein separates Kontrollkästchen aufgenommen werden (siehe Abschnitt 13.4.2).

Abbildung 14.3: Ein Kontrollkästchen wie das in der oberen Hälfte des Bildbeispiels kann für eine wirksame Einbeziehung der Teilnahmebedingungen verwendet werden, ist aber nicht zwingend erforderlich. Es genügt eine Einbeziehung der Teilnahmebedingungen und der Datenschutzhinweise gemäß dem unteren Bildbeispiel. Soll beim Gewinnspiel jedoch auch noch eine Einwilligung in einen Newsletter eingeholt werden, ist für den Newsletter ein separates Kontrollkästchen erforderlich (siehe Abbildung 14.7).

14.2.3 Beschränkungen des Teilnehmerkreises bei Gewinnspielen

Es ist durchaus zulässig, den Teilnehmerkreis bei Gewinnspielen in Bezug auf Alter, Wohnort oder andere Kriterien, die auf die potenziellen Teilnehmerinnen und Teilnehmer zutreffen, einzuschränken:

- **Altersbeschränkung:** Eine Altersbeschränkung ist bei Produkten, die sich an Erwachsene richten oder wenn Einwilligungen in den Newsletterversand eingeholt werden, erforderlich. In Deutschland sind Personen ab 16 Jahren einwilligungsfähig, in Österreich ab 14 und in der Schweiz ab 15 Jahren.
- **Beschränkung nach Wohnort:** Empfohlen, um den weltweiten Versand von Gewinnen zu vermeiden.
- **Beschränkung auf Kunden:** Ein Gewinnspiel darf nur auf eigene Kunden beschränkt werden.
- **Sonstige Zielgruppenbeschränkung:** Möglich, solange die Beschränkung nicht diskriminierend ist und sachlich begründet wird. Ein Unternehmen darf beispielsweise nur weibliche Teilnehmerinnen zulassen, wenn das Gewinnspiel sich primär an weibliche Kundinnen richten soll. Eine ungerechtfertigte Diskriminierung, wie der Ausschluss bestimmter ethnischer Gruppen, ist jedoch unzulässig.
- **Ausschluss von Mitarbeitenden und Beteiligten:** Zulässig und gängige Praxis, um den Vorwurf der Manipulation und steuerliche Fragen zu vermeiden.

14.2.4 Sprache der Teilnahmebedingungen

Die Teilnahmebedingungen eines Gewinnspiels sollten in der Sprache der Zielgruppe verfasst sein. Richtet sich z. B. die Gewinnspielankündigung an deutsch- und englischsprachige Personen, müssen die Bedingungen in beiden Sprachen verfügbar sein. Sprachkenntnisse der Fremdsprache dürfen in diesen Fällen nicht vorausgesetzt werden. Für B2B-Gewinnspiele kann eine Ausnahme gemacht werden: Ist Englisch die Branchenstandardsprache, sind englischsprachige Teilnahmebedingungen ausreichend.

14.2.5 Gedruckte Teilnahmekarten

Für »Offlinegewinnspiele« gelten grundsätzlich dieselben Anforderungen wie für online durchgeführte Gewinnspiele. Das bedeutet, dass Sie auch auf Gewinnspielkarten die Teilnahmebedingungen einbeziehen müssen. Bei räumlich begrenzten Medien, wie z. B. Postkarten, können die wesentlichen Punkte der Teilnahmebedingungen und der Datenschutzhinweise zusammengefasst werden (siehe Abbildung 14.4).

Abbildung 14.4: Gewinnspielbedingungen und Datenschutzhinweise müssen auch auf Gewinnspielkarten aufgenommen werden. Je kleiner die eigentliche Teilnahmekarte, desto eher können die Bedingungen und Hinweise z.B. um einen Link oder QR-Code mit Details ergänzt werden. (Quelle: Burda Direct GmbH)

14.2.6 Klare Angaben über Gewinne und Folgekosten

Gewinnspiele müssen genaue Angaben zu den Preisen enthalten, sodass Teilnehmende die Gewinnklassen und den Wert der Gewinne erkennen können. Es ist nicht erlaubt, über den Wert des Gewinns zu täuschen, und der Veranstalter hat Aufklärungspflichten bei möglichen Fehlvorstellungen. Zum Beispiel muss bei einem älteren Modell eines Smartphones darauf hingewiesen werden, wenn es auf einem Produktbild nicht erkennbar ist. Zudem müssen Zusatzkosten transparent gemacht werden. Anreisekosten für einen Luxusurlaub, Abholpflichten für einen gewonnenen Computer oder Versandkosten dürfen nicht verschwiegen werden.

14.2.7 Verhaltensregeln und Verbote

Verhaltenspflichten erleichtern das Vorgehen gegen versuchte Manipulationen und mögliche Rechtsverstöße. Zu den empfohlenen Regeln sollten gehören:

- Ausschluss von Klickgeneratoren.
- Ausschluss von KI-generierten Beiträgen (siehe Abbildung 14.5).
- Das Recht, Teilnehmende bei Missbrauch (z.B. durch Manipulation von Votings) oder Regelverstößen auszuschließen.

- Verantwortlichkeit der Teilnehmenden für ihre Inhalte.
- Freistellung von Kosten bei Verschulden der Teilnehmenden.

Vorsicht: Risiko bei Abstimmverfahren

Nach Erfahrung des Verfassers bergen Gewinnspiele, bei denen Nutzer für die Teilnehmenden abstimmen können, das größte Risiko, dass es zu Unstimmigkeiten und Meinungsverschiedenheiten kommt. Bei Abstimmverfahren erwerben Nutzer oft Stimmen durch Stimmtausch oder den Kauf von Klicks. Wenn sie gesperrt werden, leugnen sie häufig oder geben an, dass Bekannte dies ohne ihr Wissen getan hätten. Umgekehrt fordern die Zweit- oder Drittplatzierten dann oft den Ausschluss der Erstplatzierten, was zu einem erhöhten Kommunikations- und Pflegeaufwand führt.

Abbildung 14.5: Sie können zwar die Einreichung von KI-generierten Werken wie dieser mittels KI nachempfundenen Kinderzeichnung in Ihren Teilnahmebedingungen ausschließen. Seien Sie jedoch darauf vorbereitet, dass unterlegene Teilnehmer den Gewinnern immer häufiger den Einsatz von KI vorwerfen werden und sich bei Ihnen beschweren könnten. Dies ist mit einem zusätzlichen Zeitaufwand verbunden.

Tipp: Bleiben Sie stets höflich

Bleiben Sie in der Kommunikation mit Beschwerdeführern höflich und informieren Sie sie über die Regeln und den Schutz anderer Teilnehmer. Berücksichtigen Sie, dass Ihre Antworten veröffentlicht werden könnten, und wählen Sie eine Ausdrucksweise, die Ihrem Ansehen nicht schadet.

14.2.8 Haftung für rechtswidrige Beiträge der Teilnehmer

Veranstalter von Gewinnspielen können sich grundsätzlich auf das Haftungsprivileg für nutzergenerierte Inhalte berufen. Sie haften zunächst erst dann, wenn sie Kenntnis von einem Rechtsverstoß erlangen – beispielsweise durch eine Meldung, dass ein Gewinnspielbeitrag gegen Urheberrechte verstößt – und diesen dennoch nicht zügig löschen.

Eine eigene Haftung entsteht jedoch, wenn Sie rechtswidrige Beiträge der Teilnehmer, z. B. ein urheberrechtswidriges Gewinnerbild, auf eigenen Kanälen teilen oder selbst hochladen (z. B. wenn die Beiträge per Post eingereicht werden). In diesem Fall begehen Sie einen Urheberrechtsverstoß und könnten nur die Kosten von den Teilnehmern, die den Post veröffentlicht haben, zurückverlangen.

Die Haftung für nutzergenerierte Beiträge wird ausführlich in Abschnitt 17.3 besprochen.

14.2.9 Geltendes Recht und salvatorische Klausel

Die folgenden Klauseln finden sich häufig in Teilnahmebedingungen, sind jedoch rechtlich meist nicht erforderlich und können sogar schädlich sein:

- **Bestimmung des anwendbaren Rechts:** Bei Verbrauchern richtet sich das maßgebliche Recht und der Gerichtsstand nach dem Gesetz, typischerweise dem Landesrecht des Verbrauchers in der EU. Eine abweichende Regelung wie »Es gilt das Recht der Bundesrepublik Deutschland« ist unwirksam und kann zu Abmahnungen führen (EuGH C-191/15). Solche Klauseln sind nur bei Gewinnspielen für internationale Geschäftskunden (B2B) relevant.
- **Ausschluss der AGB der Teilnehmer:** Teilnehmer haben selten eigene Regelungen zu Gewinnspielen, die der Veranstalter berücksichtigen müsste. Diese Klausel dient hauptsächlich als Vorsichtsmaßnahme und ist allenfalls bei B2B-Gewinnspielen sinnvoll.
- **Salvatorische Klausel:** Wenn eine Klausel in den Teilnahmebedingungen von Gewinnspielen ungültig ist, ersetzt das Gesetz automatisch diese ungültige Klausel durch eine gültige gesetzliche Regelung (gemäß § 306 Absatz 2 BGB). Daher sind spezifische Klauseln, die besagen, dass eine andere wirksame Bestimmung an die Stelle der ungültigen treten soll (die sogenannte salvatorische Klausel), in den Teilnahmebedingungen überflüssig. Bei Verbrauchergewinnspielen könnten solche Klauseln sogar als irreführend angesehen und abgemahnt werden.

14.2.10 Änderung der Teilnahmebedingungen

Es ist möglich, die Teilnahmebedingungen eines Gewinnspiels auch nach dessen Beginn zu ändern, sofern dieses Recht ausdrücklich in den Teilnahmebedingungen vorbehalten wurde. Allerdings dürfen solche nachträglichen Anpassungen keine Auswirkungen auf Teilnehmende haben, die bereits vor der Änderung am Gewinnspiel teilgenommen haben.

14.3 Gewinne und Gewinnspielende

Wenn bei Gewinnspielen getäuscht wird, nützt auch eine Klausel, die den Rechtsweg ausschließt, nichts. Sie schützt nicht vor Wettbewerbsverstößen oder der Pflicht zur Herausgabe der Preise an die Gewinner.

Neben den Teilnahmebedingungen müssen klare Angaben zu den Gewinnen gemacht werden. Ferner sind die Markenrechte verloster Produkte sowie Kennzeichnungspflichten beim Sponsoring von Gewinnen zu beachten, und etwaige Abholfristen oder Einschränkungen der Gewährleistung bezogen auf die Gewinne müssen im Voraus entsprechend den nachfolgenden Regeln mitgeteilt werden.

14.3.1 Anspruch auf den Gewinn

Gewinnspiele gelten nach Ansicht der meisten Gerichte als »Auslobung« im Sinne des § 657, was ein Recht auf den Gewinn begründet, sobald die Bedingungen des Gewinnspiels erfüllt sind.

14.3.2 Nicht mit vorgeblichen Gewinnzusagen werben

In der Geschäftspraxis ist es essenziell, vorsichtig mit Gewinnversprechen umzugehen, da das deutsche Recht hier klare Vorgaben macht. Gemäß § 661a BGB ist ein Unternehmen verpflichtet, einen versprochenen Gewinn tatsächlich auszuschütten, sofern dieser nicht offensichtlich als Teil einer allgemeinen Werbekampagne erkennbar ist. So klingt der erste Satz in diesem Beispiel nach einer Gewinnzusage, jedoch stellt der folgenden Satz klar, dass diese Aussage nur dem Blickfang diente: »Sie haben schon jetzt gewonnen! Nehmen Sie an unserem Gewinnspiel teil und gewinnen Sie ein Auto.«). Die rechtliche Auslegung, wann ein Gewinnversprechen als Werbemaßnahme und nicht als verbindliches Angebot gilt, kann je nach Gericht unterschiedlich streng gehandhabt werden. Es ist daher wichtig, bei der Formulierung von Gewinnzusagen sicherzustellen, dass diese nicht missverständlich wirken, um mögliche rechtliche Konsequenzen zu vermeiden.

Fallbeispiel

PayPal wurde vom AG Jena (Az. 26 C 871/13) zur Zahlung von 500 Euro an einen Kunden verurteilt. Der Kunde hatte eine E-Mail mit der Gewinnzusage »Willste? Kriegste!« erhalten, die ihm 500 Euro versprach. Obwohl PayPal argumentierte, dass es sich um einen technischen Fehler gehandelt hat, urteilte das Gericht, dass eine verbindliche Gewinnzusage gemäß § 661a BGB vorlag, die nicht wegen Irrtums angefochten werden kann.

14.3.3 Kopplung des Gewinns an den Warenerwerb

Es ist erlaubt, Gewinne und Gewinnchancen an den Kauf von Waren und Dienstleistungen zu knüpfen. So dürfen z. B. Sach- oder Geldpreise unter E-Shop-Käuferinnen und -Käufern verlost oder die Gewinnchancen von der Höhe der Bestellung abhängig gemacht werden (siehe Abbildung 14.1).

Die Kopplung von Maßnahmen darf dabei nicht gegen die unternehmerische Sorgfalt verstoßen. Im Klartext bedeutet das, dass bestimmte Fälle ausgeschlossen sind:

- **Unerfahrenheit:** Wenn die geschäftliche Unerfahrenheit ausgenutzt wird, ist diese Kopplung untersagt. Insbesondere dürfen unerfahrene Kinder und Jugendliche nicht dazu verleitet werden, Waren zu kaufen oder ihre Freunde dazu zu überreden, Einkäufe zu tätigen.
- **Psychologischer oder sozialer Druck:** Verbraucher dürfen nicht unter psychologischen oder sozialen Druck gesetzt werden. Eine solche Gefahr besteht beispielsweise, wenn Verbraucher kleine Gewinne in Ladenlokalen abholen sollen, in denen dann dahin gehend Druck auf sie ausgeübt wird, etwas zu kaufen.

14.3.4 Minderjährige Teilnehmer

Minderjährige gelten als besonders schützenswert. Daher kann die Kopplung eines Gewinnspiels an einen Warenkauf, die für Erwachsene zulässig wäre, bei Kindern und Jugendlichen je nach Alter, Wert des Gewinns und je nach Kaufpreis unzulässig sein. Sie sollten die folgenden Regeln beachten:

- **Vermeidung der Ausnutzung:** Kinder und Jugendliche können oft nicht die wirtschaftlichen Konsequenzen ihrer Entscheidungen einschätzen. Um einen Gewinn wie beispielsweise eine beliebte Spielzeugfigur zu erhalten, könnten sie Produkte kaufen, die sie nicht brauchen.
- **Teilnahmealter setzen:** Bei Gewinnspielen, die an den Warenabsatz gekoppelt sind, sollte das Mindestalter der Teilnehmer auf 16 Jahre festgelegt werden. Ab diesem Alter kann eine wirtschaftliche Entscheidungsfähigkeit angenommen werden.

Bei Gewinnspielen, die sich an Minderjährige richten, sollten Sie außerdem keine zusätzlichen Daten, die nicht für die Durchführung des Gewinnspiels erforderlich sind, einholen.

Fallbeispiel

Auf einer Jobmesse lockte eine Krankenkasse Minderjährige mit Gewinnspielen an ihren Stand. Die Jugendlichen gaben ihre Namen, Adressen, Geburtsdaten und Kontaktdaten auf Teilnahmekarten an. Ferner willigten sie ein, Informationen über Krankenkassenleistungen zu erhalten. Das Oberlandesgericht Hamm entschied, dass es unzulässig ist, ohne eine Zustimmung der Erziehungsberechtigten persönliche Daten von Minderjährigen zu erfassen, um sie als Kunden zu gewinnen. Die Richter betonten, dass Minderjährige oft nicht die Tragweite ihrer Zustimmung verstehen (OLG Hamm, Az. I-4 U 85/12).

14.3.5 Art der Verlosung von Gewinnen

Beim Verlosen von Gewinnen im Marketing haben Sie großen Gestaltungsspielraum. Wichtig ist, das Verfahren zur Gewinnerermittlung im Vorfeld klar zu kommunizieren, sei es durch eine Juryauswahl nach festen Kriterien, durch reines Glück mittels Zufallsziehung oder in Verbindung mit einem Ereignis (z. B. Ausgang eines Fußballspiels). Weitere Hinweise zu Gewinnspielen im Rahmen von Sportereignissen finden Sie in Abschnitt 7.2.

Notare oder ähnliche offizielle Instanzen sind nicht erforderlich. Sie können aber hinzugezogen werden, wenn dem Gewinnspiel ein offizieller Charakter verliehen werden soll oder um den Verdacht von Manipulationen zu vermeiden.

14.3.6 Verlosung von Markenprodukten

Fremde Markenprodukte dürfen grundsätzlich verlost werden. Beachten Sie jedoch Folgendes, um Abmahnungen zu vermeiden:

- **Erschöpfungsgrundsatz:** Produkte, die aus der EU stammen oder legal in die EU gelangt sind, dürfen ohne Erlaubnis der Hersteller verlost werden (§ 24 MarkenG).
- **Keine Nutzung von Markenlogos:** Sie dürfen das Markenlogo des Herstellers nicht verwenden, sondern lediglich textlich auf das Produkt verweisen und das verloste Produkt abbilden (siehe Abbildung 14.6).

Abbildung 14.6: Bei der Verlosung eines Markenprodukts darf der Hersteller genannt und das Produkt abgebildet werden (sofern man die Bildrechte besitzt). Die separate Nutzung des Markenlogos, wie das oben im Beispiel markierte Apple-Logo, ist jedoch unzulässig. Das Logo ist für die Verlosung nicht notwendig und darf daher nicht verwendet werden.

- **Eindruck einer Kooperation vermeiden:** Vermeiden Sie den Eindruck einer Kooperation mit dem Markeninhaber. Das Produkt sollte nicht in den Mittelpunkt gestellt werden, etwa durch Bezeichnungen wie »Das iPad-Gewinnspiel«. Sie dürfen lediglich auf den Gewinn hinweisen, z. B. »Gewinne ein iPad bei unserem Gewinnspiel!«.
- **Bilder des Markeninhabers nicht ohne Zustimmung nutzen:** Nutzen Sie keine Bilder von der Herstellerseite oder anderen Fotografen. Fotografieren Sie das Produkt selbst oder kaufen Sie Stockbilder. Eine Option ist auch die Nachbildung der Produkte mittels KI, wobei deren Zulässigkeit rechtlich noch nicht geklärt ist und Sie die Hinweise hierzu in Abschnitt 4.7 beachten sollten.

Weitere Hinweise zur erlaubten Nutzung fremder Marken erhalten Sie in Abschnitt 7.1.8.

14.3.7 Sponsoring von Gewinnspielen

Beim Sponsoring von Gewinnspielen ist darauf zu achten, dass keine Schleichwerbung betrieben wird. Dies hängt allerdings davon ab, wer das Gewinnspiel veranstaltet:

- **Gewinnspiele von Influencern:** Eine Kennzeichnung des Sponsors ist nur dann erforderlich, wenn das Gewinnspiel von Influencern veranstaltet wird. Informationen zur korrekten Kennzeichnung in diesem Fall erhalten Sie in Abschnitt 8.1.10.
- **Gewinnspiele von Unternehmen:** Wenn ein Unternehmen das Gewinnspiel veranstaltet, ist der kommerzielle Zweck in der Regel offensichtlich. Es spielt dann keine Rolle, ob die Gewinne von einem anderen Unternehmen gestellt wurden. Beachten Sie aber, dass Sponsoren oft eine Erwähnung ihrer Beteiligung wünschen.

14.3.8 Der Rechtsweg ist nicht ausgeschlossen

Ob die Klausel »Der Rechtsweg ist ausgeschlossen« von der Pflicht, Gewinne auszuhändigen oder gar zu verlosen, befreit, ist nicht eindeutig entschieden. Wäre das so einfach möglich, dann würden alle Verlosungen Teilnehmer mit fantastischen Gewinnen locken können, die sie nie herausgeben müssten.

Daher ist zumindest bei Gewinnspielen, die Marketingzwecken dienen, der Ausschluss des Rechtswegs unwirksam und befreit nicht von der Pflicht, die Gewinne auszuhändigen (OLG Dresden, Az. 8 U 210/10).

Sie können den Rechtsweg vor Gericht damit zwar nicht ganz ausschließen, aber Sie können zumindest die Klagemöglichkeit für etwaige strittige Modalitäten der Gewinnverlosung einschränken:

> »Der Rechtsweg ist im Hinblick auf die Ziehung der Gewinner und die etwaige Beurteilung der eingereichten Gewinnspielbeiträge ausgeschlossen.«

14.3.9 Außerplanmäßige Beendigung eines Gewinnspiels

Ein Gewinnspiel kann jederzeit beendet werden, entsprechend dem rechtlichen Prinzip des Widerrufs einer Auslobung gemäß § 658 BGB. Es müssen jedoch folgende Bedingungen berücksichtigt werden:

- **Kommunikation der Beendigung:** Die vorzeitige Auflösung des Gewinnspiels muss auf die gleiche Weise mitgeteilt werden wie die Ankündigung. Wurde das Gewinnspiel z.B. auf der Webseite und bei TikTok bekannt gemacht, müssen die bisherigen Ankündigungen aktualisiert und ein neuer Facebook-Beitrag muss veröffentlicht werden, der die vorzeitige Beendigung bekannt gibt.
- **Vorbehalt der Beendigung in den Teilnahmebedingungen:** In den Teilnahmebedingungen sollte explizit erwähnt werden, dass das Gewinnspiel jederzeit beendet werden kann. Andernfalls tritt die gesetzliche Vermutung in Kraft, dass das Recht zur Beendigung des Gewinnspiels aufgegeben wurde (§ 658 Abs. 2 BGB).
- **Wirkung für die Zukunft:** Eine Beendigung des Gewinnspiels hat nur für die Zukunft Wirkung. Das bedeutet, bereits teilnehmende Personen sind nicht betroffen, und die Preise müssen unter den bisherigen Teilnehmenden verteilt werden.

14.3.10 Rückmelde- und Abholfristen für die Gewinner

Gewinne müssen bis zu vier Jahre aufbewahrt werden, falls sich die Gewinner nicht melden, da die Verjährungsfrist drei Jahre beträgt und mit dem Ende des Jahres beginnt, in dem die Gewinner ermittelt wurden (§§ 195, 199 BGB). Um das zu vermeiden, sollten Sie eine Rückmeldefrist festlegen. Diese sollte angemessen sein und etwaige Urlaubszeiten berücksichtigen:

- **Vier Wochen:** Kann generell als angemessen betrachtet werden.
- **Zwei Wochen:** Ebenfalls ausreichend, insbesondere bei Benachrichtigung per E-Mail oder über Social-Media-Kanäle.
- **Wenige Tage/Stunden:** In speziellen Fällen, beispielsweise bei kurzfristig angesetzten Konzerten, kann die Frist erheblich kürzer sein. Solche Fristen sollten bereits in der Ankündigung des Gewinnspiels mitgeteilt werden.

14.3.11 Ausschluss der Gewährleistung für Gewinne

Könnten die verlosten Gewinne eventuell von ihrer Beschreibung oder Darstellung abweichen, ist es ratsam, dies bereits in der Ankündigung des Gewinnspiels zu erwähnen. Hierfür können Formulierungen wie »ähnlich der Abbildung« oder »modellähnlich« genutzt werden.

Zudem sollten Sie klare Regelungen aufstellen, die eine Gewährleistung für die Mangelfreiheit der Gewinne ausschließen. Dies gilt insbesondere, wenn Sie nicht der Anbieter der Gewinne sind, sondern beispielsweise selbst gekaufte Produkte oder Produkte von Sponsoren verlosen.

14.4 Datenschutz

Zusammen mit den Teilnahmebedingungen müssen Teilnehmende auch Datenschutzinformationen erhalten, insbesondere wenn ihre Namen veröffentlicht werden.

Werden Gewinnspiele durchgeführt, werden auch personenbezogene Daten der Teilnehmenden verarbeitet. Daher ist es wichtig, den Teilnehmenden Datenschutzhinweise zur Verfügung zu stellen und die im Folgenden beschriebenen Datenschutzvorgaben bei der Durchführung des Gewinnspiels zu beachten.

14.4.1 Datenschutzhinweise

Die Teilnehmerinnen und Teilnehmer müssen über die Verarbeitung ihrer personenbezogenen Daten im Rahmen von Gewinnspielen informiert werden, wozu vor allem die folgenden Informationen gehören (vollständige Hinweise zu den Inhalten einer Datenschutzerklärung erhalten Sie in Abschnitt 10.6):

- **Zwecke der Datenverarbeitung:** Dazu gehören die Ziehung der Gewinner, das Bereitstellen der Gewinne, die Berichterstattung zum Gewinnspiel und den Gewinnern.
- **Verantwortliche:** Verantwortliche für die Datenverarbeitung und deren Kontaktdaten.
- **Datenschutzbeauftragter:** Kontaktdaten eines eventuell vorhandenen Datenschutzbeauftragten.
- **Rechtsgrundlagen:** Die Verarbeitung dient der Durchführung des Gewinnspiels (z.B. Annahme von Beiträgen, Gewinnermittlung, Kontaktaufnahme mit Gewinnern und Versand der Gewinne), also der Erfüllung einer vertraglichen Beziehung im Sinne von Art. 6 Abs. 1 S. 1 lit. b) DSGVO (siehe Abschnitt 10.4 zu den datenschutzrechtlichen Erlaubnisgrundlagen).
- **Empfänger:** Datenempfänger können beispielsweise technische Dienstleister sein, mit deren Hilfe das Gewinnspiel durchgeführt wird. Befinden sich diese Dienstleister außerhalb der EU, z.B. in den USA, müssen gemäß Abschnitt 10.5.4 und Abschnitt 10.6 Informationen zur Rechtsgrundlage der Datentransfers bereitgestellt werden.
- **Löschfristen:** Eine Aufbewahrung der Daten der Teilnehmenden bis zu sechs Monate nach Gewinnspielende ist angemessen. Wenn sie darüber hinaus aufbewahrt werden sollten, muss dies besonders begründet werden oder muss gesondert durch Teilnehmer erlaubt werden. Das wäre z.B. im Fall einer Newsletter-Einwilligung der Fall (siehe Abschnitt 14.4.6).
- **Rechte der Teilnehmer:** Zum Beispiel Recht auf Widerspruch, Auskunft, Löschung, Berichtigung von Daten und Beschwerde bei der Datenschutzbehörde (Art. 15-21 DSGVO).

Diese Datenschutzhinweise können den Teilnehmenden wie folgt zur Verfügung gestellt werden:

- **Teilnahmebedingungen:** Sie können die Datenschutzhinweise als Teil der Teilnahmebedingungen mit aufnehmen und diese als »Teilnahmebedingungen und Datenschutzhinweise« bezeichnen.
- **Teil der Datenschutzerklärung und eine Verlinkung:** Wenn Sie häufiger Gewinnspiele veranstalten, empfiehlt es sich, die Datenschutzhinweise für Gewinnspiele in die Datenschutzerklärung aufzunehmen und auf diese im Rahmen des Gewinnspiels verlinkt zu verweisen, z. B.: »Es gelten unsere Teilnahmebedingungen und Datenschutzhinweise.«

14.4.2 Veröffentlichung der Namen von Teilnehmenden

Datensparsamkeit ist einer der Grundprinzipien des Datenschutzes (siehe dazu Abschnitt 10.2). Daher sollten Sie idealerweise auf die Nennung vollständiger Namen verzichten und Gewinner stattdessen anonymisieren, wie z. B.: »Der Gewinner ist Marcus aus Berlin.«

Es kann jedoch das Interesse bestehen, die Gewinner namentlich zu nennen: Das legitime Interesse kann etwa in der Steigerung der Glaubwürdigkeit des Gewinnspiels gesehen werden. Dabei sollten Sie jedoch die folgenden Vorgaben beachten:

- **Hinweis schon bei der Ankündigung des Gewinnspiels:** Teilnehmer sollten bereits in der Gewinnspielankündigung darauf hingewiesen werden, dass die Gewinner mit vollem Namen genannt werden (»Die Gewinner werden mit vollständigen Namen genannt.«).
- **Ab 16:** Darüber hinaus sollten Gewinner, deren voller Name veröffentlicht werden soll, älter als 16 Jahre sein, damit sie die möglichen Folgen der öffentlichen Preisgabe ihres Namens einschätzen können.

14.4.3 Nicht zwingend notwendige Angaben

Bei Gewinnspielen dürfen grundsätzlich nur so viele personenbezogene Daten erhoben werden, wie für das Gewinnspiel nötig sind. Das kann z. B. die E-Mail-Adresse für die Benachrichtigung oder die Postadresse für die Zusendung des Gewinns sein.

Werden zusätzliche Daten verlangt, muss dazugeschrieben werden,

- dass die Angaben freiwillig sind und
- wofür die Daten erforderlich sind.

Zulässig wäre z. B. die Frage nach der Anrede oder dem Geschlecht für die Ansprache und die Auswahl geeigneter Newsletter-Inhalte. Die Frage nach dem Geburtsdatum zur Altersverifikation wäre hingegen nicht zwingend erforderlich. Die Frage, ob man »älter als 16 Jahre« ist, oder der Hinweis, dass die Teilnahme erst ab 16 Jahren erlaubt ist, wäre bei Bedarf ausreichend. Mehr über das Prinzip der Datenminimierung erfahren Sie in Abschnitt 10.2.

14.4.4 Veröffentlichung von Gewinnspielbeiträgen

Es ist grundsätzlich zulässig, Beiträge der Teilnehmenden zu veröffentlichen, sofern diese mit einer solchen Veröffentlichung rechnen können. In der Regel trifft dies zu, wenn Teilnehmer beispielsweise ihr bestes Urlaubsbild einreichen, ein Gedicht verfassen oder eine Zeichnung anfertigen. Sie müssen dann spätestens im Gewinnfall mit der Veröffentlichung des Beitrags auf der Gewinnspielseite oder dem Social Media Profil, in dem das Gewinnspiel stattfand, rechnen.

Zur Vermeidung jeglicher Unklarheiten wird jedoch empfohlen, die Teilnehmenden zumindest in den Teilnahmebedingungen auf eine mögliche Veröffentlichung hinzuweisen, etwa: »Wir werden die Bilder der Gewinner im Zusammenhang mit dem Gewinnspiel veröffentlichen.«

14.4.5 Wirtschaftliche Nutzung der Gewinnspielbeiträge

In diesem Abschnitt wird die Nutzung der von den Teilnehmerinnen und Teilnehmern eingereichten Beiträge thematisiert, die über die Berichterstattung des Gewinnspiels oder die Vorstellung der Gewinner hinausgeht – beispielsweise im Rahmen von sogenanntem *Crowdsourcing*, bei dem z. B. Nutzer Ideen für ein Produktdesign o. Ä. einreichen sollen.

Teilnehmer erwarten in der Regel nicht, dass ihre Beiträge auf diese Weise verwendet werden. Das kann zu Urheberrechtsverletzungen führen und Abmahnungen oder Schadensersatzforderungen nach sich ziehen. Um solche Risiken zu minimieren, sollten Sie folgende Punkte beachten:

- **Hinweis auf wirtschaftliche Nutzung:** Informieren Sie bereits in der Gewinnspielankündigung über die geplante wirtschaftliche Nutzung der Beiträge. Ein Hinweis wie »Die Beiträge dürfen von uns zu kommerziellen Zwecken, z. B. im Rahmen von Werbeanzeigen, genutzt werden« schafft hier Klarheit.
- **Konkrete Nutzungsarten in den Teilnahmebedingungen:** Beschreiben Sie in den Teilnahmebedingungen die geplanten Nutzungsarten so konkret wie möglich, z. B.: »Die Beiträge der Nutzer dürfen örtlich und zeitlich uneingeschränkt, ohne Vergütung und ohne Nennung der Urheber zu Werbezwecken vervielfältigt, veröffentlicht und bearbeitet werden.«

Beachten Sie, dass mit der Erlaubnis zur kommerziellen Nutzung auch die Haftung für die Beiträge der Teilnehmer auf Sie übergeht (siehe Abschnitt 17.3).

Hinweis: Muster für Teilnahmebedingungen

Ein Beispiel für eine Klausel für die wirtschaftliche Nutzung der Teilnehmerbeiträge finden Sie auch in dem Muster für Teilnahmebedingungen in Anhang A.

14.4.6 Nutzung der Teilnehmerdaten für Werbezwecke

Die Teilnahme am Gewinnspiel allein erlaubt nicht die Nutzung der personenbezogenen Daten der Teilnehmenden für Werbezwecke. Wenn Sie Teilnehmerdaten für Werbung nutzen möchten, wie z.B. den Versand von Newslettern, müssen Sie zunächst eine gemäß Abschnitt 13.4 ausdrückliche Einwilligung der Teilnehmenden einholen. Dazu ist eine ausdrückliche Handlung dieser Personen erforderlich, z.B. das Anhaken eines Kontrollkästchens (siehe Abbildung 14.7).

Abbildung 14.7: Die Teilnahme an einem Gewinnspiel erlaubt nicht automatisch die Nutzung der Teilnehmerdaten zu Werbezwecken. Um diese Daten für Newsletter zu verwenden, ist die ausdrückliche Einwilligung der Teilnehmer erforderlich, etwa durch das Anklicken eines Kontrollkästchens (siehe erstes Kontrollkästchen im Bildbeispiel oben). Auf ein zweites Kontrollkästchen für die Teilnahmebedingungen könnte dagegen verzichtet werden, solange der Hinweis, dass Teilnehmer sich mit ihnen einverstanden erklären, so deutlich wie in diesem Bildbeispiel vor der Absendeschaltfläche steht (siehe Abschnitt 14.2.2 oben).

14.5 Gewinnspiele in sozialen Netzwerken

Bei Gewinnspielen, die in sozialen Netzwerken veranstaltet oder beworben werden, sollten Sie unbedingt prüfen, ob Gewinnspiele von der jeweiligen Plattform überhaupt erlaubt werden.

Bevor Sie Gewinnspiele in sozialen Netzwerken veranstalten, sollten Sie die Nutzungsbedingungen der jeweiligen Plattform prüfen, um sicherzustellen, dass diese keine Verbote oder spezielle Regeln für Gewinnspiele ausspricht. Dass die entsprechenden Vorgaben und Regelungen der Plattformen unterschiedlich ausfallen können, ist anhand von Plattformen wie TikTok, Facebook, Instagram und LinkedIn erkennbar.

14.5.1 Gewinnspiele bei Facebook

Neben geltenden rechtlichen Bestimmungen können Social-Media-Plattformen individuelle Regeln für Gewinnspiele aufstellen. Das ist z.B. bei den Meta-Diensten Facebook und Instagram der Fall.

Facebooks Regeln für Gewinnspiele (auch als *Promotions* bezeichnet) verlangen in den Teilnahmebedingungen den Hinweis, dass Facebook nicht die Verantwortung für das Gewinnspiel trägt und Anfragen nicht an Facebook gestellt werden sollten (*https://www.facebook.com/policies_center/pages_groups_events/*). Es besteht außerdem die Verpflichtung, dass die persönlichen Profile der Mitglieder von dem Gewinnspiel unberührt bleiben. Dies dient dem Schutz der Mitglieder vor Gewinnspiel-Spam. Facebooks Bestimmungen besagen, dass unter anderem folgende Handlungsaufrufe untersagt sind:

- »Verbreitet das Gewinnspielposting in eurer Timeline.«
- »Taggt einen Freund in den Kommentaren.«
- »Veröffentlicht ein Hashtag in eurer Timeline.«
- »Markiert euch/eure Freunde in einem Bild.«

Hingegen erlaubt sind:

- »Werdet Fan der Facebookseite oder Gruppe, um teilzunehmen.«
- »Verschickt eine Direktnachricht, um teilzunehmen.«
- »Kommentiert oder klickt auf »gefallt mir«, um teilzunehmen.«
- »Ladet ein Bild unter dem Beitrag hoch, um teilzunehmen.«

Hinweis: Richtlinien für Gewinnspiele anpassen

Bitte beachten Sie, dass die Anbieter jederzeit ihre Richtlinien für Gewinnspiele anpassen können. Aus diesem Grund ist es wichtig, Informationen der Anbieter zu Änderungen ihrer Regeln und Richtlinien zu beachten.

14.5.2 Gewinnspiele auf Instagram

Instagram fordert in seinen Richtlinien für *Promotions*, dass Teilnehmende darauf hingewiesen werden, dass Instagram nicht für das Gewinnspiel verantwortlich ist und Anfragen nicht an Instagram gerichtet werden sollten (*https://help.instagram.com/help/instagram/179379842258600*). Anders als bei Facebook dürfen Instagram-Nutzer aufgefordert werden, einen Gewinnspiel-Hashtag (z. B. »#GewinnspielXY«) als Teilnahmebedingung in ihren Posts zu verwenden. Es ist jedoch untersagt, Nutzer zur Falschmarkierung von Inhalten zu bewegen, z. B. indem sie dazu ermutigt werden, sich auf Fotos zu taggen, auf denen sie nicht zu sehen sind.

Hinweis: URL zu Teilnahmebedingungen

Die Teilnahmebedingungen können in Form eines Links oder einer URL in die Profilbeschreibung integriert werden. Wenn die URL nicht als Link funktioniert, sollte sie so kurz und einprägsam wie möglich gehalten werden, wie z. B. »Unternehmenxy.de/TB«.

14.5.3 Gewinnspiele bei LinkedIn

Die Regeln bei LinkedIn sind einfach. Sie dürfen die Plattform LinkedIn nicht für Lotterien, Wettbewerbe, Gewinnspiele oder Werbegeschenke nutzen (*https://de.linkedin.com/legal/professional-community-policies*). Allerdings sind Ads für externe Gewinnspiele erlaubt, die vor allem den gesetzlichen Regeln entsprechen müssen (siehe »Richtlinien für Anzeigen für Wettbewerbe«, *https://linkedin.com/help/lms/answer/a7125167*).

14.5.4 Gewinnspiele bei Pinterest

Pinterest erlaubt grundsätzlich die Durchführung von Gewinnspielen. Allerdings sind dabei die Community-Richtlinien (*https://policy.pinterest.com/de/community-guidelines*) zu beachten, die bestimmte Regeln vorgeben:

- Nutzer sollten nicht dazu aufgefordert werden, sich einen bestimmten Pin zu merken. Verboten wäre z.B. die Aufforderung: »Speichere unbedingt diesen speziellen Pin [Link] auf dein Board, um am Gewinnspiel teilzunehmen!« Erlaubt wäre dagegen: »Wähle einen beliebigen Pin von unserer Webseite oder aus unserer Auswahl, der dir am besten gefällt, und speichere ihn auf dein Board, um teilzunehmen.«
- Teilnehmern muss die Möglichkeit gegeben werden, Pins nach ihren persönlichen Vorlieben auszuwählen. Diese Auswahl kann auch von einer vorgegebenen Seite oder Webseite stammen.
- Die Teilnahme an einem Gewinnspiel darf pro Person nur einmal möglich sein.
- Es darf nicht der Eindruck erweckt werden, dass Pinterest das Gewinnspiel sponsert oder befürwortet.

14.5.5 Gewinnspiele bei TikTok

TikTok erlaubt Gewinnspiele ohne besondere Regeln. Die allgemeinen Nutzungsbedingungen und Community-Richtlinien für Inhalte gelten aber weiterhin. Vor allem darf auch bei TikTok nicht der Eindruck erweckt werden, dass TikTok das Gewinnspiel sponsert oder befürwortet.

14.6 Folgen rechtswidriger Gewinnspiele

Rechtsfehler bei Gewinnspielen können zu Abmahnungen durch Mitbewerber und im schlimmsten Fall zu strafrechtlichen Konsequenzen wegen unerlaubten Glücksspiels führen.

Da bei Gewinnspielen zahlreiche Gesetze beachtet werden müssen, gibt es vielfältige Sanktionen bei Verstößen:

- **Unerlaubte Glücksspiele:** Solche Glückspiele können zur Untersagung des Gewinnspiels, zu Ordnungsgeldern und Strafen bis zu zwei Jahren (bei Gewerbsmäßigkeit bis zu fünf Jahren) führen.

- **Wettbewerbswidrige Gewinnspiele:** Diese Gewinnspiele (z.B. fehlerhafte Teilnahmebedingungen) können Abmahnungen durch Mitbewerber oder klagebefugte Organisationen nach sich ziehen. Es drohen Untersagungen, Abmahnkosten von etwa 1.000 Euro zuzüglich Anwaltskosten und Vertragsstrafen von ca. 5.000 Euro im Wiederholungsfall.
- **Datenschutzverstöße:** Eine Nutzung der Daten ohne Einwilligung, etwa für Newsletter, kann Bußgelder von bis zu 4% des Unternehmensumsatzes sowie Schadensersatzforderungen durch die Nutzer, die zwischen 50 und 500 Euro liegen können, nach sich ziehen.
- **Sperrung des Gewinnspiels oder des Accounts:** Bei Verstößen gegen die Regeln der sozialen Netzwerke wird das Gewinnspiel entfernt. Wiederholungen können neben einer imagebeeinträchtigenden Löschung auch zur Sperrung des Accounts führen.

Hinweis: Gewinnspiele im Gesundheitsbereich

Neben den allgemeinen Regelungen können je nach Branche auch spezielle Vorgaben für Gewinnspiele gelten. Insbesondere müssen die in Abschnitt 12.9.3 genannten Vorgaben im Gesundheitsbereich beachtet werden.

Checkliste Gewinnspiele

1. Dos & Don'ts bei Gewinnspielen:

- Glücksspiele bedürfen einer Erlaubnis (Glücksspiel: Einsatz von Entgelt, und der Gewinn hängt vom Zufall ab).
- Teilnahme oder Gewinnchancen dürfen vom Erwerb von Leistungen oder der Anmeldung zum Newsletter abhängig gemacht werden (Vorsicht bei Minderjährigen).
- Markenprodukte dürfen verlost und zu diesem Zweck abgebildet werden (aber eigene/gekaufte Aufnahmen nutzen und nicht das Markenlogo separat verwenden).
- Teilnahmebedingungen (samt Datenschutzhinweisen) sind Pflicht.
- Bei Veranstaltung auf Social-Media-Plattformen sind die Plattformregeln zu beachten (z.B. LinkedIn, Facebook und Instagram).
- Influencer sollten darauf hinweisen, dass Gewinne gestellt wurden, oder die Hinweise »Werbung« bzw. »Anzeige« nutzen.
- Im Gesundheitsbereich gelten strengere Regeln (insbesondere dürfen Verlosungen dem Arzneimittelkonsum keinen Vorschub leisten).

2. Inhalte von Teilnahmebedingungen:

- Angaben zum Veranstalter.
- Voraussetzungen der Teilnahme.
- Beginn und Ende des Gewinnspiels.
- Angaben zum Gewinn und gegebenenfalls zu Zusatzkosten.

- Optional: Einräumen von Rechten zur Veröffentlichung oder wirtschaftlichen Nutzung von Teilnehmerbeiträgen.
- DSGVO-Datenschutzhinweise sind erforderlich.
- Optional: Einräumung des Rechts zur Nennung des Namens der Teilnehmer.
- Optional: Vereinbarung von Rückmelde- und Abholfristen.
- Optional: Beschränkung des Teilnehmerkreises (z.B. nach Wohnort, Alter, Geschlecht, Beschränkung auf Kunden oder Ausschluss von Mitarbeitenden).
- Optional: Verhaltensregeln.
- Bei Gewinnspielen innerhalb sozialer Netzwerke der Hinweis, dass die Plattformen für das Gewinnspiel nicht verantwortlich sind.

3. Einbindung von Teilnahmebedingungen:

- Der Hinweis auf Teilnahmebedingungen ist im Regelfall ausreichend (»Es gelten unsere Teilnahmebedingungen und Datenschutzhinweise«, kurz »Teilnahmebedingungen & Datenschutz«).
- Ein Kontrollkästchen »Ich bin mit den Teilnahmebedingungen einverstanden« ist nicht erforderlich (Kontrollkästchen ist aber für eine etwaige Newsletter-Einwilligung notwendig).
- Auf Gewinnspielkarten (Print) reicht eine verkürzte Version der Teilnahmebedingungen.
- Die Teilnahmebedingungen müssen in der Sprache der angesprochenen Zielgruppe verfasst sein.

4. Ausschluss Rechtsweg und Haftung:

- Gewinnspiele können jederzeit beendet werden (aber bisherige Teilnehmende haben einen Gewinnanspruch).
- Der Rechtsweg kann nicht ausgeschlossen werden (besser: »Der Rechtsweg ist im Hinblick auf die Ziehung der Gewinner und die etwaige Beurteilung der eingereichten Gewinnspielbeiträge ausgeschlossen«).

KAPITEL 15

Recht für SEO und SEA

Dieses Kapitel beleuchtet die zentralen rechtlichen Fragen sowie die Rahmenbedingungen im Bereich von Suchmaschinenoptimierung (Search Engine Optimization, kurz SEO) und Suchmaschinenwerbung (Search Engine Advertising, kurz SEA), die in der Praxis relevant sind. Während diese Disziplinen darauf abzielen, die Sichtbarkeit von Webseiten zu verbessern und Nutzerinnen und Nutzer durch gezielte Werbung zu erreichen, dürfen dennoch gesetzliche Vorgaben nicht außer Acht gelassen werden. Rechtliche Herausforderungen reichen von der Einhaltung des Datenschutzes über die Vermeidung von Urheberrechtsverstößen bis hin zur Vermeidung von Wettbewerbsverstößen. Ein wichtiges Thema ist auch das sogenannte Keyword-Bidding, bei dem Marken von Mitbewerbern als »Köder« für eigene Produkte eingesetzt werden. Darüber hinaus gelten die in diesem Kapitel enthaltenen Erläuterungen nicht nur für traditionelle, sondern auch für Suchmaschinen mit KI-Technologie.

15.1 Vertragliche Regelungen

Denkbare rechtliche Schwierigkeiten sollten bereits im Vertrag mit dem Auftraggeber berücksichtigt werden.

Rechtliche Probleme bei SEO und SEA entstehen oft durch Vertragsstreitigkeiten, insbesondere bei ausbleibenden Erfolgen oder Rechtsverletzungen. Um Konflikte zu vermeiden, sollten mögliche rechtliche Probleme, wie im Folgenden beschrieben, bereits bei der Vertragsgestaltung mit Kunden berücksichtigt werden.

15.1.1 Dienstvertrag vs. Werkvertrag

Bleibt der Erfolg von SEO-Maßnahmen oder Anzeigen aus, kann es passieren, dass die Kunden die Zahlung des vereinbarten Entgelts verweigern oder Nachbesserung verlangen. Für diesen Streitpunkt kommt es darauf an, welche rechtliche Form des Vertrags geschlossen wurde:

- **Dienstvertrag**: Ein Dienstvertrag verpflichtet nur zu fachgerechter Bemühung, aber nicht zu einem konkreten Erfolg. Das heißt, der vereinbarte Lohn wird auch dann fällig, wenn der vom Auftraggeber erwünschte Erfolg nicht eingetreten ist.

- **Werkvertrag:** Bei einem Werkvertrag wird nicht nur ein Bemühen, sondern ein konkreter Erfolg geschuldet. Eine Bezahlung wird erst mit Erfolgseintritt fällig, und das Ergebnis muss mangelfrei sein. In diesem Fall können Kunden daher das Entgelt auch verweigern und Nachbesserung verlangen.

Bei SEO-Beratung, Keyword-Analyse oder SEA-Schaltung geht es in der Regel nicht um einen konkreten Erfolg, sondern um ein fachgerechtes Bemühen. Daher handelt es sich um Dienstverträge, die zwar fachgerecht erfüllt werden müssen, bei denen die Bezahlung aber auch bei ausbleibendem Erfolg fällig ist.

Vereinbaren die Parteien jedoch konkrete Ergebnisse wie die Erstellung von Landingpages und Inhalten oder bestimmte Erfolgswerte, wird die Bezahlung erst nach Abnahme oder Eintritt dieser Ergebnisse fällig. Um Unklarheiten zu vermeiden, sollte vertraglich festgelegt werden, welche konkreten Ziele erfüllt oder Ergebnisse erstellt werden müssen.

Fallbeispiel

Ein Onlineshop beauftragte eine Agentur mit SEO-Maßnahmen und Google-Ads-Werbung. Laut OLG Köln (Az. 19 U 149/13) handelte es sich um einen Dienstvertrag, denn im Vertrag sei kein Erfolg zugesichert worden.

> **Hinweis: Risikominderung für Dienstleister**
>
> Agenturen und Dienstleister können die folgende Klausel in ihre Angebote und AGB aufnehmen, um das Risiko etwaiger Unklarheiten noch weiter zu senken: »Konkrete Erfolge, Ergebnisse, Ziele, Werte, Platzierungen, Ränge, Umsätze und sonstige Zielvorgaben werden nicht zugesichert und müssen ausdrücklich vereinbart werden.«

15.1.2 Haftung und Ausschluss rechtlicher Prüfung

SEO- und SEA-Leistungen müssen rechtsfehlerfrei erbracht werden, d.h., grundsätzlich sind die Dienstleister für z.B. die Prüfung der urheberrechtlich zulässigen Nutzung von Bildern, für die Prüfung von Anzeigen auf mögliche Marken- oder Wettbewerbsverstöße oder für eine datenschutzrechtliche Prüfung des Einsatzes von Cookies zuständig. Sie müssen auch dafür sorgen, dass es nicht zu Verstößen gegen Plattformvorgaben wie z.B. die *Spamrichtlinien der Google-Websuche* (*developers.google.com/search/docs/essentials/spam-policies*) kommt.

Um eine Haftungsübernahme in diesen Fällen zu vermeiden, sollten SEO-/SEA-Agenturen und Dienstleister sowohl in der Leistungsbeschreibung als auch in den AGB klarstellen, dass die erstellten Inhalte oder Vorschläge der Kunden rechtlich nicht geprüft werden, dass keine rechtliche Beratung erfolgt und sie der rechtlichen

Abnahme durch den Kunden bedürfen. Weitere Hinweise zur Vertragsgestaltung und zum Ausschluss von Haftung erhalten Sie in Abschnitt 17.2.

Hinweis: Haftung bei Verstößen gegen Google-Richtlinien

Suchmaschinen wie Google haben Richtlinien, deren Missachtung zu einer Abstrafung im Suchmaschinenranking oder schlimmstenfalls Deindexierung in der Suchmaschine führen kann. Wünschen Kunden Maßnahmen, die gegen diese Regeln verstoßen könnten, sollten die Kunden nach umfassender Aufklärung über die Konsequenzen schriftlich zustimmen. Andernfalls tragen die beauftragten SEO-Dienstleister die Verantwortung für negative Folgen.

15.1.3 Urheberrechtliche Risiken bei SEO-Maßnahmen

Wenn SEO- und SEA-Agenturen Inhalte wie Texte, Grafiken, Logos, Videos, Musik oder Fotos erstellen, tragen sie die Verantwortung, dass diese Inhalte nicht gegen fremde Rechte verstoßen.

Alternativ kann vereinbart werden, dass die Auftraggeber die Verantwortung tragen, aber die Inhalte vor Veröffentlichung prüfen und freigeben müssen. Wann die Nutzung von Inhalten rechtlich zulässig ist und wie Inhalte richtig lizenziert werden, erfahren Sie in den Kapiteln 3 bis 5.

15.1.4 Zulässigkeit des Einsatzes von KI

KI kann im Rahmen der Erbringung von SEO-Leistungen problemlos zur Unterstützung bei Recherchen, Keyword-Analysen oder der Generierung von Content-Ideen genutzt werden. Rechtlich heikler wird es allerdings, wenn KI zur Erstellung von Inhalten für Kunden genutzt wird, da die KI-Inhalte keinen Urheberrechtsschutz genießen (warum das so ist, erfahren Sie in Abschnitt 4.1). Dies ist besonders wichtig, wenn es darum geht, einzigartige Inhalte für SEO-Zwecke oder exklusive Kampagnen zu erstellen. Es ist daher entscheidend, den Einsatz von KI in Verträgen klar zu regeln.

Des Weiteren dürfen personenbezogene Daten und Geschäftsgeheimnisse des Kunden im Rahmen der KI-Nutzung nicht verletzt werden (weitere Details zu deren Schutz erfahren Sie in Abschnitt 11.2 und Abschnitt 11.3).

15.1.5 Markenrechtliche Risiken bei SEO-Maßnahmen

Typische Markenrechtsverstöße bei SEO- und SEA-Maßnahmen umfassen die im nachfolgenden Abschnitt dargestellte Nutzung fremder Markennamen, um Suchströme auf eigene Anzeigen umzuleiten oder vom Image anderer Marken zu profitieren. Es muss daher klar geregelt sein, ob und in welchem Umfang SEO-Anbieter fremde Marken verwenden dürfen.

Checkliste: Vertragsregelungen für SEO und SEA

1. Regelungen, ob Dienstleistung oder Werkleistung vorliegt:

a. Dienstvertrag:

- Geschuldet wird fachgerechtes Bemühen (z.B. SEO-/SEA-Maßnahmen).
- Bezahlung auch bei ausbleibendem Erfolg.
- Beispiele: Beratung, Konkurrenz- oder Keyword-Analyse, Linkbuilding, Content-Erstellung, SEA-Schaltung.

b. Werkvertrag:

- Geschuldet wird ein Erfolg (z.B. Erstellung von Landingpages oder Inhalten).
- Anspruch auf Zahlung ab Eintritt des Erfolgs.
- Gewährleistung für Mängel innerhalb von zwei Jahren.

2. Haftung und Ausschluss rechtlicher Prüfung:

- Rechtsfehlerfreie Erbringung der vereinbarten Leistung erforderlich.
- Verlagerung der Rechtsprüfung und Verantwortung auf Auftraggeber möglich.

3. Urheberrechtliche Risiken:

- Erstellung, Erwerb und Publikation von Inhalten (z.B. Bildlizenzen).
- Klären, ob Auftraggeber oder Dienstleister Verantwortung trägt und/oder Rechte erwirbt.

4. Zulässigkeit des Einsatzes von KI:

- Zulässig: KI-Unterstützung bei Recherche, Keyword-Analyse oder Content-Ideen.
- Muss vereinbart sein/freigegeben werden: Erstellung von Inhalten wie Bildern, Videos, Texten etc.
- Vertraglich regeln, ob, wie und wann ein KI-Einsatz zulässig ist.

15.2 Markenrecht und Keyword-Bidding

Keywords von anderen Marken können verwendet werden, wenn die Nutzer darüber informiert werden, dass die Suchergebnisse Werbung für alternative Produkte sind.

Laut Rechtsprechung darf eine fremde Marke als *Keyword* bei Google-Ads-Werbung (bzw. ähnlichen Diensten) eingesetzt werden. Dabei gibt der Werbende eine fremde Marke als Keyword ein, wodurch bei der Suche nach dieser Marke die eigene Anzeige erscheint und Kunden »abgefangen« werden. Zum Beispiel könnte ein Schokoladenhändler als Keyword die Marke »Lindt« eingeben, sodass bei der Google-Suche nach Produkten von Lindt eine Anzeige für seinen Onlineshop erscheint (siehe Abbildung 15.1).

Der EuGH erachtet diese Nutzung fremder Marken als Keywords als zulässig, solange keine »Zuordnungsverwirrung« entsteht. Es muss daher deutlich erkennbar sein, dass die Anzeige nicht vom Markeninhaber stammt.

Abbildung 15.1: In diesem Beispiel werden die Keywords für eine Google-Anzeige automatisch vorgeschlagen. Zu den Vorschlägen gehören auch Mitbewerbermarken wie »Lindt Pralinen« und »Ritter Sport«. Deren Verwendung als Keywords ist erlaubt, solange nicht der Eindruck entsteht, die beworbenen Produkte stammten vom selben Anbieter wie die Produkte von Lindt und Ritter Sport.

Fallbeispiel

Der Bundesgerichtshof hatte bereits über einen Fall zu entscheiden, bei dem der Erotikanbieter Eis.de den Unternehmensnamen des Konkurrenten »bananabay« als Keyword nutzte, sodass bei dessen Eingabe als Suchwort die Anzeige »Erotikartikel für 0,00 € Rabattaktion [...] www.eis.de/erotikshop« erschien. Das Gericht urteilte, dass keine Zuordnungsverwirrung vorliegt, weil die Anzeige selbst weder das Zeichen noch sonst einen Hinweis auf den Markeninhaber oder auf die von diesem angebotenen Produkte enthält und der angegebene Domainname vielmehr auf eine andere betriebliche Herkunft hinweist« (BGH-Urteil, Az. ZR 125/07).

Um Markenrechtsverletzungen zu vermeiden, beachten Sie bitte im Rahmen des vorgenannten Urteils die vom EuGH aufgestellten Anforderungen an die rechtmäßige Nutzung fremder Keywords.

15.2.1 Erkennbare Anzeigenschaltung

Für Nutzerinnen und Nutzer muss erkennbar sein, dass die auf Grundlage des Keywords ausgespielte Anzeige kein Teil der organischen Suche ist. Dazu können Begriffe wie »Anzeige«, »Werbung« oder »Gesponsert« verwendet werden. Ohne diese Kennzeichnung kann der »verständige Internetnutzer« nicht erkennen, dass die beworbenen Produkte oder Leistungen nicht von der Markeninhaberin stammen.

15.2.2 Fremde Marke nicht in der Anzeige nennen

Sie sollten die fremde Marke nicht in der Werbeanzeige nennen, weil es sonst zu einer Zuordnungsverwirrung kommen kann. Tun Sie das, muss eine deutliche Distanzierung erfolgen, z.B. so: »Lindt-Schokolade bieten wir nicht an, aber VelvetCocoa-Schokolade!« Bei dieser Art der Werbung ist es jedoch möglich, dass es zu den in Abschnitt 7.1.7 genannten Markenrechtsverstößen wegen Verwechslungsgefahr mit der fremden Marke oder einem Imagetransfer von einer bekannten Marke kommt. Daher ist es sicherer, fremde Marken- und Produktnamen komplett wegzulassen und nur die eigene Marke zu nennen (siehe Abbildung 15.2).

Abbildung 15.2: In diesem Beispiel sucht ein Nutzer nach Lindt-Schokolade. Dabei werden ihm auch Anzeigen anderer Anbieter angezeigt, bei denen die Werbetreibenden »Lindt« als Keyword verwendet haben. Die linke Anzeige ist rechtswidrig, da sie die fremde Marke »Lindt« verwendet. Die rechte Anzeige ist dagegen zulässig, da sie auf die fremde Marke verzichtet und stattdessen die eigene Marke in der Anzeigenbeschreibung nennt (und zusätzlich als Domain, sodass eine Zuordnungsverwirrung zweifach vermieden wird).

Tipp: Eigene Marke herausstellen

Stellen Sie in der Google-Ads-Werbung Ihre Marke immer prominent heraus und lassen Sie keinen Zweifel aufkommen, dass es um diese und nicht die gesuchte Konkurrenzmarke geht.

15.2.3 Dynamische und negative Keywords

Werbenetzwerke wie Google erlauben, dass Keywords dynamisch an die Suchanfragen der Kunden angepasst werden. So kann es beispielsweise vorkommen, dass den Anzeigen des Schokoladenverkäufers in Abbildung 15.1 automatisch das Keyword »Lindt« zugeordnet wird, wodurch die Anzeigen bei der Suche nach Lindt-Schokolade erscheinen.

Wenn Sie solche automatischen Keyword-Funktionen nutzen, sollten Sie rechtlich folgende Punkte beachten:

- **Verwechslungsgefahr vermeiden:** Stellen Sie sicher, dass Ihre Anzeige klar Ihre eigene Marke hervorhebt, um Verwechslungen mit anderen Marken und mögliche Markenrechtsverletzungen zu vermeiden, wie vorstehend in Abschnitt 15.2.2 beschrieben.
- **Negative Keywords:** Um Verwechslungen mit fremden Marken auszuschließen, können Sie fremde Markennamen wie im Beispiel »Lindt« auf eine Negativliste setzen (siehe Beispiel in Abbildung 15.3). Diese Keywords können dann Ihrer Anzeige nicht mehr dynamisch zugeordnet werden.

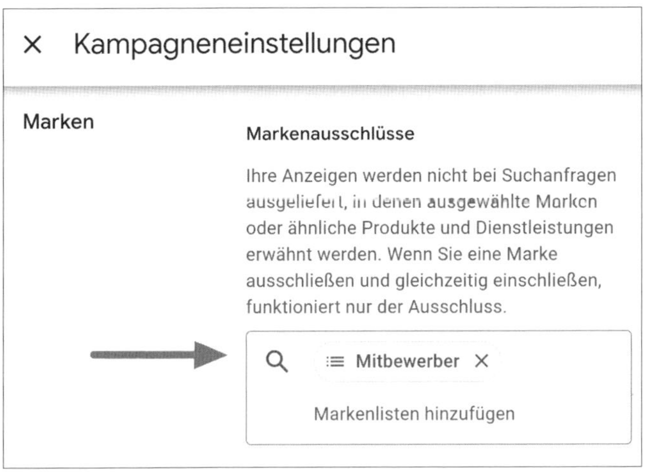

Abbildung 15.3: Wenn Sie bei Google Ads die Option für dynamische Suchanzeigen aktivieren, sollten Sie darauf achten, dass sich Ihre Anzeigen klar von denen potenzieller Mitbewerber abheben. Um das Risiko von Verwechslungen weiter zu minimieren, schließen Sie die Marken der Mitbewerber im Rahmen der Anzeigeneinstellungen entsprechend dem Bildbeispiel als Keywords aus.

15.2.4 Metatags und Hidden Tags

Neben dem Keyword-Bidding ist das Markenrecht auch bei der Gestaltung von Onlineangeboten zu beachten. Metatags und versteckter Text sind Techniken im Webdesign, die Informationen in den Quellcode einer Webseite einbetten. Der Zweck ist, die Sichtbarkeit von Inhalten in Suchmaschinen zu verbessern. Diese Techniken werden genutzt, um das Ranking einer Seite zu beeinflussen, ohne dass Nutzende diese Informationen direkt sehen. Es mag verlockend erscheinen, durch diese unsichtbaren Techniken fremde Marken zu erwähnen und so Suchmaschinen auf den eigenen Inhalt zu lenken, allerdings ist diese Art der Markennutzung rechtswidrig und kann von den Markenrechtsinhabern rechtlich verfolgt werden.

Checkliste: Nutzung fremder Marken als Keywords

- Die Suchergebnisse müssen als »Werbung« oder »Anzeige« gekennzeichnet sein.
- Die fremde Marke wird nicht direkt in der Anzeige genannt, oder es erfolgt eine deutliche Abgrenzung.
- Die eigene Marke wird in der Werbung klar hervorgehoben, um jede Verwechslungsgefahr auszuschließen.
- Auch sonst liegt keine Zuordnungsverwirrung vor, d.h., es ist klar erkennbar, dass die Werbeanzeige nicht vom Markeninhaber stammt.
- Wenn Keywords dynamisch zugeordnet werden, muss die Verwechslungsgefahr mit allen potenziellen Mitbewerbern ausgeschlossen bzw. müssen Marken von Mitbewerbern auf eine Negativliste gesetzt werden.
- Fremde Marken dürfen nicht ohne Erlaubnis zu SEO-Zwecken auf Webseiten eingesetzt werden, auch nicht als unsichtbare Metatags und Hidden Tags.

15.3 Wettbewerbsrechtliche Risiken bei SEO-Maßnahmen

Da Auftraggeber die speziellen Pflichten und Grenzen ihrer Branche kennen, sollten sie alle Texte und Inhalte vor der Veröffentlichung prüfen und genehmigen.

Bei der Suchmaschinenoptimierung droht eine Vielzahl möglicher Wettbewerbsverstöße, die ausführlich in den Kapiteln 9 und 12 besprochen und nachfolgend nur beispielhaft aufgezählt werden:

- **Unzulässige Allein- oder Spitzenstellungsbehauptungen:** Falsche oder übertriebene Behauptungen über die Marktführerschaft (z.B. »Die beste SEO-Agentur«) sind wettbewerbswidrig (siehe Abschnitt 12.1).
- **Falsche, veraltete oder irreführende Trust-Signale:** Irreführende Siegel, Testergebnisse oder gekaufte Testimonials, die das Vertrauen der Endkunden erschleichen sollen, sind wettbewerbswidrig (Testimonials werden näher in Abschnitt 8.5 erläutert).
- **Kauf von Bewertungen, Fans und Followern:** Der nicht gekennzeichnete Kauf von Bewertungen, Fans und Followern führt grundsätzlich zu einem Wettbewerbsverstoß, weil die eigene Beliebtheit oder die des eigenen Produkts vorgetäuscht wird (siehe Abschnitt 12.4). Dagegen ist es grundsätzlich kein Wettbewerbsverstoß, dafür zu bezahlen, dass andere Onlinepräsenzen sogenannte Backlinks auf die eigene Webpräsenz setzen, zumindest solange nicht mit der Anzahl der Backlinks geworben wird. Allerdings handelt es sich um einen Verstoß gegen Googles Richtlinien, was zur Abstrafung der Webseiten führen kann.
- **Suchmaschinenmanipulation durch sogenannte Click-Worker:** Agenturen bieten gelegentlich *Click-Worker* an, die durch künstlich erzeugte Klicks das Google-Ranking einer Website verbessern sollen. Solche Maßnahmen sind als

irreführende geschäftliche Handlung abmahnfähig, da sie Nutzer über die tatsächliche Relevanz der Website täuschen (LG Magdeburg, Az. 36 O 26/22).

- **Negative SEO:** Negative SEO umfasst gezielte Maßnahmen, um das Ranking einer konkurrierenden Website zu verschlechtern. Dazu zählen massenhafte Spamlinks, das Verbreiten von Malware oder das Eintragen der Konkurrenz in zweifelhafte Verzeichnisse. Solche Praktiken schädigen nicht nur den Ruf einer Website, sondern führen auch zu Strafen durch Suchmaschinenbetreiber. Nach § 4a UWG fallen solche Aktivitäten unter wettbewerbswidrige Behinderung und können abgemahnt werden. Je nach Art der Maßnahmen können zudem Straftaten wie Beleidigung (§ 185 StGB), üble Nachrede (§ 186 StGB), Verleumdung (§ 187 StGB), Computerbetrug (§ 263a StGB), Datenveränderung (§ 303a StGB) oder Computersabotage (§ 303b StGB) verwirklicht werden.

15.4 Datenschutzrechtliche Risiken

Die Durchführung technischer Analysen und Marketingmaßnahmen erfordert in der Regel die Einwilligung von Webseitenbesuchern.

Datenschutzrechtliche Risiken sind im SEO- und SEA-Bereich allgegenwärtig. Besonders bei der Analyse von Nutzerdaten, bei A/B-Tests, dem Einsatz von Tracking-Tools und der Erstellung personalisierter Werbeanzeigen ist die Einhaltung der Datenschutzregeln unabdingbar (siehe Abbildung 15.4). Dazu gehört insbesondere das Einholen der Einwilligung der Webseitenbesucher. Die Voraussetzungen hierfür werden in Abschnitt 10.10 erläutert.

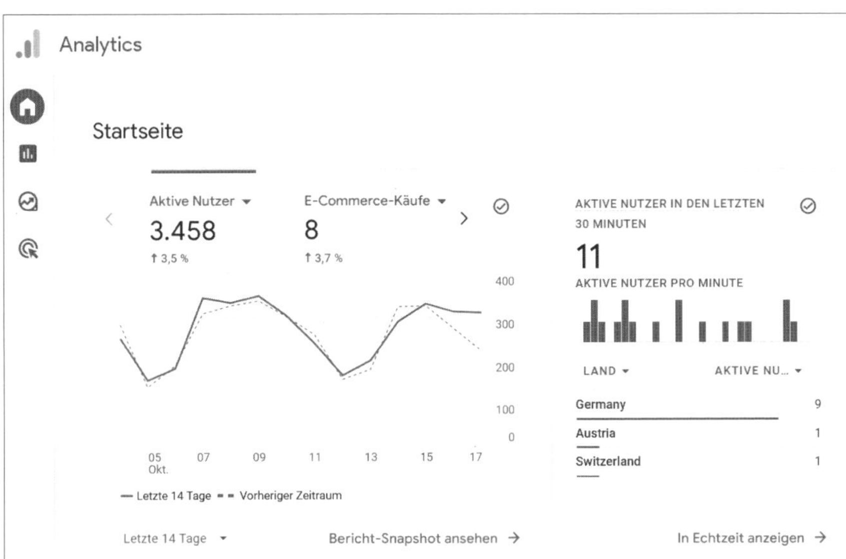

Abbildung 15.4: Ob es um die Messung von Besucherströmen, die Analyse von Konversionen oder die Bildung von Zielgruppen geht – SEO- und SEA-Maßnahmen nutzen häufig Tracking- und Analysewerkzeuge wie Google Analytics. In der Regel ist hierfür die Einwilligung der Nutzerinnen und Nutzer erforderlich (siehe Abschnitt 10.10).

Wenn im Rahmen von SEO- oder SEA-Aufträgen die Agenturen oder Dienstleister personenbezogene Daten der Nutzenden verarbeiten, also z.B. Kunden- oder Nutzerdaten auswerten, muss unbedingt ein sogenannter Auftragsverarbeitungsvertrag zwischen Agenturkunden als Auftraggeber und der Agentur als Auftragsverarbeiter geschlossen werden. Auch hierzu erfahren Sie weitere Details in Abschnitt 10.5.1.

Checkliste: SEO und Wettbewerbs- sowie Datenschutzrecht

1. Wettbewerbsrechtliche Risiken:

- Unzulässige Allein- oder Spitzenstellungsbehauptungen.
- Nicht gekennzeichneter Linkkauf.
- Suchmaschinenmanipulation durch Click-Worker.
- Negative SEO.
- Unwahre Tatsachenbehauptungen oder Schmähkritik.
- Irreführende Trust-Signale.
- Gefälschte Testimonials oder Bewertungen.

2. Datenschutzrechtliche Anforderungen:

- Einhaltung der Datenschutzregeln bei Nutzerdatenanalysen und Tracking-Tools (Einwilligungspflicht).
- Abschluss von Auftragsverarbeitungsverträgen erforderlich.

15.5 Optimierung von Webseiten für die KI-Suche

Die KI-Suche bringt zwar viele Vorteile für die Nutzenden mit sich, aber keine Änderung bei den rechtlichen Vorgaben für SEO und SEA.

Der Einsatz von KI revolutioniert auch die Art, wie Informationen im Internet gesucht werden. Zwar setzten Suchmaschinenanbieter bereits im Rahmen der traditionellen Suchmaschinen KI-Funktionen ein, um bessere Suchergebnisse bereitzustellen, neu ist aber, dass die KI-Suchergebnisse nicht bloß als eine Liste von Links zu den einzelnen Quellen dargestellt werden, die die Nutzer selbst durchforsten müssen. Vielmehr werden die Quellen von der KI durchsucht, und die gefundenen Informationen werden dann in eigenen Worten zu einer ausformulierten Antwort zusammengefasst. Dabei werden außerdem die der Antwort zugrunde liegenden Quellen bereitgestellt. Die Antworten können ferner um Multimedia-Elemente wie z.B. Bilder oder Videos ergänzt sein (siehe Abbildung 15.5).

Rechtlich müssen Sie bei der Nutzung der zuvor beschriebenen KI-Suchmaschinen die folgenden Aspekte beachten:

- **Zulässigkeit der KI-Suche:** Das Scannen und Auswerten von Webseiten zur Informationsgewinnung für Zwecke der Bereitstellung von KI-Suchergebnissen ist wie auch im Fall der traditionellen Suche zulässig (§ 44a UrhG erlaubt die flüchtige Speicherung von Webseiten).

- **Kein Urheberrechtsschutz für KI-generierte Antworttexte:** Da, wie in Abschnitt 4.1 erläutert, KI-Ergebnisse urheberrechtlich nicht geschützt sind, dürfen Sie die von den KI-Suchmaschinen mit eigenen Worten erstellten Antworten grundsätzlich für eigene Zwecke kopieren (z.B. um sie im Rahmen unternehmensinterner Anleitungen oder Wissenssammlungen zu nutzen). Allerdings sollten Sie vor einer geschäftlichen Nutzung des Texts (z.B. auf Webseiten) unbedingt mittels einer Rückwärtssuche und einer Plagiatssuche prüfen, ob dieser Text tatsächlich von der KI frei generiert wurde. Dieses Risiko wird jedoch gemindert, wenn die dargestellten Texte eine reine Aufzählung von Informationen und Fakten darstellen und somit urheberrechtlich ohnehin nicht geschützt wären (die Schutzfähigkeit von Texten wird in Abschnitt 3.4 erläutert).
- **Urheberrechtsschutz für fremde Texte, Bilder und Videos in Suchergebnissen:** Wenn die KI-Suchergebnisse fremde Texte (z.B. als Auszüge aus den Originalquellen), fremde Bilder oder Videos enthalten, die nicht KI-generiert sind, müssen Sie wie bisher prüfen, ob Sie diese ohne Erlaubnis der Urheber kopieren oder sonst wie nutzen dürfen. Eine Nutzung ist z.B. erlaubt, wenn es sich um KI-Werke handelt, die urheberrechtlich nicht geschützt sind (siehe Abschnitt 4.1). Alternativ können Sie sich auf gesetzliche Nutzungserlaubnisse wie z.B. das Zitatrecht berufen, zu denen Sie weitere Informationen in Abschnitt 3.3 erhalten.
- **Fortgeltung der rechtlichen Vorgaben für SEO und SEA:** Die in diesem Kapitel aufgeführten rechtlichen Vorgaben für SEO und SEA, z.B. was die Beachtung des Wettbewerbs- oder des Markenrechts angeht, gelten gleichermaßen für die Webseitenoptimierung oder die Anzeigenschaltung im Rahmen der KI-Suche.

Abbildung 15.5: Suchmaschinen mit KI-generierten Ergebnissen, wie Perplexity.ai in diesem Bildbeispiel, präsentieren Suchergebnisse als individuell erstellte Antworttexte. Dabei nutzen sie die Informationen aus den Quellen, anstatt diese lediglich in einer Liste anzuzeigen.

Checkliste: KI-generierte Suchergebnisse:

- Der Textteil der von der KI erstellten Antwort ist urheberrechtlich nicht geschützt.
- Die Nutzung von fremden Texten, Bildern und Videos, die im Rahmen der KI-Suchergebnisse wiedergegeben werden, ist zulässig, wenn eine gesetzliche Ausnahme vorliegt (z.B. Nutzung als Meme oder Zitat), das Werk gänzlich KI-generiert ist (da kein Urheberrechtsschutz) oder die Zustimmung des Urhebers vorliegt.
- Für SEO und SEA gelten im Hinblick auf die KI-generierten Suchergebnisse dieselben Vorgaben wie für die traditionelle Suche.

KAPITEL 16

Drohnen, Augmented Reality und Smartglasses

In diesem Kapitel erfahren Sie, welche rechtlichen Voraussetzungen beim Einsatz moderner Technologien wie Drohnen, Smartglasses und Augmented Reality zu Marketingzwecken zu beachten sind. Da Drohnen als Risiko für den Luftraum und für Menschen gelten, hat der Gesetzgeber Vorschriften zu ihrem Betrieb erlassen. Dieses Kapitel hilft Ihnen dabei, die luftrechtlichen, datenschutzrechtlichen und sicherheitsrelevanten Vorschriften bei der Planung Ihres Drohneneinsatzes zu beachten.

Neben Drohnen entwickeln sich auch Smartglasses und Augmented Reality zu einer neuen Technologie, die von Unternehmen wie Apple und Meta bereits an Verbraucher vertrieben wird. Diese Technologien bieten großes Marketingpotenzial, bringen jedoch auch rechtliche Herausforderungen mit sich, insbesondere beim Einsatz im öffentlichen Raum. In diesem Kapitel lernen Sie daher auch, worauf Sie beim Einsatz von Smartglasses und Augmented Reality achten müssen, um Strafen, Bußgelder, Abmahnungen und Schadensersatzzahlungen zu vermeiden.

16.1 Einsatz von Drohnen im Marketing

Aufgrund der umfangreichen Regulierung für Drohnen sollten Sie vor dem Einsatz sorgfältig prüfen, ob Sie die gesetzlichen Anforderungen erfüllen können.

Drohnen bieten in der Marketing- und Werbebranche zahlreiche Einsatzmöglichkeiten. Sie ermöglichen Luftbildaufnahmen, Kamerafahrten aus verschiedenen Perspektiven und Flüge über schwer zugängliche Bereiche. Somit entstehen neue Wege, um interessante und attraktive Inhalte zu produzieren. Der Vielzahl der Aufnahmemöglichkeiten steht jedoch auch eine ganze Reihe von Regeln gegenüber, die es zu beachten gilt. Dazu gehören zum einen die generelle Flugerlaubnis und zum anderen der Schutz der Rechte von Personen, Urhebern und Eigentümern (siehe Abbildung 16.1).

Abbildung 16.1: Wann Sie Drohnen einsetzen und wie nah Sie mit ihnen an Gebäude, Anlagen oder Menschen heranfliegen dürfen, bestimmen zum einen die EU-Drohnenverordnung sowie nationale und lokale Regelungen und zum anderen die Persönlichkeits-, Daten- und Eigentumsrechte der betroffenen Personen bzw. anderer Rechteinhaber.

16.1.1 EU-Drohnenverordnung

Die EU-Drohnenverordnung (2019/945) regelt den Drohneneinsatz im Außenbereich, indem sie Drohnen in Anwendungsszenarien und Klassen einteilt. Die Nutzungsmöglichkeiten richten sich nach diesen Drohnenklassen. Für die Erstellung von Inhalten zu eigenen Marketingzwecken ist insbesondere der Anwendungsbereich *Open* mit den Risikoklassen *C0* bis *C2* bis zu 4 kg relevant, der nachfolgend vorgestellt wird. Die Kategorie *Open* unterteilt sich dabei nochmals in die drei Unterkategorien *A1*, *A2* und *A3*, die vor allem den Abstand zu Menschen und Gebäuden bestimmen.

Darüber hinaus gibt es professionelle Einsatzbereiche in den Klassen *C3* bis *C6* sowie in den Szenarien *Specific* und *Certified*. Diese Bereiche betreffen Flüge mit schweren Drohnen, über dicht besiedelten Gebieten, außer Sichtweite des Piloten oder im Rahmen von Drohnenshows. Solche Einsätze sind spezialisierten Unternehmen vorbehalten und erfordern zusätzliche Anforderungen an Piloten und Geräte, die hier nicht weiter ausgeführt werden.

Hinweis: Betrieb von Drohnen im Innenbereich

Die EU-Drohnenverordnung gilt nur für den Betrieb von Drohnen im Außenbereich. Der Einsatz in Innenräumen ist nicht speziell geregelt. Das gilt aber nur für die Flugerlaubnis selbst. So müssen auch in Innenräumen die nachfolgend in Abschnitt 16.1.3 genannten

Persönlichkeitsrechte und Hausrechte sowie die Unversehrtheit von Personen beachtet werden. Zudem sollte geprüft werden, ob der Flug in den Innenräumen durch die berufliche Haftpflichtversicherung abgedeckt ist.

16.1.2 Die Drohnenklassen

Die Einstufung in eine Drohnenklasse hängt vor allem von deren Gewicht ab. Allerdings müssen Sie Drohnen nicht selbst in Klassen und Unterkategorien einordnen. Drohnenhersteller dürfen ab dem Jahr 2024 nur noch Drohnen auf den Markt bringen, die vorab zertifiziert und einer der Risikoklassen *C0* bis *C6* zugeordnet wurden.

Zusätzlich zu den Vorgaben für die einzelnen Klassen gelten generelle Vorgaben, was z. B. die Versicherungspflicht, die Flughöhe oder das Mindestalter der Piloten angeht.

Hinweis: Regelungen im Ausland

Beachten Sie, dass vor allem im außereuropäischen Ausland andere Vorschriften gelten können. In den Mitgliedsstaaten der EU können ebenfalls zusätzliche Regeln bestehen. Informieren Sie sich daher gründlich, bevor Sie Drohnen im Ausland einsetzen.

16.1.2.1 Drohnenklasse C0

Um in die niedrigste Klasse C0 eingestuft zu werden, darf eine Drohne ein Maximalgewicht von 250 g nicht überschreiten.

Zur Klasse C0 gehören damit kleine Drohnen, die aufgrund ihrer Größe ein geringeres Risiko für Menschen und Eigentum darstellen. Die Voraussetzungen und Einschränkungen für ihren Einsatz sind daher minimal (siehe Abbildung 16.2).

Voraussetzungen für den Betrieb:

- **Registrierungspflicht:** Die Drohne muss beim Luftfahrt-Bundesamt registriert werden. Dabei erhalten Sie eine UAS-Betreiber-ID (UAS = *Unmanned Aircraft System*), die sichtbar an der Drohne angebracht werden muss. Drohnen, die unter 250 g wiegen und keine Kamera oder andere Sensoren zur Datenerfassung besitzen, unterliegen nicht der Registrierungspflicht. Sie eignen sich jedoch weniger für Marketingzwecke und werden überwiegend im Bereich Spielzeug und Hobby eingesetzt.
- **Kein Führerschein:** Es ist weder ein EU-Drohnenführerscheinnoch ein EU-Kompetenznachweis notwendig.
- **Unterkategorie »Open A1«:** Der Überflug über Menschenansammlungen ist verboten. Sonst sind Flüge über Menschen, Wohngebieten oder Städten erlaubt. Allerdings sind die Vorgaben für den Schutz der Rechte Dritter unten in Abschnitt 16.1.3 unten zu beachten.

Abbildung 16.2: Leichte Drohnen wie die DJI-mini-Modelle oder die hier abgebildete Drohne »ATOM SE« des Herstellers Potensic gehören zur Kategorie C0 und können ohne Drohnenführerschein betrieben werden. Hinweis: Die Einstufungen können sich mit Änderung der Modelle in der Zukunft ändern. (Bildquelle: Potensic)

16.1.2.2 Drohnenklasse C1

Zur Klasse C1 gehören Drohnen, deren Gewicht zwischen 250 g und maximal 900 g liegt. C1-Drohnen sind für fortgeschrittenere Freizeitpiloten oder semiprofessionelle Anwendungen gedacht. Dazu gehören z. B. die Drohnen *DJI Air* und *DJI Mini Pro*.

Voraussetzungen für den Betrieb:

- **Kleiner Drohnenführerschein:** Drohnenpiloten müssen den EU-Kompetenznachweis besitzen (Onlinetraining und Onlinetest beim Luftfahrt-Bundesamt *https://lba-openuav.de*), auch als »kleiner EU-Drohnenführerschein« bekannt.
- **Registrierungspflicht:** Wie bei Drohnenklasse C0 beim Luftfahrt-Bundesamt, aber zusätzlich zur Anbringung an der Hardware muss die UAS-Betreiber-ID auch in der Software der Drohne eingetragen werden.
- **Unterkategorie »Open A1«:** Wie bei Drohnenklasse C0.

16.1.2.3 Drohnenklasse C2

Zur Klasse C2 gehören Drohnen, die zwischen 900 g und maximal 4 kg wiegen. Sie stellen daher ein höheres Risiko für Menschen und Sachgüter als die Klasse C1 dar. Aus diesem Grund sind die Vorschriften und Einschränkungen für ihren Einsatz im Vergleich mit der Drohnenklasse C1 strenger. C2-Drohnen sind typischerweise für erfahrene Nutzer und professionelle Anwendungen konzipiert und erfordern spezielle Benutzerkenntnisse (siehe Abbildung 16.3).

Voraussetzungen für den Betrieb:

- **Kleiner Drohnenführerschein:** Es ist ein EU-Kompetenznachweis, wie bei Drohnenklasse C1, erforderlich.

- **Registrierungspflicht:** Wie bei Drohnenklasse C1 beim Luftfahrt-Bundesamt, die zugeteilte UAS-Betreiber-ID muss auf der Drohne angebracht und in ihrer Software gespeichert werden.
- **Unterkategorie »Open A3«:** Mit dem kleinen Drohnenführerschein (EU-Kompetenznachweis) muss man mindestens 150 Meter Abstand zu unbeteiligten Personen sowie Wohn-, Erholungs-, Industrie- und Gewerbegebieten halten.
- **Unterkategorie »Open A2«:** Liegt ein EU-Fernpilotenzeugnis vor (ein sogenannter »großer Drohnenführerschein«), verkürzt sich der Mindestabstand zu unbeteiligten Personen auf 30 Meter, es sei denn, Sie fliegen langsamer als drei Meter pro Sekunde (der sogenannte Niedriggeschwindigkeitsmodus). In diesem Fall sinkt der Mindestabstand auf fünf Meter. Im Gegensatz zur Open A3-Kategorie erlaubt die Open A2-Kategorie zudem den Drohnenflug in der Nähe von Wohngebieten, Gewerbegebieten und Industriegebieten, ohne dass ein Mindestabstand von 150 Metern eingehalten werden muss.

Abbildung 16.3: Die Drohne »Mavic 3 Pro« des Herstellers DJI wiegt mit drei Kameraobjektiven knapp 1 kg und fällt damit in die Drohnenkategorie C2. Diese Kategorie erfordert einen größeren Sicherheitsabstand zu Personen und Gebäuden. (Bildquelle: DJI)

16.1.3 Generelle Voraussetzungen

Die folgenden Voraussetzungen gelten für alle Drohnen zusätzlich zu den oben genannten Voraussetzungen der Kategorien C0 bis C2:

- **Mindestalter:** In Deutschland dürfen Drohnen der Klassen C0 bis C2 erst ab einem Alter von 16 Jahren geflogen werden.
- **Betriebsanleitung:** Drohnenpiloten müssen die Bedienungsanleitung der jeweiligen Drohne lesen und beachten.
- **Maximale Flughöhe:** Ohne Sondergenehmigung dürfen Drohnen nicht höher als 120 Meter fliegen.
- **Sichtweite:** Der Betrieb ist nur erlaubt, solange die Drohne in Sichtweite bleibt.

- **Drohnen-Haftpflichtversicherung:** Erforderlich ist der Abschluss einer speziellen Drohnenversicherung, die auch die gewünschte Klasse und die gewünschten kommerziellen Einsatzzwecke abdeckt. Die Deckungssumme wird individuell festgelegt und sollte mindestens eine Million Euro betragen. Die typische private Haftpflichtversicherung deckt die mit Drohnen der Drohnenklassen C0 und höher verbundenen Gefahren nicht ab.
- **Flugverbotszonen:** Neben allgemeinen Flugerlaubnissen sind die in der Luftverkehrsordnung festgelegten Flugverbotszonen zu beachten. Diese umfassen Bereiche wie Menschenansammlungen, Flugplätze, Militäranlagen, Gefängnisse, Regierungsgebäude, Industrie- und Energieanlagen, Unglücksorte, Katastrophengebiete, Naturschutz- und Wohngebiete sowie Einsatzorte von Polizei und Sicherheitsbehörden. Ein Mindestabstand von 1,5 Kilometern zu Flugplätzen ist einzuhalten; die maximale Flughöhe in Kontrollzonen beträgt 50 Meter. Verstöße können als gefährlicher Eingriff in den Luftverkehr mit Freiheitsstrafen von sechs Monaten bis zehn Jahren geahndet werden (§ 315 StGB). Die Europäische Agentur für Flugsicherheit (EASA) bietet hierzu eine interaktive Karte der Flugverbotszonen an (siehe Abbildung 16.4).
- **Persönlichkeitsrechte von Personen:** Unabhängig von den für Drohnen der Klasse C1 geltenden Beschränkungen bezüglich der Annäherung an Menschen müssen die Persönlichkeits- und Datenschutzrechte dieser Personen beachtet werden. Sobald eine Person auf einer Drohnenaufnahme identifizierbar ist, ist grundsätzlich ihre Einwilligung erforderlich, es sei denn, es gelten die in Abschnitt 6.1.4 ausführlich beschriebenen gesetzlichen Ausnahmen. Diese Ausnahmen gelten für Aufnahmen aus dem Bereich der Zeitgeschichte (z.B. Personen auf Bühnen), von Versammlungen (z.B. Publikum einer Veranstaltung) und vor allem für Aufnahmen von Personen, die nur unwesentliches und zufälliges Beiwerk einer Orts- oder Landschaftsaufnahme sind.
- **Panoramafreiheit:** Die in Abschnitt 3.3.8 erläuterte Panoramafreiheit erlaubt es zwar, Bilder von Kunstwerken, die sich bleibend im öffentlichen Raum befinden, zu erstellen und zu veröffentlichen, das gilt aber nur für Aufnahmen ohne Hilfsmittel, zu denen laut BGH auch Drohnen gehören (Az. I ZR 67/23). Das heißt, Werke der Baukunst, Skulpturen etc. dürfen nur als unwesentliche Beiwerke (erläutert in Abschnitt 3.3.7) abgebildet werden. Die Drohnenaufnahmen dürfen das jeweilige Bau- oder Kunstwerk also nicht prominent ins Bild rücken. Die Aufnahme ist nur im flüchtigen Vorbeiflug oder in einer Übersichtsaufnahme erlaubt und darf für die Aufnahme nicht prägend sein (siehe dazu das Beispiel einer Übersichtsaufnahme in Abbildung 16.1).
- **Privatsphäre und Eigentumsrechte:** Fremde Grundstücke, sei es in Wohn- oder Gewerbebereichen, sollten generell nicht ohne Genehmigung der Eigentümer überflogen und erst recht nicht mittels der Kamera aufgezeichnet werden. Das betrifft ebenfalls Drohnen, die mit Kameras Einblicke in diese Grundstücke gewähren, die von öffentlichen Straßen aus nicht möglich wären. Denn ebenso wie im Fall der Panoramafreiheit im Urheberrecht sind Aufnahmen fremden Eigentums und Besitzes mit Hilfsmitteln verboten. Eine Ausnahme ist nur zuläs-

sig, wenn es sich um Übersichtsaufnahmen handelt, die keine Personen erkennen lassen oder keinen Einblick in Gebäude erlauben (wie ebenfalls in Abbildung 16.1 gezeigt).

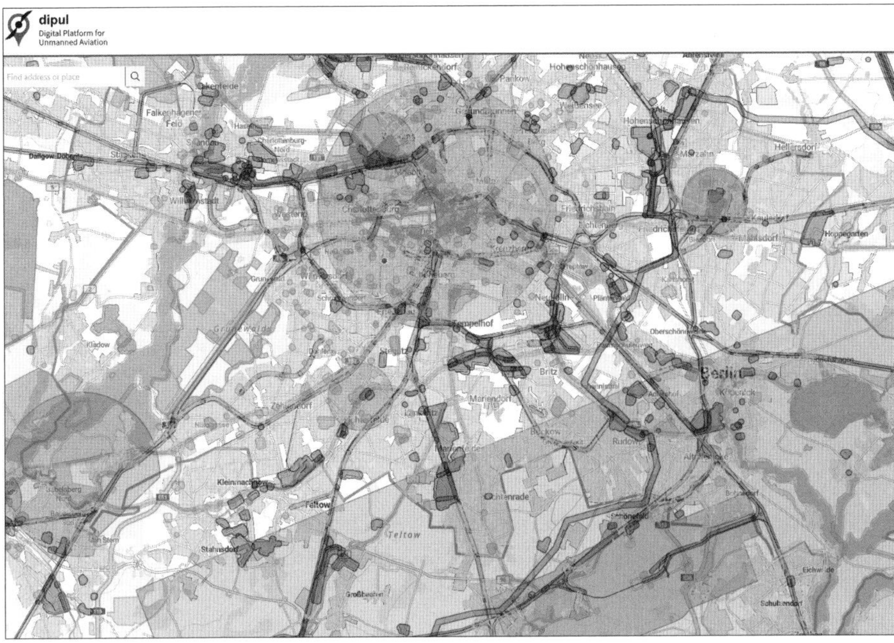

Abbildung 16.4: Auf der Webseite der Europäischen Agentur für Flugsicherheit finden Sie Informationen zu allen Drohnenklassen in Ihrem Flugbereich, dem Registrierungsprozess und den zulässigen Flugzonen: »easa.europa.eu/drones/NAA«. Im Beispiel ist die Stadt Berlin zu sehen, einschließlich des Regierungsviertels (Kreis im oberen Bereich Mitte) und verbotener Flugzonen im Bereich des am unteren Rand angesiedelten Berliner Flughafens.

Hinweis: Mitzuführende Unterlagen

Drohnenpiloten sind je nach Drohnenklasse und geplanter Nutzung verpflichtet, bestimmte Unterlagen mitzuführen. Dazu gehören:

- Versicherungsnachweis für die Drohne.
- Lichtbildausweis.
- EU-Kompetenznachweis oder EU-Fernpilotenzeugnis.
- UAS-Betreiber-ID, die an der Drohne angebracht und ab Klasse C1 in der Drohnensoftware eingetragen sein muss.
- Gegebenenfalls die Einverständniserklärung des Grundstückseigentümers.
- Falls erforderlich, Ausnahmegenehmigungen der Luftfahrt- oder anderer lokal zuständiger Behörden.
- Idealerweise ein Datenblatt der Drohne.
- Optional ein Flug-Logbuch, das beispielsweise nützlich sein kann, um sich besser gegen etwaige Anschuldigungen von Rechtsverstößen verteidigen zu können.

16.1.4 Beauftragung von Drohnenpiloten

Wenn Sie externe Drohnenpiloten mit Drohnenaufnahmen beauftragen, müssen Sie die folgenden Punkte im Rahmen der Vertragsgestaltung und vor Auftragsausführung berücksichtigen:

- **Voraussetzungen zum Betrieb von Drohnen:** Lassen Sie sich alle vorgenannten Voraussetzungen für den Betrieb von Drohnen durch die Drohnenpilotinnen und -piloten anhand der in Abschnitt 16.1.3 genannten mitzuführenden Unterlagen nachweisen und auch vertraglich bestätigen.
- **Versicherungsschutz:** Stellen Sie sicher, dass die Drohnenpiloten über eine ausreichende Haftpflichtversicherung verfügen, die sowohl Personenschäden als auch Sachschäden abdeckt.
- **Genehmigungen und Lizenzen:** Vergewissern Sie sich, dass die Drohnenpiloten alle erforderlichen Genehmigungen und Lizenzen besitzen, um in dem gewünschten Gebiet fliegen zu dürfen.
- **Risikobewertung und Sicherheitsvorkehrungen:** Lassen Sie sich darlegen, ob die Drohnenpiloten eine Risikobewertung durchgeführt haben und welche Sicherheitsvorkehrungen getroffen werden, um Unfälle zu vermeiden.
- **Flugplan und Luftraumüberprüfung:** Die Drohnenpiloten sollten einen klaren Flugplan haben und den Luftraum auf Einschränkungen überprüfen, insbesondere wenn in der Nähe von Flughäfen oder über Menschenmengen geflogen werden soll.
- **Erfahrungsnachweis:** Fragen Sie nach Referenzen oder bisherigen Aufträgen, um die Erfahrung und Professionalität der Drohnenpiloten zu beurteilen.
- **Datenschutz:** Überprüfen Sie, ob die Drohnenpiloten die Datenschutzbestimmungen einhalten, insbesondere bei Aufnahmen, die Personen oder private Grundstücke betreffen.
- **Vertragsgestaltung und Haftung:** Klären Sie die vertraglichen Bedingungen genau, insbesondere in Bezug auf die Haftung im Fall von Schäden oder unerwünschten Ergebnissen.
- **Qualität der Ausrüstung:** Informieren Sie sich über die eingesetzte Technik und stellen Sie sicher, dass die Drohne und das Kamerasystem Ihren Anforderungen entsprechen.
- **Urheberrechte an Drohnenaufnahmen:** Klären Sie, wer die Rechte an den Drohnenaufnahmen erhält. In Abschnitt 5.1 finden Sie Informationen zu wichtigen Aspekten von Lizenzvereinbarungen an Bildaufnahmen. Beachten Sie, dass in vielen AGB von Drohnenpiloten vermerkt ist, dass sie sich Rechte an den Aufnahmen für Referenzen oder Werbung vorbehalten. Wenn z.B. eine Werbeagentur eine Drohnenpilotin beauftragt, sollte sie sicherstellen, dass auch ihr Kunde zustimmt, dass sich die Pilotin diese Nutzungsrechte vorbehalten darf.

16.1.5 Rechtsfolgen bei Verstößen

Wenn Sie gegen die Vorschriften der Drohnenverordnung verstoßen oder die nationalen Vorschriften des Luftverkehrsgesetzes (LuftVG), der Luftverkehrsordnung (LuftVO) sowie die Persönlichkeits-, Datenschutz- und Eigentumsrechte beim Einsatz von Drohnen verletzen, drohen Ihnen die folgenden Konsequenzen:

- **Bußgelder:** Bei Verstößen gegen die EU-Drohnenverordnung und die LuftVO sowie die LuftVG können erhebliche Bußgelder von bis zu 50.000 Euro verhängt werden.
- **Strafrechtliche Konsequenzen:** In schwerwiegenden Fällen, vor allem wenn durch den Verstoß Menschen gefährdet oder geschädigt werden, können auch strafrechtliche Konsequenzen drohen. Das gilt z. B. bei unerlaubter Verbreitung oder Veröffentlichung von Bildaufnahmen von Personen sowie bei einem gefährlichen Eingriff in den Luftverkehr.
- **Entzug von Erlaubnissen:** Wiederholte oder besonders schwere Verstöße können dazu führen, dass dem Drohnenpiloten die Erlaubnis, eine Drohne zu steuern, entzogen wird. Dies könnte auch die Einziehung der Drohne zur Folge haben.
- **Abmahnungen und Unterlassungserklärungen:** Bei Verletzungen von Persönlichkeits-, Datenschutz- oder Eigentumsrechten können Sie zivilrechtlich abgemahnt werden. Dies kann die Abgabe einer strafbewehrten Unterlassungserklärung nach sich ziehen.
- **Kostenübernahme für Anwalts- und Gerichtskosten:** Im Fall von rechtlichen Auseinandersetzungen aufgrund von Verstößen müssen Sie möglicherweise die Kosten für Anwälte und Gericht übernehmen.
- **Versicherungstechnische Probleme:** Bei unerlaubten Flügen oder bei Verstößen gegen die Vorschriften könnte gegebenenfalls der Versicherungsschutz entfallen.

Checkliste: Rechtliche Vorgaben für Drohnen

1a. Drohnenklasse C0:

- Maximalgewicht: 250 g.
- Registrierungspflicht und UAS-Betreiber-ID am Gerät (außer Drohne hat weder Kameras noch andere Sensoren).
- Führerschein nicht erforderlich.
- Unterkategorie »Open A1«: Überflug von Menschen/Wohngebieten/Städten ist zulässig, Ausnahme: Menschenmengen.

1b. Drohnenklasse C1:

- Gewicht: 250 g bis 900 g.
- Registrierungspflicht und UAS-Betreiber-ID am Gerät und in der Software.
- Kleiner EU-Drohnenführerschein erforderlich: EU-Kompetenznachweis (Onlinetraining und Onlinetest).
- Unterkategorie »Open A1«: Überflug von Menschen/Wohngebieten/Städten ist zulässig, Ausnahme: Menschenmengen.

1c. Drohnenklasse C2:

- Gewicht: 900 g bis 4 kg.
- Registrierungspflicht und UAS-Betreiber-ID am Gerät und in der Software.
- Kleiner EU-Drohnenführerschein erforderlich: EU-Kompetenznachweis (Onlinetraining und Onlinetest).
- Unterkategorie »Open A3«: Mindestens 150 m Abstand zu unbeteiligten Personen, Wohn-, Erholungs-, Industrie- und Gewerbegebieten.
- Unterkategorie »Open A2«: Mit EU-Fernpilotenzeugnis (dem sogenannten großen Drohnenführerschein) Mindestabstand zu Unbeteiligten 30 m (5 m im langsamen Modus). Hinreichender Abstand zu Gebäuden bei Überflug.

2. Generelle Voraussetzungen für den Drohneneinsatz:

- Mindestalter: 16 Jahre.
- Pflicht, die Betriebsanleitung zu lesen.
- Pflicht zum Abschluss einer Drohnen-Haftpflichtversicherung.
- Beachtung von Flugverbotszonen (*easa.europa.eu/drones/NAA*).
- Maximalhöhe 120 m.
- Flug auf Sichtweite.
- Beachtung von Persönlichkeits- und Datenschutzrechten.
- Beachtung der Urheberrechte (Architektur, Skulpturen etc.), die Panoramafreiheit gilt nicht.
- Beachtung von Privatsphäre und Eigentumsrechten. Der »Blick über den Zaun« mittels Drohnen ist verboten.

3. Bei Beauftragung von Drohnenpiloten zu beachten:

- Voraussetzungen zum Betrieb der Drohne(n).
- Bestehender Versicherungsschutz.
- Genehmigungen und Lizenzen.
- Risikobewertung und Sicherheitsvorkehrungen.
- Flugplan und Luftraumüberprüfung.
- Erfahrungsnachweis.
- Qualität der Ausrüstung.
- Vertragsgestaltung und Haftung.
- Urheberrechte an Drohnenaufnahmen.
- Einhaltung des Datenschutzes.

16.2 Einsatz von Augmented Reality im Marketing

Augmented Reality erweitert das digitale Marketing um neue visuelle Dimensionen, aber auch um neue rechtliche Herausforderungen.

Der Begriff *Augmented Reality* (AR) bedeutet übersetzt die Erweiterung der von Menschen wahrgenommenen Realität. Im Marketing spielt besonders die digitale Erweiterung der visuellen Realität, z. B. durch virtuelle Werbeanzeigen, eine wichtige Rolle. Diese Technologie bietet zwar neue Möglichkeiten im Marketing, bringt jedoch auch rechtliche Herausforderungen mit sich. Der Einsatz im öffentlichen Raum ist besonders heikel – vor allem, wenn sogenannte *Smartglasses* zum Einsatz kommen. Diese modernen, computergestützten Brillen sind mit Kameras und Mikrofonen ausgestattet. Sie sehen oft wie normale Brillen aus, können aber andere Personen unbemerkt aufnehmen, was erhebliche Datenschutzrisiken mit sich bringt.

16.2.1 Augmented, Virtual und Mixed Reality

Es gibt verschiedene Arten, wie man visuell digitale Inhalte zusammen mit der realen Welt wahrnehmen kann:

- **Virtual Reality:** Bei *Virtual Reality* (VR) sieht man nur digitale Inhalte. Dafür werden spezielle Brillen genutzt, z. B. der Marken »Oculus« oder »Playstation VR«. Die echte Welt sieht man dabei jedoch nicht.
- **Augmented Reality:** Bei *Augmented Reality* (AR) sieht man die reale Welt, die um digitale Objekte ergänzt wird (siehe Abbildung 16.5). Dies kann beispielsweise über den Bildschirm eines Smartphones erfolgen. Eine für das Marketing relevante Verbreitung von AR ist jedoch erst zu erwarten, wenn sogenannte Smartglasses als Technologie etabliert sind (siehe Abbildung 16.7). Dabei handelt es sich um Brillen mit transparenten Displays, auf denen digitale Objekte direkt ins Sichtfeld projiziert und – je nach Entwicklungsstand – korrekt im Raum platziert werden können (z. B. virtuelle Werbeanzeigen auf realen Hauswänden oder neben realen Produkten im Blickfeld).

Abbildung 16.5: Sobald Smartglasses bequem genug sind und über die notwendige Batterielaufzeit verfügen, um Livebilder zu verarbeiten und traditionelle Headsets zu ersetzen, wird erwartet, dass wie in dem dargestellten fiktiven Bildbeispiel auch ein größerer Markt für AR-Werbeeinblendungen im Blickfeld der Nutzer entstehen wird.

- **Mixed Reality:** MR verbindet die echte Welt mit digitalen Inhalten so, dass beides gleichzeitig sichtbar und erlebbar ist. Dabei können Nutzer mit virtuellen Objekten interagieren, als wären sie Teil der realen Umgebung, sie können beispielsweise ein digitales Modell mit der Hand drehen.

16.2.2 Rechtliche Herausforderungen von AR

Im Zusammenhang mit dem Einsatz von Augmented Reality steht insbesondere die Verarbeitung von Bild- und Tonaufnahmen von Personen und Standortdaten sowie von Bewegungs- und Verhaltensprofilen im Fokus. Nachfolgend werden mögliche rechtliche Risiken im Zusammenhang mit deren Verarbeitung vorgestellt.

16.2.2.1 Verarbeitung von Daten der Nutzer von AR

AR-Technologie kann so gestaltet werden, dass sie sich ausschließlich auf den Nutzer oder die Nutzerin konzentriert und die Rechte Dritter nicht oder nur minimal beeinflusst. In solchen Fällen wird die Kamera entweder auf den Nutzer selbst gerichtet oder in privaten Räumen verwendet. Ein Beispiel hierfür ist das virtuelle Anprobieren von Kleidung in einem Onlineshop (siehe Abbildung 16.6) oder das Visualisieren und Platzieren virtueller Möbelstücke in den eigenen vier Wänden mithilfe einer mobilen App. Auch Filter in sozialen Netzwerken wie Snapchat, TikTok oder Instagram, die das eigene Gesicht in Bildern und Videos verändern oder mit Effekten versehen, nutzen diese Form der AR-Technologie.

Abbildung 16.6: Beispiel einer Anprobe vor einem Augmented-Reality-Spiegel in einem Bekleidungsgeschäft. Eine Kamera erfasst das Abbild der Kundin, die dann virtuell die gewünschte Kleidung anprobieren kann. Dieser Einsatz von AR betrifft nur die Nutzerin und ist datenschutzrechtlich ohne große Hürden umsetzbar. (Bildbeispiel: KI)

Wenn Nutzer für AR-Zwecke Aufnahmen von sich selbst erstellen oder erstellen lassen, um beispielsweise Kleidung virtuell anzuprobieren oder Smartglasses in den eigenen vier Wänden einsetzen, ist die Rechtslage weniger problematisch. In diesem Fall werden keine Daten von dritten Personen ohne deren Einwilligung oder zu Zwecken der Leistungserbringung, z. B. der virtuellen Anprobe, verarbeitet. (Die datenschutzrechtlichen Erlaubnisgrundlagen werden in Abschnitt 10.4 erläutert.)

> **Hinweis: Einwilligungspflicht für Marketingzwecke**
>
> Sollten diese Daten von den Anbietern der AR-Anwendung für andere Zwecke als die Bereitstellung der AR-Funktionen genutzt werden, etwa um Werbung nach Personentyp, Standort, Augenbewegungen, Mimik oder Emotionen zu personalisieren oder auch um KIs zu trainieren, ist dafür eine ausdrückliche Einwilligung der Nutzerinnen und Nutzer erforderlich. Bitte beachten Sie hierzu die Ausführungen zum Datenschutz in Kapitel 12.

16.2.2.2 Videoüberwachung durch AR im öffentlichen Raum

Der nächste Schritt für AR besteht darin, die Bildschirme von Smartphones und Tablets hinter sich zu lassen und Inhalte direkt in sogenannten Smartglasses in das Blickfeld der Nutzer zu projizieren. Zunächst könnten dies einfache Einblendungen wie Texte, Bilder oder Bedienoberflächen sein (siehe Abbildung 16.7).

Abbildung 16.7: Smartglasses, wie das in dem Bildbeispiel gezeigte Projekt »Orion« von Meta (ähnlich funktioniert auch »Apple Vision Pro«), sollen es ermöglichen, digitale Inhalte an der richtigen Stelle im Raum passend zu platzieren und im Blickfeld sichtbare Objekte zu erkennen. (Quelle: Meta)

Das eigentliche Ziel ist, dass Smartglasses die Nutzer wie Smartphones permanent begleiten. Sie sollen beispielsweise im öffentlichen Raum mit Navigationssymbolen im Blickfeld oder mit Ernährungstipps beim Einkauf unterstützen. Dabei eröffnen sich vielfältige Möglichkeiten, auch Werbebotschaften standort- und blickbezogen direkt vor den Augen der Träger der Smartglasses darzustellen (siehe Abbildung 16.5).

Dabei entstehen jedoch zahlreiche rechtliche Herausforderungen, die den Einsatz von Smartglasses im öffentlichen Raum erheblich erschweren. Insbesondere wird die permanente Nutzung von Smartglasses datenschutzrechtlich als Videoüberwachung eingestuft. Eine Videoüberwachung ist jedoch nur unter hohen Anforderungen zulässig, z. B. zum Schutz vor Diebstahl. Der Einsatz von Smartglasses zu Marketingzwecken wird diese Anforderungen nicht erfüllen und ist derzeit nur punktuell zulässig, beispielsweise innerhalb von Events oder Locations, in denen auf den Einsatz hingewiesen wird (weitere Hinweise zum Einsatz von Foto- und Videoaufnahmen erhalten Sie in Abschnitt 6.8).

Definition: Videoüberwachung

Unter Videoüberwachung versteht man die systematische Beobachtung von Personen oder Bereichen durch optisch-elektronische Einrichtungen (z.B. Kameras). Im öffentlichen Raum ist eine Videoüberwachung gemäß Art. 6 Abs. 1 lit. f) DSGVO nur zulässig, wenn sie zur Wahrung berechtigter Interessen erforderlich ist, etwa zur Prävention oder Aufklärung von Straftaten wie Diebstahl, Sachbeschädigung oder Körperverletzung oder zum Schutz von Personen und Eigentum. Zudem müssen Betroffene gemäß Art. 13 DSGVO über die Videoüberwachung informiert werden.

16.2.2.3 Verbot von getarnten »Minispionen«

Unabhängig vom Ort ihres Einsatzes kann sogar der Besitz von Smartglasses illegal sein. Das Gesetz verbietet den Vertrieb und Besitz von sendefähigen (z. B. mittels Mobilfunk, WLAN, Bluetooth etc.) Kameras und Mikrofonen, die als Gegenstände des täglichen Lebens getarnt sind (etwas veraltet als *Minispione* bezeichnet). Das bedeutet, kleine Kameras oder Mikrofone sind grundsätzlich nicht verboten, solange sie die aufgezeichneten Daten nicht weitersenden können. So würde eine sogenannte *Spycam* mit einer SD-Karte mangels Sendefunktion nicht in diese Kategorie fallen, ein Hundefutterautomat mit einer eingebauten Minikamera, deren Bilder mittels einer mobilen App abgerufen werden können, dagegen schon. Denn der Zweck der Nutzung dieser Minispione ist irrelevant.

Der Besitz solcher Geräte mit einer Sendefunktion ist vielmehr generell untersagt, und deren Herstellung, Vertrieb sowie deren Bewerbung werden mit Freiheitsstrafen von bis zu zwei Jahren oder Bußgeldern geahndet (§§ 8, 27-28 TDDDG).

Das Verbot gilt auch für Smartglasses, die für durchschnittliche Personen im Blickfeld nicht sofort erkennbare kleine Kameras sowie Mikrofone enthalten und so heimlich Aufnahmen von Personen erstellen können, um diese dann z. B. an das Smartphone der Träger zu senden.

Daher müssen solche Geräte stets deutlich sichtbare Signale aussenden, wie etwa Leucht- und Tonsignale, die auch unter widrigen Umständen, z. B. am helllichten Tag oder bei Straßenlärm im Hintergrund, erkennbar sein müssen (siehe Abbildung

16.8). Nur so kann die Tarnung der Aufnahmefunktion aufgehoben und das Verbot vermieden werden.

Abbildung 16.8: Die von dem Brillenhersteller Ray-Ban und Meta entwickelten Smartglasses ermöglichen das Aufnehmen und Versenden von Fotos und Videos. Der Hersteller betont die Wichtigkeit der integrierten Leuchtdiode, die als Signal dient, um rechtliche Probleme wegen heimlicher Aufnahmen zu vermeiden (Bildquelle: *meta.com/de/smart-glasses/*). Aus Sicherheitsgründen sollten betroffene Personen zudem auf die Aufnahmefunktion hingewiesen werden. Ferner muss, außer im Fall von Ausnahmen wie zeitgeschichtlichen Ereignissen, Beiwerken oder Versammlungen, die in Abschnitt 6.1.5 beschriebene Einwilligung der aufgenommenen Personen eingeholt werden.

16.2.2.4 Verletzung von Bild- und Persönlichkeitsrechten

Der Einsatz von Smartglasses birgt Risiken, die sich aus der Verletzung von Persönlichkeitsrechten ergeben können. Insbesondere die Bildrechte und der höchstpersönliche Lebensbereich sind hierbei betroffen. Die folgenden Punkte erläutern mögliche Verstöße und deren Konsequenzen:

- **Verletzung der Bildrechte:** Die Verbreitung oder Veröffentlichung von Bildaufnahmen identifizierbarer Personen ohne deren Einwilligung kann mit einer Freiheitsstrafe von bis zu einem Jahr geahndet werden. Darüber hinaus stellen Bildaufnahmen von Personen ohne deren Einwilligung oder ohne die in Abschnitt 6.1.4 erläuterten gesetzliche Ausnahmen Datenschutzverstöße dar.
- **Verletzung des höchstpersönlichen Lebensbereichs:** Werden Personen in höchstpersönlichen Bereichen wie Wohnungen, Umkleidekabinen oder in einer hilflosen oder ihrem Ansehen abträglichen Lage gefilmt, droht eine Freiheitsstrafe von bis zu zwei Jahren (§ 201a StGB). Dies gilt insbesondere, wenn Smartglasses mit einer permanenten Aufzeichnungsfunktion in solchen Situationen getragen werden.

- **Verletzung der Vertraulichkeit des gesprochenen Worts:** Das heimliche Aufzeichnen oder Abhören nicht öffentlich gesprochener Worte ohne Zustimmung der Beteiligten ist strafbar (§ 201 StGB). Der Einsatz von Smartglasses mit Audioaufnahmefunktionen kann dazu führen, dass Gespräche unbemerkt aufgezeichnet werden. Wer eine solche Aufnahme ohne Erlaubnis herstellt oder weitergibt, muss mit einer Freiheitsstrafe von bis zu drei Jahren oder einer Geldstrafe rechnen. Dies betrifft insbesondere private Unterhaltungen in geschützten Räumen oder Situationen, in denen keine Kenntnis der Aufnahme besteht.

16.2.2.5 Weitere Datenschutzverstöße

Bei der Nutzung von Smartglasses und AR-Technologie werden auch zahlreiche personenbezogene Daten erfasster Personen verarbeitet, wie etwa Orts- und Zeitangaben oder, je nach Anwendung, sogar biometrische Daten. Die Verarbeitung dieser Daten erfordert die Einwilligung der betroffenen Personen (siehe Abschnitt 10.4 zur Einwilligung und deren Voraussetzungen). Datenschutzhinweise in Hinblick auf Informationen über die mit Smartglasses erfassten Personen erhalten Sie in Abschnitt 10.6 und zu Bildaufnahmen im Rahmen von Events in Abschnitt 6.8.

16.2.2.6 Verletzung des Hausrechts und Hausfriedensbruch

Mittels Smartglasses erstellte Bildaufnahmen auf Privatgrundstücken außerhalb öffentlicher Straßen können, wie in Abschnitt 6.7 erläutert, das Hausrecht der Eigentümer verletzen.

Bei der Verwendung von Augmented-Reality-Technologien muss darauf geachtet werden, dass Nutzer nicht dazu verleitet werden, unbefugt fremde Grundstücke zu betreten. Ein Beispiel dafür wäre eine virtuelle Marketingaktion, bei der Teilnehmende in der realen Welt bestimmte Orte aufsuchen sollen, um dort virtuelle Gegenstände zu sammeln – ähnlich wie beim Spiel Pokémon Go. Es ist wichtig zu betonen, dass das Betreten fremder Grundstücke ohne Erlaubnis als Hausfriedensbruch gilt. Sowohl die Tat selbst als auch die Anstiftung dazu können nach § 123 StGB mit einer Freiheitsstrafe von bis zu einem Jahr bestraft werden. Daher müssen Entwickler und Anbieter von AR-Anwendungen und Marketingaktionen durch deutliche Warnhinweise und die Bestätigung der Nutzerinnen und Nutzer sicherstellen, dass ihre Technologie nicht zu solchen gesetzeswidrigen Handlungen ermutigt oder diese begünstigt.

16.2.2.7 Verstoß gegen Urheberrechte

Smartglasses erfassen zwangsläufig urheberrechtlich geschützte Werke wie Gemälde, Fotografien oder Bauwerke im öffentlichen Raum. Solange diese Erfassung lediglich der Darstellung und Orientierung in der virtuellen Welt dient, ist sie als vorübergehende Aufnahme ohne eigenständige wirtschaftliche Bedeutung erlaubt (§ 44a UrhG).

Anders verhält es sich, wenn diese Aufnahmen außerhalb des rein privaten Bereichs veröffentlicht oder verbreitet werden. In solchen Fällen ist grundsätzlich die Zustimmung der Urheber erforderlich, es sei denn, man kann sich auf gesetzliche Ausnahmen berufen. Beispiele dafür sind die Panoramafreiheit bei Aufnahmen im öffentlichen Raum oder dass das urheberrechtlich geschützte Werk lediglich ein unwesentliches Beiwerk war (siehe zu den gesetzlichen Ausnahmen siehe Abschnitt 6.1.4).

16.2.2.8 Verletzung des Eigentums- und Wettbewerbsrechts durch virtuelle Werbung

Auch virtuelle Werbung kann die Eigentums- und Besitzrechte Dritter verletzen. Besonders relevant ist hier die digitale »Überblendung« von Sehenswürdigkeiten oder Häusern mit Werbeanzeigen (siehe Abbildung 16.5). Ebenso können Persönlichkeitsrechte beispielsweise durch Werbung mit erotischen oder politischen Inhalten, die an oder über einem Einfamilienhaus platziert ist, verletzt werden. Auch könnten Mitbewerber virtuelle Werbeanzeigen auf und sogar in Ladengeschäften von Konkurrenten anbringen (was zugleich eine wettbewerbswidrige Behinderung gemäß § 4 Nr. 4 UWG wäre).

Ob und wann diese Art digitaler Werbung verboten werden kann, wird maßgeblich davon abhängen, ab welchem Grad der Verbreitung von AR-Technologie eine solche Werbung wahrscheinlich wahrgenommen wird und dadurch eine spürbare Belastung für die betroffenen Eigentümer bzw. Mitbewerber darstellt.

16.2.3 Rechtsfolgen und Haftung bei Einsatz von AR

Die Rechtsfolgen beim rechtswidrigen Einsatz von AR-Technologie und Smartglasses hängen von der Art der Nutzung ab. Vor allem dann, wenn Bild- und Tonaufnahmen von anderen Personen gemacht werden, können hohe Strafen drohen (siehe Abschnitt 6.1.11). Ist die Aufzeichnungsfunktion nicht erkennbar, kann bereits der Besitz der Geräte verboten sein (erläutert in Abschnitt 16.2.2.3). Zudem drohen Bußgelder durch die Datenschutzaufsicht wegen der Aufnahmen und unerlaubter Videoüberwachung. Ferner können betroffene Personen mittels Abmahnung die künftige Unterlassung und Zahlung einer Vertragsstrafe von mehreren Tausend Euro bei Wiederholung sowie den Ersatz ihrer Anwaltskosten und Schadensersatz verlangen.

16.2.4 Möglichkeiten zulässiger Nutzung

Wie in diesem Kapitel dargestellt, bringt der dauerhafte Einsatz von Smartglasses und Augmented Reality im öffentlichen Raum rechtlich nahezu unüberwindbare Hürden mit sich. Um diese dennoch zu bewältigen, sind vor allem technische Lösungen notwendig. Vorstellbar ist beispielsweise die automatische hardwareseitige Anonymisierung von Personen oder eine eingeschränkte Speicherung und Nutzung der Kameraaufnahmen. Ohne derart proaktive Datenschutzmaßnahmen ist zu befürchten, dass der Einsatz von Smartglasses, ähnlich wie der von Drohnen (siehe Abschnitt 16.1.1), in Zukunft gar nicht oder nur mit Registrierung und Zulassung möglich sein könnte.

Checkliste: Rechtliche Vorgaben im AR-Marketing

1. Verarbeitung der Daten der Nutzer von AR-Anwendungen:

- Der Gebrauch von Bild-, Ton- und anderen Nutzerdaten darf nur der Bereitstellung der vereinbarten AR-Funktion dienen.
- Die weitere Nutzung zu z. B. Werbezwecken und KI-Training bedarf der Einwilligung.

2. Aufnahmefunktionen müssen deutlich erkennbar sein:

- Visuelle oder akustische Hinweise.
- Information als Aushang auf Events, bei denen Smartglasses eingesetzt werden.
- Ist die Aufnahmefunktion für mittels Kamera oder Mikrofon aufgenommene Inhalte nicht erkennbar, ist die Nutzung (als sogenannter »Minispion«) verboten.

3. Verletzung von Bild- und Persönlichkeitsrechten:

- Die permanente Nutzung im öffentlichen Raum stellt eine Videoüberwachung dar.
- Die Verbreitung und Veröffentlichung von Aufnahmen ohne Einwilligung oder gesetzliche Erlaubnis ist strafbar, und bereits die Aufnahme ist ein bußgeldbewehrter Verstoß.
- Die Aufzeichnung in Wohnungen, Umkleiden, von Personen in hilfloser Lage oder dem Ansehen abträglicher Situation ist strafbar.
- Die Aufzeichnung nicht öffentlicher Gespräche ist strafbar.

4. Mögliche Datenschutzverstöße:

- Fehlende Einwilligung in z. B. Verarbeitung von Standortdaten.
- Fehlende Datenschutzhinweise.

5. Verletzung von Eigentums- und Hausrechten:

- Bildaufnahmen auf Privatgrundstücken bedürfen der Erlaubnis der Hausrechtsinhaber.
- AR-Nutzer dürfen nicht zum Hausfriedensbruch verleitet werden.
- Virtuelle Werbung könnte Eigentums- und Persönlichkeitsrechte verletzen (z. B. Projektion offensiver Werbeinhalte auf eine Fassade).

Haftung für Mitarbeitende, Agenturen, Nutzer und Links

In den vorangegangenen Kapiteln haben Sie erfahren, welche Rechtsverstöße im Online-Marketing oder beim Einsatz von KI begangen werden können. Hierzu zählen z. B. Verstöße gegen Urheber-, Marken- und Persönlichkeitsrechte, üble Nachrede, Schmähungen und unlautere Wettbewerbsmaßnahmen. Es sind jedoch nicht nur die eigenen Verstöße, für die Sie rechtlich einstehen, also haften müssen. Es gibt eine Vielzahl von Situationen, in denen Sie auch für fremde Rechtsverletzungen in Haftung genommen werden können. In diesem Kapitel erfahren Sie, wann das der Fall sein kann und wie Sie die Haftung für Dritte vermeiden oder zumindest minimieren können. Zugleich erfahren Sie, an wen Sie sich wenden können, falls Ihre Rechte verletzt worden sind.

17.1 Haftung für Mitarbeitende

Der effektivste Weg, um die Haftung für Mitarbeitende zu vermeiden, besteht darin, sie gründlich zu instruieren, regelmäßig zu schulen und klare Mitarbeiterrichtlinien aufzustellen.

Arbeitgeber haften für die von ihren Mitarbeitenden im Rahmen des Arbeitsauftrags begangenen Rechtsverstöße (dies ist in vielen Vorschriften verankert, u. a. in § 8 Abs. 2 UWG, § 99 UrhG, § 14 Abs. 7 MarkenG, § 831 BGB). Dabei ist es nicht relevant, ob die Rechtsverstöße von Mitarbeitenden während oder außerhalb der regulären Arbeitszeit erfolgen. Relevant ist, dass die Mitarbeitenden handeln, um ihren Arbeitsauftrag zu erfüllen oder zugunsten des Arbeitgebers zu agieren (siehe Abbildung 17.1). Das gilt ganz besonders, wenn Mitarbeitende, wie in Abschnitt 8.3 dargestellt, als sogenannte *Corporate Influencer* handeln.

Abbildung 17.1: Ein Autoverkäufer postete auf Facebook eine Werbung für Neuwagen mit Rabatten, jedoch ohne die gesetzlich vorgeschriebenen Informationen wie etwa Emissionswerte. Das Gericht entschied, dass das Autohaus für diese Verstöße haftet, da die Werbung dem Unternehmen zugutekam, auch wenn der Mitarbeitende die Pflichtangaben nicht kannte (LG Freiburg, Az. 12 O 83/13, Bildbeispiel orientiert sich am Fall).

> **Hinweis: Rechtsverletzung durch Mitarbeitende**
>
> Wer als Arbeitgeber für eine Rechtsverletzung eines Mitarbeitenden haftet, muss diese Rechtsverletzung beseitigen und unter Androhung einer Vertragsstrafe beim wiederholten Verstoß der gleichen Rechtsverletzung zusichern, dass sie in Zukunft nicht erneut begangen wird. Der Arbeitgeber muss die aufgrund der Rechtsverletzung entstandenen Rechtsanwaltskosten tragen und unter Umständen Schadensersatz zahlen.

17.1.1 Haftungsminderung durch Richtlinien und Schulungen

Die Haftung für Mitarbeitende kann gegenüber Dritten nicht ausgeschlossen werden. Sie kann nur praktisch gemindert werden, indem Mitarbeitende instruiert, sensibilisiert, geschult und auf die Einhaltung der Schutzmaßnahmen verpflichtet werden. Der Umfang dieser Maßnahmen hängt von verschiedenen Faktoren ab, wie z. B. der Art der durchgeführten Arbeitstätigkeit, der Risikoneigung der Branche und dem Risiko der eingesetzten Software.

Bei der Erstellung von KI-Richtlinien oder Social-Media-Richtlinien für Mitarbeitende gibt es verschiedene Ansätze. Die folgende Auflistung zeigt Optionen und Empfehlungen:

- **Hinweise und Anleitungen:** Die Richtlinien können als bloße Hinweise und Anleitungen an Mitarbeitende verteilt werden (siehe Abbildung 17.2). Dies ist empfehlenswert, wenn es sich lediglich um einfache Handlungsanweisungen und Ratschläge handelt.

- **Verbindliche Richtlinien:** Um einen optimalen rechtlichen Schutz zu erreichen, sollten die Richtlinien konkrete Handlungsanweisungen enthalten und als Teil des Arbeitsvertrags verbindlich vereinbart werden. Die Kenntnisnahme sollte schriftlich oder elektronisch bestätigt werden (z.B. via E-Mail oder per Kontrollkästchen mit einer Speicherung der Bestätigung in einer Datenbank).
- **Kombination:** Es ist möglich, beide Ansätze zu kombinieren, beispielsweise indem eine verpflichtende Social-Media- oder KI-Richtlinie verfasst und zugleich den Mitarbeitenden eine vereinfachte Version für den Alltag zur Verfügung gestellt wird.

> ## Hinweis: Sektorspezifische Richtlinien
>
> Obwohl Richtlinien für KI oder Social Media gesetzlich nicht vorgeschrieben sind, haften Inhaber oder Geschäftsführer persönlich für Rechtsverstöße, wenn sie in Risikobereichen keine Vorsichtsmaßnahmen treffen (sogenannte *Compliance-Pflicht*). Solche Richtlinien helfen, diese Sorgfalt nachzuweisen, und sollten zusätzlich um nachweisbare Schulungen ergänzt werden.

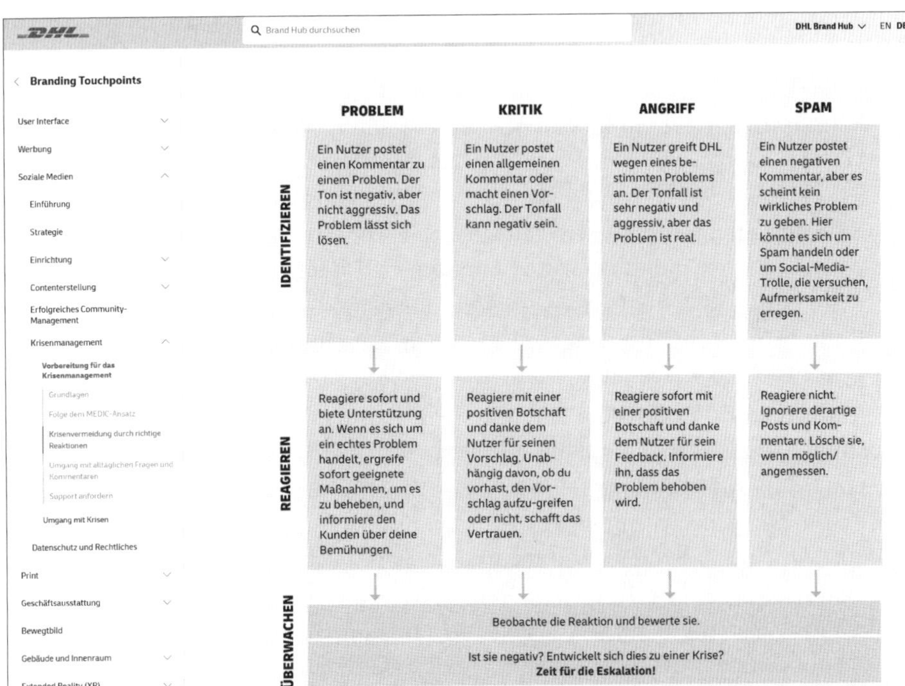

Abbildung 17.2: Für eine optimale Risikominderung sorgen neben verbindlichen Richtlinien vor allem schnell erreichbare Anleitungen und Beispiele – hier Anweisungen für das Verhalten im Krisenfall im »DHL Brand Hub« für Mitarbeitende.

17.1.2 Inhalte der KI- und Social-Media-Richtlinien

Die Inhalte der Richtlinien variieren je nach Art der Richtlinie. Im Wesentlichen dienen sie dazu, die Zulässigkeit der Nutzung festzulegen, technische oder rechtliche Hintergründe bei Bedarf zu erläutern, Risiken aufzuzeigen, Maßnahmen zur Risikominderung mitzuteilen, bestimmte Handlungen zu untersagen und die Mitarbeitenden zur Einhaltung dieser Maßnahmen zu verpflichten. Wie diese Maßnahmen umgesetzt werden können, wird nachfolgend anhand der KI-Richtlinien und Social-Media-Richtlinien veranschaulicht.

> **Hinweis: Beispiele für KI- und Social-Media-Richtlinien im Anhang**
>
> Im Anhang erhalten Sie Beispiele für KI- sowie Social-Media-Richtlinien. Beachten Sie jedoch, dass diese Richtlinien gegebenenfalls für Ihr Unternehmen angepasst werden müssen.

17.1.2.1 KI-Richtlinien

Die folgenden Punkte sollten in jeder KI-Richtlinie berücksichtigt werden, um den effizienten und verantwortungsvollen Einsatz von KI in Ihrem Unternehmen oder in ihrer Organisation zu gewährleisten und Risiken für das Unternehmen und die Mitarbeitenden zu minimieren:

- **Erlaubnis zur Nutzung von KI:** KI-Systeme dürfen nur mit ausdrücklicher Genehmigung des Arbeitgebers und zu beruflichen Zwecken verwendet werden. Eine private Nutzung betrieblicher KI-Systeme ist verboten.
- **KI-Kompetenz und Kontrolle:** Mitarbeitende dürfen KI-Systeme nur nutzen, wenn sie deren Funktionsweise, Grenzen und Risiken verstehen, überwachen und kontrollieren können (siehe Abschnitt 11.1.9).
- **Einhaltung von Gesetzen und internen Regelungen:** Der KI-Einsatz muss gesetzlichen Vorgaben und internen Regeln entsprechen.
- **Verbotene KI-Praktiken:** Zum Beispiel sind manipulative Beeinflussung und emotionale Überwachung durch KI verboten (siehe Abschnitt 11.1.5).
- **Hochrisiko-KI-Systeme:** Unter Hochrisiko-KI-Systeme fallen z.B. KI-Systeme für biometrische Erkennung oder automatisierte Personalentscheidungen. Diese erfordern eine besondere Prüfung und Freigabe (siehe Abschnitt 11.1.6).
- **Datenschutz und Geschäftsgeheimnisse:** Personenbezogene Daten und Geschäftsgeheimnisse müssen bei der KI-Nutzung geschützt werden (siehe Abschnitt 11.2 und Abschnitt 11.3). Die Systeme müssen datenschutzkonform und transparent arbeiten.
- **Vermeidung von Diskriminierung:** KI-Systeme müssen so konfiguriert sein, dass sie keine Diskriminierung aufgrund von Geschlecht, Alter, ethnischer Herkunft oder anderen sensiblen Kriterien fördern (siehe Abschnitt 11.1.8).

- **Technische Robustheit und Sicherheit:** KI-Systeme müssen robust, sicher und gegen Missbrauch geschützt sein. Es sind Sicherheitsvorkehrungen gegen technische Fehler und gegen Missbrauch zu treffen.
- **Schutz des geistigen Eigentums:** Eigenes und fremdes geistiges Eigentum müssen geschützt werden. Die Nutzung fremder Inhalte ohne Erlaubnis ist verboten.
- **Transparenz:** KI-Interaktionen und -Ergebnisse müssen klar gekennzeichnet sein, damit Personen wissen, dass sie mit einer KI interagieren. Deepfakes oder ähnliche KI-generierte Inhalte müssen als solche ausgewiesen werden (siehe Abschnitt 11.1.7).

Die KI-Richtlinien bilden eine Grundlage der gesetzlich vorgeschriebenen KI-Kompetenz. Ferner dienen sie als Nachweis, dass Mitarbeitende über KI-Risiken aufgeklärt und auf Einhaltung der gesetzlichen Vorgaben und Schutzrechte Dritter verpflichtet wurden. Ohne einen solchen Nachweis droht die persönliche Haftung der Geschäftsführung im Fall von Rechtsverstößen. Weitere Erläuterungen zur KI-Kompetenz erhalten Sie in Abschnitt 11.1.7.

Tipp: Beteiligung des Betriebs- bzw. Personalrats

Nicht nur die Richtlinien für Mitarbeitende, sondern der generelle Einsatz von sozialen Netzwerken und KI erfordert, dass der Betriebsrat oder Personalrat einbezogen werden, sofern diese vorhanden sind. Der Grund ist, dass diese Dienste der Leistungs- und der sonstigen Kontrolle der Mitarbeitenden dienen können (§ 87 Abs. 1 Nr. 6 BetrVG, vgl. BAG, Az. 1 ABR 7/15).

17.1.2.2 Social-Media-Richtlinien

Die folgenden Punkte sollten in jeder Social-Media-Richtlinie enthalten sein, um Risiken durch die Social-Media-Nutzung der Mitarbeitenden zu minimieren:

- **Erlaubnis und dienstliche Nutzung:** Mitarbeitende dürfen soziale Netzwerke nur mit Erlaubnis der Vorgesetzten und in festgelegtem Rahmen nutzen. Der Einsatz neuer Social-Media-Präsenzen des Unternehmens bedarf der Absprache.
- **Verantwortung und Verhalten:** Mitarbeitende sind für ihr Verhalten in Social Media selbst verantwortlich. Inhalte sollten mit Bedacht veröffentlicht werden, da sie von einem großen Publikum eingesehen und lange verfügbar sein können.
- **Repräsentation des Unternehmens:** Mitarbeitende dürfen nur mit offizieller Erlaubnis im Namen des Unternehmens sprechen oder dessen Produkte bewerben. Sie sollten ohne expliziten Auftrag keine Serviceanfragen bearbeiten oder offiziell klingende Stellungnahmen abgeben (siehe Abschnitt 8.3 zu rechtlichen Regeln für sogenannte Corporate Influencer).
- **Meinungsäußerung:** Mitarbeitende müssen ihre persönliche Meinung klar von offiziellen Aussagen des Unternehmens trennen, insbesondere bei unter-

nehmensbezogenen Themen. Formulierungen mit »ich« statt »wir« sollten verwendet werden, wenn privat gesprochen wird.

- **Private Nutzung und Transparenz:** Bei privater Kommunikation über das Unternehmen sollten Mitarbeitende ihre Unternehmenszugehörigkeit offenlegen, um Missverständnisse oder Vorwürfe der Schleichwerbung zu vermeiden.
- **Datenschutz und Geschäftsgeheimnisse:** Betriebsgeheimnisse und interne Informationen dürfen nicht ohne Freigabe veröffentlicht werden. Datenschutzrichtlinien des Unternehmens müssen beachtet werden, insbesondere bei personenbezogenen Daten von Kolleginnen und Kollegen sowie Kunden und Geschäftspartnern.
- **Urheberrecht und fremde Inhalte:** Inhalte aus dem Internet sollten nur unter Beachtung des Urheberrechts verwendet werden. Fremde Texte, Bilder oder Videos dürfen nicht ohne Zustimmung kopiert werden.
- **Folgen von Verstößen:** Verstöße gegen die Richtlinien können arbeitsrechtliche Konsequenzen, wie z. B. Abmahnung oder Kündigung haben.

Bitte beachten Sie, dass Sie Ihre Mitarbeitenden sowie Bewerber grundsätzlich nicht im Internet beobachten oder nach ihnen recherchieren sollten. Wann dies ausnahmsweise erlaubt ist, erfahren Sie in Abschnitt 10.12.3.

Hinweis: Weisungen im Privatbereich

Arbeitgeber dürfen Mitarbeitenden grundsätzlich keine Vorgaben für ihr privates Verhalten machen. Eine Ausnahme gilt jedoch, wenn das Verhalten Auswirkungen auf den Arbeitgeber hat, beispielsweise wenn der Arbeitgeber für Handlungen von Mitarbeitenden haftet, wie bei Werbung zu seinen Gunsten (siehe Abbildung 17.1).

Checkliste: Mitarbeiterhaftung

1. Arbeitgeber haften automatisch für Mitarbeitende:

- Arbeitgeber haften grundsätzlich für Handlungen ihrer Mitarbeitenden, wenn diese im Rahmen des Arbeitsauftrags oder im Interesse des Arbeitgebers erfolgen.
- Ein genereller Haftungsausschluss für Rechtsverstöße von Mitarbeitenden gegenüber Dritten ist durch allgemeine Geschäftsbedingungen (AGB) nicht möglich.

2. Haftungsminderung:

- Implementierung klarer Richtlinien (z. B. KI-Richtlinien, Social-Media-Richtlinien) zur Orientierung der Mitarbeitenden.
- Durchführung von Einweisungen und Schulungen, um Mitarbeitende über rechtliche und unternehmensinterne Vorgaben zu informieren.
- Hinweis: Inhaber und Geschäftsführer haften persönlich, wenn sie die notwendigen Schulungen und Verpflichtungen der Mitarbeitenden unterlassen.

3. Kontrolle von Mitarbeitenden in sozialen Medien:

- Eine Kontrolle ist nur bei Vorliegen eines konkreten Anlasses zulässig.
- Die Verwendung von Informationen aus nicht öffentlichen Bereichen ist grundsätzlich unzulässig, es sei denn, es liegen erhebliche Pflichtverletzungen oder Straftaten vor.

17.2 Haftung für Agenturen, Influencer und Lieferanten

Auftraggeber haften gegenüber Dritten für das Handeln der von ihnen beauftragten Personen.

Beauftragte Personen und Unternehmen wie Marketingagenturen, Influencer, technische Dienstleister oder Stockbildanbieter unterliegen denselben Haftungsregeln wie Mitarbeitende (siehe Abschnitt 17.1 oben). Die Auftraggeber haften für die Rechtsverstöße der beauftragten Personen und Unternehmen ebenfalls automatisch und können kein Haftungsprivileg in Anspruch nehmen (§§ 8 Abs. 2 UWG, 278 BGB). Voraussetzung ist, dass der Rechtsverstoß im Rahmen der Auftragserfüllung geschieht oder die Beauftragten in diesem Rahmen zu Ihren Gunsten wirken wollen.

Diese Haftung kann nicht in den AGB gegenüber Dritten ausgeschlossen werden. Das bedeutet: Begeht beispielsweise eine von Ihnen mit der Erstellung einer Marketingkampagne beauftragte Person einen Datenschutzverstoß, haften Sie für diesen Verstoß, selbst wenn Sie persönlich keine Fehler begangen haben. Ihre einzige Möglichkeit ist, die entstandenen Kosten von der beauftragten Person zurückzufordern.

Tipp: Richtlinien für Freelancer

Wenn Arbeitgeber mit Freelancern arbeiten, die ähnlich wie Angestellte in das Unternehmen eingebunden sind, sollten sie die in Abschnitt 17.1.2 genannten KI- und Social-Media-Richtlinien sowie andere Richtlinien (z.B. NDAs) auch mit diesen Freelancern abschließen. Hinweise zum Schutz von personenbezogenen Daten beim Einsatz von Dienstleistern finden Sie in Abschnitt 10.5.

17.2.1 Haftungsausschlüsse in AGB und Verträgen

Ein wesentlicher Punkt in vielen Verträgen sind Haftungsausschlüsse. Sie finden sich z.B. für Regelungen zwischen Agenturen und deren Kunden. Allerdings sind Haftungsausschlüsse nur in einem engen gesetzlichen Rahmen zulässig. Nachfolgend erfahren Sie, wie Sie Haftungsausschlüsse wirksam gestalten können:

- **Kein pauschaler Haftungsausschluss:** Ein allgemeiner Ausschluss der Haftung wie »Wir haften nicht für etwaige Folgen oder Schäden im Zusammenhang mit unseren Leistungen« ist unwirksam. Denn für das Worst-Case-Szenario betrachtet, würde diese Klausel z. B. bedeuten, dass auch vorsätzlich zugefügte Rechtsverstöße von der Haftung ausgenommen wären.

- **Einschränkung des Leistungsumfangs:** Die wirksamste Haftungsminderung ist die Einschränkung der Leistungszusagen. Beispiele hierfür sind: »Wir garantieren keine bestimmte Platzierung in Suchergebnissen«, »Der Leistungsumfang beinhaltet keine rechtliche Überprüfung der Leistungen« oder »Bei Datenanalysen können wir eine Fehlerfreiheit von 99,5% zusichern«. Um potenziellen Rechtsstreitigkeiten vorzubeugen, ist es ratsam, diese Klauseln sowohl in die AGB als auch in das Angebot oder in die Leistungsvereinbarung zu integrieren. Andernfalls besteht das Risiko, dass der Kunde ihre Unwirksamkeit mit dem Argument, die Klauseln seien untypisch, als überraschend und überrumpelnd anficht.
- **Haftung für Folgeschäden und Nebenpflichten:** Ein Dienstleister kann nur die Haftung für Schäden, die durch leichte Fahrlässigkeit verursacht wurden, ausschließen. Zum einen betrifft das den Bereich der Nebenpflichten. Dazu zählen z. B. Informationspflichten, Sorgfaltspflichten oder Verschwiegenheitspflichten. Zum anderen kann der Haftungsausschluss Mangelfolgeschäden betreffen, also solche Schäden, die nicht direkt, sondern mittelbar durch einen Mangel entstehen, etwa ein entgangener Gewinn aufgrund fehlerhafter Leistungen. Nicht ausgeschlossen werden darf die Haftung bei grober Fahrlässigkeit, Vorsatz oder Körperverletzung. Wer also gravierende Fehler macht oder bewusst gegen Pflichten verstößt, haftet in vollem Umfang – auch für Nebenpflichten und Folgeschäden.

Tipp: Ausschluss der Haftung für Rechtsfehler

Der Ausschluss einer rechtlichen Prüfung aus dem Kreis der geschuldeten Leistungen zählt zu den wichtigsten Schutzmaßnahmen für Dienstleister. Fehlt dieser Ausschluss, gehen Kunden von einer rechtsfehlerfreien Leistung aus. Ausnahmen sind möglich, etwa wenn hohe Rechtskosten im Vergleich zu den Pflichten gegen eine Haftung sprechen. Ein Beispiel für eine solche Klausel könnte lauten: »Unsere Dienstleistungen beinhalten keine rechtliche Prüfung oder Beratung. Für die rechtliche Konformität der erstellten Inhalte oder Ergebnisse ist der Kunde selbst verantwortlich. Wir empfehlen, bei Bedarf einen Rechtsanwalt zu konsultieren.«

17.2.2 Muster eines Haftungsausschlusses

Neben der Einschränkung der Leistungspflichten entsprechend Abschnitt 17.2.1 kann die Haftung für fahrlässige Verstöße gegen vertragliche Nebenpflichten oder Mangelfolgeschäden sowie Gewinnausfälle, z. B. im Fall einer Werbeagentur, wie folgt formuliert werden:

Für eine Haftung von Agentur X auf Schadensersatz gelten unbeschadet der sonstigen gesetzlichen Anspruchsvoraussetzungen die folgenden Haftungsausschlüsse und -begrenzungen. Agentur X haftet unbeschränkt, soweit die Schadensursache auf Vorsatz oder grober Fahrlässigkeit beruht. Bei leicht fahrlässiger Verletzung wesentlicher Vertragspflichten (Kardinalpflichten), also solcher Pflichten, deren Erfüllung die ordnungsgemäße Durchführung des Vertrags überhaupt erst ermöglicht und auf deren Einhaltung der Vertragspartner regelmäßig vertrauen darf, haftet Agentur X nur für den vorhersehbaren, vertragstypischen Schaden. Die Haftung für Mangelfolgeschäden (z. B. Produktionsausfälle, Folgekosten) sowie für Gewinnausfälle ist bei leichter Fahrlässigkeit ausgeschlossen, sofern diese nicht durch die Verletzung wesentlicher Vertragspflichten verursacht wurden. Die vorstehenden Haftungsbeschränkungen gelten nicht bei der Verletzung von Leben, Körper oder Gesundheit, bei der Übernahme einer Garantie für die Beschaffenheit des Produkts, bei arglistig verschwiegenen Mängeln sowie bei Ansprüchen nach dem Produkthaftungsgesetz. Soweit die Haftung von Agentur X ausgeschlossen oder beschränkt ist, gilt dies auch für die persönliche Haftung von Arbeitnehmern, Vertretern und Erfüllungsgehilfen der Agentur X.

17.3 Haftung für rechtswidrige Nutzerinhalte

Das Haftungsprivileg für Nutzerinhalte endet, wenn Sie trotz Kenntnis der Rechtswidrigkeit die Inhalte nicht zügig löschen.

Sie tragen die volle Verantwortung für alle Inhalte, die Sie, Ihre Mitarbeitenden oder von Ihnen beauftragte Personen veröffentlichen oder hochladen. Dies gilt vor allem für

- selbst erstellte Inhalte,
- Materialien von Stockbildanbietern sowie für
- Bilder oder andere Inhalte, die Sie im Rahmen von Gewinnspielen oder Wettbewerben von Nutzern zugesendet bekommen haben.

Da Sie die Möglichkeit haben, diese Inhalte vor der Veröffentlichung zu überprüfen, liegt die rechtliche Haftung für deren Angemessenheit und Rechtmäßigkeit bei Ihnen. Es obliegt Ihrer Sorgfaltspflicht, sicherzustellen, dass alle von Ihnen genutzten und veröffentlichten Inhalte den geltenden Gesetzen, Nutzungsbedingungen und Urheberrechten entsprechen.

Wäre derselbe strenge Haftungsmaßstab auch für Nutzerinhalte gültig, müssten Plattformen jedes Posting im Voraus kontrollieren, was unzulässige Zensur bedeuten würde. Daher existieren gesetzliche Haftungsprivilegien für Inhalte, die von Nutzern veröffentlicht oder hochgeladen werden (kurz *Nutzerinhalte* oder auf Englisch *User-generated Content*).

17.3.1 Haftung von Anbietern digitaler Dienste

Wenn Sie einen Onlinedienst anbieten, in dessen Rahmen Sie Nutzerdaten speichern, werden Sie als *Hosting-Dienstleister* für Rechtsverstöße durch diese Inhalte oder rechtswidrige Nutzeraktivitäten haften (Art. 6 DSA). Hosting umfasst hier alle Dienste, die Nutzerdaten speichern, wie z.B. Kundenkonten, Kommentare, Blog- und Social-Media-Beiträge, Onlineforen oder soziale Plattformen (z.B. Betrieb eines Mastodon-Servers). Hier sind Beispiele für Hosting-Dienste, bei denen die Betreiber für die Nutzerinhalte verantwortlich sind:

- Webhosting-Anbieter und Cloud-Dienste.
- Profile innerhalb von sozialen Netzwerken.
- Onlinemarktplätze.
- Messenger-Dienste.
- Onlineforen und Community-Plattformen.
- Bewertungsportale.

Nicht zu den Nutzerinhalten zählen Inhalte, die in Ihrem Auftrag oder von Ihren Mitarbeitenden erstellt oder von Dritten erworben werden. Dies schließt auch Inhalte ein, die Sie im Rahmen von Gewinnspielen oder Wettbewerben erhalten und manuell hochladen. Für diese Inhalte tragen Sie die volle Verantwortung.

Im Gegensatz dazu fallen Inhalte, die von Nutzern automatisch, z.B. im Rahmen von Gewinnspielen oder Aktionen in sozialen Medien, hochgeladen werden, unter das im folgenden Abschnitt erläuterte Haftungsprivileg.

> **Hinweis: Rechtsgrundlagen**
>
> Die Haftung für Nutzerinhalte ist in den Artikeln 5 bis 8 des EU-Gesetzes über digitale Dienste, womit kommerzielle Angebote gemeint sind, geregelt (*Digital Services Act*, kurz DSA). Für nicht kommerzielle Dienste erfolgt dies durch Verweis auf den DSA in § 7 Absatz 1 des sehr ähnlich klingenden deutschen Digitale-Dienste-Gesetzes (DDG).

17.3.2 Haftungsprivileg für Nutzerinhalte

Im Hinblick auf rechtswidrige Inhalte, die von Nutzern veröffentlicht oder hochgeladen wurden, können Sie sich auf das sogenannte Haftungsprivileg berufen. Das bedeutet: Wenn Nutzer in Ihrem Onlineprofil, Blogkommentar oder Forum eine Beleidigung verfassen oder ein urheberrechtsverletzendes Bild hochladen, haften Sie nicht unmittelbar für diese Inhalte (siehe Abbildung 17.3).

Erst wenn Sie nach einem Hinweis auf die Rechtswidrigkeit den Inhalt nicht zügig löschen, können Sie abgemahnt oder schadensersatzpflichtig werden. Hinweise können z.B. von anderen Nutzern oder Rechteinhabern kommen. Ihre Kenntnis der

Rechtswidrigkeit gilt als nachgewiesen, wenn Sie auf offensichtliche rechtswidrige Beiträge z. B. durch Kommentare, die Bearbeitung der Nutzerinhalte oder ein »Gefällt mir« reagieren.

»Zügig löschen« bedeutet, innerhalb weniger Tage tätig zu werden. Sie dürfen die Rechtsverletzung prüfen, sollten aber bei schwerwiegenden Verstößen (z. B. Aufruf zur Gewalt oder Beleidigungen) die Inhalte zumindest vorläufig offline stellen.

Abbildung 17.3: Beispiel für ein Gewinnspiel in einem sozialen Netzwerk, an dem Nutzer teilnehmen können, indem sie Fotos als Kommentare unter das Posting mit der Gewinnspielankündigung hochladen. Falls ein Foto ohne die Erlaubnis des Urhebers oder der abgebildeten Personen veröffentlicht wird, haftet der Gewinnspielveranstalter erst dann, wenn er von dem Rechtsverstoß erfährt und das Bild nicht unverzüglich entfernt.

Hinweis: Pflichten als Hosting- und Plattformanbieter

Das seit 2024 geltende Digitale-Dienste-Gesetz (DSA) regelt Haftung und Pflichten für Hosting-Anbieter und Onlineplattformen. Zu den Pflichten gehören die Einrichtung von Meldesystemen für rechtswidrige Nutzerbeiträge und die Pflicht, die Löschung von Nutzerbeiträgen zu begründen. Weitere Informationen finden Sie in Abschnitt 17.4.

17.3.3 Überwachung und Nachforschung

Laut Gesetz sind Sie nicht verpflichtet, Nutzerinhalte generell auf Rechtsverstöße zu überwachen, also z. B. sie zu filtern oder vor Freischaltung zu prüfen (Art. 7 DSA).

Auch wenn Sie solche Maßnahmen freiwillig durchführen und dabei ein rechtswidriger Inhalt unbemerkt bleibt, trifft Sie laut Art. 8 DSA keine Schuld.

Eine Prüfungspflicht kann sich jedoch ergeben, wenn ein konkreter Anlass dafür besteht, dass eine Rechtsverletzung erneut begangen werden könnte. Daher sollten Sie, wenn Ihnen ein Rechtsverstoß gemeldet wurde und Sie diesen entfernt haben, die jeweiligen Nutzer verwarnen oder je nach Verstoß insgesamt sperren. Auch sollten Sie, soweit vorhanden, z. B. Wortfilter oder andere Inhaltsfilter nutzen, um Beleidigungen oder andere Begriffe herauszufiltern.

Checkliste: Haftungsprivileg für Nutzerinhalte

1. Nutzerinhalte:

- Von Nutzern als Kommentare in Webseiten, Blogs, Accounts in sozialen Netzwerken etc. veröffentlichte oder hochgeladene Inhalte (User-generated Content).
- Textbeiträge (z. B. Kommentare), Bild- oder Videouploads etc.

2. Kein Haftungsprivileg gilt in den folgenden Fällen:

- Von Mitarbeitenden oder Beauftragten hochgeladene Inhalte.
- Selbst hochgeladene Inhalte (z. B. wenn per E-Mail zugesendete Gewinnspielbeiträge vom Veranstalter hochgeladen werden).
- Vorbehalt der wirtschaftlichen Nutzung der Nutzerinhalte. Ein Unternehmen lässt sich z. B. das Recht zur Nutzung von Beiträgen zu einem Gewinnspiel für Werbezwecke einräumen.
- Wird nach dem ersten Mal keine Maßnahme ergriffen, um eine Wiederholung zu verhindern, liegt ein wiederholter Verstoß vor (z. B. wenn Nutzer nicht verwarnt oder ausgeschlossen oder Wortfilter eingesetzt werden).

3. Das Haftungsprivileg entfällt, wenn trotz Kenntnis der Rechtswidrigkeit keine Löschung erfolgt:

- Kenntniserlangung: Meldung durch Rechteinhaber, Nutzer oder Dritte.
- Keine zügige Löschung: Abhängig von der Schwere der Verletzung innerhalb von ein bis fünf Tagen. Zur Sicherheit bis zur Klärung den Beitrag, wenn möglich, vorläufig verbergen.

4. Überwachung und Kontrolle:

- Keine allgemeine Pflicht, Nutzerinhalte ohne konkreten Anlass zu prüfen und zu überwachen.
- Eine Prüfungspflicht kann sich aufgrund konkreter vorangegangener Vorkommnisse ergeben. Wenn z. B. die Kommentare eines Nutzers unter einem Posting in einem sozialen Netzwerk mehrfach wegen Beleidigungen oder unwahrer Tatsachen gelöscht werden müssen, entsteht eine Pflicht, diese Risikoquelle durch regelmäßige Moderation auf erneute Rechtsverstöße zu kontrollieren.

17.4 Pflichten für Anbieter von Hosting-Diensten und Onlineplattformen

Wenn Sie rechtswidrige Nutzerinhalte speichern oder veröffentlichen, sind Sie verpflichtet, eine transparente Moderation dieser Inhalte sicherzustellen.

Das seit 2024 geltende Gesetz über digitale Dienste (DSA) gilt EU-weit und betrifft alle Anbieter, die im Auftrag von Nutzern Inhalte (kurz *Nutzerinhalte*) speichern (Hosting-Anbieter) oder veröffentlichen (Onlineplattformen). Besonders relevant sind die Vorgaben für Onlineplattformen, beispielsweise Webseiten, Blogkommentare und Foren, die auf Nutzeraustausch und Nutzerinhalten basieren.

> **Hinweis: Haftung für Nutzerinhalte**
>
> Erläuterungen zur Haftung und zum Haftungsprivileg für Nutzerinhalte finden Sie in Abschnitt 17.3.

17.4.1 Pflichten als Hosting-Diensteanbieter

Wenn Sie digitale Dienste anbieten, in deren Rahmen Sie Nutzerinhalte speichern (z. B. Blogs mit Kommentarfunktion, Onlineforen oder eigene soziale Plattformen, wie z. B. Instanzen des dezentralen sozialen Netzwerks *Mastodon*), müssen Sie diverse Transparenz- und Moderationspflichten erfüllen:

- **Kontaktstelle:** Sie müssen eine leicht zugängliche Kontaktstelle für Behörden und Nutzer bereitstellen (Art. 11 DSA). In der Regel wird es sich um dieselben Angaben handeln, die bereits im Impressum stehen, sodass es ausreicht, im Impressum den folgenden Zusatz oder einen ähnlichen aufzunehmen: »Die Angaben gelten als Kontaktstelle für Behörden.«
- **Transparente AGB:** Sie müssen in die AGB aufnehmen, wie Sie mit rechtswidrigen Inhalten und Meldungen von Nutzern umgehen (Art. 14 DSA). Hier sollten Sie beschreiben, welche Inhalte verboten sind, dass Verstöße zur Löschung der Inhalte und zur Einschränkung der Nutzung bis zum Hausverbot führen können, und Sie sollten kommunizieren. wie ein Beschwerdeverfahren bei Ihnen abläuft: von der Meldung über ein Kontaktformular bis zur Löschung des Beitrags und Information der betroffenen Person.
- **Melde- und Abhilfeverfahren:** Unabhängig von der Größe muss jede Plattform ein System vorhalten, das es Nutzerinnen und Nutzern ermöglicht, illegale Inhalte einfach und effektiv zu melden, wobei die Komplexität verhältnismäßig zur Plattformgröße sein soll (Details finden sich in Art. 12 und Art. 16 DSA, siehe auch Abbildung 17.4). Wenn Beschwerden über Nutzerinhalte eher eine Ausnahme darstellen, reicht es auch aus, ein Kontaktformular bereitzustellen. Das dürfte in den meisten Fällen zutreffen. Große Plattformen hingegen müssen

umfangreiche, dedizierte Prozesse einrichten, die sicherstellen, dass Beschwerden schnell und effektiv verarbeitet werden. Dies kann automatisierte Systeme zur Erstprüfung, große Moderationsteams und mehrstufige Überprüfungsprozesse umfassen.

- **Begründung von Moderationsentscheidungen:** Nutzer müssen über die Gründe der Löschung ihrer Inhalte und über verfügbare Rechtsmittel informiert werden (Art. 17 DSA).

Die neuen Regeln bedeuten, dass Nutzerinnen und Nutzer eine Begründung für die Löschung ihrer Inhalte verlangen können. Es ist zu empfehlen, den Beschwerdeführer gleich bei der Aufnahme der Beschwerde um eine Begründung zu bitten, warum ein Inhalt rechtswidrig ist. Diese Begründung kann dann entsprechend an den Verfasser des rechtswidrigen Inhalts weitergeleitet werden (siehe Abbildung 17.4).

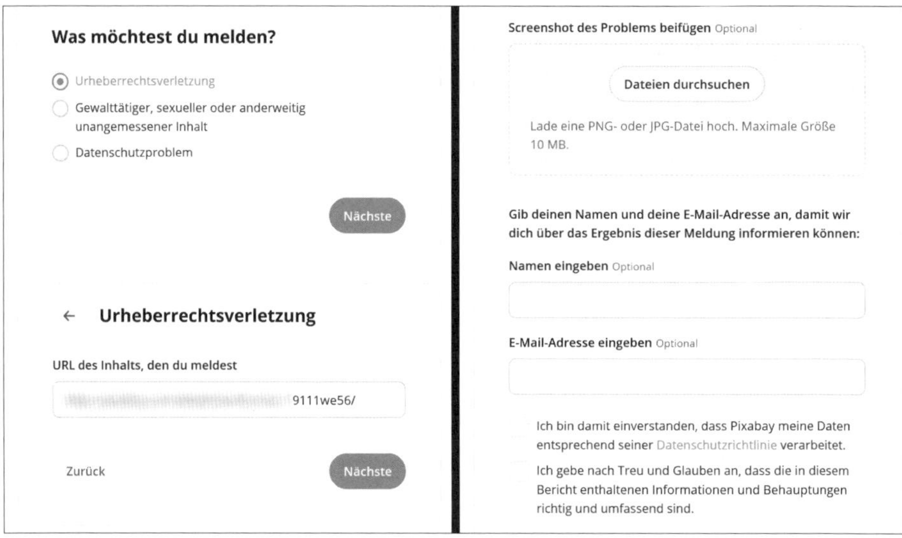

Abbildung 17.4: Beispiel eines Verfahrens für die Meldung rechtswidriger Inhalte, bei dem Nutzer durch einzelne Fragen geleitet werden.

17.4.2 Zusätzliche Pflichten als Onlineplattformanbieter

Sobald Nutzerinhalte nicht nur gespeichert, sondern auch veröffentlicht werden, wird ein *Hosting-Angebot* zur *Onlineplattform*. Diese Einstufung bringt weitere Pflichten mit sich:

- **Transparenzberichte:** Jährliche Berichte über die Inhaltsmoderation sind Pflicht (Art. 15, 24 DSA).
- **Beschwerdemanagement:** Ein transparentes und effizientes System für Beschwerden muss eingerichtet werden (Art. 16 DSA).
- **Meldung von Straftaten:** Informationen zu Straftaten, die eine Gefahr für das Leben oder die Sicherheit einer Person oder von Personen darstellen können, müssen zuständigen Behörden gemeldet werden (Art. 18 DSA).

- **Streitbeilegung:** Plattformen müssen kostengünstige, außergerichtliche Streitlösungen anbieten (Art. 21 DSA).
- **Vertrauenswürdige Hinweisgeber:** Eine Kooperation mit sogenannten vertrauenswürdigen Hinweisgebern ist erforderlich (Art. 22 DSA). Das können z. B. ideell agierende Vereine sein, die das Internet nach Rechtsverstößen durchsuchen.
- **Missbrauchsschutz:** Der DSA verpflichtet Plattformbetreiber, wirksame Maßnahmen gegen den Missbrauch ihrer Dienste zu implementieren. Dies umfasst auch den Schutz vor missbräuchlicher Nutzung der Beschwerdeverfahren selbst. Betreiber müssen Vorkehrungen treffen, um wiederholte Falschmeldungen, automatisierte Massenanfragen oder andere Formen des Missbrauchs zu erkennen und zu unterbinden. Ziel ist es, die Integrität der Dienste zu wahren und gleichzeitig ein faires und effektives Beschwerdemanagement zu gewährleisten (Art. 23 DSA).
- **Transparenz bei Onlinewerbung:** Werbung muss als solche gekennzeichnet werden. Zudem müssen die Finanzierung und die Anzeigeparameter gemäß Art. 26 DSA offengelegt werden.

Hinweis: Ausnahme für kleine Unternehmen

Unternehmen mit weniger als 50 Mitarbeitenden und unter zehn Millionen Euro Jahresumsatz sind von diesen Pflichten befreit. Diese Ausnahme richtet sich also nach der Unternehmensgröße, nicht der Größe des angebotenen Dienstes. Beispielsweise unterfällt ein großes Unternehmen mit einem kleinen Onlineforum diesen Pflichten, während ein kleines Unternehmen mit einer großen Nutzerschaft von ihnen befreit bleibt.

17.4.3 Zusätzliche Pflichten für Gatekeeper

Der *Digital Services Act* (DSA) definiert eine weitere Kategorie von Plattformanbietern, die sogenannten *Gatekeeper*. Diese Klassifizierung trifft auf Plattformen zu, die entweder mehr als 45 Millionen monatlich aktive Nutzer in der EU haben oder einen besonders großen wirtschaftlichen Einfluss ausüben. Dazu gehören z. B. Amazon (Handel), Google (Suche, YouTube) oder Meta (Facebook, Instagram, WhatsApp), TikTok etc.

Für diese Gatekeeper gelten zusätzliche, strengere Verpflichtungen, die ihre Marktmacht regulieren sowie einen fairen Wettbewerb und den Schutz der Rechte der Mitglieder sowie dritter Personen sicherstellen sollen. Diese Regelungen umfassen insbesondere:

- **Empfehlungstransparenz:** Plattformen müssen Nutzer klar darüber informieren, nach welchen Kriterien ihnen bestimmte Inhalte empfohlen werden (sogenannter *Empfehlungsalgorithmus*). Darüber hinaus muss eine neutrale, nicht auf Profiling, sondern z. B. auf Chronologie beruhende Feed-Alternative zur

Verfügung stehen, sodass Nutzer die Wahl haben, auf personalisierte Inhaltsempfehlungen zu verzichten.

- **Werbeoffenlegung:** Jegliche Werbung auf der Plattform muss klar gekennzeichnet werden. Nutzer sollen wissen, wer die Werbung finanziert hat. Plattformen müssen zudem Archive aller geschalteten Werbeanzeigen führen, um Transparenz zu gewährleisten.
- **Beschränkung sensibler Daten:** Werbung darf nicht auf Basis sensibler personenbezogener Daten ausgespielt werden (z. B. die Gesundheit oder die sexuelle Orientierung betreffend). Dies schützt vor Diskriminierung und wahrt die Privatsphäre der Nutzer. Außerdem darf Werbung nicht gezielt an Kinder gerichtet sein.
- **Meldeplattformen für illegale Inhalte:** Nutzer müssen die Möglichkeit haben, illegale Inhalte einfach und effektiv zu melden. Plattformen sollten dafür geeignete Meldefunktionen bereitstellen.
- **Meldung verdächtiger Inhalte:** Plattformbetreiber sind verpflichtet, illegale Inhalte an die Behörden zu melden. Sie müssen Maßnahmen ergreifen, um die Verbreitung illegaler Inhalte zu verhindern und die Meinungs- und Informationsfreiheit nicht negativ zu beeinflussen.
- **Transparente Inhaltsmoderation:** Die Moderation von Inhalten muss transparent erfolgen. Wenn Inhalte gelöscht werden, muss deren Verfasser über die Gründe informiert werden und ein Widerspruchsrecht erhalten.
- **Durchsetzung klarer Geschäftsbedingungen:** Plattformen müssen über klare, faire und transparente Geschäftsbedingungen verfügen und diese ohne Willkür durchsetzen.
- **Risikobewertungen:** Betreiber müssen regelmäßige Risikobewertungen ihrer Plattform durchführen und sie von unabhängigen externen Stellen überprüfen lassen.
- **Offenlegung von Anbieterinformationen:** Verkaufsplattformen sind verpflichtet, wichtige Anbieterinformationen wie Kontaktdaten und Handelsregistereinträge offenzulegen.
- **Verbot von »Dark Patterns«:** Gestaltungspraktiken, die es Nutzern erschweren, ihre Rechte wahrzunehmen, und sie unbewusst beeinflussen, bestimmte, für sie negative Entscheidungen zu treffen, sind untersagt. Dazu gehören z. B. das Verstecken des »Ablehnen«-Buttons bei Cookie-Bannern (siehe Abschnitt 10.10.8), Vortäuschung von Dringlichkeit, verwirrende Sprache etc. Die genauen Details und die Reichweite des Verbots von Dark Patterns müssen in der Zukunft von den Gerichten festgelegt werden.
- **Risikobewertungen und Veröffentlichung von Transparenzberichten:** Plattformen müssen regelmäßig Risikobewertungen durchführen und Transparenzberichte über ihre Moderationsentscheidungen hinsichtlich der Inhalte veröffentlichen, um verantwortungsvolle Moderation zu demonstrieren.

Für die meisten Marketingaktivitäten und für kleinere bis mittlere Unternehmen sind diese speziellen Gatekeeper-Pflichten in der Regel nicht relevant, da sie sich auf die größten Tech-Unternehmen und Plattformen wie Google (Suchmaschine, Android), Meta (Facebook, Instagram, WhatsApp) oder Amazon (E-Commerce-Plattform, AWS) konzentrieren.

17.4.4 Bußgelder bei Verstoß

Bei Verstößen gegen den DSA kann die Bundesnetzagentur Bußgelder von bis zu 6% des Jahresumsatzes verhängen. Für unrichtige oder unvollständige Informationen, z.B. fehlende Angaben über Moderationsregeln in den AGB des Diensts, sowie die Verweigerung einer Nachprüfung beträgt die Höchststrafe maximal 1% vom Umsatz.

Checkliste: Pflichten nach dem Gesetz für digitale Dienste (DSA)

1. Unterscheidung zwischen Hosting-Diensten und Onlineplattformen:

- **Hosting-Dienste:** Alle Dienste, die Nutzerdaten speichern, z. B. Kommentare in Blogs, Kundendaten in Nutzerkonten, Beiträge in Onlineforen.
- **Onlineplattformen:** Alle Dienste, die Nutzerdaten speichern und in deren Auftrag veröffentlichen, z. B. Kommentare in Blogs, Beiträge in Onlineforen, Betrieb eines sozialen Netzwerks (z. B. ein Server des dezentralen Netzwerks »Mastodon«).

2. Pflichten für alle Hosting-Provider:

- Angabe der Kontaktstelle für Behörden (ergibt sich aus dem Impressum, es kann der Zusatz »Die obigen Angaben gelten auch für den Behördenkontakt« aufgenommen werden).
- Einfache Meldemöglichkeit für Nutzer (abhängig vom Umfang der erwarteten Meldungen, sodass auch ein Kontaktformular genügen kann).
- Gesetzlicher Vertreter (für Dienste ohne Niederlassung in der EU).
- Moderationsregeln in AGB (Regelung, welche Inhalte nicht erlaubt sind und welche Maßnahmen wann ergriffen werden, z. B. Löschung bis Hausverbot).
- Begründung und Dokumentation von Moderationsentscheidungen (Begründung gegenüber betroffenen Nutzern, die in der Regel der vorgebrachten Beschwerde gegen den Inhalt entspricht).

3. Pflichten für Onlineplattformen (nur für Unternehmen ab 50 Mitarbeitenden oder mehr als 10 Millionen Umsatz):

- Transparenzberichte: Regelmäßige Berichterstattung über die Inhaltsmoderation und deren Ergebnisse.
- Internes Beschwerdemanagement: Effizientes System zur Bearbeitung von Nutzerbeschwerden.
- Außergerichtliche Streitbeilegung: Kostengünstige, nicht gerichtliche Möglichkeiten zur Konfliktlösung.
- Zusammenarbeit mit vertrauenswürdigen Hinweisgebern: Kooperation mit zuverlässigen Informationsquellen für rechtswidrige Inhalte.

- Schutz gegen Missbrauch: Maßnahmen zur Verhinderung des Missbrauchs der Plattform und ihrer Prozesse.
- Meldung von Straftaten: Pflicht zur Berichterstattung über schwerwiegende rechtswidrige Aktivitäten.
- Transparenz bei Onlinewerbung: Offenlegung der Werbeinhalte als solche sowie der damit verbundenen Finanzierungs- und Anzeigeparameter.

4. Zusätzliche Pflichten für Gatekeeper:

- Definition und Anwendung: Diese speziellen Pflichten gelten für Plattformen, die entweder mehr als 45 Millionen monatlich aktive Nutzer in der Europäischen Union haben oder einen besonders großen wirtschaftlichen Einfluss ausüben (z. B. Amazon (Handel), Google (Suche, YouTube), Meta (Facebook, Instagram, WhatsApp), TikTok).
- Es gelten zusätzliche, strengere Verpflichtungen. Gatekeeper müssen transparente Inhaltsmoderation bieten, Werbung eindeutig kennzeichnen, sensible Daten schützen, Meldeplattformen für illegale Inhalte einrichten, verdächtige Inhalte melden und »Dark Patterns« vermeiden sowie alternative Optionen zu ihren Empfehlungsalgorithmen bereitstellen.

5. Bußgelder:

- Bis zu 6 % vom weltweiten Umsatz.
- Verstoß gegen Informationspflichten: maximal 1 % vom Umsatz.

17.5 Haftung für Links, eingebettete und geteilte Inhalte

Sie haften in der Regel nicht für geteilte oder verlinkte Inhalte, es sei denn, Sie wissen von deren Rechtswidrigkeit, machen sie sich zu eigen oder die Links dienen direkt der Förderung Ihres Absatzes.

Das Setzen von Links auf fremde Inhalte, die Einbettung externer Inhalte in Webseiten und das Teilen fremder Links in sozialen Netzwerken sind zentrale Praktiken, die das moderne Internet prägen. Doch wer ist verantwortlich für solche Links und geteilte Inhalte? Welche rechtlichen Konsequenzen drohen, wenn Links zu rechtswidrigen Inhalten führen? In diesem Abschnitt erfahren Sie die rechtliche Lage zur Linkhaftung und zur Haftung für online verbreitete Inhalte. Da keine dedizierte gesetzliche Regelung zur Linkhaftung existiert, stützt sich die folgende Darstellung auf die bisherige Rechtsprechung in einschlägigen Fällen.

Hinweis: Einzelfälle

Bitte beachten Sie, dass Gerichtsverfahren von vielen Einzelfaktoren abhängen. Ein Gericht kann je nach Art und Schwere des Rechtsverstoßes, der Erkennbarkeit des Verstoßes sowie der Vorbildung und Sachkenntnis der verlinkenden Person unterschiedlich urteilen.

17.5.1 Arten von Links und Verweisen

Das Haftungsprivileg gilt auch für Links. Hierzu zählen digitale Verweise auf externe Inhalte (Webseiten, Bilder, Videos, Texte), die in verschiedene Kategorien unterteilt werden können:

- **Text- oder Bilderlinks:** Klassische Hyperlinks, die Nutzer nach dem Klick auf einen Text oder ein Bild zu einer anderen Webseite weiterleiten.
- **Bloße Webadresse:** Eine unverlinkte Angabe einer URL, wie *https://oreilly.de*, die kopiert und manuell in die Adresszeile eines Browsers eingefügt werden muss.
- **Eingebettete Links:** Links, die z. B. Videos oder Bilder direkt auf der eigenen Webseite anzeigen, sogenanntes *Embedding*, *Deep Linking* oder *Hot Linking* (weitere Hinweise zu den urheberrechtlichen Aspekten erhalten Sie in Abschnitt 3.3.2).
- **Geteilte Links und Inhalte:** In sozialen Medien können eigene sowie fremde Links und Inhalte in der eigenen Timeline mit anderen Plattformmitgliedern geteilt werden.

Die folgenden Hinweise gelten für alle Arten von Links, Einbettungen und das Teilen von Inhalten – unabhängig davon, ob dies auf Webseiten oder in sozialen Medien geschieht. Soweit Unterschiede im Hinblick auf die einzelnen Verlinkungsarten auftreten, wird darauf hingewiesen.

17.5.2 Arten der Rechtsverstöße

Für die Haftungsfrage bei der Verlinkung ist es entscheidend, zu klären, für welche Art von Rechtsverstößen die Linkhaftung entstehen kann. Im Folgenden finden Sie eine Übersicht der häufigsten Rechtsverstöße im Marketing im Zusammenhang mit der Linkhaftung.

> **Hinweis: Von Nutzern gesetzte Links**
>
> Wenn Nutzerinnen und Nutzer in Ihren Social-Media-Profilen Links veröffentlichen, haften Sie nach den Regeln für nutzergenerierte Inhalte erst ab dem Zeitpunkt, an dem Sie von der Rechtswidrigkeit erfahren und den Link nicht zügig entfernen (siehe oben Abschnitt 17.3.2).

17.5.2.1 Wettbewerbsverstöße

Verlinke, geteilte oder eingebettete Inhalte können wettbewerbswidrig sein. Dazu gehören unbegründete Alleinstellungsbehauptungen (z. B. »wir sind die Besten«), unerlaubte gesundheitsbezogene Aussagen (sogenannte Health Claims) oder irreführendes Umweltmarketing (Greenwashing). Weitere Beispiele für Wettbewerbsverstöße finden Sie in Kapitel 12. Wichtig zu wissen ist, dass Sie für diese Aussagen und Inhalte haften können, auch wenn sie nur verlinkt sind (BGH, Az. I ZR 74/14).

Dies gilt insbesondere, wenn ...

- ... der Link zur Bewerbung eigener Produkte dient (z. B. innerhalb einer Produktbeschreibung). Häufig wird der Linkverweis zur Untermauerung der Glaubwürdigkeit oder anderer Vorteile eigener Produkte eingesetzt, beispielsweise wenn ein Verkäufer von Nahrungsergänzungsmitteln auf Studien oder Testimonials verweist, die Aussagen zur Wirkung der Präparate enthalten (siehe Abbildung 17.5).
- ... der Link die eigenen Ausführungen stützen soll.
- ... der Link wesentlicher Teil des Geschäftsmodells ist (z. B. Affiliate-Links).

Vorsicht: Deep Links sind risikoreicher

Links lassen sich in Surface Links und Deep Links unterteilen. Surface Links verweisen auf Hauptseiten (z. B. *www.example.com*) und gelten als weniger riskant, da sie nicht automatisch alle Unterseiten einschließen. Deep Links führen direkt zu spezifischen Inhalten (z. B. *www.example.com/spezifischer-artikel*) und bergen ein höheres rechtliches Risiko, da sie als aktive Verbreitung bestimmter Inhalte interpretiert werden können. Obwohl Surface Links generell sicherer sind, ist bei beiden Linkarten Vorsicht geboten, da die rechtliche Bewertung im Einzelfall variieren kann.

Abbildung 17.5: Wenn Sie wie in diesem (fiktiven) Bildbeispiel auf eine externe Informationsquelle verweisen, um den Absatz Ihrer Produkte zu fördern, haften Sie für die direkt verlinkten Inhalte und Aussagen.

Die Linkhaftung entsteht unabhängig von der Art des Verweises, sei es eine URL, der klickbare Textlink oder ein eingebettetes Video.

Fallbeispiel

Ein Gerichtsurteil des Landgerichts Traunstein (Az. 1 HK O 2790/22) zeigt, wie vorsichtig man mit eingebundenen Inhalten sein muss. In diesem Fall hatte ein Webseitenbetreiber ein Hotel beworben, indem er externe Werbung in seine Webseite einbettete. Das verlinkte Hotelprofil zeigte jedoch eine Sternebewertung, obwohl das Hotel gar keine offizielle Klassifizierung besaß. Das Gericht entschied daher, dass der Webseitenbetreiber für diese irreführende Information haftbar ist. Begründung: Durch die Einbindung des Links hatte er sich den Inhalt »zu eigen gemacht«, also quasi als seinen eigenen präsentiert. Dieses Urteil verdeutlicht, dass man auch für verlinkte Inhalte verantwortlich sein kann.

Zusammenfassend gesagt: Sie sollten fremde Texte, Bilder oder Videos nur dann verlinken, einbetten oder teilen, wenn Sie sicher sind, dass diese rechtmäßig sind und Sie sie selbst veröffentlichen dürften. Das Gleiche gilt für die Verbreitung der im Folgenden behandelten rechtswidrigen Äußerungen.

17.5.2.2 Beleidigungen, Schmähungen und Unwahrheiten

In Abschnitt 9.1 haben Sie erfahren, dass die Meinungsfreiheit durch unsachliche und herabsetzende Schmähkritik oder Beleidigungen eingeschränkt wird und Tatsachenbehauptungen belegbar sein müssen. Dabei kann es passieren, dass Sie auf einen Artikel verlinken, ein Video einbinden oder es im eigenen Social-Media-Profil teilen, das Beleidigungen, Schmähkritik oder Unwahrheiten über ein Unternehmen verbreitet.

Für die Haftung bei Verlinkungen und Teilungen ist entscheidend, ob Ihnen die Kenntnis des Rechtsverstoßes nachgewiesen werden kann, also ob Sie den Link bewusst gesetzt und sich den Inhalt zu eigen gemacht haben. Ein kommentierter oder befürworteter Link verstärkt die Haftungsvermutung (siehe Abbildung 17.6). Das Risiko ist geringer, wenn Links unkommentiert geteilt werden. Generell sollten Sie jedoch im kommerziellen Kontext keine Inhalte unbesehen verbreiten oder auf sie verweisen – auch nicht per Link.

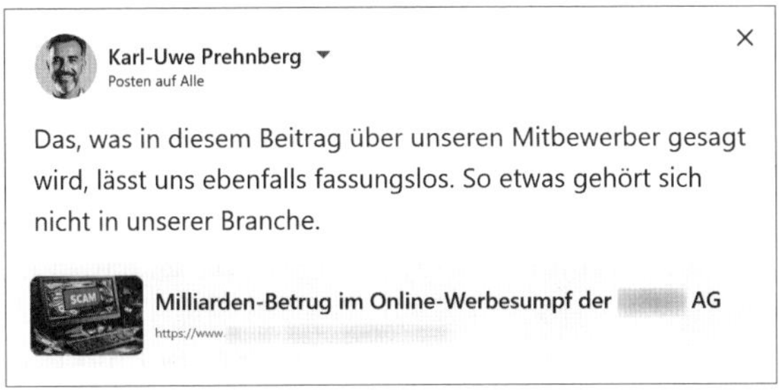

Abbildung 17.6: Das Haftungsrisiko erhöht sich, wenn Sie geteilte Inhalte kommentieren oder befürworten. Das sogenannte Laienprivileg (siehe Abschnitt 9.1.2.3) kann in bestimmten Fällen als Schutz dienen, insbesondere bei vertrauenswürdigen Quellen und nicht selbst überprüfbaren Fakten. Allerdings deutet die Erwägung dieses Privilegs bereits auf ein erhöhtes Risiko des geteilten Inhalts hin.

17.5.2.3 Verlinkte Urheberrechtsverstöße

Verlinkte Inhalte können ebenfalls Urheberrechtsverstöße enthalten. Es besteht zwar ein Risiko, dass Sie für diese verlinkten Urheberrechtsverstöße potenziell haftbar gemacht werden könnten. In der Praxis spielt dieses Risiko jedoch eher eine untergeordnete Rolle, da es sich selten realisiert:

- **Textlinks, Bilderlinks oder URL-Angaben:** Der bloße Verweis auf fremde Inhalte ist grundsätzlich kein Rechtsverstoß. Eine Ausnahme besteht, wenn der Rechtsverstoß offensichtlich war (z.B. bei illegalen Softwaredownloads oder Streams aktueller Kinofilme) und Sie sich dennoch für die Verlinkung entschieden haben, was in der Marketingpraxis eher selten vorkommt.
- **Einbettung oder Teilen von Inhalten:** Das Einbetten oder Teilen fremder Videos, Bilder oder Social-Media-Beiträge auf eigenen Webseiten oder Social-Media-Accounts stellt in der Regel keinen Urheberrechtsverstoß dar. Ein Verstoß liegt vor, wenn der eingebettete Inhalt ohne Willen des Urhebers hochgeladen wurde. Dieses Risiko ist in der Praxis gering, besonders bei der Nutzung von Plattformen mit Upload-Filtern wie YouTube, TikTok oder Instagram (weitere Hinweise zu urheberrechtlichen Aspekten beim Einbetten und Teilen von Inhalten erhalten Sie in Abschnitt 3.3.2).

17.5.3 Änderungen der verlinkten Inhalte

Es kann vorkommen, dass eine verlinkte Webseite ursprünglich rechtmäßig war, aber später um rechtswidrige Inhalte ergänzt wurde. Zum Beispiel könnte der Hersteller auf einer von einem Händler verlinkten Produktdetailseite nachträglich in der EU unzulässige Umweltaussagen zu den Produkten aufnehmen (Greenwashing wird in Abschnitt 12.7 erläutert).

Es stellt sich daher die Frage, ob und wie oft verlinkte Inhalte überwacht werden müssen. Basierend auf allgemeinen Grundsätzen, wird folgende Vorgehensweise empfohlen:

- **Aktuelle Links zu Medien und Nachrichten:** Wenn Sie auf Nachrichtenartikel oder ähnliche zeitgebundene Inhalte verlinken, müssen Sie diese Links nicht ständig überprüfen. Das OLG München (Az. 18 U 5645/07) hat entschieden, dass für solche unveränderlichen, zeitpunktbezogenen Informationen keine fortlaufende Prüfpflicht besteht.
- **Dauerhafte Links in Werbung und Produktinformationen:** Anders verhält es sich bei Links, die Sie langfristig in Produktbeschreibungen verwenden, etwa Links zu Herstellerangaben im Rahmen einer Produktbeschreibung. Diese sollten Sie regelmäßig überprüfen. Es gibt zwar keine vorgeschriebenen Prüfintervalle, aber eine mindestens zweiwöchentliche Überprüfung ist ratsam. Ferner sollten Sie prüfen, ob eine Möglichkeit besteht, dass Sie über Änderungen der verlinkten Inhalte informiert werden, sei es durch den Betreiber der Webseite oder externe Monitoring-Tools.

17.5.4 Distanzierung

Wenn Sie vermuten, dass ein Link zu einem Rechtsverstoß führt, verzichten Sie besser darauf, ihn zu teilen, und verwenden stattdessen Umschreibungen des verlinkten Inhalts. Eine pauschale Distanzierung reicht oft nicht aus, um rechtliche Probleme zu vermeiden (dazu Genaueres in Abschnitt 9.1.3.1). Um sich zu distanzieren, müssten Sie z. B., wenn Sie einen Artikel teilen, der Schmähungen oder unwahre Tatsachen enthält, diese geraderücken, etwa durch eine Formulierung wie »Die dort aufgestellten Behauptungen kann ich nicht teilen«. Dennoch bleibt immer ein Restrisiko, dass die Distanzierung nicht ausreicht, weil es auf die Umstände des Einzelfalls ankommt.

Um wirksam zu sein, müssten die Distanzierungen zudem im »Sichtzusammenhang«, also direkt neben den rechtswidrigen Links platziert werden. Pauschale Haftungsausschlüsse im Impressum oder der Profilbeschreibung sozialer Netzwerke sind unwirksam (siehe Abbildung 17.7).

> **Hypertext Links**
> Unsere Website enthält Hypertext Links zu Websites anderer Anbieter. [illegible] ist nicht verantwortlich für die Einhaltung von Rechten, wie zum Beispiel Datenschutzbestimmungen, auf diesen Websites und übernimmt keinerlei Verantwortung für den Inhalt dieser Websites. Ebenso übernimmt die [illegible] auch keine Haftung für die Funktionsfähigkeit dieser Links und dieser Websites. Der Haftungsausschluss unterliegt dem Recht der Bundesrepublik Deutschland.

Abbildung 17.7: Die oft in Impressen anzutreffenden »Disclaimer«, d.h. Haftungsausschlüsse für Inhalte oder wie in dem Bildbeispiel Links, sind rechtlich wirkungslos. Es handelt sich rechtlich um AGB, mit denen sich Webseitenbesucher zuerst einverstanden erklären müssten, z.B. in einem Pop-up beim Betreten der Webseite (dazu weitere Hinweise in Abschnitt 2.1.4). Aber auch dann wäre ein pauschaler Haftungsausschluss unwirksam und müsste spezifische Haftungen, etwa für Vorsatz oder grobe Fahrlässigkeit, ausschließen (Haftungsausschlüsse werden in Abschnitt 17.2.1 erläutert).

17.5.5 Kein Verbot der Verlinkung

Es ist erlaubt, auf fremde Quellen zu verlinken. Etwaige Verbote von Website-Inhabern, deren Webseiten zu verlinken, sind unwirksam. Der BGH (Az. I ZR 259/00) hat entschieden, dass die Veröffentlichung von Inhalten stillschweigend die Erlaubnis zur Verlinkung beinhaltet. Dies gilt auch für die Einbettung fremder Inhalte, wie der Europäische Gerichtshof (Az. C-348/13) festgestellt hat. Wer dies verhindern möchte, muss technische Maßnahmen wie z. B. Passwörter einsetzen.

17.5.5.1 Pflicht zu Löschung ab Kenntnis

Sie haften zwar nicht automatisch für Links zu rechtswidrigen Inhalten oder für geteilte Inhalte. Werden Sie auf die Rechtswidrigkeit hingewiesen, müssen Sie den

Link umgehend, also innerhalb weniger Tage, entfernen. Diese Hinweise kommen meist von den Rechteinhabern.

Aus Gründen der Rechtssicherheit sollten Sie die Links für die Dauer der Prüfung zumindest vorübergehend entfernen (hier gilt dasselbe Prinzip des zügigen Handelns wie im Fall des Haftungsprivilegs für Nutzerinhalte entsprechend Abschnitt 17.3.2).

17.5.5.2 Rechtsfolgen der Linkhaftung

Wenn Sie von Anfang an für den Link haften oder den Link trotz Hinweises auf Rechtswidrigkeit nicht zügig entfernt haben, drohen folgende Konsequenzen:

- **Abmahnung mit Unterlassungsaufforderung:** Sie müssen sich verpflichten, die beanstandeten Inhalte nicht mehr zu veröffentlichen, und bei Verstoß eine Vertragsstrafe zahlen, die mehrere Hundert bis Tausend Euro betragen kann.
- **Kostenerstattung:** Sie tragen die Rechtsanwaltskosten der Gegenseite, die ca. 1.000 bis 2.000 Euro betragen können, und diese verdoppeln sich, wenn Sie auch eine eigene Rechtsvertretung in Anspruch nehmen.
- **Schadensersatz:** Bei schwerwiegenden Beeinträchtigungen des Rechteinhabers kann ein Schadensersatz fällig werden, in der Regel mehrere Hundert bis Tausende Euro bei Persönlichkeitsrechten.

17.6 Haftung für favorisierte Inhalte

Die Frage, ob mit der Favorisierung von Beiträgen in sozialen Netzwerken (d.h. Anklicken von Gefällt-mir-, Sternchen- oder Herzchen-Schaltflächen) eine Haftung für deren Inhalte einhergeht, spielt in der Praxis als auch rechtlich eher eine untergeordnete Rolle.

Allerdings können Favorisierungen in bestimmten Kontexten durchaus eine bedeutende Rolle spielen, insbesondere wenn es darum geht, jemandem eine negative Gesinnung nachzuweisen, die zu Konsequenzen führen kann. Ein Beispiel hierfür sind Mitarbeitende, die öffentlich politisch extreme Inhalte favorisieren. In solchen Fällen können die Favorisierungen als Indiz für die persönliche Haltung oder politische Einstellung einer Person gewertet werden, was in bestimmten beruflichen oder öffentlichen Positionen problematisch sein kann und möglicherweise arbeitsrechtliche Folgen nach sich ziehen könnte.

Checkliste: Haftung für Links, eingebettete und geteilte Inhalte

1. Die Haftungsregeln betreffen alle Arten der Verlinkung fremder Inhalte:

- Bloße URL-Angaben.
- Klickbare Text- und Bilderlinks.
- Eingebettete Links (z. B. YouTube-Video).
- In Social Media geteilte Links und Inhalte.

Haftung für Links zu Wettbewerbsverstößen (siehe Kapitel 12):

- Verlinkung unterstützt das Bewerben oder erweitert die Beschreibung eigener Produkte und Leistungen (z. B. Verlinkung von der Produktseite auf die Herstellerseite, die nicht nachweisbare Alleinstellungsmerkmale wie »das beste Produkt seiner Art« o. Ä. enthält).
- Ist der Wettbewerbsverstoß erkennbar oder wurde der Verlinkende auf ihn hingewiesen und hat den Link nicht gelöscht, dann übernimmt er die Haftung für die verlinkten rechtswidrigen Inhalte.

Links zu Beleidigungen, Schmähungen und Unwahrheiten (siehe Kapitel 9):

- Haftung ist gegeben, wenn der Rechtsverstoß bei Linksetzung erkennbar war oder trotz nachträglicher Kenntnisnahme der Rechtswidrigkeit der Link nicht unverzüglich gelöscht wurde.
- Eine Haftung liegt ebenfalls vor, wenn der verlinkte Inhalt unterstützt wird oder jemand sich dessen Aussagen zu eigen macht, beispielsweise durch Kommentare oder Solidaritätsbekundungen.

Links zu urheberrechtsverletzenden Inhalten (siehe Kapitel 3):

- Bloße Textlinks, Bilderlinks und URL-Angaben begründen grundsätzlich keinen Urheberrechtsverstoß und keine Haftung.
- Einbettung von Inhalten auf Webseiten oder Teilen in Social Media ist grundsätzlich zulässig und führt nur zu geringen Risiken der Haftung.
- Die Kenntnis der Rechtswidrigkeit bei Linksetzung oder Unterlassung der Löschung trotz nachträglicher Kenntnisnahme der Rechtswidrigkeit führt zur eigenen Haftung für den Urheberrechtsverstoß.

Nachträgliche Änderungen der Quelle:

- Keine Prüfungspflicht bei News und punktuell gesetzten Links.
- Prüfungspflicht bei Links, die dauerhaft werben, z. B. in gepinnten Beiträgen oder in Produktbeschreibungen.

2. Disclaimer im Impressum:

- Link-Disclaimer im Impressum sind grundsätzlich unwirksam.
- Disclaimer müssen direkt am Beitrag platziert sein und dürfen das Unrecht nicht vertiefen, z. B. indem Fakten richtiggestellt werden. Statt des Disclaimers lieber auf den Link verzichten.

3. Löschpflicht ab Kenntnis der Rechtswidrigkeit:

- Auch ohne direkte Linkhaftung entsteht die Pflicht zur Löschung ab Kenntnis des Rechtsverstoßes.
- Pflicht zur zügigen Löschung ab Kenntnis (vergleichbar mit Haftung für Nutzerinhalte).

4. Folgen der Haftung für Links und eingebettete sowie geteilte Inhalte:

- Pflicht zur Abgabe strafbewährter Unterlassungserklärung und Zahlung einer Vertragsstrafe bei Verstoß.
- Übernahme der Anwaltskosten.
- Schadensersatzzahlung.

5. Haftung für favorisierte Inhalte:

- Mögliche Nachteile aufgrund der Favorisierung rechtswidriger Inhalte (z. B. Beleidigungen).
- Bisher geringes Risiko, und wenn, dann im Rahmen von arbeitsrechtlichen Verfahren relevant (z. B. Favorisierung von volksverhetzenden Beiträgen oder Beleidigungen des Arbeitgebers).

KAPITEL 18

Abmahnung, Abwehr und Durchsetzung von Ansprüchen

In diesem Buch haben Sie gelernt, wie man eigene Rechtsverstöße vermeidet und sich vor der Haftung für fremde Verstöße schützt. Dennoch kann es passieren, dass es zu einem Rechtsverstoß kommt oder Sie zu Unrecht belangt werden. Durch die Lektüre dieses Buchs sind bereits Sie besser über Ihre Rechte informiert und können sich gegen Rechtsverstöße Dritter wehren. Für juristische Laien sind solche Situationen oft heraus fordernd. Vielleicht fragen Sie sich: »Was tun bei einer Abmahnung?«, »Wann lohnt es sich, Wettbewerber abzumahnen?«, »Was ist der Unterschied zwischen einer Abmahnung, einer einstweiligen Verfügung und einem Strafantrag?« oder »Welche Maßnahme ist wann sinnvoll?«

Dieses Kapitel beantwortet diese Fragen. Es soll Ihnen jedoch nicht beibringen, Abmahnungen eigenständig abzuwehren oder Gerichtsverfahren zu führen. Das wäre riskant, denn dieses Buch ersetzt keine juristische Ausbildung. Aber die in diesem Buch erläuterten Zusammenhänge werden Ihnen helfen, rechtliche Vorgänge zu verstehen, richtig zu reagieren und abzuwägen, ob der Gang zum Anwalt sinnvoll ist. Eine weitere positive Nebenwirkung besteht darin, dass Sie Ihren Rechtsanwalt oder Ihre Rechtsanwältin besser verstehen werden.

18.1 Durchsetzung von Rechten

Bevor Sie Ihre Rechte verteidigen oder Rechtsverstöße von Mitbewerbern ahnden, sollten Sie eine klare Strategie entwickeln und einen Eskalationsplan entwickelt haben.

Entwickeln Sie zunächst eine Strategie, bevor Sie sich daranmachen, Ihre Rechte durchzusetzen. Sie müssen eine Vorstellung davon haben, was Sie von wem auf welchem Weg verlangen wollen. Dabei müssen Sie die folgenden Punkte berücksichtigen:

1. **Beweissicherung:** Ihr allererster Schritt ist es, die Beweise zu sichern. Ganz gleich, gegen wen und wie Sie vorgehen möchten, Sie werden in allen Fällen einen Nachweis der Rechtsverstöße benötigen (dazu mehr in Abschnitt 18.1.1).

2. **Zielbestimmung:** Danach müssen Sie sich überlegen, was Ihre Ziele sind (siehe Abbildung 18.1). Möchten Sie z.B. lediglich, dass ein von Ihnen erstelltes und ohne Ihre Zustimmung verwendetes Bild entfernt wird, oder wollen Sie auch Schadensersatz für die widerrechtliche Nutzung verlangen?
3. **Bestimmung des Anspruchsgegners:** Im dritten Schritt müssen Sie bestimmen, gegenüber wem Sie Ihre Ansprüche geltend machen wollen, wer also Ihr »Anspruchsgegner« ist. Das können bei einem rechtswidrigen Nutzerkommentar auf der Facebook-Seite eines Unternehmens beispielsweise das Unternehmen selbst, der Nutzer, Meta als Plattformbetreiber oder alle drei Parteien sein.
4. **Entscheidung über Vorgehensweise:** Der vierte Schritt verlangt von Ihnen die Entscheidung, ob Sie selbst gegen den Anspruchsgegner vorgehen oder sich an andere Stellen wenden möchten, z.B. an die Betreiber von sozialen Netzwerken, staatliche Behörden oder Wettbewerbszentralen. Sie können diese Maßnahmen auch kombinieren.
5. **Auswahl der Maßnahme:** Wenn Sie sich dafür entschieden haben, selbst gegen die Gegenseite vorzugehen, besteht der fünfte Schritt darin, zu überlegen, welche Maßnahmen Sie ergreifen möchten. Das bedeutet, dass Sie sich entscheiden müssen, ob Sie zuerst einen formlosen Hinweis auf die Rechtsverletzung erteilen, ob Sie gleich mit einer kostenpflichtigen Abmahnung einschreiten oder sich an ein Gericht wenden.

Hinweis: Anspruch als juristischer Begriff

Rechtliche Forderungen werden als *Ansprüche* bezeichnet. Soll eine Rechtsverletzung beseitigt werden, spricht man von einem *Beseitigungsanspruch*. Soll sie künftig nicht wiederholt werden, wird ein *Unterlassungsanspruch* geltend gemacht. Sollen negative Folgen ausgeglichen werden, spricht man von einem *Schadensersatzanspruch*.

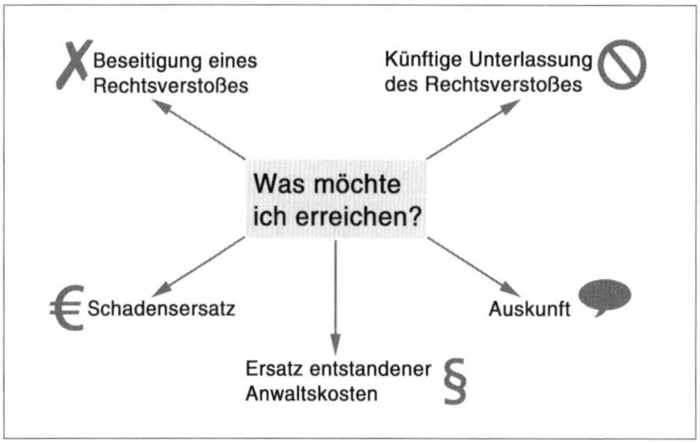

Abbildung 18.1: Um die richtigen Maßnahmen zu ergreifen, sollten Sie sich darüber im Klaren sein, welche Ziele Sie erreichen möchten. Sie können jedoch alle Forderungen im Rahmen einer Abmahnung oder Klage geltend machen.

18.1.1 Beweissicherung bei Rechtsverletzungen

Screenshots und Zeugen gehören zu den besten Beweismitteln.

Ohne überzeugende Beweise können Sie keinen Rechtsstreit gewinnen. Wenn Sie eine Rechtsverletzung behaupten und die Gegenseite dem widerspricht, trifft Sie die Pflicht, Beweise vorzulegen. Auch ein Strafantrag bei der Staatsanwaltschaft hat höhere Chancen, wenn Sie einen Nachweis der Rechtsverletzung beilegen. Wichtige Beweismittel in Onlineverfahren sind:

- **Screenshots:** Screenshots allein sind keine ausreichenden Sicherungsmittel, da das Risiko des Vorwurfs der Manipulation besteht. Daher sollten Zeugen oder weitere der im Folgenden genannten Beweismittel hinzugezogen werden.
- **Zeugen:** Ein Zeuge oder eine Zeugin kann jede andere Person sein, auch eine Mitarbeiterin oder der Ehegatte. Der Inhaber des Unternehmens bzw. die Person, die den Anspruch vor Gericht geltend macht, kann nicht als Zeuge aussagen. Auch muss sich der Zeuge exakt daran erinnern können, wann er was genau gesehen hat. Daher ist es ratsam, dass der Zeuge direkt nach dem Geschehen ein datiertes Protokoll erstellt, auch wenn es nur wenige Worte umfasst. Dadurch wird die Erinnerung an die Ereignisse frisch festgehalten und ist später als verlässliche Referenz glaubwürdig.
- **Kombination von Screenshot und Zeuge:** Kombinieren Sie einen Zeugen mit der Vorlage eines Screenshots, wird die Gegenseite Ihre Beweise nur schwer entkräften können. Drucken Sie dazu im Beisein des Zeugen den Screenshot mit der Rechtsverletzung aus und lassen Sie ihn den Screenshot unter Angabe von Datum und Uhrzeit unterschreiben (siehe Abbildung 18.2).
- **E-Mail oder Einschreiben an sich selbst:** Ein Einschreiben an sich selbst weist weder nach, was versendet wurde, noch dass der versendete Inhalt nicht zuvor verändert wurde. Es ist also als Beweismittel kaum tauglich. Wenn Sie den Weg der postalischen Zusendung an sich selbst als Nachweismethode gehen möchten, müssten Sie den Weg über einen Gerichtsvollzieher wählen, der auch den Inhalt bestätigt. Diesen sollten Sie so beschreiben, dass der Rechtsverstoß mit als erkennbar bestätigt wird. Die Kosten betragen ca. 25 Euro.
- **Anwalt und Notar:** Die bloße Hinterlegung von Screenshots oder sonstigen Beweisen beim Notar oder einem Anwalt kann allenfalls dem Nachweis dienen, dass bestimmte Unterlagen zum Zeitpunkt der Niederlegung existierten. Das beweist aber nicht, dass sie z. B. unverfälscht deponiert wurden.
- **Beweissicherungsdienste:** Es existiert eine Vielzahl von Diensten, die versprechen, Onlinebeweise gerichtsfest zu sichern. Werden dabei die Beweise mit Angaben zum Zeitpunkt und unveränderter Quelle abgespeichert, ist dies ein großer Vorteil für die Verwertbarkeit der Beweise vor Gericht. Es kann an dieser Stelle jedoch keine allgemeine Aussage über deren Qualität getroffen werden. Prüfen Sie daher im Einzelfall, ob die Dienste darlegen können, warum ihre Leistungen gerichtsfest sind, und ob sie Zertifikate oder sonstige externe Bestätigungen vorweisen können.

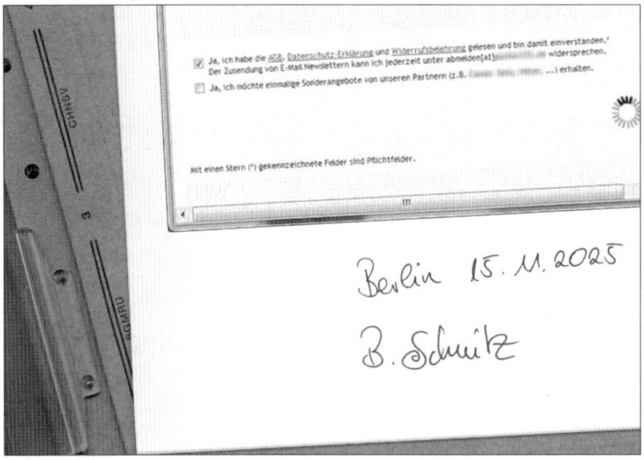

Abbildung 18.2: Ein Screenshot mit der datierten Unterschrift eines Zeugen dient als sicheres Beweismittel. Die Sicherheit kann durch spezielle Onlinedienste zur Beweissicherung gesteigert werden. Der benötigte Sicherheitsgrad richtet sich nach der Art des spezifischen Rechtsverstoßes und des Kostenrisikos.

18.1.2 Selbst vorgehen oder melden

Eigene Ansprüche selbst durchzusetzen, bietet Kontrolle und die Möglichkeit, auch einen Schadensersatz geltend zu machen. Der Nachteil ist das Kostenrisiko. Strafanzeigen oder Meldungen an Behörden bringen kein Kostenrisiko mit sich. Sie haben dann allerdings keinen Einfluss auf das Verfahren. Strafanträge oder Meldungen an Behörden werden daher oft nur ergänzend genutzt, um Druck auszuüben. Oft werden beide Methoden kombiniert.

- **Eigenes Vorgehen:** Sie können selbst aktiv werden, etwa durch Hinweise, Abmahnungen oder Gerichtsverfahren.
- **Strafverfahren:** Bei Straftaten wie Beleidigungen können Sie einen Strafantrag stellen. Besonders hilfreich ist dieses Vorgehen, wenn die Identität des Täters unbekannt ist, da nach einem Strafantrag eine Akteneinsicht möglich ist.
- **Bußgeldverfahren:** Ein Bußgeldverfahren kommt vor allem bei allen Datenschutzverstößen infrage. Zum Beispiel kann ein Datenschutzverstoß bei einer Datenschutzaufsichtsbehörde angezeigt werden. Je nachdem, inwieweit man selbst betroffen war, wird man über ein etwaiges Vorgehen in der Sache informiert.
- **Verbände und Institutionen:** Wirtschafts- und Verbraucherverbände können bei Wettbewerbsverstößen aktiv werden. Sie können diese informieren, bekommen aber in der Regel keine Rückmeldung zum Verfahren.
- **Plattforminhaber**: Bei Verstößen gegen AGB oder Hausregeln melden Sie den Vorfall an die Plattformbetreiber, die dann Maßnahmen ergreifen können. In der Regel erhalten Sie zumindest ein kurzes Feedback, ob ihrem Antrag entsprochen wurde oder nicht.

> **Tipp: Strafantrag versus Strafanzeige**
>
> Der Strafantrag ist einer bloßen Strafanzeige vorzuziehen. Nur beim Strafantrag werden Sie über den Fortgang des Verfahrens informiert. Zudem setzen manche Delikte einen Strafantrag voraus (z.B. Beleidigung oder üble Nachrede gemäß § 194 StGB).

18.1.3 Das konkrete Vorgehen bestimmen

Haben Sie sowohl Ihre Ansprüche als auch den Gegner bestimmt und entschieden, dass Sie selbst die Initiative ergreifen wollen, müssen Sie das konkrete Vorgehen anhand folgender Schritte planen (siehe Abbildung 18.3):

- **Formloser Hinweis:** In manchen Fällen kann es sinnvoll sein, zunächst formlos auf die Rechtsverletzung hinzuweisen. Allerdings hat der Hinweis den Nachteil, dass die Möglichkeit eines schnellen gerichtlichen Vorgehens nach Ablauf eines Monats nicht mehr besteht (siehe Abschnitt 18.1.6) oder, im Fall von Wettbewerbsverstößen Ihrer Mitbewerber, Ihre Ansprüche nach sechs Monaten verfallen (siehe Abschnitt 12.13). In manchen Fällen ist jedoch gesetzlich festgelegt, dass vor der kostenpflichtigen Abmahnung ein formloser Hinweis ohne Kosten erfolgen muss (siehe nachfolgend Abschnitt 18.1.4).
- **Abmahnung:** Vor gerichtlichen Schritten sollten Sie die Gegenseite formell abmahnen. Andernfalls müssen Sie alle Gerichtskosten tragen, wenn die verklagte Partei den Anspruch sofort anerkennt (§ 93 ZPO).

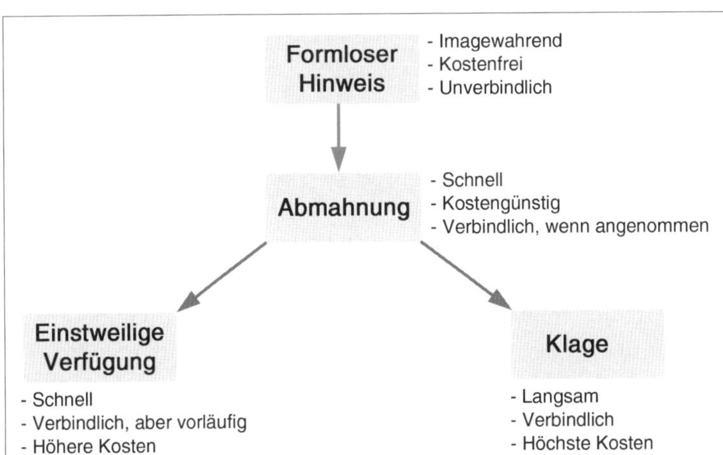

Abbildung 18.3: Wenn Sie beschlossen haben, im Fall einer Rechtsverletzung selbst aktiv zu werden, stehen Ihnen theoretisch sofort alle hier beschriebenen Maßnahmen zur Verfügung. Bevor Sie jedoch gerichtliche Schritte wie eine einstweilige Verfügung oder eine Klage einleiten, sollten Sie die Gegenseite abmahnen. In einigen Fällen kann es sinnvoll sein, zunächst formlos auf die Rechtsverletzung hinzuweisen.

- **Einstweilige Verfügung:** Eine einstweilige Verfügung ist ein vorläufiges gerichtliches Verfahren, mit dem untersagt wird, rechtswidriges Handeln fortzusetzen. Sie muss grundsätzlich innerhalb eines Monats ab Verstoß beantragt werden, da Gerichte danach davon ausgehen, dass anscheinend kein Grund zur Eile besteht.
- **Klageverfahren:** Wenn eine außergerichtliche Einigung (z.B. durch Hinweis oder Abmahnung) nicht erreicht wird oder Schadens- und Kostenersatz verlangt werden, können Ansprüche in einem regulären Klageverfahren vor Gericht geltend gemacht werden. Dieses kann jedoch Monate oder auch Jahre dauern.

18.1.4 Formloser Hinweis

Bevor Sie eine Abmahnung aussprechen, sollten Sie prüfen, ob nicht ein formloser Hinweis auf den Rechtsverstoß angebracht wäre. Ein solcher Vorabhinweis ist erforderlich, falls Sie einen Plattformbetreiber wegen der Rechtsverstöße seiner Nutzer abmahnen möchten, also wegen entsprechender nutzergenerierter Inhalte (weitere Hinweise zum Haftungsprivileg für Nutzerinhalte finden Sie in Abschnitt 17.3). In diesem Fall sollten Sie eine Frist von circa fünf Tagen setzen und zur Löschung auffordern.

Wegen der möglichen Nachteile vor allem bei Wettbewerbsverstößen (siehe Kapitel 12) ist es ratsam, auch vor einem formlosen Hinweis rechtliche Beratung in Anspruch zu nehmen.

Ein formloser Hinweis kann wie folgt formuliert werden:

> Meldung rechtswidriger Nutzerinhalte
>
> Unter der URL »http://...« hat der Nutzer »Musteruser01« die folgende Aussage gemacht:
>
> »[Die Verbrecher vom Onlineshop X wollen mir mein Geld nicht zurückgeben, obwohl ich den Widerruf erklärt habe.]«
>
> Die Bezeichnung »[Verbrecher]« ist ehrverletzend. Zudem müssen die Behauptungen über die fehlende Rückzahlung und die Widerrufserklärung vom Nutzer nachgewiesen werden.
>
> Wir möchten Sie darauf hinweisen, dass Sie ab dem Zeitpunkt dieser Kenntnisnahme für die Aussagen Ihrer Nutzer haften. Bitte entfernen Sie die Aussage bis zum [DATUM in 2 bis 5 TAGEN].
>
> Sollten Sie dieser Aufforderung nicht nachkommen, behalten wir uns rechtliche Schritte vor.

Tipp: Gegendarstellung

Wenn Sie falschen Tatsachenbehauptungen in den Medien widersprechen möchten, bietet sich die Gegendarstellung als Maßnahme an. Sie ist kostenfrei und spart im Vergleich zu rechtlichen Schritten Zeit. Der Antrag auf eine Gegendarstellung sollte innerhalb von zwei Wochen gestellt werden. Die Redaktion kann jedoch einen »Redaktionsschwanz« hinzufügen, um ihre Sichtweise darzulegen.

18.1.5 Abmahnung

Eine Abmahnung ist eine kostengünstige und zeitnahe Möglichkeit, einen Rechtsverstoß zu beseitigen und dessen Wiederholung zu verhindern. Zwar kann man den Anspruch auch sofort gerichtlich durchsetzen, doch das ist teurer. Außerdem trägt man alle Verfahrenskosten selbst, wenn die Gegenseite die Forderung sofort anerkennt.

Tipp: Disclaimer & Co. sind unwirksam

Verzichten Sie in Ihren Impressen auf Hinweise wie »Abmahnungen sind zwecklos« oder »kostenpflichtige Abmahnungen weisen wir zurück«. Damit halten Sie keinen Rechtsanwalt von einer Abmahnung zurück. Ganz im Gegenteil, vielmehr riskieren Sie, dass sofort eine Klage erfolgt, da Sie offensichtlich auf den Weg einer kostengünstigeren Abmahnung verzichten möchten (mehr zu derartigen Disclaimern im Impressum erfahren Sie in Abschnitt 2.1.4).

Die Abmahnung muss diese Bestandteile beinhalten:

- **Name und Firma:** Angaben zu Namen, Firma und gegebenenfalls Vertretern.
- **Berechtigung:** Der Abmahnende muss seine Berechtigung nachweisen, beispielsweise durch Registerauszüge (z. B. aus dem Markenregister). Bei Urheber- oder Markenrechtsverletzungen darf nur der Rechteinhaber abmahnen, bei Wettbewerbsverstößen auch Mitbewerber und bestimmte Verbände.
- **Sachverhalt und Rechtsansicht:** Das beanstandete Verhalten und die Rechtsverletzung müssen klar beschrieben sein, damit der Abgemahnte weiß, was er unterlassen soll.
- **Beseitigung der Rechtsverletzung:** Der Abgemahnte wird aufgefordert, die Rechtsverletzung zu beenden. Eine genaue Beschreibung des Verstoßes, idealerweise mit URL, sollte vorliegen.
- **Strafbewehrte Unterlassungserklärung:** Die abgemahnte Person wird aufgefordert, zu erklären, dass sie es unterlässt, einen Rechtsverstoß wie den beanstandeten zu wiederholen. Sie wird darüber informiert, dass sie im Wiederholungsfall eine Vertragsstrafe zahlen muss (meist zwischen 2.000 und 5.000 Euro). Es reicht nicht aus, dass diese Person statt einer Vertragsstrafenverpflichtung lediglich versichert, den Rechtsverstoß nicht zu wiederholen.

- **Frist:** Die Reaktionsfrist beträgt in der Regel fünf bis sieben Tage. Bei schweren Verstößen kann sie kürzer ausfallen. Eine zu kurze Frist verlängert sich automatisch auf eine angemessene Dauer.
- **Vollmacht:** Eine anwaltliche Abmahnung ist auch ohne beigefügte Vollmacht des Mandanten gültig, wenn sie zugesichert wird. Das Original kann jedoch angefordert werden.
- **Gerichtliche Schritte:** Die Abmahnung muss auf mögliche gerichtliche Schritte bei Nichtbeachtung hinweisen, um gültig zu sein.

Fallbeispiel

In einem Fall mahnte ein Markeninhaber eine Werbeagentur wegen einer Markenrechtsverletzung ab und drohte ihr mit »juristischen Schritten«. Das Landgericht Hamburg entschied, dass die Abmahnung »gerichtliche Schritte« hätte androhen müssen, da juristische Schritte nicht unbedingt ein gerichtliches Vorgehen bedeuten müssen (LG Hamburg, Az. 312 O 469/10).

18.1.5.1 Schadensersatz

Bei der Verletzung von Persönlichkeitsrechten, Urheberrechten oder Markenrechten hat die betroffene Person Anspruch auf Schadensersatz. Der Schadensersatz dient dazu, die betroffene Person so zu stellen, als wäre die Rechtsverletzung nicht eingetreten. Dabei wird zwischen materiellem und immateriellem Schaden unterschieden:

- **Materieller Schaden:** Hierzu zählen direkte finanzielle Einbußen oder wirtschaftliche Nachteile, etwa entgangene Gewinne oder zusätzliche Kosten, die durch die Rechtsverletzung verursacht wurden.
- **Immaterieller Schaden:** Immaterieller Schaden (allgemeinsprachlich oft als »Schmerzensgeld« bezeichnet) kann bei Beeinträchtigungen, die nicht unmittelbar finanziell messbar sind, wie etwa Angst oder Sorge vor Missbrauch persönlicher Daten infolge eines Datenlecks (siehe Abschnitt 10.16), bei Rufschädigung oder bei psychischen Belastungen geltend gemacht werden. In der Praxis variiert der immaterielle Schadensersatz je nach Fall erheblich. Die Spanne reicht von einigen Dutzend bis zu mehreren Tausend Euro (siehe z.B. Abschnitt 13.17.4.1 zum Schadensersatz bei unzulässigen E-Mails).

Der Schadensersatz wird häufig bei unerlaubter Nutzung geschützter Inhalte gefordert und folgendermaßen berechnet:

- **Entgangener Gewinn:** Es muss nachgewiesen werden, welchen Gewinn Sie ohne die Rechtsverletzung erzielt hätten. Diese Art von Schadensersatz ist selten, da der Nachweis vor Gericht schwierig ist.
- **Herausgabe des Gewinns:** Dieser Anspruch entsteht, wenn durch die Rechtsverletzung Gewinn erzielt wurde. Auch dies ist selten, da der genaue Gewinnanteil, der auf die Urheberrechtsverletzung entfällt, meist schwer zu bestimmen ist.

- **Fiktive Schadensberechnung:** Bei Rechtsverletzungen wie der unerlaubten Nutzung eines Bilds oder einer Marke wird in der Praxis grundsätzlich eine fiktive Lizenzgebühr berechnet (siehe Abbildung 18.4). Diese Gebühr entspricht dem Betrag, den der Rechteinhaber normalerweise für die Lizenzierung verlangen könnte.

III.

Nach alledem stehen unserem Mandanten Zahlungsansprüche gegen Sie in folgender Höhe zu:

Schadenersatz gemäß § 97 Abs. 2 Satz 1 UrhG	
Lizenzanalogie (vgl. o.)	697,50 Euro
§ 97 Abs. 2 S. 4 UrhG/"Verletzerzuschlag" (vgl. o.)	697,50 Euro
Dokumentations- und Sicherungskosten	83,30 Euro
Aufwendungsersatz nach § 97a Abs. 3 Satz 1 UrhG	
Anwaltliches Honorar (vgl. o.)	729,23 Euro
Gesamtsumme	2.207,53 Euro

Abbildung 18.4: Beispiel zur Schadensberechnung im Rahmen einer urheberrechtlichen Abmahnung auf Grundlage einer fiktiven Lizenzgebühr (»Lizenzanalogie«) plus 100% Zuschlag aufgrund fehlender Urhebernennung und Dokumentationsaufwendungen sowie Anwaltskosten. Diese Kosten werden häufig zu hoch angesetzt.

Hinweis: MFM-Tabelle

Als Maßstab für den Schadensersatz bei professionellen Fotografien kann die Honorarempfehlung für Fotografen der Mittelstandsgemeinschaft Foto-Marketing verwendet werden (*http://bvpa.org/mfm/*).

18.1.5.2 Übernahme der Kosten der Abmahnung

Bei einer anwaltlichen Abmahnung entstehen Anwaltsgebühren, die von den Abgemahnten erstattet werden müssen. Diese Abmahnkosten basieren auf dem sogenannten *Streitwert* bzw. *Gegenstandswert*. Dieser Wert repräsentiert das Interesse daran, künftige Rechtsverletzungen zu verhindern (siehe Abbildung 18.5). Er kann den eigentlichen Schadensersatz deutlich übersteigen, da er auch potenzielle zukünftige Verstöße berücksichtigt. Da der zukünftige Schaden schwer zu beziffern ist, schätzen Anwälte den Streitwert häufig individuell. Auch Gerichte legen unterschiedliche Streitwerte fest. So kann es etwa bei einer Urheberrechtsverletzung vorkommen, dass ein Gericht den Wert auf 3.000 Euro festsetzt, während ein anderes Gericht 10.000 Euro ansetzt.

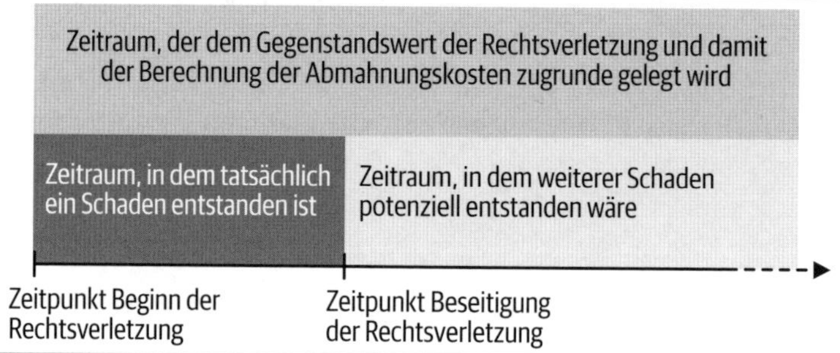

Abbildung 18.5: Die Kosten einer Abmahnung sind deshalb so hoch, weil diese nicht nur die entstandene Rechtsverletzung beseitigt, sondern auch die Rechtsverletzung verhindert, die sich in der Zukunft samt möglichen Schadensfolgen fortgesetzt hätte.

Tipp: Prozesskostenrechner

Mit einem *Prozesskostenrechner* können Sie die Kosten der Abmahnung (außergerichtliche Kosten) und des Gerichtsverfahrens berechnen, wenn Sie den Gegenstandswert kennen, beispielsweise mit dem Prozesskostenrechner des deutschen Anwaltvereins: *https://anwaltsblatt.anwaltverein.de/de/apps/prozesskostenrechner*.

18.1.5.3 Missbräuchliche Abmahnung

Ein Missbrauch von Abmahnungen liegt vor, wenn die Geltendmachung von Ansprüchen nicht in erster Linie dem Schutz des fairen Wettbewerbs dient, sondern überwiegend finanzielle Interessen verfolgt werden. Typische Anzeichen für einen Abmahnmissbrauch sind:

- **Unverhältnismäßig viele Abmahnungen:** Abmahnung einer Vielzahl von Wettbewerbsverstößen, insbesondere wenn sie in keinem sachlichen Zusammenhang zur eigenen Geschäftstätigkeit stehen (BGH, Az. I ZR 300/02).
- **Überhöhte Kostenforderungen:** Forderung überhöhter Abmahnkosten oder Vertragsstrafen mit dem Ziel der Gewinnerzielung (OLG Köln, Az. 20 U 200/14).
- **Abwälzung des finanziellen Risikos:** Der Abmahnende trägt das Kostenrisiko nicht selbst, sondern zahlt seinen Anwalt nur bei Erfolg. Eine dennoch geforderte Erstattung von Anwaltskosten kann Betrug darstellen (BGH, Az. 1 StR 483/16).
- **Überspannte Unterlassungsverpflichtungen:** Formulierung von Unterlassungserklärungen, die über die konkrete Verletzung hinausgehen (OLG Hamm, Az. I-4 U 24/10).
- **Separates Abmahnen zusammengehöriger Verstöße:** Aufspaltung zusammengehöriger Verstöße, um zusätzliche Kosten zu verursachen (LG Düsseldorf, Az. 12 O 461/14).

- **»Retourkutsche«-Abmahnung:** Eine Abmahnung, die allein zur Vergeltung und mit dem Ziel erfolgt, den ursprünglichen Abmahner finanziell zu belasten, einen Gegenanspruch zu schaffen oder einzuschüchtern, gilt als Rechtsmissbrauch (LG Münster, Az. 025 O 133/13). Eine solche Intention ist jedoch schwer nachzuweisen, wenn die Gegenabmahnung berechtigt ist.

Aufgrund des hohen Risikos sollten Sie eine Abmahnung nicht ohne Rechtsberatung mit dem Argument des Missbrauchs ablehnen, da dieser von vielen Faktoren abhängt und mit Beweisschwierigkeiten verbunden sein kann.

Tipp: Nach ähnlichen Fällen suchen

Nutzen Sie die Onlinesuche mit dem Namen des Abmahners und der abmahnenden Rechtsanwaltskanzlei. Missbrauchsfälle werden oft in einschlägigen Foren veröffentlicht. Das heißt aber nicht, dass eine hohe Anzahl von Abmahnungen unbedingt auf einen Missbrauch hinweist. Zudem gilt die Menge als Zeichen für einen Missbrauch nur im Wettbewerbsrecht (siehe Kapitel 12), gegebenenfalls im Datenschutzrecht, aber z.B. nicht im Urheberrecht. Wenn beispielsweise 100 Personen unerlaubt ein Bild von Ihnen verwenden, dürfen Sie jede einzelne davon abmahnen.

18.1.6 Gerichtliches Klage- und Schnellverfahren

Eine Klage ist im Vergleich zu einer Abmahnung teurer und langwieriger, aber unvermeidlich, wenn der Abgemahnte der Abmahnung nicht Folge leistet.

Ein Nachteil der Klage ist die lange Verfahrensdauer, was bei dringenden Angelegenheiten wie Ehrverletzungen oder Wettbewerbsverstößen problematisch sein kann. Daher gibt es die Möglichkeit einer sogenannten *einstweiligen Verfügung*. Diese bietet ein beschleunigtes Verfahren mit schnellen Entscheidungen. Der Antrag dafür muss jedoch zeitnah, innerhalb eines Monats, gestellt werden, da danach in der Regel nur noch eine normale Klage möglich ist.

Hinweis: Es muss schnell gehen

Abmahnfristen und Reaktionsfristen sind bei Rechtsverstößen bewusst kurz gehalten, um die Monatsfrist für einstweilige Verfügungen nicht zu gefährden. Diese Frist beginnt mit Kenntnis der Rechtsverletzung. In dieser knappen Zeit müssen mehrere Schritte erfolgen: Sachverhaltsprüfung, gegebenenfalls, wenn erforderlich, Vorabhinweis auf den Verstoß, Abmahnung bei Nichtbefolgung verfassen und versenden, Abmahnfristen abwarten und bei Bedarf den Antrag auf einstweilige Verfügung vorbereiten und einreichen.

Die zügige Abmahnung ist auch aus Kostengründen wichtig. Unterbleibt sie, kann dies im Verfügungsverfahren zu Nachteilen bei der Kostenentscheidung führen. Das

Gericht könnte dem Antragsteller die Verfahrenskosten auferlegen, wenn der Gegner den Anspruch sofort anerkennt und keinen Anlass zur Antragstellung gab. Kurze Abmahnfristen dienen somit dem effektiven Rechtsschutz und der Kostenminimierung.

18.1.7 Hinweis an Wirtschafts- und Verbraucherverbände

Organisationen wie Verbraucherschutzzentralen können bei Rechtsverletzungen selbst Abmahnungen aussprechen oder öffentliche Rügen erteilen, die an die Medien kommuniziert werden.

Abmahnungen können nicht nur von Konkurrenten, sondern auch von abmahnberechtigten Wirtschafts- und Verbraucherverbänden ausgesprochen werden, die den lauteren Wettbewerb oder den Verbraucherschutz fördern. Beispiele sind:

- Wettbewerbs- und Verbraucherschutzzentralen,
- Industrie- und Handelskammern,
- Berufsverbände wie der Deutsche Presserat, der Deutsche Werberat oder der Deutsche Rat für Public Relations.

Statt gegen einen Wettbewerber selbst vorzugehen, können Sie dessen Verstöße bei einer dieser Organisationen melden. Diese entscheidet dann, ob und wie sie dagegen vorgeht.

18.1.8 Strafrechtliches Vorgehen

Wenn Sie eine Rechtsverletzung als Straftat betrachten, etwa eine Beleidigung oder die Verbreitung unwahrer Tatsachen, können Sie einen Strafantrag bei der Polizei stellen. Ein solches Verfahren kann nützlich sein, falls Sie durch Akteneinsicht Informationen erlangen möchten. Allerdings haben Sie auch in diesem Fall keinen direkten Einfluss auf den Fortgang des Verfahrens.

Hinweis: Strafantrag

Einige Delikte, etwa Beleidigung, werden nur auf Strafantrag verfolgt. Der Unterschied zwischen Strafanzeige und Strafantrag besteht zudem darin, dass Sie bei einem Strafantrag über den Verfahrensverlauf informiert werden. Eine Strafanzeige hingegen entspricht lediglich einem Hinweis an die Polizei.

18.1.8.1 Meldung an andere Behörden

Sie können Rechtsverstöße auch an die zuständigen Behörden melden, insbesondere Datenschutzverstöße an die Datenschutzaufsichtsbehörden. Wie bei der Staatsanwaltschaft haben Sie grundsätzlich keinen Einfluss auf den Verfahrensablauf, werden aber in der Regel über dessen Ausgang informiert.

18.1.8.2 Meldung an den Plattformbetreiber

Bei Verstößen gegen Nutzungsbedingungen oder Gesetze innerhalb sozialer Netzwerke können Sie dies den Betreibern über die Meldeverfahren anzeigen. Die Entscheidung über Maßnahmen gegen die betreffenden Nutzer obliegt den Betreibern; Sie erhalten in der Regel eine Rückmeldung, haben aber keinen Einfluss auf das Verfahren.

Checkliste: Eigene Ansprüche durchsetzen

1. Strategie und Eskalationsplan entwickeln:

- Vor der Durchsetzung von Rechten eine klare Strategie und einen Eskalationsplan festlegen.
- Sich bewusst machen, was von wem und auf welchem Weg verlangt werden soll.

2. Beweise sichern:

- Den Rechtsverstoß detailliert dokumentieren.
- Screenshots erstellen (datiert und idealerweise von einem Zeugen unterschrieben).
- Zeugen benennen und ihre Aussagen protokollieren lassen (Datum, Uhrzeit, Details).
- Prüfen, ob Beweissicherungsdienste in Anspruch genommen werden sollen (auf Gerichtsfestigkeit achten).

3. Ziele definieren:

- Festlegen, welche Ziele erreicht werden sollen (z. B. Beseitigung, Unterlassung, Schadensersatz, Auskunft).
- Prioritäten setzen.

4. Anspruchsgegner bestimmen:

- Identifizieren, gegen wen die Ansprüche geltend gemacht werden sollen.
- Zum Beispiel Rechtsverletzer bzw. Mitbewerber, Plattformbetreiber, Nutzer etc.

5. Vorgehensweise wählen:

- Entscheiden, ob selbst vorgegangen wird oder andere Stellen (Behörden, Verbände, Plattformbetreiber) involviert werden sollen.
- Eine Kombination verschiedener Maßnahmen in Betracht ziehen.

6. Konkrete Maßnahmen auswählen:

- **Formloser Hinweis:** Prüfen, ob ein formloser Hinweis ausreichend ist (z. B. bei erstmaligen Verstößen oder spezifischen gesetzlichen Anforderungen). Frist setzen (ca. 5 Tage bei Nutzerinhalten).
- **Abmahnung:** Abmahnschreiben erstellen mit allen erforderlichen Bestandteilen (siehe Punkt 8).
- **Einstweilige Verfügung:** Prüfen, ob eine einstweilige Verfügung beantragt werden soll (Frist: 1 Monat ab Kenntnis des Verstoßes).
- **Klageverfahren:** Wenn außergerichtliche Einigung scheitert oder Schadens- und Kostenersatz gefordert werden, ein Klageverfahren in Erwägung ziehen.

7. Abmahnschreiben erstellen (falls Abmahnung gewählt):

Folgende Bestandteile müssen enthalten sein:

- Name und Firma des Abmahnenden.
- Nachweis der Berechtigung (z. B. Registerauszug).
- Genaue Beschreibung des Sachverhalts und des Rechtsverstoßes (mit URL).
- Aufforderung zur Beseitigung der Rechtsverletzung.
- Aufforderung zur Abgabe einer strafbewehrten Unterlassungserklärung (mit Vertragsstrafe).
- Genaue Darlegung und Begründung von Aufwendungs- und Schadensersatzansprüchen.
- Forderung nach Auskunft (falls erforderlich).
- Angemessene Frist zur Reaktion (5 bis 7 Tage).
- Hinweis auf mögliche gerichtliche Schritte bei Nichtbeachtung.
- (Bei anwaltlicher Abmahnung) Zusicherung der Vollmacht.

8. Schadensersatzansprüche prüfen und berechnen:

- Zwischen materiellem und immateriellem Schaden unterscheiden.
- Berechnungsgrundlage festlegen (z. B. entgangener Gewinn, Herausgabe des Gewinns, fiktive Lizenzgebühr, MFM-Tabelle).
- Anwaltskosten und Streitwert berücksichtigen.

9. Missbräuchliche Abmahnungen erkennen:

- Auf Anzeichen für einen Abmahnmissbrauch achten (z. B. überhöhte Kosten, unverhältnismäßig viele Abmahnungen, unangemessen hohe Gegenstandswerte).
- Bei Verdacht auf Missbrauch rechtlichen Rat einholen.

10. Andere Sanktionsquellen in Betracht ziehen:

- **Strafantrag:** Bei Straftaten (z. B. Beleidigung) einen Strafantrag stellen.
- **Anzeige bei Behörden:** Datenschutzverstöße den Datenschutzbehörden melden.
- **Meldung an Verbände:** Wettbewerbsverstöße an Wirtschafts- und Verbraucherverbände melden.
- **Plattformbetreiber informieren:** Verstöße gegen Nutzungsbedingungen den Plattformbetreibern melden.

18.2 Reaktion auf Abmahnungen

Wenn Sie eine Abmahnung erhalten haben, sollten Sie vor allem eines tun: Ruhe bewahren – und die folgenden Hinweise lesen.

Wenn Ihnen eine Rechtsverletzung vorgeworfen wird, stehen Sie im Zentrum der im ersten Teil dieses Kapitels beschriebenen Maßnahmen. Üblicherweise beginnt der Prozess mit einer Abmahnung. Es ist wichtig, ruhig zu bleiben und die Abmahnung sorgfältig zu lesen. Ziehen Sie eine Rechtsanwältin oder einen Anwalt hinzu, um die Abmahnung abzuwehren. Falls Sie Post vom Gericht erhalten haben, wird es zwingend erforderlich, rechtlichen Beistand zu holen, da komplexe Verfahrensvorschriften zu beachten sind oder generell ein Anwaltszwang besteht. Ohne professionelle Hilfe riskieren Sie eine Niederlage, selbst wenn Sie im Recht sind.

Vorsicht: Anwaltszwang ab 5.000 Euro

Bei einem Streitwert über 5.000 Euro ist die Vertretung durch einen zugelassenen Rechtsanwalt zwingend erforderlich (der Streitwert wird in Abschnitt 18.1.5.2 erläutert). Ohne anwaltliche Vertretung können eigene Anträge oder Erklärungen nicht wirksam gestellt werden (§ 78 ZPO). Der erforderliche Streitwert ist häufig schnell erreicht: Im Wettbewerbsrecht liegen Streitwerte oft bei mindestens 10.000 Euro, bei Verletzungen von Bildrechten typischerweise bei etwa 6.000 Euro, und im Bereich des Markenrechts im geschäftlichen Verkehr beginnen Streitwerte meist bei 50.000 Euro.

18.2.1 Pflicht zum Handeln

Vernachlässigen Sie die Abmahnung nicht. Nach Fristablauf kann der Abmahnende sonst gerichtlich gegen Sie vorgehen. Selbst wenn Sie den Forderungen dann schließlich nachkommen, werden Sie die Kosten des Gerichtsverfahrens tragen müssen. Es hat auch keinen Zweck, zu behaupten, die Abmahnung sei nicht zugegangen. Der Abmahnende muss nur beweisen, dass sie verschickt wurde, und Zugangsfehler gehen zu Ihren Lasten.

Fallbeispiel

Bei einem Streit um die Verfahrenskosten behauptete der Beklagte, dass ihm die Abmahnung nicht zugegangen sei. Der Bundesgerichtshof ließ sich nicht auf seine Argumentation ein und urteilte, dass der Kläger lediglich gehalten sei, »substanziiert darzulegen, dass das Abmahnschreiben abgesandt worden ist«. Wenn nicht festgestellt werden kann, ob das Abmahnschreiben dem Beklagten zugegangen ist oder nicht, geht dies zu seinen Lasten (BGH, Az. I ZB 17/06).

18.2.2 Beweise sichern

Bevor Sie den Rechtsverstoß beseitigen, dokumentieren Sie den Ist-Zustand. Dabei sollten Sie auf die in Abschnitt 18.1.1 zur Sicherung der Beweise zum Anfang dieses Kapitels beschriebenen Möglichkeiten zurückgreifen, also Screenshots erstellen, Zeugen hinzuziehen oder am besten beides kombinieren.

Tipp: Unverzüglich Rechtsbeistand suchen

Vor allem wenn eine anwaltliche Vertretung beauftragt werden soll, ist es ratsam, mit der Beseitigung der Rechtsverletzung zu warten, da diese zur Planung der Verteidigungsstrategie begutachtet werden muss. Es sollte in diesem Fall unverzüglich anwaltliche Hilfe gesucht werden.

18.2.3 Berechtigung und behauptete Rechtsverletzung prüfen

Zuerst sollten Sie prüfen, ob die in der Abmahnung genannten Fakten stimmen und ob tatsächlich ein Rechtsverstoß vorliegt. Ein Beispiel für eine Falschbehauptung könnte sein, wenn Ihnen eine Urheberrechtsverletzung bei einem Bild vorgeworfen wird, obwohl Sie eine eindeutige Nutzungserlaubnis besitzen. Zudem muss der Abmahnende das Recht haben, Sie abzumahnen. Bei Wettbewerbsverletzungen muss er beispielsweise ein Mitbewerber sein, und bei Markenrechtsverletzungen muss er nachweisen, dass er der Markeninhaber ist.

> **Hinweis: Risiko einer Klage nicht außer Acht lassen**
>
> Bedenken Sie, dass die Gegenseite nach der Zurückweisung der Abmahnung sofort gerichtlich gegen Sie vorgehen kann. Machen Sie einen Fehler bei der rechtlichen Einschätzung, wird dieser zu Ihren Lasten gehen. Agieren Sie daher besser nicht ohne einen rechtlichen Beistand.

18.2.4 Frist und Androhung rechtlicher Schritte

Die Abmahnung muss eine Frist enthalten, in der der Abgemahnte reagieren muss. Außerdem sollte sie bei Nichtbefolgung gerichtliche Schritte, wie z.B. eine einstweilige Verfügung oder Klage, androhen.

18.2.5 Rechtsverstoß beenden und Wiederholung vorbeugen

Nachdem der Rechtsverstoß behoben ist, sollte sichergestellt werden, dass er nicht erneut auftritt. Befolgen Sie diese Schritte:

- Beweise sichern.
- Rechtsverstoß gemäß der Abmahnung beseitigen.
- Bei Unsicherheiten Inhalte vorerst offline nehmen.
- Bei tatsächlichem Verstoß alle rechtsverletzenden Inhalte vollständig löschen.
- Informieren Sie Mitarbeitende und beauftragte Unternehmen, die möglicherweise einen solchen Fehler erneut begehen könnten, um zukünftige Verstöße zu vermeiden.
- Beantragen Sie die Löschung der Inhalte aus den Suchmaschinen-Caches. Es ist nicht ausreichend, Rechtsverstöße auf Webseiten, z.B. Wettbewerbs- oder Urheberrechtsverstöße, nur auf der eigenen Webseite zu löschen. Man muss auch das Zumutbare und Mögliche unternehmen, sie auf externen Onlinepräsenzen zu löschen (siehe Abbildung 18.6).

Fallbeispiel

Wer eine strafbewehrte Unterlassungserklärung abgegeben hat, muss laut BGH-Urteil (Az. I ZB 86/17) auch den Google-Cache bereinigen. Andernfalls riskiert er eine Vertragsstrafe. Gleiches gilt für Schuldner eines gerichtlichen Unterlassungsgebots, etwa eines Urteils. In diesem Fall droht bei Nichtbereinigung des Google-Caches ein Ordnungsgeld.

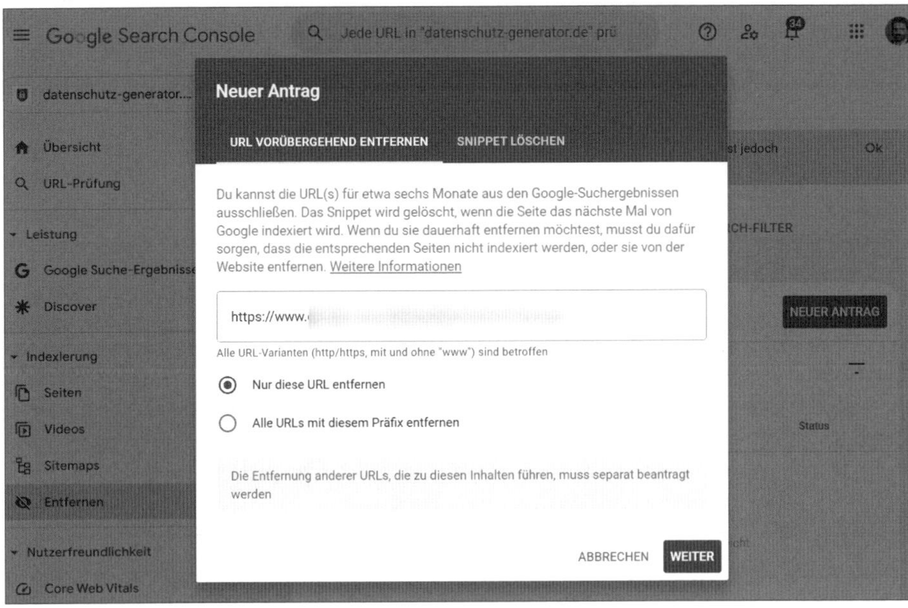

Abbildung 18.6: Unter der URL *https://www.google.com/webmasters/tools/url-removal* können einzelne URLs aus dem Cache gelöscht werden. Damit diese Webseiten jedoch dauerhaft aus dem Google-Suchindex verschwinden, müssen sie von der Webseite entfernt und diese muss von Google neu indexiert werden, was ebenfalls in der im Bildbeispiel dargestellten »Google Search Console« erfolgen kann.

18.2.6 Prüfung und Modifikation der Unterlassungserklärung

Seien Sie vorsichtig bei vorformulierten Unterlassungserklärungen, die Abmahnungen beigelegt werden (siehe Abbildung 18.7). Diese sind oft zugunsten des Abmahnenden formuliert und sollen Empfänger zu einer schnellen Unterschrift der Unterlassungserklärung veranlassen. Beachten Sie dabei die folgenden Punkte:

- **Frist:** Reichen Sie die Unterlassungserklärung fristgerecht ein. Bitten Sie um eine kurze Fristverlängerung, wenn nötig. Wenn Sie sich zur Prüfung der Abmahnung bereit zeigen, wird oft eine Verlängerung gewährt.
- **Rechtsverletzung beseitigen:** Geben Sie die Erklärung erst ab, wenn die Rechtsverletzung behoben und ihre Wiederholung ausgeschlossen ist. Andernfalls droht die Zahlung der Vertragsstrafe.

UNTERLASSUNGS- UND VERPFLICHTUNGSERKLÄRUNG

Hiermit verpflichtet sich die Fa.

[redacted] Berlin,

vertreten durch Geschäftsführer [redacted]

im Folgenden „Schuldnerin“,

gegenüber Frau

[redacted] Düsseldorf

im Folgenden „Gläubigerin“,

1. es zu unterlassen, Lichtbildwerke oder Lichtbilder, an welchen die Gläubigerin die ausschließlichen Nutzungsrechte hat, ohne deren Erlaubnis öffentlich zugänglich zu machen oder machen zu lassen.
2. Für jeden Punkt der künftigen Zuwiderhandlung gegen die bestehenden Verpflichtungen unter Punkt 1 eine Vertragsstrafe von 6.000 Euro unter Ausschluss der Einrede des Fortsetzungszusammenhangs zu zahlen.
3. An die Gläubigerin einen pauschalierten Schadensersatz von 950 Euro zu zahlen.
4. Der Gläubigerin vollständig Auskunft zu erteilen und Rechnung zu legen über den Umfang der in Ziffer 1 beschriebenen Verletzungshandlung, unter Angabe des entsprechenden Zeitraumes, in welchem diese Verletzungshandlung begangen wurde, sowie der daraus erzielten Gewinne.
5. Der Gläubigerin jeglichen Schaden zu ersetzen, der dieser durch die in Ziffer 1 dieser Erklärung näher bezeichneten Handlungen in der Vergangenheit entstanden ist und/oder künftig entstehen wird.
6. Der Gläubigerin die durch die Inanspruchnahme rechtsanwaltlicher Beratung entstandenen Kosten auf Grundlage eines gesamten Gegenstandswertes von 10.000,00 Euro in Höhe einer 1,5-Geschäftsgebühr zu erstatten.

....

Ort, Datum Unterschrift Schuldnerin

Abbildung 18.7: Oft liegen Abmahnungen vorformulierte Muster für Unterlassungserklärungen bei. Diese sollten nicht ungeprüft unterschrieben werden. In diesem Beispiel können z.B. die Punkte 3 bis 6 gestrichen werden, und die Vertragsstrafe kann auf eine angemessen festzulegende und vom Gericht im Einzelfall überprüfbare Vertragsstrafe gekürzt werden.

- **Umfang der Unterlassung:** Falls der Abmahnung eine vorgefertigte Unterlassungserklärung beigelegt ist, prüfen Sie bitte sorgfältig, ob diese Unterlassungserklärungsvorlage nicht zu weit geht. Haben Sie z. B. ein Bild unberechtigt verwendet, sollte sich Ihre Erklärung auf dieses konkrete Bild beschränken, nicht auf sämtliche Werke des Fotografen. Bei unerlaubter E-Mail-Werbung genügt es in der Regel, den Versand ohne vorherige Einwilligung zu unterlassen. Weitreichende oder unpräzise Zusagen können unnötige rechtliche Risiken für die Zukunft bergen.
- **Vertragsstrafe:** Die in Unterlassungserklärungen vorgesehene Vertragsstrafe ist häufig überhöht angesetzt, um im Fall erneuter Verstöße hohe Zahlungen zu erzielen. Ausreichend ist jedoch die Vereinbarung, dass bei einem künftigen Verstoß eine angemessene Vertragsstrafe zu zahlen ist. Die Höhe legt der Abmahnende zunächst fest, der Abgemahnte kann diese aber von einem Gericht überprüfen lassen. In der Praxis gelten Vertragsstrafen zwischen etwa 1.000 und 5.000 Euro als angemessen, abhängig von Art und Schwere des Rechtsverstoßes.
- **Kosten und Schadensersatz:** Eine Unterlassungserklärung muss nur die strafbewehrte Verpflichtung enthalten, Wiederholungen des Rechtsverstoßes zu unterlassen. Feste Zahlungsverpflichtungen gehören nicht in die Unterlassungserklärung, da sie wie aufgeführt verbindlich werden (Kosten und Schadensersatz müssen zwar dennoch, aber nur im angemessenen Umfang erstattet werden, siehe Abschnitt 18.1.5.2).

Eine zu weit reichende Unterlassungserklärung darf eingeschränkt werden (siehe Abbildung 18.7). Allerdings kommt es bei einer Unterlassungserklärung auf einzelne Formulierungen an. Sie sollten eine Unterlassungserklärung daher nur unter Mithilfe eines Rechtsanwalts modifizieren, da es ansonsten passieren kann, dass sie unwirksam ist und Sie trotzdem verklagt werden.

> **Hinweis: Die Unterlassungserklärung als bindender Vertrag**
>
> Mit der Unterschrift der Unterlassungserklärung erkennen Sie alle darin stehenden Forderungen und Pflichten an – also auch solche, auf die der Abmahner eigentlich keinen Anspruch hatte.

18.2.7 Abwehr unberechtigter Abmahnungen

Wenn Sie nach rechtlicher Prüfung sicher sind, dass die Abmahnung unberechtigt ist, kann beim zuständigen Gericht eine sogenannte *negative Feststellungsklage* erhoben werden. Damit wird beantragt, festzustellen, dass der geltend gemachte Anspruch nicht besteht. In vielen Fällen wird zugleich eine Klage auf Erstattung der Verteidigungskosten gegen die unberechtigte Abmahnung erhoben.

Checkliste: Reaktion auf Abmahnungen

1. Sofort handeln:

- Abmahnungen nicht ignorieren.
- Der Abmahnende muss den Versand, nicht den Zugang der Abmahnung beim Empfänger nachweisen.
- Fristen notieren und einhalten.
- Schnellstmöglich rechtlichen Rat einholen.

2. Beweise sichern:

- Aktuellen Stand dokumentieren (z. B. Screenshots, Zeugenaussagen dokumentieren).
- Beweise für die Verteidigung aufbewahren.

3. Sachverhalt und Rechtsverstoß überprüfen:

- Vorwürfe der Abmahnung gründlich lesen und bewerten.
- Prüfen, ob tatsächlich ein Rechtsverstoß vorliegt.

4. Berechtigung zur Abmahnung:

- Rechtsinhaber: Hat der Abmahnende die entsprechenden Rechte?
- Mitbewerber oder berechtigte Organisation: Besteht ein Wettbewerbsverhältnis oder eine andere Berechtigung zur Abmahnung?

5. Rechtsverstoß umgehend beenden:

- Rechtswidrige Inhalte entfernen oder sperren.
- Suchmaschinen-Caches löschen.
- Vorgehen nach juristischer Beratung abstimmen.
- Vorsichtsmaßnahmen zur Vermeidung von Wiederholungen treffen.

6. Prüfen, ob die Abmahnung die erforderlichen Inhalte enthält:

- Name und Anschrift des Abmahnenden (bei Unternehmen: Firma).
- Darlegung der Berechtigung zur Abmahnung.
- Beschreibung des Sachverhalts und Darstellung der Rechtsauffassung.
- Aufforderung zur Beseitigung der Rechtsverletzung und zur Abgabe einer Unterlassungserklärung.
- Setzung einer angemessenen Frist.
- Beifügung einer Anwaltsvollmacht oder Versicherung der Bevollmächtigung.
- Androhung gerichtlicher Schritte bei Fristversäumnis.

7. Unterlassungserklärung abgeben:

- Modifikation bei zu weit gefasstem Muster – die Erklärung sollte auf das Wesentliche beschränkt werden.
- Kosten der Abmahnung prüfen und im angemessenen Umfang begleichen.
- Unter Umständen kann es sich lohnen, ein Gerichtsverfahren zu riskieren.

8. Falls keine Rechtsverletzung begangen worden ist:

- Gegenseite nur bei offensichtlichen Irrtümern informieren.
- Abmahnung zurückweisen (Rechtsberatung ist empfohlen).
- Negative Feststellungsklage einreichen (gerichtliche Feststellung, dass keine Rechtsverletzung vorliegt).

Muster für Teilnahmebedingungen für Gewinnspiele

Dieser Anhang ergänzt Kapitel 14, in dem das rechtssichere Durchführen sowie die Teilnahmebedingungen von Gewinnspielen erläutert werden.

Es handelt sich um einen vielseitig einsetzbaren Mustertext für Teilnahmebedingungen mit Datenschutzhinweisen. Der Text kann bei Bedarf angepasst werden. Beachten Sie die Platzhalter und Auswahlmöglichkeiten in den eckigen Klammern, die Sie ausfüllen oder auswählen müssen.

Download, Lizenz und Haftung

- **Download:** Das Muster können Sie unter *https://drschwenke.de/RKIOM* mit dem Passwort RKIOM227856 herunterladen.
- **Lizenz:** Buchkäufer dürfen das Muster für den eigenen Gebrauch oder für ihr Unternehmen, ihre Behörde oder Organisation nutzen. Eine Veröffentlichung, Verbreitung und Weitergabe an Dritte, einschließlich Kunden, ist nicht gestattet.
- **Haftung:** Dieses Muster wurde sorgfältig erstellt und entspricht dem Rechtsstand zum Zeitpunkt der Veröffentlichung. Dennoch kann keine Haftung für die individuelle Nutzung übernommen werden.

Teilnahmebedingungen und Datenschutzhinweise

1. Gegenstand

1.1. Diese Teilnahmebedingungen und Datenschutzhinweise regeln die Teilnahme an dem Gewinnspiel der **[Muster GmbH, Musterstr. 11, 12345 Musterstadt]** (nachfolgend bezeichnet als »Veranstalter«) durch die Teilnehmer sowie die Verarbeitung der von den Teilnehmern erhobenen oder mitgeteilten Daten.

1.2. Mit der Teilnahme am Gewinnspiel akzeptieren die Teilnehmer diese Teilnahmebedingungen.

1.3. Details zu den Teilnahmevoraussetzungen, den vorzunehmenden Handlungen, der Laufzeit des Gewinnspiels und den Gewinnen können sich zusätzlich aus den Beschreibungen, die den Teilnehmern im Rahmen des Gewinnspiels zur Verfügung gestellt werden, ergeben. Diese Detailbeschreibungen haben Vorrang vor den Aussagen, die in den Teilnahmebedingungen formuliert sind.

2. Laufzeit

2.1. Das Gewinnspiel beginnt am **[XX.XX.20XX]** und endet am **[XX.XX.20XX]**.

2.2. Der Veranstalter behält sich vor, das Gewinnspiel unter Wahrung der Rechte der bisherigen Teilnehmer und unter Beachtung von Zumutbarkeitskriterien ohne Angabe von Gründen insbesondere aufgrund von äußeren Umständen und Zwängen mit Wirkung für die Zukunft vorzeitig zu beenden, anzupassen oder diese Teilnahmebedingungen anzupassen. Zu den äußeren Umständen und Zwängen gehören vor allem technische Probleme, gesetzliche Änderungen oder nicht im Einflussbereich des Veranstalters liegende Umstände und zwingende Maßnahmen Dritter.

3. Teilnahmeberechtigung

3.1. Teilnahmeberechtigt sind Personen, die ihren Wohnsitz in Deutschland, Österreich oder der Schweiz haben sowie älter als 16 Jahre sind.

3.2. Ausgeschlossen sind Mitarbeitende des Veranstalters sowie Mitarbeitende von Kooperationspartnern, die mit der Erstellung oder Durchführung des Gewinnspiels beschäftigt sind oder waren.

4. Teilnahmevoraussetzungen

4.1. Für unser Gewinnspiel gelten die folgenden Teilnahmevoraussetzungen bzw. Teilnahmebeschränkungen:

Alternative 1 [Die Teilnahme am Gewinnspiel setzt die richtige Beantwortung der gestellten Frage(n) voraus.]

Alternative 2 [Die Teilnahme am Gewinnspiel setzt die Einreichung bzw. den Upload von Beiträgen entsprechend der Gewinnspielankündigung voraus.]

Alternative 3 [Die Teilnahme am Gewinnspiel steht nur solchen Teilnehmern offen, die Fans, Follower bzw. Abonnenten der in der Gewinnspielankündigung genannten Social-Media-Accounts oder der Social-Media-Accounts, auf denen das Gewinnspiel veranstaltet wird, sind oder werden.]

Alternative 4 [Die Teilnahme an dem Gewinnspiel setzt voraus, dass Sie unsere Leistungen in Anspruch genommen haben (z. B. Erwerb von Produkten oder Inanspruchnahme von Leistungen).]

Alternative 5 [Die Teilnahme am Gewinnspiel setzt voraus, dass die Teilnehmer durch das Klicken auf eine Gefällt-mir-, Sternchen- oder Herzchen-Schaltfläche oder vergleichbare Favorisierungsmöglichkeiten mit den in der

Gewinnspielbeschreibung oder in diesen Teilnahmebedingungen genannten Social-Media-Accounts interagieren.]

5. **Gewinn**

5.1. Unter allen Teilnehmern wird der folgende Gewinn verlost: **[Bitte Gewinn beschreiben].**

5.2. Der Teilnahmebeitrag besteht in der Einsendung einer Fotografie zum Thema Herbst.

5.3. Die Gewinner werden durch eine **[Jury/Zufallsauswahl]** ausgewählt.

6. **Inhalte, Verhaltenspflichten und Verantwortlichkeit der Teilnehmer**

6.1. Der Veranstalter ist nicht verpflichtet, die von den Teilnehmern bereitgestellten Inhalte (z.B. Bilder) auf potenzielle Verletzungen der Rechte Dritter zu überprüfen. Der Veranstalter ist jedoch berechtigt, Inhalte abzulehnen, wenn sie nach seiner sachgerechten Einschätzung rechtswidrig sind oder gegen die guten Sitten verstoßen.

6.2. Mit dem Hochladen von Inhalten, insbesondere von Bildern, erklären die Teilnehmer, dass die Inhalte frei von Rechten Dritter sind, dass die Inhalte also entweder von ihnen stammen oder sie die Einwilligung der Urheber sowie die Einwilligung der auf Bildern und in Videos abgebildeten Personen eingeholt haben.

6.3. Der Veranstalter behält sich das Recht vor, Teilnehmer, die ohne ausdrückliche Erlaubnis mehrere E-Mail-Adressen, Social-Media-Accounts oder Ähnliches zur Erhöhung ihrer Gewinnchancen verwenden, die das Gewinnspiel oder den Spielablauf technisch manipulieren oder in sonstiger Weise gegen diese Teilnahmebedingungen oder Gesetze verstoßen, jederzeit ohne Vorankündigung und unter Berücksichtigung der Zumutbarkeitskriterien von der Teilnahme am Gewinnspiel auszuschließen.

6.4. Die Teilnehmer dürfen andere Personen im Rahmen des Gewinnspiels nicht belästigen. Zum Beispiel dürfen etwaige Mitteilungs-, Weiterleitungs- oder Teilen-Funktionen nicht für den Versand von Mitteilungen genutzt werden, wenn damit zu rechnen ist, dass deren Erhalt seitens der Empfänger unerwünscht ist.

6.5. Zu den untersagten Manipulationen gehören der Einsatz von »Click-Workern«, Klickgeneratoren, der Kauf von Gefällt-mir-Angaben, Kommentaren oder die Nutzung vergleichbarer Dienste. Insbesondere wenn es zu Beschwerden kommt, wird der Veranstalter zum Schutz anderer Teilnehmer und deren fairer Gewinnchancen in solchen Fällen einschreiten.

7. **Nutzungsrechte an Teilnehmerbeiträgen**

[Alternative 1 – Einräumung von Nutzungsrechten nur für die Zwecke des Gewinnspiels]

7.1. Die Teilnehmer erklären sich damit einverstanden, dass ihre Beiträge und die Angaben zu den Gewinnern durch den Veranstalter oder einen Sponsor in Online- und Printmedien veröffentlicht werden. Das gilt für die Berichterstattung über das Gewinnspiel, dessen Bewerbung und die Präsentation der Beiträge. Die Veröffentlichung kann zeitlich und örtlich unbeschränkt erfolgen. Der Veranstalter darf die Teilnehmerbeiträge, die ihm von Teilnehmern im Rahmen des Gewinnspiels überlassen werden, vervielfältigen, verbreiten, öffentlich zugänglich machen, bearbeiten und auch an beauftragte Dritte wie z. B. technische Dienstleister oder Agenturen weitergeben. Dabei muss er die Persönlichkeitsrechte der Teilnehmer wahren. Die gesetzlichen Widerrufsrechte bleiben bestehen.

[Alternative 2 – Einräumung von Nutzungsrechten zur wirtschaftlichen Verwertung – Achtung: erhöhtes Haftungsrisiko!]

7.1. Die Teilnehmer räumen dem Veranstalter zusätzlich das Recht ein, deren Beiträge für redaktionelle und kommerzielle Zwecke (z. B. Werbung oder Verkauf) in digitalen Medien (inkl. sozialer/mobiler Medien), in Print- oder Sendeformaten (z. B. Podcast, Videocast, Funk), in körperlicher Form (z. B. Displays) und in unkörperlicher Form zu nutzen. Dabei ist keine Namensnennung erforderlich. Das umfasst auch die Nutzung in sozialen/mobilen Medien, in Print- oder Sendeformaten (z. B. Podcast, Videocast, Funk), in körperlicher Form (z. B. Displays) und in unkörperlicher Form. Dazu gehört auch das Vervielfältigen, Verarbeiten, Veröffentlichen, öffentlich Zugänglichmachen und Senden. Die Teilnehmer übertragen dem Veranstalter auch das Recht, ihre Beiträge mit anderen Werken oder Werkbestandteilen (z. B. Bild-, Video- oder Tonaufnahmen) zu verbinden, zu bearbeiten, im Format zu ändern, zu übersetzen oder rechtlich auf Dritte zu übertragen. Auch dürfen die Beiträge im genannten Rahmen von Dritten genutzt werden.

7.2. Diese Rechteeinräumung erstreckt sich auch auf die Rechte, Abbildungen von Personen, Sachen oder anderen Motiven zu nutzen, sofern die Teilnehmer über diese Rechte verfügen können. Falls Teilnehmer über diese Rechte nicht verfügen können, dürfen sie nicht an dem Gewinnspiel teilnehmen.

7.3. Die vorgenannten Rechte werden nicht exklusiv eingeräumt. Das bedeutet insbesondere, dass die Teilnehmer die Rechte an den Beiträgen behalten, und der Veranstalter nutzt sie nur entsprechend diesen Teilnahmebedingungen.

7.4. Die Teilnehmer sichern zu, dass sie berechtigt sind, die vorgenannten Nutzungsrechte einzuräumen..

7.5. Im Rahmen des Gewinnspiels werden nur Beiträge berücksichtigt, die unter Beachtung dieser Bedingungen eingereicht werden.

8. Nennung der Gewinnspielteilnehmer

8.1. Die Namen der Teilnehmer können im Zusammenhang mit dem Gewinnspiel oder der Präsentation der Teilnehmerbeiträge und Gewinner durch den Veranstalter oder durch Sponsor(en) des Gewinnspiels in Onlinemedien (z. B. auf Webseiten und in Social Media) oder in Printmedien öffentlich bekannt gegeben werden.

8.2. Die Teilnehmer können dem jederzeit für die Zukunft widersprechen.

9. Beendigung des Gewinnspiels

9.1. Eine Auszahlung des Gewinns in bar, in Sachwerten, sein Tausch oder seine Übertragung auf andere Personen ist nicht möglich. Der Teilnehmer kann auf den Gewinn verzichten. In diesem Fall rückt an seine Stelle der nächste Teilnehmer in der Gewinnerrangfolge nach. Die Übergabe der Gewinne wird individuell mit den Teilnehmern abgestimmt.

9.2. Die Teilnehmer werden zeitnah per E-Mail oder über andere Kanäle, die im Rahmen des Gewinnspiels mitgeteilt werden, benachrichtigt und um die Bestätigung gebeten, dass der Teilnehmer den Gewinn annimmt.

9.3. Bestätigt ein Teilnehmer die Annahme des Gewinns nicht innerhalb einer Frist von 4 Wochen, verfällt der Gewinn. Sollten die angegebenen Kontaktmöglichkeiten fehlerhaft sein (z. B. ungültige E-Mail-Adresse), ist der Veranstalter nicht verpflichtet, richtige Adressen zu ermitteln. Die Nachteile, die sich aus der Angabe fehlerhafter Kontaktdaten ergeben, gehen zulasten der Teilnehmer.

10. Gewährleistungsausschluss

10.1. Der Veranstalter weist darauf hin, dass die Verfügbarkeit und Funktion des Gewinnspiels nicht gewährleistet werden kann. Das Gewinnspiel kann aufgrund von äußeren Umständen oder Zwängen beendet oder entfernt werden, ohne dass hieraus Ansprüche der Teilnehmer gegenüber dem Veranstalter entstehen.

10.2. Hierzu können technische Probleme, Regeländerungen oder Entscheidungen durch Plattformen wie z. B. soziale Netzwerke gehören, falls das Gewinnspiel auf oder in Zusammenhang mit ihnen veranstaltet wird.

11. Haftung

11.1. Der Veranstalter haftet unbeschränkt, soweit die Schadensursache auf Vorsatz oder grober Fahrlässigkeit beruht.

11.2. Der Veranstalter haftet, wenn er wesentliche Pflichten leicht fahrlässig verletzt und dadurch der Zweck des Vertrags gefährdet wird. Das bedeutet, dass er auch dann haftbar ist, wenn er Pflichten verletzt, die notwendig sind, damit das Gewinnspiel ordnungsgemäß durchgeführt werden kann und auf deren Einhaltung die Teilnehmer im Allgemeinen vertrauen. In diesen Fällen haftet der Veranstalter jedoch nur für Schäden, die vorhersehbar sind und im Rahmen des Vertrags zu erwarten sind. Für andere leicht fahrlässig verletzte Pflichten übernimmt der Veranstalter keine Haftung.

11.3. Die vorstehenden Haftungsbeschränkungen finden keine Anwendung bei Verletzung von Leben, Körper und Gesundheit, bei Mängeln, die Gegenstand einer Beschaffenheitsgarantie sind, sowie bei arglistig verschwiegenen

Mängeln. Die Haftung nach dem Produkthaftungsgesetz bleibt hiervon unberührt. Soweit die Haftung des Veranstalters ausgeschlossen oder beschränkt ist, gilt dies auch für die persönliche Haftung von Arbeitnehmern, Vertretern und Erfüllungsgehilfen des Veranstalters.

12. Gewinnspiele innerhalb von sozialen Netzwerken

12.1. Findet das Gewinnspiel innerhalb einer Onlineplattform oder eines sozialen Netzwerks (nachfolgend bezeichnet als »Onlineplattform«) statt, gelten zusätzlich die nachfolgenden Bestimmungen dieses Abschnitts.

12.2. Die Teilnehmer können gegenüber der Onlineplattform keine Ansprüche geltend machen, die im Zusammenhang mit der Teilnahme am Gewinnspiel oder dessen Nutzung entstehen. Die Teilnehmer erkennen an, dass das Gewinnspiel in keiner Weise von der Onlineplattform gesponsert, unterstützt oder organisiert wird bzw. in keiner Verbindung zu der Onlineplattform steht. Alle Informationen und Angaben, die die Teilnehmer im Rahmen des Gewinnspiels mitteilen oder die von ihnen erhoben werden, werden ausschließlich dem Veranstalter und nicht der jeweiligen Onlineplattform zur Verfügung gestellt. Der Veranstalter bittet darum, sämtliche Anfragen und Hinweise bezüglich des Gewinnspiels an den Veranstalter und nicht an die Onlineplattform zu richten.

12.3. Sofern der Veranstalter Daten der Teilnehmer auf Grundlage einer entsprechenden Erlaubnis oder einer anderen gesetzlichen Berechtigung von der Onlineplattform erhält, erfolgt die Nutzung, Speicherung und sonstige Verarbeitung dieser Daten ausschließlich zu den im Rahmen des Gewinnspiels genannten Zwecken (z.B. wenn der Veranstalter die E-Mail-Adressen der Nutzer in ein Gewinnspielformular voreintragen kann).

12.4. Neben den hier aufgeführten Teilnahmebedingungen gelten im Verhältnis zur Onlineplattform deren jeweils aktuelle Geschäftsbedingungen sowie Datenschutzhinweise. Weitere Informationen zum Einwilligungsvorgang, zu bereits erteilten Einwilligungen sowie zu Möglichkeiten des Widerrufs enthalten die Datenschutzhinweise der Onlineplattform.

13. Datenschutzhinweise

13.1. Der Veranstalter verarbeitet personenbezogene Daten (nachfolgend auch als »Daten« bezeichnet) der Teilnehmer von Gewinnspielen und Wettbewerben nur unter Einhaltung der einschlägigen Datenschutzbestimmungen, soweit die Verarbeitung zur Bereitstellung, Durchführung und Abwicklung des Gewinnspiels erforderlich ist (Art. 6 Abs. 1 S. 1 lit. b) DSGVO), die Teilnehmer in die Verarbeitung eingewilligt haben (Art. 6 Abs. 1 S. 1 lit. a) DSGVO) oder die Verarbeitung gemäß Art. 6 Abs. 1 S. 1 lit. f) DSGVO den berechtigten Interessen des Veranstalters an der Sicherheit des Gewinnspiels oder am Schutz der Interessen des Veranstalters vor Missbrauch dient.

13.2. Die Daten der Teilnehmer werden nur dann an andere Stellen übermittelt, wenn dies für die Durchführung des Gewinnspiels erforderlich ist (z.B. zum

Versand von Gewinnen durch Sponsor(en) oder an technische Dienstleister oder Agenturen, die mit der Durchführung beauftragt wurden) oder sofern ein Teilnehmer in die Übermittlung eingewilligt hat.

13.3. Der Veranstalter weist die Teilnehmer im Rahmen des Gewinnspiels darauf hin, welche ihrer Angaben für die Teilnahme erforderlich sind.

13.4. Die Daten der Teilnehmer werden gelöscht, sobald das Gewinnspiel beendet ist und die Daten nicht mehr erforderlich sind, um die Gewinner zu informieren oder weil mit Rückfragen zum Gewinnspiel zu rechnen ist. Grundsätzlich werden die Daten der Teilnehmer spätestens 6 Monate nach Ende des Gewinnspiels gelöscht. Daten der Gewinner können länger einbehalten werden, um z.B. Rückfragen zu den Gewinnen zu beantworten oder die Gewinnleistungen zu erfüllen. In diesem Fall richtet sich die Aufbewahrungsdauer nach der Art des Gewinns und beträgt z.B. bei Sachen oder Leistungen bis zu drei Jahre, um z.B. Gewährleistungsfälle bearbeiten zu können. Ferner können die Daten der Teilnehmer länger gespeichert werden, z.B. im Rahmen einer (datenschutzkonformen) Berichterstattung zum Gewinnspiel in Online- und Offlinemedien oder im Fall von Teilnahmebeiträgen, die in sozialen Medien veröffentlicht werden.

13.5. Sofern Daten im Rahmen des Gewinnspiels auch zu anderen Zwecken erhoben wurden, richten sich deren Verarbeitung und die Aufbewahrungsdauer nach den Datenschutzhinweisen zu dieser Nutzung (z.B. im Fall einer Anmeldung zum Newsletter im Rahmen eines Gewinnspiels).

13.6. Den Teilnehmern stehen als Betroffene nach der DSGVO verschiedene Rechte zu, die sich insbesondere aus Art. 15 bis 21 DSGVO und im Fall des Schweizer Rechts aus dem Schweizer DSG ergeben:

13.6.1. Widerspruchsrecht: Sie haben das Recht, aus Gründen, die sich aus Ihrer besonderen Situation ergeben, jederzeit gegen die Verarbeitung der Sie betreffenden personenbezogenen Daten, die aufgrund von Art. 6 Abs. 1 lit. e) oder f) DSGVO erfolgt, Widerspruch einzulegen. Dies gilt auch für ein auf diese Bestimmungen gestütztes Profiling. Werden die Sie betreffenden personenbezogenen Daten verarbeitet, um Direktwerbung zu betreiben, haben Sie das Recht, jederzeit Widerspruch gegen die Verarbeitung der Sie betreffenden personenbezogenen Daten zum Zwecke derartiger Werbung einzulegen. Dies gilt auch für das Profiling, soweit es mit solcher Direktwerbung in Verbindung steht.

13.6.2. Widerrufsrecht bei Einwilligungen: Sie haben das Recht, erteilte Einwilligungen jederzeit zu widerrufen.

13.6.3. Auskunftsrecht: Sie können eine Bestätigung darüber verlangen, ob Ihre Daten verarbeitet werden. Sie haben außerdem das Recht auf Auskunft über diese Daten sowie auf weitere Informationen und eine Kopie der Daten entsprechend den gesetzlichen Vorgaben.

13.6.4. Recht auf Berichtigung: Sie haben entsprechend den gesetzlichen Vorgaben das Recht, die Vervollständigung der Sie betreffenden Daten oder die Berichtigung der Sie betreffenden unrichtigen Daten zu verlangen.

13.6.5. Recht auf Löschung und Einschränkung der Verarbeitung: Sie haben nach Maßgabe der gesetzlichen Vorgaben das Recht, zu verlangen, dass Sie betreffende Daten unverzüglich gelöscht werden. Alternativ können Sie nach Maßgabe der gesetzlichen Vorgaben eine Einschränkung der Verarbeitung der Daten verlangen.

13.6.6. Recht auf Datenübertragbarkeit: Sie haben das Recht, Sie betreffende Daten, die Sie dem Veranstalter zur Verfügung gestellt haben, nach Maßgabe der gesetzlichen Vorgaben in einem strukturierten, gängigen und maschinenlesbaren Format zu erhalten oder deren Übermittlung an einen anderen Verantwortlichen zu fordern.

13.6.7. Beschwerde bei Aufsichtsbehörde: Sie haben ferner das Recht, bei einer Aufsichtsbehörde Beschwerde einzureichen, wenn Sie der Ansicht sind, dass die Verarbeitung der Sie betreffenden personenbezogenen Daten gegen die DSGVO verstößt.

13.7. Datenschutzerklärung des Veranstalters: [https://...].

13.8. [Sofern vorhanden: Kontakt Datenschutzbeauftragte/r: .....@.....de].

ANHANG B

Muster für Social-Media-Richtlinien

Das folgende Muster dient als Ergänzung zu Kapitel 17. Die hier als Muster formulierten Richtlinien sollen das Risiko der Haftung für Unternehmen, Behörden und andere Organisationen sowie deren Geschäftsführung reduzieren. Das Muster kann bei Bedarf angepasst werden. Bitte beachten Sie die Platzhalter bzw. Auswahlmöglichkeiten in den eckigen Klammern, die Ihre Eingaben bzw. Ihre Auswahl erfordern.

Die hier formulierten Richtlinien können als Arbeitsanweisung genutzt werden. Sie können ebenfalls als Teil einer verbindlichen Vereinbarung mit den Mitarbeitenden eines Unternehmens oder einer Organisation aufgenommen werden.

Download, Lizenz und Haftung

- **Download:** Das Muster können Sie unter *https://drschwenke.de/download-buchmuster* mit dem Passwort RKIOM27856 herunterladen.
- **Lizenz:** Buchkäufer dürfen das Muster für den eigenen Gebrauch oder für ihr Unternehmen, ihre Behörde oder Organisation nutzen. Eine Veröffentlichung, Verbreitung und Weitergabe an Dritte, einschließlich Kunden, ist nicht gestattet.
- **Haftung:** Dieses Muster wurde sorgfältig erstellt und entspricht dem Rechtsstand zum Zeitpunkt der Veröffentlichung. Dennoch kann keine Haftung für die individuelle Anwendung übernommen werden.

Social-Media-Richtlinien für Mitarbeitende

1. Einleitung

1.1. Wir, die **[Muster GmbH]** (»Arbeitgeber«), begreifen das soziale Netz als eine Chance, engere und persönlichere Beziehungen mit Kunden und Kundinnen, Kollegen und Kolleginnen, Geschäftspartnern und -partnerinnen sowie allen anderen Nutzenden aufzubauen und zu pflegen. Darüber hinaus möchten wir mit unserem Social-Media-Engagement vor allem unsere fachliche Kompetenz und das Verständnis für die Bedürfnisse unserer Nutzer und Kunden herausstellen sowie neue Kunden dazugewinnen.

1.2. Wir begrüßen es daher, wenn sich unsere Mitarbeitenden im sozialen Netz engagieren, und unterstützen sie dabei. Da dies seitens der Mitarbeitenden einen verantwortungsvollen Umgang mit den Social Media erfordert, geben die folgenden Richtlinien grundlegende Antworten auf die Frage, wie Sie sich als Mitarbeitende auf den Plattformen im Hinblick auf Ihre Arbeitstätigkeit bewegen sollten und worauf zu achten ist.

1.3. Diese Richtlinien gelten für alle unsere Mitarbeitenden und Repräsentanten, die im Rahmen ihres beruflichen Auftrags in Blogs, Wikis, Foren, sozialen Netzwerken oder anderen Formen der Social Media aktiv sind und Inhalte veröffentlichen oder kommentieren, die unseren internen Betrieb betreffen. Sofern die Richtlinien auch berufliche Belange im Rahmen der privaten Social-Media-Nutzung betreffen sollten, wird darauf explizit hingewiesen.

2. Zuständige Stellen

2.1. Ansprechperson(en) für Social Media: Die Social-Media-Aktivitäten werden **[von/vom/von der Herrn/Frau Mustermann/Social-Media-Team/Pressestelle]** als Ansprechstelle koordiniert. Diese Personen dienen als Ansprechpartner bei allen Fragen, Vorschlägen und Meldungen Social Media betreffend und sind unter der E-Mail-Adresse **[smteam@muster_gmbh.de]** sowie der Telefonnummer **[123456-404]** zu erreichen.

2.2. Pressekontakte: Sollten Sie im Rahmen Ihrer Social-Media-Aktivitäten auf Medienanfragen stoßen, leiten Sie diese bitte an die Pressestelle **[presse@muster_gmbh.de, Durchwahl 984]** weiter.

3. Zulässigkeit der Nutzung

3.1. Die Nutzung von Social Media im Rahmen ihrer Tätigkeit für uns ist den Mitarbeitenden nur mit Erlaubnis des Vorgesetzten und der Social-Media-Ansprechperson(en) gestattet.

3.2. Die Erlaubnis soll den zeitlichen Rahmen der Nutzung in Arbeitsstunden pro Tag festlegen.

4. Verantwortung

4.1. Sie sind für das, was Sie in sozialen Netzwerken tun und veröffentlichen, selbst verantwortlich. Bitte gehen Sie bewusst mit dieser Verantwortung um, sowohl in Ihrem eigenen wie auch in unserem Interesse.

4.2. Denken Sie daran, dass alles, was Sie sagen, jedermann für eine lange Zeit zugänglich sein wird. Veröffentlichen Sie daher Aussagen und Inhalte erst, nachdem Sie bedacht haben, dass sie von wachsamen Lesern, betroffenen Personen oder konkurrierenden Unternehmen mit sehr kritischen Augen begutachtet werden.

5. Arbeitszeit

5.1. Die dienstliche Nutzung von Social Media darf Ihre übrigen Aufgaben und Pflichten als Arbeitnehmer nicht beeinträchtigen.

5.2. Sind Sie der Ansicht, dass Ihrer dienstlichen Nutzung von Social Media mehr Zeit eingeräumt werden sollte, suchen Sie ein Gespräch mit den Ansprechperson(en) für Social Media und Ihrem Vorgesetzten, um weiteres Vorgehen abzuklären.

6. Anlegen neuer Präsenzen und Nutzen von Diensten

6.1. Bitte halten Sie zunächst Rücksprache mit den Ansprechperson(en), bevor Sie Social-Media-Präsenzen (z.B. neue Accounts) erstellen oder sich für Social-Media-Dienste registrieren.

6.2. Verwenden Sie nur betriebliche E-Mail-Adressen und Daten. Legen Sie neue Social-Media-Präsenzen nicht mit Ihren privaten Daten an. Verwenden Sie soziale Medien für berufliche Zwecke nur mit betrieblichen und nicht mit Ihren privaten Accounts.

7. Nutzungsbedingungen

7.1. Nutzen Sie Social-Media-Plattformen, Dienste und Inhaltsanbieter beruflich nur, wenn Sie deren Nutzungs-/Geschäftsbedingungen gelesen sowie verstanden haben und diese die beabsichtigte Nutzung erlauben.

7.2. Fragen Sie im Zweifel die Ansprechperson(en), ob die Nutzung erlaubt ist.

8. Private Meinung

8.1. Wenn Sie sich ohne einen dienstlichen Auftrag in sozialen Medien zu einem uns betreffenden Thema äußern, machen Sie neben dem Hinweis auf Ihren Bezug zu uns bitte deutlich, dass Sie Ihre persönliche Meinung vertreten und nicht für uns sprechen. Verwenden Sie daher immer die Formulierung »ich« statt »wir«.

8.2. Verzichten Sie auf private Äußerungen, wenn Sie einen geschäftlichen Account oder ein entsprechendes Social-Media-Profil verwenden.

9. Private Social-Media-Präsenzen

Weisen Sie in privat geführten Blogs oder Social-Media-Profilen auf die private Nutzung hin, falls der Eindruck entstehen könnte, diese würden von uns geführt oder unterstützt, z.B. so: »Die Publikationen auf dieser Website spiegeln ausschließlich meine eigenen Ansichten und Meinungen wider.«

10. Respektvoller Umgang

10.1. Achten Sie in der Onlinekommunikation auf einen respektvollen und bedachten Umgang, der Ihrem und unserem Ansehen nicht schadet.

10.2. Äußern Sie sich immer höflich und sachlich gegenüber anderen Nutzern.

11. Ausdrucksweise

11.1. Formulieren Sie nicht so, wie Unternehmenssprecher sich häufig ausdrücken, sondern sprechen Sie wie ein normaler Mensch. Vermeiden Sie Fach- und Firmensprache. Sprechen Sie subjektiv und verbindlich, so als würden Sie mit einer Person sprechen, die Ihnen gegenübersitzt.

11.2. Bleiben Sie bescheiden, aber selbstbewusst. Vermeiden Sie es, in angeberischem Ton unsere Leistungen anzupreisen oder Beiträge zu verfassen, die wie Werbetexte klingen.

11.3. Vermeiden Sie ebenfalls offensive sowie aggressive Sprache. Achten Sie darauf, dass Sie keine Aussagen treffen, die als diskriminierend wahrgenommen werden könnten.

12. Wahrheitspflicht

12.1. Stellen Sie sich oder uns niemals in irreführender Weise dar. Alle Stellungnahmen und Informationen müssen nachvollziehbar und belegbar sein. Stützen Sie sich als unsere Repräsentantinnen und Repräsentanten immer auf Ihre Fachkenntnisse.

12.2. Äußern Sie Tatsachen nur dann, wenn Sie sich völlig sicher sind, dass sie zutreffen und von Ihnen nachgewiesen werden können. Das ist nur dann der Fall, wenn Sie der Informationsquelle vertrauen können (z.B. große Nachrichtendienste oder Magazine). Behauptungen von einzelnen Personen sollten hingegen immer sehr kritisch betrachtet. Sind Sie sich nicht ganz sicher, ob eine Tatsache zutreffend ist, äußern Sie sie nicht oder höchstens in Meinungsform (»Ich meine, dass ...«, »Ich glaube, dass ...«).

12.3. Vermeiden Sie es, Tatsachenbehauptungen und Meinungen Dritter, die Sie anzweifeln, wiederzugeben oder zu verlinken.

13. Wettbewerb und Mitbewerber

13.1. Äußern Sie sich ohne Rücksprache mit den Ansprechperson(en) nicht zu unseren Mitbewerbern oder dem Wettbewerb im Allgemeinen.

13.2. Das bedeutet: Vermeiden Sie es, Mitbewerber zu loben oder zu kritisieren. Vergleichen Sie uns bzw. unser Angebot nicht mit dem eines Mitbewerbers (»Unser Service ist besser als der von A.«). Vermeiden Sie ohne rechtliche Freigabe Alleinstellungs- und Spitzenstellungsbehauptungen (»Wir sind die besten/günstigsten ...« oder »Wir gehören zu den Marktführern.«).

14. Arbeitsbezug und Mehrwert

14.1. Konzentrieren Sie sich in Ihren Beiträgen auf Themen, die mit unserem und Ihrem Fachbereich verknüpft sind und die einen Informations- oder Unterhaltungswert für die Leser haben. Vermeiden Sie hingegen die Veröffentlichung rein privater Erlebnisberichte oder branchenfremder Fundstücke aus dem Internet.

14.2. Schreiben Sie nur über Themen, in denen Sie sich auskennen, insbesondere im Hinblick auf unsere Geschäftstätigkeit. Wenn es notwendig ist, sich zu einem Thema zu äußern, in dem Sie keine Fachexpertise besitzen, sollten Sie dies gegenüber Ihren Lesern deutlich machen.

15. Direktmarketing

Belästigen Sie andere Nutzer nicht mit Werbebotschaften per Privatnachrichten oder Einträgen in deren Profilen.

16. Nutzung fremder Inhalte und Urheberrecht

16.1. Soziale Medien verleiten dazu, Inhalte von anderen einfach zu kopieren. Das ist nach dem Urheberrecht nicht erlaubt. Kopieren Sie in Ihren Beiträgen also kein Material von anderen und geben Sie fremde Inhalte nicht als Ihre eigenen aus. Wenn Sie auf fremde Inhalte verweisen, nutzen Sie Links. Vermeiden Sie auch Textzitate und geben Sie Texte vorwiegend mit eigenen Worten wieder.

16.2. Laden Sie nur Bilder oder Videos ins Internet hoch, wenn Sie die nötigen Rechte besitzen.

17. Fremde Marken

Nutzen Sie keine fremden Unternehmens- und Markensymbole, -logos oder -slogans ohne Erlaubnis von deren Inhabern.

18. Links

Verweisen Sie nicht auf Inhalte, von denen Sie denken, dass sie rechtswidrig sein könnten, da sie z.B. Urheberrechtsverletzungen oder Verleumdungen enthalten könnten.

19. Fremde Quellen

Geben Sie fremdes Wissen und Informationen nicht als etwas Eigenes aus. Wenn Sie Informationen von anderen Quellen beziehen, verweisen und verlinken Sie direkt auf diese.

20. Betriebsgeheimnisse und Betriebsinterna

20.1. Publizieren Sie weder Betriebsgeheimnisse noch geheime Firmeninterna. Dazu gehören insbesondere Informationen über Rechtsverfahren, Finanzen, Personalentwicklungen und Firmenstrategien.

20.2. Berichten Sie nur über solche Firmeninterna, bei denen Sie sich sicher sind, dass sie für die Öffentlichkeit gedacht sind und z.B. jederzeit gegenüber der Presse geäußert werden könnten.

21. Vertraulichkeit, Datenschutz und Persönlichkeitsrechte

21.1. Bitte unterlassen Sie jegliche Handlungen, die gegen unsere Datenschutzbestimmungen, Vertraulichkeitserklärungen, rechtliche Vorschriften oder interne Richtlinien verstoßen.

21.2. Berichten Sie über Vorkommnisse in allen nicht öffentlichen Bereichen nur nach Rücksprache mit den betroffenen Personen und mit deren Erlaubnis. Das umfasst auch Namen und Aussagen von Kollegen und Kolleginnen, Kunden und Kundinnen sowie Geschäftspartnern und -partnerinnen sowie weitere Informationen über diese Personen.

22. Umgang mit Kritik

22.1. Bewahren Sie bei Ihren Reaktionen auf Kritik Ruhe und antworten Sie nicht im Affekt.

22.2. Wenn Sie eine abweichende Meinung vertreten, reagieren Sie dabei angemessen und freundlich und verwenden Sie sachliche Argumente. Wenn eine Diskussion erst einmal aufgeheizt ist, lässt sie sich nur schwer wieder in ruhigere Bahnen lenken.

22.3. Stehen Sie zu Fehlern, die Ihnen unterlaufen sind, und bedanken Sie sich für Hinweise auf entsprechende Fehler.

22.4. Berichtigen Sie Fehler, sobald Sie sie erkennen. Ergänzen und erläutern Sie Ihre Beiträge, sobald Sie bemerken, dass diese missverstanden werden können oder Ergänzungen ihren Mehrwert erhöhen.

22.5. Vermeiden Sie Situationen, in denen andere Nutzer das Gefühl bekommen, einem aus einer überlegenen Position agierenden Unternehmen gegenüberzustehen (»David gegen Goliath«-Situation).

23. Unsachliche und themenfremde Nutzerkommentare

23.1. Gehen Sie nicht auf unsachliche Kommentare ein, die offensichtlich nicht zu einer Diskussion beitragen sollen, sondern themenfremde Allgemeinplätze verwenden, z.B.: »In diesem Land wird die Meinungsfreiheit eh mit den Füßen getreten.« Weisen Sie in solchen Fällen die Nutzer allenfalls darauf hin, dass die Reaktion Ihrer Ansicht nach unsachlich ist und Sie nicht weiter auf sie eingehen werden.

23.2. Bei Fragen oder Aussagen, die zwar sachlich sind, aber nichts mit dem gerade diskutierten Thema zu tun haben, nehmen Sie Stellung, verweisen Sie aber höflich darauf, dass diese Äußerungen nicht zum Thema passen.

24. Löschen von Nutzerbeiträgen

24.1. Achten Sie die Meinung anderer und löschen Sie nur Kommentare, die eindeutig Spam, Beleidigungen oder zweifelhafte Behauptungen ohne Quellenangaben enthalten, gesetzeswidrig sind oder andere Nutzer belästigen.

24.2. Verwarnen Sie Nutzer vor der Löschung ihres Beitrags, es sei denn, das bereits eingetretene Fehlverhalten rechtfertigt eine sofortige Sperrung oder Löschung (z.B. Beleidigung von Benutzern oder Mitarbeitenden).

25. Melden rechtswidriger Inhalte

25.1. Informieren Sie sofort die Ansprechperson(en), sobald jemand Ihnen gegenüber behauptet, dass ein Beitrag, Link oder Kommentar rechtsverletzend sei.

25.2. Vermeiden Sie die sofortige Löschung der beanstandeten Inhalte, da sie für eine rechtliche Prüfung notwendig sein können. Sind die Ansprechperson(en) nicht sofort zu erreichen und die Behauptung nicht offensichtlich unbegründet, nehmen Sie den rechtswidrigen Inhalt vorübergehend offline. Ist ausnahmsweise eine sofortige Löschung angebracht, erstellen Sie im Beisein einer Person aus dem Kollegenkreis einen Screenshot des beanstandeten Inhalts.

26. Kritische Themen und Krisensituationen

26.1. Nehmen Sie niemals an Diskussionen teil, wenn sich das zu diskutierende Thema auf eine Krisensituation bezieht oder als eine Krise betrachtet werden könnte. Leiten Sie Aktivitäten, die sich um Krisenthemen drehen, bitte an Ihren Vorgesetzten oder die Ansprechperson(en) weiter.

26.2. Kommentieren Sie niemals Punkte, die sich auf juristische Angelegenheiten beziehen, also auf Prozesse, Gerichtsverfahren oder jede Art von juristischen Auseinandersetzungen und Verfahren, in die das Unternehmen involviert ist.

27. Folgen bei Verstößen gegen diese Richtlinien

27.1. Verstöße gegen diese Richtlinien können je nach Umfang und Intensität rechtliche Folgen nach sich ziehen.

27.2. Es ist möglich, dass neben uns auch Sie persönlich in Haftung genommen werden. Diese Gefahr besteht insbesondere bei falschen Tatsachenbehauptungen und Beleidigungen.

27.3. Wird gegen diese Richtlinien verstoßen, kann das arbeitsrechtliche Konsequenzen haben, zu einem Verbot der Social-Media-Nutzung sowie zu einer arbeitsrechtlichen Abmahnung oder sogar einer Kündigung führen.

28. Fragen und Zweifel

28.1. Wenn Sie unsicher sind, wie Sie Beiträge oder Kommentare sprachlich formulieren sollen, fragen Sie eine Person aus dem Kollegenkreis, oder lassen Sie die Beiträge vor der Veröffentlichung gegenlesen.

28.2. In Zweifelsfällen, in denen für die zu klärenden Fragen keine bestimmten Stellen oder Personen benannt sind, oder wenn über die Rücksprache mit diesen Personen hinaus weiterer Klärungsbedarf besteht, wenden Sie sich bitte an Ihre Vorgesetzten.

Muster für KI-Richtlinien

Das folgende Muster dient als Ergänzung zu den Kapiteln 11 und 17, die sich mit dem Einsatz von KI und der Haftung für Rechtsverstöße durch Mitarbeitende befassen. Die in diesem Muster formulierten Richtlinien sollen dazu beitragen, das Haftungsrisiko für Unternehmen, Behörden und andere Organisationen sowie deren Führungskräfte beim Einsatz von KI zu verringern. Das Muster kann bei Bedarf angepasst werden. Bitte beachten Sie die Platzhalter bzw. Auswahlmöglichkeiten in den eckigen Klammern, die Ihre Eingaben oder Entscheidungen erfordern.

Die Richtlinien sind als Arbeitsanweisungen formuliert. Sie können daher auch als Teil in die verbindlichen Vereinbarungen mit den Mitarbeitenden eines Unternehmens oder einer Organisation aufgenommen werden.

Download, Lizenz und Haftung

- **Download:** Das Muster können Sie unter *https://drschwenke.de/download-buchmuster* mit dem Passwort RKIOM27856 herunterladen.
- **Lizenz:** Buchkäufer dürfen das Muster für den eigenen Gebrauch oder für ihr Unternehmen, ihre Behörde oder Organisation nutzen. Eine Veröffentlichung, Verbreitung und Weitergabe an Dritte, einschließlich Kunden, ist nicht gestattet.
- **Haftung:** Dieses Muster wurde sorgfältig erstellt und entspricht dem Rechtsstand zum Zeitpunkt der Veröffentlichung. Dennoch kann keine Haftung für die individuelle Nutzung übernommen werden.

Richtlinien für den Einsatz von künstlicher Intelligenz am Arbeitsplatz (KI-Richtlinien)

1. Einleitung

1.1. Bei der [Muster GmbH] (»Arbeitgeber«) sehen wir künstliche Intelligenz (KI) als eine bedeutende Technologie, die sowohl Chancen als auch Risiken birgt. Deshalb legen wir großen Wert darauf, KI sorgfältig, ethisch und rechtlich korrekt einzusetzen.

1.2. Unser Ziel ist es, die Fähigkeiten unserer Mitarbeitenden durch den Einsatz von KI zu stärken und zu erweitern. Mit diesen KI-Richtlinien bekräftigen wir unser Engagement für einen verantwortungsvollen Umgang mit KI. Die KI-Richtlinien geben unseren Mitarbeitenden klare Anweisungen, unterstützen die Integration von KI in unseren Betrieb und bieten Leitlinien für die optimale Nutzung von KI-Anwendungen.

1.3. Wir konzentrieren uns auf das Erkennen von Gefährdungspotenzialen und die Umsetzung von Schutzmaßnahmen. Dabei haben Informationssicherheit, Datenschutz und die Sicherstellung menschlicher Kontrolle über die KI oberste Priorität.

2. Ansprechpersonen

2.1. Ansprechperson(en) in KI-Fragen: [aikontakt@mustergmbh123.de].

2.2. In Zweifelsfällen, in denen für die zu klärenden Fragen keine bestimmten Stellen oder Personen benannt sind, oder wenn über die Rücksprache mit diesen Personen hinaus weiterer Klärungsbedarf besteht, wenden Sie sich bitte an Ihre Vorgesetzten.

3. Begrifflichkeiten

3.1. KI-System: Mit einem *KI-System* ist die praktische Umsetzung der künstlichen Intelligenz gemeint, etwa in Form von konkreten Anwendungen wie z.B. Chatbots, Assistenzsystemen oder Bildgenerierungssystemen. Die Begriffe KI-System und KI werden nachfolgend synonym verwendet. Entsprechend der gesetzlichen Definition in Art. 3 Nr. 1 KI-Verordnung ist ein KI-System ein maschinelles System, das entwickelt wurde, um mit unterschiedlichen Graden von Autonomie zu arbeiten und sich nach Inbetriebnahme anzupassen. Es verfolgt bestimmte Ziele und kann aus empfangenen Eingaben ableiten, wie es Ergebnisse wie Vorhersagen, Inhalte, Empfehlungen oder Entscheidungen erzeugt. Diese Ergebnisse können sowohl die reale als auch die virtuelle Welt beeinflussen.

3.2. Deepfake: *Deepfakes* sind KI-generierte oder manipulierte Bild-, Audio- oder Videoinhalte, die existierende Personen, Objekte, Orte, Entitäten oder Ereignisse nachahmen und dabei täuschend echt erscheinen können.

3.3. Prompt: Ein *Prompt* ist ein Signal an ein KI-System, mit dem ein Nutzer ein KI-System steuert oder anleitet. Typischerweise handelt es sich um einen Text oder eine Frage, die dem KI-System hilft, die gewünschte Antwort oder Aktion zu generieren. Prompts können besonders effektiv und einfach in Systemen genutzt werden, die natürliche Sprache verarbeiten, wie Chatbots oder Sprachassistenten.

4. Geltungsbereich

4.1. Geltung für alle Beschäftigten: Diese KI-Richtlinien sind für alle Mitarbeitenden verbindlich, unabhängig von ihrer Position oder der Abteilung, in der sie tätig sind.

4.2. Geltung für alle KI-Systeme und -Anwendungen: Der Anwendungsbereich dieser Richtlinien erstreckt sich auf sämtliche bestehenden und künftig zu nutzenden KI-Systeme und -Anwendungen, die innerhalb unserer betrieblichen Aktivitäten eingesetzt werden. Sie deckt jede Form der KI-Nutzung ab, darunter die Erstellung von Inhalten wie Texten, Bildern oder Videos, die Datenanalyse, die Automatisierung von Aufgaben, die Unterstützung bei Entscheidungen sowie alle anderen KI-bezogenen Tätigkeiten. Dies schließt sowohl intern entwickelte Systeme als auch von Drittanbietern bezogene KI-Lösungen, Ergebnisse und Dienstleistungen mit ein.

4.3. Diese Richtlinien treten mit ihrer Veröffentlichung in Kraft und bleiben bis auf Weiteres gültig.

5. Berechtigung zur Nutzung von KI

5.1. Der Einsatz von KI ist grundsätzlich untersagt und darf nur mit ausdrücklicher Genehmigung des Arbeitgebers erfolgen. Diese Erlaubnis kann allgemein für alle Mitarbeitenden, für bestimmte Gruppen oder individuell erteilt werden.

5.2. Privat angeschaffte KI-Systeme dürfen ohne ausdrückliche Zustimmung des Arbeitgebers nicht für betriebliche Zwecke genutzt werden.

5.3. KI-Systeme, die der Arbeitgeber bereitstellt oder im Rahmen der Arbeit besorgt, einschließlich der genutzten Benutzerkonten und erstellten Inhalte, sind ausschließlich für betriebliche Zwecke bestimmt. Eine private Nutzung ist nur mit Zustimmung des Arbeitgebers erlaubt.

5.4. KI-Systeme dürfen nur eingesetzt werden, wenn die entsprechende Sachkenntnis vorhanden ist und die möglichen Risiken sowie die Schwächen der Systeme und der verwendeten Daten bekannt sind (bezeichnet als *KI-Kompetenz*). Sollten diese Voraussetzungen nicht erfüllt sein, informieren Sie bitte den Arbeitgeber.

5.5. Da sich KI-Technologien ständig entwickeln, ist es wichtig, den eigenen Wissensstand laufend an die Anforderungen der genutzten KI-Systeme anzupassen und die vom Arbeitgeber angebotenen Fortbildungen wahrzunehmen. Nutzen Sie das erworbene Wissen verantwortungsvoll im Berufsalltag.

6. Vertragsschluss und Registrierung

6.1. Die allgemeinen Geschäftsbedingungen, Datenschutzhinweise und Vertragsunterlagen der KI-Anbieter müssen rechtlich auf Nutzungserlaubnis und Datenschutzpflichten geprüft werden. Insbesondere ist zu überprüfen, ob bei Anbietern außerhalb der EU datenschutzrechtliche Garantien oder Auftragsverarbeitungsverträge vorhanden sind.

6.2. Nutzen Sie bei der Registrierung für KI-Dienste möglichst Funktions-E-Mail-Adressen (z.B. mit Benutzernamen wie »ki12345@...«), die keine persönlichen Informationen enthalten. Geben Sie, sofern es die AGB erlauben, nur Angaben zum Arbeitgeber und keine privaten Daten an.

6.3. Bei der Nutzung von KI-Anwendungen, bereitgestellt durch den Arbeitgeber oder externe Anbieter, können personenbezogene Daten erfasst werden, die Sie identifizieren könnten. Dazu gehören Namen, Stellenbeschreibungen, E-Mail-Adressen sowie Logdaten wie Nutzungszeitpunkt und -dauer. Auch eingegebene Prompts, erstellte Ergebnisse und damit verbundene Protokollinhalte können gespeichert werden. Wir informieren Sie gerne über die konkret verarbeiteten Daten und unterstützen bei Fragen zur pseudonymen Nutzung. Beachten Sie bitte auch die Datenschutzhinweise der jeweiligen KI-Dienste sowie unsere Datenschutzhinweise für Beschäftigte.

7. Verbotene KI-Praktiken und Hochrisiko-KI-Systeme

7.1. Der Einsatz von KI-Praktiken, die gemäß Art. 5 der KI-Verordnung verboten sind, ist untersagt. Sollten Sie solche Praktiken beobachten, melden Sie dies bitte unverzüglich an die zuständige Stelle oder an Ihre Vorgesetzten.

7.2. Die Verwendung von Hochrisiko-KI-Systemen gemäß Art. 6 und Anlage III der KI-Verordnung ist nur nach ausdrücklicher Genehmigung erlaubt. Beobachtungen zu deren Einsatz sollten sofort an die zuständige Stelle oder an Ihre Vorgesetzten gemeldet werden. Zudem dürfen diese Systeme nur unter Einhaltung der Pflichten aus Art. 26 der KI-Verordnung genutzt werden.

8. Verständnis und sorgfältige Überwachung von KI

8.1. Wir setzen künstliche Intelligenz nur ein, wenn wir ihre Funktionalität und ihre Grenzen umfassend verstehen. Die Ergebnisse werden gründlich analysiert und mit unserem Fachwissen validiert. Unsere KI-Systeme unterliegen einer fortlaufenden Überwachung, wobei klare Verantwortlichkeiten und Qualitätsstandards festgelegt und regelmäßig überprüft werden.

8.2. Die Wahrung menschlicher Autonomie und die Priorität menschlicher Entscheidungen bleiben unangetastet. Die endgültige Entscheidungsbefugnis über KI-Ergebnisse liegt immer bei einem Menschen.

9. Einhaltung aller Gesetze und interner Regelungen

9.1. Der Einsatz von KI-Systemen erfolgt nur, wenn sie alle gesetzlichen Anforderungen sowie unsere internen Richtlinien erfüllen.

9.2. Die Systeme dürfen keine diskriminierenden Entscheidungen treffen und müssen Autonomie, Gleichbehandlung und Fairness sicherstellen.

10. Vermeidung von Diskriminierung

10.1. Nutzen Sie vorurteilsfreie Daten beim Training. Überwachen Sie die Systeme kontinuierlich, um faire und gleiche Behandlung zu gewährleisten.

10.2. Vermeiden Sie Diskriminierung basierend auf Merkmalen wie Rasse, Geschlecht oder Religion.

11. Richtigkeit der Daten

11.1. Achten Sie darauf, dass die Daten, die Sie als Eingaben in KI-Prozesse verwenden, korrekt und präzise sind, um ungenaue Ergebnisse zu verhindern (z.B.

vollständige und aktuelle statistische Daten). Überprüfen Sie diese Daten gründlich, bevor Sie sie verwenden, damit die KI-Systeme mit verlässlichen Informationen arbeiten und so ungenaue Ergebnisse vermieden werden. Validieren und verifizieren Sie Daten vor der Nutzung, sodass KI-Systeme mit zuverlässigen Daten arbeiten.

11.2. Dies gilt auch für Daten, die während der KI-Verfahren generiert werden.

12. Einhaltung des Datenschutzes

12.1. Der Schutz personenbezogener Daten und Geschäftsgeheimnisse hat bei der Nutzung von KI höchste Priorität. Vor jedem Einsatz prüfen wir die rechtlichen Vorgaben und treffen die notwendigen Schutzmaßnahmen. Die Verarbeitung personenbezogener Daten durch KI-Systeme muss stets auf einer rechtlichen Grundlage basieren und für betroffene Personen transparent sein.

12.2. Achten Sie darauf, dass KI-Systeme ohne gründliche menschliche Prüfung keine Entscheidungen treffen, die andere rechtlich oder auf andere Weise negativ beeinflussen (z. B. KI-Entscheidungen im Bewerbungsverfahren).

13. Technische Robustheit und Sicherheit

13.1. Unsere KI-Systeme sind so konzipiert, dass sie technisch robust und sicher sind, um Risiken für Fehler und Missbrauch zu minimieren.

13.2. Durch geeignete Sicherheitsmaßnahmen stellen wir sicher, dass die verarbeiteten Daten stets geschützt bleiben und die Systeme zuverlässig arbeiten.

14. Schutz des geistigen Eigentums

14.1. Der Schutz von geistigem Eigentum ist uns sehr wichtig. Wir achten auf die Einhaltung von Urheberrechten und anderen Schutzrechten und behandeln interne Eingaben vertraulich. Zudem schützen wir sensible Inhalte vor unbefugtem Zugriff durch KI.

14.2. Das geistige Eigentum des Arbeitgebers muss geschützt werden.

14.3. KI-Ergebnisse unterliegen keinem Urheberrechtsschutz und können von Dritten übernommen werden. Exklusive Werke müssen von Menschen erstellt sein.

14.4. Prompts und Anweisungen für KI, die eine aufwendige Erstellung erfordern, gelten als Geschäftsgeheimnisse und müssen vertraulich behandelt werden.

15. Transparente Kennzeichnung

15.1. Wir gewährleisten, dass KI-Ergebnisse den gesetzlichen Vorgaben entsprechend transparent gekennzeichnet sind. Nutzer unserer KI-Systeme werden von Anfang an darüber informiert, dass sie mit KI-Technologie interagieren.

15.2. Beachten Sie die Kennzeichnungsvorgaben externer Plattformen, Systeme oder Anbieter – etwa in sozialen Netzwerken.

15.3. Kennzeichnen Sie Deepfakes – KI-erzeugte oder manipulierte Bild-, Ton- oder Videoinhalte, die realen Personen, Gegenständen, Orten oder Ereignissen ähneln und täuschend echt wirken können – eindeutig als KI-Erzeugnisse.

16. Haftung, Haftungsminderung und Sanktionen

16.1. Der Arbeitgeber haftet grundsätzlich für Fehler, die durch KI-Systeme verursacht werden, einschließlich fehlerhafter Ergebnisse oder Datenschutzverstößen.

16.2. Schäden können nicht bei den Anbietern der KI-Systeme geltend gemacht werden, da diese in der Regel die Haftung ausschließen.

17. Rechtsfolgen bei Missachtung der KI-Richtlinien

17.1. Die Einhaltung der KI-Richtlinien ist essenziell, insbesondere in Bezug auf Datenschutz und Schutz von Geschäftsgeheimnissen.

17.2 Verstöße können rechtliche Konsequenzen wie Unterlassungs- und Schadenersatzansprüche nach sich ziehen und auch dienst- oder arbeitsrechtliche Folgen wie Abmahnungen oder Kündigungen haben.

Index

Symbole

®-Zeichen 210
™-Zeichen 210
15 Minuten Ruhm 169

A

Abbestelllink 450
Abbildungen von Personen 227, 287
Abholfristen 492
Ablehnungsschaltfläche 315
Abmahnfrist 572
Abmahnkosten 474
Abmahnmissbrauch 46
Abmahnung 46, 154, 343, 431, 470, 563, 568, 570
Abmahnungskosten 565
Abmahnungsmissbrauch 566
Abmeldebestätigung 468
Abmeldegrund 468
Absender 450
Abwandlung 76
Account 53
Accountname 51
Accounts 48, 54
Accountübertragung 55
Admin-C 40
Adresshändler 435
Adresskauf 435
Adresslisteneigner 453
Affiliate 253
Affiliate-Link 253
Affiliate-Marketing 32, 253
AGB 40, 44, 87, 107, 135, 149, 151, 161, 196, 266, 416, 429, 487, 502, 537, 543
AGB-Regelungen zu Rohdaten 150
Agentur 135, 139, 150, 151, 236, 237, 537
AGG 360
aggregierte Daten 288
ähnliche Waren und Dienstleistungen 445
Algorithmus 100, 111
alkoholische Getränke 400
Alleinstellungsbehauptung 378
allgemeiner Verwendungszweck 351
Allgemeines Gleichbehandlungsgesetz (AGG) 30
Altersbeschränkung 484, 505
Ambush-Marketing 221
amtliche Werke 86
Anbieterangaben 393
Anbieterkennzeichnung 45
Androhung rechtlicher Schritte 572
Angemessenheitsbeschluss 297
Ansammlung 170
Anspruch 558
Anspruchsgegner 558
Anwaltszwang 571
anwendbares Recht 487
Anzeige 230, 505
Apotheker 405
Arbeitgeber 243, 531
Arbeitnehmer 168
Arbeitsauftrag 531
Arbeitsverhältnis 177
Arbeitsvertrag 111, 148, 168, 178
Architektur 79
Arzneimitteln 407
Ärzte 405
Audiogerät 83
Audiospur 95
Aufnahmeerlaubnis 193, 194
Aufnahmeregeln 195

Auftraggeber 148
Auftragsverarbeiter 294
Auftragsverarbeitung 294, 370, 452, 453
Auftragsverarbeitungsvertrag 294, 339
Aufzeichnung 87
Augmented Reality 523
im Marketing 32
Aushang 195
Auskunft 176, 269
Auskunftsrecht 371
Ausland 79, 122
ausschließliche Lizenz 141
Auto 194
automatisierte Entscheidungen 367
automatisierte Entscheidungsfindung 301
Autonomie 459

B

B2B 476
Bannerwerbung 32
Barrierefreiheit 101, 408
Barrierefreiheitserklärung 43, 416
Barrierefreiheitsstärkungsgesetz (BFSG) 30, 408
Baukunst 61, 518
Bearbeitung 67, 75
Beauftragte 537
Behandlungsvertrag 406
Behörde 86
Beiwerk 78, 96, 169, 173, 218
Beiwerk, unwesentliches 78
bekannte Marken 211
Bekanntmachungen 86
Belegfunktion 73, 117
Beleidigung 262, 266, 551, 568
berechtigtes Interesse 166, 168, 300, 325, 367
Berichterstattung 72
Berichtigungsrecht 304
Berufshaftpflicht 42
Beschwerdemanagement 544, 545
Beschwerderecht 305
Beseitigung 573
Bestandskunden 448
Bestandskundenwerbung 443
Bestätigungscode 465
Bestätigungs-E-Mail 439
Bestellbestätigung 425
Bestpreis 382
Betriebsanleitung 517
Betriebsrat 366, 535
Betriebssysteme 408
Betroffenenrechte 300
Beweis 557
Beweissicherung 557, 559, 571
Beweissicherungsdienst 559
Beweiszwecke 325
Bewerber 330
Bewerbungsfotos 147
Bewertungen 266, 271
Bewertungsanfrage 423
Bewertungsplattform 268
Bewertungsportale 540
Bewertungsprüfung 271
Bewertungsverbot 266
Bewertungswidgets 412
Bilder 45, 105, 117
Bilderlinks 549, 552
Bildernutzung 91
Bildmarke 108, 200
Bildmotiv 91
Bildnis 149, 168
Bildzitat 216
Binding Corporate Rules 298
Bio 395
biometrische Daten 528
Bio-Siegel 395
Black-Box-Problem 359
Blacklist 469
bleibende Werke 79
Blog 32, 410
Blogbeitrag 88
Böhmermann 188
Bot 120
Branchenbuch 41
Brand Ambassador 236
Branded Content 231
Broadcasting 335
Browserbenachrichtigungen 462
Browserprinting 319
Bruttoendpreis 390
Bücher 117
Buchstabenblock 112
Buchungsformulare 410
Buchungsseiten 409
Bundesnetzagentur 466
Bundespresseamt 49
Bürgerliches Gesetzbuch (BGB) 30
Bürgersteig als öffentlicher Weg 80, 193
Büroservice 42
Bußgeld 343, 364, 417, 475, 526, 547
Buy-out 238

C

c/o-Adresse 42
CC-Lizenzen 158, 187
CE-Kennzeichen 356
CE-Zeichen 280
Charaktere 85, 115, 147
Chartmusik 96
Chat 128
Chatbot, rechtliche Fragen zum Einsatz 337
Chatbots 126, 460
ChatGPT 108, 120
Checklisten 22
Clean Labeling 401
Click-Worker 508
Clippings 89, 132
Cloud-Dienste 540
CO2-neutral 393
Cold Calls 465
Comic 107
Community managen 32
Compliance 533
Compliance-Beauftragter 329
Computercode 105
Computerprogramm 100, 102, 111
Consent-Management-Plattform 312, 314
Content 32
  User-generated Content 34
Content-Marketing 73
Cookie-Einwilligung 311, 312, 317
  Nachweis 317
Cookies 32, 45, 255, 310, 318
Cookie-Tracking 447
Copyright 63, 65
Copyright-Hinweis 44
Copyright-Zeichen 63, 109
Corporate Blog 230
Corporate Influencer 97, 243, 245, 331
Co-Sponsoring 434
Creative-Commons-Lizenzen 158, 187
Crowdsourcing 145, 495

D

DALL-E 108, 120, 276
Darbietung 61, 109
Dark Patterns 315
Dashboards 323
Data Privacy Framework 297
Data Processing Agreement 294
Daten als Entgelt 443
Datenanalysen 32
Datenbank 111
Datenbankhersteller 61
Datengrundlage 360
Datenleck 564
Datenminimierung 289, 290, 317, 330, 436
Datenpannen 340
Datenschutz 255, 310
Datenschutzbeauftragter 300, 329, 341, 392
Datenschutzbehörden 359
Datenschutzbestimmungen 49
Datenschutzerklärung 45, 51, 87, 175, 299, 327, 336, 339, 372, 437
Datenschutz-Folgenabschätzung 356, 451
Datenschutzgrundsätze 371
Datenschutz-Grundverordnung (DSGVO) 289
Datenschutzhinweise 30, 327, 452, 453, 482, 493
Datenschutzinformationen 175
Datenschutzrecht 45, 287, 320, 366, 509
Datenschutzverstöße 252
Dauer der Speicherung 343
Dauerwerbesendung 234, 301
Deepfakes 356, 550
  in Werbung 126
Deep Link 232
Demonstration 33
Designer 151
Design und Urheberrechtsschutz 172
Dienstleister 33, 150, 151
Dienstleistungen im elektronischen Geschäftsverkehr 135
Dienstvertrag 408, 501
Digitale-Dienste-Gesetz (DDG) 319
digitale Privatsphäre 30
digitaler Dienst 319
digitaler Fingerabdruck 41
Digital Fingerprint 148
Disclaimer 44, 319
Diskretion 261
Diskriminierung 241, 534
Diskussionsgruppen 359
Display-Marketing 334
Distanzierung 260, 321
DOI-Erinnerungen 553
Domain 37, 38, 39, 440
Domaininhaber 38
Domain Name System 38
Domainweiterleitung 40
Doppelgänger 39, 182
Double-Opt-in 182, 460, 465

Double-Opt-in-Anfrage 439
dreidimensionale Marken 230, 425
Drittanbieter 201
Dritte 293
Drittlandtransfer 296, 297
Drittquellen 452
Drohne 80, 302
für Marketingzwecke 193
im Außenbereich 33
im Innenbereich 514
Drohnenführerschein 514, 515, 516, 517
Drohnen-Haftpflichtversicherung 516
Drohnenklassen 518
Drohnenpiloten 515
Drohnenverordnung 520
Drohnenverordnung (EU 2019/947) 514
Durchschnittsnote 30

E

E-Book 408
E-Cards 424
E-Commerce 408, 409
Ehrverletzung 262
eigene Worte 83
Eigenname 214
Eigentum 191, 518
Eigentümer 191, 518
Eigentumsrecht 529, 548
Eigenwerbung 217
Einbettung 548, 549, 552
einfache Lizenz 141
Einladung 228
Einschränkung der Verarbeitung 304
Einschreiben 559
einstweilige Verfügung 567
Einwilligung 69, 165, 166, 167, 173, 174, 178, 292, 298, 367, 428, 431, 446, 460, 527
Verfall 438
Einwilligung oder Zahlung 321
Einwilligungsanfrage 424
Einwilligungsempfänger 432
Eltern 174
E-Mail-Marketing 33
Embedding 70, 318, 548, 549, 552
Empfänger 301
Empfehlungsalgorithmus 545
Empfehlungstransparenz 545
Endpreis 390
Entgelt 228, 234
Entscheidungsfreiheit 352
Entstellung 67
Entwürfe 106
ePrivacy 310, 319
Erfahrungsnachweis 520
Erfolgsmessung 237
erforderliche Cookies 311
Erforderlichkeit 301
erfundene Bewertungen 269
Erkennbarkeit 166, 188
Erlaubnis 191, 199
Erlaubnisgrundlage 332, 367
Erlaubnisvorbehalt 291
Erlöschen des Urheberrechts 64
Ersatzteile 215
Erschöpfungsgrundsatz 72, 93, 214, 490
Erwähnungen 459
Erzählungen 87
Erzählwelten 85
Event 195
Exklusivität 238

F

Fabel 85, 115
Facebook 330, 496
Plattformregeln 51
Facebook-Seiten 48, 49, 295
Fahrzeughalter 194
Fair Use 65
Fakten 60, 83, 84, 115
Falschmeldungen 545
Fankauf 388
Fantasiesiegel 282
Farbmarken 201
Favorisierung 554
Fernpilotenzeugnis 517
Fernsehsendungen 86
Fiktion 125
Filme 86
Filmwerk 95, 108
Filmzitate 75, 119
Flughafen 192
Flughöhe 517
Flugplan 520
Flyer 437
Folgeschäden 538
Follower-Kauf 388
Formalbeleidigung 264
Forschung 118
Fotograf 154, 161, 168, 192

Fotografie 61, 62, 91, 188
fotografieren 79, 193
Fotostudio 147
Freelancer 537
freie Lizenzen 158
Freigabe 240
Freiwilligkeit 178
Fremdwerbung 405
Fristverlängerung 573
Fürsprecher 251
Fußbereich 45
Fußgängerzone fotografieren 169

G

Garten und Hausrecht 192
Gatekeeper 545
Gebäude 191, 192
Gedichte 87
Gegendarstellung 265, 562
Gegenstandswert 565
Geheimhaltungspflicht 111
gekaufte Bewertungen 269
Gemälde 61
gemeinsame Verantwortlichkeit 48, 255, 295, 370, 453
generative KI 129, 349
Gentechnik 401
Gerichtsentscheidungen 86
Gerichtsvollzieher 559
Gesangsdarbietung 61
Geschäftsführerhaftung 471, 533
Geschäftsgeheimnis 111, 264, 363, 375, 534, 536
Geschichtsstrang 115
Geschicklichkeit 480
Gesetze, maßgebliche 29
Gesetz gegen den unlauteren Wettbewerb (UWG) 30
gesetzliche Verpflichtungen 292
Gesetz über den Schutz von Geschäftsgeheimnissen (GeschGehG) 30
Gesetz über digitale Dienste (Digital Services Act, DSA) 30
Gesichter 182
Gestaltungskraft 83
gesundheitsbezogene Angaben 398
Gesundheitssektor 407
Gesundheitstipps 405
Gewährleistung 56, 150, 155, 159, 492
Gewinnchancen 488
Gewinne 485
Gewinnspiel 33, 407, 430, 479, 577
Gewinnspielbeendigung 492
Gewinnspielbeiträge 495
Gewinnspielende 488
Gewinnspielkarten 437, 484, 506
Gewinnsponsoring 235, 491
Gewinnverlosung 488
Gewinnzusagen 488
Glücksspiel 479, 498, 501
Graffiti 114
Grafiken 61
Green Claims 393
Greenwashing 393
Großevents 221
Großveranstaltungen, Werbung 33
Grundfreiheiten 325
Grundpreisangabe 391
Grundstück als öffentlicher Raum 191, 193
Grundstücke 528
Grundstücksgrenze 191
GS-geprüft 281
Guerilla-Marketing 221
guter Glaube 138, 156, 435
Gütesiegel 279
Gütezeichen 279

H

Haftung 56, 71, 116, 236, 239, 243, 246, 252, 340, 520
Haftungsausschluss 44, 337, 537, 538, 564
Haftungsprivileg 537, 539, 540, 543, 554
Handelsplattformen 413
Handelsregistereintrag 42
Hashtags 211
Hashwert 469
Haus 191
Hausfriedensbruch 528
Hausrecht 80, 191, 193, 528
Health Claims 398
Health-Claims-Verordnung 30, 398
Hecke als Beschränkung öffentlichen Raums 191
Heilmittelwerbung 402
Heilpraktiker 405
Heilversprechen 398
Herkunftshinweis 207
Herkunftssiegel 281
Hidden Tags 507, 518
hilflose Lage 172
Hilfsmittel 80, 123, 193
Hinweisgeber 545

Hochrisiko-KI 352
Hochrisiko-KI-Systeme 534
höchstpersönlicher Lebensbereich 527
Hörmarken 201
Hosting 540
Hosting-Dienste 540
Hosting-Diensteanbieter 543
https 38
Hypertext Transfer Protocol 38

I

Idee 60, 105
Ideen und Urheberrecht 83
Identifizierbarkeit 166, 518
Identitätsprüfung 467
Illustration 109, 151
Imagebeeinträchtigung 211
Images 240
Imagetransfer 224
Imagewerbung 97, 422
Impressum 41, 51, 53, 339, 393, 451
Impressumsfehler 46
Impressumspflicht 245
Inbox-Werbung 424
Influencer 97, 227, 237, 325, 401, 537
  Marketing-Kampagnen 33
Informationen 115
Informationsanfrage 343
Informationsquellen 330
Inhaberschaft 53
Inhalte
  einbetten 70, 115
  fremden Content nutzen 33
  teilen 70
Input 110
Inspirationsquelle 106
Instagram 51, 54, 330, 497
  Plattformregeln 50
Installationen 79
Integrität 290
Interessentenanfragen 429
Interviews 87, 129
Intranet 89
IP-Adresse 45, 288, 320
IP-Klausel 148

J

Jingles 218, 518
Joint Control 295
Journalisten 230
journalistische Angebote 42
journalistische Artikel 88

K

Kameras 523, 526
Kanäle, in sozialen Netzwerken 48
Karikatur 76
Karten 61
Kaufabbrecher-Erinnerung 422
keine Veränderung und Urhebernennung 81
Kennzeichen 194, 207
Kennzeichnung 123, 126, 128, 182
Kennzeichnungspflicht 123, 125, 127, 243, 254, 356
Keyword 212
Keyword-Bidding 212, 504
Keyword-Werbung 34
KI 45
KI-Agenten 348
KI-Anbieter 107, 127, 349
KI-Betreiber 349
KI-Chatbot 338
KI-Ergebnis 106, 107, 108, 109, 112, 123, 128, 134, 156, 181, 218, 511, 535
KI-Erzeugnis 125
KI-generierte Beiträge 485
KI-Inhalt 106, 107, 108, 109, 112, 123, 128, 134, 156, 181, 218, 485, 507, 535
KI-Interaktion 128, 535
KI-Kompetenz 361, 534
KI-Lizenz 121
KI-Modell 117, 347, 369
Kinoplakat 78
KI-Nutzung 33
KI-Richtlinien 374, 534, 593
KI-Suchmaschine 510
KI-System 348
KI-Training 117, 121, 161, 369, 370
KI-Verordnung 30, 347
KI-Werk 107, 108, 109, 112, 123, 128, 156, 181, 511, 521, 535
Klage 567
kleine Unternehmen 392, 545
Kleinstunternehmen 409
Klickrate 447
klimaneutral 394
Kollektivbeleidigung 262
Kommentare 88
kommerzielle Nutzung 51, 142, 153

kommerzieller Charakter 450
kommerzielle Zwecke 186, 192
Kompetenznachweis 516
Konferenz 195
Konsumtests 284
Kontaktanfragen 457
Kontaktdaten 428
Kontaktformular 42
Kontrolle von Mitarbeitenden 537
Kontrollkästchen 429, 448, 483
Kopie 176
Kopplung 430, 488
Kopplungsverbot 430
Korrelation 117
kostenlos 412
kostenlose Bilddatenbanken 155
Kritiken 88
Kundenbewertung 266, 271, 423
Kundenbeziehung 443
Kundenfeedback 34
Kundenmeinung 251
Kundenreferenzen 251
Kundenservice 128
Kundenzufriedenheitsumfrage 423, 424, 445, 481
Kündigung 167, 176, 177, 179, 240
Kündigungsrecht 55
Kunst 125
Künstler 168
künstliche Intelligenz 377, 421
Kunstobjekt 347
Kunsturhebergesetz (KUG) 79
Kunstwerk 31, 73

L

Ladengeschäft 437
Laienprivileg 261
Landingpages 411
Large Language Model (LLM) 349
Laufbilder 62, 108
Leads 253, 284
Legal Tech 345
Leistungskontrolle 535
Leistungsschutzrecht 61, 88, 108
Leiter 193
Lettershop-Verfahren 464
Lichtbilder 61
Liedtext 61, 87, 129
Limerick 87, 111
Link 70
LinkedIn 51, 330, 498
Plattformregeln 51
Linkhaftung 548
Linkkauf 508
Links 548
Linkverbot 553
Listbroker 464
Livestreams 411
Lizenz 137, 141, 165, 171
Lizenzanfechtung 144
Lizenzbedingungen 151, 154
Lizenzbestimmungen 107
lizenzfrei 151
Lizenzgeber 137, 138, 143, 144
Lizenznehmer 137, 139, 143, 153
Lizenzpartner 141, 171
lizenzpflichtig 151
Lizenzvereinbarung 97
Lizenzverträge 34
LocalStorage 311, 318
Location-based Ads 462
Logo 108, 152
Logonutzung 277
Löschkonzept 305
Löschung 176, 469
Löschungsrecht 304, 371
Lotterie 481
Luftbildaufnahmen 513
Luftraumüberprüfung 520

M

Magazine 86
Manipulation 352
Marke 86, 152, 204
Markenanmeldung 31
Markengesetz (MarkenG) 228
Markeninhaber 200, 231
Markeninhalt 204
Markenklassen 490
Markenlogo 199, 216, 218, 260
Markennennung 216, 230
Markenprodukt 206, 216, 490
Markenrecherche 51, 210
Markenrecht 39, 40, 108, 110, 199, 218, 221, 363, 450, 488, 503
Markenrechtshinweis 40
Markenrechtsverstoß 219, 409
Markenrichtlinien 210
Marktplätze 112
maschinelles Lernen 320

Matomo 405
Medfluencer 551
Medienprivileg 31
Medienstaatsvertrag (MStV) 257
Meinungen 187, 258
Meinungsäußerung 551
Meinungsfreiheit 543
Melde- und Abhilfeverfahren 76
Meme 34, 86, 95, 125, 162, 224, 459
Mentions 460
Messenger 333, 335, 540
Messenger-Marketing 34, 527
Meta 119
Metaangaben 107
Midjourney 523
Mikrofone 484, 526
Minderjährige 173, 489, 517
Mindestalter 526
Minispione 545
Missbrauchsschutz 268
Mitarbeitende 34, 177, 179, 180, 243, 373, 531
  Haftung für 148
Mitarbeiterbilder 329
Mitarbeiterrecherche 46
Mitbewerber 55
Mitwirkung 524
Mixed Reality 127
mobile KI-App 168
Model 181, 182
Model Release 168, 174, 544
Moderation 192
Museum 183
Musik 95, 98, 108, 115
Musikkataloge 96
Musiklizenz 95, 98
Musik-Sample 95

N

nachhaltig 393
Nachrichtentexte 126
Nachweis 174
Nachweisbarkeit 106
Nachweis der Erlaubnis 143
Nachweis Kundenkontakt 267
Nahrungsergänzungsmittel 398
Nährwertangaben 398
Namen 494
Namensrecht 39, 115
Navigationsstruktur 101
NDA 111
Nebenpflichten 538
negative Keywords 506
Newsletter 411
Newsletter-Tracking 446
Nichtregistrierte Marken 207
Notar 559
Notenrang 275
Nutzerinhalte 539, 541, 568
Nutzeruploads 145
Nutzungsbedingungen 40, 51, 154
Nutzungserlaubnis 68, 82
Nutzungslizenz 147
Nutzungsrechte 121, 137, 140, 161, 238
Nutzungsrechtsübertragung 148
Nutzungsvorbehalt 45, 118, 119, 129

O

offene Lizenzen 158
öffentliche Plätze 80, 193
öffentliches Interesse 292
öffentliche Straße 80
öffentliche Zugänglichmachung 66
Öffentlichkeit 171
Öffnungsrate 446
Öko 395
ökologisch 393
Öko-Verordnung 395
Olympia 221
olympische Ringe 223
Olympische Spiele 223
Onlinearchiv 73
Onlineforum 41, 412
Onlinemarktplätze 413, 540
Onlineplattform 544
Onlineshop 410
OpenAI 108, 120
Open Content 158
Open Source 158
Original 112

P

Panoramafreiheit 79, 518
Park als öffentlicher Raum 80, 192
Parodie 76, 95, 162, 213
Pastiche 76, 95
PDF-Dateien 89
Personalrat 366, 535
Personen 123, 126, 166
Personenabbildung 181, 184, 287

Personenaufnahme 149, 167, 168
personenbezogene Daten 45, 287
Personenbezug 288, 366
Personen der Zeitgeschichte 169
persönlich 166
Persönlichkeit 105
Persönlichkeitsrecht 77, 172, 177, 183, 193, 363, 518, 529
Persönlichkeitsrechtsverstoß 261
Pflichtverletzung 330
Pinterest 498
  Plattformregeln 51, 80
Pixelrauschen 113
Plakattafel 79
Plattformbetreiber 569
Plattformregeln 50
Podcast 34, 87, 95, 234, 274
Point-of-Sale 437
Pokémon Go 528
Politiker 168, 185
postalischer Werbeversand 463
Postanschrift 42
Postwerbung 35
Präsentation 87
Preisangabepflicht 390
Preiswerbung 390
Presseartikel 108
Pressebericht 89
Presseclippings 89
Presseerzeugnis 108
Pressemitteilung 88, 422
Presserecht 260
Pressespiegel 89
Presseverleger 62
Print 274
Privacy by Design 290
private Accounts 228
private Handlungen 169
private Kommunikation 457
private Nutzung 536
Privatgrundstück 80, 192, 528
Privatleben 169
Privatnachrichten 457, 458
Privatsphäre 172, 264, 518
Produkt-Ads 129
Produktbeschreibungen 86
Produktbezeichnungen 86
Produktbilder 92, 129
Produkt-Deepfakes 130
Produkthilfe 234
Produktname 108, 218
Produktplatzierung 233
Produktsicherheitsverordnung 92
Produkttests 231
Produktvideos 411
Produktwerbung 97, 422
Profile in sozialen Netzwerken 34
Profiling 36, 310, 320, 325, 328, 329, 524
prominente Person 85, 185, 188
Prompt 106, 110, 111, 182
Prompt Engineer 135
Prompt-Sammlung 111, 143
Property Release 193
Protokollierung 182, 332, 440, 465
Prüfsiegel 35
Prüfzeichen 279
pseudonyme Daten 288, 311
Public Domain 64, 155, 158
Push-Nachrichten 462

Q

QR-Code 175
Quellenangabe 75
Quiz 480

R

Rapporting 237
Ray-Ban 527
Reaction Video 74, 162
Rechenschaftspflicht 50, 290, 350, 372
Recherche 261
Recht am Bild 91, 134
Recht am Motiv 91
Recht am Video 94
Rechte an Motiven und Musik 94
Rechteinhaber 65, 97, 138, 143, 540
Rechtmäßigkeit 289
Rechtsdurchsetzung 557
Rechtsgrundlagen 300
Recruiting-E-Mail 423
redaktionelle Nutzung 142, 153, 186
redaktionelle Trennung 230
redaktionelle Zwecke 78
redaktionell verantwortlich 42
Reddit, Plattformregeln 51
Refrain 87
Registrierung 40, 412
Registrierungsformulare 410
Registrierungspflicht 515, 516, 517, 535
reglementierte Berufe 42
Reichweite 238

reklamehafte Übertreibung 379
Remixing 161
Reportage 88
Richtigkeit 290
Rights Managed 151
Risikoklassen 350, 515
Robots.txt 120
Rohdaten 149
Romane 87
Royalty Free 151
RSS-Feed 88
Rückmeldefristen 492
Rückruf von Nutzungserlaubnissen 144
Rufausbeutung 386

S

Sachherrschaft und Hausrecht 191
saisonale Grüße 423
salvatorische Klausel 487
Sammelwerk 88
Sampling 161
Sanktionen 126
Satire 125, 213
Schadensersatz 63, 109, 126, 138, 160, 177, 179, 185, 264, 344, 475, 529, 532, 554, 564, 575
Schadensersatzanspruch 360
Schauspieler 185
Schlager 87
schlichte Einwilligung 69
Schmähkritik 262, 551
Schmähung 266, 551, 553
Schöpfungshöhe 60, 83, 86, 106
Schriftform 143
Schriftwerk 61, 110
Schutzbedürftigkeit 352
Schutzinteressen 325
Schweizer Datenschutzgesetz 287
Screenshot 73, 89, 559
SEA 35
Search Engine Advertising 501, 513
Search Engine Optimization 501
Second-Level-Domain 39
Selbstbedienungsterminals 408
Selbstverständlichkeiten 389
Sendeunternehmen 61
SEO 35, 501
SessionStorage 311
Sharing 70, 161, 191, 549, 552
Sharing-Links 335
Sicherheitskonzept 307
Sichtweite 517
Sichtzusammenhang 553
Signaturen 426
Sittenwidrigkeit 202
Skizzen 106
Skripte 45
Skulpturen 61
Smarte Geräte 408
Smartglasses 35, 523, 525, 526, 527
SMS 460
Snapchat 327
  Plattformregeln 51
Social Bots 42, 339
Social Media 176
Social Media Accounts 330
Social-Media-Dashboards 323
Social-Media-Icons 219
Social-Media-Management-Werkzeuge 323, 327
Social-Media-Monitoring 324
Social-Media-Nutzung 35
Social-Media-Plattform 123
Social-Media-Profile 48, 49
Social-Media-Publishing 323
Social-Media-Richtlinie 244, 535
Software 127
Softwarecode 111
Sounds 95
Sourcing 331
soziale Medien 245
soziale Netzwerke 50, 54, 96, 154, 161, 162, 292, 411, 457, 459, 482, 496, 540, 548, 554, 558
  Plattformregeln 50, 79
soziale Plattformen 127
Speicherbegrenzung 290
Spendenwerbung 425
Spielgeld 480
Spitzenstellungsbehauptung 379
Sponsoren 434
Sponsoring 234
Sportereignis 222
Sportler 185
Sportler (Abbildung von) 168
Sportveranstaltungen 169
Sportwettbewerb 480
Sprache 484
Sprachwerk 61, 83, 87
Spycam 526
staatliche Grundstücke 193

staatliche Straßen 193
Stadion und Hausrecht 192
Standardvertragsklauseln 298
standortbasierte Nachrichten 462
Sternchenverweis 274, 382
Stiftung Warentest 275, 277
Stil 90, 114
stillschweigende Einwilligung 69
Stimme 183
Stockarchivbilder 154
Stockbildanbieter 168, 537
Stockbildarchiv 150, 151
Stockbilder 150, 153, 154, 168, 182, 186
Strafantrag 265
Strafanzeige 568
Strafbarkeit 166
Strafgesetzbuch (StGB) 31
strafrechtliches Vorgehen 568
Straftat 330, 568
Straße 191
Streamer 42
Streitbeilegung 545
Streitwert 565
Subdomain 39
Subunternehmer 33, 153, 293, 296
Suchmaschinenmanipulation 508
Suchmaschinenoptimierung 501
Suchmaschinenwerbung 501
Sujet 108
Surface Link 550

T

Tagesereignisse 72
Tatsachen 257, 258, 264, 266, 568
Täuschung 132
Tech-C 40
Technik 114
technische Zeichnungen 61
Teilen 548, 549, 552
Teilnahmebedingungen 483, 484, 492, 495, 497, 577, 585
Teilnahmekarten 484
Teilnehmerkreis 484
Telefon 128
Telefonnummer 287, 465
Telefonwerbung 35, 465
Telegram 334
Telekommunikation-Digitale-Dienste-Datenschutz-Gesetz (TDDDG) 31
Telekommunikationsdienste 408
Teleobjektiv 80
Tell-a-Friend 423
Templates 152
Terminvereinbarung 410
Testergebnisse 273, 275, 276
  in Werbung 35
Testimonials 249, 252
  in Werbung 35
Testinstitution 275
Testkriterien 273
Testsiegel 279
Texte 45, 83, 105, 115, 117
Textform 143
Textlink 549, 552
Text- und Data-Mining 45, 117, 118, 129
Tiere 191
TikTok 49, 51, 54, 330, 498
  Plattformregeln 50
Tippfehler-Domain 39
Titel 86
Tochterunternehmen 434
Tod 189
Token 112
TOMs 307
Tonaufnahmen 61, 524
Tonträgerhersteller 95, 108
Top-Level-Domain 39
Tracking 36, 45, 310
Trainingsdaten 373
Transparenz 250, 289, 448, 535
Transparenzberichte 544
Transparenzrisiko 350
TÜV-geprüft 281
TV-Sendungen 75, 119
TV Total 75, 119

U

Übersetzung 116
Übersichtsaufnahme 518
Überwachung 366, 534, 541, 542
Umfriedung 193
umweltbezogene Werbung 393
umweltfreundlich 393
unannehmbares Risiko 350
Unbeteiligte 517
Unerfahrenheit 489
unerlaubter Imagetransfer 211
Unterlassung 126, 575
Unterlassungserklärung 56, 86, 160, 177, 264, 471, 521, 529, 554, 563, 573

Unterlizenzen 153
Unterlizenzierung 238
Unterlizenznehmer 162
Unternehmens-Account 230
Unternehmensgruppe 434
Unternehmenskennzeichen 208
Unternehmensnamen 86, 208
Untersagungsverfügung 343
Unterscheidungskraft 202
unwahre Tatsache 126
unwesentliches Beiwerk 78
Upload 117
Uploadfilter 71
Urheberhinweis 44
Urhebernennung 68, 153, 238
Urheberrecht 45, 60, 64, 65, 105, 107, 112, 114, 117, 137, 139, 158, 165, 238, 251, 277, 305, 363, 450, 503, 511, 520, 528, 540, 552
urheberrechtlich 137, 165
Urheberrechtsgesetz (UrhG) 31
Urheberrechtshinweis 63, 109, 155
Urheberrechtsschutz 109
USA 297
User-generated Content 34, 145
User-generated-Content 539

V

Veranstalter 196
Veranstaltung 171, 195
Veranstaltungsort 222
Verantwortlicher 41, 300
Verantwortlichkeiten 296
Verarbeitung 289
Verarbeitungszweck 305
verbotene KI-Praktiken 351, 534
Verbraucher 251, 409
Verbrauchergeschäfte 409
Verbraucherrecht 123
Verbreitung 66
Vereinbarung 53
Vereinbarung über gemeinsame Verantwortlichkeit 295
Verfahrenskosten 177
vergleichende Werbung 384
Vergütung 239
Verhaltensbeeinflussung 352
Verjährung 420
Verjährungsfrist 492
Verkaufszahlen 238
Verleumdung 126
Verlinkungsverbot 553
Verlosung 72
Verlosung von Gewinnen 490
Verordnungen 86
Versammlung 170, 173
Versanddienstleister 452
Versandhäufigkeit 432
Versandkosten 392
Vertrag 121, 134, 166, 167, 175, 236, 244
Vertragserfüllung 292
Vertragsgestaltung 503
Vertragspflichten 367
Vertragsstrafe 241, 254, 532, 575
Vertragsstrafenverpflichtung 563
Vertraulichkeit 56, 241, 290
Vertraulichkeit des gesprochenen Wortes 528
Verunglimpfung 386
Vervielfältigung 66, 112
Verwarnung 343, 475
Verwechslungsgefahr 40, 210, 222
Videos 45, 94, 105, 117, 231, 261, 411
  Musik 34
  veröffentlichen 35
Videoüberwachung 526
Virtual Reality 523
virtuelle Influencer 247
Visitenkarte 428
Volksverhetzung 262
Voreinstellungen 291
Vorlagen 149
Vorschaubilder 69
Vorverurteilung 261

W

Wahrnehmungsschwelle 352
Wahrscheinlichkeiten 112
Wasserzeichen 125
Webanalyse 36, 45
Web-App 127
Web Content Accessibility Guidelines 413
Webdesign 101
Webfundstücke 139
Webhosting 540
Webseite 34, 117
Website 37, 41, 45
Website-Scraping 117, 327
Weisungsgebundenheit 294
Weiterverkauf 214, 215, 240
Werbeagentur 151
Werbeanzeige 129, 410

Werbeblock 232, 234
Werbeclip 96
Werbefiguren 251
Werbekampagne 151
Werbekanäle 432
Werbekennzeichnung 235, 239, 247, 406, 491
Werbenachrichten 450
Werbeprospekt 86
Werbeslogan 86, 201, 218
Werbetracking 312
Werbeversand 427
Werbezusatz 426
Werbezwecke 431
werbliche Hervorhebung 229
Werbung 230, 232, 422, 431
gesundheitsbezogene 33
Werke der Literatur 87
Werktitel 86, 209
Werkvertrag 501
Werkzeug 106
Wettbewerbsklausel 241
Wettbewerbsrecht 529
Wettbewerbszentrale 558
Whitepaper 430
Widerruf 167, 175, 179, 180, 305
Widerrufserklärung 466
Widerrufshinweis 428, 436
Widerrufsrecht 305, 450
Widerspruch 172, 179
Widerspruchserklärung 466
Widerspruchshinweis 444
Widerspruchsmöglichkeit 317, 320
Widerspruchsrecht 305, 450
wirtschaftliche Ausbeutung 172
Wissenschaft 117, 118
WM 221
Wohngebiete 515
Wohnung 192, 193
Wort-Bild-Marken 200
Wortmarken 200

X

X
Plattformregeln 51
XING 330

Y

YouTube 318, 412
Plattformregeln 51

Z

Zeitgeschichte 168, 173, 187
zeitgeschichtliches Ereignis 186
Zeitungsverlag 89
Zertifikate 280
Zeuge 175, 441, 559
Zielgruppenbeschränkung 484
Zitate 85
Zitatlänge 74
Zitatrecht 73, 95, 162
Zoo 192
Zubehör 215
Zufall 480
Zugang 571
Zweckbindung 289
Zwecke 300
Zwischenspeicherung 66

Über den Autor

Dr. jur. Thomas Schwenke, LL.M. (University of Auckland), ist als Rechtsanwalt in Berlin tätig (*https://drschwenke.de*). Seit zwei Jahrzehnten berät er international Behörden und Unternehmen, unter anderem aus der Automobil-, der Banken-, der Versicherungs- und der Pharmabranche, in den Bereichen Marketingrecht und Datenschutzrecht.

Dr. Schwenke absolvierte ein steuerrechtliches und juristisches Studium in Deutschland sowie Neuseeland mit einer Spezialisierung auf Datenschutz und geistiges Eigentum. Seine Promotion zu Smartglasses, Augmented Reality und Datenschutz wurde mit dem Wissenschaftspreis der Gesellschaft für Datenschutz und Datensicherheit e.V. ausgezeichnet.

Ferner betreibt Dr. Schwenke die Plattform *datenschutz-generator.de*, einen Online-Generator unter anderem zur Erstellung von Datenschutzerklärungen und Allgemeinen Geschäftsbedingungen sowie die KI-Schulungsplattform *certready.eu*.

Darüber hinaus ist Dr. Schwenke ein gefragter Redner und Interviewpartner in Radio und Fernsehen. Er ist zudem Buchautor und Co-Gastgeber des juristischen Podcasts Rechtsbelehrung.com, in dem er gemeinsam mit dem Radiojournalisten Marcus Richter die faszinierenden Schnittstellen von Recht, neuen Technologien und gesellschaftlichen Entwicklungen beleuchtet.

Sein Ziel ist es, juristische Themen verständlich und lebendig zu vermitteln und zu zeigen, dass Recht nicht nur komplex, sondern auch spannend und unterhaltsam sein kann.

Kolophon

Das Tier auf dem Cover von Projekt »Recht für Online-Marketing und KI« ist der Uhu (Bubo bubo), auch bekannt als Eurasian Eagle Owl. Der Uhu ist eine der größten Eulenarten der Welt und in Europa, Asien und Teilen Nordafrikas verbreitet. Mit einer Körperlänge von bis zu 75 cm, einer Flügelspannweite von bis zu 1,80 Metern und einem Gewicht von bis zu 4 Kilogramm zählt er zu den eindrucksvollsten Greifvögeln. Charakteristisch sind seine auffälligen Federohren, die orangefarbenen Augen und das dichte, braun-schwarz gemusterte Gefieder, das ihm ideale Tarnung in seinem natürlichen Lebensraum bietet.

Der Uhu ist ein überwiegend nachtaktiver Jäger, der mit seinem ausgezeichneten Gehör und lautlosen Flug selbst in völliger Dunkelheit Beute aufspüren kann. Zu seiner Nahrung zählen kleine bis mittelgroße Säugetiere, Vögel und gelegentlich auch Reptilien und Amphibien.

Sein Lebensraum ist vielfältig: Der Uhu bewohnt Felslandschaften, Wälder, Flusstäler und zunehmend auch städtische Randgebiete. Wichtig sind für ihn ruhige Brutplätze, meist in Felsspalten, alten Bauten oder großen Bäumen. Obwohl der Uhu in vielen Regionen inzwischen wieder häufiger vorkommt, ist er weiterhin durch Lebensraumverlust, Störungen und Umweltgifte gefährdet.